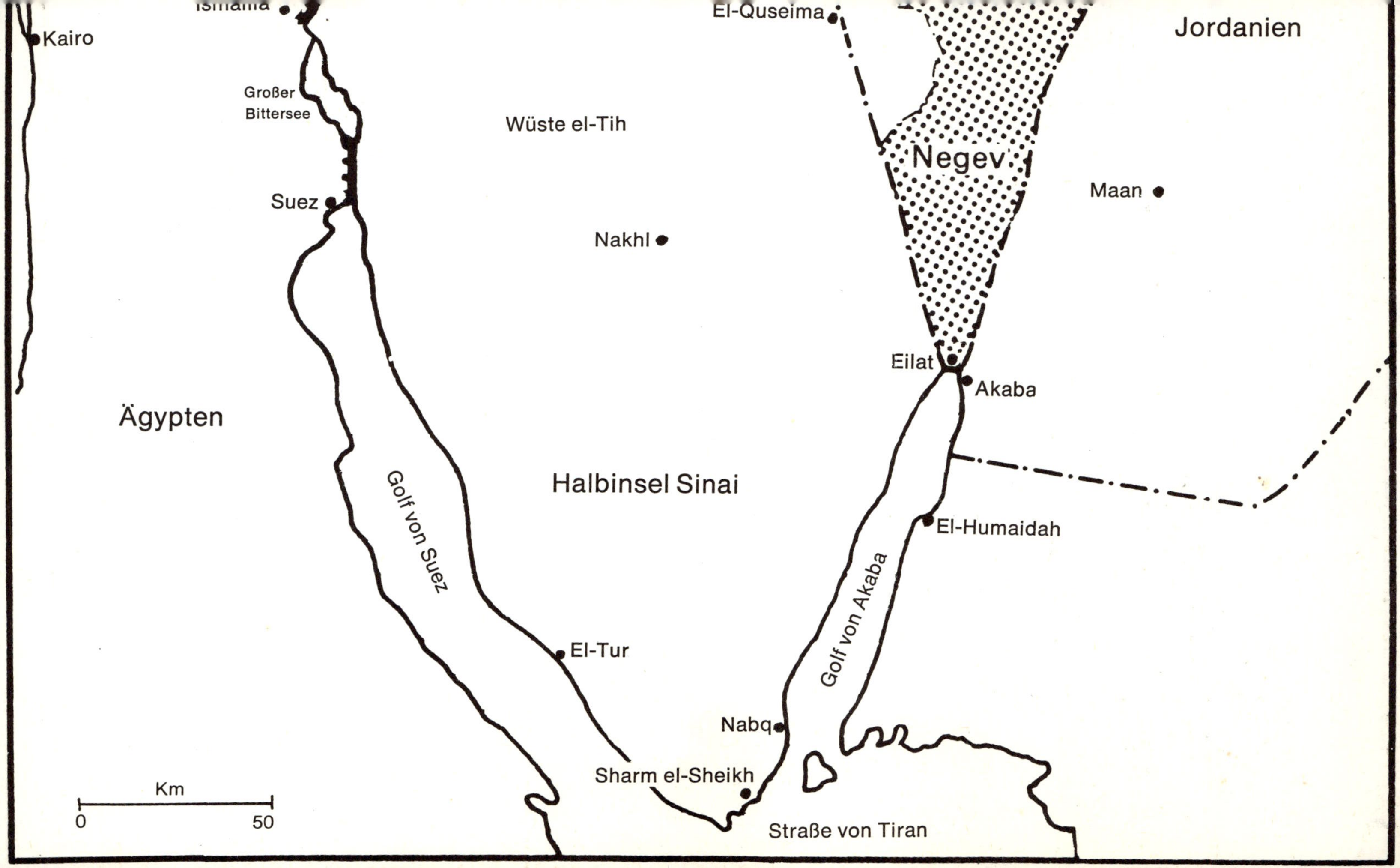

Kairo
Großer
Bittersee
Suez
Wüste el-Tih
Nakhl
El-Quseima
Negev
Jordanien
Maan
Eilat
Akaba
El-Humaidah
Ägypten
Halbinsel Sinai
Golf von Suez
Golf von Akaba
El-Tur
Nabq
Sharm el-Sheikh
Straße von Tiran
Km
0
50

Shabtai Teveth

Moshe Dayan

Politiker, Soldat, Legende

Deutsch von Philipp F. W. Fleck und Helmut Degner

Hoffmann und Campe

Titel der Originalausgabe Moshe Dayan – The Soldier, The Man, The Legend
Erschienen bei Weidenfeld & Nicolson, London 1972
© 1972 by Shabtai Teveth

Der Abdruck der Fotos erfolgte mit freundlicher Genehmigung durch
Weidenfeld & Nicolson, London

1. bis 20. Tausend 1973
© Hoffmann und Campe Verlag, Hamburg 1973
Gesetzt aus der Korpus Garamond-Antiqua
Gesamtherstellung Butzon & Bercker, Kevelaer
ISBN 3-455-07705-6 · Printed in Germany

Inhalt

Vorwort	7
1 Shmuel und Dvorah	9
2 Degania (1915–1920)	27
3 Nahalal (1920–1925)	42
4 Meshulams Klasse (1925–1929)	60
5 Jugendzeit	78
6 Kampf und Wanderschaft	91
7 Die Haganah (1935–1938)	108
8 Akko (1939–1940)	130
9 Syrien (Juni 1941)	144
10 Außer Kurs (1941–1947)	155

11
Noch einmal Degania (November 1947 – Mai 1948) 164

12
Die Neunundachtziger (Mai bis August 1948) 178

13
Jerusalem (August 1948 – Oktober 1949) 200

14
Der Befehlshaber (Oktober 1949 – Dezember 1952) 220

15
Erster Generalstabsoffizier (1952–1953) 235

16
Der Truppenführer (1953–1955) 247

17
»Die junge Armee« (1954) 268

18
Vorspiel zum Sinai-Feldzug (1955–1956) 281

19
Der Sinai-Feldzug (Oktober–November 1956) 311

20
Einbruch in die Parteipolitik (1958–1959) 338

21
Der Bruch (1960–1967) 357

22
Der Sechstagekrieg (Mai–Juni 1967) 379

23
Verteidigungsminister (1967 und danach) 403

Zeittafel 427

Premierminister, Verteidigungsminister und Stabschefs in Israel
1948–1972 428

Register 429

Vorwort

Durch den Sechstagekrieg wurde der israelische Verteidigungsminister Moshe Dayan zu einer politischen Persönlichkeit von größter Bedeutung. Selten hat ein Volk einem einzelnen Mann so tiefes Vertrauen geschenkt. Dieses Phänomen wäre überall ungewöhnlich, doch in Israel ist es dies umso mehr, da dort das Volk über neun verschiedene Parteien wählt und bezüglich verschiedener ideologischer Fragen, welche die Zukunft des Landes betreffen, krasse Meinungsgegensätze bestehen. Trotzdem besitzt Dayan das volle Vertrauen der Mehrheit des israelischen Volkes, und er nimmt deshalb eine einzigartige Stellung ein. Zuweilen – zum Beispiel während der »Raketenkrise« im August 1970 – schien das Geschick der Regierung allein in seinen Händen zu liegen. Für die Juden der ganzen Welt – und vielleicht nicht nur für sie – ist er zum Symbol eines winzigen Landes geworden, das dank seiner Tapferkeit in einem Meer von Feinden, die es ständig zu vernichten drohen, weiterexistiert.

Dayan glaubt, daß Israel »Ruhe und Frieden« erst noch finden muß, daß die Juden ihre Bemühungen, ihr Land zu besiedeln, verstärken müssen, und man kann wohl zwischen der Geschichte dieser Besiedlung und seinem eigenen Leben eine Parallele ziehen. Die Rückkehr der Juden in ihre Heimat hatte eine ständige Eskalation der Feindschaft zwischen Arabern und Juden zur Folge. Dayan hat diese Eskalation erlebt und war sogar einer ihrer Urheber. Man könnte sagen, er überbrückte die Spanne von der Steinzeit – den Waffen seiner Jugend – zum elektronischen Zeitalter – den hochentwickelten Waffen der Supermächte, für die er heute als israelischer Verteidigungsminister verantwortlich ist.

Doch Krieg war zur Zeit der Besiedlung des Landes durch die Juden nur eine Seite, die unerwartete und vielleicht unvermeidliche Seite, während von Anfang an die Fruchtbarmachung des Landes die Basis des wiederaufblühenden jüdischen Lebens in Israel war. Die Geschichte dieser Besiedlung ist das zweite Leitmotiv in Dayans Leben – von seiner Geburt in Degania, der Mutter der Kibbuzim, zu seiner Kindheit und Jugend ind Nahalal, dem ersten Moshav, und seiner Zeit als Landwirtschaftsminister (1960–1965). Die Landwirtschaft war nicht nur die Brücke zur jüdisch-arabischen Zusammenarbeit in seiner Jugend, sie wurde auch nach dem Sechstagekrieg, als er die Verantwortung für die verwalteten Gebiete übernahm, zu einem wesentlichen Faktor seiner Bemühungen, gutnachbarliche Beziehungen zwischen den beiden Völkern herzustellen. Es ist deshalb überaus charakteristisch, daß nur zwei Arten von Menschen die Geschichte von Dayans Leben erzählen können: Araber und Juden, Farmer und Soldaten, Männer des Friedens und Männer des Krieges.

I

Shmuel und Dvorah

Wenn es ein Junge wurde, wollten sie ihn Moshe nennen. Außer ihrer Liebe war dies das einzig Sichere in Shmuel und Dvorah Dayans Leben, als Dvorah am 2. Mai 1915 die ersten Wehen spürte. Alles andere war ungewiß.
Vor allem würde dies die erste Geburt in Degania sein, und sie war nicht im mindesten vorgesehen. Es gab keinerlei Einrichtungen für eine Entbindung – ja, die Mitglieder von Degania hatten sogar alles getan, um eine solche Möglichkeit auszuschließen. Im Herbst 1914 hatte Shmuel selbst gefordert, Eheschließungen in der Siedlung vorübergehend zu verbieten. Die Erfahrungen mit Gideon – dem einzigen anderen Kind in Degania, das Yoseph Baratz' Frau Miriam im Schottischen Missionshospital in Tiberias zur Welt gebracht hatte – hatten die Mitglieder gelehrt, daß Babys die körperliche Arbeit, einen der geheiligten Grundsätze der neuen *Kvutza** behinderte. Eine schwangere Frau, meinte Shmuel, könne nur begrenzt Arbeit leisten, und nach der Geburt würde sie voll damit beschäftigt sein, das Kind zu versorgen. Er schlug vor, den Mitgliedern der *Kvutza* »sollte erst fünf Jahre, nachdem die Siedlung wirtschaftlich gefestigt und gesellschaftlich konsolidiert sei, erlaubt werden zu heiraten«. Ein paar Wochen später erfuhr Shmuel, daß Dvorah schwanger war, und indem er sie heiratete, war er der erste, der gegen seinen eigenen Beschluß verstieß. Es sollte nicht das letzte Mal sein, daß Shmuel nicht in die Tat umsetzte, was er predigte.
Die Hochzeit fand an einem kühlen Freitagmorgen im Jahr 1914 statt, wahrscheinlich im September. Laut Shmuels Schilderung ging das Ganze mit ziemlicher Hast vor sich. Ein Fuhrwerk der Siedlung wurde ver-

---
* Auf Hebräisch »Gruppe«, doch damals eine Bezeichnung für die Mitglieder einer kommunalen Siedlung, die Farm selbst und die Idee, die dem neuen Gemeinwesen zugrunde lag. Der Name »Kibbuz« für eine Kollektivfarm wurde erst später eingeführt.

wendet, um die auf der Farm verstreuten Abfälle einzusammeln. Mit einem zweiten holte man Wein, Mandeln und Früchte aus Tiberais. Ein drittes raste zur Nachbarsiedlung Menahamiya, um den *Shochet** zu holen, der die Trauung vornehmen sollte. Der Hof wurde sorgfältig gefegt und der Speisesaal mit Blumen und Weinranken geschmückt. Dvorah saß in ihrem Zimmer und nähte ihr Hochzeitskleid. »Manchmal«, schrieb Shmuel, »war der Stoff feucht von Tränen, die sie vor Sehnsucht nach ihren Eltern vergoß.« Am Abend segnete der *Shochet* Shmuel und Dvorah unter einem improvisierten Baldachin – einer Decke, die man am Ufer des Jordan an die Zaunpfosten eines Obstgartens gebunden hatte.

Dvorahs Schwangerschaft war nicht das einzige Problem der Dayans. Ein anderes war Dvorahs Eingliederung in die *Kvutza*. Als sie 1913 in Degania eintraf, lehnten die Mitglieder ihren Aufnahmeantrag ab, weil sie fanden, sie sei keine »Arbeitskraft« und nicht stark genug, die Strapazen zu ertragen. Außerdem meinten sie, sie sei eine »Ausländerin« und »nicht ganz von der Idee des Zionismus erfüllt«. Die Abneigung beruhte auf Gegenseitigkeit; während die Mitglieder von Degania von der Landarbeit begeistert waren, schrieb Dvorah an Shmuel: »Hier ist es langweilig, sterbenslangweilig. So sehr, daß ich nur noch aus Langeweile bestehe.« Sie hatte kein Interesse für die hohen Ziele, die man in Degania anstrebte. Dvorah wollte »die Welt sehen« und schrieb: »Ich neige nicht zum Philosophieren, und ich habe nicht die Absicht, neue Werte zur Grundlage meines Lebens zu machen.« Sie tat wenig, um ihre Hebräischkenntnisse zu verbessern, und die russische Literatur, vor allem Tschechow und Tolstoi, erfüllten sie mit voller geistiger Befriedigung. Und während Dvorah glaubte, daß nichts den Freuden der Literatur gleichkam, gab es für die *Kvutza* nichts Höheres als körperliche Arbeit.

Die persönlichen Probleme der Dayans wurden durch die politische Entwicklung vergrößert. Das Geschick der ganzen Yishuv** war damals ungewiß, denn der Erste Weltkrieg war ausgebrochen, und die türkische Regierung Palästinas betrachtete die jüdische Volksgruppe als potentiellen – wenn nicht aktiven – Verbündeten Großbritanniens. Mit schnell aufeinanderfolgenden Verordnungen wiesen die Behörden die Juden aus Tel Aviv und Jaffa aus und schickten sie nach dem im Norden gelegenen Galiläa. Diese Deportationen machten die schwache

---

* Ritueller Schlächter, dem es nach jüdischem Gesetz gestattet ist, Eheschließungen vorzunehmen.
** Sammelbegriff für die jüdische Volksgruppe in Palästina.

Position des zionistischen Stützpunktes in Palästina deutlich und gefährdeten die Sicherheit der neuen Siedlungen in Galiläa. Eine Möglichkeit, der Deportation zu entgehen, bestand darin, die ottomanische Staatsbürgerschaft anzunehmen, damit man nicht mehr als »feindlicher Ausländer« betrachtet wurde. Die Führer der Yishuv drängten die Juden Palästinas, sich »ottomanisieren« zu lassen. Unter den ersten, die dies taten, waren die Farmer, denen es das Wichtigste war, auf ihrem Land zu bleiben. Im November und Dezember 1914 suchten die Mitglieder von Degania im Distriktsamt von Tiberias um die türkische Staatsbürgerschaft nach.

Auch der *Kvutza* erging es schlecht. Die Mitglieder, die man nicht zum Militär einzog, wurden gezwungen, an die türkischen Behörden ein hohes Lösegeld zu bezahlen, und die türkische Armee konfiszierte Maultiere, Ochsen, Säcke voll Getreide, Fuhrwerke und sogar Kleider und Unterwäsche. Außerdem belegten die Behörden die Siedlung mit einer hohen Steuer, und man warnte die Mitglieder von Degania, wenn sie sie nicht bezahlten, werde man »alles konfiszieren, was die Behörden als brauchbar betrachten«. Shmuel fürchtete, daß ihnen möglicherweise nichts anderes übrigbleiben würde, als Degania zu verlassen.

Als sei dies alles noch nicht genug, verdunkelte eines Tages im April eine schwirrende gelbe Wolke die Sonne über Palästina. Heuschrecken waren ins Jordantal eingefallen. Man sammelte und vernichtete die Larven und pflügte die Erde um, bevor sich die Puppen entwickelten; doch ohne Erfolg. Die Heuschrecken waren überall. Die Männer stellten große Blechbüchsen um die Bäume und beschmierten die Stämme mit Kleister, doch die Heuschrecken sprangen über die Büchsen auf die Kronen der Bäume. Schließlich bedeckten sie die Bäume mit Säcken, die sie fest an den Stämmen festbanden. Die in Weiß gehüllten Obstbäume sahen aus wie Reihen von Toten, die stumm und unheildrohend auf Degania blickten. Die Heuschrecken blieben drei Monate im Jordantal. Sowie ein Schwarm fortflog, erschien sofort ein anderer. Der Mähdrescher packte die Insekten in die hastig geernteten Garben; Männer zertrampelten sie auf dem Boden. Nachts waren die Siedler oft so erschöpft, daß sie nicht merkten, wie die Heuschrecken auf ihnen herumkrochen, und sie schüttelten sie erst ab, wenn sie am Morgen aufstanden.

Damals gab es in Degania zwei steinerne Gebäude: ein zweistöckiges Haus mit acht Wohnräumen, zwei Dielen, einem kleinen Büro und vier Balkonen; und ein einstöckiges Haus mit einem Speisesaal, einer Küche, einer Bäckerei, einem Lagerraum und Duschkabinen. Shmuels und Dvorahs Zimmer, das sich im unteren Stock der Hauptgebäudes befand, wurde für die Entbindung vorbereitet. Damit die Heuschrekken nicht hereinkonnten, verschloß man die Fensterläden und die Tür. Die Krankenschwester der Siedlung reinigte sorgsam jeden Winkel des Raums und kümmerte sich um Dvorah. Wasser wurde heißgemacht, und alle warteten gespannt auf ein Zeichen der Schwester. Doch Dvorahs Wehen dauerten zwei Tage, und man hörte ihr Stöhnen durch die Fensterläden. Als keine Nachricht kam, bat Shmuel einen der Männer, ihn vom Wachdienst auf den Feldern zu befreien, und ging zum Haus. Als Dvorahs Wehen stärker wurden, erlaubte die Schwester, ihn ins Zimmer zu lassen. Im Morgengrauen des 4. Mai 1915 hörte man endlich den ersten Schrei des Kindes.

Der Hauptgrund für die Wahl des Namens Moshe war der Wunsch der Dayans, das Andenken an Moshe Barsky zu erhalten; zugleich war es das letzte Glied einer Kette absurder und tragischer Geschehnisse. Als Shmuel eines Nachts in der Tenne Weizen bewachte, flog ihm ein Moskito ins Ohr und verursachte eine Entzündung. Als der örtliche Arzt mit den Komplikationen nicht fertig wurde, fuhr Smuel nach Beirut, doch das einzige Resultat der Operation, der er sich dort unterzog, war, daß er jedes Mal, wenn er anstrengende körperliche Arbeit verrichtete, starkes Nasenbluten bekam. An einem Samstag im November 1913 konnte die Blutung nicht gestillt werden, und der neunzehn Jahre alte Moshe Barsky erbot sich, zur Nachbarsiedlung Menahamiya zu reiten, um ein Gerinnungsmittel zu holen. Am Abend kam sein Maultier allein zurück, und als man nach ihm suchte, fand man seine Leiche in der Nähe des Jordanflusses. Die Polizei fand heraus, daß er von sechs Arabern, die das Maultier stehlen wollten, überfallen worden war. Barsky hatte sich heftig zur Wehr gesetzt, bis ihn einer der Araber in den Rücken schoß. Sein Grab im Olivenhain war das erste in Degania. So verband sich mit dem Namen des kleinen Moshe der Kampf zwischen Juden und Arabern, welcher für sein weiteres Leben bestimmend sein sollte.

Daß Moshe Dayan in Degania geboren wurde, erwies sich als großer Vorteil für seine politische Laufbahn. Die Siedlung wurde eine aristokratische Familie; in der jüdischen Arbeiterbewegung – welche die dominierende sozialpolitische Macht in der Yishuv und später im Staat wurde – gab es keinen »exklusiveren« Zirkel. Von allen frühen jüdischen Siedlungen in Palästina gelang es nur Nahalal und Ein Harod (beide 1921 gegründet) annähernd ebenso große Bedeutung in der Arbeiterbewegung zu erlangen wie Degania. Während es prominenten

Führern der Yishuv oft schwerfiel, mit Degania zur Zusammenarbeit zu kommen, gehörte Moshe ihm durch seine Geburt an und war der Liebling der Gründer des ersten Kibbuz. Da die Siedler alle jung waren und wenig oder gar keine Erfahrung mit Kindern waren, beteiligten sich alle eifrig an seiner Erziehung, darunter viele Gründer der Arbeiterbewegung Palästinas.

Im Jahr 1915 war Degania jedoch noch weit davon entfernt, eine aristokratische Familie oder ein exklusiver Zirkel zu sein. Außerdem waren sich Shmuel und Dvorah bei Moshes Geburt noch nicht einmal sicher, wo sie sich ständig niederlassen würden, und ebenso unklar waren sie sich über ihre Lebensziele. Dvorah träumte noch immer davon, »die Welt zu sehen«, und konnte die neue Doktrin von der manuellen Arbeit noch nicht als Weg zur geistigen Erlösung akzeptieren. Shmuel war innerlich ausgeglichener. Offenbar erfüllte ihn der glühende Geist der Zweiten Aliyah* mit Kraft, deren Motto »Eroberung durch Arbeit« lautete. Offenbar zog Shmuel ständig umher – vom Haus seines Vaters in Zaskow nach Uman, von Uman nach Odessa, und von Odessa nach Jaffa. Im Juni 1908 kam er nach Palästina und begab sich von Jaffa zu den landwirtschaftlichen Siedlungen in der Küstenebene. »Eroberung durch Arbeit« bedeutete vor allem, sich auf die körperlichen Strapazen der Landarbeit vorzubereiten. Shmuel tat dies zuerst als Tagelöhner, dann als Mitglied einer Landarbeiterorganisation. Er arbeitete auf Farmen im ganzen Land und kam schließlich nach Degania. Nun fragte er sich, ob er wohl in Degania am Ende seiner Wanderschaft angelangt war. Sollte er sich im Kibbuz niederlassen oder weiterhin neues Land erschließen, um sein Volk zu erlösen? Die widersprüchlichen Neigungen machten ihm die Entscheidung schwer.

Die Umstellung vom Leben in Rußland auf das harte Dasein in Palästina fiel Shmuel leichter als Dvorah. Das im Distrikt Kiew gelegene Zaskow war eine arme Stadt, in der ein paar hundert Juden lebten, die hauptsächlich darauf angewiesen waren, sich durch Pferdehandel ihren Lebensunterhalt zu verdienen. Shmuels Familie gehörte zu den ärmsten, genoß aber dennoch ein gewisses Ansehen. Mütterlicherseits war Shmuel ein ferner Nachkomme des Rabbi Pinchas von Koritz, eines der großen Chassidenführer des achtzehnten Jahrhunderts. Mütterlicherseits war er ein Levite und ein Nachkomme der vierten Generation von Reb Eliyahu, der als *Dayan* (religiöser Rich-

---

* Die zweite jüdische Einwanderungswelle in Palästina (1904–1914).

ter) am »Hof« des bekannten Chassiden Aryeh Leib, des »Großvaters von Spola«, gedient hatte.
Reb Eliyahu, der *Dayan,* hatte der Familie ihren Namen gegeben und den Rang eines *Dayan* an seine Söhne und deren Abkömmlinge vererbt. Reb Pinchas, Shmuels Großvater, war in Zaskow *Shochet* und *Bodek** und wurde von den ansässigen Juden als Kapazität auf dem Gebiet der Ernährungsvorschriften und als Schiedsrichter bei häuslichen oder geschäftlichen Streitigkeiten respektiert. Doch Pinchas Sohn, Reb Avraham (Shmuels Vater), wurde sein ganzes Leben lang von Unglück verfolgt. Als er noch ein Kind war, trat ihm eine Kuh auf den Fuß, und er wurde zum Krüppel. Als er zu heiraten beschloß, verkuppelte man ihn mit einem armen Waisenmädchen. Überdies zerbrach er das traditionelle Schlachtmesser, worauf man ihm die Tauglichkeit als *Shochet* absprach, und er verlor die ererbte Position eines *Dayan* an einen seiner drei Brüder. Ebensolches Pech hatte er, als er sich als Händler betätigte. Eine der vielen geschäftlichen Unternehmungen, in denen er sich versuchte, war der Verkauf von Rosinenwein an die Armen, eine Tätigkeit, die erforderte, daß er häufig in den Keller hinunterstieg. Da Reb Avraham eine Todesangst vor den Gespenstern hatte, die, wie er glaubte, in den finsteren Winkeln hausten, ließ er die Weinflaschen von seinem zehnjährigen Sohn Eliyahu heraufholen. Eines Tages wanderte eine Ziege unbemerkt in den Keller. Als Eliyahu die Treppe hinunterstieg, stand er plötzlich einem wahrhaftigen Teufel mit Hörnern und einem Bart gegenüber. Das Kind schrie so laut, daß sein Vater fast in Ohnmacht fiel. Mut dürfte kaum unter den Eigenschaften gewesen sein, die Reb Avraham an seinen Enkel Moshe vererbte.
Als Reb Avraham sich als Handelsreisender betätigte, wurde der elf Jahre alte Eliyahu sein Gehilfe. Mit vierzehn Jahren brachte seine Geschäftstüchtigkeit Eliyahu eine Stellung als Verkäufer in Odessa ein. Reb Avraham übersiedelte deshalb 1898 mit der ganzen Familie nach Odessa, doch an dem Tag, als Eliyahu seiner Familie zu neuem Glück verhelfen sollte, ging das Geschäft bankrott. Daraufhin arbeitete er als Tagelöhner in einer Zündholzfabrik und verkaufte am Abend Brezeln auf der Straße. Zwei Jahre später kehrte die Familie nach Zaskow zurück, und Eliyahu wurde wieder Handelsvertreter. Shmuel, 1890 geboren und sieben Jahre jünger als Eliyahu, begleitete seinen älteren Bruder bei seinen Reisen.

---

* Einer, der Fleisch untersucht und entscheidet, ob es koscher ist.

Shmuels schulische Erziehung begann in einem *Cheder**. Er war ein eigensinniges Kind und brachte den Rabbi einmal so in Wut, daß dieser ihm eine Ohrfeige versetzte und ihm zwei Zähne ausschlug. Daraufhin wurde er in ein anderes *Cheder* versetzt. Obwohl die Armut der Familie sich auf seine Schulausbildung auswirkte, lernte er Hebräisch und Russisch lesen und schreiben. Wegen seiner schönen, deutlichen Schrift bekam er oft Arbeit als Schreiber und verfaßte »Ansuchen« von Bauern an die Distriktsbehörden.

In Odessa war Eliyahu unter den Einfluß der wachsenden Zionistenbewegung geraten und übertrug viel von seiner Begeisterung auf Shmuel. Die beiden Brüder waren selbständige Burschen mit einem starken Willen und einem findigen Geist. Nach Jahren schwerer Arbeit hatte Eliyahu 600 Rubel gespart, und 1908 ließ er Frau und Kinder in Zaskow zurück und ging mit seiner Schwester Beileh und seinem Bruder Shmuel nach Palästina. Eliyahu war einer der wenigen Pioniere der Zweiten Aliyah, die genügend Geld nach Palästina mitbrachten, das ihnen über schwere Zeit hinweghalf. Bald errichtete er eine Farm in Ein Gannim und kehrte dann nach Zaskow zurück, um seine Frau und seine Kinder nach Palästina zu schicken. Er selbst blieb in Rußland, um Geld für die Farm zu verdienen. 1912 ging er mit seiner Schwester Bat-Sheva wieder nach Palästina.

Im Gegensatz zu seinem jüngeren Bruder setzte Eliyahu energisch seine Überzeugung in die Tat um. Er lehnte jede politische Betätigung ab und vertrat voll Eifer das Prinzip unabhängiger Arbeit**.

Shmuel hingegen interessierte sich für Politik und öffentliche Angelegenheiten. Noch vor Ende seines ersten Jahres in Palästina veranstaltete er eine Versammlung zur Unterstützung von *Hapoel Hatzair*, der Zeitung einer linksgerichteten Partei gleichen Namens. Barfuß und in dem »Sabbathhemd«, das er aus Rußland mitgebracht hatte, wanderte er von Ein Gannim nach Jaffa und überbrachte den Herausgebern der Zeitung die kleine Summe, die er gesammelt hatte, sowie ein Protokoll der Versammlung.

Dieses Unternehmen stellte einen Wendepunkt in Shmuels Leben dar. Es brachte ihn in Kontakt mit Y. H. Brenner, dem Schriftsteller und Ideologen der hebräischen Arbeiterbewegung. Mit Yoseph Sprinzak,

---

* Jüdische Volksschule in Osteuropa. Sie wurde von Rabbis geleitet, die Kinder verschiedenen Alters unterrichteten.
** Eins der Hauptideale der Pioniere der Zweiten Aliyah. Sie waren im Prinzip Sozialisten, lehnten die Lohnarbeit ab und waren von der erlösenden Kraft des persönlichen Kontakts mit der Erde überzeugt.

dem Vorsitzenden der *Hapoel Hatzair*-Partei und Yoseph Aharonovitch, dem Herausgeber von *Hapoel Hatzair,* der ihn aufforderte, für die Zeitung zu schreiben. Zu dieser Zeit widmete er der Politik und dem Journalismus jedoch nur einen relativ kleinen Teil seiner Zeit. Die kleine Gasse in Jaffa, in der sich die ärmliche Redaktion befand, erfüllte nicht die Faszination, die Aktivität und das berauschende Gefühl, Neuland zu erschließen, die das Pionierleben bot. Das wilde, freie Land, die umherziehenden Gruppen von Pionieren, die auf den Feldern lebten, das Land bearbeiteten, Entbehrungen litten, tanzten, waren von einer unwiderstehlichen Romantik. Dieser Geist wurde vor allem von den Männern der Hashomer (der Garde) verkörpert, romantischen jüdischen Helden, die in traditioneller arabischer Kleidung auf Pferden ritten. Sie waren das Symbol der erneuerten Beziehung zu der uralten Heimat des jüdischen Volkes. Um damals in Palästina Wurzeln zu schlagen, mußte man den Bewohnern des Landes ähneln. Die Männer der Hashomer studierten die Lebensweise der Araber und versuchten, sich ihren Bräuchen anzupassen.

Etwa ein Jahr nach seiner Ankunft in Palästina kaufte sich Shmuel in Jaffa eine Pistole und einen Patronengurt. Tagsüber trug er sie, und nachts legte er sie neben sein Kissen. Eine solche Waffe war ein zulässiges Mittel zur Selbstverteidigung. Doch viel wichtiger war, daß die Pistole und die fünf Patronen das Kennzeichen des höchsten Pionierordens darstellten – der Männer der Hashomer. Als Shmuel von einem Angriff der Araber auf Kfar Tabor erfuhr, beschloß er, die Küste zu verlassen und in den Norden nach Galiläa zu gehen. Zusammen mit drei Freunden zog er zu den belagerten jüdischen Siedlungen, um »zu pflügen und zu säen« und der Hashomer zu helfen. Er kam bis Yavniel, wo ihn Ya'akov Sahin als Landarbeiter nahm und ihm die erste und wichtigste Aufgabe der »Eroberung durch Arbeit« gestellt wurde: den Farmern der jüdischen Siedlungen zu beweisen, daß ein junger Bursche aus der Ukraine auf dem Feld arbeiten konnte wie ein arabischer Fellache. In Petach Tikva hatte Shmuel Obst geerntet und Häuser gebaut. In Yavniel beauftragte Sahin seinen arabischen Arbeiter, dem neuen Mann das Pflügen beizubringen. Es fiel Shmuel schwer, sich an die Landarbeit zu gewöhnen, und er bewunderte zutiefst den Fleiß und die Ausdauer des alten Arabers.

Sahin brachte Shmuel im Stall unter: erstens, damit er nachts die Ochsen füttern konnte, und zweitens, damit er den Hof und das Haus bewachte. Obwohl Wachdienst zu den selbstverständlichen Pflichten eines jeden gehörte, der im Stall schlief, beschaffte Shmuel sich sofort die obligatorische Hashomer-Ausrüstung. Das romantische Leben war jedoch nur von kurzer Dauer, denn sechs Monate nach seiner Ankunft in Yavniel bekam er Malaria. Sahin hatte Mitleid mit ihm und nahm ihn ins Haus auf, damit er sich erholte, doch er kam zu dem Schluß, daß der jüdische Junge nie imstande sein würde, einen guten arabischen Fellachen zu ersetzen. Als Shmuel gesund war, stellte er fest, daß Sahin seinen Platz im Stall einem Araber gegeben hatte.

Er verließ Galiläa jedoch nicht, sondern ging zur »Volksfarm« der Siedlung Genezareth am See Genezareth, wo er sich einer Gruppe von Pionieren anschloß, die ihre Zeit teils mit Arbeit, teils mit endlosen ideologischen Debatten verbrachten. Shmuel erwies sich als leidenschaftlicher Diskussionsredner und wurde bald in den Redaktionsstab von *Hashfifon*, der satirischen Zeitschrift der Pioniere, gewählt. Eine seiner Kolleginnen war die Dichterin Rachel Blubstein. Sie war klein, zart und sensibel, hatte sanfte Augen und einen Hang zur Einsamkeit. Ihre zarte Figur und ihr romantisches Wesen zogen ihn an wie später bei Dvorah, doch seine Liebe wurde nicht erwidert. 1911 zog er von Genezareth in die neuerrichtete Siedlung Degania.

1905 erwarb die Jewish Colonization Association (JCA) von ihren arabischen Besitzern die Ländereien von Daleika und Um-Jouni. Im Juni 1908 gründete der Jewish National Fund auf einem Teil dieser Ländereien eine Farm, deren Kultivierung Mitglieder der Horesh übernahmen, der ersten Organisation jüdischer Landarbeiter in Galiläa. Innerhalb weniger Monate entzweiten sich jedoch die Mitglieder der Horesh-Gruppe und der von der JNF ernannte Verwalter der Farm, und das Projekt wurde aufgegeben. Im Dezember 1909 – dem offiziellen Gründungsdatum von Degania – wurde zwischen einer aus sechs Männern und einer Frau bestehenden Gruppe und der Palestine Land Development Company ein Vertrag geschlossen. Laut dieser Vereinbarung sollte die PLDC Besitzerin der Farm bleiben, doch die Siedler würden sie selbständig bewirtschaften und jeder ein monatliches Gehalt von 45 Franc bekommen, der Nettoertrag sollte zwischen ihnen und der Gesellschaft geteilt werden. Entstand jedoch ein Verlust, so würde die PLDC dafür aufkommen.

Obwohl die Gruppe sich als fähig erwies, eine Farm zu bewirtschaften, zerstreuten sich die Mitglieder bereits zehn Monate und zehn Tage nach Beginn des Experiments. Im Oktober 1910 wurde ein neuer, dem ersten ähnlicher Vertrag zwischen der Hadera-Kommune und der PLDC geschlossen. Dies war der eigentliche Beginn der *Kvutza* von Um-Jouni, die von den neuen Siedlern nach den fünf Arten Getreide (hebräisch *Dagan*), die sie auf ihrem Land anbauten, Degania genannt wurde.

Bis 1922 bestand die *Kvutza* von Degania aus zwei Gruppen: Mitgliedern der Kommune und bezahlten Arbeitern. Die ersten führten wirklich das Leben einer Kommune, indem sie alles redlich teilten. Als Shmuel 1911 als bezahlter Arbeiter in die Siedlung kam, hatte die Kommune elf Mitglieder. Sie zogen in die Lehmhütten, welche die früheren arabischen Pächter verlassen hatten. Die Mitglieder der Kommune, die das Rückgrat der *Kvutza* bildeten, mochten Shmuel nicht recht. Es gefiel ihnen nicht, wie er sich in den Vordergrund drängte und in die Verwaltung der Farm einmischte. Bei den Versammlungen der Gruppe widersprach er den Mitgliedern oft, wenn es um die soziale und landwirtschaftliche Struktur der Siedlung ging. Sein Wunsch, ein Repräsentant der Gruppe zu werden, ließ keinen Zweifel daran, daß er sich nie damit zufriedengeben würde, nur auf den Feldern zu arbeiten, doch seine Unfähigkeit, seine Ideen klar und eindringlich auszudrücken, war für ihn häufig von Nachteil. Manchmal drückte er, ohne daß es ihm bewußt wurde und in der vollen Überzeugung, daß es seine eigenen Ideen waren, die Gedanken anderer Mitglieder aus und wiederholte sie in seiner hochtrabenden Sprache. Er glich einem kleinen Schauspieler, der sich nur mit der Hauptrolle zufriedengeben wollte.

Shmuel gründete in der *Kvutza* eine Oppositionsgruppe und hielt mit seinen Anhängern in den Weingärten oder in der Tenne lange Versammlungen ab. Bald brach ein offener Konflikt zwischen dieser Gruppe und den Führern der *Kvutza* aus. Bei einer Generalversammlung forderte sie, daß Yoseph Bussel, der Leiter der Farm, durch Shmuel Dayan abgelöst wurde. Es kam zu keiner Abstimmung über diese Sache, doch sie wurde schließlich gelöst, indem Shmuel mit einigen seiner Anhänger in das Büro der *Kvutza* stürmte und verlangte, daß man ihm den Safe und die Kontobücher anvertraute. Diese unerhörte Tat erfüllte viele Mitglieder mit Zorn, und sie verziehen sie Shmuel sein Leben lang nicht. Schließlich erreichte er sein Ziel, die Farm gemeinsam mit Bussel zu leiten. Obwohl sie zusammen für die sozialen und landwirtschaftlichen Angelegenheiten der *Kvutza* zuständig waren, behielt Bussel – eine der Säulen der Kommune – die wirkliche Führerschaft und Macht. Nichtsdestoweniger war Shmuel, als Dvorah 1913 nach Degania kam, ein tonangebender Mann.

Es fällt schwer, sich eine unpassendere Frau für Shmuel vorzustellen. Dvorah war am 23. September 1890 in dem kleinen ukrainischen Dorf

Prochorowka geboren. Obwohl ihre Heimatdörfer nicht weit voneinander entfernt waren, entstammten Shmuel und Dvorah verschiedenen Welten. Während es in Zaskow ein reges jüdisches Leben, Synagogen und Schulen gab, lebte in Prochorowka nur eine jüdische Familie, die Zatulovskys. Dvorahs Großvater, Yehoshua Zatulovsky, war der Rabbi von Squira, und ihre Onkel waren Rabbis in benachbarten Gemeinden. Ihr Vater, Yehi'el Ze'ev Zatulovsky, war ein Gelehrter, der eifrig die hebräische Sprache und Kultur studierte, und erfolgreicher Direktor einer großen Holzhandlung. Außerdem genoß er Ansehen als Verfasser des Buches *Die Geschichte der Juden zur Zeit Chmielnickis*, das sich mit der Verteidigung der jüdischen Bevölkerung der Ukraine während jener Zeit der Pogrome beschäftigte. Dvorah entstammte deshalb einem viel kultivierteren Milieu als Shmuel.

Dvorah und ihr Bruder wuchsen auf einem aus zwei Steinhäusern bestehenden Gutshof am Ufer des Dnjepr auf. Bis zu ihrem achten Lebensjahr wurde sie zu Hause von einem Privatlehrer unterrichtet. Danach überredete der Dorfpriester, Pater Ippolyte, ihren aufgeklärten und liberal eingestellten Vater dazu, Dvorah in die kirchliche Schule zu geben, wo sie die einzige jüdische Schülerin war. Erst dort lernte sie Russisch, denn bis dahin hatte sie nur ukrainischen Dialekt gesprochen. Von dort kam sie auf ein russisches Gymnasium in Krementschug und studierte dann an der Universität Kiew Pädagogik. Merkwürdigerweise teilte sie weder die Liebe ihres Vaters für die hebräische Sprache noch seine Begeisterung für den Zionismus. Als Dvorah viele Jahre später über diese Zeit ihres Lebens schrieb, bemerkte sie, daß sie sich in die großen Weiten Rußlands, seine Menschen, seine Sprache und seine Literatur verliebt habe. Während der mißglückten Revolution von 1905, als sie noch das Gymnasium besuchte, betätigte sie sich für die Bewegung zur Befreiung des Proletariats. Ohne sich um die damit verbundene Gefahr zu kümmern, schloß Dvorah sich den Narodniks an, besuchte Arbeiter in ihren Wohnungen und Fabriken und half den Notleidenden. Sie trat der Studentengruppe der Sozialdemokratischen Partei bei und wurde eine überzeugte Anhängerin des Pädagogikprofessors Rossow. Mit ihm arbeitete sie an einer Studie über die Kinder der Elendsviertel von Kiew, und später begleitete sie ihm auf einer Studienreise durch Kaukasien und auf die Krim. Miriam Baratz, ihre enge Freundin in Degania, behauptet, daß sie sogar daran dachte, ihn zu heiraten.

Ihre größte Liebe war die Literatur, ihr Idol Tolstoi. Als sie 1910 von seinem Tod erfuhr, eilte sie mit vielen ihrer Studienkollegen zum

Bahnhof und fuhr nach Jasnaja Poljana. Dort schloß sie sich der langen, aus Tausenden Menschen bestehenden Reihe an, schritt an den weißen Birken vorbei, erreichte das Haus, stieg langsam die Treppe hinauf und betrat schließlich Tolstois Arbeitszimmer. Ihr Schmerz über den Verlust Tolstois war so groß, daß sie nicht fähig war, abzureisen und einige Tage bei der Tolstoi-Kommune in Tilljatinsky verbrachte. Fünfundzwanzig Jahre später, auf der Farm in Nahalal, schrieb sie: »Im Leben eines jeden Menschen kommt ein Moment, in dem er wünscht, die Sonne möge stillstehen. Dies war mein Moment.«

Im Herbst 1911 griff Bulgarien – von Rußland unterstützt – die Türkei an. Damit begannen die Balkankriege, in denen die Türkei alle ihre europäischen Gebiete verlieren sollte. Gegen den Willen ihrer Eltern meldete Dvorah sich freiwillig als Krankenschwester und ging von Prochorowka an die bulgarische Front, um sich der Pflege der verwundeten Soldaten zu widmen. (Ihre unerwiderte Liebe zu Professor Rossow mag zu ihrem Entschluß beigetragen haben.) Bei diesem gefährlichen Einsatz befielen sie Zweifel bezüglich ihrer Nationalität. Zum ersten Mal fragte sie sich, ob dies wirklich ihr Krieg war, ob die Russen wirklich ihr Volk waren. Zu welchem Volk gehörte sie? Wo waren ihre Arbeiter, Soldaten und Bauern? Diese Zweifel und die herzzerreißenden Briefe ihre Eltern aus Prochorowka veranlaßten sie, in die Ukraine zurückzukehren.

Dvorah setzte ihr Universitätsstudium fort und nahm eine Halbtagsstellung bei der Stadtverwaltung von Kiew an, doch sie fand keine Antwort auf die Fragen, die sie in Bulgarien gequält hatten. Eines Abends, während einer fröhlichen Studentenfeier in ihrem Zimmer, befiel sie eine ruhelose, melancholische Stimmung, und als sie die heiteren Gesichter ihrer Freunde anstarrte, erfüllte sie ein Gefühl der Entfremdung. »Ich habe einen großen Irrtum in meinem Leben entdeckt. Die Leute, denen ich mich zugehörig fühlen möchte, sind nicht meine Leute, und ich bin eine Fremde unter ihnen.« In der gleichen Nacht kam sie zu dem Schluß, »ganz neu beginnen zu müssen«. Sie packte ihre Koffer, fuhr am Morgen mit dem ersten Flußdampfer den Dnjepr hinunter und kehrte in ihr Vaterhaus zurück.

Dvorah suchte in ihres Vaters Bibliothek nach den Antworten auf ihre Fragen. Dabei entdeckte sie zahlreiche in hebräischer Sprache verfaßte Bücher. Obwohl sie die Sprache nicht verstand, hatte sie das Gefühl, daß die Lösung ihres Dilemmas in ihnen zu finden sei. Sie ging nicht wieder auf die Universität, sondern verbrachte den Winter des Jahres 1912 am Schreibtisch ihres Vaters und sah die vielen Briefe durch, die

er aus Palästina erhalten hatte. Eines Tages stieß sie auf einen in Russisch geschriebenen Brief von Ze'ev Tiomkin, den Repräsentanten von Hovevei Zion in Palästina, in dem dieser die neueste Entwicklung in der Yishuv schilderte. Während sie ihn las, wuchs ihre Erregung, und ein Gedanke durchzuckte sie: »Dort sind die Arbeiter meines Volkes. Ich werde zu ihnen gehen!«
Obgleich Dvorahs Eltern überzeugte Zionisten waren, bestürzte sie der Entschluß ihrer Tochter, nach Palästina auszuwandern. Abgesehen davon, daß sie verständlicherweise nicht wollten, daß sie ihr Haus verließ, hielten sie die Reise für gefährlich. Schließlich war sie noch eine junge Frau und mußte allein durch ein ödes Land reisen, in dem allerlei Krankheiten herrschten und das von Arabern bewohnt war, die sie als Wilde betrachteten. Ihr einziger Schutz war der an Israel Bloch in Degania gerichtete Brief eines Freundes, in dem dieser gebeten wurde, Dvorah im Hafen von Haifa abzuholen. Am Januar 1913 trat sie mit dem Dampfer *Princess Olga*, der mehrere hundert russische Auswanderer an Bord hatte, die Reise an.
Eine Woche später, an einem regnerischen Samstagmorgen, stieg Dvorah von dem Schiff in ein kleines Boot, das sie zum Hafen brachte, wo ihre Papiere und ihr Gepäck von den türkischen Behörden überprüft wurden. Alles ging glatt; nur Israel Bloch erschien nicht. Da sie nicht wußte, wohin sie gehen sollte, blieb sie einfach stehen und wartete; dann beschloß sie, sich einer Passagierin anzuschließen, die von ihrer Familie abgeholt worden war. Sie ging neben ihnen her und kam zu einem Hotel. Nach einer Weile trat ein bärtiger Mann mittleren Alters zu ihr und fragte sie, was sie in Palästina wolle. Sie erfuhr von ihm, daß Israel nach Damaskus gefahren war, um Kühe für die Milchfarm von Degania zu kaufen. Israel Betser, der freundliche Fremde, hatte der ersten Siedlergruppe von Degania angehört und lebte jetzt mit seiner Familie in Merhavya. Er war Dvorah vom ersten Moment an sympathisch, und sie nahm mit Freuden seine Einladung an, bei seiner Familie zu wohnen, bis Israel Bloch zurückkam. Am nächsten Tag fuhr sie mit Betser, der später einer der Gründer von Nahalal und ein guter Freund der Dayans wurde, nach Nahalal. Als sie erfuhr, daß Bloch zurückgekehrt war, fuhr sie mit der Eisenbahn nach Zemakh und ging von dort aus zu Fuß nach Degania.
Bei ihrer Ankunft in der Siedlung im Frühjahr 1913 war sie nach der Schilderung eines Mitglieds ein bezauberndes Mädchen mit einem klaren, lächelnden und wundervoll frisch aussehenden Gesicht. Zwei lange Haarflechten krönten ihren Kopf. Ihre Augen waren tief und dun-

kel und blickten groß in eine Welt, die so schön und verheißungsvoll schien. Sie war sehr weiblich und fröhlich und stets zum Lachen aufgelegt, doch ihre Heiterkeit schlug oft plötzlich in Ernst um.« Trotzdem lehnte man ihr Ansuchen, als Mitglied in die *Kvutza* aufgenommen zu werden, ab. Miriam Baratz berichtet darüber: »1913 kamen drei Mädchen zu uns. Zwei waren schön und das dritte häßlich. Als die zwei Schönheiten kamen, scharten sich die Männer (die armen) um sie. Dvorah war die schönere von beiden; ihre Schönheit war ausdrucksvoller und feiner. Shmuel Dayan, der *Tzaddik* (gerechte Mann) erklärte, die zwei schönen Mädchen müssen von Degania fortgeschickt werden, weil die Männer nicht mehr arbeiteten und die Farm vernachlässigten.« Wie Miriam Baratz behauptet, hatten die meisten Mitglieder mit dem Beschluß, Dvorahs Ansuchen abzulehnen, nichts zu tun. Am stärksten setzte sich Shmuel selbst dafür ein, der ihre Ablehnung durchsetzte, um sie außer Reichweite seiner Rivalen zu bringen. Miriam meint, es sei zweifelhaft, ob Shmuel Dvorah gewonnen hätte, wenn sie in Degania geblieben wäre. Dvorah akzeptierte später diese Version der Geschichte, wenngleich vielleicht nur im Scherz. Wie dem auch sei, dies war die Geschichte, die Moshe von seiner Mutter erfuhr und in seiner Jugend oft Freunden erzählte.

1913 war Shmuel durch und durch ein Pinoier. Er sprach voll Begeisterung von hohen Idealen, leitete die Farm von Degania, schrieb für *Hapoel Hatzair*, arbeitete auf den Feldern und bewachte die Siedlung als berittener Posten. Auf ein Ersuchen der Hashomer hin schickte Degania Shmuel und ein anderes Mitglied nach Merhavya, damit sie halfen, die dortigen Felder zu bewachen. Er war einer von zwanzig Posten, welche die ansässigen Araber vertrieben, die auf den Feldern der Siedlern Weizen zu ernten versuchten. Shmuel nahm auch an mehreren Gefechten mit arabischen Banden teil. Während seines Aufenthalts in Merhavya schrieb Shmuel dem »neuen Mädchen« in Degania und schilderte ihr romantisch seine Erlebnisse als Wächter.

Inzwischen behandelte man Dvorah in Degania wie einen neuen Rekruten und betraute sie mit den niedrigsten Arbeiten. Eine Zeitlang flickte sie alte Säcke; später jätete sie Unkraut und half beim Dreschen. Eines Tages übertrug man ihr eine wirklich verantwortungsvolle Aufgabe – Brot für die fünfzig Mitglieder der *Kvutza* zu backen. Ihre Finger wurden steif, ihr Rücken schmerzte, und sie verlagerte ihr Gewicht von einem Fuß auf den andern, doch schließlich gelang es ihr – wie sie später sagte, mit übermenschlicher Anstrengung –, die verlangte Anzahl von Laiben zu backen. Für die Mitglieder der *Kvutza* zählte nur das Ergebnis; die dazu erforderlichen Anstrengungen waren unwichtig. Dvorah arbeitete Seite an Seite mit Miriam Baratz, die Säcke mit Weizen schleppte, Kühe melkte, Brot für fünfzig Leute backte und sogar arbeitete, als sie an Malaria erkrankte und Fieber bekam. Dvorahs Bildung und Intelligenz waren in Degania von geringer Bedeutung.

Sie besuchte nicht die Generalversammlung, bei der über ihren Mitgliedschaftsantrag diskutiert wurde, doch sie konnte im Nebenraum die Stimmen durch die dünnen Wände hören. Obwohl die Diskussion auf Hebräisch geführt wurde und nicht alles verstand, war der allgemeine Sinn schmerzlich klar. Man kritisierte sie, weil sie nicht Hebräisch oder Jidisch sprach, weil sie sich nicht voll für den Zionismus engagierte und weil sie keine »Arbeitskraft« war. Was die Farm vor allem brauchte, war Arbeit, ganzer Einsatz für die Angelegenheiten der Farm, Fleiß und völlige Identifizierung mit den Idealen der Gruppe. Doch man warf ihr noch andere Fehler vor: sie war zu gebildet, das Essen schmeckte ihr nicht, und sie war zwar tagsüber fröhlich, zog sich aber abends zurück. Eine Bemerkung grub sich in ihr Gedächtnis ein: »Sie ist aus einem anderen Milieu zu uns gekommen. Unsere Ideale und Interessen sind ihr fremd.« Dvorah schrieb über die Schwierigkeiten, mit denen ihre Eingliederung in Degania verbunden war: »Ich ging zu ihnen und sagte: ›Ich gehörte einer anderen Gesellschaft an, vielleicht einer, die eurer feindlich gesonnen ist. Aber ich habe dort nicht die Wahrheit gefunden und kam, um sie bei euch zu finden.‹ Und sie antworteten: ›Aber du bist uns fremd.‹ Welche Qualen machte ich während dieser Zeit meines Lebens durch.«

Dvorah beschloß, bis nach dem Dreschen in Degania zu bleiben. Als die Arbeit getan war, ging sie zur JCA-Farm in Sejera; sie hoffte, dort Arbeit zu finden und lernen zu können. Zuerst lehnte es der Verwalter der Farm ab, sie zu beschäftigen, denn er meinte, es passe sich nicht für eine Frau wie sie, »schmutzige Arbeiten zu tun« und »Arbeitskleider seien nicht aus Seide«. Sie schrieb Shmuel darüber und bemerkte, »bei solchen Argumenten könne ein Mensch verhungern«. Schließlich erlaubte man ihr doch, jeden zweiten Tag auf der Farm zu arbeiten, und so hatte sie Zeit, die Schule der Siedlung zu besuchen. Einen großen Teil ihrer Freizeit verbrachte sie damit, sich mit der russisch-orthodoxen Frau des hebräischen Lehrers zu unterhalten, und oft, wenn die anderen Mädchen zur Arbeit gingen, las Dvorah ihr aus Werken von Tschechow vor.

Als Dvorah nach Sejera ging, schrieben sie und Shmuel einander öfter, und sie unterzeichneten ihre Briefe mit »Dein« oder »Deine« oder »Mit vielen Küssen«. Shmuel besuchte Sejera häufig. Er war ein gutaussehender, braungebrannter Mann mit einem scharfgeschnittenen Gesicht und weichem kohlschwarzem Haar. Hartnäckigkeit, Ausdauer und Energie waren seine hervorstechendsten Eigenschaften. Sein Mangel an Weichheit ließ ihn ernst und streng erscheinen. Shmuel verstand Dvorahs Probleme und bewunderte ihre geistigen Fähigkeiten. Ihre Gegenwart wirkte beruhigend auf ihn. »Die Mitglieder sehen keine Arbeitskraft in Dir«, schrieb er. »Ich sehe eine ganze Welt in Dir.« Sie glaubte jedes Wort, das er sagte, bewunderte jede Seite seiner kraftvollen Persönlichkeit. Seine Handlungen schienen voll seine Überzeugung widerzuspiegeln, und sie sah in ihm einen Helden und Propheten. Da er fließend Hebräisch sprach, scheint sie ihn auch in kultureller Hinsicht als ihr überlegen betrachtet und geglaubt zu haben, er habe die Kraft, sie aus ihrer alten Welt heraus und in die neue zu führen. Laut Miriam Baratz bemühte sich Dvorah, ihre Neigung zu dem russischen Professor möglichst schnell zu vergessen. Shmuel war deshalb in vielerlei Hinsicht ein Erlöser für sie.

Nachdem Shmuel der Moskito ins Ohr geflogen war, fuhr er nach Beirut, wo er an der Nase operiert wurde. Eines Morgens stürzte Dvorah plötzlich in sein Hotelzimmer und umarmte ihn. Sie hatte weder die richtige Kleidung für die Reise noch Freunde, die ihr mit Rat zur Seite standen oder halfen, und ihr ganzes Geld hatte sie für die Fahrkarte nach Beirut ausgegeben. Während Shmuel im Krankenhaus lag, verbrachte sie soviel Zeit wie möglich an seinem Bett und schlief in einem billigen Hotel. Als Verlobte kehrten sie nach Degania zurück. Diesmal nahmen die Mitglieder der *Kvutza* Dvorah mit offenen Armen auf, und sie begann Degania als ihre Heimat zu betrachten. Doch die zwei hatten wenig Zeit, ihr Glück zu genießen, denn sie erkrankten beide bald nach ihrer Rückkehr von Beirut. Da die besten Ärzte der Levante Shmuel nicht hatten kurieren können und sein Zustand von Tag zu Tag schlimmer wurde, bat er die *Kvutza*, ihm eine Behandlung in Wien zu ermöglichen. Etwa zur gleichen Zeit bekam Dvorah Malaria und dann eine Bronchitis. Die beiden beschlossen, daß sie zur Erholung in ihr Elternhaus zurückkehren sollte, während Shmuel nach Wien fuhr. Später wollte er zu ihr nach Prochorowka kommen, wo sie ihre Verlobung bekanntzugeben beabsichtigten.

Die Kosten für Shmuels Reise nach Wien waren für die *Kvutza* zu hoch, und die Mitglieder lehnten seine Bitte um ein Darlehen ab. Er beschloß, auf eigene Faust nach Österreich zu fahren und lieh sich fünf

Louisdor von Eliyahu. Gekleidet in ein elegantes neues Jackett und Schuhe, die er in Tiberias gekauft hatte, ging er, seine übrigen Habseligkeiten in einer Holzkiste, im Dezember 1913 in Jaffa an Bord eines Schiffes. Dvorahs Eltern schickten einen Teil des Geldes, das sie für ihre Reise brauchte, und Shmuel gab ihr den Rest.

Mit Unterstützung des Wiener Zionistenverbandes wurde er von einer privaten christlichen Klinik zur Behandlung aufgenommen. Die beiden korrespondierten regelmäßig. Dvorah riet Shmuel, seine Zeit zum Lesen zu nutzen, und schickte ihm eine Liste von Büchern, die sie ihm empfahl, während er sie drängte, schnell gesund zu werden: »Du mußt eine Bäuerin werden. Bald werden wir wieder mit unserer Arbeit auf dem Land beginnen. Unsere Pläne, ›die Welt zu sehen‹, könnten uns leicht dem Land entreißen. Die Stadt hat viele Reize... Doch wir werden das Land nicht verlassen, denn unsere Arbeit hätte ohne Arbeit auf unserem Grund und Boden keinen Sinn.«

An Bord des Schiffes, mit dem sie nach Rußland fuhr, erlitt Dvorah einen Malariarückfall. Blaß, schwach und erschöpft traf sie im Januar 1914 in Odessa ein. Man brachte sie sofort zu einem Arzt, doch bis April folgte eine Krankheit der anderen. Der Arzt verbot ihr, nach Palästina zurückzukehren, doch Dvorah ließ sich nicht beirren. Sie schrieb an Shmuel: »In Palästina hat es einen Sinn, am Morgen aufzustehen; dort gibt es etwas, wofür man lebt. Hier fühle ich mich wie ein Vogel in einem Käfig. Laß uns bald, bald zurückgehen!« Die Erinnerung an ihre erste Liebe schien jedoch noch lebendig, denn sie unternahm eigens eine Reise nach Kiew, um sich von Professor Rossow zu verabschieden – vielleicht auch, um sich selbst zu beweisen, daß sie nichts mehr für ihn empfand.

Dann begann sich Dvorah auf die Rückfahrt nach Palästina vorzubereiten. In ihrer freien Zeit schrieb sie eine Erzählung über den Straßenjungen Wowka fertig, beschloß dann aber, sie nicht drucken zu lassen, weil sie nichts mehr auf Russisch veröffentlichen wollte. Die ganze Zeit wartete sie ungeduldig auf Shmuel. Doch Shmuel wurde durch Schwierigkeiten aufgehalten. Im Jahr 1910 hätte er sich zum Militärdienst bei der zaristischen Armee melden sollen, und nun drohten ihm Bestrafung und Zwangseinziehung. Vorsichtshalber hatte er Palästina mit einem falchen Paß verlassen, den er sich von Eliyahu Golomb lieh. Bei der Einreise nach Rußland war er unbehelligt geblieben, doch die Ausreise würde nicht so einfach sein, denn auch der damals neunzehn Jahre Golomb war verpflichtet, sich zum Militärdienst zu melden. Shmuel traf ohne Zwischenfall in seinem Elternhaus in Zaskow ein. Dort ließ er sich einen Bart wachsen, damit er wie ein alter Mann aussah und Rußland mit einem anderen falschen Paß verlassen konnte. Er bat Dvorah brieflich, ihm den nötigen Paß zu beschaffen; dann machte er sich auf den Weg nach Prochorowka und legte dreißig Kilometer zu Fuß auf einer schneebedeckten Straße zurück. Über seinen Empfang im Haus der Zatulovskys schrieb er: »Liebe und herzerwärmende Freude erfüllten sofort das Haus. Es war ein glücklicher Abend für die neue Familie, denn wir die ganzen dreiundvierzig Jahre unseres gemeinsamen Lebens in schöner Erinnerung behielten.«

Ende Juli 1914 fuhren Shmuel und Dvorah von Odessa nach Haifa. Sie reisten gerade noch rechtzeitig ab, denn während sie auf See waren, erklärte Deutschland Rußland und Frankreich den Krieg: der Erste Weltkrieg hatte begonnen.

2
Degania (1915-1920)

Dvorah widmete sich nur ihrem Kind. Sie verbrachte Stunden damit, es anzusehen und auf jede Miene und jeden Laut, die es machte, zu achten, und Shmuel fühlte sich oft als bloßer Zuschauer. Miriam Baratz, die erste Mutter unter den Mitgliedern der *Kvutza*, verrichtete ihre Arbeit im Kuhstall mit solchem Eifer, daß sie ihren Sohn Gideon oft mitnahm, ihn in einen Futtertrog legte und die Kühe melkte, während Fliegen auf seinem Gesicht herumkrochen. Doch Dvorah mochte ihr Kind nicht aufs Feld mitnehmen; sie wollte ihre ganze Zeit ihm allein widmen. Die *Kvutza* sah dies nicht gern, denn es bedeutete eine Vergeudung von Arbeitskraft. Miriam Baratz schlug Dvorah vor, sich in die mütterlichen Pflichten zu teilen: eine von ihnen sollte zur Arbeit gehen, während die andere sich um die zwei Kinder kümmerte. Dvorah erklärte sich dazu bereit, und dies war der erste Fall von kommunaler Kinderversorgung in der Kibbuzbewegung. »Obwohl Gideon ein braves Kind war, kam Dvorah zwei Wochen später zu mir und sagte: ›Miriam, ich kann das nicht machen. Ich möchte meinem Kind alles sein: Pflegerin, Lehrerin, Universität. Ich möchte das Ganze nicht erschweren, indem ich mich um ein anderes Kind kümmere.‹ Und dies war das Ende der ersten gemeinschaftlichen Kinderversorgung.« Moshe betrachtete man als schwieriges Kind, weil er ununterbrochen schrie, und Dvorah brachte ihn nachts oft hinunter zum Jordan, damit er mit seinem Geschrei die müden Siedler nicht aufweckte.

Bis zum Sommer 1916 wurden in Degania vier Kinder geboren, die alle an einem Trachom, einer infektiösen Bindehautentzündung, erkrankten. Moshe steckte Dvorah damit an, und es begann eine Zeit ständiger Fahrten zu Ärzten im ganzen Land. Im Juli 1916 brachte Dvorah Moshe mit einem Fuhrwerk zu Shmuels Schwester Beileh Hurvitz, die in dem Dorf Nahalat Yehudah lebte, etwa eineinhalb Kilometer nördlich von Rishon el-Zion. Als Dvorah das Dorf erreichte, hatte sich ihre Krankheit so verschlimmert, daß sie kaum noch sehen

konnte. Die Behandlung, die sie bekam, wirkte nicht sofort, und es dauerte einige Zeit, bis sie ihre Sehkraft wiedererlangte. Doch bevor sie völlig vom Trachom geheilt wurde, bekam sie hohes Fieber. Trotzdem fuhr sie allein nach Jaffa, um Dr. Chaim Hissin aufzusuchen, der ein Leberleiden feststellte, sie aber wegen der vielen dortigen Typhuskranken nicht in sein Krankenhaus aufnehmen konnte.
Als Dvorah und Moshe – beide immer noch krank – nach Degania zurückkehrten, hatte der Krieg sich ausgebreitet. Die Türken waren auf eine für die Engländer arbeitende Spionageorganisation namens »Nili« gestoßen und unternahmen große Suchaktionen, um ihre Mitglieder zu verhaften. Die »Nili« war in Wirklichkeit viel kleiner, als die Türken vermuteten, doch auf der Suche nach ihren Mitgliedern kamen sie bis Degania. Sämtliche Männer wurden festgenommen und später zu langen Verhören nach Genezareth gebracht. Doch wenigstens die Frauen und Kinder entgingen wie durch ein Wunder dem Elend, das sich in dem vom Krieg zerrissenen Land ausbreitete, und nach einer Weile kehrten alle Männer bis auf einen nach Degania zurück. Bald darauf beschlagnahmten die Türken die zwei steinernen Gebäude der Siedlung und brachten darin deutsche Piloten unter. Ein Teil der Mitglieder richtete sich auf dem Heuboden des Kuhstalls ein, andere zogen in die Abteile des leeren Kornspeichers. Der November des Jahres 1917 war kalt und feucht, und in den provisorischen Unterkünften wurde es immer kühler. Die Küche hatten die Deutschen besetzt, und es gab keinen Platz, wo die Siedler sich wärmen konnten. Der Wind wehte durch die Lücken in den Abteilen, löschte die Lampen aus und ließ die Menschen erbärmlich frieren.
Eines Tages im Sommer 1918 bekam Moshe hohes Fieber. Shmuel und Dvorah, die um das Leben ihres Kindes fürchteten, brachten ihn nach Tiberias zu Dr. Pochovsky, der ihnen sagte, daß das Kind Lungenentzündung habe. In Tiberias gab es kein Krankenhaus, und so nahmen Shmuel und Dvorah ein Zimmer im zweiten Stock des Weingart-Hotels und wachten abwechselnd an Moshes Bett. Da es in dem Zimmer drückend heiß war, schwenkten sie nasse Handtücher über seinem Bett, doch Moshe lag neun Tage lang reglos da. Als Shmuel eines Morgens seine Frau weckte, damit sie die Morgenschicht übernahm, sagte er: »Horch«. Sie beugte sich über das Kind und hörte Moshe sagen: »Mutter, sie singen.« Da hörte auch sie die Stimme des Muezzin auf dem Minarett der nahen Moschee, der die Gläubigen an ihre Morgengebete mahnte.
Der Sommer in Degania, das 200 Meter über dem Meeresspiegel liegt,

ist lang und heiß, und Temperaturen über 40 Grad sind keine Seltenheit. Dr. Pochovsky schlug vor, Moshe zur Genesung an einen kühleren Ort zu bringen. Dvorah brachte ihn nach dem hoch im Oberen Galiläa gelegenen kühlen Metulla, doch sie fanden dort keine Ruhe. Obwohl wie weit von den Wirren des Krieges entfernt waren, hörten sie von den Deportationen, von dem Lebensmittelmangel und den sich ausbreitenden Seuchen. Dvorah erlebte in Metulla »Tage der Verzweiflung und Hoffnung. Zuerst schlaflose Nächte und Tage voll Furcht; dann Tage voll Freude, als ich sah, wie das Kind genas... Es lachte und spielte wieder.« Schließlich kehrten sie nach Degania zurück. Man schickte von der *Kvutza* nachts ein Fuhrwerk, damit sie Metulla frühmorgens verlassen und nicht in die Mittagshitze gerieten. Als das Fuhrwerk die gewundene Straße ins Huleh-Tal hinunterrollte, erschraken jedoch die Pferde plötzlich, bäumten sich auf, und der Geschirrschaft zerbrach. Während der Kutscher den Schaden reparierte, stieg die Sonne am Himmel immer höher, und die morgendliche Kühle wich der Mittagsglut. Dvorah sah, daß die Repraratur länger als erwartet dauern würde, und beschloß, Moshe aus der drückenden Hitze des Tals hinauszubringen. Sie nahm ihn auf den Arm und machte sich nach dem 20 Kilometer südlich gelegenen Rosh Pinna auf den Weg. Ohne zu rasten, marschierte sie quer über die Felder, und in der sengenden Hitze bekam das Kind Atemnot. Ihre Kraft ließ nach, und sie sehnte sich danach, das Kind, das von Minute zu Minute schwerer wurde, hinzulegen. Nur der Drang, es in Sicherheit zu bringen, trieb sie weiter. In der Ferne sah sie rote Schindeldächer und eine Frau, die ihr entgegenlief. Was dann kam, schien wie ein Traum. Sie reichte das Kind einer Frau und spürte kühles Wasser auf ihrem Gesicht. Sie wußte nicht, wie sie in das Haus kam, doch später, als sie das Bewußtsein wiedererlangte und sich umblickte, sah sie, daß sie mit Moshe auf einem kühlen, mit Strohmatten bedeckten Fußboden lag, neben sich einen Krug mit kaltem Wasser. Das Bild, wie Dvorah ihr Kind über die weglosen Felder trug, war charakteristisch für die ersten fünf Jahre von Moshes Leben.

All diese Jahre litt Moshe an einem Trachom und wurde ständig, doch ohne Erfolg behandelt. Auch Dvorah steckte er immer wieder damit an. Moshe konnte weder in Degania noch in Tiberias kuriert werden, eine richtige Behandlung war nur in Jaffa oder Jerusalem möglich, doch diese beiden Städte waren völlig von Galiläa abgeschnitten. Im Dezember 1917 standen die Engländer und Türken einander an einer Front gegenüber, die sich von Jerusalem bis Jaffa erstreckte. Zehn

Monate sollten noch vergehen, bis Allenby die türkischen Streitkräfte in der entscheidenden Schlacht von Megiddo schlug.
Nach ihrer Niederlage zogen sich die Türken hastig und ungeordnet in Richtung Damaskus zurück. Die Mitglieder von Degania verließen die Siedlung und versteckten sich, denn jeder, der das Unglück hatte, den Türken über den Weg zu laufen, wurde sofort gefangengenommen und gezwungen, Ausrüstungsmaterial für die Soldaten zu tragen. Die Soldaten überfielen Degania, zündeten alles, was sie nicht mitnehmen konnten, an, flüchteten aber aus der Siedlung, bevor sie sie völlig zerstört hatten. Daraufhin nutzten die ansässigen Beduinen die Gelegenheit, galoppierten nach Degania, schossen wild um sich und nahmen alles mit, was noch übrig war.

Die Eroberung Palästinas durch die Engländer vereinigte das Land wieder und hatte große Veränderungen in der Yishuv zur Folge, doch die Familie Dayan fand weder Ruhe noch Frieden. Die langandauernde Bindehautentzündung verursachte eine Zusammenziehung von Moshes linkem Auge, die Dvorah mit großer Sorge erfüllte. Ihr einziger Wunsch war, daß sie und ihr Kind endlich geheilt wurden. Man nahm an, daß ein Klimawechsel helfen und bewirken könnte, daß das Auge sich wieder öffnete. So verließen Dvorah und Moshe Degania wieder und gingen diesmal in den Kibbuz Gan Shmuel; doch durch den Klimawechsel besserte sich ihre Krankheit nicht. Dvorah beschloß, nach Jaffa zu fahren, wo sie Dr. A. B. Krinkin, den besten dortigen Augenarzt, konsultierte. Er stellte fest, daß sie und ihr Kind an einem schweren Trachom litten und daß Moshes linkes Auge operiert werden mußte. Er erklärte sich bereit, die lange dauernde Behandlung vorzunehmen, doch das Honorar, das er verlangte, war unerschwinglich: für jede Visite ein Pfund.
Dvorah schrieb Shmuel von Jaffa aus, daß sie nach Jerusalem fahren werde: »Es besteht Hoffnung, daß man uns dort beide in ein Krankenhaus aufnimmt, und die Behandlung wird wesentlich billiger sein. Wann werden diese seltsamen und endlosen Leiden wohl ein Ende haben?« Sie meinte damit nicht nur das Trachom – bevor sie Jersusalem verließ, hatte sie außerdem über immer stärkere Kopfschmerzen geklagt. Sie schrieb Shmuel: »Sie haben ein schreckliches Ausmaß erreicht und zehren an meiner Kraft. Sehr oft falle ich in Verzweiflung. Werden diese Krankheiten nie enden?«
Dvorah und Moshe verbrachten den Anfang des Jahres 1919 in Jerusalem. Moshe wurde in Dr. Aryeh Feigenbaums Klinik aufgenommen,

die dreißig Betten hatte und in der die meisten Patienten umsonst oder gegen ein minimales Honorar behandelt wurden. Dvorah ging ins Rothschild-Krankenhaus, das in jenem Jahr von der berühmten Familie gestiftet worden war. Der sie untersuchende Arzt stellte fest, daß sie außer dem Trachom an einer Nierenentzündung litt und bestand darauf, daß sie sich in stationäre Behandlung begab. Dvorah war einverstanden, begab sich aber in Dr. Feigenbaums Klinik, um in Moshes Nähe zu sein. »Man hat mir gesagt, daß Moussik mich sehr vermißt, daß er nachts aufwacht und schreit ›Wo ist meine Mutter?‹«
Dr. Feigenbaum sagte Dvorah, daß Moshes Erkrankung sehr schwer sei und daß die Behandlung ziemlich lange dauern werde. Doch zu ihrer Beruhigung versicherte er ihr, daß eine Operation nicht nötig sei und daß das geschrumpfte Auge wieder seine normale Größe erlangen würde, sobald das Trachom geheilt sei. Die Behandlung, die er verordnete, bestand aus täglichen Einreibungen mit Kupfersulfat.
Als Dvorah endlich die Klinik verlassen durfte, suchte sie Arbeit, um sich und Moshe erhalten zu können. Doch Arbeitsplätze waren in Jerusalem rar, und sie erwog, Moshe alleinzulassen und nach Jaffa zu gehen und Geld zu verdienen. Aus dem Plan wurde jedoch nichts, und sie blieb in Jerusalem, wo sie sich mühsam durchschlug. Shmuel schickte ihr so oft wie möglich Lebensmittel, und einmal besuchte er sie. In seinen Briefen beklagte er sich, daß er durch die Malaria sehr geschwächt sei und dringend Ruhe und Erholung brauche. Während sie noch in der Klinik lag, drängte er sie ständig, sich auf die Feldarbeit vorzubereiten und Hebräisch zu lernen – »Moshes wegen, damit er Dich nicht in seinen Kenntnissen übertrifft.« Er spornte sie an, schnell gesund zu werden und »mit neuer Kraft nach Degania zurückzukommen«. Seine Briefe wurden immer pathetischer und klangen oft wie Versammlungsresolutionen der Hapoel Hatzair. Einer endete wie folgt:
Mein Liebling, singe unserem Moshe Lieder der Hoffnung, denn es gibt Hoffnung, meine Liebste! Laß uns nicht unsere Ideale verraten, nicht unseren Glauben verlieren. Laß uns in der großen Hoffnung leben, die den Weg unseres Volkes erhellt, und gemeinsam mit den jungen Leuten Kraft finden, die ihre Zelte auf der letzten Hoffnung errichtet haben – in diesem unserem Land, das wir mit unseren Händen erobern werden.
Im Sommer 1919 kehrten Dvorah und Moshe nach Degania zurück. Dvorahs Augen waren völlig geheilt, doch Moshes bedurften noch der Behandlung. Abgesehen von der Wärme und Liebe, die Dvorah ihm schenkte, war der ständige enge Kontakt mit seiner Mutter noch in

anderer Hinsicht von Vorteil für Moshe: sie erzählte ihm viele faszinierende und lehrreiche Geschichten und brachte ihm das hebräische Alphabet bei, während sie es selbst lernte. Als er vier Jahre alt war, konnte er bereits ein wenig lesen und schreiben, und seine Schrift brachte ihm das Lob seines Vaters ein.

Als der Krieg zu Ende war und das Leben sich wieder normalisierte, entstand in Degania eine Kontroverse darüber, ob die *Kvutza* eine »Siedlungsgruppe« oder eine »Eroberungsgruppe« sei; mit anderen Worten, es ging darum, ob die Mitglieder in Degania bleiben und eine Siedlung von Bestand aufbauen oder ob sie diese Aufgabe anderen überlassen und als Pioniere weiterziehen sollten, um die Wildnis zu erobern. Shmuel betrachtete Palästina als ein trostloses, ödes Land. Er sah um sich nur »Unkraut, Dornen und Disteln, wildes Gras, Sand und Sumpf, Fels und Stein.« Die Araber gehörten für ihn zu dieser Wildnis wie die Moskitos, Insekten und wilden Tiere. Deshalb waren sie vergänglich. Ebenso wie man das wilde Gras und die Dornensträucher niederbrennen und die Sümpfe trockenlegen würde, würden die von Krankheiten heimgesuchten und hungernden Beduinenstämme verschwinden.

Bei den Diskussionen in Degania forderte Shmuel, man solle die *Kvutza* anderen überlassen und die 100 000 Dunam Land in den Horan-Bergen östlich des Jordan besiedeln, die Baron Edmond de Rothschild gehörten. Dieses Land erfüllte jene Juden, die an das ewige Ideal des Pioniertums glaubten, mit Begeisterung. »Allein auf dem Land sein, fern den Städten, wenige sein unter Tausenden von Arabern und Beduinen, die Fundamente für die Zukunft der Yishuv legen«, sagte Shmuel. Er und seine Anhänger untermauerten ihre Forderung mit folgenden Argumenten: »Haben wir unsere Pflicht als Pioniere nicht erfüllt? Dürfen wir uns jetzt wie Gutsherren in diesem großen Haus behaglich zurücklehnen und in Ruhe unsere Arbeit weitermachen, während uns dort draußen 100 000 Dunam Land für immer verlorengehen?« Yoseph Bussel und Tanhum Tanpilov, zwei Säulen der Kommune, widersprachen: »Was soll dieses Gerede über Besitztum, Profit und ein ruhiges Leben in diesem glutheißen Tal, in dem die Malaria an unseren Kräften zehrt und ständig Angriffe von Beduinen drohen? Wir haben ein Recht auf dieses Land erworben. Hier wollen wir Wurzeln schlagen und Söhne und Töchter zur Welt bringen.«

Außer dieser Meinungsverschiedenheit über die nationale Pflicht der *Kvutza* gab es einen anderen, noch heftigeren Streit über die Lebensweise der Gruppe. Die Idee des Kollektivismus, welche die Grundlage der *Kvutza* bildete, wurde in Frage gestellt. 1919 veröffentlichte Eliezer Yaffe in *Hapoel Hatzair* einen Artikel mit dem Titel »Für die Errichtung von Arbeiter-Moshavim*.« Yaffe hatte vor seiner Einwanderung in Palästina in Amerika Landwirtschaft studiert und gehörte der sogenannten »Amerikanischen Kommune« an, die in Kinneret und anderen Siedlungen in Galiäa gearbeitet hatte. Er schlug in seinem Artikel vor, daß das Moshav aus gleich großen einzelnen Farmen bestehen und auf zwei Prinzipien basieren solle: gemeinsamem Besitz des Landes und selbständiger Arbeit (bezahlte Arbeitskräfte sollten verboten sein).

In jenem Jahr sollte die Jahresversammlung der Hapoel Hatzair im Juni auf der Genezareth-Farm stattfinden. Als der Zeitpunkt näherrückte, bildeten sich scharfe Meinungsverschiedenheiten bezüglich des Moshav. Seine Befürworter, darunter Shmuel, meinten, die *Kvutza* schränke die persönliche Freiheit ein, während das Moshav den besten Kompromiß zwischen persönlichen und nationalen Bedürfnissen darstelle. Die Verteidiger der *Kvutza* in Degania stellten zu ihrem Erstaunen fest, daß es unter ihnen Mitglieder gab, die für das Moshav eintraten. Bei der Versammlung der Hapoel Hatzair faßte man eine Resolution, in der die Partei aufgefordert wurde, praktische Schritte zur Errichtung eines Moshav zu unternehmen, und die »Organisation für die Errichtung des ersten Moshav« wurde gegründet. Shmuel, Israel Bloch und mehrere andere Mitglieder von Degania traten der neuen Organisation bei. Nach der Versammlung forderte Yoseph Bussel, Shmuel und seine Gefährten aus der *Kvutza* auszustoßen. Er behauptete: »Die Existenz einer Gruppe unter uns, die gegen die *Kvutza* ist, hindert uns daran, die Bedingungen auf der Farm zu verbessern.«

Shmuel erfüllte seine Abreise Degania, wie er selbst sagte, »mit großem Kummer«. Ihr ging eine lange Diskussion mit Dvorah voraus, »der es noch schwerer als mir fiel, Degania zu verlassen.« Bald danach schrieb Dvorah aus Tel Aviv: »In Degania fühlten Moshe und ich uns glücklich und frei ... Hier ist es kalt, und es regnet. Moussik hat nichts Richtiges anzuziehen, und seine Schuhe sind zerrissen.« Nach seinem eigenen Bericht jedoch glaubte Shmuel der inneren Stimme gehorchen zu müssen, die ihn drängte, »die Eroberung« fortzusetzen, »und logische und lange Diskussionen waren sinnlos. Höhere Mächte hatten entschieden.«

* Moshav; die Idee, den Siedlern gleich große Parzellen Land zu geben und durch sie selbständig kultivieren zu lassen, wobei nur Ein- und Verkäufe, Wasserversorgung usw. auf kollektiver Basis erfolgen sollten.

Shmuel hinterließ in Degania keinen guten Eindruck. Obwohl nicht alle Mitglieder Bussels Antrag, ihn auszustoßen, unterstützten, wurde er von den Veteranen wegen der Art, wie er mit den Führern der *Kvutza* zusammengestoßen war, bitter kritisiert. Viele verübelten ihm seine Haltung sein Leben lang. Ihr Groll war so stark, daß sie sich öffentlich von dem Buch, das er zum fünfundzwanzigjährigen Jubiläum Deganias schrieb, distanzierten und ihm vorwarfen, er nutze die Gelegenheit, sein eigenes Andenken zu verewigen. Sie erwähnten auch in dem offiziellen *Jubilee Book* seinen Namen nicht. Den Mitgliedern von Degania bereitete Shmuels Ausscheiden offenbar nicht sehr »großen Kummer«. Man hatte sich bereits eine negative Meinung über Shmuels Charakter gebildet, die ihn sein restliches Leben lang verfolgen sollte. Man betrachtete ihn als starrköpfig, streitsüchtig, egoistisch, ehrgeizig und häufig unaufrichtig. Später bezeichnete man ihn sogar als »Jesuiten«. Seine Vorzüge waren, laut den Mitgliedern von Degania, Intelligenz, Mut und Zielstrebigkeit. Dvorahs hingegen erinnerte man sich in Degania mit tiefer Zuneigung. Im Jubilee Book erschien ihr voller Name (von anderen wurden nur die Initialen angeführt), und ihre Verdienste um die kommunale Erziehung in der *Kvutza* wurden ausführlich geschildert.

Shmuel beschrieb, wie sie Degania verließen: »Wir gingen still und unauffällig fort, mit ein paar Bündeln und Kissen in den Händen.« Zweieinhalb Jahre sollten bis zur Gründung von Nahalal, dem ersten Moshav, vergehen. Inzwischen wanderte Shmuel »angetrieben von der Aussicht auf große Taten« mit seiner Familie durch das Land. Zuerst ließen sie sich in Tel Aviv nieder, doch als Shmuel immer häufiger Reisen für die Partei unternehmen mußte, schickte Dvorah Moshe zu Miriam Baratz nach Degania. Als das Landwirtschaftskomitee der Hapoel Hatzair Shmuel bat, mitzuhelfen das Land für eine neue *Kvutza* in der Nähe von Degania vorzubereiten – sie sollte Degania B heißen – besuchte Moshe Degania jeden Tag und übernachtete auch manchmal dort.

Bevor der Hauptteil der Siedler eintraf, kam eine Gruppe von zwanzig, hauptsächlich männlichen Pionieren an den Platz. Sie errichteten sofort die Fundamente für die Farmgebäude und begannen mit dem Bau des Stalls. Bis das erste Haus fertig war, schliefen, sie alle in einem von der britischen Armee erworbenen Zelt, in dem sie in zwei langen Reihen ihre Betten aufstellten. Bis Januar 1920 war die Aussaat auf den Feldern beendet, und man hatte das Dach des ersten Hauses mit roten Schindeln gedeckt.

Moshe ging jeden Tag in den Kindergarten von Degania A. Zusammen mit den beiden Amiad-Schwestern, Bat-Ami und Shlomit, fuhr er oft mit dem Fuhrwerk zum Kindergarten, der in der Nähe von Degania A vom Jordan Wasser holte. An Tagen, an denen der Wagen die Fahrt nicht machte, gingen die Kinder das kurze Stück zu Fuß. Bat-Ami, die neun Monate älter als Moshe war, und die zwei Jahre jüngere Shlomit hatten Angst, allein auf dem Weg zu gehen. Auf beiden Seiten sahen sie Araber die Felder pflügen. Da Moshe sich nicht fürchtete, war es seine Pflicht, sie zu begleiten und zu beruhigen. Die beiden Schwestern gingen dicht neben ihrem Beschützer und fühlten sich in seiner Gegenwart sicher, doch Moshe neckte sie gern. Sobald sie außer Sichtweite der Erwachsenen waren, rannte er den Weg nach Degania A hinunter. Die Mädchen brachen jedesmal in Tränen aus und rannten um ihr Leben, doch gelang es ihnen nicht, ihn einzuholen.
Bat-Ami erinnert sich, daß Moshe einmal in den kleinen Teich vor dem Kindergarten fiel. Als ihn der Lehrer fragte, warum er so naß sei, antwortete er schroff: »Das geht Sie nichts an.«
In Degania B leitete Shmuel die Arbeiten, hob Gräben aus, pflügte die Felder und fand sogar Zeit, Reisen für die Partei zu unternehmen. Dvorah backte Brot für die Siedler und kochte auf einem im Hof aufgestellten Herd ihre Mahlzeiten. »Das erste Jahr in Degania B war schwer«, schrieb Shmuel in seiner Autobiographie, »vor allem für Dvorah, die auch noch für den vier Jahre alten Moshe sorgen mußte. Es war eine abrupte Umstellung von dem gewohnten Tagesablauf in Degania auf ein Leben in Zelten und Hütten, bei dem auf Holzfeuern gekocht und das Wasser in Fässern vom Jordan geholt werden mußte.« Manchmal erfüllten ihn Dvorahs Schwäche und Anfälligkeit für Krankheiten mit Verbitterung, und er betrachtete sie als ein Hindernis auf seinem Weg. Die Spannung zwischen ihnen ist in ein paar Zeilen eines Briefes zu spüren, den Dvorah ihm schrieb und den er später in seine Autobiographie aufnahm:
Die Nacht ist endlich vorbei, und wie immer hat der starke Schmerz nachgelassen, doch mein Herz schmerzt ununterbrochen. Ich habe das Gefühl, daß ich Dir nichts als Sorgen bereite und daß Du nicht einen einzigen Moment des Glücks mit mir erlebt hast. Ich weiß, daß ich mich irre... aber ich kann die Miene, die Du gestern machtest, nicht vergessen, die zu sagen schien: »Du bist nie zufrieden, ständig jammerst du. Das wird nie ein Ende nehmen.« Und ich fragte mich, ob etwas Wahres daran ist. Dann dachte ich, daß ich Dir nur Kummer mache.
Zwischen den Versammlungen der Hapoel Hatzair oder in den Büros

der Zionistenorganisation in Jaffa oder Jerusalem schrieb Shmuel Dvorah, sie solle Kraft für die Arbeit auf den Feldern sammeln und Hebräisch lernen. Einmal antwortete sie: »Ich habe meine letzte Kraft zusammengenommen, um meine Arbeit fertigzumachen. Moussik kam am Abend von Degania zurück, und ich brachte ihn in unser Zimmer. Ich wusch und liebkoste ihn, überhäufte ihn mit Liebe, küßte jeden seiner winzigen Finger. Wir sprachen die ganze Zeit von Dir, und ich wünschte so sehr, wir hätten nicht nur unseren Moussik, sondern auch noch andere Kinder. Moussik umarmte mich fest, und wir schliefen ein.«

Moshes früheste Kindheitserinnerungen sind die Qualen, die ihm das heiße Klima des Jordantals bereitete, der Staub, den der trockene Ostwind aufwirbelte, und seine Augenkrankheit. Denkt er an das Degania jener Zeit zurück, so fallen ihm Staubwolken ein, die ihm die Augen verklebten und ihn nur mühsam atmen ließen. Zu seinen größten Freuden gehörten die Fahrten nach Zemakh. Mit seinem Bahnhof, seinen Geschäften und Buden und seiner aus mehreren tausend Arabern bestehenden Bevölkerung erschien ihm das Dorf wie eine von Leben wimmelnde Stadt. Shmuel und Dvorah kauften ihm oft eisgekühlte Limonade, bunte Bonbons und *Halva*. Wenn kein Geld für solche Köstlichkeiten da war, wanderte Moshe durch die Straßen von Zemakh und sah sich die Schaufenster an. Seine lebendigste Erinnerung aus dieser Zeit ist, wie er auf einem Fuhrwerk fuhr, das von einem wild galoppierenden Pferd gezogen wurde, und auf das in Flammen aufgehende Degania B zurückblickte. Zwei verschiedene Geschehnisse scheinen sich in seinem Gedächtnis vermischt zu haben, denn die Frauen und Kinder von Degania B wurden einen oder zwei Tage vor dem arabischen Angriff auf die Siedlung nach Degania A gebracht. Da die zwei Kibbuzim nur einen Kilometer auseinanderlagen, konnten die Kinder die Flammen in Wirklichkeit von dem relativ sicheren Degania A aus sehen.

Zu jener Zeit erwachte in Palästina ein starker antizionistischer arabischer Nationalismus. Seine Ursachen waren unter anderem die Balfour-Deklaration von 1917[*], die Friedensverhandlungen von 1919, die britisch-französischen Abkommen über die Teilung des nicht mehr bestehenden Ottomanenreiches und den Aufbau einer britischen Zivilverwaltung im Land. Die Aktivität dieser neuen Bewegung tat sich vor

---

[*] Die britische Regierung betrachtete darin »mit Befriedigung die Schaffung eines Heimatlandes für das jüdische Volk in Palästina«.

allem in bewaffneten Angriffen auf jüdische Siedlungen in Galiläa kund.

Im März 1920 begannen große Banden von Arabern, zu Pferd und zu Fuß Galiläa zu durchstreifen. Sie überfielen und plünderten sogar arabische Dörfer. Als sich diesen Beduinenbanden später arabische Nationalisten aus den Dörfern anschlossen, bekamen die Überfälle allmählich eine politische Tendenz. Für den 24. April 1920 plante man einen großen Angriff auf eine indische Einheit der britischen Armee, die in Zemakh biwakierte. Vor dem Angriff verbreiteten sich in den jüdischen Dörfern Gerüchte, daß die Araber große Angriffe auf die jüdische Gemeinde in Tiberias und die Siedlungen im Jordantal unternehmen wollten. Degania B war besonders gefährdet, da es der neueste Kibbuz in der Gegend war und nur zwanzig Männer darin lebten. Beunruhigt durch die ständigen Gerüchte, begannen sie sich auf die Verteidigung vorzubereiten. Shmuel wurde zum Kommandeur der Siedlung ernannt und begann sofort, die Aushebung von Schützengräben und den Bau von Bunkern zu organisieren. Er ersuchte den britischen Distriktskommissar um zusätzliche Waffen, worauf er angewiesen wurde, die Siedlung zu evakuieren, »da große Streitkräfte einen Angriff auf Degania B planten«.

Tatsächlich wurde Degania B zwei Tage vor dem Angriff auf Zemakh unter schweren Beschuß genommen. Erst jetzt brachte man Frauen und Kindern nach Degania A, während die Männer – drei pro Schützengraben – zurückblieben, um die Siedlung zu verteidigen. Shmuel hatte ihnen Gewehre und eine ausreichende Menge Munition« beschafft und befahl ihnen, auf ihren Posten zu bleiben, selbst wenn zwei von den drei fielen. Auch die nahegelegene Siedlung Menahamiya war zwei Tage lang angegriffen worden, und zwei ihrer Mitglieder waren bei den Kämpfen gefallen. Nur zehn Männer blieben zur Verteidigung der Siedlung gegen weitere Angriffe; die übrigen waren nach dem westlich gelegenen Yavniel geflohen.

Am Morgen des 24. April schickten die britischen Behörden eine Maschinengewehreinheit des indischen Kontingents bei Zemakh zur Verstärkung der Verteidiger von Menahamiya. Als die indischen Soldaten die auf Zemakh zugaloppierenden Scharen von Arabern erblickten, machten sie auf der Stelle kehrt und flüchteten zu ihrem Camp. Der Anblick der fliehenden britischen Einheit ermutigte die Angreifer, und sie rückten auf Degania B und Zemakh vor. Degania B näherten sie sich bis auf einige hundert Meter. Shmuel befahl seinen Männern, die Schützengräben zu besetzen, und schloß sich ihnen an, um bis zum

letzten Mann zu kämpfen. Später schrieb er jedoch: »Die Männer stiegen mit großer Angst in die Schützengräben.« Laut Shmuels Bericht erklärte ein ehemalige Offizier der zaristischen Armee, fünfzehn Mann könnten so starken Truppen unmöglich Widerstand leisten. »Sein Argument schien den Männern einzuleuchten, und sie begannen die Gräben zu verlassen.« Shmuel mußte sich entschließen, ob er die Männer zum Kämpfen zwingen oder den Rückzug befehlen sollte. Als die Araber näherkamen, konnte er die Entscheidung nicht länger hinausschieben. Er befahl ihnen, sich zurückzuziehen.
Shmuel, der die Siedlung als letzter verließ, schrieb darüber:
Ich spürte das Verlangen, im Hof zu bleiben und jeden, der sich dem Haus näherte, zu erschießen. Statt dessen rannte ich zum Zelt, nahm einen Kanister Petroleum heraus, schüttete den Inhalt auf die Wand des Holzhauses und zündete es an. Es gelang mir, auf das schwarze Pferd zu springen und wegzureiten, bevor das Feuer sich ausbreitete. Ich schoß in die Richtung der Angreifer, und mein Pferd bäumte sich unter mir auf, als ich mich umwandte und einen Araber auf einem weißen Pferd sah, der von hinten auf mich zugeritten war. Schließlich verloren wir einander in dem Meer hochstehenden Weizens. Dies alles geschah um neun Uhr morgens. Auf diese Weise im Kampf besiegt, traute ich mich nicht, den Männern gegenüberzutreten. Ein heftiger Schmerz brannte in mir.
Shmuels Selbstvorwürfe wurden verstärkt, als er erfuhr, daß zehn Männer Menahamiya gerettet hatten, indem sie sich hartnäckig wehrten und sich nicht zurückzogen oder ihr Dorf verließen, während Degania B in Flammen aufging.
Die britischen Behörden schätzten, daß die arabische Streitmacht, die Zemakh angriff, aus fünftausend Mann zu Pferde und zu Fuß bestand. Die Inder verteidigten sich verbissen. Dann begannen zwei Flugzeuge der RAF, die Angreifer zu bombardieren, und das Blatt wendete sich schnell. Die Araber flüchteten voll Panik, und die indische Kavallerie verfolgte die Nachzügler und trieb die ganze Streitmacht weit von Zemakh fort. Dieser Umschwung in letzter Minute rettete Degania A.
Am Abend kehrten die Männer von Degania B zu den rauchenden Trümmern ihrer Siedlung zurück. Sie verbrachten die Nacht in Degania A, wo sie auf dem Hof provisorische Unterkünfte errichteten. Als die Araber weiterhin etwa eine Woche lang vereinzelte und wesentlich schwächere Angriffe unternahmen, gingen die Männer paarweise auf die Felder, um sie abzuernten, wobei einer Wache stand und der andere arbeitete.

Ein Jahr, nachdem die erste Gruppe von Siedlern auf die Farm gekommen war, übergab Shmuel Degania B an Levi Eshkol. Die Männer von Degania B mochten Shmuel ebenso wenig wie jene von Degania A. Sie konnten ihm seine Fehler nicht verzeihen und erwähnten ihn in der offiziellen Geschichte der Siedlung nicht. In seiner Autobiographie beklagt sich Shmuel über ihre Haltung: »Weder in der Jubiläumsfestschrift noch sonstwo erwähnten sie die erste Gruppe, welche die Fundamente gelegt hatte. Warum? Weil sie wünschten, als die alleinigen Gründer betrachtet zu werden? Oder weil die wirklichen Gründer später Mitglieder von Moshavim wurden?« Diese Worte zeigen, wie groß der Konflikt zwischen der *Kvutza* und dem Moshav gewesen ist.

Im Sommer 1920 zogen die Dayans nach Tel Aviv, um auf die Errichtung des ersten Moshav zu warten. Sie wohnten im Keller eines Hauses, das dem Dichter Ya'akov Fichman gehörte. Dvorah fand Arbeit im Büro des Suchdienstes der Hapoel Hatzair, der den Aufenthaltsort neuer Einwanderer ausfindig machte und Briefe an sie weiterleitete. Shmuel nahm verschiedene Posten an, arbeitete aber hauptsächlich im Landwirtschaftskomitee der Partei. Wenn sie am Morgen zur Arbeit gingen, brachten sie Moshe in ein nahegelegenes Kinderheim. Den Nachmittag verbrachte er bis zu ihrer Rückkehr allein in der Kellerwohnung. Da sie fürchteten, er könnte das Haus verlassen und sich in der Stadt herumtreiben, versperrten sie immer die Türen und Fenster, wenn sie gingen. Ihre Besorgnis war begründet, denn Moshe mochte weder die Stadt noch das Kinderheim. Eines Tages zerschlug er bei einem erfolglosen Fluchtversuch sämtliche Fenster der Wohnung. Shmuel schlug ihn zur Strafe und ließ vorsichtshalber an allen Fenstern Gitter anbringen.

Die Familie war wenig zusammen. Shmuel war häufig in Parteiangelegenheiten unterwegs und widmete einen großen Teil seiner Zeit dem Aufbau des ersten Moshav. 1920 fuhr er nach Kischinew, um seine Eltern zu besuchen, die während der Pogrome, die dem Bürgerkrieg in Rußland folgten, aus Zaskow geflüchtet waren. Shmuel blieb auch noch in Osteuropa, als seine Eltern nach Palästina ausgewandert waren. Sie baten Dvorah, ihn zur Rückkehr zu drängen, doch Shmuel ließ sich Zeit. Er unterbrach seine Rückreise in Konstantinopel, um Gruppen von Pionieren zu besuchen, die nach Palästina unterwegs waren, und ihnen zu helfen, »sich auf ihr dortiges neues Leben vorzubereiten«. Er plante sogar, noch einmal nach Rußland zu fahren, »um die Tausende von Juden, die dort ohne Nachrichten aus dem Land der Hoffnung schmachteten, mit dem Geist der Hapoel Hatzair zu erfüllen«, doch die Reise kam nicht zustande.

Nach Shmuels eigenem Bericht hatten Dvorah und Moshe inzwischen kaum einen Penny. Dvorah konnte sich nicht einmal die Fahrt von Tel Aviv nach Ein Gannim oder Nahalat Yehudah leisten, um Shmuels Eltern zu besuchen. »Es ist schwer, kein eigenes Heim zu haben«, schrieb sie Shmuel, »aber was sollte ich tun? Als du wegfuhrst, konnte ich es in dem Keller nicht mehr ertragen.« Zuerst schickte sie Moshe nach Degania zurück, und bald darauf ließ sie ihre wenigen Habseligkeiten in Fichmans Haus und fuhr zu ihm. Vor seiner Reise hatte Shmuel offenbar erwogen, eine feste Stellung bei der Partei anzunehmen und nach Tel Aviv zu übersiedeln. Dvorah schrieb darüber in einem Brief aus Degania: »Auf den Feldern und zwischen den Bäumen ist es viel schöner als zwischen den Steinen von Tel Aviv... Mein Liebster, wir können nicht in der Stadt bleiben, wir halten es nicht aus.« Von den beiden schien Dvorah sich mehr an das Landleben gewöhnt zu haben.

Im April 1921 kam Shmuel zurück und schloß sich den Bautrupps auf der von Haifa nach Jedda führenden Straße an. Er beteiligte sich sofort am Aufbau von Nahalal und unternahm Fahrten zum Stützpunkt der britischen Armee in Sarafend nahe Tel Aviv, um Überschußgüter zu kaufen. Moshe blieb bis zum Sommer 1921 bei der Familie Baratz in Degania. Dvorah zog zu Shmuel in das Straßenarbeitercamp, beschloß aber, es zu verlassen, als sie erfuhr, daß ihre Eltern nach Palästina unterwegs waren. »Daran, daß das erste Heim ihrer Eltern in Palästina eine Straße sein würde, dachte sie nicht.« Sie fuhr mit Moshe nach Haifa und fand dort ein Haus. Dvorah schrieb darüber: »Eine Freundin, die an einer Schule in Haifa unterrichtete, erlaubte uns, während der Sommerferien im Schulhaus zu wohnen. Es war ein großes, altes arabisches Gebäude, und wir mußten die Illusion eines ›Heims‹ schaffen, um meine Eltern dort empfangen zu können. Trotz der Freude, wieder vereint zu sein, waren es schwere Zeiten.« Die Schwierigkeiten, die es Dvorah bereitete, für ihre Eltern zu sorgen, wurden noch dadurch vergrößert, daß Moshe einen Malariarückfall erlitt.

Yom Kippur (der Versöhnungstag) kam. Gläubige benutzten die Schule als Synagoge... Die Gebete drangen in unser Zimmer. Mein Herz war voll Bitterkeit, mein Gebet anders als das ihre. Ich beschloß, noch einmal seine Temperatur zu messen und dann das Kind zu nehmen und noch am selben Tag aus dem Gebäude auszuziehen... Das

Kind war schwach und blaß, hatte aber kein Fieber. Wir beschlossen, sofort aufzubrechen. Wir schämten uns, mit unseren Bündeln an den Betenden vorbeizugehen, und so ließen wir sie aus einem Fenster hinab. Mutter und Vater nahmen das Kind an der Hand, und wir sagten Haifa Lebewohl.

So kam es, daß ihr Leben in Nahalal am Versöhnungstag begann.

3
Nahalal (1920-1925)

»Eine helle, lichte Zeit begann für mich, als wir nach Nahalal zogen. Es gab keinen Staub, keine trockenen Winde, und sogar meine Augen besserten sich«, sagte Dayan über seine Kindheit. Und in Nahalal fand auch die ruhelose Wanderschaft der Familie ein Ende. Doch so nimmt Nahalal sich nur in der Erinnerung aus. Im Herbst 1921 war das für das Moshav vorgesehene Land eine öde Wildnis. Die »Organisation für die Errichtung des Ersten Moshav« beauftragte drei Mitglieder, das Gebiet an den Vorbergen des Nazarethgebirges nahe dem arabischen Dorf Ma'alul zu erkunden. Man fand heraus, daß es sich dabei um das im Jerusalem-Talmud erwähnte Mahalul und das biblische Nahalal aus den Buch Josua und dem Buch der Richter handelte.
Als Shmuel und seine zwei Gefährten dort eintrafen, erblickten sie »ein weites, völlig von Wasser überschwemmtes Land. Das Wasser hatte keinen Abfluß. Eine Art Kruste bedeckte das ganze Gebiet, und Moskitos summten in der Luft. Arabische Hirten zogen mit Seilen und Eimern Wasser aus einem Brunnen und füllten hölzerne Tröge, um ihre Schafe zu tränken. Ich stand inmitten des Gewimmels von Schafen und betrachtete nachdenklich das Land. Ob wir es nicht entwässern konnten?« Von der nach Nazareth führenden Straße zog sich ein zwei Kilometer langer schlammiger Pfad zu dem ihnen zugewiesenen Land. »Wir verlieren unsere Stiefel in dem Schlamm, und die Maultiere versinken unter ihrer Last.«
Shmuel schilderte später anschaulich, wie sie mit Ma'alul-Mahalul-Nahalal Bekanntschaft schlossen:
Unterwegs trafen wir einen Einheimischen, einen alten Mann.
»Großvater, was sind das für Ruinen?«
»Ein verlassenes Dorf.«
»Was für ein Dorf war es?«
»Ein deutsches.«
»Und wo sind seine Bewohner?«

»Tot.«
»Erinnerst du dich an das Dorf?«
»Es geschah alles in meiner Kindheit.«
»Und seither ist niemand hierhergekommen, um sich anzusiedeln?«
»Nach dem ersten Dorf gab es ein zweites, ein arabisches.«
»Wo ist es?«
»Auch verlassen.«
»Und wo sind die Menschen?«
»Tot, alle tot«, erwiderte er, wandte sich ab und wollte weitergehen.
»Warum kann man an diesem Ort nicht leben?«
»Böse Geister und schlechtes Wasser. Wer von diesem Wasser trinkt, dessen Bauch schwillt an, und er stirbt innerhalb drei Tagen.«
Als die drei weitermarschierten, klangen ihnen die Worte des Alten unheilvoll in den Ohren, und sie fragten sich: »Wenn zwei Siedlungen hier untergingen, warum sollte das Schicksal der dritten – der unseren – ein anderes sein?«
Nach jahrelangem Feilschen mit den arabischen Landbesitzern erwarb der Jewish National Fund schließlich Land im Jezreel-Tal, wobei er bemüht war, den Schmerz der arabischen Bewohner über die Umsiedlung nach Möglichkeit zu mildern. Das Land von Mahalul und seiner Umgebung kaufte er von der reichen libanesischen Familie Sursuk. Gemäß den Bedingungen des Vertrags wären die Araber von Mahalul – die einen Teil des Landes in der Gegend behielten – von ihren traditionellen Wasserquellen abgeschnitten worden. Der JNF erklärte sich deshalb bereit, »den Fellachen einen 700 Meter breiten Streifen Land zwischen der Straße und der Quelle von Ein Beda zu geben. Die Araber werden mit Wasser für ihr Vieh und ihre Schafe durch Rohrleitungen von den zwei Quellen Ein Beda und Ein Madura versorgt werden.« Eine dritte Quelle, Ein Sheika, ging ebenfalls in den Besitz des JNF über, doch vereinbarte man nicht, ihr Wasser mit den ansässigen Arabern zu teilen.
Während auf diese Weise die Wasserversorgung der Araber von Mahalul sichergestellt wurde, traf man mit dem Beduinenstamm von Arab el-Mazarib kein derartiges Abkommen. Er bestand aus nomadischen Schafhirten, die ihre Herden ohne Rücksicht auf Grenzen grasen ließen und von der Schafzucht und von Diebstählen lebten. Mit der Zeit führten jedoch sowohl das Abkommen mit den Arabern von Mahalul wie das Fehlen eines solchen Abkommens mit dem Arab el-Mazarib-Stamm zu endlosen Reibereien zwischen den ansässigen Arabern und

den Siedlern vor Nahalal.

Auf dem Programm des Zwölften Zionistenkongresses, der im September 1921 in Karlsbad stattfand, stand unter anderem die Bewilligung von Geldmitteln für die Errichtung von Nahalal. Zugunsten des zukünftigen Moshav ersuchte Eliezer Yaffe um 37 500 ägyptische Pfund für ein aus achtzig Familien bestehendes Dorf, und er bat darum, die Hälfte dieses Betrags sofort zur Verfügung zu stellen. Die Zionistenorganisation besaß jedoch nur wenig Geld, und deshalb waren einige Delegierte prinzipiell gegen das geplante Moshav. Der Kongreß bewilligte nur 32 000 ägyptische Pfund, die zu Beginn des nächsten Haushaltsjahrs ausgezahlt werden sollten. Schließlich wurde jedoch nicht einmal dieser Betrag in voller Höhe dem neuen Moshav überwiesen. Am 16. November schrieb Yaffe seinen Gefährten von dem enttäuschenden Beschluß des Kongresses und schlug vor, daß sie sich trotzdem »so bald wie möglich in Mahalul ansiedeln sollten«.

Die Mitglieder der »Organisation für die Errichtung des ersten Moshav« waren über ganz Palästina verstreut und indessen ihres anscheinend endlosen Zustands der Ungewißheit überdrüssig. Sie beschlossen, sich trotz der finanziellen Schwierigkeiten unverzüglich in Nahalal anzusiedeln. Eine Gruppe von sieben Männern verbrachte die Nacht des 10. September 1921, eines Sonnabends, in der Nähe der Stelle, wo Nahalal errichtet werden sollte. Um sich gegen einen eventuellen Angriff zu schützen, schlugen sie ihre Zelte am Fuß des Samunia-Berges (später Shimron-Berg genannt) auf, zündeten kein Feuer an und diskutierten flüsternd ihre Pläne für den nächsten Tag. Am Morgen reinigten sie den Berg von Schafmist und schlugen ihre Zelte auf dem Gipfel auf. Am 11. September 1921, dem Tag, der für die Gründung des Moshav festgesetzt worden war, erblickten sie eine Kolonne von Fuhrwerken, mit denen die ersten Siedler von Nahalal eintrafen. Die nunmehr aus zwanzig Männern bestehende Gruppe mähte das Schilf, erkundete und rodete das Gebiet und holte Wasser von den Quellen und Brot aus Haifa.

Shmuel war unter den ersten sieben, die nach Mahalul kamen. Zehn Tage später holte er Dvorah und Moshe aus Haifa. Sie fuhren mit der Eisenbahn bis Tel Shmam (dem heutigen Kfar Yehoshua) und gingen von dort, ihre Bündel schleppend, zum Shimron-Berg. Von weitem sah das Ganze aus wie ein Armeecamp: zwei große Zelte und sieben kleinere, die gesamte Ausrüstung und sogar die Kleidung der Siedler waren bei der britischen Armee erworbene Überschußgüter.

Als Moshe zum »Eroberungsberg« kam, wie man den Platz der Siedlung nannte, befanden sich dort sechsundzwanzig Erwachsene. Die Familien lebten in den kleinen Zelten. In der einen Hälfte des einen größeren Zelts befanden sich die Küche und der Speiseraum, in der anderen ein Büro und ein »Klubraum«; das zweite grosse Zelt wurde als Stall für die Pferde und indischen Maultiere benutzt. Jedes Familienzelt enthielt zwei Betten und ein Faß, das als Tisch diente. Moshe war das einzige Kind im Camp; abgesehen von einem kleinen Mädchen, das in einem der Zelte geboren war. Um sich die Zeit zu vertreiben, ging er oft allein zu der nach Nazareth führenden Straße und beobachtete die wenigen vorbeifahrenden Autos, oder er kletterte auf den Gipfel des Berges und blickte über das Tal. Bald trafen weitere Familien in der Siedlung ein, und Moshe war nicht mehr das einzige Kind. Alle seine Freunde waren Kinder von Pionieren, die ein ähnliches Leben wie die Dayans hinter sich hatten.

Da die Gegend mit Typhus und Malaria verseucht war, meinten einige Siedler, Frauen und Kinder sollten nicht in dem provisorischen Camp am Eroberungsberg, sondern in einer richtigen Siedlung untergebracht werden. Als der Winter nahte, wiesen sie auf die Strapazen hin, die das Leben im Winter auf dem kahlen, Wind, Regen und Frost ausgesetzten Berg mit sich bringen würde; und als die ersten Regenfälle einsetzten, verwandelte sich das Land um Nahalal in ein Meer aus Schlamm. Außerdem, meinten sie, bestünde die Gefahr arabischer Angriffe. Andere jedoch betrachteten Nahalal bereits als ihre Heimat und meinten, ohne Frauen und Kinder könne es dies nicht sein; sie führten schließlich eine Entscheidung zu ihren Gunsten herbei. Israel Bloch, der Wortführer dieser Gruppe, meinte, die Familien sollten ihr Geschick in jeder Hinsicht teilen. Wenn die Familien sich aus Sicherheitsgründen trennten, sagte er, so könnte es eine Trennung für immer sein. Die Angelegenheit fand schließlich eine ganz plötzliche Lösung. Eine der ersten Siedlerinnen berichtet darüber:

Am Donnerstag kam ich mit den Kindern nach Nahalal, und am Freitag wurden wir von Schüssen geweckt. Ich versteckte die Kinder unter dem Bett. Als die Schießerei vorbei war, betrat Eliezer Yaffe in höchster Aufregung unser Zelt und sagte, unter diesen Umständen könnten Frauen und Kinder nicht länger bleiben. Am nächsten Tag diskutierte man über die Lage und beschloß, uns nach Nazareth zu bringen.

Es mag seltsam erscheinen, wenn man heute zurückblickt, doch die arabische Stadt Nazareth diente den Familien von Nahalal als Zufluchtsort. Der arabische Nationalismus steckte noch in den Kinderschuhen, und zwischen den städtischen Arabern, den Beduinen und den Fella-

chen gab es oft Streitigkeiten. Im Gegensatz zu den Beduinen betrachteten die Dorfbewohner von Mahalul und Majdal die Siedler von Nahalal mit Gleichgültigkeit. Als ihnen klar wurde, daß sie von den neuen jüdischen Siedlungen profitieren würden (die Siedler kauften in arabischen Geschäften ein und ließen ihr Getreide in Majdal mahlen), neigten sie sogar zur Zusammenarbeit mit ihren neuen Nachbarn. Noch größer war die Bereitschaft zur Zusammenarbeit bei den Honoratioren, Grundbesitzern und Kaufleuten von Nazareth. Für die Frauen und Kinder von Nahalal hatte die Stadt andere Vorzüge. Vor allem war sie der Sitz der Distriktverwaltung, und ihre Sicherheitsstreitkräfte standen unter dem Kommando britischer Offiziere. Zweitens waren die meisten ihrer Einwohner Christen, und die Stadt war nur zwei Gehstunden von Nahalal entfernt. »Die Araber von Nazareth nahmen uns mit großer Herzlichkeit auf«, schrieb Dvorah. »Sie bemühten sich, uns bei der Suche nach Wohnungen zu helfen und erwiesen sich als überaus freundlich.« Im Gegensatz zu Dvorah, welche die Freundlichkeit der Araber selbst kennenlernte, betrachtete Shmuel die Frauen und Kinder als »Gefangene unter Arabern.«
Einige Tage vor dem 2. November (dem Balfour-Tag), ging die Hälfte der Männer von Nahalal nach Nazareth, um die Frauen und Kinder zu schützen, falls es zu Unruhen kam; die andere Hälfte blieb in Nahalal, um das Camp zu verteidigen. Ihre Befürchtungen wurden jedoch bald zerstreut. Die Araber griffen weder die Männer in Nahalal noch ihre Familien in Nazareth an. Erst im Jahr 1934 kam es bei Konflikten zwischen den Siedlern von Nahalal und ihren arabischen Nachbarn zu Blutvergießen.
Die fünfzehn Kinder und ihre Mütter blieben acht Monate lang in Nazareth. Die Zeit schien kein Ende zu nehmen, denn sie lebten in ständiger Spannung. Jeden Tag ging Moshe, von Dvorah begleitet, ins städtische Krankenhaus zur »Behandlung mit dem blauen Stein«, und während dieser acht Monate in Nazareth verschwanden endlich die letzten Spuren des Trachoms. Ein Kindergarten und eine erste Schulklasse wurden eingerichtet. Die Lehrerin »schloß sich mit den Kindern ein« und widmete sich voll Hingabe ihrer Arbeit. In Begleitung einiger anderer Frauen unternahm sie häufig mit ihnen Spaziergänge durch die Stadt, und Moshe entdeckte eine neue Welt – eine große arabische Stadt, geschäftige Menschenmengen, eine hohe steinerne Kirche und das ständige Läuten von Glocken. »Er ist schon so groß«, schrieb Dvorah Shmuel, »und manchmal habe ich das Gefühl, er braucht mich nicht mehr. Ich sehne mich nach der Zeit, als Moussik klein war und

mich so sehr brauchte.« (Dvorah schrieb Shmuel jetzt auf Hebräisch, nachdem sie ihm mitgeteilt hatte, »sie wolle nicht mehr auf russisch schreiben.«)
Moshes erstes Schuljahr begann in Nazareth. Er zeigte eine Begabung fürs Zeichnen, und während seine Freunde – ältere und jüngere – noch das Alphabet lernten, konnte er bereits mühelos lesen und schreiben. Hingegen bereitete es ihm Schwierigkeiten, sich in die Gemeinschaft einzufügen. Seine Freunde bemerkten, daß er sich ehrlich bemühte, Teil der Gruppe zu sein, doch zugleich neigte er dazu, sich abzusondern und zurückzuziehen. Wenn Moshe ein Spiel nicht interessierte, so schlug er ein anderes vor, beteiligte sich dann aber doch daran, wenn man damit begonnen hatte. »Sogar wenn etwas nicht seinem Temperament oder seiner Neigung entsprach, schloß er sich den anderen an. Um was für ein Spiel es auch ging, er beteiligte sich; er lehnte es nie ab, bei einem Spiel mitzumachen.« Moshe schlug oft vor, eine Prügelei mit den arabischen Kindern anzufangen, welche die Kinder von Nahalal neckten, wenn sie paarweise durch die Stadt gingen. »Moshe hatte nie Angst, sich mit Araberkindern zu prügeln, auch nicht mit welchen, die älter als er waren«, erinnert sich sein Vetter Shulamit.
Zwei Monate nach ihrer Ankunft kamen die Siedler von Nahalal vom Eroberungsberg herunter und errichteten auf einem niedrigen Hügel in der Mitte ihrer Felder ihre ständige Siedlung. Auf einen Brief, in dem Moshe ihn bat, nach Nahalal zurückkehren zu dürfen, antwortete ihm Shmuel:
Mein liebes Kind,
Ich wünsche mir sehr, ich könnte mit Dir sprechen, Dir beim Lernen zusehen, Du könntest mit mir hinter dem Pflug hergehen. Doch das ist im Moment nicht möglich. Wir werden bis zum Sommer in Nahalal kein Haus für uns bauen können, und deshalb mußt Du vorläufig in Nazareth bleiben. Schreibe mir über Dein Leben in der Schule, und ich werde Dir über mein Leben hier berichten. Als ich heute morgen hinter dem Pflug ging, wurde mir bewußt, daß dieses Land zum ersten Mal in seiner Geschichte mit einem europäischen Pflug gepflügt wird, und das machte mir das Pflügen schwer. Wann wurde dieses Land von Juden gepflügt? Vor vielen, vielen Jahren. Weißt Du, wieviel hundert ist? Vor zwanzigmal hundert Jahren, also vor zweitausend Jahren, wurden die Juden aus diesem Land vertrieben und gingen ins Exil. Seit damals wagten sie nicht, in ihr Land zurückzukehren, und erst in den letzten hundert Jahren begannen Juden in verschiedenen Teilen der Diaspora daran zu denken, die Ruinen dieses Landes wieder

aufzubauen. Sie begannen zu begreifen, daß wir, vor allem anderen, das Land in Palästina wieder bebauen müssen.

Als ich in Deinem Alter war und von den Städten und Dörfern des Jezreel-Tals hörte, hätte ich nicht im Traum daran gedacht, daß ich mich einmal in einer dieser Städte niederlassen würde. Ich sehne mich danach, in dem Land zu leben, in das Moses die Juden führte, das er selbst jedoch nicht betreten konnte. Ich sehnte mich danach, dieses Land wiederzuerobern; und als ich heranwuchs und siebzehn Jahre alt wurde, kam ich in dieses Land. Und hier begannen wir, den Boden langsam zu erobern, nicht durch Krieg, sondern durch Pflügen und harte Arbeit. Wir haben die Grenze zwischen den Arabern des Dorfes und uns gepflügt. Wir pflügen innerhalb unserer Grenzen und sie innerhalb der ihren, und dieses Land wird das unsere bleiben. Wenn Du größer bist, werden wir gemeinsam das Land bearbeiten und es nie verlassen. Wenn dies alle Juden und ihre Kinder im ganzen Land tun, wird es bestimmt wieder uns gehören und ewig unser Land bleiben.

Herzliche Küsse, mein liebes Kind
Dein Vater

Gleich anderen frühen Pionieren neigte Shmuel dazu, einen ideologischen Vortrag zu halten, wenn man ihn bat, seine Lebensgeschichte zu erzählen. So wurde Moshe von seiner frühesten Kindheit an in den Lehren des Zionismus unterwiesen.

Während man die Ländereien von Nahalal auf die Kultivierung vorbereitete, wurden die Siedler als bezahlte Arbeitskräfte des Landeigentümers, des JNF, betrachtet und erhielten täglich einen Lohn ausbezahlt, der auch für ihre Familien reichen mußte. Die Führung von zwei Haushalten – in Nazareth und in Nahalal – zehrte das geringe Einkommen der Dayans schnell auf. Gleich anderen Siedlern von Nahalal fuhr Shmuel jeden Sonntag und manchmal auch Mitte der Woche nach Nazareth. Wenn es ihm möglich war, benutzte er ein Fuhrwerk und nahm einen Sack Kohlen, einen Sack Kartoffeln und, wenn er die paar Pennies dafür hatte, einen Sack Mehl mit. Mit den Kleidern, die Dvorah für ihn gewaschen und gebügelt hatte, kehrte er nach Nahalal zurück.

Die Last der Trennung und der Geldmangel wurden für Dvorah noch dadurch verschlimmert, daß sie Schmerzen in ihrem Bein hatte. Sie schrieb Shmuel: »Die Notwendigkeit, stark zu sein und all das Schwere durchzustehen, zehrt mich auf«, und »Ich bin es so müde, krank zu sein.« Sie fürchtete, daß die Not und ihre ständigen Krankheiten zu ihrem Ende führen würden: »...Der Gedanke an den Tod schreckt mich nicht, aber was wird mit Dir und Moussik? Ich kann mein Kind nicht ohne Tränen in den Augen ansehen.« Dvorah fuhr nicht nach Haifa, um ihr Bein behandeln zu lassen. Sie war schwanger nach Nazareth gekommen und bemühte sich, jeden Penny für die Geburt und das Baby zu sparen. Sie wußte noch nicht, wo sie entbinden würde. Zu den Routineuntersuchungen ging sie in ein Missionskrankenhaus in Nazareth, wo sie von einem französisch-arabischen Arzt behandelt wurde, der Russisch mit ihr sprach. Eines Tages zeigte er ihr das Zimmer, das er in dem kleinen Krankenhaus für die Geburt vorbereitet hatte, und Dvorah erklärte sich beinahe bereit, das Kind in Nazareth zur Welt zu bringen. »Plötzlich blickte ich mich um«, schrieb sie später, »und sah über dem für mich bestimmten Bett ein Bild von Jesus Christus. Eine tiefe Verstörung erfüllte mich. Als ich ging, sagte ich dem Arzt, daß ich nicht mehr zu ihm kommen würde.«

Gegen Ende ihrer Schwangerschaft bat Dvorah Shmuel, sich die drei Pfund zu leihen, die sie für die Reise nach Haifa brauchte. Niemand im Camp von Nahalal hatte soviel übrig, und sie mußte ihren Bruder in Haifa bitten, sie mit einem Fuhrwerk abzuholen. Als sie ihre Sachen packte, tat sie das Bündel Kleider dazu, die sie für Shmuel gewaschen und gebügelt hatte. Sie hatten ausgemacht, sich an der von Nazareth nach Haifa führenden Straße zu treffen, damit Shmuel Dvorah sehen und Moshe zurück nach Nahalal bringen konnte. Shmuel kam früh zu dem Treffpunkt und legte sich am Straßenrand schlafen. Sein Arbeitstag begann um halb fünf und dauerte, bis das Heu für die Nacht in den Stall gebracht worden war. Abends beschäftigte er sich mit Angelegenheiten des neuen Moshav und der Partei. Oft schlief er in seinen Kleidern in dem undichten Zelt ein. Als Shmuel aufwachte, war Dvorahs Fuhrwerk bereits an der Stelle vorbei und weiter nach Haifa gefahren. »Voll Verzweiflung« kehrte er zum Camp zurück; er hatte keine Ahnung, ob Moshe mit Dvorah nach Haifa gefahren oder allein nach Nazareth zurückgekehrt war. Zu seiner Erleichterung sah er vom Shimrock-Berg her eine vertraute Gestalt auf sich zukommen – seinen sechsjährigen Sohn. Dvorah war überzeugt, daß Shmuel sich verspätet hatte und bat Moshe, auf ihn zu warten. Ohne zu merken, daß sein Vater ein kleines Stück weiter an der Straße schlief, wartete Moshe geduldig. Als es rasch dunkel wurde und von Shmuel nichts zu sehen war, machte er sich auf den Weg zum Camp. Shmuel stellte ein Bett für ihn ins Zelt und schrieb Dvorah später: »Er schläft bei mir, und wir haben viel Spaß zusammen.« Moshe ging mit seinem Vater auf die Felder und

spielte mit den Erdklumpen in den frisch gepflügten Furchen Fußball. Bald darauf kehrte er nach Nazareth zurück, wo Dvorahs Mutter, die aus Haifa gekommen war, für ihn sorgte.
In Haifa verwandelte sich Dvorahs Hoffnung bald in Enttäuschung. Zuerst erfuhr sie, daß ihre Schwangerschaft noch nicht so weit fortgeschritten war, wie sie und der Arzt in Nazareth geglaubt hatten. Dann teilte man ihr in der kleinen Entbindungsklinik von Haifa mit, daß kein Zimmer für sie frei sei. Man sagte ihr, sie solle in einer Woche wiederkommen; dann könne man vielleicht ihren Namen auf die Warteliste setzen. Sie beschloß, trotzdem bei ihrem Bruder in Haifa zu bleiben und meldete sich bei einer Hebamme an. Shmuel schickte ihr Lebensmittel und schlug vor, sie solle noch mindestens einen Monat nach der Entbindung in Haifa bleiben, um sich zu erholen und Kräfte zu sammeln, »und dann werden wir, wenn alles gut geht, eine Hütte bauen und mit den Kindern einen Hausstand gründen«.
Am 21. Februar 1922 brachte Dvorah eine Tochter zur Welt: Aviva. Nach der Geburt stellten sich Komplikationen ein und zwangen sie, im Bett zu bleiben. Schuldgefühle peinigten sie, weil sie im Bett lag, während die Mitglieder von Nahalal schwer arbeiteten. Es war für Shmuel schwierig, Dvorah in Haifa zu besuchen, und während ihre Krankheit sich hinzog, wurden seine Besuche immer seltener. Er vernachlässigte jedoch nicht seine Parteiarbeit und fuhr nach Jerusalem, um an einer Tagung der Hapoel Hatzair teilzunehmen. Auch ihn quälten Gewissensbisse, und er schrieb Dvorah, er habe die Absicht gehabt, sie zu besuchen, doch sei es ihm nicht gelungen, »die paar nötigen Pennies aufzutreiben, denn im ganzen Camp gibt es kein Geld«.
Zum Passahfest kehrten die Frauen und Kinder nach Nahalal zurück, diesmal für immer. Dvorah kam bald danach mit ihrer kleinen Tochter, doch sie war noch nicht ganz gesund, und die Bedingungen in Nahalal machten eine Genesung unmöglich. Da ihre Hütte noch nicht gebaut war, mußten sich die Dayans in dem kleinen Zelt zusammendrängen. Dvorah konnte nicht schlafen und stand oft auf, um das Baby zuzudecken. Sie schrieb über diese Tage im Zelt: »Besonders schwierig ist es, das Baby zu baden. Wenn ich die Klappen schließe, wird es unerträglich heiß, und ich bin mit Schweiß bedeckt. Lasse ich sie offen, bläst ein starker Wind durch das Zelt. Wenn ich das Baby gewaschen und gefüttert habe, sind meine Beine schwach, mein Rücken tut weh, und mir ist schwindlig.«
Sie bekam Fieber, und der Arzt, den man aus Haifa holte, diagnostizierte eine Brustinfektion und einen entstehenden Abszeß. Es blieb

nichts anderes übrig, als sie in ein Krankenhaus am Stadtrand zu bringen. Als sie nach Nahalal zurückkam, schien sie gesund, doch der Abszeß wuchs, und 1924 mußte sie sich in Jerusalem einer zweiten Operation unterziehen. Von da an sollte Dvorah nie mehr ganz gesund werden.

Als Dvorah im Sommer 1922 nach Nahalal zurückkam, war die Farm in Entstehen begriffen; es gab bestellte Felder, einen Weinberg und einen Gemüsegarten. Shmuel hatte zuerst Saubohnen angepflanzt, dann Weizen und Heu. Neben dem Zelt baute er einen Stall für die Tiere: zwei Maultiere, eine junge Kuh mit geschwollenem Euter, die demnächst kalben würde, eine zweite junge Kuh und ein Kalb. Für sie hatte er Runkelrüben als Futter gepflanzt. Nach kurzer Zeit zog die Familie in eine Holzhütte nahe dem Stall. Sie ermöglichte es ihnen, das Vieh zu bewachen und ließ ihnen auf ihrem Grundstück Platz für das Haus, das sie bauen wollten. In dieser provisorischen Behausung lebte die Familie dicht neben den Tieren. Die Hütte wurde in Abschnitten gebaut; zuerst die Küche und ein Zimmer, dann ein zweites Zimmer und eine Veranda. Als Moshe acht Jahre alt war, wurde eine Kammer für ihn hinzugefügt. Dieser Anbau war für Nahalal ungewöhnlich und wurde auf Dvorahs Wunsch hin errichtet; Moshe wohnte darin bis zu seiner Heirat. Die Hühner liefen frei im Haus herum und legten ihre Eier in alle Ecken, und unter den Betten hockten Truthähne. Doch Dvorah war sehr auf Ordnung und Sauberkeit in ihrem Haus bedacht und schmückte es mit Tischtüchern und Vorhängen aus einfachem Stoff. Sie war sehr stolz auf die Blumen, die vor der Hütte in Beeten wuchsen. Vor Moshes Zimmer pflanzte sie einen Rosenstrauch, der sich langsam um sein Fenster wand.

Auf der Farm wurde Felderwirtschaft betrieben. Jeder Siedler in Nahalal erhielt 80 Dunam Land, aufgeteilt in vier 20 Dunam große Parzellen in verschiedenen Teilen des Moshavs. Die Parzellen wurden gemäß der Qualität des Bodens und ihrer Entfernung von den Häusern der einzelnen Siedler aufgeteilt. Man führte einen vierjährigen Fruchtwechselzyklus ein: Weizen, Gerste, Roggen und Heu. Erst nach 1935 bekam man in Nahalal landwirtschaftliche Maschinen. Bis dahin wurden die Felder mit Ochsen und Maultieren gepflügt. Wie die anderen Siedler, pflegte auch Shmuel seinen Sohn aufs Feld mitzunehmen. Zuerst war er bestürzt über die Einstellung des Kindes zu seiner Arbeit. Er nannte sie oft ein Beispiel für »Moshes Pessimismus«. Moshe saß neben dem Fuhrwerk und sah seinem Vater beim Pflügen zu. Jedes Mal, wenn Shmuel in seine Nähe kam, rief er: »Wozu pflügst du?

Hier wird nie etwas wachsen!« Shmuel erwiderte: »Was soll das heißen? Natürlich wird hier etwas wachsen!« Und wenn Moshe das nächste Mal vorbeikam, rief Moshe wieder: »Vater, warum plagst du dich so mit dem Pflügen ab?« Der junge nörgelte so lange, bis Shmuel ihn wütend heimschickte.

Trotz seines Pessimismus glaubte Moshe schließlich gleich seinem Vater, daß die Felder Frucht tragen würden. Er half Shmuel, indem er Saatgut zum Säen vorbereitete und ihm auf verschiedene Weise zur Hand ging. Shmuel brachte das Getreide zum Mahlen in das arabische Dorf Majdal, und die Fahrten zur Mühle waren für Moshe eine fröhliche Abwechslung. Während sein Vater mit dem Müller feilschte, wartete Moshe, die Peitsche in der Hand, auf dem Fuhrwerk und bewachte die Ladung vor den Dorfjungen. Danach half er seinem Vater, die Säcke mit Mehl und Hafergrütze auf das Fuhrwerk zu verladen, und bei Sonnenuntergang fuhren sie nach Hause zurück.

Bei diesen Fahrten nach Majdal und Mahalul lernte Moshe die Kinder der arabischen Nachbarn von Nahalal kennen. Shmuel erklärte ihm, daß die Dorfbewohner zum größten Teil Pächter und Tagelöhner waren, die unter höchst primitiven Bedingungen arbeiteten und »in Sklaverei und Not lebten«. Er wies ihn auf das in den arabischen Dörfern herrschende Elend hin, um die Vorteile von Nahalal hervorzuheben.

Shmuel erreichte mit seinen Lektionen jedoch das Gegenteil dessen, was er wollte. Shmuel haßte die Araber nicht und wurde nicht gegen sie eingenommen, sondern er empfand Mitleid für sie. In seinen ersten Schuljahren zeichnete er oft die gebeugten Körper und von Wind und Wetter gezeichneten Gesichter der Pächter, die hinter den einfachen Pflügen auf ihren erbärmlichen Feldern arbeiteten. Moshe verachtete sie nicht wegen ihrer Armut, sondern er bewunderte ihre Ausdauer, Beharrlichkeit und Fähigkeit, unter so primitiven Bedingungen zu existieren. Häufig traf er auf den Feldern Araber- und Beduinenkinder. Sie hatten noch nie einen europäischen Pflug gesehen und starrten staunend die Maultiere an, welche die Juden zum Pflügen benutzten. Ein Beduinenkind sah er besonders oft; es hieß Wahash Hanhana und gehörte zu den Arab el-Mazarib, die in schwarzen Zelten am Fuß des Shimron-Berges kampierten. Wahash, der zwei Jahre älter als Moshe war, konnte kaum glauben, daß ein Junge mit dem merkwürdigen neuen Pflug umzugehen verstand. Er pflegte neben dem Feld zu stehen, auf dem Moshe arbeitete, und allmählich immer näher zu kommen. Einmal bat er Moshe, ihn den Pflug halten zu lassen, und Moshe erlaubte es ihm. Während sich Moshe im Schatten des Fuhrwerks ausruhte, pflügten Shmuel und Wahash zusammen das Feld; der eine hielt die Zügel, der andere führte den Pflug. Seine Besuche bei Moshe und Shmuel wurden immer häufiger, und bald war er ein regelmäßiger Gast, der beim Pflügen half und an ihren einfachen Mahlzeiten teilnahm. Es war der Beginn einer Freundschaft zwischen den beiden Jungen.

Auch in Nahalal quälten Shmuel wieder innerliche Konflikte. Zwei Jahre lang arbeitete er praktisch allein am Aufbau des Hofes. Er war der erste, der ein Hühnergehege errichtete, und er pflanzte auf seinen Feldern mehr Gemüse an als alle anderen Siedler. Doch immer noch brannte in ihm der Ehrgeiz, ein Mann der Öffentlichkeit zu werden. Im Jahr 1924, kurz vor dem Passahfest, als sie auf ihre zweite Operation wartete, versuchte Dvorah ihn in einem Brief davon abzubringen, für die Partei eine Reise nach Jerusalem zu unternehmen. Zu jener Zeit sah man es nicht gern, wenn jemand aus freien Stücken einen politischen Posten übernahm, denn es gab keine höhere Berufung, als einen Pflug durch ein Feld zu führen. Shmuel gebrauchte Dvorah gegenüber die Ausrede, daß er sich schließlich dem ständigen Druck der Hapoel Hatzair gefügt habe, und sobald sie im Sommer 1924 nach Nahalal zurückkehrte, fuhr er zum Parteibüro nach Jerusalem, obgleich er sich wohl bewußt war, welch schwere Last die Farm darstellte, vor allem für seine Frau. Er schrieb lang und breit über sein schlechtes Gewissen, um Dvorah ihr Leid zu erleichtern:

... Ich horche auf das Sehnen meines Herzens, grüble ständig, gräme mich über die Schwere unseres Lebens. Wo ist die Erlösung? Wie leicht ist im Vergleich das Leben hier in Jerusalem! Die Menschen, die in der Stadt leben, verschwenden ihr Geld, denn sie verdienen es leicht, und ihr Leben ist leicht. Ist ihnen nicht klar, daß sie nichts Schöpferisches vollbringen, daß das Leben keinen Wert hat, wenn man kein Pionier ist? Um Mitternacht legte ich mich endlich in ein schmales Bett schlafen, bei einem fremden Mann, in einem abgelegenen Winkel der Stadt. Er ging am Morgen. Nachts träumte ich, daß ich neben unserer Kuh Humma stehe und daß sie seufzt... Mein Herz sehnt sich nach Euch, meine Lieben. Ich denke ständig an Euer schweres Leben, an die Arbeitslast, die Ihr tragen müßt, und an die leeren Taschen. Die Parteikasse hier ist leer. Ich habe für meine Ausgaben ein paar Pennies in Coupons bekommen.

Shmuels Parteiarbeit in Jerusalem scheint für seine Beziehung zu Dvorah in den folgenden Jahren bestimmend gewesen zu sein. Es wurde immer klarer, daß ihn nichts von seinem politischen Ehrgeiz abbringen konnte – weder die Bedürfnisse einer um ihre Existenz ringenden Farm, noch seine kranke Frau oder seine Kinder. Der einzige Trost, den er Dvorah bot, waren seine Gewissensbisse. Am 17. August 1924 schrieb er ihr:

... Natürlich muß ich vor allem auf die Farm zurückkommen und Dich von Deiner schweren Last erleichtern, doch im Moment kann ich nicht weg. Ich finde keinen Frieden, und ich bin ein Trauernder unter Schwelgern. Es ist seltsam, aber es erfüllt mich auch mit Befriedigung, daß hier alles nicht leicht für mich ist: ich kasteie mich selbst, finde Freude an der Pein, gehe abgehärmt und schlecht gekleidet herum und schlafe in den Zimmern von Fremden. Ich sehne mich so nach einem Heim und sehe hier all die Vergeudung. Es schmerzt mich tief in der Seele.

Shmuel hatte ein Rezept gefunden: indem er seine Schuld gestand, befreite er sich von ihr und fühlte sich geläutert.

Man weiß, daß große Taten vollbracht worden sind, um das einer Familie zugefügte Unrecht gutzumachen. Auf der Suche nach einer solchen ungewöhnlichen Tat kam Shmuel wieder auf den Gedanken, die Rothschild-Ländereien auf dem Horan-Plateau in Transjordanien zu besiedeln. Er brachte seine Idee bei der Jerusalemer Organisation der Hapoel Hatzair vor, setzte sich leidenschaftlich dafür ein und forderte, so bald wie möglich eine Gruppe Siedler nach dem Horan zu schicken. Die Partei setzte einen Sonderausschuß zur Untersuchung der praktischen Aussichten des Plans ein und entsandte ein Erkundungskomitee nach dem Horan, das Shmuel leitete. Dann verhandelte der Ausschuß mit den führenden Männern der JCA und versuchte sie für die Idee zu gewinnen, doch mit wenig Erfolg. Schließlich verfaßte Shmuel im Namen der Hapoel Hatzair-Partei ein Memorandum und schickte es den Mitgliedern der Exekutive der Zionistischen Weltorganisation. Als Dr. Chaim Weizmann Nahalal besuchte, bemühte Shmuel sich, ihn dazu zu überreden, die Sache zu unterstützen, doch Weizmann schien skeptisch, da der ganze Plan, das Horan zu besiedeln, politisch zu kompliziert war. Weizmann versprach Shmuel jedoch, seine Pläne zu studieren und zu überdenken. Als sie sich am 26. September 1924 wieder trafen, versuchte Weizmann, die Sache von sich abzuwälzen, indem er Shmuel vorschlug, nach Paris zu fahren und seine Idee dem Baron selbst zu unterbreiten.

Shmuel mußte einige Zeit warten, bis ein Treffen mit Baron de Rothschild arrangiert werden konnte. Er kehrte nach Nahalal zurück, betrachtete es jedoch nur als Stützpunkt, von dem aus er seine verschiedenen Aktionen zu unternehmen gedachte. In dieser Haltung sollte er viele Jahre verharren. Plötzlich hatte er Glück: er sollte ins Ausland reisen und Baron de Rothschild persönlich sehen.

Mitte August 1925 fuhr Shmuel nach Europa. In Wien traf er wieder Dr. Chaim Weizmann, der ihm einen unverbindlichen Empfehlungsbrief an den Baron gab. Doch der Baron, oder vielleicht sein Sekretär, las zwischen den Zeilen, und auf der Fahrt nach Paris teilte man Shmuel und einem anderen Mitglied der ursprünglichen Komitees mit, daß der Baron krank sei, die Stadt verlassen habe und niemanden empfange. Shmuel blieb trotzdem im Auftrag des JNF in Europa und kehrte erst im April 1926 nach Nahalal zurück – volle neun Monate nach seiner Abreise. Inzwischen hatte Dvorah ihr drittes Kind geboren, einen zweiten Sohn namens Zohar.

Hin und wieder erwog Shmuel, den Moshav zu verlassen und in die Stadt zu ziehen. Kurz vor seiner Reise nach Europa hatte man ihm einen Posten beim Landwirtschaftsreferat des Histadrut* in Tel Aviv angeboten. Er schrieb Dvorah: »... Vor allem Moshe bereitet mir große Sorgen. Wie wird er in einer Stadt aufwachsen? Es macht mir wirklich Angst, daß wir mit ihm für ein oder zwei Jahre in eine Stadt ziehen sollen.« Schließlich verwarf er den Plan, mit seiner Familie nach Tel Aviv zu übersiedeln, gab aber nicht den Gedanken auf, selbst dort zu arbeiten. Während seiner Reise nach Wien im August 1925 schrieb er Dvorah, daß die Frage, ob er beim Landwirtschaftsreferat arbeiten werde, bei seiner Rückkehr akut werden würde: »... Ich möchte nicht fortgehen, aber ich muß. Ich weiß, ich werde mich der Pflicht nicht entziehen können.« Er war sich über die Schwierigkeiten, in die er seine Familie brachte, im klaren, doch nach drei Monaten in Europa änderte er seine Pläne. Am 1. November 1925 schrieb er Dvorah aus Warschau, daß die zionistische Botschaft die Juden in der Diaspora nicht erreiche und daß ihm jeder, dem er begegne, sage: »Sicher werden Sie nicht damit zufrieden sein, nur ein paar Monate für den JNF zu arbeiten und dann wieder zu verschwinden.« Kurz, man hatte ihm vorgeschlagen, mindestens ein weiteres Jahr für die Partei in Polen tätig zu sein. »Ich habe noch nicht zugesagt«, schrieb er, »aber sie werden mir keine Ruhe lassen.«

Anfangs tröstete Dvorah sich mit dem Gedanken, daß Shmuels Tätigkeit eine Unannehmlichkeit sei, die sie ihrem Volk zuliebe ertragen müsse. Doch kurz nach seiner Abreise erfuhr sie, daß sie schwanger

---

* Allgemeiner Arbeiterbund, gegründet 1920.

war. Sie setzte Shmuel davon in Kenntnis, enthielt sich aber der Bitte, seine Reise abzukürzen. Eine verkrüppelte Verwandte half ihr bei der Hausarbeit, und die Farm bewirtschaftete sie zusammen mit einem Landarbeiter. Auch der zehn Jahre alte Moshe half ihr auf der Farm, so gut er konnte. Doch die Schwangerschaft schwächte Dvorah, und sie war finanziell in einer sehr mißlichen Lage.
Allmählich wurde der Ton, in dem sie Shmuel über die Farm und die Familie berichtete, schärfer. Die Tomaten und Auberginen verfaulten auf den Feldern, und der Landarbeiter verließ sie. Dvorah unterdrückte ihren Stolz, wandte sich ans Dorfkomitee und ersuchte darum, daß ihr einer der Männer des Moshav half. »Ich verließ die Komiteesitzung schweren Herzens«, schrieb sie Shmuel. »Von weitem hörte ich Viva weinen. Sie lief auf dem finsteren Hof herum und jammerte ›Wo ist Mutter? Wo ist Vater?‹ Unsere Kleine tat mir schrecklich leid. Ich nahm sie in mein Bett. Mit lächelndem Gesicht schlief Viva neben mir ein; ich weinte bitterlich.«
Dvorah lieh sich Geld für Saatgut und Medikamente und schrieb Shmuel, sie habe keine Ahnung, wie sie all die Schulden zurückzahlen solle. Es gelang ihr nicht, die eineinhalb Tonnen Getreide, die auf dem Speicher lagen, oder das Heu zu verkaufen. Ihr Arbeitstag wurde immer länger; er begann um vier Uhr morgens mit dem ersten Melken und endete um neun Uhr abends. Trotzdem bewältigte sie die viele Arbeit nicht. Sie litt an Kopfschmerzen und ständiger Schwäche, und da ihre ersten Andeutungen Shmuel nicht veranlaßten, heimzukommen, wurde sie energischer. Am 25. Oktober schrieb sie ihm, der Winter nahe und sie habe keine Kleider für die Kinder, und sie fügte hinzu: »Ohne Dich fühlen sich die Kinder wie Weisen.« Ihre Briefe kreuzten sich; sie erhielt einen Brief, den er am 16. Oktober in Grodno geschrieben hatte und der wie eine unabsichtlich ironische Antwort auf den ihren schien: »... In einer halben Stunde werde ich im Stadttheater vor einem tausendköpfigen Publikum stehen und wieder einmal sprechen. Morgen vormittag spreche ich in der großen Synagoge, am Nachmittag vor Mitgliedern der Hehalutz und Hapoel Hatzair, und am Abend...«
Zuerst war Moshe stolz auf die Ehre, welche die Reise seines Vaters der Familie einbrachte und wartete ungeduldig auf seine Geschenke. Er berichtete seinem Vater Neuigkeiten über die Farm. In einem seiner Briefe schilderte er, wie er am Versöhnungstag mit seinem Mutter und seiner Schwester in die Synagoge ging: »Ich sprach Gebete aus einem Gebetbuch und fastete einen halben Tag lang.« Unter den Geschen-

ken, die Shmuel schickte, waren ein Kasten mit Zimmermannswerkzeugen und ein schön gebundenes Psalmenbuch. »Ich habe mich über Deine Geschenke gefreut«, schrieb Moshe, »und ein paar Tage später hatte ich bereits einen Stuhl und einen Tisch für Avivas Puppen gebastelt. Und wie schön ist das Psalmenbuch! Jeden Abend setze ich mich hin und lese darin.« Er schickte seinem Vater die Kopie eines Artikels, den er für die Kinderzeitschrift geschrieben hatte. Es war nicht der einzige Beitrag, den er für die Zeitschrift verfaßte, doch es war der einzige, den er seinem Vater schickte, denn: »Du sollst den Rest lesen, wenn Du heimkommst, und ich hoffe, Du kommst bald heim.«

Moshe schmerzte die Abwesenheit seines Vaters, und noch mehr Kummer bereiteten die Schwierigkeiten, mit denen seine Mutter zu kämpfen hatte. Auch er begann, Shmuel gegenüber Andeutungen zu machen, daß es an der Zeit sei, zurückzukommen. Im September schrieb er ihm: »Ich bin eben vom Bewässern der Bäume zurückgekommen. Ich habe zu Abend gegessen und in dem Buch über Bar Kochba* gelesen. Du bist jetzt unterwegs nach Frankreich, und ich kann mir nicht vorstellen, wie wir es hier noch fünf Monate allein aushalten sollen.« Als Shmuel seinen Aufenthalt in Europa verlängerte, wurde auch Moshe deutlicher. Im November 1925 schrieb er: »Chanukkah naht, und ich bin sicher, Du wirst uns etwas schicken, aber es kann Dich nicht ersetzen. Ein Feiertag ohne Vater ist kein Feiertag.« Moshe besuchte damals die fünfte Klasse der Volksschule und hatte auf den Vorschlag seines Lehrers hin begonnen, ein Tagebuch zu führen. Während der Abwesenheit seines Vaters wurde seine Schrift merklich schlechter, und er machte mehr Rechtschreibfehler als sonst. Die Eintragung vom Donnerstag, dem 3. November 1925, enthält viele solche Fehler und außerdem eine Anzahl von Sätzen, die keinen ersichtlichen Zusammenhang mit den vorhergehenden oder folgenden haben: »Ich habe von meinem Vater ein Buch bekommen. Wenn ich an ihn denke – meinen guten Vater –, wie wir zusammen morgens gespielt haben, wie er mir schwierige Abschnitte in der Bibel erklärte, wie er mir das Pflügen beibrachte, wie er mir aus Büchern vorlas, wie er meine Fehler verbesserte, und wie und wie...«

Als Dvorah den Brief erhielt, in dem Shmuel ihr mitteilte, daß er die Absicht habe, noch ein Jahr in Europa zu bleiben, und vorschlug, daß sie und die Kinder zu ihm kommen sollten, konnte sie sich nicht mehr

---

* Anführer des zweiten jüdischen Aufstandes gegen die Römer, 132–135 n. Chr.

beherrschen. Am 2. November, dem Jahrestag der Balfour-Deklaration, machte sie aus ihren Gefühlen keinen Hehl: »Ich schreibe Dir heute am 2. November in der Hoffnung, daß Dein Visum abgelaufen ist, und daß Du gezwungen sein wirst, Polen zu verlassen und vielleicht, vielleicht endlich heimzukommen« – ein feiner Sarkasmus, mit dem sie andeutete, daß möglicherweise nur die Balfour-Deklaration und die damit zusammenhängende Rückkehr nach Zion ihren Mann veranlassen könnten, aus der Diaspora zurückzukommen. Shmuels Plan, daß sie in Europa leben sollten, lehnte Dvorah glattweg ab.
Doch Shmuel ließ sich mit der Heimkehr Zeit. Er verbrachte den Dezember in Warschau, und inzwischen starb die eine Kuh, ihr Kalb wurde geschlachtet, weil man das Fleisch brauchte, und die zweite Kuh begann, aus ihrem eigenen Euter Milch zu saugen, weil Dvorah kein Geld hatte, um Futter zu kaufen. Moshe bekam Malaria, und als die Regenfälle einsetzten, arbeitete Dvorah weiter in dem nassen, schlammigen Garten. »Es fällt mir äußerst schwer, mich zu bücken, und meine Füße tun sehr weh. Ich würde heiße Bäder brauchen, aber ich kann sie mir nicht allein zubereiten«, schrieb sie, als der neunte Monat ihrer Schwangerschaft kam. Um ihre Leiden zu erleichtern, schlug Shmuel wieder vor, sie solle für ein Jahr nach Europa kommen, doch Dvorah lehnte wieder ab. Darauf schrieb Shmuel, sie solle nicht soviel arbeiten und sich mehr ausruhen, was Dvorah nur als Ironie empfunden haben kann, denn als sie seinen Brief erhielt, wartete Dvorah auf das Ausbrüten von 450 Eiern im Hühnerstall, doch die meisten verdarben, weil sie und Moshe nicht imstande waren, ständig auf den Brutapparat aufzupassen. Shmuel kehrte zum Passahfest nicht heim, und am 8. April 1926, als sein Sohn Zohar zur Welt kam, und am 4. Mai, als das Kind beschnitten wurde, war er immer noch in Europa.
Zu dieser Zeit wurde Dvorah klar, daß ihr nichts anderes übrigblieb, als Shmuels politische Ambitionen zu unterstützen, und die einzige Möglichkeit bestand für sie darin, die Position der Familie in Nahalal zu stärken. Als Dvorah sich auf ihre Heirat einließ, stellte sie sich Shmuel vermutlich als einen Arbeiter vor, der mit dem Boden verwurzelt sei und die Last der Landarbeit tragen würde, während sie – mit ihrer Liebe zur Literatur und ihrer Neigung, sich selbst auszudrücken – eine hingebungsvolle Frau und Mutter sein wollte. Doch es sollte ganz anders kommen. Die zarte, schwächliche Frau, welche die Welt des Geistes so sehr angezogen hatte, das junge Mädchen, das Shmuel ständig gedrängt hatte, sich auf die Strapazen des Lebens auf dem Land vorzubereiten – trug die ganze Last der Farm auf ihren Schultern, als

Shmuel im Sommer 1926 nach Palästina zurückkehrte. Die junge Frau, die davon geträumt hatte, etwas »ganz Großes« zu vollbringen, welche »die Welt sehen« wollte, war nun die dem Land tief verbundene Bäuerin, während Shmuel sich mit geistigen Dingen beschäftigte. Ihre Freunde überraschte dieser Rollentausch. Viele Führer der Arbeiterbewegung hielten Dvorah für eine weit begabtere und bedeutendere Persönlichkeit als Shmuel. Zalman Aranne äußerte oft, Dvorahs Beziehung zu Shmuel sei wie ein »Gedicht, das in ein Buch mit Arithmetikaufgaben geraten ist«. Miriam Baratz meint, Dvorah hätte Shmuel verlassen, wenn sie in dem Kibbuz geblieben wären, und nur das ständige Umherziehen der Familie und die mißlichen Bedingungen ihres Lebens in Nahalal hätten eine Scheidung verhindert.

Man weiß nicht, ob noch Liebe sie an Shmuel band oder ob allein Klugheit sie leitete – jedenfalls fügte Dvorah sich der Einsicht, daß das Glück ihrer Familie davon abhing, daß sie Shmuel mit aller Kraft bei seiner politischen Tätigkeit unterstützte. Sie verleugnete deshalb bereitwillig ihre eigenen Ambitionen und unterdrückte ihre Talente. Erst im Jahr 1929 begann sie kurze Artikel in *Dvar Hapoelet* zu veröffentlichen, die mit Feingefühl, Scharfsinn und verständnisvollem Herzen geschrieben waren.

4

Meshulams Klasse (1925-1929)

Eines Abends im Herbst 1922 betrat ein harmlos aussehender junger Mann das Dorfbüro von Nahalal. Er trug all seinen irdischen Besitz bei sich: ein Bündel Kleider und eine Flöte. Er hieß Meshulam Halevi, war einunddreißig Jahre alt und stellte sich als der neue Lehrer vor. Er hatte verschiedene gute Empfehlungen, und als er später die Führer des Moshav kennenlernte, erklärte er, er sei ein Anhänger der liberalen Erziehung. Nur wenige Siedler verstanden, was er meinte, doch die meisten waren beeindruckt.

Meshulam (wie ihn alle nannten) war in einem Dorf in Weißrußland geboren. Er hatte ein *Cheder* und ein *Yeshiva** besucht, dann ein weltliches Studium betrieben und sich seinen Lebensunterhalt verdient, indem er Privatstunden gab. Mit zwanzig war er in das Pädagogische Seminar von Grodno aufgenommen worden, eine Art jüdische Lehrerbildungsanstalt. Außerdem lernte er selbst, verschiedene Musikinstrumente zu spielen, darunter die Flöte (die er meisterhaft beherrschte). Als er zur russischen Armee eingezogen wurde, bewahrten ihn seine Talente davor, an die Front zu kommen, und er wurde einer Regimentskapelle als Flötist zugeteilt. Nach der Revolution war er eine Zeitlang Leiter der jüdischen Schule von Bobruisk, und 1920 wanderte er nach Palästina aus.

Er begann in Nahalal sofort mit dem Unterricht. Meshulam teilte die Kinder in drei Altersgruppen auf. Die ältesten unterrichtete er in seinem Zelt und später in seiner Hütte. Die jüngeren Kinder mußten warten, bis man die Krankenhütte in zwei Klassenzimmer umbauen konnte; dann wurden sie dort ein Jahr lang unterrichtet. Es gab keinen Fußboden in der Hütte und weder Tische noch Stühle, und so lernten die Kinder auf Matten, die man ausbreitete. Die Hütte war von Sümpfen und Dornensträuchern umgeben. Es gab Schwärme von Mücken, und oft zündete man draußen Feuer an, um sie zu vertreiben. Im

---

* Institut für das höhere Studium der jüdischen Religionswissenschaft.

Sommer verwandelte das Blechdach den Raum in einen glühendheißen Ofen, und Feldmäuse rannten darin herum; im Winter tropfte der Regen durch das Dach in Eimer und Schüsseln, und kalter Wind pfiff durch die Risse in der Wand.

Schließlich wurde in der Siedlung eine richtige Schule gebaut, doch die anfänglichen Schwierigkeiten spornten Meshulam an, und er tat alles, um seine Vorstellungen von liberaler Erziehung zu verwirklichen. Er beschloß, sich nicht an den vom Erziehungskomitee der Jewish Agency herausgegebenen und im ganzen Land verbreiteten »Lehrplan für Gemeindeschulen« zu halten, da er ihn als ungeeignet für Nahalal betrachtete. Was er bei seiner ersten Zusammenkunft mit den Siedlern besprochen hatte, galt ihm als Richtschnur: Hauptziel des Lehrplans mußte es sein, die Kinder für das Leben in einem Moshav zu erziehen. Es schien deshalb sinnlos, die Kinder auf eine höhere Schulbildung vorzubereiten. Den Vorrang gab er Bibelstudien; dann folgten Naturkunde und Geometrie.

Die dritte Gruppe, die aus sieben Mädchen und neun Jungen bestand, von denen Moshe der jüngste war, bildete die zweite Klasse. Gemäß Meshulams Auffassung von liberaler Erziehung beschäftigte sich jedes Kind mit dem Gegenstand, der es interessierte. Jene, welche die Bibel studieren wollten, saßen auf dem Sofa, als läsen sie daheim in einem Buch; die an Arithmetik Interessierten saßen an einem der Tische an der Wand. Gemeinsamen Beschäftigungen – wie dem Bemalen von Vorhängen aus Sackleinwand für das Klassenzimmer – widmete man sich an dem Tisch in der Mitte. Wenn man diskutierte oder einer Geschichte zuhörte, saßen alle in einem Kreis auf dem Boden. Der Unterricht bestand aus Diskussionen, Geschichtenerzählen und individueller Arbeit. Meshulam war der Meinung, daß das Kinderkollektiv das Recht hatte, seinen Mitgliedern Verpflichtungen aufzuerlegen, der Lehrer hingegen nicht das Recht, ein Kind zu zwingen, etwas gegen seinen Willen zu lernen. Von Anfang an veranstaltete er Versammlungen, Diskussionen und Wahlen, bildete Komitees und gründete die *Dorfkinderzeitung* – alles mit dem Ziel, das Verlangen nach schöpferischem Lernen zu wecken. Als die dritte Gruppe die fünfte Klasse erreichte, wurden die Kinder ermuntert, Tagebücher zu führen und miteinander Briefe zu wechseln.

Offenbar spürte Meshulam, daß in Moshe etwas Besonderes steckte, denn er hob das Tagebuch, das er in der fünften Klasse führte, viele Jahre lang auf. Einer der Gründe war eine Eintragung vom 9. März 1925. Er hatte den Kindern versprochen, ihre Tagebücher nur sicher-

heitshalber in seinem Schrank aufzubewahren, und er las nie darin.
Er war deshalb verblüfft, als er in Moshes Tagebuch auf folgende
Zeilen stieß:
Nein. Unmöglich. Mir ist klar geworden, daß ich, wenn ich ein guter
Schüler sein will, nicht all meine Zeit damit verbringen darf, Aufsätze
zu schreiben und zu zeichnen. Ich muß mich allein einer Sache widmen,
denn Zeit für Aufsätze finde ich immer. Die Tage sind einfach nicht
interessant. Ich komme, mache ein paar Aufgaben, schreibe. Abends
gehe ich zu einer Probe oder Versammlung. Es gibt Dinge, über die es
sich zu schreiben und zu reden lohnt, doch es lohnt sich nicht, sich offen
über sie zu äußern. Deshalb schreibe ich nicht über sie – ich fürchte,
jemand wird dies lesen. Auf Wiedersehen.
Indem er sein Talent zu schreiben, entwickelte, konnte Moshe, wie er
in den obigen Sätzen andeutet, sich gegenüber seinen Mitschülern hervortun. Er zeichnete ungewöhnlich gut und schrieb bemerkenswerte
Gedichte und Aufsätze. Sehr viel Zeit, Liebe und Energie widmeten
Meshulam und seine Schüler der Klassenzeitung. Sie erschien periodisch
in einem einzigen Exemplar, das schön gebunden war, und ein Kind
gab sie ans andere weiter. Sie war mit farbigen Tuschzeichnungen
illustriert und enthielt eine Anzahl regelmäßiger Beiträge, von denen
die wichtigsten Artikel über die Bibel und Berichte über Erlebnisse
und Erfahrungen der Kinder waren. Die Redaktion bestand aus der
ganzen Klasse, und die eingereichten Beiträge wurden laut vorgelesen.
Ein Gedicht, das Moshe im Jahr 1925 einreichte, wurde bei seiner
ersten Lesung abgelehnt. Die Klasse mißverstand die erste Zeile und
begriff deshalb seinen Sinn nicht. Meshulam mischte sich ein, erklärte
die betreffende Zeile und meinte, es sei ein sehr schönes Gedicht. Dann
las er es noch einmal vor:

> *The Song of the Harp*
> *He plucked the harp so slow*
> *He plucked a song of woe*
> *He sat in the tent alone*
> *In the tent, the wanderer's home.*
> *The tree above his head*
> *Bowed too, as mourning the dead.*
> *The trees all swung and swayed,*
> *By the light of the stars, bright-rayed.*
> *And the harp still played and played,*
> *Begging, alone and afraid.*

Wie erwartet, beschloß die Redaktion einstimmig, das Gedicht in die Zeitung aufzunehmen. Mit der Zeit wurde es sehr beliebt, und die Mädchen der Klasse rezitierten es mit viel Gefühl.

Nachman Betser, ein Klassenkamerad von Moshe, berichtet, daß der Tag oft mit einer Diskussion begann, und wenn die Mehrheit der Kinder fand, daß es ein schöner Tag sei, fiel der Unterricht aus, und sie machten eine Wanderung, bei der sie Pflanzen und Tiere bestimmten. Schon in seinem ersten Jahr in Nahalal begann Meshulam mit den Kindern Ausflüge zu machen. Oft schlug er vor, den Unterricht im Freien abzuhalten, und er hatte immer ein Vergrößerungsglas und ein Botaniklehrbuch bei sich. So brachte er den Kindern nicht nur bei, korrekt Hebräisch zu sprechen, sondern flößte ihnen auch eine tiefe Liebe zur Pflanzen- und Tierwelt ihres Landes ein. Ein anderer Zweck dieser Exkursionen war, die Araber kennenzulernen. Nahalal war damals noch sehr isoliert. Die einzigen anderen jüdischen Siedlungen in der Gegend waren Merhavya im Osten und Yagur im Westen. Die Kinder von Nahalal trafen Araberkinder an den Quellen der Umgebung. Sie lernten ein paar Worte Arabisch und konnten sich bald verständigen. Später gingen die Kinder oft ohne Begleitung zu weit entfernten Araberdörfern. Mit der Häufigkeit ihrer Ausflüge wuchsen auch die Entfernungen, die sie zurücklegten. Manche fürchteten sich, ohne Meshulam oder einen anderen Erwachsenen weite Wanderungen zu unternehmen, und nur die Mutigsten, darunter Moshe, kamen bis an Orte, die außerhalb der erlaubten Grenzen lagen. Die offiziellen Schulausflüge dehnten sich allmählich auf drei oder vier Tage aus. Der Hauptausflug, der eine Woche dauerte und mit einem Besuch Jerusalems und der Klagemauer endete, blieb immer der Abschlußklasse der Schule vorbehalten. Die begeisterten Wanderer unter den Kindern, zu denen auch Moshe gehörte, gründeten einen Geographieverein, und eine ihrer vielen Exkursionen führte sie nach dem östlich des Jordan gelegenen Geder.

Moshes Klassenkameraden und die anderen Mitglieder des Geographievereins bemerkten, wie leicht er sich mit den Arabern anfreundete. »Besonders mochte er die schwer arbeitenden arabischen Fellachen«, erinnert sich einer von ihnen. »Er studierte eingehend die Bräuche der Fellachen und Beduinen und unternahm in der Phantasie mit Arabern Ritte durch riesige Wüsten.«

1925 veröffentlichte Moshe in der Schulzeitung eine lange Erzählung mit dieser romantischen Tendenz. Ihre Helden sind Ali und Mustapha, zwei Araber, mit denen Moshe und seine Freunde zu Pferde eine Expedition durch die Wüste unternehmen. Als sie ihnen begegnen, sieht er auf den ersten Blick, daß es Beduinen sind. Da sie auf ihren Pferden dahingaloppieren, können sie zuerst nicht erkennen, ob die Beduinen Freunde oder Feinde sind, und so sitzen sie »wie festgewachsen auf ihren Sätteln. In der einen Hand halten wir die Zügel, in der anderen ... eine Pistole.« Alle in weite orientalische Gewänder gekleidet, rasen sie nebeneinander auf ihren Pferden dahin, veranstalten ein Festmahl am Feuer und werden Freunde. Dann folgt ein Gefecht (Moshe gibt keinen klaren Hinweis, gegen wen), und Ali, Mustapha, Moshe und seine Freunde kämpfen Seite an Seite. Später geraten sie in einen schweren Sandsturm, und Moshe schreibt:

Ich weiß noch, daß Blut aus meiner Nase, aus meinem Mund rann, Dunkelheit, ich verlor das Bewußtsein, ich sehe rote Kreise... Wie durch einen Nebel sehe ich: Dattelpalmen, Mustapha, Ali, weiß gekleidete Araber... Was ist das? Ein Traum? Eine Halluzination?... Dann schlafe ich wieder... Ein paar Tage später sagten sie mir, daß sie mich bewußtlos fanden. (Ali und Mustapha wurden gerettet, weil sie wußten, daß in der Nähe eine Oase war)... Dort liege ich zwanzig Tage. Und dann war ich mit Hilfe Allahs und seines Propheten Mohammed gerettet. Ich dankte meinen Rettern siebzigmal.

Die näheren Umstände seiner Rettung sind unklar, doch das Wesentliche an Moshes Geschichte ist, daß Araber ihn vor dem sicheren Tod bewahrten.

Einen großen Teil seiner Zeit widmete Meshulam dem Chor und dem Orchester. Er lehrte die Kinder Geige, Flöte, Klarinette, Trompete und Zimbel spielen und begleitete den Chor auf einem Akkordeon. Schon bei den ersten Proben stellte sich heraus, daß Moshe gleich den anderen Angehörigen seiner Familie so gut wie kein musikalisches Gehör hatte. Das hielt ihn jedoch nicht davon ab, zusammen mit den anderen zu musizieren. Während die meisten Kinder dem Chor und dem Orchester angehörten, erlaubte Meshulam Moshe, nur Mitglied des Orchesters zu sein. Sein Instrument war die Flöte. Der kuckucksartige Ton, den sie hervorbrachte, war ein wichtiger Teil von Haydns »Spielzeug-Symphonie«, die das Orchester aufführte, doch Moshe spielte die Flöte mit bedauerlich geringem Talent.

Obwohl er im Schreiben, Zeichnen, in Natur- und Bibelkunde sehr gute Leistungen vollbrachte, gehörte er nicht zu Meshulams Lieblingsschülern. Einer davon war Dov Yermiyah, der auch bei der ganzen Klasse sehr beliebt war – vor allem bei den Mädchen. Wie sein Lehrer und seine Klassenkameraden berichteten, war Dov, der zwei Jahre älter als Moshe war, ein freundlicher, gutaussehender, begabter und musikalischer Junge, der bei Schulfeiern Geige spielte. Bestimmt erfüllte die Zuneigung, die Meshulam Dov entgegenbrachte, Moshe mit Ärger und Neid. Meshulam erinnert sich, daß Dov im Winter des ersten Schuljahres von seinem Vater auf den Schultern zur Schule getragen wurde, damit er seine Kleider nicht beschmutzte. Dov trug Anzüge aus weichem Kord, und alle bewunderten seine Sauberkeit, sein hübsches Aussehen, seine Locken und rosigen Wangen. Doch sobald sein Vater ihn auf die relativ saubere Matte gesetzt hatte und gegangen war, sprang Moshe – der Sachen trug, die aus abgelegten Kleidern seines Vaters gemacht waren – auf und verprügelte ihn. Obwohl Dov älter war, wehrte er sich nicht, bis Meshulam dazwischentrat. Wenn sein Vater ihn nicht pünktlich am Ende des Tages abholte, blieb Dov in der Schule, bis Meshulam ihn nach Hause brachte, weil er Angst hatte, Moshe könnte über ihn herfallen.

Meshulam ist wegen seines schweren Fehlers kritisiert worden: Man warf ihm vor, die Kinder von Nahalal und jene, die erst vor kurzem aus dem Ausland gekommen waren, ungleich zu behandeln oder zumindest wenig zu tun, um die Kluft zwischen ihnen zu überbrücken. Die Kinder von Nahalal spürten Meshulams Respekt vor ihrer Herkunft und betrachteten ihn als selbstverständlich. Die Kinder der Gründer von Nahalal bestätigen offen, daß sie sich überlegen fühlten. Nachman Betser erinnert sich: »Ich glaube, unsere Eltern erfüllten uns mit diesem Gefühl, ›auserwählt‹ zu sein. Nahalal war der erste Moshav, und so glaubte unsere Gruppe, allen anderen überlegen zu sein. Die Kinder von Merhavya, Balfouria und Tel Adashim pflegten uns ›reines Olivenöl‹ zu nennen. Und Meshulam nährte in uns dieses Gefühl der Überlegenheit.«

Seinen früheren Mitschülern zufolge war dieses Gefühl bei Moshe noch stärker entwickelt als bei anderen. Zum Beweis führen sie seine Bemühungen an, die Führerschaft über die Klasse zu übernehmen. Die Kinder widersetzten sich Moshe, da sie fanden, daß jedes von ihnen der Sohn von jemandem war, der in den Annalen der »Eroberung durch Arbeit« einen hervorragenden Platz einnahm. Außerdem schätzten sie ihre Familien höher ein als Moshes, weil diese sich ihren Farmen und Ländereien widmeten und es ablehnten, sie zu verlassen und sich mit Politik zu beschäftigen. (Politiker standen in Nahalal nicht in sehr hohem Ansehen.) Moshes Verlangen, eine führende Rolle zu spielen, und die von Meshulam geförderte allgemeine Atmosphäre führten zu Konkurrenzkampf und Hochmut.

Die allgemein anerkannten Führer waren Moshe Betser und Amnon Yannai aus der oberen Klasse und Dov Yermiyah aus der unteren Klasse. Bis zu seinem Tod an Bord eines britischen Truppentransporters im Jahr 1943 betrachtete man Moshe Betser als die bedeutendste Persönlichkeit der Gruppe, und er schuf weitgehend die Form, in der seine und die künftigen Generationen Nahalals geprägt wurden. Yehoshua Palmon, der erst 1930 von Tel Aviv nach Nahalal kam, stellte bei den Kinder von Nahalal ein gleichförmiges Verhalten fest. Als man ihn einmal fragte, wer der Sprecher der Gruppe sei, antwortete er: »Wenn ich ›Sprecher‹ sage, muß ich lächeln, denn damals wurde Stärke mit Schweigen gleichgesetzt. Man bewunderte Leute, die schweigsam waren, und selbst wenn man sie drängte, äußerten sie ihre Ansicht mit großer Zurückhaltung, auf eine sehr englische, unverbindliche Weise. Sie dachten viel nach, fochten innerliche Kämpfe aus – je mehr einer innerlich kämpfte, um so besser – und grübelten über die Art und Richtung des Weges nach, dem sie in ihrem Leben folgen sollten.« Ruth Dayan (damalige Shwarz), die 1934 nach Nahalal kam, entsinnt sich, einen »Nahalal-Typ« entdeckt zu haben: »Schroff, nach innen gekehrt und nicht sehr gesprächig.« Moshe, dem intelligenten, aufgeweckten Kind, das »die Leute gern mit einem schönen Wort überraschte« und sich so gut auszudrücken verstand, fiel es vermutlich schwer, sich Moshe Betsers Beispiel anzupassen. Doch unter den gegebenen Umständen blieb ihm keine andere Wahl; er mußte es, wenn er von den anderen Kindern akzeptiert werden wollte.

Moshe Betser hatte drei Brüder und drei Schwestern. Sein jüngerer Bruder Nachman war ein Klassenkamerad Moshes und wurde oft »ein Prinz« genannt. In seiner Jugend wurde auch er einer der Anführer der Kinder. Wie seinen Bruder und seinen Vater erfüllten Nachman hohe moralische Wertmaßstäbe. Als die Jungengruppe älter wurde, entwickelte er sich zu ihrem Kollektivgewissen.

Der zweite der drei Führer war Amnon Yannai. Er war ein hübscher Junge und der beste Schüler der Klasse. Meshulam lobte immer wieder seine vielen Talente. Amnon war gutmütig, kameradschaftlich und verständnisvoll, und sämtliche Mädchen waren in ihn vernarrt. Lehrer wie Schüler erwarteten große Dinge von ihm. Wenn die Gruppe über ihre Zukunft diskutierte und sich fragte, wer von ihnen wohl »ein großer Mann« werden würde, fiel die Wahl stets auf Amnon. Keiner der Schüler dachte, daß Moshe eine Zukunft als Soldat und Staatsmann vor sich hatte.

Amnons bester Freund war Dov Yermiyah. Meshulam mochte ihn

von allen Kindern der unteren Klasse am liebsten. »Meshulam wäre viel glücklicher, wenn Dov ein großer Mann geworden wäre«, äußerte Shulamit Dayan. Dov war ein ausgezeichneter Schüler und von allen der musikalischste. Vor allem war er das Idol der Mädchen. Sie bestanden aus zwei Gruppen – solchen, die Dov nur liebten, und solchen, die »verrückt nach ihm waren«. Als Kind war Moshe eifersüchtig auf ihn, weil er Meshulams besondere Zuneigung genoß, und als junger Bursche beneidete er ihn, weil die Mädchen ihn liebten.

Ein anderer außergewöhnlicher Junge war Avino'am Slutzky. Er war kein Anführer und besaß keinen großen Einfluß, sondern tat sich durch seine derben Scherze und Streiche hervor. Trotz seiner Ungezogenheit mochte Meshulam ihn gern und bemühte sich, ihn zu bessern. Avino'am lernte daraufhin Klarinette spielen. Er bereitete Meshulam viele Sorgen. Der Lehrer gewöhnte sich so sehr an die Streiche des Jungen, daß er Avino'am alles zutraute. Ein typischer Vorfall ereignete sich im Jahr 1927, als ein starkes Erdbeben Palästina erschütterte und mehrere Häuser in Safed und Nablus zerstörte. In Nahalal spürte man das Beben kurz nachdem Avino'am das Klassenzimmer verlassen hatte, um an der Leitung auf dem Hof etwas Wasser zu trinken. Einen Moment hatte Meshulam keine Ahnung, was los war, als das Schulhaus plötzlich zu schwanken begann und die Bilder von den Wänden fielen. Dann glaubte er plötzlich zu begreifen, stürzte auf den Schulhof hinaus und rief: »Avino'am! Hör sofort damit auf!« Avino'am war ein Gründer der »Habibi«, einer Organisation, die sich der Verübung derber Streiche widmete. »Habibi« bedeutete »Verein jüdischer Rowdys in Palästina«, und Moshe war aktives Mitglied.

1919 wurde den Jugendlichen des Dorfes erlaubt, sich mit ihren Eltern in den Wachdienst zu teilen. Moshe trug eine doppelte Last, denn Ende 1929 ging Shmuel in die Vereinigten Staaten und ließ seinen Sohn seine Stelle einnehmen. Bewaffnet mit Speeren, die der Schmied des Dorfes angefertigt hatte, bewachten die Jungen die Höfe, und Moshe erwarb sich den Ruf, besonders tapfer zu sein, als er seine nächtliche Runde über den Hof hinaus bis zu den Kuhställen ausdehnte.

Um sein Ziel, Klassenführer zu werden, zu verwirklichen, mußte Moshe an mehreren Fronten kämpfen und mit verschiedenen Kindern wetteifern. Moshe Betser war in der Schule eine unbezwingbare Festung geistiger, moralischer und sozialer Autorität. Amnon Yannai und Dov Yermiyah waren wegen ihrer Schönheit, Freundlichkeit, Umgänglichkeit und wegen ihrer musikalischen Talente beliebt. Und was Streiche und sportlichen Mut betraf, mußte er mit einem Rauhbein wie Avino'am Slutzky konkurrieren. Doch am 5. Juli 1926 schrieb er voll Freude: »... Ich möchte eine Partei organisieren ... Ich habe das Gefühl, wieder im Mittelpunkt zu stehen und der Anführer der Kinder zu sein.«

Ermutigt durch sein wachsendes Machtgefühl, begann Moshe, sich um Meshulam zu bemühen. Einige Zeit nach der obigen Eintragung schrieb er über seine Position: »... Ich habe jetzt mehr und mehr das Gefühl, daß die Kinder wie Ton in meinen Händen sind. Mir ist, als ob ich nicht mehr derselbe Moshe bin, als ob ich ein anderes Kind bin. Auch Meshulam behandelt mich besser. Im großen und ganzen steht alles gut.« Einer der Gründe für Moshes überschwengliche Stimmung war zweifellos die Rückkehr seiner Eltern nach Nahalal. Shmuel war aus Europa und Dvorah aus dem Erholungsheim bei Jerusalem zurückgekommen. Doch sein Triumphgefühl und seine Herrschaft über die Klasse sollten nur von kurzer Dauer sein.

Es war natürlich aussichtslos, Meshulam den Rang streitig zu machen. Und ein elf Jahre alter Junge konnte kaum gegen die uneingeschränkte Führerschaft des dreizehnjährigen Moshe Betser an. Außerdem gab es Kinder im Dorf, die bereits fünfzehn waren und ihn als kleinen Jungen betrachteten. Nicht einmal bei seiner eigenen Klasse hatte Moshe Erfolg. Als Meshulam Wahlen durchführte, erhielt Moshe nicht so viele Stimmen wie die anderen. In dieser Hinsicht blieb seine Stellung in der Klasse während der Volksschulzeit und noch mehrere Jahre danach unverändert. Da er Amnon und Dov nicht besiegen konnte, schloß er sich ihnen in der Hoffnung, ein Triumvirat zu bilden, an, doch auch dies gelang ihm nicht. Die beiden Jungen wiesen ihn nicht nur ab, sondern äußerten sogar gegenüber den anderen, seine Gesellschaft sei ihnen unerträglich. Moshe begann, »auf würdelose Weise um sie zu werben«, doch ohne Erfolg. Die Kinder erklärten seine Zurückweisung damit, daß Amnon und Dov »jemanden, der Unterlegene verspottet, neckt und beleidigt, nicht ertragen können«. Moshes Verhalten als Kind wurde wesentlich durch seinen Neid auf Dov bestimmt.

Am besten schnitt Moshe gegen Avino'am ab, und der Wettstreit zwischen den beiden dauerte Jahre. Einige Kinder hielten sie für Feinde, während andere den Eindruck hatten, sie seien die besten Freunde. Avino'am erinnert sich nicht, je mit Moshe eng befreundet gewesen zu sein, und Moshe selbst sagt: »Ich entsinne mich nicht, irgend jemandem besonders nahe gestanden zu haben.« Moshe war ein hartnäckiger Konkurrent und ein schlechter Verlierer. Um Ansehen zu gewinnen, forderte er Avino'am einmal zu einem Kampf heraus. Avino'am war älter, größer und kräftiger als Moshe und hatte ungewöhnlich lange und starke Arme, doch Moshe machte diese Nachteile durch Tapferkeit, Behendigkeit und Verschlagenheit wett, und der Kampf endete unentschieden.

Man weiß nicht, wie die Einstellung der Kinder gegenüber Moshe gewesen wäre, hätte er nicht im Schreiben und Zeichnen solch unbestreitbares Talent besessen. Seine Skizzen, Aufsätze und Gedichte verrieten großes Einfühlungsvermögen. Zeichnete er einen einsamen, vom Wind gebeugten Baum, so schien er ihn zu bemitleiden; wenn er einen sich hinter seinem Holzpflug abmühenden Araber skizzierte, war es, als teile er seine schwere Arbeit. Moshe widmete sich diesen Beschäftigungen in der Abgeschlossenheit seines winzigen Zimmers, weit weg von den anderen. Mit Vorliebe las er beim Licht einer Petroleumlampe oder »las unter seiner warmen Decke und dachte nach«, wie er in sein Tagebuch schrieb. In den zwanziger und dreißiger Jahren gab es nur wenige in Hebräisch geschriebene Bücher, vor allem für Jugendliche. Die meisten waren Übersetzungen französischer und russischer Klassiker. Moshe las die Werke von Dostojewski, Tolstoi, Puschkin und Tschechow (die Mentoren seiner Mutter) auf Hebräisch. Er beschäftigte sich sogar mit den Werken des hebräischen Schriftstellers Y. H. Brenner, die selbst für einen gebildeten Erwachsenen eine schwierige Lektüre darstellen.

Schon in der Volksschule stellten seine Klassenkameraden fest, daß er einen komplizierten Charakter hatte. Ihn nur als Bewerber um die Klassenführerschaft und schlechten Verlierer zu schildern und festzustellen, daß er grausam bei Spielen war und Schwächere verachtete, hieße, seine Persönlichkeit verzerrt darzustellen. Man darf nicht die »poetische« Seite seines Wesens vergessen – was seine Freunde auch nicht taten. Als eins der Mädchen in sein Zimmer kam, um sich E. L. Winitchs Roman *Gadfly* zu leihen, war Moshe gerade in die letzten Seiten vertieft. Tränen rollten über seine Wangen, als er von dem traurigen Geschick des italienischen Revolutionärs Arturo las, der seiner Geliebten Jima schrieb: »Morgen bei Sonnenaufgang wird man mich erschießen.« Zwei Zeilen gruben sich tief in sein Gedächtnis ein:
Ich bin ein glücklicher Schmetterling
Ob ich lebe oder ob ich sterbe.

Als er seine Erzählung über Ali und Mustapha bei der *Dorfkinderzeitung* einreichte, illustrierte er sie mit einer Zeichnung von drei langstieligen Anemonen. »Diese Zeichnung gefiel uns so gut«, erinnert sich Bat-Ami, »daß wir sie von der Zeitung kopierten und mit dem Muster alle Vorhänge in unserem Haus bestickten. Meine Freundinnen taten das gleiche, und Moshes Anemonen waren in vielen Häusern zu sehen.« Während die anderen Kinder über die täglichen Ereignisse in der Schule oder im Dorf schrieben oder nur berichteten, was sie während des Unterrichts gehört hatten, schrieb Moshe Geschichten, die seiner reichen Phantasie entsprangen. Die folgende erschien im Juni 1927 in der neunten Kinderzeitung:

Aus »Der Henker«

Der Henker geht dahin, den Kopf voller Gedanken, und er erinnert sich ... als wäre es eben in diesem Moment geschehen ... Er war damals acht Jahre alt, und es war eine Zeit des Aufruhrs, und der König ... war grausam gegenüber seien Untertanen, und das Volk wollte eine Republik ... und auch sein Vater gehörte zu den Rebellen. Als er eines Tages halb schlafend im Bett lag, trat sein Vater zu ihm, küßte ihn auf die Stirn, blickte bohrend in seine Augen und fragte: »Wirst du die Lehren deines Vaters verwerfen?« Er war damals jung und verstand nicht. Nun ist er ein Henker. Ein Henker! Die Worte drücken und stechen ... er war zwanzig Jahre alt, eingesperrt, weil er einen Mann ermordet hatte, und zum Tode verurteilt ... und er erklärte sich bereit, ein Henker zu sein ... Doch was ist das? Ein Stein drückt auf sein Herz, drückt ihn nieder, und er geht in eine Schenke, um zu trinken. Die Schenke ist schmutzig und armselig, Betrunkene übergeben sich, und er trinkt. Das Getränk ist stark, doch seine Gefühle sind siebenmal stärker.

Es gab damals weder in Nahalal noch sonstwo in Palästina eine Schenke, doch Dvorah hatte Moshe von den betrunkenen Bauern in Prochorowka erzählt, und er hatte in Büchern von Schenken und Betrunkenen gelesen.

Moshe erfüllten widersprüchliche Eigenschaften. Bei seinem Kontakt mit den Kindern in der Schule – vor allem mit den Mädchen – war er nicht nur jung, sondern kindlich. Das gleiche galt von seinem Benehmen daheim. Er hing immer noch sehr an seine Mutter und wartete jeden Abend ungeduldig darauf, daß sie ihm russische Märchen erzählte. Moshe erinnert sich, daß sie eine ausgezeichnete Erzählerin war. Ihre Geschichten erschlossen ihm die reiche Welt der humanistischen Kultur Rußlands. Heute noch ist er überzeugt, daß er seine Liebe zur russischen Literatur seiner Mutter verdankt. Diese Geschichten hielten aber auch den warmen, engen Kontakt mit seiner Mutter aufrecht, der in seiner frühen Kindheit bestanden hatte.

Obgleich geistig weit über sein Alter hinaus entwickelt, war Moshe überaus empfindlich. Beleidigte man ihn, so preßte er die Lippen zusammen und weinte stumm. Das einzige Zeichen seines Kummers waren die Tränen, die ihm in die Augen stiegen. Daran änderte sich nichts, als er ein erwachsener Mann wurde. Als er 1939 mit vierundzwanzig Jahren Gefangener in Akko war, rührte ihn der Anblick seiner Frau und seiner kleinen Tochter zu Tränen. Und noch heute, als Verteidigungsminister, bekommt Moshe Dayan bei jedem militärischen Begräbnis feuchte Augen. Trotz seiner Sensibilität war er als Kind jedoch äußerst selbständig, und als sein Vater in Polen war und seine Mutter sich in Jerusalem von ihrer Operation erholte, blieb Moshe allein auf der Farm.

Moshe war auch ein ungewöhnlich gastfreundlicher Junge. Die Kinder verbrachten den Sabbath oft auf den Feldern um das Dorf und trafen sich bei Sonnenuntergang in einem ihrer Häuser. Die meisten Eltern bewirteten ungern fünfzehn oder zwanzig Kinder. Dvorah hingegen nahm Moshes Freunde stets mit Freuden auf und lud sie zu Tee, frischem Brot und selbstgemachter Marmelade ein. Als sie älter waren, las Moshe ihnen häufig Gedichte vor oder spielte Schallplatten.

Trotz seiner Gastfreundschaft hielt er seine Freunde oft zum besten. Mit großem Geschick entdeckte er ihre schwachen Punkte und konnte so verletzend sein – vor allem gegenüber Avino'am –, daß sich eines Tages die ganze Klasse zusammentat und ihn aus ihrer Gemeinschaft ausstieß. Es läßt sich schwer feststellen, was der Anlaß zu diesem drastischen Schritt war. Jedenfalls stürzten sich seine Klassenkameraden auf ihn, warfen ihn auf den Boden und verprügelten ihn. Dann gelobten sie, einen Monat lang nicht mit ihm zu sprechen.

Moshes »Ächtung« war der Höhepunkt der ständigen Reibungen mit seinen Klassenkameraden. Bis dahin war es ihm stets gelungen, sich nach jedem unerfreulichen Vorfall wieder in die Klasse einzufügen. Er vermied es immer, bei seinen Streitereien zu persönlich zu werden, und es gab niemanden, der eine besonders starke Abneigung gegen ihn hatte oder nicht mit ihm redete. Was den Zorn der Klasse erregte, war, wie sich einer seiner Mitschüler erinnert, »Dayans hochmütige Art, seine Verachtung für andere. Uns alle erfüllte ein Gefühl der Überlegenheit, doch bei Moshe war es sehr stark ausgeprägt. Wir ließen ihn wegen seines Ehrgeizes nie Klassenführer werden. Sein Benehmen reizte zur Opposition.« Ein anderer Mitschüler entsinnt sich: »Er war ungemein aggressiv. Wenn er sich mit einem Jungen prügelte, dann genügte es ihm nicht, ihn nur zu schlagen. War, zum Beispiel, Schlamm auf dem Boden, dann gab er sich nicht zufrieden, bis er das Gesicht des Jungen damit beschmiert hatte.« Die Kinder lachten über seine witzigen Gedichte und mochten seinen Humor, konnten ihm aber nicht verzeihen, daß er die schwächeren Kinder verspottete. Ein Mädchen, das der Klasse angehörte, sagte: »Unsere Jungen waren bekannt für ihre Ehrlichkeit, ihre Offenheit; ihr Wort galt als unumstößlich. Alle hielten Moshe und seine Familie für nicht sehr ehrlich. Ich empfand für ihn das gleiche wie für alle Dayans. Ich hielt sie damals für ziemlich verschlagen. Die Dayans waren in Rußland Händler gewesen; vielleicht lag es daran. Die Kinder hatten etwas davon von ihren Eltern geerbt.«

Offenbar beeinflußte die Haltung der Gründer gegenüber Shmuel die Haltung der Kinder gegenüber Moshe. Ein Mädchen, das ihn gern mochte, berichtet: »Alle hielten ihn für tapfer, begabt und ungewöhnlich intelligent, doch auch für unehrlich. Sein Vater war Politiker geworden, und Politiker neigen zu Unehrlichkeit. Auch seine Mutter sagte nicht, was sie wirklich dachte. Sie war vielleicht noch weniger ehrlich als Shmuel.« Avino'am Slutzky erinnert sich: »Während unserer Kindheit und Jugend war er kein Führer und wurde oft von der Gruppe abgelehnt. Es war etwas Unsympathisches an ihm, wie an allen Dayans. Sie neigten dazu, Intrigen zu spinnen, um zu erreichen, was sie wollten. Shmuel hatte keinen sympathischen Charakter. Jemand, der es 1929 fertigbrachte, zu sagen, das ist *mein* Gewehr, dann seine Scheune zu befestigen und sich nur um seine eigene Farm zu kümmern, machte sich natürlich unbeliebt. Er war auch als Politiker unpopulär, weil er unehrlich war.« Auch Binya Zarhi, Moshes enger Freund und Vetter, meint, daß man die Haltung, die man gegenüber der Familie einnahm, auf Moshe übertrug. Über Moshes Ächtung sagte Zarhi: »Sie war eine Folge seiner Unabhängigkeit, seines Überlegenheitsgefühls. Dieser Hochmut war ein Wesenszug der Dayans... Die Zatulowskys hatten ihn nicht. Shmuel war angesehen, aber nicht beliebt. Einmal gehörte er drei Jahre hintereinander dem Gemeinderat an, und viele der Männer ärgerte das.«

In einem kleinen, fest zusammengefügten Dorf wie Nahalal wurden die Familien – ganz gleich, wie groß sie waren – als homogene Gemeinschaften betrachtet. Die Kinder wurden mit ihrer Verwandtschaft gleichgesetzt, und Moshe war stets »Shmuel Dayans Sohn«. Von seinen Nachbarn wurde Shmuel als ein Mann betrachtet, der nicht durch Verwirklichung seiner Ideale und harte Arbeit auf seinem Grund und Boden, sondern durch seine politische Tätigkeit Ansehen und weitverbreitete Anerkennung erlangt hatte. Außerdem mußte er, weil er häufig von seiner Farm abwesend war, einen Landarbeiter anstellen, und dies war Verrat an einem Grundprinzip des Moshav – selbständiger Arbeit. In den zwanziger Jahren betrachtete man einen solchen Verstoß gegen die Moshav-Ideologie als unehrenhaft. Hinzu kam, daß er noch andere Fehler hatte und durchaus kein geselliger Mann war.

Offenbar verübelten die Siedler Shmuel auch seinen Erfolg auf politischem Gebiet. Nahalal war in Palästina und im Ausland berühmt als Symbol für eine neue Lebensweise, für Gleichheit und Gerechtigkeit und die neue Ansiedlung des Israelischen Volkes in seinem uralten Heimatland. Die Gründer von Nahalal wollten, daß ihnen allen für ihre Leistung die gleiche Anerkennung zuteil wurde, und sie fanden vielleicht, daß Shmuel mehr Ehre einheimste, als er verdiente. Besucher von Nahalal wollten die jüngere Generation des ersten Moshav kennenlernen, und Shmuel machte sie stets mit Moshe bekannt. Die anderen Gründer von Nahalal waren zweifellos der Meinung, daß ihre Häuser das Interesse hoher Besucher ebensosehr verdienten. Wenn sie Shmuel, mit oder ohne Berechtigung, für hochmütig und überheblich hielten, so übertrugen sie diese Meinung gewiß auf seine Kinder.

Bezeichnungen wie »unehrenhaft« und »verschlagen« hatten in Nahalal gemäß den dort herrschenden Wertmaßstäben eine eigene Bedeutung. Die Siedler von Nahalal wandten sie vor allem auf Menschen an, die nicht in die Tat umsetzten, was sie predigten. Die Arbeit auf dem Land zu preisen und sich selbst dieser Arbeit zu enthalten, war in ihren Augen unehrenhaft. Die Werte der Nahalaliten waren absolut; ähnlich jenen eines religiösen Glaubens. In solch einer orthodoxen Gesellschaft setzte sich jeder, der die Grundprinzipien nicht befolgte, unvermeidlich scharfer Kritik aus.

Shmuels Haltung wirkte sich auch auf die Erziehung aus, die Moshe zu Hause genoß. Daß seine Eltern ihm ein eigenes Zimmer gegeben hatten, war äußerst ungewöhnlich. Da es das Ziel der Gründer von Nahalal war, eine Generation von Farmern aufzuziehen, wurde die Erklärung der Dayans, der Junge brauche das Zimmer zum Lesen und Denken, sehr skeptisch aufgenommen. Wozu mußte ein schwer arbeitender Farmer lesen oder denken? Das Mißtrauen gegenüber Shmuel und Dvorah wurde noch stärker, als bekannt wurde, daß sie Moshe erlaubten, Englisch zu lernen. Die Farmer hatten sich bereits gegen den Fremdsprachenunterricht in der Schule gewandt. Viele meinten, er sei unnötig, und die Juden hätten während der Jahre des Exils genug fremde Sprachen gesprochen. Außerdem sei es schwer genug, Hebräisch

zu lernen. Sie fürchteten, daß jemand, der Englisch lernte, Nahalal verlassen würde – um die Stadt, die Welt zu sehen – und daß er nie mehr auf seine Farm zurückkehren würde. Auch Shmuel sprach sich gegen eine höhere Schulbildung aus, und obwohl Meshulam darauf hinwies, wie wichtig eine zweite Sprache sei, lehnte es der Rat ab, die zur Anstellung eines Englischlehrers nötigen Geldmittel zu bewilligen.
Dvorah sah die Dinge in anderem Licht. Sie kannte den wahren Wert der Bildung und fürchtete, daß die Kinder sich ohne umfassenderes Wissen als den Mittelpunkt der Welt betrachten würden. Dvorah schlug vor, jenen, die daran interessiert waren, privaten Englischunterricht zu erteilen, und man fand einen Lehrer, der diese Aufgabe für ein monatliches Honorar von einem palästinensischen Pfund übernahm. Shmuel gab bezüglich seines eigenen Sohnes seine Opposition gegen den privaten Englischunterricht auf und wiederholte nicht seine Worte, »daß die Stadt mit tausend trügerischen Lichtern lockt«. Die Nahalaliten betrachteten diese Änderung seiner Meinung als einen klaren Beweis für seine Unehrenhaftigkeit. Bald nachdem Moshe Englisch zu lernen begonnen hatte, forderte er die Kritik seiner Freunde heraus, indem er äußerte, wenn er erwachsen sei, wolle er »die Welt sehen«.
Moshe wurde von seinen Freunden nicht offen der Falschheit bezichtigt. Im Gegenteil, es war wohlbekannt, daß er nie log und sich selbst gegenüber stets ehrlich war. Doch er war bei vielen Gelegenheiten nicht ganz offen, und nach den in Nahalal herrschenden Maßstäben kam dies der Unehrenhaftigkeit und Verschlagenheit gleich. Außerdem war er imstande, zwei oder drei Schritte im voraus zu planen, während andere, weniger intelligente Kinder nur sahen, was unmittelbar vor ihnen lag. Als den anderen Kindern klar wurde, daß er fähig war, die Dinge durch seine Voraussicht zu seinen Gunsten zu beeinflussen, beschuldigten sie ihn der Arglist, Verschlagenheit und Unehrenhaftigkeit.
Ein anderes Angriffsziel war Moshes Einstellung zur Landarbeit. In einem Gemeinwesen wie Nahalal, in dem man sich ausschließlich der Landwirtschaft widmete, setzte sich jemand, der dieser »geheiligten« Sache gleichgültig gegenüberstand, scharfer Kritik aus. In der Wertskala der Kinder nahm die Hingabe an die Arbeit den obersten Rang ein. Von allen Fehlern Moshes, wie seine Freunde sie beurteilten, war der schwerste, daß er in ihren Augen kein »ernsthafter Arbeiter« war. Sobald Moshes Neugier auf einem neuen Arbeitsgebiet gestillt war, verlor er das Interesse, und die endlose Wiederholung machte ihn ungeduldig. Zum Beispiel konnte es seine Aufmerksamkeit nur wenige

Augenblicke fesseln, wie ein Maultier eine Portion Gerste fraß. Für die Mehrheit der Nahalaliten, ob jung oder alt, war es ein großes und denkwürdiges Erlebnis, zu sehen, wie ihre Tiere zum erstenmal ihre eigene Gerste fraßen. Sie veranstalteten aus diesem Anlaß sogar eine Art Fest. Zuerst ernteten sie die Gerste, dann brachten sie sie feierlich in die Tenne und breiteten sie in ordentlichen Haufen aus. Die Maultiere wurden an Pfähle gebunden, und dann sah das ganze Dorf voll Stolz zu, wie die Tiere die ersten in Nahalal gewachsenen Garben Gerste fraßen. Jedem Kind wurde die Ehre zuteil, die Maultiere zu seinem »Familienpfahl« führen zu dürfen, und alle Kinder taten dies – außer Moshe. Seine Eltern schämten sich zutiefst: »Jedes andere Kind wußte, wo sein Haufen war, doch Moshe fand unseren Haufen Gerste nicht und band das Maultier nicht an den Pfahl.« Shmuel erwog sogar, den Jungen zu bestrafen. Schweren Herzens notierte er, daß »den Jungen das Ganze nicht einmal zu interessieren schien«.

Moshe sah den Kühen gern beim Kalben zu. »Mutter schickte mich hinaus und sagte, ich solle mir ansehen, wie die Kühe kalbten oder wie die Pflanzen keimten«, berichtet er. »Diese Dinge faszinierten mich – wie die Kuh ihre Wehen bekam, das Kalb zur Welt brachte und es dann ableckte.« Er erfand auch Namen für die Tiere; etwas, das seinen Vater ärgerte. Doch trotz seines Interesses, den Kühen Namen zu geben, war er keineswegs erpicht, sie zu melken. Shmuel schrieb traurig, daß er »die Farmarbeit tat, doch mit wenig Freude«.

Die anderen Kinder von Nahalal nahmen die Bürde der Farmarbeit lange vor ihm auf sich. Israel Betsers Kinder droschen schon mit fünf Jahren Getreide, während Moshe »keine Begeisterung für die Arbeit zeigte«. Mit neun Jahren war Nahman Betser bereits ein vollwertiger Arbeiter: »Neben dem Schulunterricht arbeiteten mein Bruder und ich in jeder freien Minute auf der Farm.« Moshe las lieber in seiner Freizeit, dachte nach, wanderte. Als Shmuel 1925 in Europa war, erfuhren die anderen Kinder durch den Landarbeiter der Dayans von Moshes Einstellung zur Landarbeit. Er erzählte, daß er Moshe einmal bat, ein Stück Boden im Obstgarten umzugraben. Eine Weile arbeitete Moshe eifrig, doch bald bekam er es satt und wurde immer langsamer. Dann verteilte er die Erde, die er umgegraben hatte, auf dem übrigen Boden, damit es aussah, als sei er mit dem ganzen Stück fertig. Als die Kinder dies erfuhren, nannten sie es »einen abscheulichen Betrug«.

Als Baruch Nigos 1929 auf die Farm der Dayans kam, warnte ihn Shmuel, bevor er nach den Vereinigten Staaten fuhr: »Erwarte von Moshe nicht viel Hilfe.« Laut Nigos tat Moshe seine Arbeit, doch ohne

Begeisterung. Hingegen las er mit großem Eifer Bücher und Zeitungen, und statt Nigos bei der Arbeit zu helfen, überhäufte er ihn mit politischen und allgemeinen Neuigkeiten. Nach den Unruhen von 1929 entsandte Großbritannien eine Königliche Kommission zur Untersuchung der Lage nach Palästina. Sie vernahm Zeugen über die Ausschreitungen in Hebron und an der Klagemauer, und die örtliche Presse berichtete ausführlich darüber. Moshe informierte sich über die Tätigkeit der Kommission durch die zwei Zeitungen, welche die Dayans abonniert hatten – *Davar* und *Hapoel Hatzair*. Nigos erinnert sich, daß er viele Zeugenaussagen auswendig wußte »und alles zitierte, was vor der Königlichen Kommission gesagt worden war, wobei er kommentierte, wer gut ausgesagt hatte, welche Aussage den jüdischen Interessen schaden und welche ihnen nützen könnte«. Nigos und seine Frau, die im Haus wohnten, waren dem Jungen aufmerksame Zuhörer.

Moshe widmete seine Talente, seine Energie und seinen Fleiß nur Arbeiten, die ihn interessierten. Damals faszinierte ihn das Pfropfen. Avraham Galutman, der Experte des Dorfes für den Obstbau, äußerte sich sehr anerkennend über Moshes Leistungen, doch Moshes Mitschüler konnten sich nur schwer vorstellen, daß Moshe hart arbeitete. Eines Tages wurde dies jedoch von niemand anderem als Israel Betser bestätigt, er sagte seinem Sohn, daß er erstaunt über Moshes Eifer und Geschicklichkeit sei. Moshe baute sich für das Pfropfen einen Schuppen und richtete später eine eigene Apfelbaumschule ein. Die Baumschule erntete schließlich großes Lob, und seine Sämlinge waren sehr gefragt.

Die Meinung, die seine Klassenkameraden in Nahalal über Moshe hegten, beeinflußte später seine Karriere als Soldat und Politiker. Seine Freunde verstreuten sich in der Haganah, in Kibbuzim, bei Wingate's Night Squads und den politischen Institutionen der Yishuv über das ganze Land, und viele äußerten ihre Ansicht über ihn.

Im Mai 1928 war Moshes *Bar Mitzva*. Er hing immer noch sehr an seiner Mutter, und Shmuel schrieb, daß sie »der einzige Mensch war, der Wege zu seinem Herzen fand«. Er meinte auch, daß Mutter und Sohn einander äußerlich stark ähnelten. »Ihr Ausdruck schlug leicht von Weichheit in Härte um. Plötzlich zeigte sie ein sympathisches, einnehmendes Lächeln, und dann verdüsterte ein zutiefst ernster Ausdruck ihr Gesicht.« Moshes Freunde glauben, daß er auch seinen Vater sehr gern mochte. Tatsächlich hatte Shmuel eine enge, freundschaftliche Beziehung zu seinem Sohn. Die beiden spielten und rangen oft miteinander. Eins ihrer Spiele bestand darin, daß einer den anderen mit einem Gürtel am Tisch festzubinden versuchte. Shulamit Dayan erin-

nert sich, daß sie einmal das Haus der Dayans betrat und sah, wie Moshe Shmuel am Tischbein festband.
Moshe las aus der Thora vor. Wie viele seiner Mitschüler ging er, wenn das Fest Simchat Thora gefeiert wurde, in die Synagoge. Die Kinder stellten sich auf die Bänke, um die Schriftrolle zu sehen, und gleich den Erwachsenen berührten sie sie und küßten dann ihre Finger. Die Synagoge von Nahalal war hauptsächlich mit den Eltern der Gründer gefüllt. Zum *Bar Mitzva* schenkte Reb Avraham, Shmuels Vater, Moshe einen *Tefillin* (Gebetsriemen) und zeigte ihm, wie man sie um die Hand, den Arm und die Stirn wickelte. Nach der Lesung aus der Thora gab es einen Empfang im Haus der Dayans. Es war das einzige Mal, daß Moshes Geburtstag gefeiert wurde, denn Shmuel war aus Prinzip gegen Geburtstagsfeiern.

5
Jugendzeit

Unter der Leitung von Frau Hannah Maisel-Schochat wurde die Landwirtschaftliche Mädchenschule in Nahalal am 7. April 1926 offiziell eröffnet. Um die in der Ersten Klasse zur Verfügung stehenden 40 Plätze hätten sich 1500 junge Mädchen beworben, erklärte Dr. Chaim Weizmann in seiner Eröffnungsansprache. Der Einfluß der Schule auf die Weiterentwicklung der Landwirtschaft in Palästina war unbestritten, und schon bald offenbarte sich ihre Bedeutung für Nahalal.
»Selbstverständlich war die Schule für die Dorfjungen eine Attraktion«, schrieb Shmuel. »Sie suchten die Gesellschaft der neu hinzugekommenen Mädchen! Jedes Jahr neue Gesichter – das interessierte die Jungen natürlich ganz besonders, und sie wurden regelmäßige ›Schulgäste‹, wie man sich überhaupt schwerlich ein schöneres Geschenk für die Jungen, ganz gleich welchen Dorfes, ausdenken könnte!« Doch dann, im Verlauf des Jahres 1926 konnten Moshe und seine Kumpane die neue Attraktion, die so vielversprechend begonnen hatte, gar nicht mehr so recht genießen. Jetzt bot die Schule nämlich Zweijahreslehrgänge für junge Mädchen von 18 Jahren und darüber an. Mit typischen »Habibi«-Streichen: etwa Steinchen werfen, wenn die Mädel sich mit der Ortsjugend in die Einsamkeit der Tenne zurückgezogen hatten, versuchten die Jungen »Verbindungen anzuknüpfen«. Freitagnacht schlichen sich Moshe und seine Freunde in die Schulküche, schlangen den für den Sabbath bestimmten Pudding und Kuchen herunter und klauten Pflaumen und Äpfel aus den Obstgärten der Schule. Wiederholt beschwerte sich die Schulleiterin bei den Behörden des Dorfes über die Diebstähle. Doch endlich wurden die Jugen auf frischer Tat erwischt! Es setzte Hausarrest und Schulverbot.
Moshe schrieb darüber eine kleine Satire; eine Parodie des Gorkischen Schauspieles »Ketten«, das soeben vom Habimah-Theater aufgeführt worden war. Bald darauf brachte sie der Jugendclub auf die Bühne. Einer der Songs daraus, nach einer russischen Melodie aus »Ketten«

von Moshe geschrieben, wurde direkt so etwas wie ein örtlicher »Hit«. So ging der Refrain:

> Hin sind die schönen Tage
> Der Puddings und Pasteten –
> Sie nahmen uns beim Kragen
> Die Äpfel gingen flöten.

Als nun Moshes Jahrgang 1929 die Grundschule durchlaufen hatte und an eine weiterführende Schulbildung gedacht werden mußte, spielte die Mädchenschule eine wichtige Rolle.
Obgleich sich die Eltern in Nahalal im allgemeinen über Meshulams Schule recht erfreut zeigten, so waren sie doch mit den dort erworbenen Fertigkeiten ihrer Kinder nicht so ganz zufrieden. Die Schule litt in jeder Hinsicht an Lehrermangel. Nun dachte man daran, die Kinder in der Mädchenschule unterrichten zu lassen. Diesem Versuch war wenig Erfolg beschieden. Es blieben nur ein paar von Moshes Klassenkameraden übrig, um die für sie eingerichteten Lehrgänge zu besuchen.
So entstand dann im Lauf der Zeit die Legende, Moshe wäre der einzige männliche Schüler der Mädchenschule gewesen. Shmuel selbst verbreitete sie und erzählte sie mit Wonne. Sogar in seiner Biographie. Tatsächlich jedoch hatten alle zweiten und dritten Klassen des Herbstjahrgangs 1929, Jungen und Mädchen, ihre Schulzeit in der Mädchenschule zu beginnen. Diese Regelung erwies sich aber als ungenügend. Die Söhne unterbrachen den Unterricht immer dann, wenn sie auf dem elterlichen Hof benötigt wurden. Viele Kinder verließen die Schule für immer. Moshe mit seinem fast krankhaften Verlangen nach Wissen, in dem seine Eltern ihn nach Kräften bestärkten, gehörte mit zu den wenigen, die aushielten. Er hatte allerhand Kraft aufzuwenden, um seinen weiterführenden Unterricht fortsetzen zu können. Schon bald nachdem Moshe in die Schule eingetreten war, trat Shmuel eine längere Reise nach den USA an und hinterließ seinem Sohn einen beträchtlichen Teil der Arbeit auf dem Hof.
Shmuel beschreibt in seiner Biographie die näheren Umstände dieser Reise: »... das Exekutivkomitee der Histadrut forderte mich nach den Unruhen von 1929 auf, nach den USA zu fahren ... ich gab meinen Zufluchtsort auf und verließ mein Land, um einen unüberhörbaren, verbitterten Aufschrei zu tun, mein Volk aufzurütteln – es aus seiner Selbstzufriedenheit zu wecken ...«. Vor der Einschiffung nach Frankreich schrieb er aus Alexandria an Dvorah. Er schrieb während der Überfahrt und aus Amerika. Liest man diese Korrespondenz, so

drängt sich einem der Gedanke des »déjà vu« förmlich auf. Seine emotionalen, schuldgepeinigten Briefe wiederholen fortwährend in Wort und Inhalt die ewig wiedergekäuten Aussprüche der Führungsschicht der zionistischen Bewegung. Shmuel traf in Washington Richter Louis Brandeis. Mit ihm wollte er über die Möglichkeit sprechen, in Transjordanien 100 000 Dunam Ackerland aufzukaufen, »... den Dunam für nur ein halbes Pfund«. Brandeis lehnte ab.
Moshe las die Briefe seines Vaters sorgfältig. Sie informierten ihn genau über die Vereinigten Staaten, über das amerikanische Judentum und seine Bedeutung für die zionistischen Anstrengungen in Palästina. Shmuel reiste von Küste zu Küste. Er reiste nach Kanada und endlich wieder zurück nach New York. Er hielt Reden in jiddischer Sprache, veranstaltete Pressekonferenzen und veröffentlichte in der in jiddischer Sprache erscheinenden Zeitung *Der Tag* mehrere Artikel über Nahalal.
Anfangs vertraute Dvorah dem Vorhaben und fand sich mit Shmuels Abwesenheit ab. Am 11. Oktober 1929, dem Abend des Versöhnungstags, schrieb sie ihm: »... es wäre besser gewesen, Du hättest diese Reise gar nicht erst angetreten, doch nun darfst Du nicht eher an Rückkehr denken, bis Du Deine Aufgabe erfüllt hast! In meinen schlimmsten Augenblicken habe ich häufig daran gedacht, Dich um die Rückkehr zu bitten. Doch ich nahm mir jedesmal wieder erneut vor – stark zu bleiben und auszuharren.« Dvorah schrieb nur die halbe Wahrheit. Von den häuslichen Schwierigkeiten mit den drei Kindern, von der Arbeit auf dem Hof schrieb sie nicht. Nach und nach begann sie jedoch mit sehr detaillierten Situationsberichten: »... die Rotebeete wuchsen schon ganz gut, die Vögel haben sie wieder zerstört« – »der Acker ist total verschlammt, und ich weiß wirklich nicht, wie wir da morgen das Gemüse herunterkriegen sollen« – »Aviva und ich haben keine Schuhe« – »wir haben keine Gummistiefel« – »der Klee ist nicht aufgegangen« – »an den Regentagen habe ich weder gelesen noch etwas geschrieben. Ich habe bloß unsere Kleider geflickt« – »vor dem Regen konnte im Garten nichts getan werden ... der Zaun ist entzwei. Die Hühner fressen das Gemüse« – »bis heute haben wir nichts in der Hühnerfarm tun können«.
Dvorahs Gesundheitszustand war schlecht. Moshe erlitt einen Malariarückfall. Am 23. März 1930 schrieb Dvorah an Shmuel: ... augenblicklich fühlt er sich schlapp. Wenn er nicht Nacht für Nacht unterwegs wäre, könnte er sich erholen. Doch unterliegt er ganz und gar dem Einfluß des »Kriegsrechts«. (Hinweis auf die Haganah, der die Jungen

von Nahalal nach den Aufständen von 1929 beitraten.) Dort ist er der einzige seines Alters. Das bringt mich ganz durcheinander, und ich erwarte auch deswegen sehnlichst Deine Heimkehr... Fast jeden Abend kommt er erst um Mitternacht heim, auch das schlaucht ihn natürlich.

1930 wurde ein schlechtes Jahr für die Bauern des Jeezreel-Tals, und die finanzielle Not der Familie wurde drückend. Dvorah geriet beim Dorfkaufmann in Schulden und schrieb an ihren Mann: »Bald schon ist der erste Todestag meines Vaters, und er hat noch immer keinen Grabstein.«

Diesmal jedoch, anders als 1925/26, weigerte Dvorah sich, sich völlig auf dem Altar von Shmuels Karriere zu opfern. Sie ging ihren eigenen Neigungen nach und veröffentlichte 1929 ihren ersten Artikel im *Dvar Hapoelet*. Überschrift: »Meine Einwanderung«. Wegen der Überzeugungskraft dieses und folgender Artikel boten ihr die Herausgeber der Zeitschrift eine Stellung als Redakteur an. Man ernannte sie zum Kandidaten bei der »Histadrut's Sick Fund Conference« und zur Delegierten im »Women's Labour Council« und der »Hapoel Hatzair Conference«. Shmuels Reise kam ihrem Ehrgeiz teuer zu stehen und fügte ihren finanziellen Schwierigkeiten Frustrationen und körperliches Elend hinzu. Von Zeit zu Zeit gönnte sie sich einen Ausflug nach Tel Aviv. Da ihr keine andere Wahl blieb, nahm sie ihre jüngeren Kinder mit. »Ich bedauerte Moussik, daß er allein zurückbleiben mußte. Als ich ging, konnte ich meine Tränen nicht zurückhalten«, schrieb sie an Shmuel.

Shmuels Antworten folgten dem gleichen Schema:
New York – das totale Sodom!
Strahlender Glanz – Zügellosigkeit – Saufereien – Orgien – und Geschäft, Geschäft, Geschäft! Das alles bereitete ihm seelische Qualen.
Nichtsdestoweniger verlängerte er seinen Aufenthalt in der Fremde noch ein zweites Mal. Seine Reise wurde auf die Westküste und auf Kanada ausgedehnt. Dann beschloß er, als Beobachter an der jährlichen Sitzung der Zionistischen Exekutive teilzunehmen und schrieb Dvorah, daß er bis zu deren Beendigung im Ausland zu bleiben gedenke.

Dvorah schrieb ihm von der aufkommenden Kritik an seiner Reise, die auf den Dorfversammlungen schon verschiedentlich laut wurde. Sie versuchte, damit seinen Entschluß zur Rückreise zu beschleunigen. Selbst das machte keinen Eindruck auf Shmuel. Acht Monate nach seiner Abreise drohten Moshe und Dvorah ihm schriftlich, sie würden ihm solange keine Briefe mehr schicken, bis er seine Heimreise anzeige. Shmuel beantwortete dieses Ultimatum mit einem Brief aus Chikago: Zu Boden ist meine Seele geschmettert! Vor einigen Stunden las ich Euren kurzen Brief. Eine – halbbeschriebene – Seite! Nur zwei Zeilen von Moshe! Und das alles, weil ich noch weitere drei Wochen hierbleiben werde. Wie könnt Ihr mich hier zurücklassen ohne ein Wort von Euch? Die wirklichen Gründe hinter Eurem dunklen Vorhaben begreife ich nicht.« In diesem Abschnitt seines Lebens begannen sich Moshes Ansichten über seine Eltern offenbar zu verdichten. Seinem Vater gegenüber machte er anfangs noch gewisse Vorbehalte.

Seine Unduldsamkeit gegenüber allen »Kleinen Politikern« und »Funktionären«, sein Widerwille gegen Parteipolitik – hier mag die Quelle liegen.

Gleichzeitig wurde ihm klar, daß die Gefühle seiner Mutter, vor denen er eine ungleich höhere Meinung hatte als vor denen seines Vaters, stets verschlossen waren. »Ich kann mich nicht erinnern, Mutter je weinen gesehen zu haben. Nicht einmal auf Beerdigungen. Sie verlor ihre Selbstbeherrschung nie. Niemals schrie sie. Vater tat das öfter. Mutter hätte gute Gründe gehabt, ihre Selbstbeherrschung zu verlieren. Mit den häuslichen Schwierigkeiten und bei ihrem Gesundheitszustand hätte sie Himmel und Erde zusammenschreien können. Sie hielt alles fest in sich verschlossen.« Moshe war von ihrer Entschlossenheit und von ihrem Wagemut tief beeindruckt. Über die Arbeiten, die er von ihr aufgehalst bekam, regte er sich nicht auf.

»Sogar als Kind begriff ich, daß (Vater) in Floskeln sprach – wie die meisten Führer der Hapoel Hatzair. Entdeckt ein Sohn, daß der Vater Unsinn redet, beginnt er, ihn zu verachten. Vater entwickelte seine Gedanken nie logisch. So gab es keinen Anhaltspunkt, um sich mit ihm logisch zu unterhalten. Meinungsverschiedenheiten wurden nicht dadurch geregelt, daß sich die eine oder die andere Seite überzeugen ließ – nein, Vater tischte Gemeinplätze auf, und damit hatte es sich! Mit Mutter konnte man über viele Dinge diskutieren und sogar streiten. Sie konnte beweisen, wenn man falsch lag – oder aber anerkennen, daß man Recht hatte.«

Bei Shmuels Abreise nach den Vereinigten Staaten wurden Baruch und Bella Nigos eingestellt, um Dvorah bei der Arbeit auf dem Hof zu helfen. Dvorah hatte ursprünglich angenommen, daß man auch sie ins Ausland schicken würde. In diesem Fall wären dem Ehepaar die Kinder anvertraut worden. Aus der Reise wurde nichts, doch Dvorah behielt das Ehepaar bei sich, um die Möglichkeit zu haben, nach Tel

Aviv zu fahren, um sich ganz einfach einmal von der Familie zu erholen. Das Ehepaar wurde im Schlafzimmer einquartiert, sie selber zog in das anschließende Zimmer und schlief dort zusammen mit Aviva und Zohar. Moshe blieb in seinem kleinen Zimmer wie immer. Das kleine Haus wurde dadurch natürlich bald viel zu eng, und es gab eine Fülle von Reibereien und unterschiedlichen Meinungen zwischen Dvorah und ihren neuen Hausgenossen. Hinter diesen Reibereien standen die Not und Trübsal durch Shmuels immer wieder verlängerte Abwesenheit von der kleinen Familie, und Dvorahs Verärgerung und ihre Unzufriedenheit mit der schlechten Arbeit der Nigos.
So bedenklich spitzten sich Dvorahs Probleme im Jahre 1930 zu, daß sie eines der wichtigsten Gesetze des Moshav brach und ein paar ihrer Erzeugnisse privat verkaufte, statt sie über die örtliche Verkaufsorganisation anzubieten. Es kam häufig ein arabischer Gemüsehändler nach Nahalal. Mit ihm tauschten die Siedler ihre Produkte. Mal war es ein Huhn, mal ein paar Eier. Das Dorfkomitee hatte den Siedlern wiederholt angedroht, sie zu bestrafen und die erzeugte Milch von der Meierei des Ortes zurückweisen zu lassen.
Eines Tages wurde Dvorah beim Tauschhandel erwischt. Am gleichen Tag lehnte die Meierei die angelieferte Milch ab. Dvorah goß die Milch aus Protest aufs Pflaster. Zeugen bestätigten später, sie habe das ganz ruhig getan, »mit gesammeltem Gesichtsausdruck«. Dvorahs Ruf als eine Frau großen Wagemuts wurde bei den Dörflern durch diese eindrucksvolle Tat gefestigt. Immerhin stand sie um vier Uhr des Morgens auf, um zu melken. Man zahlte damals für den Liter Milch einen Piaster. Ein beachtlicher Preis. Wenn Moshe auf dem Hof arbeitete, tat er das meist ohne großes Interesse – und häufig zur falschen Zeit. Er versprach feierlich, »mit dem ersten Hahnenschrei« aufzustehen, weckte Dvorah ihn jedoch nicht rechtzeitig, schlief er bis in den hellen Morgen.
Shmuel brachte bei seiner Rückkehr aus Amerika dem Jungen ein Geschenk mit, das seine »gesellschaftliche Stellung« in Nahalal mit einem Schlag beträchtlich erhöhte; ein Grammophon und zahlreiche Schallplatten mit jüdischer Kantoralmusik von Meir Herschman und Yossele Rosenblatt sowie leichter Musik und Wiener Walzern. Vielleicht war es das erste Grammophon in Nahalal überhaupt. Bestimmt aber war es das erste im engeren Kreis um Moshe. Es war von unwiderstehlicher Anziehungskraft und ein kultureller Fortschritt ersten Ranges. Moshes Haus wurde zum gesellschaftlichen Mittelpunkt. An Freitagabenden und an den Nachmittagen des Sonnabends spielte man Schallplatten.

Alle Freunde, Dov Yermiyah und Amnon Yannai eingeschlossen, erschienen zum Zuhören. Es dauerte gar nicht lange, da kannten die Jungen alle Melodien auswendig und zogen laut singend durchs Dorf. Moshe verband diese »musikalischen Nachmittage« recht häufig mit Vorlesen bei Tee und Marmelade. Mit der Zeit entwickelte sich das alles zu einem gesellschaftlichen Ereignis, von dem sich kein Jugendlicher Nahalals ausschließen konnte. Moshe aber brachte es den Beginn seiner Beziehungen zu Chaya Rubinstein, seiner ersten Freundin.

Chaya, »Yule« genannt – sie sprach manchmal, als hätte sie den Mund voller »Yulim« (Murmeln) –, war unbestritten die Schönste ihres Jahrgangs. Wie sie so bei Beginn des Schuljahrs, bewundert von allen Jungen des Kibbuz, blauäugig, braunlockig, hochgewachsen im Schulhof stand, waren sich alle einig: dies ist die »Futchra«, das Mädchen, um das sich alle Jungen »reißen«. Moshe und seine Freunde hatten keine Aussichten, mit den erwachsenen Mädchen zum Tanzen zu gehen – die älteren Jungen waren alles nette, gutaussehende Burschen. Moshe, der gern tanzte, wagte natürlich nicht, die Mädchen aufzufordern. Ihn zog es zu Chaya-Yule. Doch seine Schüchternheit ließ ihn abseits stehen, während Yule von Verehrern umschwärmt wurde.

Zweifellos sehr pikant sind die Legenden, die man sich von Moshe, dem »einzigen männlichen Schüler« einer Mädchenschule, diesem Hahn im Korb erzählt. Sie stimmen leider alle nicht. Tatsächlich war Moshe weit davon entfernt, der Herzensbrecher Nr. 1 seiner Schule zu sein; er war dazu viel zu schüchtern, sogar bei Chaya-Yule. Er war einfach zu scheu, um sich ihr zu nähern. Erst mußte Gideon Baratz aus Degania zu Besuch kommen. Er war mit Yule verwandt. Mit seiner Hilfe konnte Moshe endlich den ersten Schritt wagen. Er bat Yule um Notizen über Unterrichtsstunden, die er selber leider »versäumt« habe. Yule war eine gute Schülerin und für ihre Gewissenhaftigkeit bekannt. Sie sagte natürlich gern zu. Jetzt war es nur noch ein kleiner Schritt, Yule zu den Musiknachmittagen einzuladen. Als Moshe sich eines Nachmittags ein Herz faßte und ihr zuflüsterte: »Komm mit, wir wollen spazierengehen«, hatte er sich einige Worte über Manieren und gutes Benehmen von dem wohlerzogenen jungen Mädchen aus der Stadt anzuhören. »Mein lieber Moshe, wenn Du mit mir spazierengehen möchtest, frage mich bitte höflich und ordentlich, ob ich es vielleicht auch möchte!«

Total verdattert tat Moshe, was man verlangte, und zu seiner größten Überraschung wurde die Einladung angenommen.

Die beiden machten stundenlange Spaziergänge. Sie sprachen über Bücher, die Moshe gelesen hatte, über den Zionismus und die Träger seiner Politik. Chaya war eine geduldige und sehr aufmerksame Zuhörerin.

Eines Abends stürzte Chaya vom Fahrrad und brach sich dabei einen Arm. In Nahalal gab es keinen Arzt. Erst am nächsten Morgen konnte Chaya nach Kfar Yehoshua zum Arzt gebracht werden. An diesem Abend blieb Moshe an Chayas Bett sitzen, bis im Schlafsaal die Lichter ausgingen und man ihn hinauswarf. Vor Kälte zitternd, setzte er seine Nachtwache draußen auf dem Schulhof fort.

Als er sie am anderen Morgen mit dem Pferdefuhrwerk nach Kfar Yehoshua brachte, sprachen sie über die Tugenden der Keuschheit, über Treue und über Liebe. Moshe betonte die Notwendigkeit der Zurückhaltung. Anfangs noch stimmte auch Chaya alldem zu; später hätte sie ihn lieber ein weniger direkter gehabt. Niemals sagte Moshe: »Ich liebe Dich« oder versuchte gar »etwas anzufangen«, wie man sich damals in Nahalal ausdrückte.

In jenen Diskussionen wurden Moshes gesellschaftliche Anpassungsprobleme zum erstenmal offenbar. Ganz allgemein hielt man Moshe für hart, geistreich und trocken. Er beklagte sich darüber bei Chaya und meinte, die anderen Jugendlichen hielten ihn für grausam. Chaya war bestürzt und schrieb später: »Sie redeten schreckliche Dinge über ihn – er sei ein Lügner, eingebildet, ehrgeizig, überheblich, aber – sie respektierten ihn!« Diese Kritik seiner Freunde verletzte Moshe zutiefst. Chaya glaubt darin den Grund für sein umfassendes Studium gesellschaftstheoretischer Literatur zu erkennen. Moshe bemühte sich, seinen Platz in der Gruppe zu finden, und die Ursachen zu entdecken, deretwegen man ihn so heftig angriff.

Eines Abends, als es ihm nicht möglich war, sich mit Chaya zu treffen, ließ er sie Stillschweigen schwören und vertraute ihr ein Geheimnis an: Die Haganah sei nun auch nach Nahalal gekommen, und »das ist die edelste und wichtigste Sache im Land und in der ganzen Welt.«

Nahalal trat kurz nach den Unruhen des Jahres 1929 der Haganah bei und erhielt Waffen und eine militärische Ausbildung. Die Moshav-Jungen ließ man heimlich teilnehmen. Sie hielten Wache und warnten die übenden Erwachsenen vor der Polizei. Später bildete man sie in Judo und im Pistolenschießen aus. Das Herumhantieren mit den Feuerwaffen kam für die Jugen aus Nahalal erst an zweiter Stelle. Es erschien ihnen viel begehrenswerter, erst einmal überhaupt dazuzugehören. An Waffen waren die meisten von ihnen seit frühester Kindheit gewöhnt. Moshe erinnert sich: »Solange ich zurückdenken kann, waren Gewehr und Munition im Haus. Über den Umgang mit Waffen wußte

man genauso gut Bescheid wie über die Arbeit auf dem Feld. Genausowenig wie ich noch weiß, wann ich anfing, Kühe zu melken, kann ich mich erinnern, wann ich zum erstenmal Vaters Karabiner in der Hand hielt.« Der deutsche Karabiner wurde irgendwo im Haus aufbewahrt. Anfangs schaute Moshe dem Vater beim Gewehrreinigen nur zu. Später dürfte er schon selbst reinigen und wohl auch das Gewehr laden. Mit zehn Jahren schoß er auf leere Blechdosen und Flaschen. Ein paar Jahre später hatte er bereits seine eigene Waffe.
Bis 1932 lebten die Bewohner von Nahalal mit ihren arabischen Nachbarn in Frieden. Die Waffen der Haganah blieben in den Häusern versteckt. Den Jungen fiel keine besondere Aufgabe zu. Was sie zu tun hatten, lag außerhalb der Aufgaben der Haganah. Es betraf die äußere und die innere Sicherheit des Kibbuz. Moshes Onkel nämlich, Yehuda Mor, stellte einen Reitertrupp auf, mit dem man den Wachdienst auf den Feldern draußen unterstützen wollte. Zu jener Zeit nämlich waren Streitereien um Weideland und die Besitzrechte daran der einzige Grund für Reibereien zwischen Nahalal und seinen arabischen Nachbarn. Erst als der JNF dann für nahegelegene Siedlungen neue Ländereien auflieID, begannen die Kämpfe, an denen jetzt auch die Jungen von Nahalal beteiligt waren.
Yehuda Mors Truppe bestand aus fünf Reitern: Avino'am Slutzky, Nachman Betser, Amnon Yannai, Dov Yermiyah und Moshe Dayan. Sie wurden von zwei freiwilligen Helfern aus Nahalal in allen militärischen Reitkünsten unterwiesen.
Nahum Havinsky und Yosef Dromi hatten beide in der Kavallerie des Zaren gedient. Havinski bei den Kosaken, Dromi bei der regulären Truppe. Am Sabbath und an den Feiertagen ritten Lehrer und Schüler auf ungesattelten Pferden in die Felder. Auf- und Absitzen in vollem Galopp wurde geübt, und das Koppeln der Pferde, wenn zu Fuß manövriert wurde. Die beiden selbsternannten Ausbilder vertaten den größten Teil der Zeit jedoch damit, aus ihrer »glorreichen Vergangenheit in der Kavallerie des Zaren« einige Anekdoten zum besten zu geben. Dromi erzählte mit besonderem Vergnügen die Geschichte, wie sein »Pulkovnik« (Oberst) ein Hühnchen mit ihm zu rupfen hatte und ihm ein »völlig wildes« Pferd zu reiten gab. Niemand sei imstande gewesen, das Pferd zu meistern, außer Dromi natürlich. Ja, und da habe er ganz einfach dem Pferd den Kopf freigegeben, habe es gehen lassen. Einfach so. Als er eines Tages wieder dies Wunderpferd geritten habe – in voller Karriere, versteht sich, sei unmittelbar vor ihm ein Bauernhaus aufgetaucht. Da habe es natürlich kein Zögern gegeben,

Schenkel ran und – »à la barrière!« Hoch sei er über das Haus hinweggeflogen. Unten habe ein Bauer gestanden und sich wild bekreuzigt. Dromi hatte es genau gesehen. Die Jungen mußten unter seiner Anleitung ein Hindernis bauen, und im Galopp ging es darüber hin – genauso, wie es Dromi zufolge in der Kavallerie des Zaren üblich gewesen war.
Dagegen waren die Geschichten des Herrn Havinsky ernsterer Natur. Im Krieg, Zeit und Ort wurden nie so recht klar, habe er ganz allein auf seinem Pferd einen Hügel erobert. Nun versuchte er, den Jungen die Prinzipien des Kavallerieangriffes beizubringen und verlangte von ihnen, »Hurrah, der Hügel ist unser!« zu schreien, wenn sie auf den für dieses Manöver ausgesuchten Hügel galoppiert waren. Sie brüllten, was das Zeug hielt, doch Havinsky übertönte sie alle. So wurde dann die Kosakenromantik ein Teil von Moshes Vorstellungsvermögen. Jetzt las er »Die Flut« und »Mit Feuer und Schwert« von Henryk Sienkiewicz. Er las von den Kriegen zwischen den Kosaken und den Lakhs, den Ukrainern und den polnischen Grundbesitzern, im zweiten Viertel des siebzehnten Jahrhunderts. Sogar den Geburtsort seiner Mutter, das kleine Dorf Prochorowska, entdeckte er während seiner Lektüre.
Eigentlich hätte Moshe die Polen bewundern müssen, die die Juden unter ihren Schutz stellten, und dafür die Kosaken zu verachten lernen, die jüdische Dörfer überfielen und gnadenlos die wehrlosen Einwohner hinschlachteten. Doch Havinsky und Dromi hatten bei den Kosaken gedient. Moshe und seine Freunde schienen bald so etwas wie eine Verkörperung der gefürchteten Kosaken zu werden. Sehr viel später sollte Levi Eshkol sich über dieses Image Moshe Dayans ziemlich abfällig äußern.
Die erste Aufgabe der neu aufgestellten jungen Reiter bestand aus dem Verjagen von Herden, die Beduinen im Herbst auf den abgeernteten Weizenfeldern Nahalals weiden ließen.
Ausdauernd stark waren in dieser Gruppe alle. Bei Moshe schälten sich aber immer mehr seine Alertheit und sein überlegener Mut heraus. Avino'am Slutzky deutete das so: Für Moshe Dayan ist Mut ein körperliches Merkmal wie für einen Körperbehinderten ein zu kurzes Bein.
Moshe »litt« ganz einfach an mangelnder Furcht.
Das Treiben der Herden über die zu Nahalal gehörenden Äcker war der Hauptgrund für die Gefechte der Reitergruppe mit den Arabern. Nur eine Minderheit der Araber stammte aus der engeren Umgebung

Nahalals. Die meisten von ihnen bewohnten die dürren Gebiete Transjordaniens. Seit Generationen weideten diese Nomadenstämme ihre Schafherden den ganzen Sommer hindurch auf den üppigen Weiden des Jezreels-Tals. Nur langsam konnten sie sich an die neuen politischen Grenzen und an die Anwesenheit jüdischer Siedler in diesem Tal gewöhnen. Gleich nach Beginn der Ernte trieben sie Tausende von Rindern und Schafen auf diese traditionellen Sommerweiden. Ihre schwarzen Zelte schlugen sie gewöhnlich neben den Wasserstellen und an den Quellen des östlichen Kishon-Ufers auf. Mit Peitschen bewaffnet, ritten Yehuda Mor und seine jungen Reiter aus, Hirten und Herden zu verjagen. Manchmal griffen sie sich auch schon ein paar Kühe, die sie dann nach Nahalal trieben. Die Araber, die ihr Vieh natürlich zurückhaben wollten, wurden verwarnt und zahlten zur Strafe eine geringe Summe. Man ließ sie jedoch wissen, daß sie ein zweites Mal ihr Vieh nicht wieder zurückerhalten würden. Mor zufolge war dies Kühejagen eine wahre Kunst, besonders natürlich, weil es nachts stattfand.

Als Leiter dieser Unternehmungen war Moshe ein Naturtalent. Avino'am erinnert sich; »Mit Moshe hinauszugehen, war immer eine gute Sache. Er wagte alles. Nichts konnte ihn erschüttern. Im Kampf kannte er keine Gnade.«

Die Jungen des Moshav hätten auf keinem Gebiet Moshes Führung anerkannt; als militärischen Führer jedoch lernten sie ihn nach und nach zu respektieren.

Es gab genug Streitereien mit den ortsansässigen Arabern, nicht zuletzt mit den Hirten vom Stamm der el-Mazarib. Bei Gründung des Moshav blieben die Besitzrechte an bestimmten Landstücken ungeklärt. Die Hirten der el-Mazarib trieben ihre Herden über Gebiete, die zu Nahalal gehörten, fällten die von den Schülern des Ortes angepflanzten Eukalyptusbäume und ernteten das Getreide des Kibbuz. Bei Annäherung der Reiter verschwanden sie meistens. Die Herden blieben allein zurück. Doch eines Tages blieb ein Hirte dort stehen, wo er stand. Die Jungen warfen mit Steinen. Moshe knallte mit der Peitsche. Dann ritt er peitschenschwingend auf den Hirten zu. Da, ehe er zuschlagen konnte, erkannte er seinen Schulfreund Wahash. Der Araber sah dem Jungen tief in die Augen und machte ihm mit leiser Stimme bittere Vorwürfe.

Nachman Betser erinnert sich: »Wahash beschämte uns alle. Wir – besonders Moshe – waren seine Freunde gewesen. Wir hatten uns besucht, hatten zusammen Tee getrunken, zusammen gespielt. Und jetzt? Jetzt

standen wir uns gegenüber. Steinewerfend, peitschenschwingend. Wahash hatte nach seiner Ansicht Moshes Familie nichts gestohlen. Er hatte nur seine Schafe geweidet. Auf einem Stoppelfeld. Das konnte er gewiß nicht als Rechtsverletzung ansehen. Die el-Mazarib hatten von jeher ihre Schafe in dieser Gegend grasen lassen.«
Moshe riß sein Pferd herum und galoppierte mit den anderen nach Nahalal. Wahash und seine Herde blieben, wo sie waren.
Um 1930 war Nahalal nicht mehr länger die einzige Siedlung im Jezreel-Tal. Das Netz jüdischer Siedlungen verdichtete sich an der Westseite immer mehr. Doch die Jugend Nahalals blieb abseits, sich selbst überlassen und eine Insel für sich. Das mag überall so gewesen sein, für die Entstehung von Jugendverbänden spielte das jedoch keine Rolle. Einer der ersten war Hanoar Ha-oved (gegr. 1924). Es war die Jugendgruppe der Histadrut. Doch in Nahalal stießen ihre Vertreter bei dem Versuch, eine Jugendgruppe zu bilden, auf unerwartete Schwierigkeiten.
Nahalals Jugend lehnte die Hanoar Ha-oved hauptsächlich wegen ihres Hangs zur Überheblichkeit ab. Bat-Ami berichtet: »Wir hatten das Gefühl, die Hanoar Ha-oved könnte für Stadtkinder gut sein. Uns sagte ihr Programm nichts.« Der Widerstand war nicht zu brechen. Die wenigen Jugendlichen, die die Bewegung in Nahalal ins Leben rufen wollten, scheiterten. Die Führer der Arbeiterbewegung waren betroffen, als sie merkten, daß die Jugend des ersten Moshav überhaupt sich der offiziellen Jugendbewegung der Histadrut entfremdete. Sie fürchteten, die Jugend anderer Moshavim könnte jenen nachfolgen. Um das Ortskomitee und die Jugend zu überzeugen, ging eines ihrer Gründungsmitglieder, Israel Galili, nach Nahalal. Er traf dabei zum ersten Mal auf Moshe Dayan, der zu den Opponenten gehörte.
In der Zeitung *Bama'aleh* erschien jetzt ein Artikel, der die Jugend Nahalals des Mangels an Charakter, der allgemeinen Interessenlosigkeit, des Fehlens sozialen Denkens, der mangelnden Unabhängigkeit von der Gründergeneration und des destruktiven Negativismus bezichtigte. Am 25. September 1931 veröffentlichte Moshe in derselben Zeitung einen Artikel, in dem er die Anschuldigungen zurückwies und »den Geist von Nahalal« verteidigte.
Damit war er in Nahalal zum designierten Sprecher der Jugend geworden.
Ganz sicher rührt Moshe Dayans Abneigung gegen »Parteiapparate« und deren »G'schaftlhuberei« in erster Linie von diesem Widerstand gegen die Hanoar Ha-oved her.

Er opponierte hier gegen Männer, die später in der Haganah und Palmach zu großem Einfluß gelangten.
Mit beiden Organisationen sollte er in den späteren Jahren noch genug zu tun bekommen.

6

Kampf und Wanderschaft

In der Nacht des 22. Dezember 1932 wurde die Siedlung Nahalal durch eine laute Explosion und einen Schrei aufgeschreckt. Als die Siedler in die kalte Winternacht hinausstürzten, sahen sie, daß eine Bombe auf das Haus der Ya'akobis geworfen worden war. Der acht Jahre alte David war auf der Stelle tot, und sein Vater Yoseph erlitt tödliche Verletzungen. Er starb am frühen Morgen. Es hatte in diesem Jahr schon mehrere Angriffe auf jüdische Siedlungen im Jezreel-Tal gegeben, doch trotzdem traf er die Mitglieder von Nahalal völlig überraschend. Seit der Gründung der Siedlung vor zwölf Jahren hatten sie nichts Ernstlicheres als gelegentliche Auseinandersetzungen und Streitigkeiten mit arabischen Schafhirten wegen Eigentumsrechten erlebt.
Nach sechs Monate dauernden eingehenden Untersuchungen, die der Informationsdienst der Haganah in Haifa mit Hilfe der Polizei – vor allem zweier arabischer Polizeioffiziere – anstellte, wurden Ahmed el-Gala'eini, ein neunzehn Jahre alter Schmied, und Mustapha el-Ali, ein dreiundvierzig Jahre alter Bauer aus dem Dorf Zippori, verhaftet. Ihre Festnahme führte zur Verhaftung von drei weiteren Verdächtigen. Alle fünf hatten ein gemeinsames Kennzeichen: einen wilden, ungekämmten Bart. Dies hatte die Aufdeckung einer Terroristenorganisation zur Folge, die sich »Die bärtigen Scheichs« oder nach ihrem Anführer Az-el-Din el-Kassam die »Kassamai'in« nannte.
El-Kassam war in Syrien geboren, unterrichtete an einer arabischen Schule in Haifa, war Prediger in einer Moschee und Schriftführer des Moslem-Bundes Junger Männer. Er warb Anhänger bei den Arbeitern in den Steinbrüchen und Eisenbahnmagazinen sowie bei den Mechanikern und Schmieden in der Stadt – vor allem Männer, die Zugang zu Sprengstoffen hatten oder etwas von Metallarbeiten verstanden. Die letzten ermöglichten es seiner Organisation, sich auf die Herstellung von Bomben zu spezialisieren. El-Kassam, ein religiöser Eiferer, war bereit, sein Leben für Allah zu opfern. Bevor er seine Männer zu einem

Einsatz schickte, las er ihnen aus dem Koran vor. Außerdem verbot er ihnen, sich ihre Bärte abzuschneiden. Männer, die in die Organisation aufgenommen wurden, mußten einen religiösen Eid ablegen, und während der mehrere Monate dauernden Grundausbildung unterrichtete Sheik el-Kassam sie in *Shidada*, dem Tod im Glaubenskrieg.

Ende 1933 verurteilte das Distriktgericht von Haifa Mustapha el-Ali zum Tode und Ahmed el-Gala'eini zu fünfzehn Jahren Haft. Daraufhin befahl el-Kassam, vorübergehend jede Tätigkeit einzustellen. Erst im September 1934 wurden die »bärtigen Scheichs« wieder aktiv und »kämpften für ihre Religion und ihre Heimat und ermordeten Engländer und Juden, weil sie ihnen ihr Land wegnahmen«. Nach einer Reihe von Morden, Sabotageakten und Erpressungen ging el-Kassam mit dreiundzwanzig Männern in die Berge von Jenin, um einen großen Angriff auf den Kibbuz Beith Alpha vorzubereiten. Am 7. November 1935 töteten einige von ihnen einen jüdischen Polizeisergeanten. Eine Polizeieinheit machte sich auf die Suche nach den Mördern, stieß nach zehn Tagen, am 17. November, auf die Kassamai'in und eröffnete das Feuer. In dem folgenden Gefecht fielen drei von el-Kassams Männern, bevor er selbst tödlich verwundet wurde. Als ein fünfter schwer verwundet wurde, ergaben sich die restlichen Männer. Der zweiten Hälfte der ursprünglichen Streitmacht gelang es, der Polizei zu entkommen, und sie errichtete in den Nablus-Bergen einen Stützpunkt. Diese kleine Gruppe wurde der Kern der »Kassamiya«-Bewegung.

El-Kassams Märtyrertod beeindruckte die in Palästina lebenden Araber tief. Seine Taten wurden zur Legende, und seine Begräbnisprozession in Haifa – an der zehntausend Schulkinder teilnahmen – entwickelte sich zu einer Massendemonstration arabischen Nationalismus. David Ben Gurion bemerkte:

Zur Zeit el-Kassams entdeckten wir, daß wir bei den Arabern einem neuen Phänomen gegenüberstanden. Es war nicht Nashashibi oder der Mufti*, und es war auch keine Sache politischen Karrierestrebens... In Sheik el-Kassam erkannten wir einen Eiferer, der bereit war, sein Leben für seinen Glauben zu opfern. Und heute haben wir es nicht mit einem, sondern vielleicht mit Tausenden wie ihm zu tun, die vom ganzen arabischen Volk unterstützt werden.

---

* Raghr eb-Bey Nashashibi, Bürgermeister von Jerusalem, Führer einer kleinen arabischen Nationalistengruppe; Haj-Amin el-Husseini (der »Mufti«), von den Briten ernannter religiöser Führer der Araber in Palästina und Führer der extremistischen arabischen Nationalisten.

In gewissem Maß waren die Kassamai'in die Saat, der später die al-Fatah und andere Terroristenorganisationen entsprossen.
Moshe war über die Kassamai'in anderer Meinung als sein Vater. Shmuel hatte Moshe in dem Glauben erzogen, daß die Araber von Natur aus böse seien, daß sie deshalb raubten, plünderten und zu Pogromen und Aufständen hetzten. Wie viele andere Juden in Palästina nannte Shmuel die Stützpunkte der Kassamai'in »Mördernester«. Nach seiner Ansicht waren die Männer, die Ya'akobi und seinen Sohn getötet hatten, »gemeine Verbrecher«. Er sah die Vorgänge ganz klar und simpel: Wir, die Juden, helfen den Arabern, bringen ihnen Wohlstand und Fortschritt; und sie bringen uns dafür um, bringen sich gegenseitig um, bringen sogar die Engländer um. Was sind das nur für menschliche Wesen? Wie Moshe berichtet, glaubte Shmuel, daß die Juden weit im Vorteil waren und daß die Araber »keine Chancen« hatten. Später äußerte Moshe, daß sich »eine ungeheure Kluft« zwischen ihm und seinem Vater auftat. Moshe bemühte sich, die Araber so zu sehen, wie sie sich selbst sahen und nicht »mit den Augen eines russischen Juden«.
Ich begriff damals, daß sie nationale Beweggründe haben. Während ich aufwuchs, hatte man mir ständig die Geschichten der Hashomer-Wachen über den berühmtesten Schurken von allen – einen Araber namens Abu Jilda – und andere arabische Banditen erzählt. Erst als ich mich mit el-Kassam beschäftigte, begann ich die Banden als Teil einer nationalen Bewegung mit nationalistischen Motiven zu betrachten. Einzeln genommen, waren die Kassamai'in ehrenhafte Männer, außergewöhnliche Idealisten.
Im September 1933 fuhr Shmuel nach Prag, um am Achtzehnten Zionistenkongreß teilzunehmen. Er war inzwischen ein erfahrener Politiker geworden und besuchte seine Farm nur an den Wochenenden. Auch Dvorah begann, den gemeinnützigen Angelegenheiten mehr Zeit zu widmen. Da seine Eltern die meiste Zeit fort waren, mußte Moshe die Hauptlast der Farmarbeit tragen. »Er war immer verbittert darüber, daß er allein auf der Farm arbeiten mußte, daß er seine Mutter nicht bitten konnte, ihm einen Teil der Bürde abzunehmen. Es war ihm nie möglich, zu tun, was er wollte, zu studieren, sich zu immatrikulieren und weiterzubilden. Er war darüber sehr verbittert, doch er hing auch sehr an seiner Familie, vor allem an seiner Mutter«, berichtet Yehudit Wigodsky, seine neue Freundin. Seine Beziehung zu Chaya-Jule war im Frühjahr 1932 auseinandergegangen, denn laut Jule begann er, sobald er lange Hosen anzog, anderen *Futchras* nachzuschauen.

Yehudit, die Yuka genannt wurde, war bei weitem das hübscheste Mädchen in ihrer Schule. Sie war zart, sanft und bescheiden. In Nahalal betrachtete man sie als eine seltene nordische Schönheit. Moshe hatte erkannt, daß er Yuka nicht auf die gleiche Weise gewinnen konnte wie Chaya-Jule, und ihre Beziehung begann ganz anders. Jede Woche wurden zwei Schüler der zweiten Klasse zur Baumschule nach Kfar Hahoresh geschickt und mußten Sämlinge für die Schule holen. Sie benutzten ein Fuhrwerk, das man bei einem Farmer des Dorfes mietete. Moshe verstand es so einzurichten, daß er immer zugleich mit Yuka an die Reihe kam, und lenkte dann das Fuhrwerk. Während dieser Fahrten nach Kfar Hahoresh, die Moshe so hinauszog, daß sie den ganzen Tag dauerten, entdeckten sie ihre Zuneigung füreinander. Yuka erinnert sich, daß Moshe oft die Straße verließ, um »ein paar Aprikosen und Pflaumen für die Fahrt zu pflücken«. Dies war streng verboten, und sie fand Moshes Mut zugleich erschreckend und anziehend.
Freitagabends durften die Mädchen bis Mitternacht ausgehen. Als sie sich näher kennengelernt hatten, pflegten Moshe und Yuka zur Kreuzung der Straßen nach Nazareth und Haifa tanzen zu gehen.
Sie schlenderten eng aneinandergeschmiegt über die Felder und küßten sich, hielten sich aber dabei an die selbstauferlegten Grenzen. »Moshe war sehr rücksichtsvoll«, berichtet Yuka. »Er wagte es nicht, weiterzugehen. Wir kamen überein, daß wir keusch bleiben mußten. Vielleicht fiel es ihm schwer, sein Verlangen zu zügeln. Für mich war es leichter, denn es war natürlich. Ich war sehr puritanisch erzogen worden.« Yuka nennt Moshes Haltung ihr gegenüber »ritterlich«. Zu dieser Zeit verbreiteten sich in Nahalal Gerüchte, daß es zwischen Shmuel und Dvorah nicht zum besten stand. Moshe verletzte dieser Klatsch tief, und er sagte zu seiner Cousine Shulamit, für ihn sei die Harmonie des Familienlebens die höchste Tugend.
Da Moshe so viel las, entwickelte er ein viel größeres kulturelles Bewußtsein als seine Freunde. Immer wieder machte er erregende Entdeckungen, öffneten sich ihm Tore zu geheimnisvollen neuen Welten. Infolge seiner Bildung hatte er ein Gespür für die dem Leben eigene Ambivalenz. Diese Einstellung war der Denkweise der Pioniere völlig fremd, und in dieser Hinsicht stellte Nahalal keine Ausnahme dar. Die Jugend der Yishuv wurde gemäß klar umrissenen Wertmaßstäben erzogen, die auf einer unumstößlichen Auffassung von Gut und Böse basierte. Shulamit war entsetzt, als Moshe ihr einmal sagte, »man braucht nicht immer die Wahrheit zu sagen; jedenfalls nicht die ganze Wahrheit«. Shulamit erinnert sich, daß diese Ketzerei sie zutiefst

schockierte, und Moshes Freunde, die für seine Spitzfindigkeiten kein Verständnis hatten, hielten seine Ambivalenz für unehrenhaft.
Im Gegensatz zu seinen Klassenkameraden und den älteren Jungen betrachteten die jüngeren Knaben von Nahalal, vor allem die der vierten Klasse, Moshe als Führer und Vorbild. Sie stimmten darin überein, daß Moshe ein anständiger Mensch war, der sich stets an die Wahrheit hielt und einen ausgeprägten Humor hatte, was ihn zu einem faszinierenden Gefährten machte. Trotz ihrer Zuneigung entwickelte sich jedoch keine enge Beziehung zwischen ihnen. Sie empfanden für ihn eher ehrfürchtigen Respekt als Liebe.
Moshe betätigte sich in den Jugendgruppen, führte bei Versammlungen den Vorsitz und organisierte im Jugendzentrum allerlei Veranstaltungen. Unter den jüngeren Kindern waren einige Schüler Moshes aus dem Signalkurs, den er in Nahalal gab. Laut Binya Zarhi begannen sich Moshes Führungsqualitäten zu der Zeit zu entwickeln, als er der Haganah beitrat. Die Mitgliedschaft in der Verteidigungsorganisation versetzte Moshe und seine Freunde und Rivalen in eine ganz neue Sphäre des Wettstreits, bei dem von außen auferlegte Regeln an die Stelle der gewohnten Regeln der Jugendgruppe oder Klasse traten. Kameradschaftlichkeit betrachtete man bei der Haganah als Tugend, doch war sie nicht von so großer Bedeutung wie in Meshulams Klasse. Die Haganah legte viel größeren Wert auf Findigkeit und Mut.
Zu Beginn des Sommers 1933 versuchten Mitglieder der Mapai in Nahalal die Jungen der zweiten und dritten Klasse zu überreden, ihrer Partei beizutreten. Nachman Betser erinnert sich, daß Moshe dagegen viele Vorbehalte hatte. »Ebenso wie er alles andere gründlich untersuchte und bei allem nach dem Warum und Weshalb fragte, untersuchte und kritisierte er das Programm der Mapai.« Nachman war selbst nicht sehr darauf erpicht, der Mapai beizutreten, denn die Jugend von Nahalal setzte Parteien und öffentliche Angelegenheiten gleich und fand beides widerlich. Doch trotz der Vorbehalte der Jungen und ohne ihre Zustimmung einzuholen, meldete *Hapoel Hatzair*, jetzt das offizielle Organ der Mapai, am 9. Juni 1933, die Jugendlichen von Nahalal seien in die Partei aufgenommen worden.
Nachman Betser weigerte sich offen, der Mapai beizutreten – wie er sagte, schon deshalb, weil man ohne seine Erlaubnis gemeldet habe, er sei Mitglied geworden. Moshe nahm keine so rigorose Haltung ein, ließ sich jedoch zu keiner aktiven Parteitätigkeit bewegen. Hingegen trat er aus einem ähnlichen Gefühl der Verpflichtung heraus der Histadrut bei. Er war gegenüber den politischen Parteien der Yishuv und

den ihnen angeschlossenen Jugendgruppen höchst kritisch eingestellt. Tatsächlich begann er sich erst mit Parteiangelegenheiten zu beschäftigen, nachdem er ein Auge verloren hatte und glaubte, seine militärische Laufbahn sei zu Ende. 1933 jedoch hatte er nur ein Ziel – zu studieren.

Die Gelegenheit, seinen Horizont zu erweitern und sein Studium fortzusetzen, kam ganz unerwartet. 1932 erhielt Nahalal vom United Jewish Appeal einen Kredit, mit dem die Hütten durch feste Häuser ersetzt werden sollten. Der Plan sollte in zwei Stadien durchgeführt werden: die ersten vierzig Häuser sollten von 1933 bis 1935 gebaut werden, der Rest nach 1935. Man betraute mit dem Projekt einen Bauunternehmer und einen Ingenieur namens Avraham Papper, der ein neues Betongußverfahren erfunden hatte. Papper, der Amnon Yannais Onkel war, schlug vor, daß die Jungen von Nahalal einen Bautrupp aufstellen, sich auf dieses Verfahren spezialisieren und mit ihm die Häuser von Nahalal errichten sollten. Die Jungen nahmen das Angebot mit Freuden an, denn die landwirtschaftlichen Erträge des Moshav waren noch gering und Geld während der im ganzen Land herrschenden Wirtschaftskrise des Jahres 1933 knapp. Pappers Vorschlag schien eine Möglichkeit zu bieten, zusätzlich etwas Geld zu verdienen, vor allem, da er meinte, die Jungen sollten auch in Tel Aviv Häuser nach seiner Methode errichten.

Da die Jungen im Akkord arbeiteten und soviel wie möglich verdienen wollten, schufteten sie sich bis zum Rand der Erschöpfung ab. Dvorah schrieb Shmuel über Moshes neue Tätigkeit: »Moshe arbeitet auf dem Bau. Es ist eine ungemein schwere Arbeit, und er hat den ganzen Nachmittag praktisch keine Pause. Wir brauchen Dich hier. Aviva ist in schlechter Stimmung, und auch Moshe ist gereizt und müde.« Moshe war so müde, daß er samstags den ganzen Vormittag im Bett blieb und sogar mehrere Vorträge vor der Jugendgruppe ausfallen ließ. Er war etwas enttäuscht über den Lohn, den er bekam, und schrieb seinem Vater: »Ich finde, der Tageslohn, den man als Bauarbeiter bekommt, ist nicht der Mühe wert.« Vermutlich war er deshalb so erschöpft, weil er außerdem weiterhin auf der Farm arbeitete.

In Tel Aviv lockte den Jungen die Aussicht, mehr Geld zu verdienen. Sie schlossen sich zu einem Bautrupp zusammen, um von Nahalal in die große Stadt zu gehen. Dvorah bat ihren Sohn, in Nahalal zu bleiben, zumindest bis Shmuel aus Prag zurückkam. Die Hühner hatte eine Krankheit befallen, und es herrschte solche Trockenheit, daß die Gefahr bestand, daß die Weinstöcke verdorrten. Moshes Weigerung, auf der Farm zu bleiben, führte zu einem längeren Streit mit seiner Mutter, doch er setzte sich schließlich durch und schloß sich seinen Freunden an.

Pappers Angebot war noch aus einem anderen Grund attraktiv: die Jungen konnten mit dem Geld, das sie verdienten, in der Stadt eine Abendschule besuchen. Dies war der Hauptgrund, der Moshe veranlaßte, sich der Gruppe anzuschließen und Nahalal zu verlassen. Während die anderen relativ gut dastehende Farmen zurückließen, die von Vätern und Brüdern versorgt wurden, verließ Moshe jedoch eine um ihre Existenz kämpfende Farm ohne Hilfe. Aviva war damals zwölf und Zohar erst acht Jahre alt. Dvorah, die sich inzwischen stark für gemeinnützige Angelegenheiten engagierte, hatte nur einen einzigen Landarbeiter, der ihr half.

Daß Moshe trotz der Schwierigkeiten, die er seiner Mutter aufbürdete, darauf bestand, zu gehen, stand in Einklang mit einer Familientradition, welche die Verwirklichung persönlicher Ziele auch dann guthieß, wenn dies auf Kosten der Familie ging. Nach dieser Philosophie hat der einzelne Verpflichtungen, deren Grenzen er selbst bestimmt. Innerhalb der Grenzen ist der einzelne für alles, was er und die anderen tun, voll verantwortlich; außerhalb der Grenzen »wird sich alles selbst entwickeln«, ob gut oder schlecht. Innerhalb der Grenzen ihrer selbstauferlegten Verpflichtungen tat Dvorah auf der Farm, was nötig war. Hatte sie vollbracht, was sie für nötig hielt, so gab sie sich damit zufrieden, auch wenn die Schuhe der Kinder zerrissen oder die Hühner krank waren, und sie machte sich selbst keinerlei Vorwürfe. Vor allem ließ sie sich durch solche Mißgeschicke nie davon abhalten, sich ihren eigenen Ambitionen zu widmen. Offenbar eignete sich auch Moshe schon früh in seiner Jugend diese Lebenseinstellung an. Innerhalb der Grenzen, die er selbst für seine Verpflichtungen absteckte, tat er alles, was er tun mußte, und man konnte zwar vielleicht bemängeln, daß diese Grenzen zu eng oder zu weit waren, doch niemand konnte an der Qualität der Arbeit, die er in ihnen leistete, etwas aussetzen. Dvorah ließ sich durch die Krankheit eines ihrer Kinder nicht davon abhalten, eine Redaktionssitzung bei der *Dvar Hapoelet* in Tel Aviv zu besuchen, und ebensowenig konnte eine Hühnerkrankheit oder Dürre in den Weingärten Moshe davon abbringen, seinen Wunsch zu studieren, zu verwirklichen.

Als im Herbst 1933 die ersten vierzig Häuser in Nahalal fertiggestellt waren, gingen die sieben Jungen nach Tel Aviv, wo sich ihnen zwei andere anschlossen: Avraham Yaffe (später OB des Südkommandos

und Divisionskommandeur im Sechstagekrieg) und Yehoshua (»Yosh«) Palmon (später Leiter des Araberdezernats der Jewish Agency und Ben Gurions Berater in Arabischen Angelegenheiten). Die Hälfte der Gruppe wohnte im Haus von Yaffes Vater, während die anderen eine Wohnung im alten Handelsviertel der Stadt teilten. Abends besuchten sie zwei verschiedene Schulen: die Technion-Abendschule, wo Moshe Geometrie, Algebra und Technisches Zeichnen lernte; und die zur Hebräischen Universität gehörende Volkshochschule, wo die Jungen Vorträge über Literatur und hebräische Grammatik besuchten.
Während seines Aufenthalts in Tel Aviv ließ Moshe ein Porträtfoto von sich anfertigen. Er trug ein weißes Hemd, sein Haar war ordentlich gebürstet, und seine Augen waren klar und munter. Es gefiel ihm so gut, daß er allen seinen Freunden und Freundinnen Kopien schenkte. Auf das Foto, das er Yuka schickte, schrieb er die Widmung: »Für Yuka – trotz allem in Liebe, Moshe. 7. Januar 1934.« Ihre Beziehung machte damals eine Krise durch. Der Umstand, daß Moshe fern von Nahalal war, verstärkte ihre Gefühle, und es entstand eine echte Liebe. Im Sommer 1933 beendete Yuka die Mädchenschule und kehrte nach Rishon le-Zion in ihr Elternhaus zurück. Nach der Arbeit fuhr Moshe oft mit dem Bus nach dem Dorf, um Yuka nach Tel Aviv abzuholen; am Abend fuhr er mit ihr nach Rishon le-Zion zurück und mit einem anderen Bus wieder nach Tel Aviv. Seine Liebe war so stark, daß ihm die vier Fahrten, von denen jede eine Stunde dauerte, nichts ausmachten. Das Wochenende verbrachte er oft im Haus der Wigodskys. In Tel Aviv gingen die beiden ins Kino, bummelten durch die Stadt oder am Strand entlang und redeten stundenlang. Manchmal wanderten sie in Rishon le-Zion durch das Dorf und über die Felder.
Nach kurzer Zeit machte Moshe Yuka einen Heiratsantrag. Daß er sie liebte, war nur einer seiner Gründe. Er sagte Yuka, daß er genug davon habe, hin- und herzufahren und die ganze Zeit allein zu sein; er wolle sich irgendwo fest niederlassen – wo, sei ihm ziemlich gleich. Er hatte mit seinen Freunden in Tel Aviv über neue Lebensformen und neue Ideen diskutiert, unter anderem über einen Plan, eine Fischereikooperative am See Genezareth zu gründen. Tatsächlich errichteten seine Freunde innerhalb eines Jahres in der Nähe von Nahalal eine eigene Siedlung – Kvutzat Shimron.
In Moshes Kreisen betrachtete man es fast als unerhört, daß ein Junge unter zwanzig heiraten wollte. Vielleicht hatte Moshe nicht mehr die Kraft und den Willen, sein Verlangen zu bezwingen. Mehrere Angehörige seiner Gruppe lebten in Tel Aviv mit ihren Freundinnen zu-

sammen, doch Moshe hatte noch keine intimen Beziehungen mit einem Mädchen gehabt. Gemäß seinem Glauben an die Heiligkeit des Familienlebens war er der Meinung, daß nur eine Ehe eine Lösung für ihn darstellte. Yuka akzeptierte im Prinzip seinen Antrag, wollte die Heirat aber auf unbestimmte Zeit verschieben. Sie fand, daß sie zu jung zum Heiraten waren, und sie fühlte sich nicht imstande, die Bürde des Familienlebens auf sich zu nehmen. Damals geriet ihre Beziehung in eine Sackgasse. Obwohl Yuka wußte, daß Moshes Freunde »sich mehr trauten und glücklicher waren«, ärgerte es sie, daß Moshe Forderungen an sie stellte, die mit ihren Vorstellungen von Keuschheit nicht in Einklang standen. Sie lehnte voreheliche sexuelle Beziehungen ab und sehnte sich nach den schönen Abenden zurück, an denen sie Hand in Hand spazierengegangen waren. Sie entsinnt sich genau des Abends am Strand, an dem Moshe ihr ein Ultimatum stellte: entweder Heirat oder sexuelle Beziehungen – wenn sie mit beidem nicht einverstanden sei, müßten sie sich trennen. Schließlich kamen sie überein, die endgültige Entscheidung zu verschieben und sich eine Weile nicht zu sehen, um festzustellen, ob sie es ertragen konnten, getrennt zu sein, ob sie wirklich heiraten wollten oder die Beziehung auf der alten Basis wieder aufnehmen sollten. Die Worte auf dem Foto waren eine Anspielung auf diese Lage. Yuka und einige von Moshes Freunden glaubten, daß Moshes Hauptgrund, so früh heiraten zu wollen, der Wunsch war, sein Elternhaus zu verlassen. Israel Gefen, der später Aviva heiratete, berichtet, daß im Haus der Dayans eine bedrückende Atmosphäre herrschte. Shmuel predigte in einem fort, und Dvorah war ständig niedergeschlagen, »die Verkörperung des Leids auf Erden«. Yuka glaubte nicht, daß Moshe dazu ausersehen war, ein berühmter Mann zu werden. Sie war überzeugt, daß er Farmer werden würde, und sie sah keinen Grund, so früh ihre Jugend zu opfern und mit ihm die endlose Schinderei auf einem Bauernhof auf sich zu nehmen. Deshalb wies sie seinen Antrag ab.
In den Herbstmonaten des Jahres 1934 kehrten die Jungen des Bautrupps nach Nahalal zurück, um ihren Eltern zu helfen. Im September kam eine neue Gruppe in die Mädchenschule. Darunter war Ruth Shwarz, die in weniger als neun Monaten Moshes Frau werden sollte.
Der Herbst, die Pause zwischen der Sommerernte und der Winteraussaat, war die schönste Zeit für Wanderungen und Ausflüge. Im Lauf der Jahre wurde man in Nahalal bezüglich der Wanderungen immer ehrgeiziger. Es waren keine Ausflüge ins Blaue, sondern sorgsam geplante Expeditionen, bei denen die Jugend des Dorfes ihr Land so

gründlich wie möglich kennenlernen sollte.

Als die Jungen des Bautrupps heimkamen, steckte die Jugend von Nahalal mitten in den Vorbereitungen für eine Wanderung entlang dem See Genezareth, deren Abschluß eine Besteigung des Hermon-Berges bilden sollte. Obwohl der Berg nicht im palästinensischen Mandatsgebiet lag (er gehörte teils zu Syrien und teils zum Libanon), konnte man ihn ohne Paß oder Einreiseerlaubnis besteigen. Die Enttäuschung war groß, als die Expedition aus Sicherheitsgründen untersagt wurde. Die zunehmenden Spannungen zwischen Arabern und Juden in Palästina machten Wanderungen in Gebieten, die weit von jüdischen Siedlungen entfernt waren, gefährlich. Hinzu kam, daß im Sommer 1934 der erste organisierte Versuch unternommen wurde, große Gruppen illegaler Einwanderer nach Palästina zu bringen. Im ganzen Land begann eine Jagd auf illegale Einwanderer, über welche die Presse ausführlich berichtete.

Moshe kämpfte gegen das Verbot einer früheren Wanderung zum Hermon-Berg, und die Auseinandersetzung wurde bald zu einer persönlichen Prestigesache. Wenn die anderen Moshes Meinung akzeptierten, so würde dies bedeuten, daß sie sich seinem Willen fügten und seine Vorzugsstellung anerkannten. Sie weigerten sich standhaft, und Moshe, der die Wanderung, auf die er sich so gefreut hatte, nicht aufgeben wollte, wandte sich an die jüngere Klasse und fragte, ob jemand bereit sei, sich ihm anzuschließen. Zwei Jungen erklärten sich einverstanden – Binya Zarhi und Baruch Zemel. Doch inzwischen hatte Moshe seine Pläne geändert und schlug eine viel schwierigere und waghalsigere Expedition vor: von Beisan entlang dem Jordanfluß nach Jericho, dann an der Küste des Toten Meeres südwärts nach Sodom und von dort westwärts über Hebron und Beersheba nach Gaza am Mittelmeer. Die letzten drei Städte waren wegen ihrer Feindseligkeit gegenüber Juden berüchtigt.

Als die Einzelheiten von Moshes Plan bekanntwurden, wandten sich die Jugendlichen und Erwachsenen von Nahalal empört dagegen. Sie ersuchten die Sicherheitsbehörde des Moshav, den Jungen eine so gefährliche Wanderung zu verbieten, vor allem, da die vorgesehene Route durch große Gebiete Palästinas führen würde, die nur von Beduinen bewohnt waren. Man befürchtete, daß man sie einfangen und nackt ausziehen würde, was komisch klang, aber durchaus im Bereich des Möglichen lag. Trotzdem bereiteten sich die Jungen zum Aufbruch vor. Jeder hängte sich zwei Feldflaschen um, und die gekreuzten Riemen verliehen ihnen ein fast militärisches Aussehen, das sie äußerst schneidig fanden. Man warnte sie, daß die Beduinen ihnen als erstes ihre Feldflaschen wegnehmen würden – und was würden sie dann ohne Wasser machen? Außerdem nahmen sie einen Fotoapparat mit und jeder Junge fünf palästinensische Pfund. Das Geld stellte ihre gesamten Ersparnisse dar, und Baruch Zemels Fotoapparat war damals etwas sehr Seltenes.

Die Jungen kümmerten sich wenig um die Warnungen und fuhren bald nach dem jüdischen Neujahrsfest mit dem Bus nach Beisan. Von der Araberstadt gingen sie zum Jordan hinunter und begannen mit der ersten Etappe ihrer Wanderung. In ihren Rucksäcken hatten sie hartgekochte Eier, Sardinenbüchsen und Wäsche. Moshe nahm auch eine Landkarte mit. Am ersten Tag hatten sie Schwierigkeiten mit dem Wasser. Der Monat September ist bekannt wegen seiner heißen, trokkenen Ostwinde, und da die Jungen ständig Wasser brauchten, mußten sie nahe am Flußbett entlangwandern, wobei sie auf viele Hindernisse stießen: dichte, fast undurchdringliche Vegetation, Dornensträucher und tiefe Gräben. Doch solange sie in der Nähe des Flusses blieben, konnten sie ihren Wasservorrat immer wieder ergänzen. Als sie sich gegen Abend der Damya-Brücke näherten, erblickten sie ein großes, direkt am Flußufer errichtetes Beduinenlager. Sie bogen nach Westen ab, um es zu umgehen, und als sie lange nach Sonnenuntergang die durch das Jordan-Tal führende Hauptstraße erreichten, hatten sie in ihren Feldflaschen nur noch sehr wenig Wasser. Um Kraft und Wasser zu sparen, schlug Moshe vor, neben der Straße zu übernachten, statt eine abseits der Straße gelegene Stelle zu suchen, wo es keine Dornensträucher, Schlangen und Skorpione gab. Sie beschlossen, im Morgengrauen aufzustehen, auf der anderen Seite des Beduinenlagers wieder zum Flußbett zu wandern und den Marsch nach Süden fortzusetzen. Doch bevor sie einschliefen, tranken sie ihr letztes Wasser.

Nach zwei Stunden erwachten sie mit ausgedörrten Zungen. Auf Moshes Uhr war es Mitternacht. Die Luft war drückend heiß und trocken, und sie fürchteten, daß sie ohne Wasser die Nacht nicht überstehen würden. Moshe schlug vor, zum Fluß zurückzugehen und die Gefahr, die damit verbunden war, in die Nähe des Beduinenlagers zu kommen, zu riskieren. So langsam und leise wie möglich schlichen die Jungen zum Flußbett. Plötzlich drang das wütende Gebell von Hunden durch die Nacht, und die Jungen stellten fest, daß sie mitten in das Lager geraten waren. Ihr erster Impuls war, um ihr Leben zu rennen, doch Moshe hielt sie zurück und sagte: »Es wäre nicht gut, wegzulaufen.« Also standen die drei auf und riefen: »*Ya zalame, ya zlam, ya nass!«* (O Männer, o Mann, o Leute). Ihr Selbstvertrauen erschreckte offenbar die Beduinen, die keine Ahnung hatten, wer mitten in der Nacht in ihr Lager eingedrungen war, und sie trauten sich nicht, auf den Ruf zu antworten. Eine Weile herrschte tiefe Stille, dann wurde in einem der Zelte eine Kerze angezündet. Mit ihren Lederriemen sahen die Jungen wie Beamte oder Polizisten aus. Im schwachen Licht der Kerze sahen sie in der Nähe einen alten Araber – laut Binya »hundert Jahre alt« –, der vor Angst zitterte. Sie baten ihn um Wasser. Auf ihre gekreuzten Lederriemen starrend, schüttete er bebend Wasser in ihre Feldflaschen.

Die Jungen gingen zur Straße zurück und legten sich schlafen. Als sie aufwachten, strahlte über den Gilead-Bergen östlich des Jordan die Sonne. Während sie frühstückten, erzählte Moshe seinen Freunden, daß er einmal im Traum mit Dr. Theodor Herzl gestritten hatte. »Stellt euch das vor«, sagte Moshe. »Ich sagte ihm, daß ich böse auf ihn bin, weil er mir zuvorgekommen ist und als erster auf die Idee kam, einen jüdischen Staat zu gründen.«

Da sie keine Lust hatten, nach dem Vorfall in der vergangenen Nacht zu dem Beduinenlager zurückzukehren, und die Quelle und den Strom des Wadi Far'ah besuchten wollten, verließen sie das Jordan-Tal und zogen nach Westen zum Jiftlik-Tal. Die drei marschierten singend dahin, bis sie sich verirrten. Moshes Karte half ihnen wenig, denn es war keine topographische. Später stellten sie fest, daß sie in den Wadi Fatsa'el geraten waren.

Ihre Lage war jetzt noch viel schlimmer. Sie hatten nur ganz wenig Wasser, waren weit weg vom Fluß und hatten keine Ahnung, wo in der Gegend Wasser zu finden war. Die Hitze und der lange Marsch hatten sie erschöpft. Als wie aus dem Nichts ein Araber auftauchte, zögerten sie und wußten nicht, was sie tun sollten. Zu ihrer Überraschung rief der Araber nicht um Hilfe oder griff sie mit seinem Knüppel an, sondern brachte sie zu einem großen Beduinenlager. Man bat sie, in einem der Zelte zu warten, und eine neugierige Menge versammelte sich um sie. Nach kurzer Zeit wurden sie in ein großes, reich geschmücktes Zelt geführt und standen Emir Diab gegenüber. Zuerst starrte der Araber sie düster an; dann warf er ihnen vor, in einen Teil seines Landes gekommen zu sein, der ihnen nicht gehörte, und wies darauf hin, »daß eine Fehde zwischen ihnen herrsche«. Moshe antwortete für die Jungen. Er wünschte dem Emir alles Gute und segnete ihn nach traditionellem Brauch. Dann erklärte er, sie wüßten von der berühmten Gastfreundschaft des Emirs und deshalb erfülle es sie nicht mit Angst, daß sie sich verirrt hätten und auf das Gebiet des Stammes geraten seien. Sie hofften, daß die Leute seines Stammes ihnen den Weg nach Jericho, ihrem Ziel, zeigen würden. Der Emir antwortete »Tfadalu« (Willkommen) und lud sie ein, die Nacht über seine Gäste zu sein und mit ihm zu essen und zu trinken. Baruch Zemels Fotoapparat, der große Neugier erregte, trug zweifellos dazu bei, das Eis zu brechen. Der Emir ließ sich dreimal fotografieren – jedes Mal mit zwei der drei Jungen. Moshe versprach, ihm die Bilder zu schicken, und das beseitigte die letzte Schranke zwischen ihnen. Die Jungen tranken an einem flackernden Lagerfeuer Kaffee und legten sich dann auf weiche Kamelhaarmatten schlafen. Am Morgen gab ihnen der Emir Kuchen aus getrockneter Kamelmilch, segnete sie und sagte ihnen Lebewohl. Außerdem stellte er ihnen einen Eseltreiber zur Verfügung, der Mehl nach Jericho brachte.

Emir Diabs Gastfreundschaft beeindruckte Moshe tief. Als er viele Jahre später Verteidigungsminister und Kommandeur der von Israel im Sechstagekrieg eroberten Gebiete war, trug die Erinnerung an dieses Erlebnis wesentlich zu seiner liberalen Politik bei. Jahre danach sagte er oft, er sei »bei den Arabern nie auf tadelnswertes Verhalten gestoßen«. Wenn man ihn von seiner Kindheit erzählen hört, spürt man, daß seine Einstellung gegenüber den Arabern von Liebe zu ihrer Kultur und Lebensweise bestimmt ist; daß er nur die unglückselige politische Entwicklung und das bittere Geschick des jüdischen Volkes waren, die dazu führten, daß er Befehlshaber der Truppen wurde, die gegen die Araber kämpften.

Die Jungen packten ihre Rucksäcke auf die Esel und brachen nach Jericho auf. Doch kaum hatten sie die Hauptstraße erreicht, da tauchten neue Schwierigkeiten in Gestalt zweier arabischer Polizisten aus Nablus auf. Der Anblick eines arabischen Eseltreibers in Begleitung dreier jüdischer Jungen erschien ihnen merkwürdig und erregte ihr Mißtrauen. Zuerst trennten die Polizisten sie, und dann verprügelten sie den Beduinen, damit er wußte, wer der Herr war. Darauf wandten sie sich den drei Jungen zu, durchsuchten ihre Kleider und ihr Gepäck und fragten, woher sie kämen. Da sie sie verdächtigten, illegale Einwanderer zu sein, wollten sie die Jungen zur Polizeistation nach Nablus bringen.

Moshe weigerte sich, mitzukommen und sagte den Polizisten auf arabisch, daß sie keine illegalen Einwanderer seien. Sein schlechtes Arabisch überzeugte sie nicht, und so fragte Moshe den einen Polizisten nach seinem Namen. Der Araber sagte ihm, daß er Jabber heiße. Ob

er mit dem Polizisten Jabber in Nahalal verwandt sei? Zu Moshes Überraschung erwiderte er, daß er sein Bruder sei. Dies beseitigte jeden Verdacht, und sie schüttelten einander herzlich die Hand. Der Eseltreiber, der aus respektvoller Entfernung zusah, traute seinen Augen nicht. Als sie weitermarschierten, meinte er, sie seien bestimmt bewaffnet – anders könne er sich das Ganze nicht erklären. Moshe bestätigte dies und sagte auf Hebräisch zu seinen Freunden: »Wir müssen sie mit dem Glauben erfüllen, daß Juden nie unbewaffnet sind. Wenn ihnen andere Wanderer begegnen, werden dieser Araber und seine Freunde wissen, daß sie Waffen bei sich haben, und sich hüten, ihnen etwas zu tun.« Der Eseltreiber wollte wissen, wo sie die Pistole versteckt hatten. »Zwischen dem Brot und den Oliven«, sagte Moshe.
An einer Straßenkreuzung in der Nähe von Jericho trennten sich die Jungen von dem Eseltreiber. Der Araber zog weiter zur Stadt, während die Jungen sich auf den Weg nach Kalya am Nordufer des Toten Meeres machten. Im dortigen Arbeiterlager trafen sie einen Mann, der Bäcker in Degania gewesen war. Die Abenteuer, welche die Jungen erlebt hatten, machten ihnen nur Appetit auf weitere. Sie sagten ihrem Freund, sie hätten die Absicht, von Kalya durch Ras Feshka nach Sodom an der Südküste des Toten Meers zu wandern. Der Bäcker, der sie herzlich begrüßt und bewirtet hatte, war entsetzt, als er von ihrem Plan erfuhr. Er sagte ihnen, eine große Gruppe Wanderer, die vor kurzem die gleiche Route eingeschlagen habe, hätte sich verirrt und sei bis jetzt nicht gefunden worden. Er hatte solche Angst um sie, daß er den Lagerleiter rief, der sie zwang, in den Lagerbus zu steigen und nach Jerusalem bringen ließ.
Doch die unerwartete Fahrt nach Jerusalem bereitete ihren Plänen kein Ende, sondern änderte sie nur. Sie beschlossen, per Bus von Jerusalem nach Hebron zu fahren und zu Fuß weiter nach Ein Gedi und dem Gebiet südlich des Toten Meeres zu wandern. Sie übernachteten in der Stadt und fuhren am nächsten Morgen mit einem arabischen Bus nach Hebron, wo sie die Höhle von Machpela (die traditionelle Begräbnisstätte Abrahams, Isaaks und Jakobs) besichtigen wollten, doch man erlaubte ihnen nicht, sie zu betreten. Nachdem sie durch die Stadt gebummelt waren, machten sie bei einer Mühle Halt, wo eben eine Kamelkarawane zum Toten Meer aufbrechen wollte, und baten darum, sich ihr anschließen zu dürfen. Aus irgendeinem Grund wurde Moshe im letzten Moment mißtrauisch. »Sie gefallen mir nicht – wir gehen nicht mit ihnen«, sagte er seinen Freunden. Statt zum Toten Meer fuhren sie mit einem arabischen Taxi nach Beersheba und von

dort mit einem überfüllten Bus nach Gaza, wo sie den alten Hafen besichtigen wollten. Doch noch bevor sie viel davon gesehen hatten, wurden sie von arabischen Polizisten festgenommen und zum Verhör auf die örtliche Polizeistation gebracht. Wieder verdächtigte man sie, illegale Einwanderer zu sein. Binya Zarhi und Baruch Zemel staunten über den Mut, den Moshe zeigte. Er lehnte es ab, sich auf arabisch verhören zu lassen, und versuchte die Polizisten einzuschüchtern, indem er nach dem Namen des Vernehmungsoffiziers fragte und ihn in sein Notizbuch schrieb. Außerdem notierte er die Nummer des Polizisten, der ihn festgenommen hatte.

Moshe lockte der süße Duft der Publicity, den er vor ein paar Monaten gespürt hatte, als sein erster Artikel in *Bama'aleh* erschien. Er sagte seinen Freunden, sie müßten unbedingt alles veröffentlichen, was sie unterwegs erlebt hatten. Auch sie würden ihren Nutzen davon haben, denn ganz Nahalal würde sie bewundern, wenn es von ihren Abenteuern erfuhr. Als sie abends in Tel Aviv eintrafen, ging Moshe mit seinen Freunden zur Redaktion der Zeitung *Davar*, doch als sie hinkamen, sagte er seinen überraschten Kameraden, daß er das Gebäude nicht betreten werde. Er bat sie, hineinzugehen und nach Zalman Shazar (später dritter Präsident des Staates Israel) zu fragen, der Redakteur der Zeitung und ein guter Freund der Dayans war. Moshe erklärte, er wolle wegen eines großen Pickels auf seinem Kinn, der sein Gesicht entstellte, nicht hineingehen. Der wirkliche Grund dürfte die für ihn charakteristische Abneigung, über sich selbst zu sprechen, gewesen sein. Schließlich gelang es ihm, die beiden zu überreden, und sie gingen ohne ihn hinein. Shazar war erstaunt, als er hörte, daß Moshe draußen auf der Straße wartete und nicht heraufkommen wollte, um ihn zu sehen. Doch er hörte sich ihre Geschichte an und schrieb einen Artikel, der am nächsten Tag, dem 17. September 1934, auf der ersten Seite erschien.

Die Jungen verbrachten die fünfte Nacht in Tel Aviv. Moshe teilte den Rest der Kamelmilchkuchen mit seinen Freunden, damit sie ein Andenken an ihre Abenteuer hatten. Als die drei nach Nahalal zurückkehrten, ging die Morgenausgabe von *Davar* bereits von Hand zu Hand, und sie waren Berühmtheiten geworden.

Vor Ende des Jahres 1934 erwarb Moshe noch größeren Ruhm und Auszeichnung, diesmal durch einen Kampf. Die an den Wadi Shimron grenzenden Ländereien des JNF, die zum Teil Nahalal zur Kultivierung anvertraut worden waren, hatten früher den Bauern von Mahalul und den Beduinen von Arab el-Mazarib als Weidegründe gedient.

Obwohl seit der Gründung von Nahalal dreizehn Jahre und ein noch größerer Zeitraum seit dem Verkauf dieser Ländereien vergangen waren, ließen die früheren Pächter und die Beduinen weiterhin ihre Herden dort weiden. Streitigkeiten um Land gab es in ganz Palästina, doch nur selten gingen sie so weit, daß sie zu Blutvergießen führten.

Der JNF fürchtete, die Araber könnten durch ihre ständige Anwesenheit ein Besitzrecht auf dieses Land erwerben, und schlugen deshalb vor, das ganze Gebiet aus »politischen« Gründen umzupflügen und zu besäen. Am 20. Dezember 1934 trieben die jungen Männer von Nahalal, angeführt von Binya Zarhi, acht Paar Maultiere mit großen Pflügen auf das umstrittene Land und begannen, es zu beackern. Den Pflügen folgte als einziger Säer Moshe mit einem Sack in der Hand und verstreute das Saatgut. Zuerst langsam, dann in immer schneller anwachsender Zahl versammelten sich die Beduinen an den Hängen des Wadi. Eine Weile sahen sie zu, dann begannen sie, den Säer und die Männer hinter den Pflügen mit Steinen zu bewerfen. Daraufhin überschütteten die Nahaliten sie mit einem Steinhagel. Inzwischen säte Moshe völlig ungeschützt weiter. Als er an das obere Ende des Hanges kam, tauchte plötzlich ein Araber auf und hieb ihm seinen Knüppel auf den Kopf. Moshe stürzte mit blutüberströmtem Gesicht zu Boden.

Yehuda Mor, der die ganze Aktion, auf seinem Pferd sitzend, überwachte, befahl den Männern von Nahalal, mit dem Pflügen aufzuhören. Er gab Alarm und schickte einige Männer mit dem Auftrag, Hilfe zu holen, nach Nahalal und den benachbarten Kibbuzim. Die Beduinen ihrerseits holten Verstärkungen aus ihren Lagern und dem Dorf Mahalul. Inzwischen brachte man die Verwundeten nach Nahalal. Als Moshe ins Dorf gebracht wurde, erlangte er das Bewußtsein wieder und ging zum Dorfrat. Erst nachdem er gemeldet hatte, daß er »seinen Auftrag ausgeführt hatte«, ließ er zu, daß man seine Wunde versorgte. Man brachte ihn vom Krankenrevier in sein Elternhaus und befahl ihm, im Bett zu bleiben, weil man befürchtete, daß er eine Gehirnerschütterung erlitten hatte.

Die Zeitungen brachten wochenlang große Artikel über den Kampf und seine Opfer. Moshe hatte keine Ahnung, wer ihm mit dem Knüppel auf den Kopf geschlagen hatte. Er nahm an, daß es sein Freund Wahash war, und er glaubt dies heute noch. Ein Araber, der Zeuge des Kampfes gewesen war, Abed aus der Familie Abeidat, sagte aus, es sei Abdullah Mustapha gewesen. Als Moshe das Bett verlassen durfte, war er von dem Blutverlust noch sehr geschwächt, und der Arzt bestand darauf, daß er in ein Erholungsheim geschickt wurde. Fünf

Monate später, im Mai 1935, lud Moshe die Honoratioren von Arab el-Mazarib sowie seine jungen arabischen Freunde Wahash Hanhana und Abdullah Mustapha zu seiner Hochzeit ein. Abed berichtet, daß ein berittener Kurier zum Lager el-Mazarib kam und die Einladung überbrachte. Zuerst wußten die Mitglieder des Stammes nicht, ob sie sich trauen sollten zu kommen. Abed erinnert sich; »Der Stamm hielt eine Beratung ab und diskutierte über die Sache. Die jungen Männer sagten: ›Nahalal ist immer noch mit uns verfehdet – sie werden uns verprügeln.‹ Doch die Älteren sagten: ›Was habt ihr? Würden sie uns zu einer Hochzeit einladen, um uns zu verprügeln? Nichts wird geschehen.‹« Und tatsächlich kam der ganze Stamm zu der Hochzeit. Abed fährt fort:
Unser Stamm betrachtete Moussa als Helden. Die Beduinen beurteilen einen Mann nach seinem Mut. Wir hatten gesehen, wie er furchtlos vorwärtsging, allen anderen voraus, und noch dazu unbewaffnet. Zwei Jahre später, nach der Ernte, gab es eine Hungersnot, und unser Stamm war arm. Die Menschen suchten Nahrung, hoben hier und dort einen Halm Weizen auf und betrachteten es nicht als Diebstahl. Abdullah Mustapha ging hinunter zu den Weizenfeldern von Nahalal, um die Überreste einzusammeln. Plötzlich sah er Moussa. Er saß auf einem Pferd und bewachte die Felder. Doch statt ihn anzuschreien, ihn zu schlagen oder fortzujagen, begrüßte ihn Moussa, stieg von seinem Pferd, half Abdullah, etwas Weizen einzusammeln und schickte ihn dann weg.

7
Die Haganah (1935-1938)

Am 1. September begann an der Landwirtschaftsschule für Mädchen das neue Schuljahr. Am Abend versammelten sich die Jungen des Dores, um die neuen Mädchen zu begutachten. Dieses erste Treffen bestand immer nur aus einem Austausch von Blicken. Einer der Jungen erzählt: »Sie starrten uns an, und wir starrten sie an, bis fast jeder eine Partnerin oder einen Partner gefunden hatte.« Nun wußte man wenigstens, wer wen zum Tanz am Freitagabend im Jugendzentrum einladen würde. Moshes Blick fiel auf ein Mädchen namens Ruth Shwarz.
Ruths Begeisterung für den Kibbuz war so groß, daß sie vom Gymnasium abging. Sie sagte ihren Eltern, es sei unsinnig, es weiter zu besuchen, »da es schon zu viele jüdische Gelehrte gebe«. Ihr einziges Lebensziel sei, Mitglied eines Kibbuz zu werden, und deshalb sei es viel besser, wenn sie Landwirtschaft studiere.
Nachdem Ruth und Moshe an der Nazareth-Straßenkreuzung getanzt hatten, unternahmen sie Spaziergänge und Fahrten mit einem Ochsenfuhrwerk. Dann begann Ruth, die Englisch ebenso gut wie Hebräisch beherrschte, Moshe Privatunterricht zu geben. Nach dem Zusammensein mit den Beduinen im Wadi Shimron begleitete Ruth Moshe in ein Erholungsheim, wo sie zum erstenmal zusammen fotografiert wurden. Von dort fuhren sie nach Jerusalem, und Ruth stellte Moshe ihren Eltern vor. Am 12. Juli 1935 wurden sie getraut. Mit seinen zwanzig Jahren war Moshe der erste Junge seiner Klasse, der heiratete.
Ruth war die Tochter von Rachel und Zvi Shwarz und am 6. März 1917 in Haifa geboren. Ihre Eltern hatten beide das Herzliya-Gymnasium, die erste hebräischsprachige höhere Schule Palästinas, besucht. Die Shwarz' unterrichteten zuerst an der Schule in Merhavya, und dann, während des Ersten Weltkriegs, half Zvi Rachels Vater, einem reichen Mann, »Atid«, die erste Pflanzenölfabrik Palästinas zu leiten. Im Jahr 1920 ging die Familie von Palästina nach England, wo Zvi

die London School of Economics besuchte und den Master of Arts-Grad in Sozialwissenschaften erwarb, zugleich studierte er am Jüdischen College, einer Rabbinerschule, und arbeitete für die Leiter des Londoner Büros der Keren Hayesod als hebräisch-englischer Übersetzer. 1925 kehrten sie nach Jerusalem zurück. Zvi wurde zum Direktionssekretär der Keren Hayesod ernannt. 1930 begann er Jura zu studieren und trat 1934 in die Anwaltsfirma von Dr. Dov Yoseph ein, deren Teilhaber er später wurde. 1935 war das Haus der Shwarz in Jerusalem ein Treffpunkt für Angehörige der zionistischen Arbeiterbewegung, englische Juden, Professoren und Studenten der Universität, britische Zionisten, Regierungsbeamte und leitende Männer der Jewish Agency.

Man kann sagen, daß Moshes und Ruths Heirat eine gesellschaftliche Verbindung zwischen den Kindern prominenter Angehöriger der Intelligenz der Zweiten Aliyah und der Siedlerbewegung einerseits und der englischsprechenden politischen Elite andererseits darstellte. Die Hochzeit war ein einzigartiges Ereignis. Es war in landwirtschaftlichen Siedlungen ungewöhnlich, Hochzeiten mit großem Prunk zu feiern, und Ruths Eltern verwirrten die Siedler noch mehr, indem sie einen Sonderbus mieteten, der prominente Persönlichkeiten aus Jerusalem nach Nahalal brachte. Und als ob dies noch nicht genügte, lud Moshe auch noch den ganzen Arab el-Mazarib-Stamm ein (Araber bei einer jüdischen Hochzeit waren wirklich etwas höchst Ungewöhnliches). Nur Ruths Freunde von der Mahanot Ha'olim-Bewegung boykottierten die Hochzeit, um gegen ihren »Verrat« am Kibbuz zu protestieren.

Die Zeremonie fand um sechs Uhr abends unter einem Walnußbaum auf dem Hof der Dayans statt. Bis zum letzten Moment war man mit der Zubereitung der Erfrischungen beschäftigt. Die Dayans steuerten Weintrauben und gekochten Mais in großen Fässern bei, während Rachel Shwarz eine Wagenladung Kuchen, Getränke, Aufschnitt und Würste mitbrachte – zu jener Zeit große Delikatessen. Ruth erinnert sich, daß sie, sowie die Feier vorbei war, ins Haus eilte, ihr Hochzeitskleid auszog, in kurze Hosen und ein Arbeitshemd schlüpfte und zum Stall lief, denn infolge der Aufregung »hatten alle vergessen, daß Melkzeit war«. Als Ruth vom Stall zu den singenden und Volkstänze aufführenden Gästen zurückkam, tanzten die Beduinen von Arab el-Mazarib den *Debka*, ritten wild auf ihren Pferden und feuerten gemäß der Tradition einer arabischen *Fantasia* ihre Gewehre in die Luft ab. Abdullah Mustapha drückte bei einer formellen *Sulha*, der traditionellen Versöhnungszeremonie, Moshes Hand.

Ruth hatte eine hohe Meinung von Moshes Fähigkeiten als Organisator und Redner. Sie erinnert sich, daß ihn eine paradoxe Mischung aus Härte und Sensibilität, Gutmütigkeit und unnachgiebigem Ehrgeiz erfüllte, alles gepaart mit einem scharfen Verstand. In den Augen ihrer Eltern hingegen war Moshe vor allem ein junger Mann, dem es an Bildung mangelte. Sie beschlossen deshalb, ihm zur Hochzeit eine Studienreise nach England zu schenken: die Schiffskarten und für die Zeit, die das junge Paar im Ausland blieb, einen monatlichen Betrag von 15 Pfund (was damals sehr großzügig war).

Zvi wünschte, daß Moshe »seine Englischkenntnisse verbesserte, denn wir – meine Frau und ich – waren stark von der englischen Kultur beeinflußt«. Auch Dvorah fand, daß die Reise von Vorteil sein würde. Shmuel war sowohl gegen die Reise wie gegen die vorgesehenen Studien, doch die Familienmehrheit siegte, und am 19. Juni 1935 bekam Moshe einen britisch-palästinensischen Paß, in dem er als Farmer, 1,72 Meter groß, schwarzhaarig und braunäugig beschrieben wurde.

Zvi Shwarz bat Freunde in England, Moshe zu einem Stipendium an einer guten Universität zu verhelfen. Lady Erleigh, die Tochter von Alfred Mond (Lord Melchett), lud das junge Paar ein, auf ihrem Gut zu wohnen und bemühte sich, Moshe einen Platz an einem Oxford-College zu beschaffen; durch seine Beziehung zu Harold Lasky versuchte Zvi, ihn an der London School of Economics unterzubringen, und Dr. Chaim Weizmann tat das seine, indem er sich in Cambridge für Moshe verwendete – eine recht eindrucksvolle Auswahl für einen Absolventen der zweiklassigen Mädchenschule von Nahalal.

Die Bemühungen und Kontakte zeigen, welche großen, neuen Möglichkeiten sich Moshe durch seine Einheirat in die Familie Shwarz auftaten. Sowohl die Familie Dayan wie die Familie Shwarz waren wohlbekannt und hatten viele weitreichende Beziehungen. Hätte Moshe sich für eine Karriere als Politiker oder Jurist entschieden, so hätte er sich keinen besseren Start wünschen können. Doch es stellte sich bald heraus, daß Moshe seinen eigenen Weg ging, ohne von den Beziehungen seiner Familie viel Gebrauch zu machen. Der Hauptbeitrag der Familie Shwarz zu Moshes Vorankommen bestand darin, daß sie ihm beibrachte, wie man einen Smoking trug, und ihn die Manieren lehrte, die er brauchte, um sich in guter Gesellschaft sicher zu bewegen. Er lernte sogar Walzer und Tango tanzen und fand Gefallen daran. Obwohl er, wie Ezer Weizman es ausdrückte, »wie ein Bär« tanzte, besuchte er eifrig die nachmittäglichen Tanztees im King-David-Hotel in Jerusalem. Die Shwarz' hätten schon viel für ihren Schwiegersohn getan, wenn sie ihm nur geholfen hätten, seine bäuerliche Plumpheit in Gesellschaft zu überwinden. Doch das war nicht alles – sie halfen ihm auch, seinen kulturellen Horizont zu erweitern. Diese Auslandsreise prägte seine Persönlichkeit. Er reiste nach der Weltstadt London, während die meisten seiner Freunde im Moshav nie weiter als bis Zypern gekommen waren. Kurz gesagt, man muß seine Heirat mit Ruth Shwarz als wichtigen Wendepunkt in Moshe Dayans Leben betrachten.

Daß alles anders als geplant kam, ist eine andere Sache. »Vom allerersten Tag an haßte Moshe London. Das Ausland gefiel ihm gar nicht, und er wollte sofort nach Hause zurückkehren«, erinnert sich Ruth. Hauptgründe für seine Unzufriedenheit waren die sprachlichen Schwierigkeiten (denn er lernte Englisch sehr langsam) und das Unbehagen, das ihn erfüllte, wenn er einen Anzug und eine Krawatte trug. Zuerst lehnte er sich auf, nahm die Krawatte ab, weigerte sich, einen Mantel zu tragen, legte wieder seine bequemere palästinensische Kleidung an und trug sogar Sandalen statt Schuhe. Moshe in Hose und offenem Hemd, hinter sich Ruth in einem Rock und einer blauen Jugendbewegungsbluse, müssen einen seltsamen Anblick geboten haben, wenn sie auf ihren Rädern durch die Londoner Straßen fuhren. Zu allem kam das englische Wetter. Bald nach ihrer Ankunft wurde es kalt, und Moshe blieb nichts anderes übrig, als wieder Schuhe zu tragen. Er zog auch einen Mantel an, trug ihn aber ohne Jacke direkt über seinem Hemd. Kurz, bei seinem ersten Besuch in einer Großstadt litt Moshe an der Depression, die so viele Israelis befällt, wenn sie aus ihrer kleinen neuen Heimat in ferne Länder reisen.

Inzwischen hatten Harold Laskys und Chaim Weizmanns Bemühungen Erfolg. Moshe wurde in die London School of Economics aufgenommen, und man bot ihm die Möglichkeit, in Cambridge Landwirtschaft zu studieren – unter der Bedingung, daß eine Aufnahmeprüfung abgelegt wurde. Doch diese Aussichten verbesserten seine Stimmung nicht, sondern stürzten ihn in noch tiefere Verzweiflung. Nachrichten von zu Hause verschlimmerten die Lage noch mehr: seine Eltern schrieben deprimierende Briefe über den Zustand der Farm, den ewigen Schlamm und Krankheiten im Kuhstall, und sie erwähnten, daß sie »todmüde« seien. Moshe erfüllten Gewissensbisse, weil er in London ein angenehmes Leben mit einem Einkommen ohne Arbeit führte, während seine Eltern daheim litten. Ebenso schlimm waren die Nachrichten über die politische Entwicklung in Palästina: 1936 waren im ganzen Land Unruhen ausgebrochen, und in Nahalal herrschte Entsetzen über einen Mord. Der Londoner Winter machte alles noch trostloser. Ruth, die in England bleiben wollte, bemühte sich, ihn zu überreden, die Aufnahmeprüfung an der Universität zu machen, doch Moshe hatte sich bereits anders entschieden. Nach sechs Monaten in London kehrten sie nach Nahalal zurück. Moshe sagte über diese Reise: Ich ging ohne Immatrikulationsberechtigung und ohne ein Wort Englisch zu können nach England. Ich verbrachte nicht einmal einen einzigen Tag in Cambridge. Es deprimierte mich, im Ausland zu sein. Noch heute hasse ich es, ins Ausland zu reisen. Jede Reise kostet mich Überwindung. Ich blieb sechs Monate dort, ohne daß irgend etwas dabei herauskam. Ich lernte nur soviel Englisch, um Konversation treiben zu können. Bald wurde mir klar, daß die Korrespondenzkurse, an denen ich in der LSE teilnahm, nutzlos waren, und die paar Vorträge, die ich besuchte, waren wenig interessant. Die Unruhen in Palästina boten mir eine gute Entschuldigung, zurückzukehren. Die politische Lage des Landes machte mir größte Sorgen und half mir, meinen Entschluß zu fassen. Heute glaube ich, wenn ich mit einer Immatrikulationsberechtigung nach England gegangen wäre und richtig zu studieren begonnen hätte, hätten die Unruhen in Palästina nicht genügt, um mich zur Rückkehr zu veranlassen. Doch da unser Aufenthalt in England ohnedies nutzlos schien, kehrte ich auf die Farm zurück. Ich wünschte mir sehr zu studieren, aber es klappte nicht.

Nach seiner Rückkehr wurde Moshe vor zwei wichtige Entscheidungen gestellt: erstens, welche Funktion er während der Unruhen übernehmen sollte; zweitens, wo er sich niederlassen und seinen Hausstand gründen sollte. Während er in England war, hatten siebzehn seiner ehemaligen Mitschüler die Shimron-Gruppe gegründet, und er konnte sich nicht entscheiden, ob er sich ihnen anschließen oder auf der Farm seiner Eltern leben und arbeiten sollte. Das erste Problem wurde schnell gelöst. 1936 begann die Haganah, mit der britischen Armee gegen die arabischen Terroristenbanden zusammenzuarbeiten. Eine der ersten Folgen dieser Zusammenarbeit war, daß die Haganah-Einheiten der britischen Armee landeskundige Führer zur Verfügung stellte. Ein solcher Führer mußte über ausreichende Englischkenntnisse verfügen, und wegen seines Aufenthalts in England fiel die Wahl unter anderem auf Moshe. Er wurde dem Regiment zugeteilt, das die nach dem Irak führende Ölpipeline bewachte. Zurückblickend könnte man dies als die erste Stufe von Moshes militärischer Karriere betrachten, doch damals sah er darin nur einen vorübergehenden Posten, und die Frage, wo er sich niederlassen sollte, beschäftigte ihn viel mehr.

Die Gründung der Shimron-Gruppe durch die Jugend von Nahalal im Jahre 1935 war ein Versuch, in einem festen Siedlungssystem einen eigenen Weg zu gehen und nicht den von ihren Eltern ausgetretenen Spuren zu folgen. Anfangs hatten die Jugendlichen keine Vorstellung, was für ein soziales System sie sich wünschten. Die Gruppe wurde zuerst einfach »Shimron« genannt, die Bezeichnung *Kvutza* erst später hinzugefügt. Der Dorfrat von Nahalal reagierte gelassen auf die Gründung der Gruppe und bot ihr großzügig 380 Dunam Land um den Shimron-Berg an. Die Siedler hofften offenbar, daß ihre Kinder die Torheit ihres Vorhabens einsehen und sich bald wieder in die Gemeinschaft von Nahalal einfügen würden. Schließlich schlossen sich mehrere Mädchen von der Landwirtschaftsschule sowie Angehörige der Jugendbewegung polnischer und rumänischer Einwanderer der Shimron-Gruppe an, und 1938 errichtete sie an der libanesischen Grenze den Kibbuz Hanita.

Moshe beschloß, sein Geschick mit der Mehrheit zu teilen, nachdem er und Ruth zu dem Schluß gekommen waren, daß sie zu ihren Freunden gehörten. Doch seine eigene Bereitschaft, sich der Shimron-Gruppe anzuschließen, genügte nicht. Er mußte von der Gruppe akzeptiert werden, und das erwies sich als nicht so einfach, wie er gedacht hatte. Sein Antrag auf Mitgliedschaft wurde kühl aufgenommen, und einige Angehörige der Gruppe äußerten offen Zweifel daran, daß er sich für das Leben in einem Kibbuz eigne. Sie wußten, daß mit ihm nicht immer leicht auszukommen war, und drei Angehörige der Gruppe verlangten, ihn nur provisorisch aufzunehmen, bis die Gruppe entscheiden konnte, ob er als richtiges Mitglied akzeptiert werden konnte. Es liegt im Wesen eines Kibbuz, daß Umgänglichkeit ein wesentlicher Faktor ist. Dies kam praktisch einer Ablehnung gleich und wäre auch dann für Moshe ein Schlag ins Gesicht gewesen, wenn er nicht während seiner ganzen Kindheit darum gekämpft hätte, als Führer anerkannt zu werden. Nachman Betser riet ihm, die provisorische Mitgliedschaft anzunehmen, und er schrieb am 12. August auf seinem Lagerbett in Afula an Betser:

Nachdem ich über Deinen Vorschlag, die provisorische Mitgliedschaft bei der Shimron-Gruppe anzunehmen, nachgedacht habe, ist mir klar geworden, wie unmöglich dies für mich ist. Stelle Dir nur meine Position als Anwärter auf die Mitgliedschaft vor. Wenn ein völlig Fremder ein Anwärter ist, so bedeutet das, daß die anderen ihn kennenlernen wollen, bevor sie entscheiden, ob sie ihn akzeptieren oder nicht. Doch wenn ich Anwärter bin, so bedeutet es genau das Gegenteil ... Man gibt mir eine »Gnadenfrist«, damit ich mich ändere ...; nur dann will man mich aufnehmen. Ich kann und will mich nicht einer Prüfung unterziehen. Einerseits werde ich nicht an den Diskussionen über die Angelegenheiten von Shimron – wichtige Dinge – teilnehmen können, weil ich immer das Gefühl haben werde, ich bin kein Mitglied. Andererseits werde ich alles daransetzen müssen, mich gegenüber meinen drei (oder) mehr Gegnern zu verstellen, damit sie entscheiden können, ob ich mich gebessert habe oder nicht.

Wenn Ihr mir ein gewisses Maß an Vertrauen entgegenbringt (übrigens das gleiche Maß wie jedem von Euch am Anfang, bevor er von der Gruppe akzeptiert wurde), wenn Ihr an meine Tauglichkeit und meinen guten Willen glaubt – gut. Wenn nicht – dann nicht. Vielleicht gelingt es mir nicht, dem Ideal zu entsprechen, das Ihr für Euch selbst errichtet habt, obwohl ich persönlich nicht glaube, daß das notwendig wäre. Wichtig ist allein, daß man aufrichtig wünscht, sich innerhalb der Gruppe anständig zu verhalten, daß man alles für die weitere Entwicklung der Gemeinschaft und der Siedlung tut, Hand in Hand mit den anderen arbeitet, nicht die leichteste Arbeit oder die beste Position anstrebt und daß man gegenüber jedem ehrlich und offen ist. Das wäre alles.

Alles Gute
Moshe

Der Brief zeigt, daß sich Moshe bereits feste Ansichten über das Verhältnis des einzelnen zur Gemeinschaft gebildet hatte, und diese haben sich seither nicht sehr geändert. Im letzten Teil des Briefes zählt er einige Prinzipien auf, die ihn in Zukunft leiten sollten. Kameradschaftlichkeit war nicht darunter; auch nicht die gefühlsmäßige Verbundenheit, die ein so wichtiges Prinzip im Kibbuzleben wurde. Im Grunde sagte er, daß es dem einzelnen erlaubt sein sollte, sich in eine Gemeinschaft einzufügen, und sei es nur, indem er seine Pflichten erfüllt und es unterläßt, diese Gemeinschaft auszunutzen. Davon abgesehen sollte dem einzelnen gestattet sein, zu tun, was ihm beliebt.

1936 fanden Moshes Freunde in Shimron diese Ansichten unakzeptabel. Damals war der Kibbuz zu einem ehrwürdigen sozialen Ideal geworden, das die Elite der Pionierjugend anzog. Kameradschaftlichkeit und der gemeinsame Erwerb von Erfahrungen waren die einigenden Bande zwischen den Mitgliedern. Man erwartete von dem einzelnen nicht nur, daß er die ihm von seiner Gemeinschaft auferlegten Pflichten erfüllte, sondern daß er den anderen auch sein Innerstes offenbarte. Außerdem – und das war vielleicht das Wichtigste – wurde jedem Mitglied des Kibbuz das gleiche Maß an Respekt zugestanden, ungeachtet seiner Fähigkeiten, Talente und Leistungen.

Mit der Zeit wurden diese Auffassungen durch die Realität etwas gemildert, und viele Jugendliche, die den Kibbuz als eine ideale Lebensform betrachteten, stellten nach einem Jahr, oder vielleicht nach zwanzig Jahren, fest, daß sie im Rahmen eines Kibbuz nicht glücklich leben konnten. Von den vielen, die stolz das Banner der Kibbuz-Bewegung trugen, blieben nur wenige, welche die Idee verwirklichten. In einigen Fällen kamen auf ein Mitglied, das in einem Kibbuz blieb, hundert, die es verließen. Das Bemerkenswerte an dem zwanzig Jahre alten Moshe war die Besonnenheit, die er bezüglich der Ideale seiner Gefährten zeigte – eine Eigenschaft, die man später als hochentwickelten Realitätssinn betrachten sollte. Von Anfang an zog er die Möglichkeit in Betracht, daß es ihm nicht gelingen könnte, seinen Platz im Kibbuz zu finden, während andere sich auf das neue Wagnis einließen, ohne von solchen Zweifeln geplagt zu werden. Wie sich herausstellte, blieb nur ein in Nahalal geborenes Mitglied der ursprünglichen Shimron-Gruppe in Hanita.

Es war typisch für Moshe, daß er nach seiner Weigerung, der Gruppe auf Probe beizutreten, zurücksteckte und zustimmte. Er schloß sich ihr vorläufig für eine Zeit von sechs Monaten an, während Ruth sofort bedingungslos akzeptiert wurde. Als die Probezeit vorbei war, fand eine geheime Abstimmung statt, und Moshe wurde als Mitglied in die Shimron-Gruppe aufgenommen, ein Gemeinwesen, das ihm nicht besonders gefiel. Doch die jungen Dayans blieben zwei Jahre lang in Shimron, und Moshe tat sein Bestes, sich an allen gesellschaftlichen Unternehmungen der Gruppe zu beteiligen.

Eine Seite des Kibbuzlebens, die sich unvermeidlicherweise als Ursache von Konflikten erwies, war, daß wichtige Funktionen innerhalb des Kibbuz auf Grund von Beliebtheit und nicht von Verdienst oder Eignung vergeben wurden. Dies zeigte sich vor allem, als es darum ging, einen Ortskommandanten für die Siedlung zu wählen. Obwohl eindeutig feststand, daß Moshe sich für diesen Posten am besten eignete, ernannte der Distriktsrat der Haganah Nachman Betser. Er begründete dies damit, daß ein Ortskommandant nicht nur etwas von Sicherheitsdingen verstehen und Führungseigenschaften haben, sondern auch beliebt sein müsse. Vielleicht gab es noch einen anderen Grund für diese Wahl. In der auf Gleichheit beruhenden Kibbuz-Gemeinschaft war die Autorität, die der Ortskommandant gegenüber den anderen

Mitgliedern der Siedlung besaß, eine Ausnahme, und die Angehörigen von Shimron wollten Moshe nur ungern eine solche Macht über sie verleihen.

Nachman Betser war das Rückgrat, das Gewissen und der Kompaß der Shimron-Gruppe. Eine Folge seiner Ernennung war, daß die Beziehung zwischen Nachman und Moshe immer schwieriger wurde. Einerseits verband sie eine tiefe Freundschaft; doch es herrschte zwischen ihnen auch eine scharfe Rivalität, die sich bei Moshe sogar in Neid verwandelte, denn der Posten eines Ortskommandanten war mit einem besonderen Vorzug verbunden: er durfte am Zugführerkurs der Haganah teilnehmen, der im Sommer 1937 stattfand. Nach Absolvierung dieses Kurses hatte Nachman in der Haganah einen höheren Rang als Moshe. Eine Zeitlang überschattete die Rivalität ihre Freundschaft. In seiner Eigenschaft als Kommandant unterstanden Nachman die Wachen der Siedlung. Die Befehle waren alle auf englisch abgefaßt, und Nachman bereitete die Sprache Schwierigkeiten. Moshe, der die Sprache besser beherrschte, verspottete Nachman oft wegen seiner Englischfehler und war häufig undiszipliniert. Er konnte Nachman nicht verzeihen, daß er den Posten einnahm, der ihm gebührte.

Das Ganze wurde noch dadurch verschlimmert, daß Ruth sich mit Nachman anfreundete. Sie hatte das Gefühl, ihm vertrauen zu können, und wenn sie Schwierigkeiten hatte, war er immer für sie da. Nachman verkörperte alles, was im Kibbuz gut war, und nicht nur sie betrachtete ihn als moralische Stütze. Es dauerte eine Weile, bis das unglückselige Dreieck zerbrach. Die Lage wurde immer unerträglicher, bis Nachman im April 1938 seine Sachen packte, Shimron verließ und in ein Kibbuz im Beisan-Tal ging. Es gab verschiedene Gründe für seinen plötzlichen Entschluß, doch seine gespannte Beziehung zu Ruth und Moshe spielte zweifellos eine wichtige Rolle.

Am 4. November 1938 bezog die Shimron-Gruppe ihre Siedlung bei Hanita. Doch Moshe und Ruth hatten den Kibbuz zusammen mit den meisten in Nahalal geborenen Mitgliedern zwei Monate vorher verlassen.

Moshe und Ruth hatten, bevor sie sich der Shimron-Gruppe anschlossen, bei Shmuel und Dvorah gewohnt, und als sie sich von ihr trennten, kehrten sie für kurze Zeit zu ihnen zurück. 1936 wurde anstelle der Holzhütte ein Betonhaus für sie errichtet. Bald zogen Moshe und Ruth in eine eigene Hütte, in der sie bis 1944 lebten. Doch während ihres Aufenthalts im Haus der Dayans wohnte das junge Paar in Moshes winzigem Zimmer. Wie in so vielen Fällen ging es nicht gut, daß die alten und jungen Dayans einen gemeinsamen Haushalt führten. Ruth strickte gern während der Arbeitspause am Nachmittag, und Dvorah fürchtete, ihre Schwiegertochter sei nicht ganz bei Verstand, während Shmuel diese Beschäftigung als eine kleinbürgerliche Gewohnheit betrachtete, die sie ablegen müsse. Auch wenn Ruth abends ein Kleid nähen wollte, erregte dies den Zorn der alten Dayans; sie meinten, sie vergeude ihre Zeit mit unnützen Dingen, statt Butter oder Käse zu machen. Weiteren Anlaß zu Reibungen gaben die Geschenke, die Ruth von ihren Eltern bekam: eine Waschmaschine, die mit Petroleum geheizt wurde, und ein Radio. Der Tropfen, der das Faß zum Überlaufen brachte, war eine Boxerhündin, die Ruth von Wiener Verwandten bekam. Moshe mochte die Hündin und nannte sie Lava, doch für Shmuel war Liebe zu einem Hund das Äußerste an kleinbürgerlicher Dekadenz, und eines Abends erschoß er ihn. Zuerst konnte Dvorah es kaum erwarten, daß Ruth ins Haus kam, denn sie hoffte, die jüngere Frau würde ihr einen Teil der Verantwortung für die Farm abnehmen und es ihr ermöglichen, sich mehr ihrer gemeinnützigen Arbeit zu widmen. Doch bald wurde ihr klar, daß bei zwei Frauen auf einer Farm eine zuviel war, und sie verließ Nahalal und ging für ein Jahr nach Jerusalem, wo sie eine Frauenfarm leitete.

Im Sommer 1936 lernte Moshe bei der Haganah zwei der drei Menschen kennen, die nach seinem eigenen Urteil seinen Charakter und sein Denken am stärksten beeinflußten: Yitzhak Sadeh und Captain Orde Charles Wingate. Der dritte, David Ben Gurion, sollte erst später in sein Leben treten.

Bei der Yishuv nannte man die Ereignisse der Jahre 1936 bis 1939 die »Blutigen Unruhen«, während sie in britischen Kreisen als »Arabische Revolte« bezeichnet wurden. Es war für die Yishuv eine schwere und erfolgreiche Zeit, doch der Preis für den Erfolg war hoch: 550 Tote und 2500 Verwundete. Die legale und die »illegale« Einwanderung wurden unvermindert fortgesetzt, und 63 000 Juden kamen nach Palästina. Unter Berücksichtigung der natürlichen Vermehrung, der Todesfälle und der Einwanderung wuchs die jüdische Bevölkerung von 385 000 auf 460 000, was eine Zunahme von 19,4 Prozent bedeutete.

Noch wichtiger ist die Tatsache, daß die Stärke und Mitgliederzahl der Haganah wuchs. Viele ihre Einheiten wurden militärisch ausgebildet, anfangs als Miliz und später als richtige Kriegstruppen. Die offizielle Geschichte der Haganah bezeichnet die Unruhen dieser Zeit als den großen Kampf um die Bildung des nationalen Charakters Palästinas. Die Führer der Yishuv betrachteten die Unruhen als eine Reihe

von Vorgefechten im Kampf um die Errichtung des jüdischen Staates. Eins der empfindlichsten und politisch bedeutsamsten Ziele der arabischen Angriffe war die Pipeline der Iraq Petroleum Company, in der man eine lebenswichtige Ader des britischen Empire sah. Da das Rohr nur einen Meter unter dem Boden verlegt war, konnte man sehr leicht heran. Die arabischen Saboteure bedienten sich einer ganz einfachen Methode: sie legten das Rohr an einer bestimmten Stelle frei und durchlöcherten es mit Gewehrschüssen; dann warfen sie einen brennenden, mit einem Gewicht beschwerten Sack auf den ölgetränkten Boden, und innerhalb weniger Sekunden schlugen in weitem Umkreis um das Leck hohe Flammen empor. Solche Brände wüteten oft tagelang, und bis die Soldaten an der Stelle erschienen, waren die Saboteure verschwunden. Bis zum Herbst 1938, als Orde Wingate und seine Special Night Squads diesen Aktionen ein Ende bereiteten, fügten die arabischen Terroristen der Ölgesellschaft schwere Verluste zu.
Die antibritische Tendenz der arabischen Revolte hatte zur Folge, daß die britischen Behörden und die Juden sich häufig zusammentaten, und so begann eine Zeit der Zusammenarbeit zwischen der Mandatsverwaltung und der Haganah, die bis zur Veröffentlichung der White Papers im Mai 1939 dauerte. Die erste Folge dieser neuen Politik war die Bitte der britischen Armee um Führer, welche die Bergpfade um die arabischen Dörfer in der Nähe der Pipeline gut kannten.
Moshe diente acht Monate lang als Führer und erhielt einen monatlichen Sold von 8 palästinensischen Pfund. Er lebte in einem Zelt im Kompaniecamp in Afula und arbeitete zuerst für Einheiten des King's Own Scottish Regiment und dann für Einheiten der Yorkshire Rifles. Man stattete ihn mit der Uniform eines »Ghaffir« aus, und seine Aufgabe bestand darin, die Einheiten bei ihren Patrouillen entlang der Pipeline zu führen. Laut Moshe lehrten ihn seine Erfahrungen als Führer »die begrenzten Möglichkeiten einer Armee, die sich gemäß einer starren Routine verhält«. Als er in Shimron Urlaub machte, erzählte er seinen Freunden, daß er von der militärischen Leistungsfähigkeit der Armee nicht sehr beeindruckt sei und übte scharfe Kritik: die Soldaten seien für den Fronteinsatz unzulänglich ausgebildet, und sie hätten Uniformen, die sie zu sehr behinderten; Patrouillen würden auf nachlässige Weise durchgeführt und Angriffe nicht sorgfältig genug vorbereitet. Die Soldaten, berichtete er, kümmerten sich nicht richtig um die Bewachung der Pipeline. In Wirklichkeit, so behauptete er, sei es den britischen Einheiten nur wichtig, in dem Gebiet anwesend zu sein, und sie gäben sich damit zufrieden. Auf diese Weise erkannte er

die Bedeutung einer gründlichen Ausbildung für den Fronteinsatz, und während dieser acht Monate in Afula begann er im Geist ein Handbuch für die militärische Ausbildung zu entwerfen.

Die Jewish Agency verhielt sich gegenüber der arabischen Revolte zurückhaltend und beschränkte sich auf eine Zusammenarbeit mit den Engländern. Eine Folge dieser Zusammenarbeit war die Aufstellung der Jüdischen Siedlungs-Polizei, einer jüdischen Miliz, die aus Haganah-Mitgliedern bestand und den Vorschriften unterworfen war, die es der Mandatsverwaltung gestatteten, Armee- oder Polizeieinheiten zu verstärken. Die Schaffung der JSP bedeutete für die Haganah eine offizielle Sanktion für den Besitz an Schußwaffen und die Ausbildung im Gebrauch kleiner Waffen. Bis Juni 1936 hatte die JSP 1300 und bis Juli 1939 22 000 Mitglieder (einschließlich der Hilfspolizisten in Städten und Dörfern). Moshe trat der JSP im Frühjahr 1937 bei, nachdem er seinen Posten als Führer aufgegeben hatte, und diente im Distrikt Nahalal.

Die zurückhaltende Politik rief unter der jüdischen Bevölkerung scharfe Kontroversen hervor. Laut ihren Kritikern versetzte sie die Yishuv in die Lage eines Unmündigen, der sich bezüglich seiner Verteidigung auf die Engländer verließ. Obwohl diese Politik gute Gelegenheit zur Ausbildung und Konsolidierung der JSP bot, hatte sie deshalb eine destruktive Wirkung auf die Juden in Palästina und im Ausland. Die Lage der europäischen Juden verschlechterte sich von Jahr zu Jahr. In Nazideutschland wurden die Juden verfolgt und umgebracht; doch wenn die Juden hoffnungsvoll nach Palästina schauten, bot sich ihnen ein nur zu vertrauter Anblick – Juden, die sich gegen die Schläge ihrer Verfolger nicht wehrten.

Verschiedene Haganah-Offiziere erfüllte starke Verbitterung über die militärischen Folgen der Zurückhaltung, denn sie zwang sie, passiv zu warten, bis sie angegriffen wurden und dann so gut wie möglich standzuhalten. Es mußte eine Verhaltensweise entwickelt werden, die es der jüdischen Bevölkerung ermöglichte, zurückhaltend zu bleiben und zugleich begrenzte, doch wirkungsvolle Vergeltung zu üben. Die offizielle Geschichte der Haganah nennt die Schaffung von Sadehs »Überfallkommando« eine »Revolution in der gesamten taktischen Denkweise der Haganah«. Bald nach dieser Einheit wurden Bewegliche Schutztrupps der Jüdischen Siedlungs-Polizei geschaffen. 1937 wurde Moshe zum Kommandeur eines der drei Beweglichen Schutztrupps im Distrikt Nahalal ernannt. Diese Ernennung beweist seinen Erfolg zu Beginn seiner militärischen Laufbahn. Sein Schutztrupp be-

stand aus sechs Polizisten und einem kleinen Lastwagen, damals eine ansehnliche Einheit. Die Beweglichen Schutztrupps waren zu jener Zeit von allen Haganah-Einheiten die aktivsten und erfahrensten, und sie erwarben in der ganzen Yishuv großes Ansehen.
Bis zum Frühjahr 1939 hatte man zweiundsechzig Bewegliche Schutztrupps aufgestellt, die aus je acht bis zehn Mann bestanden. Die für sie geltenden Bestimmungen beruhten auf den in den Jahren der Unruhen gesammelten Erfahrungen. Ihnen zufolge war für jede Siedlungsgruppe ein Schutztrupp zuständig, dessen Größe von den besonderen örtlichen Bedingungen abhängen sollte. Ihre Aufgabe war »a) Angriffe und terroristische Aktionen jeder Art gegen jüdische Siedler oder Fahrzeuge zu verhindern, b) im Falle eines Angriffs als sofortige Verstärkung zu dienen«.
Bei Ausübung ihrer Pflichten waren die Angehörigen zu einer zwiespältigen Haltung gezwungen, denn sie standen unter dem unmittelbaren Kommando sowohl der britischen Behörden wie der Haganah, die sie für Sonderaufgaben vorgesehen hatte. Für die Haganah war die wichtigste Aufgabe der JSP, andere Haganah-Mitglieder auszubilden. Wie viele andere war Moshe zugleich Kommandeur eines Schutztrupps und Ausbilder der Haganah. Seine eigene Ausbildung erhielt er in Kursen der britischen Armee und der Haganah. Die Ausbilder der britischen Armee flößten den Männern der Schutztrupps viel von ihrem militärischen Geist ein, und die Folge war, daß bei der JSP bezüglich Drill, Kleidung und Inspektionen eine strenge Disziplin herrschte. Diese Vorschriften und Regeln bereiteten Moshe die größten Schwierigkeiten. Blankpolierte Stiefel und Gürtel, Exerzieren und militärische Ordentlichkeit lagen ihm gar nicht, und seine Freunde meinen, daß solche Dinge einfach gegen seine Natur waren. Trotzdem bemühte er sich, in dieser Hinsicht das Beste aus seiner Einheit zu machen. Als Moshe von dem Kursus in Sarafend zurückkam, nahm er, wie Binya Zarhi sich erinnert, »das Exerzieren sehr ernst. Er führte seine Männer mit sauberen Gewehren und blankgeputzten Stiefeln zur Hauptstraße und exerzierte mit ihnen, bis alles hervorragend klappte, obwohl er persönlich dies alles haßte.«
Als Kommandeur eines Beweglichen Schutztrupps zeigte Moshe zum erstenmal seine Neigung zum Ungehorsam. Sein kommandierender Offizier, Lee Marshall, befahl ihm, alle seine Männer zu sammeln und schnellstens zu den Nazareth-Bergen zu fahren, um beim Löschen eines Waldbrands zu helfen. Marshalls Motive für den Befehl waren einfach Menschlichkeit und Bürgersinn; doch irgend etwas lehnte sich in Moshe

auf, etwas völlig Unklares und Unverständliches, und er weigerte sich, den Befehl auszuführen. Die einzige Erklärung, die er für diese Insubordination hatte, war: »Ich wollte nicht. Es gab keine politischen Gründe. Vielleicht war es heiß, und ich hielt es für unsinnig, meine Leute zusammenzutrommeln, die nur sechs Pfund im Monat bekamen.« Was immer der Grund für seine Weigerung gewesen sein mag – er wurde bestraft und vorübergehend vom Sergeant zum gewöhnlichen Soldaten degradiert. Dies war die erste von zwei Degradierungen in Moshes militärischer Laufbahn.

Als Ausbilder der Haganah gab er sich alle Mühe, die Mitglieder der Shimron-Gruppe und die jüngeren Burschen von Nahalal zu guten Soldaten zu machen. Bis 1937 hatte er sich seine eigenen fundierten Ansichten über den Felddienst gebildet, und er benützte die Jungen von Nahalal, um sie zu überprüfen. Ahya Ben-Ami erinnert sich:
Er begann, seinen Unterricht im Felddienst in Nahalal zu erteilen... Bis dahin hatten wir nur den Umgang mit Waffen und das Exerzieren gelernt, und es war ein wichtiger Wendepunkt in der Haganah... Ob wir Moshe mochten? Ja und nein. Jedenfalls respektierten wir ihn. Wir waren stets bereit, ihm als Führer zu folgen, doch ich kann die Gefühle, die wir für ihn empfanden, nicht als Zuneigung bezeichnen. Er behandelte uns nie herablassend, und wir konnten immer zu ihm gehen und mit ihm reden; doch irgendwie blieb er unnahbar.

1938 wurde Moshe zum Leiter eines Unteroffizierskurses ernannt, der im Kibbuz Alonim stattfand. Damals hatte er bereits sein Handbuch für den Felddienst zusammengestellt, das sich später zur ersten richtigen Felddienstordnung der Haganah entwickelte. Ein großer Teil von Moshes Buch war der Kritik an äußerlichen Maniriertheiten der britischen Armee gewidmet, die von der JSP übernommen worden waren. Er war strikt gegen Exerzieren, beengende Uniformen und »starre« Formationen. Statt dessen bot er Vorschriften an, die auf seiner Beobachtung von Menschen und topographischen Gegebenheiten basierten, und erteilte Ratschläge, wie man Objekte besser bewachen, genauer schießen, sich unbemerkt an den Gegner heranschleichen, günstige Schußpositionen finden, Handgranaten weiter werfen und schneller robben konnte.

Bei diesem Kampf gegen die Routine gab Moshe sich nicht damit zufrieden, ein Ausbildungshandbuch zu schreiben; er benutzte eine beliebte Methode, seine Theorien zu demonstrieren, indem er mit seinen Männern in ein Gebiet vordrang, das auf die bei der Haganah übliche Weise verteidigt wurde. Eines Nachts drang er in die Befestigungs-

anlagen von Ju'ara vor, einem Stützpunkt der Haganah, der eine richtige Festung darstellte. Die Kommandeure waren stolz auf die sorgsamen Vorkehrungen, die sie getroffen hatten, um den Stützpunkt vor den britischen Behörden zu verbergen. Einige seiner Männer zögerten, als Moshe vorschlug, eine wirklichkeitsgetreue Übung durchzuführen und in Ju'ara einzudringen, ohne jemanden davon zu unterrichten. Doch es gelang Moshe und jenen, die an seine Methoden glaubten, die übrigen zu überzeugen, und in einer finsteren Nacht führten sie ihre ungewöhnliche Übung durch. Er war überzeugt, daß es jedem, der sich aus einer unerwarteten Richtung näherte, richtig robbte und den die Festung umgebenden Zaun überwand, ohne große Schwierigkeiten in den Stützpunkt eindringen konnte. Und er hatte recht: die ganze Einheit drang in den Stützpunkt vor, ohne daß ein einziger Schuß fiel. Die für Sicherheit in Ju'ara zuständigen Offiziere beschwerten sich später, es sei »nicht fair« gewesen, unter dem Zaun durchzukriechen. Doch nach Moshes Ansicht war Fairneß im Krieg kein gültiger Maßstab, allein das Erscheinen zählte. Findigkeit, Zähigkeit, eine praktische Einstellung gegenüber Problemen und ein eiserner Wille stellten sich als Moshes wichtigste Eigenschaften heraus. Wurde ihm, zum Beispiel, die Leitung eines Kurses übertragen, so wählte er die Ausbilder persönlich aus und lehnte jeden ab, den er nicht kannte oder der erst seine Fähigkeiten beweisen mußte. Dadurch, daß er Männer auf Grund ihrer individuellen Qualifikation und nicht – was das übliche Kriterium war – nach politischen Gesichtspunkten auswählte, unterschied er sich von allen anderen jungen Kommandeuren der Haganah. Er besuchte oft das Hauptquartier der Haganah in Tel Aviv, so daß es ihm möglich war, nur Ausbilder zu wählen, die auf ihrem Gebiet die besten waren.
1938 war ein wichtiges Jahr für die Umwandlung der Haganah in eine Armee, denn damals wurden Sadehs Feldkompanien und Orde Wingates Night Squads aufgestellt. Obwohl beide Einheiten nicht lange existierten, prägten sie stark den Charakter der Haganah.
Die Aufstellung der Feldkompanien und Night Squads waren eine Folge des neuen Ausbruchs der arabischen Revolte im Jahr 1938. In den viereinhalb Monaten zwischen Mitte Juni und Ende Oktober 1938 erlitt die Yishuv die schwersten Verluste: 223 Mann fielen. Dies bedeutete einen Durchschnitt von fünfzig Toten im Monat (sowohl relativ wie absolut eine höhere monatliche Verlustquote als während des »Erschöpfungskrieges«, der von 1968 bis 1970 am Suezkanal geführt wurde).

Die Feldkompanien – nach ihren hebräischen Anfangsbuchstaben FOSH genannt – waren ein Ableger von Sadehs »Flying Squads«. Zum größten Teil wurden die FOSH-Einheiten aus Angehörigen Beweglicher Schutztrupps aufgestellt, doch als Wingates Special Night Squads geschaffen wurden, verloren die FOSH stark an Bedeutung. Die Night Squads hatten ein dynamisches gemeinsames Kommando, bestanden aus Elitesoldaten und verfügten über genügend Geldmittel und große Waffenbestände. Die SNS wurden als Hauptstreitmacht gegen die arabischen Banden in Galiläa und im Jezreel-Tal eingesetzt, während die FOSH für Aktionen im Süden in Reserve gehalten wurden. Die wenigen Einheiten, die im Norden aktiv blieben, begleiteten oft Wingates SNS.

Als während dem 7. Dezember 1936 und dem 13. Mai 1937 relative Ruhe herrschte, wurden im Beisan-, Jordan- und Menasche-Tal sechzehn neue jüdische Siedlungen errichtet. Diese Ruhe fand ein abruptes Ende, als am 26. September 1937 in Nazareth der District Commissioner of the North, Lewis Andrews, getötet wurde und die Mandatsverwaltung das arabische Hochkommissariat auflöste. Im Oktober flammte die arabische Revolte wieder heftig um, und die Errichtung weiterer jüdischer Siedlungen mußte eingestellt werden. Die Bewegung lebte am 21. März 1938 mit der Gründung von Hanita wieder auf, ein Ereignis, das die offizielle Geschichte der Haganah als »heroisch« bezeichnet. Die Gründung von Hanita war in erster Linie eine politische Tat. Gegen Ende 1937 glaubte die jüdische Bevölkerung, daß die Teilung Palästinas und damit die Gründung eines jüdischen Staates nahe bevorstand. Man nahm an, daß die Grenzen dieses Staates durch diplomatische Verhandlungen festgelegt werden würden, und es bestand Grund zu der Befürchtung, daß man das westliche Galiläa, in dem es außer Naharia keine jüdische Siedlung gab von dem vorgesehenen jüdischen Staat abtrennen würde. Ben Gurion glaubte, »vier oder fünf jüdische Siedlungen entlang der nördlichen Grenze würden unsere Position im Oberen Galiläa stärken«, und so wurde gegen die Einwände der Mandatsverwaltung Hanita gegründet. Die Haganah hielt das Gebiet acht Monate lang besetzt, denn erst am 4. November zog die Shimron-Gruppe in den neuen Kibbuz.

Neunzig Männer aus verschiedenen Siedlungen wurden für die »Eroberungsgruppe« von Hanita ausgewählt. Die Haganah stellte eine Verteidigungsstreitmacht von 400 Mann auf, unter denen sich 110 Schutztruppenangehörige aus dem ganzen Land befanden. Laut der offiziellen Geschichte der Haganah setzte sich die Einheit »unter dem

Kommando von Yitzhak Sadeh und seinen zwei jungen Adjutanten Yigal Allon und Moshe Dayan« nach Hanita in Marsch. Die Gründung von Hanita war die größte Aktion, welche die Haganah damals unternahm, und die Gefechte, die um die Siedlung geführt wurden, waren die bedeutendsten bewaffneten Auseinandersetzungen jener Zeit.
Während des Monats, den Sadehs Einheit in Hanita blieb, war Moshe Kommandeur des Panzerwagens (eines normalen, mit Stahlplatten bedeckten Lasters), mit dem Männer von Naharia zu der neuen Siedlung transportiert wurden. Diese scheinbare Nebensächlichkeit ist insofern von Bedeutung, als Moshe dabei sämtliche Erfahrungen sammelte, die er brauchte, als er 1948 zum Kommandeur eines motorisierten Bataillons ernannt wurde.
Laut Moshe hatten Sadeh und Wingate in keiner Beziehung »sehr, sehr starken Einfluß« auf ihn – sie lehrten ihn, Konventionen zu brechen:
Ich erinnere mich, daß in der ersten Nacht, in der Hanita angegriffen wurde, Sadeh den Kommandierenden Offizier Dori bat, ihn die Araber angreifen zu lassen, doch ihm wurde nicht die Erlaubnis erteilt. Damals betrachtete man es als krasse Verantwortungslosigkeit, sich mit dreißig Männern auf die andere Seite des Zaunes einer kaum errichteten Siedlung an der libanesischen Grenze zu begeben. Sadeh brachte uns diese Art von »Verantwortungslosigkeit« bei, die in Wirklichkeit darin besteht, die Regeln dessen, was man für möglich hält, zu brechen.
»Eines Nachts kam ein Taxi nach Hanita, und eine merkwürdige Gestalt stieg aus. Der Mann hatte zwei Gewehre, ein Wörterbuch und einige hebräische Zeitungen in den Händen. Wir starrten ihn verblüfft an. Allein, daß er es wagte, nachts allein nach Hanita zu kommen, erstaunte uns und beeindruckte uns ungeheuer.« So schildert Dov Yermiyah Captain Orde Wingates Ankunft in Hanita. Orde Charles Wingate, ein Captain der schottischen Artillerie, der sehr viel zur Stärkung der Fähigkeiten und des Kampfgeistes der israelischen Soldaten beitrug, traf im September 1936 in Palästina ein und stellte zwei Jahre später eine Untersuchung der von den Terroristen angewandten Methoden an. Bei seiner Arbeit lernte er viele Führer der Haganah und Jewish Agency kennen, erwarb ihr volles Vertrauen und wurde ein begeisterter Zionist. Er entwarf sogar Pläne für die Aufstellung einer jüdischen Armee, die im Fall eines Weltkrieges als Verbündeter des britischen Empire im Mittleren Osten eine entscheidende Rolle spielen sollte.

Während Wingate die Aktionen der arabischen Banden studierte, kam er nach Hanita. Nachdem er die Siedlung besichtigt hatte, war seine erste Bemerkung: »Warum geht ihr nicht hinter den Zaun hinaus und baut eure Stellungen draußen?« Als ihm die Mitglieder von Hanita ihr Befestigungssystem erklärten, erwiderte er ärgerlich, daß Befestigungen nutzlos seien und daß Verteidiger »hinausgehen und dem Feind entgegentreten müßten«. Im Rahmen seiner Vollmacht, die Tätigkeit der arabischen Banden zu untersuchen, führte Wingate eine Patrouille über die Grenze in den Libanon. Solche weiten Erkundungsmärsche waren von der Haganah nie unternommen worden. Worum Sadeh ersucht hatte und was als »Verantwortungslosigkeit« bezeichnet worden war, wurde jetzt von einem Berufssoldaten gelehrt und vom Hauptquartier akzeptiert.

Am 5. Juni 1938 überreichte Wingate seinem kommandierenden Offizier ein Memorandum »über die Möglichkeit nächtlicher Aktionen der königlichen Streitkräfte mit dem Ziel, dem Terror in Nordpalästina ein Ende zu bereiten«. Darin schlug er zum erstenmal die Schaffung der Special Night Squads vor, die er bald anführen würde. Der Vorschlag wurde angenommen und bald darauf verwirklicht. Drei Special Night Squads wurden aufgestellt. Die erste, die Wingate meist selbst befehligte, kampierte im Kibbuz Ein Harod und bestand aus achtzehn britischen Soldaten, einem britischen Offizier und vierundzwanzig Haganah-Männern, zum größten Teil aus Hanita.

Die Hauptaufgabe der Squad war die Bewachung der Ölpipeline. Bis dahin hatten allein die arabischen Terroristen die Nacht beherrscht, und Wingate schöpfte seinen Wagemut aus dem Glauben (der sich als richtig erwies), daß ein in Europa geborener Soldat imstande sein würde, die Dunkelheit besser zu nutzen als ein Araber. So schuf er 1938 einen der wichtigsten Grundsätze der Palmach und Zahal* – Kämpfen bei Nacht. Wingates Orientierungsfähigkeit im Gelände (»Er las eine Landkarte wie andere ein Kinderbuch«), seine Führungseigenschaften, seine Findigkeit, sein Mut und auch seine zahlreichen Eigenheiten beeindruckten sowohl seine Männer wie die Haganah. Er haßte Inspektionen, das Wichtigste war ihm, daß die Soldaten ihre Waffen sauberhielten, und seine Männer zeigten ihm ihre Gewehre ohne großes Zeremoniell vor. In den Annalen der Haganah wird er als ein Exzentriker und Genie geschildert, als ein Mann, der mehr

---

* Hebräische Abkürzung für Zva Haganah l'Yisrael, die israelischen Verteidigungsstreitkräfte; offiziell gegründet am 25. Mai 1948.

religiös als rational eingestellt war, zu großem Pathos neigte und fest an die Bibel und an die besondere Sendung des jüdischen Volkes glaubte. Alles, was er tat, erfüllte die Haganah und die Yishuv mit Verwunderung und Staunen.
Wingate wurde über Nacht zu einer legendären Gestalt, und seine Männer erzählte gern von seinen Taten; zum Beispiel, wie er an der Vorderseite der Fahrzeuge seiner Squad Hecklichter anbringen ließ, um den Feind bezüglich der Richtung, in die sie fuhren, in Verwirrung zu bringen, und daß er immer als letzter trank, wenn er und seine Leute zu einem Brunnen oder einer Quelle kamen. Wingates militärische Grundsätze – der Einsatz von kleinen, leicht beweglichen Einheiten bei Großangriffen, die Ausnutzung der Nacht und die Anwendung aller möglichen Täuschungs- und Ablenkungstricks bei der Durchführung kühner Überraschungsangriffe – beeinflußten stark die Entwicklung der Elitetruppen der Haganah. Ein Beweis für die Wirksamkeit seiner Methoden ist, daß zu seiner Zeit kein weiterer Schaden an der Irak-Pipeline angerichtet wurde.
Wingate lernte Moshe Dayan im Jahr 1938 kennen, als er noch die Tätigkeit der arabischen Banden untersuchte. Eines Tages erschien er mit einem schäbigen alten Wagen in Shimron. Moshe lud den Captain ein, einen Vortrag über seine Methode der mobilen Kampfführung zu halten. Nach dem Vortrag führte Wingate die Männer von Shimron bei einer nächtlichen Patrouille in den Nazareth-Bergen an, die großes Aufsehen erregte. Erstens schickte er zwei Kundschafter voraus, welche die Gegend gut kannten. Dann war er mit dem Tempo, in dem sie marschierten, nicht zufrieden, trieb sie an und übernahm schließlich selbst die Führung, »wobei er alle nach Luft ringend hinter sich ließ«. Zum Zweck dieser Übungspatrouille marschierte er auf der Karte das Ziel etwa 6 Kilometer von Shimron. Moshe berichtet:
Ich hätte die Stelle mit geschlossenen Augen gefunden. Trotzdem übernahm er die Führung und spielte die Rolle des Kundschafters. Hin und wieder ließ er die Kolonne anhalten und horchte nach rechts und links. Er rannte gegen Sträucher und andere Hindernisse, und wir kamen nur schwer voran. Er war körperlich nicht sehr stark, doch ... der englische Artillerist, der aus dem Sudan kam und mit dem örtlichen Terrain nicht vertraut war, führte uns an, marschierte einfühlsam und richtig, horchte und wählte klug seine Route und die Stelle des Angriffs. Es war eine ziemliche Überraschung für mich, und ich war tief beeindruckt.
Danach traf Wingate Dayan öfter. Als er Kommandeur der Night

Squads wurde, brachte er zu diesen Treffen häufig seinen Adjutanten mit, zuerst nach Nahalal und dann nach Shimron. »Auf militärischem Gebiet sah ich in ihm ein Genie, einen Neuerer und einen Nonkonformisten«, bemerkte Moshe über ihn. In dieser Hinsicht ähnelte er Yitzhak Sadeh. Wingate war ein hervorragender Soldat, und vielleicht war er es, der Moshe klarmachte, daß eine Armee mehr sein kann als eine in Routine erstarrte Institution.

Mit Hilfe Moshes und seines Beweglichen Schutztrupps führte Wingate eine seiner bekannten Aktionen durch. Ein am Rand des Dorfes Lid el-Awadin gelegenes großes Beduinenlager diente als Durchgangsstation für Mitglieder der galiläischen Terroristenbanden, und von ihm aus wurden Waffen an die Banden in Samaria verteilt. Das Dorf diente als Stützpunkt für Plünderungen, Sabotageakte, Brandstiftungen und bewaffnete Überfälle. Als Wingate erfuhr, daß eine aus vierzig Arabern bestehende Bande in dem Lager kampierte, beschloß er, einen Überraschungsangriff zu unternehmen. Zu diesem Zweck marschierte er mit seiner Ein-Harod-Squad entlang der Pipeline ostwärts und nicht, wie man angenommen hätte, westwärts in Richtung Lid el-Awadin. Außerdem verbreitete er das Gerücht, daß er und seine Männer einen Routinemarsch unternahmen und keine besondere Aktion beabsichtigten. Um neun Uhr abends kehrte Wingate mit seinen Männern nach Ein Harod zurück, ohne ihnen gegenüber auch nur die geringste Andeutung zu machen, was sie erwartete. Als sie sich dem Camp näherten, befahl er ihnen, in den Patrouillenwagen zu bleiben und auf weitere Befehle zu warten. Als er den rechten Moment für gekommen hielt, wies er die Fahrer an, nach Haifa aufzubrechen. Als sie durch eine tiefe bogenförmige Schlucht fuhren, befahl er seinen Männern, von den fahrenden Wagen abzuspringen, während die Lenker weiter in Richtung Haifa fuhren. Versteckt in der tiefen Schlucht, marschierten Wingate und seine Leute zum Kibbuz Sarid, wo sich ihnen Moshe und die acht Mann seines Schutztrupps anschlossen.

Bei Anbruch des nächsten Tages näherten sich Wingate und seine Einheit nach einem dreiviertelstündigen Marsch über die Felder Lid el-Awadin und ging in einem weiten Halbkreis in Angriffsposition, so daß alle nördlichen und einige südlichen Zufahrtsstraßen und Wege zum Dorf etwa 500 Meter vor den am Rand stehenden Häusern in seinem Schußbereich lagen. Zur gleichen Zeit verließ Lieutenant Bredin, sein Adjutant, mit zwei Zügen, einem Ulsterman und einem jüdischen, den Stützpunkt Afula. Sie gingen nahe dem südöstlichen Rand des Dorfes in Stellung. Im ersten Dämmerlicht erschien ein Lastwagen auf einem Feldweg, der parallel zur Eisenbahnstrecke verlief und etwa 800 Meter vor dem Dorf endete. Er war der Köder – sechs von Moshes Männern, die als Eisenbahnarbeiter verkleidet waren, sprangen vom Laster und begannen, auf den Geleisen zu arbeiten. Im hinteren Teil des Lasters waren mehrere Männer mit zwei Lewis-Maschinengewehren versteckt. Die Hecktür war so verschlossen, daß sie sich durch die leiseste Berührung öffnen ließ.

Alles verlief planmäßig. Die Terroristen im Dorf sahen die sechs Arbeiter und waren überzeugt, daß sie eine leichte Beute darstellten. Einige von ihnen liefen, ihre Gewehre schwenkend, auf die Geleise zu. Als sie auf 100 Meter an den Lastwagen heran waren, wurde die Hecktür aufgestoßen und die zwei Maschinengewehre eröffneten das Feuer auf sie. Die plötzlichen Schüsse riefen im Dorf und in dem nahegelegenen Beduinenlager Panik hervor. Die Angehörigen der Bande kehrten sofort um, flüchteten zuerst nach Nordosten, wo sie in den von Wingate gelegten Hinterhalt liefen, und dann nach Südosten in Richtung Jenin, wo Bredin und Nachman Betser sie erwarteten. Wingate beobachtete das Ganze von einem nahen Hügel aus. Im richtigen Moment befahl er Brenner, die Männer aus den Stellungen zum Dorf zu führen, es zu säubern und die restlichen Terroristen gefangenzunehmen.

Zvi Brenner, der Wingates enger Freund und Vertrauter war, berichtet: »Wingate war ungeheuer scharfsichtig und erkannte einen geborenen Soldaten auf den ersten Blick. Für Moshe empfand er großen Respekt, denn auch er haßte es, die gleiche Aktion zweimal durchzuführen und erprobte immer neue Methoden. Ein Jahr später, als wir in Acre im Gefängnis saßen, schickte Wingate Moshe und mir Geschenke – Kupferschalen – und korrespondierte mit uns.«

Moshe unternahm später einen Vergeltungsangriff auf Lid el-Awadin. Anfang 1939 wurde ein Angehöriger der JSP von Nahalal getötet, und zwischen Kfar Yehoshua und Nahalal wurden Minen gelegt. Die Spuren der Mörder und Saboteure führten nach Lid el-Awadin, und Haganah befahl Moshe, den *Mukhtar* (Bürgermeister des Dorfes) tot oder lebendig zu fangen und sein Haus in die Luft zu sprengen. Er erhielt Verstärkung vom NCO-Kurs in Ju'ara; Yigal Allon, der den Kurs damals leitete, wurde sein Adjutant. Moshe verkleidete die Haganah-Männer als britische Soldaten und stattete sie mit Uniformen, Helmen, englischen Zigaretten und Rindfleischkonserven der britischen Armee aus, damit sie nicht nur wie britische Soldaten aussahen, sondern auch so rochen. Sie fuhren mit Armeelastwagen nach Lid el-Awadin, wo sämtliche Befehle auf Englisch erteilt wurden, und trieben sämtliche Männer des Dorfes in der Tenne zusammen. Das einstöckige Haus des *Mukhtar* wurde zerstört, doch der *Mukhtar* selbst entkam an diesem Tag.

Ein zweiter Vergeltungsangriff, an dem Moshe teilnahm, fand nach der Ermordung zweier Arbeiter eines Außenpostens in der Nähe von Kfar Hahoresh statt. Moshe forderte die jungen Männer von Nahalal auf, sich freiwillig dazu zu melden, und Binya Zarhi, Ahya Ben-Ami und Oded Yannai erklärten sich bereit, mitzumachen. Moshe bat auch Yehudah Mor, ihm zu helfen, und obwohl der Angriff nicht mit offizieller Zustimmung der Haganah stattfand, schickte Mor ein Fahrzeug, das die Spuren von Moshes Lastwagen beseitigen sollte. Moshe und seine Leute brachen in das Haus des Mannes ein, den sie für schuldig an den Morden hielten, und erschossen ihn. Ahya Ben-Ami sagt darüber: »Ich nahm als eins der aktivsten Haganah-Mitglieder von Nahalal an dem Überfall teil. Ich zögerte ... keinen Moment. Doch danach hatte ich einen üblen Geschmack im Mund. Aus persönlichen, moralischen und vielleicht auch aus politischen Gründen fand ich, daß dieses Vorgehen nicht richtig war.«

Überlegungen dieser Art stellte die Generation, die später die Last des Unabhängigkeitskrieges trug, häufig an. Moshe äußerte über die Vergeltungsangriffe nie seine Meinung, doch er schien Vergeltung an sich nicht als Unrecht zu empfinden, wie die zahlreichen Überfälle beweisen, die später, als er Chef des Stabes war, von der Zahal unternommen wurden.

8
Akko (1939-1940)

Die Zeit von Oktober 1939 bis zum Juni 1941 war vielleicht die kritischste Periode in der Entwicklung von Moshe Dayans Persönlichkeit, Zukunft und Image. Er bekam das Gefängnis zu schmecken und die allerunterste Stufe des Daseins. Er wurde unerwartet wieder entlassen und lernte diese Freiheit zu schätzen.
Er zog in den Kampf, gewann Ruhm, verlor sein linkes Auge und war überzeugt, jetzt alles verloren zu haben und nie mehr Männer ins Gefecht führen zu können.
1939 begann die britische Regierung ernsthaft an die Möglichkeit zu denken, die Achsenmächte könnten die in Palästina bestehenden Gegensätze dazu benutzen, die Unterstützung der arabischen Völker im Mittleren Osten zu gewinnen. Als unmittelbare Folge dieser Entwicklung erweiterte das Kolonialministerium, das sich um die Araber als Bundesgenossen für Großbritannien bemühte, seinen Einfluß in Palästina. Die Beendigung der arabischen Revolte bedeutete daher auch das Ende der Zusammenarbeit zwischen der Zionistischen Bewegung und Großbritannien. Mit dem Weißbuch vom 17. Mai 1939 begrenzte die britische Regierung unnachsichtig die jüdische Einwanderung nach Palästina und den Ankauf arabischen Grund und Bodens in weiten Teilen des Landes. Die Mandatsregierung und ihre Sicherheitsorgane gaben ihre früher praktizierte Politik der Zusammenarbeit mit der Haganah auf und beschnitten deren Tätigkeit. Eine der ersten Demonstrationen dieser Sinnesänderung waren die Verhaftung und Einkerkerung von vierunddreißig Angehörigen der Haganah. Aus Furcht vor britischer Überwachung der Basis-Lager in Ju'ara und Kfar Vitkin, verlegte die Haganah ihre Zugführerlehrgänge nach Yavniel. Moshe Dayan und Yigal Allon gehörten zu den sechs bevorzugt ausgewählten Ausbildern des Lehrgangs in Yavniel. Getarnt war dieser Lehrgang als Sportschulungskurs der »Hapoel Sports Federation«. Der erste Lehrgang in Yavniel, der zehnte der Haganah, bot keine besonderen Schwierigkeiten bei seiner Durchführung. Zuerst ging alles gut, aber dann pas-

sierte ein etwas überraschender Zwischenfall. Am dritten Oktober inspizierten völlig unerwartet zwei britische Offiziere der »Tiberias Police Force« das Lager, untersuchten den Vorlesungssaal und die Wohnräume und fanden unter den Matratzen versteckte Gewehre. Dieser Vorfall wurde sofort dem Kommando der Haganah in Tel Aviv gemeldet, und man beschloß, das Lager auf der Stelle zu evakuieren.
Der gesamte Lehrgang wurde in den Kibbuz Ein Hashofet verlegt. Die Lehrgangsteilnehmer wurden in zwei Gruppen eingeteilt. Eine größere von dreiundvierzig Männern unter der Führung des Lehrgangskommandeurs und seines Stellvertreters Moshe Carmel, und eine kleinere von siebzehn Mann, die von Yigal Allon angeführt wurde. Yigal und seine Leute gelangten ohne Zwischenfälle nach Ein Hashofet. Die »Dreiundvierzig«, wie man sie später nannte, waren weit weniger glücklich. Der festgesetzte Abmarschtermin war nicht einzuhalten, da die Zeit nicht reichte, um alle Waffen aus den Verstecken zu holen, und man umfangreiche Vorsichtsmaßnahmen zu treffen hatte, für den Fall, daß die Waffenverstecke unter Beobachtung lagen.
Die unerwartete Verzögerung wurde den »Dreiundvierzig« zum Verhängnis. Eine kleine Abteilung der »Transjordan Frontier Force«, ungefähr zwölf bis fünfzehn Mann stark, umzingelte die »Dreiundvierzig« und nahm sie gefangen. Die Männer wurden in Haft behalten und nach Akko ins Gefängnis geschafft. Die britischen Behörden wurden informiert. Dieser kleine Zwischenfall zeigt deutlich den Unterschied in Kampfstärke und Moral zwischen der Haganah und der späteren Zahal, der regulären Armee des Staates Israel. Mit den Jahren erreichten sie einen Höchststand.
Bei der Yishuv meinte man zuerst, alles beruhe auf einem Irrtum und rühre daher, daß so viele Araber bei der »Frontier Force« dienten. Jedermann glaubte, die Aufklärung dieses Falles sei eine Frage von Stunden. Die Sache sei bald überstanden. Der Anblick des Gefängnisses – der alten Festung von Akko – schockierte die Männer der Haganah natürlich. Es war ein altes, mächtiges Gebäude, von den türkischen Paschas aus dicken Steinblöcken erbaut und von den Engländern in ein Gefängnis verwandelt.
Eine Hand auf der Schulter des Vordermanns stiegen die Gefangenen die ausgetretenen Stufen der Wendeltreppe empor. Oben angekommen, trieb man sie in einen engen Raum mit mächtigen Wänden aus Steinquadern und hoher, gewölbter Decke.
Sie erhielten Wasser, etwas zu essen, Matratzen und wurden dann sich

selbst überlassen. Doch kurz vor dem Einschlafen ging plötzlich das Licht wieder an, und Polizisten drangen in den Raum ein. Man befahl den Männern, aufzustehen, in Reih und Glied anzutreten und wollte wissen, wer von ihnen englisch spreche. Man bedeutete ihnen, sich für ein nächtliches Verhör bereitzuhalten.

Moshe Carmel berichtet in seinem Buch *Dreiundvierzig Briefe eines gefangenen Hebräers* (1942): »... die Gefängnisbehörden versuchten, die Gefangenen einzuschüchtern«.

Immer wenn ein Mann in einen angrenzenden Raum zum Verhör geholt wurde, erschien »eine Knochenhand mit einem dicken Knüppel« vor einem Fenster. Die Hand bewegte den Knüppel langsam auf und ab, während eine hohle Stimme unentwegt den Singsang anstimmte: »Tod-Tod-Tod-Tod-Tod-Tod!«

Zuerst wurden die Männer mit Englischkenntnissen verhört. Zvi Brenner, Moshe Dayan und noch zwei andere. Wie Brenner berichtet, war niemand darüber belehrt worden, wie er sich im Fall eines Verhöres zu verhalten habe.

Er erinnerte sich, daß man erwähnt hatte, nichts außer Namen und Alter anzugeben.

Als Brenner um ein Uhr morgens zum Verhör geholt wurde, stellte man ihn sofort gegen die Wand und richtete einen Scheinwerfer direkt auf sein Gesicht. Drei mit Knüppeln bewaffnete Zivilisten überschütteten ihn sofort mit Fragen. Die Männer in der Halle hörten das Klatschen von Schlägen, von Tritten, Gestöhn und Schmerzensschreie. Während des gesamten Verhörs wiederholte Brenner nur immer einen einzigen Satz: »Ohne meinen Anwalt wird hier überhaupt nichts ausgesagt!«

Später sagte Brenner, daß die Briten herauszufinden versuchten, ob es sich bei den Gefangenen um Mitglieder der »Irgun« (Irgun Zwai Leumi, eine militante sezessionistische Bewegung unter der Führung von Menahem Begin), deren Mitglieder vor kurzem einen britischen Polizeioffizier getötet hatten, handle oder um Mitglieder der Haganah. Als Brenner sich weigerte zu antworten, schlugen sie ihn bewußtlos, begossen ihn mit Wasser und schlugen ihn weiter. Brenners Folterung fand ganz bewußt in der Nähe der anderen Männer statt. Die Briten hofften, sie durch das Anhörenmüssen gefügiger zu machen und mehr aus ihnen herausholen zu können.

In einer Hinsicht war Moshes Folterung grausamer als die der anderen Männer. Die Briten drohten, seine kleine Tochter zur Waise zu machen, wenn er den Mund nicht aufmache. Von den Verhörten war Moshe der

einzige verheiratete Mann mit Familie. Eine Exekution war nicht ausgeschlossen. Die Notstandsverordnungen der Mandatsregierung, ursprünglich als Hilfe für die Verwaltung im Kampf gegen arabische Terroristen gedacht, sahen für illegalen Waffenbesitz die Todesstrafe vor.
Jahre später schrieb Brenner: »Man sagte Moshe Dayan, nun sei seine letzte Stunde gekommen. Niemand werde etwas davon erfahren. Die mächtigen Mauern des Festungsgefängnisses ließen nichts an die Außenwelt dringen von dem, was geschehen werde. Vielleicht werde man seine Familie benachrichtigen und ihr sagen, daß er, wie andere Kriminelle auch, hingerichtet worden sei.« Aus Carmels und Brenners Erzählungen geht ganz klar hervor, daß Moshe keine Ambitionen hatte, Brenners Beispiel zu folgen. Er überlegte, wie er seinen Kameraden von Nutzen sein könnte und kam zu dem Entschluß, es sei besser zu sagen, daß sie alle Mitglieder der Haganah und auf einem Trainingsmarsch von Yavniel nach Moledet gefangengenommen worden seien. Über die Herkunft der Gewehre und über die Tätigkeit der Haganah sagte er nichts aus. Er bestand darauf zu erklären, die Haganah sei keine Terroristenvereinigung und kämpfe nicht gegen die Briten. Im Gegenteil, er und viele seiner Freunde hätten mit der Britischen Armee zusammengearbeitet.
Als die verhörenden Männer ihm mit weiteren Folterungen drohten, warnte Moshe sie. Er sagte, wenn sie fortführen, die Gefangenen zu foltern und zu schlagen, besitze er eine Möglichkeit, seine jüdischen Freunde draußen davon in Kenntnis zu setzen – »... die wissen, wie man mit Folterern umspringt«. Wie Noah Dagoni berichtet, hörten die Folterungen nach Moshes Warnung sofort auf. Sein Entschluß, auszusagen, beendete die Verhöre in jener Nacht.
Für Moshe typisch war sein Versuch, sich durch Initiative und Findigkeit aus einer mißlichen Lage zu befreien, ohne seine Willensstärke und seine Widerstandskraft unter Beweis stellen zu müssen. Diese Strategie entwickelte er zu einem Verhaltensmuster: hart bleiben, solange noch eine Chance vorhanden war, sich siegreich und ohne viel Getöse aus der Affäre zu ziehen. In hohem Maße begründete sein Verhalten die sofortige Übernahme der Verantwortung für die Gruppe und ihre Führung. Da ausführliche Anweisungen überhaupt nicht existierten, war es nach Moshes Überzeugung zwecklos, die Verbindung der Dreiundvierzig mit der Haganah zu verbergen. Im Gegenteil, er meinte, nur die Wahrheit könne für die Gruppe von Vorteil sein. Während des Prozesses versuchte die Verteidigung dann auch den Beweis zu

führen, daß die Männer der Haganah nur deswegen in der Ausbildung seien, um der britischen Armee in ihrem Kampf gegen die Deutschen zu helfen. Es ist unbestritten, daß Moshe seine Kameraden vor weiteren Verhören und Folterungen bewahrte.

Der Mehrheit seiner Kameraden, besonders Zvi Brenner, bewies Moshes Verhalten seine Führereigenschaften. Brenner unterstützte Moshe gegenüber denjenigen, die meinten, er habe nicht korrekt gehandelt. Brenner sagte, es sei in der Haganah jedem freigestellt zu reden, über was immer er wolle. Es gebe keine Möglichkeit festzustellen, was nun der einzelne erzählt habe. Viele redeten zweifellos klug und wirkungsvoll und sagten dabei im Grunde genommen überhaupt nichts, einige aber würden durch die Verhörtaktiken mürbe gemacht und richteten Unheil an.

Nach Brenner stand Carmel mit seiner Kritik an Moshes Verhalten allein da: »Alle anderen waren wahrscheinlich davon überzeugt, daß er korrekt gehandelt hatte. Viele waren sogar der Meinung, er habe uns gerettet, weil die verhörenden Polizisten nur feststellen wollten, ob die Männer zur Haganah gehörten oder Mitglieder der Irgun waren.«

Ungeachtet des Zwangs, jetzt endlich eine schnelle und ordentliche Lösung zu finden und entgegen allen Erwartungen, beschloß die britische Regierung, die »Dreiundvierzig« vor ein Militärgericht zu stellen.

Auf Befehl von General Wavell wurden ein Jahr vor diesen Ereignissen, am 10. November 1938, besondere Militärgerichte als Teil der Notstandsverordnungen eingerichtet.

Diese Gerichte konnten gegen jeden die Todesstrafe verhängen, der wegen illegalen Waffenbesitzes oder wegen Beteiligung an einem Mord angeklagt wurde.

Gegen ihre Urteile gab es keine Berufungsmöglichkeit. Sie bedurften lediglich der Bestätigung durch den Oberkommandierenden der »Empire Armed Forces« in Palästina. Todesurteile mußten außerdem noch dem Hochkommissar zur Bestätigung vorgelegt werden.

Das ist ein weiteres Beispiel dafür, wie Verordnungen, die gegen die terroristische Tätigkeit der Araber erlassen worden waren, auf Grund des Weißbuches von 1939 gegen die Haganah gerichtet wurden. Das wurde offizielle Mandatspolitik. Es wurden tatsächlich nach der Verhaftung der »Dreiundvierzig« noch mehr Haganah-Mitglieder eingesperrt.

Als der Beschluß der Mandatsregierung, die »Dreiundvierzig« doch noch vor ein Militärgericht zu stellen, bekannt wurde, begann die

Jewish Agency einen neuen Feldzug in der Öffentlichkeit, um nach Möglichkeit nur eine leichte oder nominelle Bestrafung der Männer zu erreichen.
Der Prozeß wurde auf den 25. Oktober festgesetzt. Die »Dreiundvierzig« blieben bis dahin in Haft. Während der Tagesstunden durften sich die Gefangenen auf dem weiten Gefängnisdach aufhalten und Lebensmittelpakete empfangen.
Von Freunden und Verwandten, von Bekannten und mancherlei jüdischen Organisationen trafen Pakete ein.
Die Gefangenen durften eigene Kleidung tragen und einmal in der Woche, an Sonnabenden, für zehn Minuten von zwei Familienangehörigen Besuch empfangen.
Am Sonnabend, dem 14. Oktober, war der erste Besuchstag. Die Besuchszeit entwickelte sich zu einer Massenangelegenheit. Die Besucher waren gezwungen, sich auf eine erhöhte Brüstung von einigen Stufen zu stellen, die von den Häftlingen durch einen zwei Meter breiten Stacheldrahtzaun getrennt war. Dabei stenden die Gefangenen natürlich in einer Art Graben. Die Besucher sahen nur ihre Köpfe und ein wenig vom Oberkörper. Jeder versuchte, sich verständlich zu machen. Besucher und Gefangene schrien hin und her. Die Stimmen wurden lauter und lauter. Der Lärm war ohrenbetäubend.
Zum ersten Besuch erschien die gesamte Familie Dayan. Man einigte sich darauf, Dvorah und Ruth zu Moshe zu schicken. Die kleine neun Monate alte Yael trug ein blaßblaues Kleidchen und wurde auf dem Arm ihrer Mutter »nicht mitgezählt«.
Während Moshe und Ruth sich schreiend zu unterhalten versuchten, krabbelte die kleine Yael auf den Drahtzaun zu, um ihren Papa zu »besuchen«. Moshe konnte kaum seine Tränen zurückhalten, als seine Tochter ihm ihre Ärmchen entgegenstreckte. »Er sah aus, wie er als kleines Kind ausgesehen hatte«, erklärte Dvorah später. Die ganze Geschichte war so aufregend, daß Ruth befürchtete, ein weiterer Besuch dieser Art würde auf Moshe die falsche Wirkung haben. Sie ließ das Kind hinfort bei den Großeltern in Jerusalem. Doch jetzt war es Moshe, der unruhig wurde, und Ruth hatte die größte Mühe, ihn davon zu überzeugen, daß mit dem Kind alles in Ordnung war. Danach begleitete Yael sie bei jedem ihrer Besuche.
Die Häftlinge durften nur einen Brief in der Woche abschicken. Mit allerlei Tricks – Bestechung eingeschlossen – drehten sie es so, daß es einige mehr in beiden Richtungen wurden.
Anfangs lief alles ziemlich gut. Die Aufseher behandelten die Häft-

linge recht gut, die Verpflegung war anständig, nur »... es ist hier so furchtbar dreckig!«

Es waren weniger die körperlichen Bedingungen des Eingesperrtseins als die Passivität der Situation, in der sich die Häftlinge befanden, die so deprimierend wirkte. »Die Gewißheit, daß es überhaupt nichts für uns zu tun gibt, außer der sofortigen Ausführung der von den arabischen Polizisten erhaltenen Befehle.«

Der Prozeß fand in einem britischen Militärstützpunkt zwei Kilometer nördlich von Akko statt und dauerte drei Tage. Die Urteile wurden am 30. Oktober verlesen. Sie bestürzten die Yishuv. Alle dreiundvierzig wurden für schuldig befunden, einer bekam lebenslänglich, die anderen wurden mit zehn Jahren Gefängnis bestraft.

Sofort nach der Urteilsverkündung wurde der Kampf um Aufhebung oder wenigstens Strafreduzierung aufgenommen. Die Urteile der Militärgerichte mußten noch vom britischen Militärbefehlshaber in Palästina, in diesem Fall von General Barker, innerhalb von dreißig Tagen bestätigt werden. Der Imperial General Staff in London und selbstverständlich General Barker wurden jetzt das Ziel heftiger Angriffe. In den Vereinigten Staaten wandte sich die Jewish Agency mit vielen anderen an den Vorsitzenden der Amerikanischen Gewerkschaften, William Green.

Green schrieb an Winston Churchill, damals Erster Seelord, und an Clement Attlee, den Generalsekretär der Labour Party. In London trafen sich Dr. Chaim Weizmann, Churchill und Attlee. Lord Ironside, der Chef des Imperial General Staff, nannte die Urteile »barbarisch und dumm«.

Nach Ben Gurions Tagebuch hatte Ironside gesagt: »Man hätte den Boys lieber den D. S. O. (Distinguished Service Order) verleihen sollen!« Lord Ironside befahl General Barker, die Strafen herabzusetzen. Die lebenslängliche Strafe wurde auf zehn Jahre Gefängnis festgesetzt, alle anderen auf fünf Jahre. Dennoch wurden die Strafen als hart empfunden.

Die Yishuv veranstaltete am 28. November eine öffentliche Demonstration. Es wurde ein Generalstreik ausgerufen. Alle Kinos und Theater blieben geschlossen, öffentliche Veranstaltungen fielen aus, die hebräischen Zeitungen stellten ihr Erscheinen für den Tag ein. Plakate des National Council und der öffentlichen Behörden verkündeten von den Wänden: Alle Juden in Palästina sind mit den »Dreiundvierzig« bestraft worden!

Als die Urteile rechtskräftig geworden waren, verlegte man die Ge-

fangenen aus dem Turm in das Hauptgefängnis. Ihre Köpfe wurden kahlgeschoren, und sie hatten braune Uniformen und Sandalen zu tragen. Es war ihnen verboten, Socken zu tragen, Nahrungsmittel von außerhalb des Gefängnisses zu beziehen, mehr als einmal im Monat einen Brief zu schreiben oder anstelle eines Briefes einmal im Monat Besuch zu empfangen. Die gesamte Gruppe wurde in einem düsteren Saal untergebracht, mit gewölbter Decke und hohen, engen, vergitterten Fenstern. Auf dem nackten Steinfußboden lagen mit Lumpen ausgestopfte Matratzen und zwei Armeewolldecken. Das waren ihre Betten. Bei Tage enthielten sie, zusammengerollt, die persönliche Habe der Gefangenen. In zwei entgegengesetzten Ecken standen zwei Kübel. Einer barg den Trinkwasservorrat, der andere diente als Toilette.
Die Zitadelle von Akko war ein typisches türkisches Gefängnis, das die Briten nur wenig verändert hatten. Schrilles Glockenläuten weckte die Gefangenen. Wer nicht sofort auf den Beinen war, wurde vom Aufseher hochgeprügelt. Zuerst wurden die Matratzen aufgerollt, danach erfolgte die erste der drei täglichen Zählungen. Beim Namensaufruf hatten die Gefangenen sich hinzuknien und die Wärter tippten jedem mit einem Stock auf den Kopf: »Gezählt!« Danach durften die Gefangenen bis zum Hellwerden tun, was sie wollten. Sofort bei Sonnenaufgang mußten sie zehn Minuten an der hohen Mauer des Innenhofs entlangmarschieren. Danach gab es zum Frühstück eine der drei typisch arabischen Mahlzeiten, die sie pro Tag erhielten. Anschließend ging es in die Gefängniswerkstätten zur Arbeit, und schon um drei Uhr war für die Gefangenen der Tag vorbei. Es gab noch einen letzten Namensaufruf, die Matratzen konnten entrollt werden und vor den Gefangenen lagen vierzehn lange Stunden des Eingesperrtseins.
Während der ersten Besprechung im Gefängnis, bei der die »Dreiundvierzig« über die Gestaltung ihrer Zukunft diskutierten, gab Carmel bekannt, daß die Kommandeure und Lehrkräfte ihre Befehlsgewalt niederlegten. Carmel war der Meinung, andere seien vielleicht besser geeignet, unter den besonderen Umständen des Gefängnisaufenthalts Verantwortung zu übernehmen. Diese Männer sollten ohne Ansehen ihres Rangs jetzt gewählt werden.
Die Gefangenen wählten ein dreiköpfiges Komitee: Moshe hatte die dreiundvierzig gegenüber den Gefängnisbehörden und der Außenwelt zu vertreten, Ya'kov Salomon war als »mukhtar« verantwortlich für den Gefangenensaal und alles, was damit zusammenhing, Carmel hatte als Manager oder Direktor die allgemeinen Angelegenheiten der Gruppe unter sich.

Die Gefangenen beschlossen auch, bessere Bedingungen zu verlangen. Aus einer langen Liste von Forderungen kristallisierten sich sechs vordringliche, die den Gefängnisbehörden sofort vorgelegt werden sollten, heraus: Ausgabe einer Tasse Tee am Morgen, Erlaubnis, wenigstens im Winter Schuhe und Strümpfe zu tragen, Licht im Gefangenensaal bis acht Uhr abends (Schlafenszeit), Weiterbildungserlaubnis jeden Tag für mindestens einen halben Tag, Erlaubnis, Hefte und Bleistifte zu benutzen.

Der sechste Beschluß lautete: »Die Gefangenen werden sich bemühen, mit der Gefängnisleitung und dem Aufsichtspersonal gute Beziehungen zu unterhalten und nicht in Streitigkeiten zu verfallen. Doch wird fest zu den Forderungen nach Grundrechten gestanden. Wir werden uns in Fällen von Belästigung und Erniedrigung unserer Haut wehren und furchtlos verteidigen.«

Sechs Monate nach Strafantritt mußten die dreiundvierzig außerhalb der Gefängnismauern arbeiten und später noch in den Gemüsekulturen der landwirtschaftlichen Versuchsanstalt der Regierung.

Für Moshe war das Gefängnisleben viel weniger trübsinnig als für seine Mitgefangenen, wie aus seinen aus dem Gefängnis geschriebenen Briefen hervorgeht. Die meisten seiner Briefe sind in einem beruhigend sachlichen Ton abgefaßt. Er kümmerte sich um die kleinen Dinge am Rande des Geschehens, die so leicht untergehen bei all den gewaltigen Anstrengungen, das Los der Gefangenen zu erleichtern, ihre Haftdauer herabzusetzen oder gar eine Begnadigung zu erreichen. Moshe kümmerte sich nachweislich mehr um Dinge, die die gesamte Gruppe betrafen, als um seine eigenen Angelegenheiten. Wenn er seiner Familie schrieb: »... ihr müßtet bloß mal die arabischen Kinder während der Besuchszeit sehen, wie fröhlich die sind ...«, wollte er damit seinen Angehörigen nur ein wenig Mut machen, denn sie konnten während der Besuchstage kaum die Tränen verbergen.

Moshe kam während der ersten Monate seiner Inhaftierung zu der Erkenntnis, daß Eingesperrtsein noch lange nicht das Schrecklichste ist, dem man sich gegenübergestellt sehen kann.

In seinen Briefen diskutierte er darüber mit seinen Eltern: Mutter schreibt, ihr Schmerz über meine Haft sei so groß, daß sie darüber weder reden noch schreiben kann. Ich weiß nicht, wie ich es Euch auseinandersetzen soll, aber so schlimm ist das gar nicht. Ich bin Gefangener und werde vermutlich »eine angemessene Zeit« hier verbringen müssen. Aber das ist kein Unglück, das man zu beklagen hätte, es ist einfach eine Gefangenschaft, die man zu ertragen hat, die man später

einmal von sich wirft, um dort wieder neu zu beginnen, wo man aufgehört hatte.
Im Dezember 1940 schrieb er seinem Vater:
Du stellst Dir anscheinend so etwas wie ein Gefängnis à la Dostojewski oder eine türkische Haftanstalt vor. So ist es aber nicht. Ich gebe zu, das Gefängnis ist nicht schön oder luxuriös, doch im Augenblick sind Verpflegung, Bekleidung, Sauberkeit und die Behandlung sehr gut. Wir sind jetzt sogar die Läuse wieder losgeworden (man hat hier eine wirkungsvolle Desinfektionsanlage). Wir haben jetzt warme Unterwäsche von guter Qualität, eine dritte Wolldecke usw.
In der Zeit der Anpassung an das Gefängnisleben fand Moshe Zeit zur Selbstbetrachtung und zu privater Bestandsaufnahme. Wegen eines Freundes seiner Kindheit, Nachman Betser, quälte ihn sein Gewissen. Er hatte diesen aus verschiedenen Anlässen beleidigt. Am 30. Dezember schrieb er ihm:
».. . ich kann mich daran erinnern, kurz bevor ich nach Yavniel ging, wollte ich nach (Kibbuz) Ma'oz, um Dich zu besuchen. Doch, um die Wahrheit zu sagen, ich fürchtete, mein Besuch würde Dir lästig fallen, und wir würden einander fremd sein ... Da es jetzt wahrscheinlich sehr lange dauern wird, ehe wir einander wieder begegnen, mich hier aber nichts daran hindert, mit Dir wie zu einem Freund zu sprechen, will ich diese Gelegenheit benutzen, um Dir zu sagen: ich möchte wieder genauso frei, so einfach und freundschaftlich mit Dir verkehren wie früher, denn ... alles, was während eines kurzen Lebensabschnitts in Shimron zwischen uns stand, ist vergangen. Ich schäme mich für mein damaliges Benehmen.«
Dieser Brief war die Ausnahme von Moshes Regel: keine Erklärungen, keine Entschuldigungen. Diesmal bat er um Verzeihung und erhielt sie.
Auch seine Eltern belasteten sein Gewissen schwer.
Es bedrückte Moshe, daß er sich der Haganah angeschlossen hatte, statt in Nahalal zu bleiben und die Last des Hofs gemeinsam mit seinem Bruder zu tragen. Ende Februar 1940 schrieb er seinen Eltern:
... auch wenn Ihr nicht darüber schreibt, ich kenne sie und erinnere mich gut an sie, die Schwierigkeiten daheim. Selbst wenn Aviva und Zorik gesund und ich nicht gezwungen wäre, hier festzusitzen, gäbe es Schwierigkeiten bei Euch. Auch jetzt habt Ihr natürlich welche. Immer wenn ich an Euch denke – und man hat hier sehr viel Zeit zum Nachdenken –, wird mir klar, daß ich meinen Verpflichtungen gegenüber meinem Elternhaus nie nachgekommen bin. Ich hätte ganz einfach zu

Hause arbeiten müssen, statt dessen ging ich fort und suchte mir »interessantere« Beschäftigungen. Ich habe das möglicherweise alles auch schon vorher gewußt, doch da war ich nicht stark genug, der Versuchung zu widerstehen ... Wer kann sagen, ob das in Zukunft anders sein wird? Aber Ihr sollt wenigstens wissen, daß ich mir ständig darüber klar bin, wie schwierig das für Euch alle ist – für Zorik, der viel zu früh anfangen mußte, hart zu arbeiten, für Aviva und für Mutter. Doch was soll es, jetzt darüber zu schreiben?

Moshe traf im Gefängnis nicht nur Mitglieder der Bande, die Ya'akobi und seinen Sohn töteten (»wir unterhalten gute Beziehungen zueinander ... dies schrieb ich mit einem Bleistift, den ich mir von einem Mitglied der Kassam-Bande geliehen habe...«), sondern auch Abed Abeidat vom Stamm der el-Mazarib. Er hatte viele Möglichkeiten, seinem Interesse für die Araber nachzugehen, die wie er sagte, »von den Kamsami'in gestillt wurden«.

Er bemühte sich um Verständnis für ihre Beweggründe: »Was geht denn wirklich in einem Araber vor, der ganz plötzlich anfängt, in Jaffa Krawall zu machen? Ich glaube nicht, daß ich mir darüber klar wurde, fest steht aber, daß ich sie besser zu verstehen begann und merkte bald, daß die ganze Sache nicht so einfach war: hier die Guten, dort die Bösen.

Schließlich fühlte ich im täglichen Leben überhaupt keine Feindschaft gegenüber den Arabern als Individuen.

Ich war mit vielen Arabern befreundet. Mit Leuten aus Nahalal und mit Leuten, die ich hier im Gefängnis getroffen hatte. Ich sagte mir: gut, auf jeder Seite des Zaunes gibt es eine Nation. Aber zwischen ihnen gibt es doch keine persönliche Feindschaft, wie man sie zwischen Mördern und Opfer findet. Nichts dergleichen.

Als man den Gefangenen erlaubte, bis acht Uhr abends Licht brennen zu lassen und Schreibmaterial zu besitzen, organisierten Moshe und die anderen Komiteemitglieder weiterführende Unterrichtslehrgänge. Man gab Englischstunden für Anfänger und Fortgeschrittene, unterrichtete in Bibelkunde, Chemie und anderen Fächern. Moshe schrieb seine Briefe an Ruth auf Englisch. Die korrigierten Briefe und weitere Übungsstücke schickte sie ihm zurück, damit er seine englischen Sprachkenntnisse erweitern konnte. In Shmuels Tagebuch findet sich ein Brief Moshes vom 7. Februar (nach einem Besuch von Dvorah und Ruth geschrieben), der so etwas wie eine Zusammenschau der ersten drei Gefängnismonate darstellt:

Bitte, glaubt keinen Augenblick, sie hätten mich hier seelisch gebrochen oder ich sei ein niedergedrückter Gefangener geworden, der demütig alles hinnimmt, was ihm zugemessen wird. Weit gefehlt. Doch die einzige Möglichkeit, zu viele Unannehmlichkeiten zu vermeiden, ist die, das Zusammentreffen mit den Gefängnisbehörden überhaupt zu vermeiden. Wir halten mit ihnen nicht viel Verbindung. Wir bitten sie um nichts, noch schmeicheln wir ihnen. Wir erwarten von ihnen keine Wohltaten. Aus diesem Grunde möchte ich nicht, daß Ruth etwas von Grant fordert. Ich schrieb ihr verschiedentlich, um nichts zu bitten. Sie würde sich nur demütigen. Alles in allem: So schlecht ist es hier nun auch wieder nicht...

Nach sechsmonatiger Gefangenheit hatte sich Moshes Stimmung jedoch gewandelt. Obgleich sich die Haftbedingungen leicht gebessert hatten, hielt er jetzt mit seinen Beschwerden nicht mehr länger zurück. Man hatte die Dreiundvierzig vom Gefängnis in Akko in ein Häftlingslager in Mazra'a verlegt, in die Nähe der landwirtschaftlichen Versuchsanstalt, in der sie täglich arbeiten mußten. Dort konnten Kontakte mit der Umwelt leichter aufrechterhalten werden, und es war einfacher, Besuche von Verwandten zu empfangen. Moshe beschwerte sich hauptsächlich über die Vertreter der Jewish Agency, die eigentlich mit den Gefangenen der Haganah ständige Kontakte aufrechterhalten sollten und das nach Moshes Überzeugung nur sehr ungenügend taten. Er beschwerte sich auch über die führenden Männer der Yishuv, die seiner Meinung nach sich auch nicht genügend für die Entlassung der Dreiundvierzig einsetzten. Alles in allem, bei Moshe mehrten sich die Anzeichen zunehmender Ungeduld.

Dieser Wandel in seiner Grundhaltung wurde durch das Zusammentreffen mehrerer Faktoren bewirkt. Zu Beginn der Gefangenschaft, Dezember 1939, schrieb er, daß ungeachtet zufälliger Kontakte zur Außenwelt und trotz des Zugangs zu Zeitungen »wir allmählich anfingen zu merken, wie sehr das Gefängnisleben unsere bisherige Lebensart ersetzte. Unsere Vergangenheit wird zur Erinnerung. Unsere Gedanken drehen sich um die Frühstücksbrote, die wir hier bekommen. Unser Lebensinhalt verarmt und wird erbärmlich.« Später vertieften sich die Depressionen, und der Mangel an Umweltkontakten verursachte den Männern großen Schmerz.

Ein weiterer Grund für den Wandel in Moshes Haltung war das Versprechen, das man den Dreiundvierzig von Anfang an gegeben hatte, sie würden binnen kurzer Zeit begnadigt werden.

Als es Shmuel im Dezember 1939 gelang, als Fleischlieferant verkleidet mit Moshe von Angesicht zu Angesicht zu sprechen, konnte er ihn

noch über General Ironsides Entschluß informieren, den Prozeß innerhalb von sechs Monaten in die Revision gehen zu lassen. Die sechs Monate vergingen, die Revision fand niemals statt. Ein anderes Hoffnungsdatum, der Geburtstag des Königs am 6. Juni, ging vorüber, ohne daß der König die Dreiundvierzig begnadigt hätte.
Der Wunsch nach Freiheit führte zu dem ernsthaftesten Mißverständnis, dem Moshe mit seinen Kameraden ausgesetzt war. Als der sechste Juni ohne den erhofften Generalpardon des Königs verstrichen war, wurde die Frage aufgeworfen, ob es nicht besser sei, für jeden einzelnen der dreiundvierzig eine individuelle Begnadigung zu erreichen. Der Gedanke wurde vom Polital Department of the Jewish Agency ohne vorherige Konsultation der Dreiundvierzig vorgeschlagen. Die Jewish Agency nahm den Vorschlag an. Örtliche Gremien, Einrichtungen und Einzelpersonen, die mit den Mandatsbehörden in Verbindung standen, wurden aufgefordert, »dem Verlangen des Yishuv nach Freilassung jener Männer« Ausdruck zu verleihen.
Man nahm an, daß falls die britische Regierung Schwierigkeiten in der Aufhebung der Urteile sehen würde, sie möglicherweise geneigt sein könnte, einzelnen, über die »nichts Nachteiliges« bekannt geworden war, die Begnadigung zu gewähren.
Dabei dachte man in erster Linie an diejenigen, die schon mit der britischen Armee zusammengearbeitet hatten.
Unter diesen Umständen war Moshe der einzige, auf den diese Tatsachen zutrafen. Eine Versammlung aller dreiundvierzig stellte kurz und bündig fest: »Unter gar keinen Umständen werden wir uns um individuelle Begnadigung bemühen – es kommt nur eine Entlassung aller in Frage.«
Ein paar Tage nach dieser Versammlung öffnete ein Gefangener unabsichtlich einen an Moshe gerichteten Brief. Ruth berichtete von den Bemühungen, die in Nahalal angestellt wurden, um für Moshe eine Begnadigung zu erwirken. Sie schrieb, daß der Distriktskommissar in Nazareth die notwendigen Papiere bereits unterschrieben habe. Da Moshe der einzige gewesen war, der den Gedanken der individuellen Begnadigung verfochten hatte, glaubten seine Kameraden natürlich, er habe den Mehrheitsbeschluß ignoriert und »separate Anstrengungen in die Wege geleitet, um über Nahalal eine Einzelentlassung für Moshe Dayan zu erreichen«. Die Dreiundvierzig hatten natürlich keine Ahnung, daß ungeachtet ihres Beschlusses die politische Abteilung der Jewish Agency ihre individuellen Begnadigungen längst in die Wege geleitet hatte. Sie richteten ihren Zorn auf Moshe. Ihm half die Er-

klärung nicht, er habe weder etwas von den Vorgängen gewußt, noch sie in Gang gesetzt. Moshe hatte von seinem Amt bei seinen Mitgefangenen zurückzutreten. Sie hatten das Vertrauen zu ihm verloren.
In geheimer Abstimmung wurde Zvi Brenner bestimmt, Moshes Posten zu übernehmen.
Moshe erinnert sich, daß die ganze Angelegenheit mehr eine Sache seines Rücktritts als seiner Entlassung aus den Ämtern gewesen war. Er war von dem ihm von seinen Freunden entgegengebrachten Mangel an Vertrauen bitter enttäuscht und wollte sie jetzt auch nicht mehr länger vor den Gefängnisbehörden vertreten.
Die Abkühlung hielt allerdings nicht lange vor. Moshe war ja ein umgänglicher Mensch. Er spielte, rang, witzelte mit seinen Kameraden in der Freizeit genau wie früher. Obgleich er nicht wieder offiziell als Vertreter der Dreiundvierzig eingesetzt wurde, blieb er ihr Repräsentant gegenüber der Yishuv. In dieser Eigenschaft setzte er einen Angriff gegen die Yishuv und ihre Einrichtungen in Gang. Noah Dagoni zufolge waren seine Briefe weitaus zupackender und viel aggressiver als die Moshe Carmels.
Er rief die Führer der Yishuv auf, jetzt endlich ihr diplomatisches Getue aufzugeben und öffentliche Demonstrationen für die Entlassung der Haganah-Gefangenen zu veranstalten.
Anfang 1941 schien die Entlassung weiter entfernt als je zuvor. Dann, als direktes Ergebnis der Gespräche Weizmanns, die er hinter verschlossenen Türen geführt hatte, änderten sich die Verhältnisse in Palästina schlagartig.
Wieder einmal benötige die britische Armee die Hilfe der Haganah. Infolge der kriegerischen Entwicklungen im Nahen Osten stimmte die britische Armee der Einberufung einer großen Zahl jüdischer Jugendlicher zu.
Am 16. Februar benachrichtigte man die Dreiundvierzig, daß ihre Entlassung auf den folgenden Tag festgesetzt sei. Die Männer verbrachten eine schlaflose Nacht.
Bei Tagesanbruch erhielten sie ihre Zivilkleidung, den Entlassungsstempel in die Handfläche gedrückt, und waren wieder freie Männer.

9
Syrien (Juni 1941)

Als Moshe aus dem Gefängnis in Akko entlassen wurde, schien für den gesamten Nahen Osten die Gefahr einer Eroberung durch die Nazis zu bestehen. Aus dieser allgemeinen Lage heraus erneuerte sich die Zusammenarbeit zwischen der britischen Verwaltung Palästinas und der Yishuv. Die Jewish Agency legte den Juden dringend ans Herz, sich freiwillig zu den Einheiten der britischen Armee zu melden. Dr. Chaim Weizmann traf dazu bestimmte Abmachungen mit dem Chef des Nachrichtendienstes der Royal Navy, Admiral I. H. Godfroy. Aus diesen einleitenden Gesprächen entwickelte sich eine offizielle Zusammenarbeit zwischen der Politischen Abteilung der Jewish Agency und einer Spezialabteilung der britischen Kriegs- und Versorgungsministerien, die sich mit Vorbereitungen zum Aufstellen von Untergrundstreitkräften in Europa und Palästina befaßte.

Schon während Moshes Haftzeit hatten diese Entwicklungen für die Haganah selbst allerlei Veränderungen bewirkt. Im Mai 1941 beschloß man, eine das ganze Land umfassende Haganah-Streitmacht aufzustellen, deren Aufgabe es sein sollte, die jüdischen Siedlungen gegen die Araber zu verteidigen und der britischen Armee als Reservetruppe zur Verfügung zu stehen. Yitzhak Sadeh wurde für Aufstellung und Organisation dieser Truppe zum leitenden Spezialoffizier ernannt. Das Oberkommando der Haganah hatte beschlossen, ausschließlich die Besten aller verfügbaren Männer einzustellen. Yigal Allon und Moshe Dayan wurden herausgesucht und mit der Führung der ersten beiden Kompanien betraut. Ursprünglich hatte man beabsichtigt, die zwei Kompanien zum Kern der Truppe zu machen. Völlig unerwartet erhielten sie neue Aufgaben. Sie hatten sich an der britischen Invasion Syriens* zu beteiligen.

---

* Die französische Mandatsbezeichnung »Syrien« schließt das Gebiet des heutigen Libanon ein.

Als Moshe Sharett und seine Kollegen von der Politischen Abteilung der Jewish Agency erfuhren, daß eine Invasion geplant wurde, versuchten sie einen Weg zu finden, die Haganah an dem Unternehmen zu beteiligen. Sie hörten, bei den Streitkräften von Sir Henry Maitland (Jumbo) Wilson würden geländekundige Führer und Pionierpersonal benötigt. Man bot sie an. In der von Moshe nach der Invasion verfaßten Denkschrift führt er an, daß obgleich »die Engländer nur an eine kleine Gruppe Geländekundiger dachten, die mit dem Gebiet und den Straßenverhältnissen bestens vertraut sein sollten ... hatten wir eine viel größere Beteiligung an der Eroberung Syriens ins Auge gefaßt, eine Möglichkeit für mancherlei weitere Aktionen. Folglich bemühten wir uns um die größtmögliche Erweiterung der von uns gestellten Streitkräfte. Deshalb drehten wir es so, daß wir dreißig Mann einschleusen konnten statt der uns genehmigten zehn.«

Moshe standen zum Rekrutieren, Einüben und Organisieren seiner Männer nur ein paar Tage zur Verfügung. Es schreckte ihn nicht, daß seine Einheit völlig unvorbereitet in den Einsatz ging. Typisch für Moshes Rekrutierungsmethoden ist die Beschreibung, die Zalman Mart von seiner Einstellung in Moshes Kompanie gibt. Mart erinnert sich, daß am 6. Juni, als er gerade durch Nahalal ging, ein Auto neben ihm anhielt. Ruth und Moshe saßen darin, und Moshe fragte: »Willst Du mal die Australier kämpfen sehen?« Ich sagte ja. Darauf Moshe: »Komm, steig ein.« Da Mart noch seine JSP-Uniform trug, mußte er das Abzeichen entfernen und erhielt, weil er unbewaffnet war, Avivas Pistole.

Ruth und Moshe ließen Yael bei der Großmutter und fuhren mit Mart nach Hanita, dem Stammquartier von Moshes Kompanie. Auf dem Wege dort hin setzte Moshe Mart ins Bild, sagte ihm, daß für den Tag noch eine Erkundungstour gemacht werden mußte und schlug Mart vor, dabei mitzumachen. Sie mußten aber zuerst nach Haifa fahren, ihren arabischen Führer abholen und für die Kompanie Lebensmittel einkaufen.

Von Moshes dreißig Mann aus Hanita sprach nur einer arabisch. Dabei sollte die gesamte Einheit arabisch sprechen und nicht nur das, die Männer sollten auch alle als Araber durchgehen können. Das war den Briten von der Jewish Agency zugesagt worden. Es hatte auch nur einer einen Führerschein, obgleich ihre Hauptaufgabe im Herausfinden befahrbarer Wege für die Invasionsfahrzeuge bestand. Endlich verfügten sie, wie Moshe sich erinnert, »... nicht einmal über das Wichtigste für die Erfüllung der Aufgabe – einen Mann, der sich auf syri-

schem Gebiet auskannte. Den gab es in der ganzen Einheit nicht.«
Moshe beschloß daher, sich einen Kundschafter zu besorgen. Er schreibt:
Nach ausgedehnter Suche fanden wir endlich einen Araber, der in dem Gebiet einst eine Terroristenbande geleitet hatte und mit dem südwestlichen Syrien und den Gebieten an der syrisch-palästinensischen Grenze gut vertraut war. Wir zögerten zunächst aus verständlichen Gründen. Der Mann hätte uns gleich nach Überschreiten der Grenze gegen Belohnung an die französischen Truppen ausliefern können. Außerdem, wer wußte, wie er sich drüben verhalten würde, wenn etwas passierte? Er war immerhin Leiter einer Terroristenbande gewesen und hatte allerhand auf dem Kerbholz. Da wir aber einfach keinen anderen hatten, nahmen wir ihn. Man sagte uns, daß seine Frau und Kinder zur Sicherheit nach Haifa in ein Hotel gebracht würden. Er wurde verwarnt, daß seine Familie die Folgen zu tragen hätte, sollte etwas »Unvorhergesehenes« passieren.
Wegen der Aufteilung von Moshes Streitkräften auf kleine Grüppchen von zwei bis drei Mann, waren eine ganze Menge mehr arabischer Kundschafter nötig. Moshes Einstellung zum Krieg geht aus einer Anweisung zur Auswahl arabischer Kundschafter hervor:
Sollte es sich herausstellen, daß für ein solches Unternehmen ein Araber benötigt wird, ist ein Bandenführer oder Mörder einem einfachen arabischen Bauern oder Schafhirten vorzuziehen. Ersterer ist mutig, an dieser Art von »Spiel« interessiert und leistet darin etwas. Der Durchschnittsaraber ist ein Feigling und würde bei erster sich bietender Gelegenheit nach Hause gehen. Damit wäre unsere Sicherheit in Frage gestellt und das Unternehmen aufs Spiel gesetzt.
Zwischen dem 1. und 7. Juni wurden von Moshe und seinen Männern eine Reihe von Spähtruppunternehmen über die Grenze durchgeführt. Geführt wurde von den angeheuerten Arabern. Moshes Methode erwies sich als richtig. Nach der Rückkehr wurden Berichte angefertigt und zu General Wilson ins Hauptquartier geschickt. Der von Mart erwähnte Spähtrupp läßt uns Moshes Verlangen nach Einsätzen erkennen. Er schreibt:
In Haifa trafen wir die letzten Vorbereitungen, verluden die Verpflegung und setzten uns nach Hanita in Marsch. Als wir in Naharia eintrafen ... hielt uns ein der britischen Armee zugeteilter Verbindungsoffizier der Haganah an. Er erzählte, man könne eine ganz neue befahrbare Süd-Nordroute finden. Der Druse Yitzhak habe das berichtet. Er komme gerade aus Syrien und sei bereit, die Route zu zeigen,

die ohne besondere Vorkehrungen befahrbar sei. Genaugenommen könnte das ein Fehler gewesen sein, denn man kann ja auch einmal von einem Spähtruppunternehmen nicht wiederkehren, und die Kompanie wäre dann ohne Führer. Aber – es würde sich schon ein neuer finden lassen. Ich hatte keine andere Wahl und war froh über diese Gelegenheit zum Einsatz.

Die Führer hielten sich in Haifa auf. Als wir sie gefunden hatten, war es später Nachmittag. Mit ein wenig Verpflegung marschierten wir die Straße von Akko nach Safed entlang, in Richtung auf Hanita. Wir brauchten nur noch einen Fahrer, der im Wagen zurückbleiben sollte, solange wir auf Spähtrupp waren und notfalls die Einheit benachrichtigen konnte, falls wir nicht wieder zurückkehren sollten. ... In Akko trafen wir einen Lieferwagenfahrer aus Naharia mit seinem Fahrzeug. Er wollte den Sabbath bei seiner Familie zubringen. Er schloß sich uns an.

Moshes Handlungsweise weist hier schon größtenteils die Züge auf, die für sein Verhalten auf hohen Kommandoposten in der Zahal und als Verteidigungsminister bezeichnend sind. Er kümmerte sich nur wenig um seine persönliche Sicherheit, weil Feldkommandeure seiner Meinung nach ersetzlich sind. Für gute Arbeit gibt es aber keinen Ersatz. Logik, Wißbegierde, Abenteurergeist vermischten sich in Moshes Charakter. So war sein Platz immer an der Spitze der Männer. An zweiter Stelle stand sein Wunsch nach gewagten Erkundungen. Endlich entwickelte er eine Begabung für kurzfristige Improvisationen. Das konnte 24 Stunden vor einem Angriff sein. Zum Beispiel fand sich der Fahrer eines Brotwagens aus Naharia plötzlich mitten in den Vorbereitungen eines Angriffs auf Syrien als Teil einer Streitmacht von fünfzehn kriegsstarken Regimentern wieder. Sein Brotwagen war ein Vorläufer all der zahllosen Brot-, Milch- und Orangenwagen, die in späteren Jahren so oft die Reservetruppen der Zahal transportieren mußten. Moshe beschreibt diesen Spähtrupp dann weiter:

»An der Spitze ging Yitzhak der Druse, ich dahinter. Zwei Stunden lang kreuzten wir eine Straße nach der anderen und folgten dabei einer Route, die mit Leichtigkeit sogar von schweren Fahrzeugen befahren werden konnte ... es war noch früh am Abend, als wir die syrische Straße erreichten. Unsere Aufgabe war erfüllt, doch wir beschlossen, den Spähtrupp fortzusetzen und uns einmal das Städtchen Bint el-Jebel aus der Nähe anzusehen. ... Als wir zurückgekehrt waren, hatten wir die Antworten auf eine Anzahl unserer Fragen gefunden: Häufigkeit, Zusammensetzung und Stärke der nächtlichen

Streifen entlang der Straße, Anzahl der Armeestützpunkte in der Umgebung, ihre Bewachung und Aktivitäten. Mit Überraschung stellten wir fest, daß man überhaupt keine Vorbereitungen getroffen hatte, um einem möglichen Angriff zu begegnen. Alles war ruhig ... Vor Anbruch der Dämmerung kehrten wir zurück, müde, aber mit einer genauen Zeichnung der von uns entdeckten Route und einem Bericht über unsere Beobachtungen. Natürlich war niemand da, dem wir ihn übergeben konnten. Man sagte uns, es sei unmöglich, in der Nacht vor der Invasion noch irgend etwas zu ändern. Vom militärischen Standpunkt aus gesehen, war all unsere Arbeit vergebens. Wir kehrten nach Hanita zurück und fielen vollkommen erschöpft ins Bett.«
Als Moshe am Nachmittag des 7. Juni erwachte, kamen bereits australische Lastwagen die steile Straße nach Hanita heraufgefahren. Moshe wurde den beiden jungen kommandierenden Offizieren der Australier vorgestellt, die ihm eine gedruckte Karte zeigten, die, wie er mit Stolz bemerkte, eine Kopie der Karte darstellte, die einer von seinen Spähtrupps gezeichnet hatte.
Es gab sieben Aufträge für Moshes Männer. Die wichtigste war die Gefangennahme der Wachen auf der Brücke nördlich von Iskanderun. Es handelte sich dabei tatsächlich um ein Brückenpaar im Zuge der Küstenstraße, zehn Kilometer nördlich der palästinensischen Grenze. Die Australier teilten drei Offiziere – Kippin, Allen und Cowdrey – und sieben Soldaten für diese Aufgabe ein. Dazu traten Moshe mit vier Männern und dem arabischen Führer Rashid Taher. Die Australier besaßen drei Pistolen, ein Bren-Maschinengewehr, eine Maschinenpistole und fünf Gewehre. Moshes Männer waren mit drei halbautomatischen Pistolen unterschiedlichen Kalibers, zwei Lee Enfield-Gewehren, einer Maschinenpistole und fünf Handgranaten bewaffnet.
Vor dem Aufbruch zu ihrem Unternehmen setzte sich die »vereinigte Streitmacht«, zehn Australier, fünf Juden, ein Araber, zu einem anständigen Abendessen zusammen. Dabei sollte Mart von zufällig vorbeikommenden Verwandten nach Hause geschickt werden. Doch Moshe erlaubte ihm, dabeizubleiben.
Abends um 9.30 Uhr brach man dann auf zu dem langen, anstrengenden Marsch durch die hügelige Gegend. Die Uhr ging auf eins am nächsten Morgen, als die Truppe die letzte Hügelkette vor Iskanderun erreichte und Dorf, Küstenstraße und das Angriffsziel im Mondlicht schimmern sahen. Für eine Weile ruhte die Truppe. Moshe und die Australier arbeiteten den endgültigen Plan zum Angriff auf die nördliche Brücke aus. Da Moshe glaubte, beide Brücken würden von fran-

zösischen Posten bewacht, hielt er es für nötig, alle beide gleichzeitig anzugreifen. Die Einheit näherte sich in völliger Ruhe der nördlich gelegenen Brücke und wartete.
In seinem Bericht spielt Moshe seinen eigenen Anteil an der Einnahme der Brücken herunter. Zalman Mart berichtete jedoch in seiner Aussage für das Archiv der Haganah, was sich tatsächlich zutrug, als sie an den Brücken anhielten:
Nach unseren Informationen sollte es dort eigentlich eine französische Brückenwache geben. An dieser Stelle erwarteten wir von dem australischen Offizier, er würde Farbe bekennen und seine Leute zum Angriff bereitstellen ... aber er stand nur unschlüssig herum und wartete auf das, was Rashid wohl sagen würde. Nach einer Weile ließ sich Rashid dann vernehmen: »Gut, Leute, das da ist also die Brücke, die zu nehmen ist.« Rashid hatte natürlich überhaupt nichts mit der taktischen Seite des Unternehmens zu tun. Deswegen warteten wir auf den Australier. Als dieser sich nicht rührte, nahm sich Moshe Rashid und ging mit ihm schnurstracks auf die Brücke los. Er erreichte sie in aller Ruhe, ohne bemerkt zu werden.
Nach Marts Darstellung ist es also Moshe gewesen, der die Initiative ergriff. Kippin folgte lediglich seiner Führung.
Moshe, Rashid und Kippin arbeiteten sich bis auf die Brücke vor. Zu ihrem Erstaunen war die Brücke weder bewacht noch zur Sprengung vorbereitet. Die drei Männer schlichen zur zweiten Brücke, wo sie eine ähnliche Situation vorfanden. Damit hatte der Kommandotrupp tatsächlich seine Aufgabe erfüllt. Alles, was noch zu tun blieb: warten, bis die Hauptmacht der Invasionstruppen die Brücke erreichen würde. Es war jetzt zwei Uhr morgens. Vor vier Uhr konnten die ersten britischen Truppen nicht eintreffen. Das lange Warten schläferte die Männer ein. Moshe tat das, was sich später bei ihm zu einer seiner typischen Verhaltensweisen entwickeln sollte: er legte sich erst einmal unter der Brücke zum Schlafen nieder. Mart und die anderen redeten noch ein wenig miteinander, später versuchten auch sie zu schlafen. Die anhaltende Stille war ihnen unbehaglich, und sie wachten schon bald wieder auf. Moshe schrieb: »Einer der Männer weckte mich bei Tagesanbruch und meinte, es sei etwas faul an der Geschichte. Nichts habe sich in der Nähe der Brücke gezeigt.« Mit Marts Worten: »Die Invasion erreichte uns nie.« Später sickerte durch, daß es einen ganz einfachen Grund dafür gab, warum die Franzosen die Brücken bei Iskanderun aufgegeben hatten. Weiter südlich, in der Nähe der palästinensischen Grenze, hatten sie einen Abschnitt der Küstenstraße vermint und gesprengt.

Moshe beschreibt seine Überlegungen folgendermaßen: Für uns war klar, daß wir die Brücken nicht wieder aufgeben konnten. Sie könnten gesprengt werden, und wir hatten den Befehl, hier zu warten, bis uns die Invasion erreichte. Bis dahin wollten wir etwas unternehmen. Wir hatten gehört, in Iskanderun sollte es eine französische Polizeistation geben, und schlugen den Australiern vor, sie zu nehmen. Wir hatten aber nicht die geringste Absicht, noch weiter zu gehen.

Wenn Moshes Darstellung korrekt ist, hat ihn sein Verlangen nach »Aktion«, sein Wunsch »irgend etwas zu unternehmen«, beinahe das Leben gekostet.

Es steht auf jeden Fall fest: der Entschluß, die Polizeistation anzugreifen, wirkte sich auf Moshe Dayan verhängnisvoll aus.

Rashid hatte von der Polizeistation gesprochen, nur zwei Kilometer seien es bis dahin, und »besetzt ist sie nur mit zwei oder drei Polizisten«.

»Wir ließen zwei Mann als Brückenwache zurück und machten uns auf den Weg«, schrieb Moshe. »Wir benutzten die Straße, denn auf den Gedanken, die Station könnte von einer Armeeeinheit besetzt sein, kamen wir nicht.« Elf Australier, die Juden und der Araber bewegten sich also schwatzend, lachend, Witze reißend und unvorsichtig beide Straßenseiten benutzend gen Süden. Sie dachten noch nicht einmal daran, Kundschafter vorauszuschicken. Mr. Lang* berichtet darüber:

Gegen 5 Uhr vormittags erhielt die kleine Truppe nördlich von Iskanderun Feuer aus einer befestigten Stellung. Die Australier nahmen die Stellung im Sturm. Als Allen die Schüsse hörte, schloß er sich den anderen Männern an. Es folgte ein längeres Gefecht. Die Franzosen erhielten Verstärkung. Ein paar von Kippins Männern griffen die französischen Truppen in einem nahegelegenen Obstgarten an. Soldat Henderson erledigte eine Maschinengewehrstellung mit Handgranaten. Die australische Darstellung des Angriffs weicht insoweit von der Darstellung der Haganah ab, als sie den Anteil Moshes und Marts bei der Überwindung der französischen Stellung einfach ausläßt. Das Unternehmen an sich war unbedeutend und trug auch nichts zum Erfolg der Invasion als Ganzes bei. Eine detaillierte Darstellung ist ohne jede militärische Bedeutung und uninteressant. Ein Vergleich der beiden Darstellungen jedoch läßt einige bedeutsame Seiten in Moshes Charakter zutagetreten.

Nach Darstellung der Haganah marschierte die Gruppe zwei Kilometer nach Süden, bis zu einem sich von Osten nach Westen erstreckenden

* »Australia in the War of 1939–1945«

Gebirgszug mit Orangenhainen an seinen unteren Hängen. Es gab eine Steinmauer, eine Straße, und die Polizeistation, ein zweistöckiges Gebäude mit einer breiten Terrasse davor und einem steil zur See abfallenden Hügel dahinter, auf der anderen Straßenseite. Bei der Annäherung an das Gebäude blieben einige Männer auf der Straße, die anderen arbeiteten sich durch den Orangenhain vor. Nach Marts Darstellung erhielten sie nicht sofort Feuer. Im Gegenteil, ein französischer Soldat wandte sich zur Flucht und wurde von ihnen beschossen. Danach erschien ein »verschlafener« Franzose, »schaute sich um, als wollte er herausfinden, was die Schüsse zu bedeuten hätten. Es kamen mehr Franzosen heraus, einige von ihnen trugen Gewehre.«
Nach kurzem Feuerwechsel mit den Franzosen suchte die angreifende Truppe im Orangenhain Deckung. Die Franzosen brachten auf der Terrasse ein Maschinengewehr in Stellung und fingen an, mit langen Feuerstößen den Hain »durchzukämmen«. Moshe bemerkt: »Unser Mut war beträchtlich gesunken.« Sie wurden von oben beschossen. Die Geschosse zischten über die Oberkante der Steinmauer, hinter der die Männer in Deckung lagen und ihren dahinschmelzenden Munitionsvorrat zählten. Mart berichtet:
Ein Australier holte eine Handgranate heraus, küßte sie und warf sie in die Luft. Sie verfehlte ihr Ziel. Dann warf Moshe eine Handgranate direkt auf die Terrasse. Nach der Explosion verstummte das Maschinengewehr. Ein Meisterwurf aus einer Entfernung von rund 25 Metern. Nachdem das Maschinengewehr zum Schweigen gebracht worden war, überschütteten die Franzosen die Oberkante der Steinmauer noch immer mit gut gezieltem Feuer. Moshe wandte sich zum Offizier (Kippin) um und sagte: »Sie und Ihre Leute geben uns Feuerschutz. Wir greifen über die Straße an. Ich werde eine Handgranate in das Haus werfen.« Der Offizier stimmte zu.
Genau so ist es gewesen. Sie feuerten, zwei von uns sprangen über die Mauer und suchten unter der Terrasse Deckung ... Moshe warf eine Handgranate, und mit dem Knall ihrer Explosion drangen wir in das Haus ein. Ein Soldat und ein Offizier lagen tot am Boden ... zwei Männer standen uns gegenüber, wir feuerten sofort und töteten beide. Im zweiten Raum saßen sieben oder acht Franzosen auf dem Boden. Sie hielten sich anscheinend noch unter dem Schock der Explosion die Ohren zu. Sie wurden gefangengenommen.
Mart zufolge haben also er und Moshe ganz allein das Gebäude genommen und dabei mindestens zwölf oder fünfzehn Franzosen überwältigt.

Lang gibt an, daß nachdem die Polizeistation eingenommen worden war und Henderson das Maschinengewehr außer Gefecht gesetzt hatte, »zwei unserer jüdischen Führer verwundet wurden (einer davon war Moshe). Kippins Männer brachten einen eroberten Granatwerfer und ein Hotchkiss-Maschinengewehr in Stellung und schossen sich mit einer französischen Kolonne herum, die von Norden heranrückte, um gegen die Invasion vorzugehen. Eine Anzahl Lastwagen wurde gestoppt und ihre Besatzungen gefangengenommen.« Zwischendurch, gegen sieben Uhr morgens, hörte man eine Explosion in südlicher Richtung. Die Kommandoeinheit wußte nicht, daß die Küstenstraße gesprengt worden war, die für die Invasion offenzuhalten sie eingesetzt war; doch in diesem Augenblick kämpfte sie um einen abgelegenen Polizeiposten in einem Orangenhain. Marts Bericht geht weiter:

Wir hatten inzwischen alle begriffen, daß mit der Invasion nicht mehr zu rechnen war. Moshe schlug vor, in dem Gebäude zu bleiben. Das Hotchkiss-MG transportierten wir aufs Dach. Was wir auch taten ... alles wurde auf Moshes Initiative und nach seinen Vorschlägen ausgeführt ... Einer der gefangenen Franzosen sagte etwas von einem Granatwerfer im Garten. Wir sausten hin, holten ihn und die zugehörige Munition und brachten ihn auf dem Dach in Stellung. Niemand konnte damit umgehen, bis auf einen Australier, der damit zu feuern begann.

Wieder erhärtet Moshes Bericht die Darstellung Marts. Nach australischer Darstellung waren Kippin und Henderson die Helden des Tages, nach jüdischer gebührte diese Ehre Moshe und Mart.

Doch Moshe war es auf jeden Fall, der das Hotchkiss-MG auf dem Dach bediente, während der Australier mit dem Granatwerfer feuerte. Es gab nur sehr wenige Deckungsmöglichkeiten auf dem Dach. Der Sims war gerade 30 Zentimeter hoch. Kaum genug, um im Liegen Deckung zu finden. Moshe schrieb später: »... es war aber wichtig zu sehen, was um uns herum passierte, und das konnte man eben nur vom Dach aus.«

Auf Moshes Befehl stieg Mart vom Dach und fuhr mit einem Australier auf einem der erbeuteten französischen Motorräder davon, um zu erkunden, ob es irgendeine Möglichkeit gäbe, mit der britischen Armee an der Grenze in Verbindung zu treten. Die Franzosen beschossen das Motorrad, durchlöcherten dabei die Reifen und zwangen die beiden Männer, umzukehren. Gleichzeitig passierte folgendes. Moshe berichtet:

Ich untersuchte das Maschinengewehr, um herauszufinden, wie man es betätigt und wie die Magazine eingeführt werden. Nach einigen Minuten hatte ich es entdeckt. Als wir zu feuern begannen, wurden wir sofort heftig beschossen. Deckung gab es nicht. Ich schaute durch ein Fernglas, um die französischen Stellungen auszumachen. Da traf mich ein Geschoß am Auge. Ich verlor nicht die Besinnung. Sofort erhielt ich Erste Hilfe. Von da an konnte ich nur noch hören, was um mich herum vorging.

Kurz nach sieben Uhr vormittags, 8. Juni 1941.

Moshe hatte das Fernglas eines gefallenen französischen Offiziers genommen. Ein Geschoß traf die linke Seite des Glases, zertrümmerte das Gestell und trieb Glas- und Metallsplitter in die Augenhöhle und eine Hand. Mart, der gerade von dem abgebrochenen Motorradunternehmen zurückgekehrt war, wurde eiligst auf das Dach gerufen, um seinem verwundeten Freund beizustehen. Moshe lag ausgestreckt auf dem Rücken. Was für ein Paradoxon – er war genau auf eine französische Flagge gestürzt. Nach Moshes Aussage versuchte Mart, ihm das Gestell des Fernglases aus dem Auge zu ziehen. Er zog mit aller Kraft, konnte das Metall aber nicht bewegen. Zum Schluß bat Moshe ihn, das Metall zu lassen, wo es saß, vielleicht verhinderte es ja eine allzu heftige Blutung. Mart erinnert sich: »Ich sagte, ›Moshe, was meinst Du?‹ Moshe ist der Typ, mit dem man immer reden kann, sogar dann, wenn er verwundet ist. Er antwortete: ›Das Auge ist verloren, wenn ich schnell genug ins Lazarett komme, kann ich am Leben bleiben.‹ Gut, besorgen Sie mal ein Lazarett, wenn die Franzosen auf Sie schießen, die Invasion gar keine Invasion ist und weit und breit kein Fahrzeug zu sehen ist...«

Mart verband Moshes Gesicht, sein Auge und seine Hand mit Verbandpäckchen und sah zu, daß er endlich vom Dach herunterkam. Inzwischen ging das Gefecht weiter. Ein Australier fiel. Moshe befahl Mart, das Kommando zu übernehmen, und dieser teilte seine Zeit zwischen dem Kampf und seinem verwundeten Freund, der bewegungslos auf dem Boden lag. Mart sagt, Moshe habe die ganze Zeit ruhig auf den Wolldecken gelegen. »Er verlangte nichts, stellte keine Fragen, stöhnte nicht, vergoß keine Tränen. Er gab keinen Laut von sich. Man gab ihm Wasser, ohne daß er darum bat. So lag er sechs volle Stunden. Ein Uhr nachmittags erschienen ein australischer Offizier und ein Soldat auf dem Motorrad. Das erste Zeichen der Invasion für uns.« Mart erkundigte sich nach den Straßen in Richtung Haifa. Er hörte, sie seien offen, und erbat sich Kippins Erlaubnis, einen der erbeuteten französischen Lastwagen zu nehmen, um Moshe ins Lazarett zu bringen. Mit Hilfe Rashids und eines australischen Fahrers wurden Moshe und ein gefallener Australier auf den Lastwagen geladen, und ab ging es zur Grenze.

Als sie die Hauptstraße, die mit nordwärts rollenden Truppen und Fahrzeugen vollgestopft war, erreicht hatten, stellte sich heraus, daß ihr leichtes Fahrzeug die zerstörte Brücke nicht umgehen konnte. Der australische Fahrer erbat sich von einer in der Nähe gelegenen britischen Einheit einen Ambulanzwagen.

Schnell verständigte Mart Moshes Familie in Nahalal und einige Haganah-Führer. Schon nach ein paar Stunden versammelten sich die Familienmitglieder und eine große Anzahl von Freunden im Hadassah-Krankenhaus in Haifa. Moshe wurde sofort nach seinem Eintreffen in den Operationssaal gefahren. Doch die Ärzte konnten nur wenig für ihn tun. Sein linkes Auge war verloren. Alles, was sie machen konnten, war, die Metall- und Glasbruchstücke zu entfernen und die leere Augenhöhle zu verschließen. Moshes Gesicht und seine Hand wie natürlich auch die Augenhöhle benötigten ständige Behandlung. Nach Rücksprache mit der Familie entschied man sich dafür, ihn ins Hadassah-Krankenhaus nach Jerusalem zu bringen.

10
Außer Kurs (1941-1947)

Versehrte Menschen begreifen oft nicht so schnell, wie drastisch ihre Verletzung die Lebensgewohnheiten verändert. Auch Moshe bildete in dieser Hinsicht keine Ausnahme. Anfangs war er immer noch davon überzeugt, im Krieg auch weiterhin eine aktive Rolle spielen zu können. Sein im Lazarett geschriebener Bericht über die Vorgänge in der Polizeistation endete mit folgendem Satz: »Am 7. Juni wurde ich an der Hand und an den Augen verwundet (sic). Anbei der Bericht. Ich gebe dem Wunsch Ausdruck, auch weiterhin nach bestem Können in der britischen Armee zu dienen.« Trotz seiner Berühmtheit als »Schlachtenheld« und trotz der dafür von der britischen Armee erhaltenen Auszeichnungen, kehrte Moshe für sieben lange Jahre nicht wieder in den aktiven Truppendienst zurück, weder bei der britischen Armee noch bei der Haganah. Er wurde vom Kommando als Chef seiner Kompanie entbunden. Eine ganze Weile schien es, als könnte er nie wieder Soldat sein. Der Verlust eines Auges ist für einen Zugführer und erst recht für einen Kompanie-Chef eine ernste Behinderung. Moshes Entwicklung von Juni 1941 bis Mai 1948 wurde zum größten Teil von seiner Verwundung bestimmt und davon, daß er wegen der langwierigen ärztlichen Behandlung in Jerusalem zu bleiben hatte. Die gleichen Faktoren dirigierten andererseits auch seine weitere Entwicklung als Figur des öffentlichen Lebens und als Parteimann. Als er sich von der Verwundung erholte, litt er unter Anfällen von Depression. »Was den Dienst in der Haganah betrifft, so war ich ein Invalide. Nicht einsatzfähig. Ich merkte selbst, daß ich nicht mehr imstande war, irgendwelchen militärischen Dienst zu leisten. Ich taugte nur noch zum Nachtwächter oder derlei. Physisch war ich am Ende. Das wurde mir schmerzhaft klar.«
Das Entfernen der ins Auge gedrungenen Metallsplitter erwies sich als ein lang andauernder Prozeß, der von ständigem Ausfluß aus der Augenhöhle begleitet wurde. Das hat weitgehend aufgehört, macht sich

aber heute noch immer bemerkbar, genau wie die Kopfschmerzen, unter denen er litt. Ab 1941 hatte Moshe ständig Schmerzen, die er gefaßt zu ertragen lernte.

Den härtesten Schlag empfing er von seinem neuen unverkennbaren Aussehen – von der schwarzen Augenklappe. Schon als die Ärzte seine Nasenwurzel wieder hergestellt hatten, stellte sich heraus, daß ein Einsetzen eines Glasauges nicht möglich war. Die Knochen der Augenhöhle waren vollständig zertrümmert. Es gab einfach nichts mehr, was ein Glasauge hätte festhalten können. Moshes unermüdliche Anstrengungen, die schwarze Augenklappe endlich gegen ein Glasauge auszutauschen, unterstreichen, wie unglücklich er damit war.

In Jerusalem, Paris und Johannesburg bemühten sich in plastischer Chirurgie erfahrene Ärzte vergebens, die zertrümmerte Augenhöhle mit ausreichendem Gewebe zum Halten eines Glasauges zu versehen. Der letzte Versuch wurde 1957 in Südafrika von Dr. Jack Penn, einem der besten plastischen Chirurgen der Welt, unternommen. Als die Behandlung voranschritt und man endlich das Glasauge einsetzte, stellte sich heraus, daß Moshe nach seinen eigenen Worten »fürchterlicher aussah als vorher ohne Auge«. Das neue linke Auge stand nicht mit dem rechten auf gleicher Höhe. Es sah aus wie eine Glasperle im äußersten Winkel seines Gesichts.

Die schwarze Augenklappe, die fast so etwas wie ein Gütezeichen seiner politischen Karriere werden sollte, brachte Moshe tief empfundene, verlängerte Pein.

Er war sich seines piratenhaften Aussehens bewußt und fürchtete das Entsetzen der Kinder. Sogar auf dem Höhepunkt seiner Berühmtheit war er über die Neugier der Kinder und ihre Fragen, die sie über seine schwarze Augenklappe stellen könnten, ernstlich besorgt. Jedesmal verspürte man den Ärger und sein Unbehagen in den Antworten.

Sein Unbehagen verstärkte sich, wenn er an die Möglichkeiten einer Beförderung in der Haganah dachte. Yigal Allon, mit dem er ständig in einem »Kopf-an-Kopf-Rennen« gelegen hatte, wenn es um die Haganah ging, ließ ihn nun weit hinter sich. Moshe, der seit den Tagen seiner Kindheit immer »etwas ganz Gewaltiges« leisten wollte, war glatt aus dem Rennen geworfen. Eine Zeitlang schien alles verloren. Es sah aus, als würde Moshe jetzt ein ganz gewöhnliches Mitglied in der Haganah sein – nur einäugig.

Doch dieser plötzliche Abbruch seiner Haganah-Karriere im Jahre 1941 sollte sich zehn Jahre später als Sprungbrett zu seinen Beförderungen in der Zahal erweisen.

Moshe weigerte sich, während der gesamten Dauer der Behandlung im Lazarett zu bleiben. Er zog in das Haus der Familie Shwarz im Vorort Rehavia und ließ sich von dort jeden Tag ins Hadassah-Krankenhaus am Mount Scopus fahren. Ruth und Yael zogen zu ihm nach Jerusalem, und für eine Weile hatte er, außer seiner Familie und sich selbst, keine weiteren Interessen.

Reuven Shiloah, Vertreter der Jewish Agency in der »Dreiundvierziger-Affäre«, wohnte im Parterre des gleichen Hauses. Jetzt fungierte er als Leiter der Abteilung für besondere Angelegenheiten, einer Sektion der Politischen Abteilung der Jewish Agency. Als der Vorsitzende der Jewish Agency, David Ben Gurion, 1940 einen Wechsel in der Politik auf Grund des »Weißbuches« herbeiführte und damit den dauernden Streitereien mit den Briten ein Ende setzte, trat die neue Abteilung in Aktion. Shiloah war in der Lage, mit einer Reihe geheimer und halbgeheimer britischer Nachrichtendienste und Agenten-Institutionen Verbindungen zu unterhalten.

Shiloah bot Moshe in seiner Abteilung einen Posten an. Die Frage, wo Moshe nach seiner Wiederherstellung arbeiten sollte, war damit gelöst. Gleichzeitig wurden damit die Weichen für ein für ihn völlig neues Tätigkeitsfeld gestellt – die Politik.

Zurückschauend kann man behaupten, der wichtigste Einfluß, den dieser neue Posten auf Moshes Zukunft gehabt hat, war folgender: er zwang ihn, sich eingehend mit dem Fortbestand der Yishuv zu beschäftigen, was nach zionistischer Ideologie nur ein Schritt ist, nur eine kleine Stufe des Fortbestands der Jüdischen Nation als Ganzes.

Am 22. Juni 1941 griffen die Deutschen die Sowjetunion an. Die Entwicklungen an der Ostfront warfen in der Yishuv die Frage eines möglichen Naziangriffs auf Palästina auf. Die Haganah mußte überlegen, welche Maßnahmen die Yishuv in solchem Fall zu ergreifen hatte. Im Sommer 1941 bereiteten sich die britischen Behörden in Palästina und Syrien auf einen Rückzug vor. In diesem Zusammenhang ersuchte der Nachrichtendienst der britischen Armee die Abteilung Reuven Shiloahs, über das ganze Land ein Netz kleinster Verbindungsstellen zu verteilen, die für den Fall, daß Syrien und Palästina von den Deutschen überrannt würden, die Tätigkeiten der Nachrichtendienste koordinieren sollten. Shiloah beauftragte Moshe mit der Lösung dieser Aufgabe. Am 15. August erhielt Shiloah einen detaillierten Plan mit Vorschlägen, die eine Einrichtung von Übermittlungsstationen im Süden, Samaria, Haifa und dem Beisangebiet vorsahen. Der britische Nachrichtendienst stimmte diesem Plan in seinen Grundzügen zu. Am 26. September begannen zwanzig von Moshes Männern einen dreimonatigen Speziallehrgang im Senden und Empfangen von Funknachrichten, Radio-Theorie und Elektrizitätslehre.

Die neue Aufgabe zwang Moshe, nach Jerusalem überzusiedeln. Er mietete eine große Vierzimmerwohnung im Vorort Katamon. Doch jenes kunstvolle Gebilde, das man bald »Moshe Dayans Privatnachrichtennetz« nennen sollte, erwies sich für Moshes Energie und Vorstellungskraft als zu eng angelegt. Er dachte an weiter gesteckte Ziele. Für den Fall der Eroberung schlug er am 20. Oktober 1941 den Behörden die Aufstellung zweier Spezialeinheiten vor, deren Angehörige als Araber und Deutsche getarnt werden sollten. Anfangs lehnten die Briten diesen Vorschlag ab. Als sich aber dann im Juli 1942 die Kriegslage entscheidend änderte, wurde er akzeptiert.

Das Ergebnis war die Aufstellung des arabischen und des deutschen Zuges innerhalb der Palmach.

Der Einsatz begann damit, daß die Briten einen Mann suchten, der in der Lage sein sollte, mit dem Fallschirm über Jugoslawien abzuspringen, um der britischen Gesandtschaft bei Tito als Funker zur Verfügung zu stehen. Funkangelegenheiten und alles damit Zusammenhängende waren Moshes Sache. Er war verantwortlich für Aktivitäten hinter den feindlichen Linien. Shiloah gab die britische Aufforderung an Moshe weiter. Moshe suchte für diese Aufgabe einen jungen Mann aus Nahalal aus: Peretz Rosenberg. Dieser sprang im Mai 1942 über Jugoslawien ab. Doch die Idee ließ Moshe keine Ruhe. Er fragte sich, warum nur einer? Warum sollte man nicht eine komplette Kommandoeinheit hinter den feindlichen Linien in Europa absetzen? Diese Männer könnten zwei Dinge tun: einmal die Deutschen bekämpfen und zum zweiten könnte sie zu den von den Nazis verfolgten Juden und jüdischen Gemeinden in Europa Verbindung aufnehmen. Die Politische Abteilung der Jewish Agency übermittelte den britischen Behörden einen bis in alle Einzelheiten ausgearbeiteten Vorschlag, der angenommen wurde. Dreiunddreißig speziell ausgebildete jüdische Fallschirmjäger, die meisten Mitglieder der Palmach, wurden über Rumänien, Bulgarien, Österreich und Jugoslawien zur Durchführung von Guerilla-Aufgaben abgesetzt. Viele von ihnen kehrten nie wieder zurück.

Mit der Ausbildung der Fallschirmjäger wurde Moshe Dayan betraut. Dabei beschäftigte er einen Major der britischen Armee, Mr. Grant-Taylor. Sein Spitzname: »Killer«. Er war ein kleiner, rundlicher, grinsender Mensch, der durch Artikel in der *New York Herald Tribune* und im *Reader's Digest* im Dezember 1943 mit einem Artikel: »Killing is my Business« (Töten ist mein Geschäft) eine gewisse Berühmtheit erlangte. »Killer« faszinierte die große Zahl von Quellen, aus denen er sein gewaltiges Spezialwissen geschöpft hatte. Viele Jahre lang hatte er für die Spezialabteilung von Scotland Yard als Handfeuerwaffenexperte gearbeitet, ehe J. Edgar Hoover ihn in das FBI berief. Hier und in den Polizeibehörden New York, Chicago und San Francisco verbrachte er neun Jahre im Dienst gegen das Gangsterunwesen in den Vereinigten Staaten. Nach seiner eigenen Darstellung war alles, was er über Schnellschießen, Kidnapping und Töten je gelernt hatte, ein Kinderspiel gegen das, was die amerikanischen Gangster ihn gelehrt hatten. Um seine Verfahren zu läutern und weitgehend zu verbessern, hatte er sich sogar von führenden Mitgliedern der amerikanischen Unterwelt beraten lassen.

Eine der wichtigsten Lektionen, die sowohl Moshe und seine Männer wie die britischen Kommandoeinheiten von Grant-Taylor lernten, war die Methode, sich von dem immanenten Widerwillen gegen das Töten zu befreien. »Er lehrte uns, ohne Reue zu töten«, sagte Moshe.

Der »Killer« unterrichtete seine Schüler in England und Amerika nach folgender Philosophie:

»Unglücklicherweise leidet der durchschnittliche Engländer und Amerikaner unter Gewissensbissen. Sie müssen lernen, das zu überwinden, sonst belastet Sie das im entscheidenden Moment und verursacht Ihren Tod.

Einen Nazi umzulegen ist nicht anders, als zerklatschten Sie eine Fliege. Beherzigen Sie das und legen Sie ein paar um, dann werden Sie sogar nach der blutigsten Schweinerei wie ein Baby schlafen. Nur zwei Sachen haben Sie zu interessieren: Sie müssen den Job ausführen und sich dann aus dem Staub machen.«

Moshe blieb von Juni 1941 bis September 1942 in Jerusalem. Hier wurde auch sein erster Sohn, Ehud, am einunddreißigsten Januar 1942 geboren. Während dieser Periode widmete er seiner Familie viel Zeit. Der Löwenanteil seiner Arbeitskraft gehörte den Angelegenheiten des Staates. Moshes Leidenschaft für politische Angelegenheiten sei wie eine unstillbare Leidenschaft zur Musik, erzählte Reuven Shiloah. Ganz besonders interessierten ihn die Kontakte der Politischen Abteilung zu den Arabern.

Von Yoseph Harel, der Moshe während dessen Jerusalemer Zeit häufig besuchte, wissen wir, daß seine Stimmungen damals extremen Schwankungen unterworfen waren. Dieses Phänomen sollte in späteren Jahren noch ausgeprägter in Erscheinung treten. Moshe trachtete immer weniger nach der Gesellschaft anderer Personen und suchte immer häufiger die Einsamkeit. Harel sprach es aus: »Moshe lachte nicht mehr. Er schien niemanden nötig zu haben. Zuweilen tauchte er auf aus diesen dunklen Stimmungen: es war dann eine helle Freude, ihn sprechen zu hören, und wenn er lachte, mußte man einfach mitlachen.« Die Menschen in Hanita bewunderten Moshe, warm werden konnten sie nicht mit ihm. »Yigal Allon konnte jedermann natürlich gut leiden. Zu ihm hatte man stets guten Kontakt. Mit Moshe war das anders. Es gab da eine bestimmte Linie – bis hierher und nicht weiter. Über eigene Probleme verlor er kein Wort. Immerhin, es gab bei ihm Augenblicke gewaltiger Begeisterung. Er fühlte sich dann glücklich und gelöst.« In Jerusalem wurden diese Augenblicke immer seltener. »Er konnte einen mit einem einzigen Wort begrüßen, mit einem abwesenden Lächeln. Räumlich war er anwesend, man war für ihn jedoch kaum mehr als Luft.«

In Jerusalem ging mit Moshe noch eine andere Veränderung vor. Leute, die ihn als jungen Mann in Nahalal interessiert hatten, waren ihm jetzt gleichgültig. Er fühlte sich zu Menschen hingezogen, die der Politik nahestanden. Allein, urteilte man nach Moshes äußerer Erscheinung, seiner saloppen Sprechweise, seinem mehr ländlichen Auftreten, niemand hätte diesem jungen Mann aus Nahalal hohe Intelligenz, anspruchsvolle Gedankengänge und politisches Interesse zugetraut. Die meisten seiner Freunde und militärischen Vorgesetzten hielten ihn für gleichberechtigt, ja, sie gestanden ihm sogar eine gewisse Überlegenheit im Soldatenhandwerk und großen Wagemut zu. Sie begriffen nicht seine Verschlossenheit und sein Desinteresse an militärischen Dingen, als er aus dem militärischen Dienst ausschied und sich politischen Dingen zuwandte.

Moshes ganz besondere Art, bezaubernd und umgänglich zu erscheinen, verstärkte in seinen Freunden nur das Gefühl der Ablehnung. In guter Laune verbreitete Moshe um sich eine Atmosphäre prickelnder Elektrizität und Erregung, die sich auf seine Umgebung übertrug. Es war daher ganz natürlich, daß eine Zahl von Menschen in seiner Umgebung der Meinung sein mußte, zwischen ihnen und Moshe habe sich so etwas wie Verständnis und Freundschaft entwickelt. Dieser Eindruck war in den meisten Fällen einseitig. Viele, die sich für Moshes Freunde hielten, vermuteten nicht einen Augenblick, daß ihre Gefühle überhaupt nicht erwidert wurden, andere wiederum, die tatsächlich seine Freunde waren, sahen sich häufig einem ganz anderen, sehr reservierten, einem

abwesenden Moshe Dayan gegenüber. Diejenigen, die seine Gesellschaft suchten, wurden dadurch häufig tief gekränkt.
In Jerusalem erreichte Moshe etwas, was ihm in Nahalal nie gelungen war: er war angesehen, und man mochte ihn. Jetzt entdeckte er, daß man seine Gesellschaft und sein Vertrauen suchte. Als sein Freund zu gelten, betrachtete man als eine Ehre. Seine angeborene Neigung zur Einsamkeit zwang ihn, sich diesen Forderungen gegenüber zurückzuhalten.
Die Erzählungen von seiner Tapferkeit und seinem Wagemut im Gefecht hatten ohne jeden Zweifel diesen Wechsel mit verursacht. Unter der politischen Elite Jerusalems bezeichnete man jeden JSP- und Haganah-Mann als »tapfer« und »feinen Kerl«. Für die Yishuv war die Teilnahme jüdischer Patrouillenführer an der Invasion Syriens – einem Ereignis von untergeordneter Bedeutung im Zweiten Weltkrieg – ein militärisches Ereignis ersten Ranges. Man darf annehmen, daß Moshe auch ohne seine Verwundung von der Yishuv bewundert worden wäre, denn von allen jüdischen Einheiten, die an der Invasion beteiligt waren, hatte gerade seine Kompanie die wichtigste Aufgabe erfüllt.
Die Verwundung verstärkte diese Gefühle nur noch. Seine geheimnisvolle schwarze Augenklappe bekam bereits symbolische Bedeutung. Sie wurde zum Brennpunkt aller Legenden, die jetzt zu entstehen anfingen.
Moshe wurde sozusagen Allgemeingut der gesamten Yishuv. Jeder an öffentlichen Dingen interessierte junge Jude in Palästina kannte seinen Namen.
Die Berühmtheit kümmerte Moshe nicht. Seine einfache Lebensauffassung, sein Sinn für Humor und Witz, seine Gewandtheit und sein undefinierbarer Charme, seine Art, die Dinge direkt anzugehen und unmittelbar aus der Erfahrung zu lernen, blieben unverändert. Legenden aber verlieren an Glanz und Farbe. Der Ruhm geht dahin. Moshe spürte das in den kommenden Jahren. Als die Gefahr einer deutschen Invasion vorüber war, wurde sein so sorgfältig aufgebautes System, »Moshe Dayans Privater Nachrichtendienst«, nicht mehr benötigt. Der ›deutsche‹ und der ›arabische‹ Zug blieben als Teil der Palmach bestehen. Die Fallschirmspringer wurden seiner Befehlsgewalt entzogen.
Als man im öffentlichen Dienst keine weitere Verwendung für Moshe finden konnte, bestand für ihn kein Grund, sich noch länger in Jerusalem aufzuhalten. Im September 1942 kehrte er mit seiner Familie nach Nahalal zurück.

Ehe Moshe wieder in das eintönige Leben auf einem Bauernhof zurückfand, übernahm er erst noch eine abenteuerliche Aufgabe im Irak. Die britische Armee wollte ein indisches Bataillon nach dem Irak verlegen, um dafür ein britisches aus dem Irak nach Palästina zu holen. Für den Transport war ein Konvoi jüdischer Busse bereitgestellt worden. Moshe meldete sich als Beifahrer. Die Haganah benutzte die Gelegenheit und beauftragte ihn mit dem Schmuggel von Waffen, die in drei Reisekoffern verpackt waren. Die Waffen gingen an die Haganah-Zelle in Bagdad. Auf dem Rückweg waren zwei persische Immigranten nach Palästina einzuschleusen. Ende August traf der Konvoi in Bagdad ein. Es war die Zeit der höchsten jüdischen Feiertage. Da gerade wieder einmal Pogrome gegen die Juden ausgebrochen waren, verbot der britische Kommandeur seinen jüdischen Fahrern, die Stadt zu betreten. Sie hatten zwei Tage in einem Militärstützpunkt, 30 Meilen von Bagdad entfernt, zu bleiben.

Moshe kroch in der Dämmerung des ersten Tages aus seinem Zelt, zog sich die Hosen aus und schlich sich durch die Abwässergräben aus dem Lager. An der Hauptstraße schloß er sich einer riesigen Eselskarawane mit Hunderten von Tieren an. Mit dieser Karawane wurden Obst und Gemüse zu den Märkten der Stadt transportiert. Als die Karawane sich einer Brücke am Stadteingang näherte, bemerkte Moshe, daß die Papiere aller Fremden genau kontrolliert wurden. Die Araber blieben unbehelligt. Moshe schreibt: »Ich nahm die schwarze Augenklappe ab und unterschied mich nun nicht mehr von den ortsansässigen Arabern. So gelangte ich in die Stadt.«

Einmal in der Stadt, verließ er die Karawane, zog sich die Hosen wieder an und – dreckig, wie er ging und stand – marschierte in die Halle des feinen Omayyad-Hotels, um den Vertreter des Jewish Agency, Enzo Sereni, aufzusuchen. Mit Serenis Hilfe gelangten die Waffenkoffer an ihre Empfänger und die beiden Immigranten nach Palästina.

Wieder in Nahalal, zog Moshe mit seiner Familie in ein Häuschen auf dem Hof seiner Eltern. Später kaufte er mit Hilfe seines Schwiegervaters eine kleine Milchfarm, die anfangs recht gut florierte. Doch Moshe war nicht fähig, seine Bindung an die Haganah völlig zu lösen. Er fühlte sich zu sehr den Aufgaben der nationalen Politik verbunden. Die Farm kam zu kurz.

Im Dezember 1946 nahm Moshe am Zweiundzwanzigsten Zionistenkongreß in Basel teil. Er hielt dort eine Rede als Vertreter der jüngeren Generation, mit der er für eine Verstärkung des Widerstands gegen die Mandatsregierung eintrat.

Von Basel fuhr er nach Paris, um noch einmal sein Auge behandeln zu lassen. Die Ärzte begannen mit einer Knochenverpflanzung in die Augenhöhle, als eine heftige Reaktion einsetzte, und er hohes Fieber bekam. Sein Zustand war kritisch. Ärzte und Freunde befürchteten seinen nahen Tod.
Einen Monat später jedoch verließ er so schnell er konnte das Krankenhaus, die schwarze Augenklappe ordnungsgemäß an ihrem Platz.
Da sein Zustand eine Seereise verbot, benutzte er ungeachtet des fast unerschwinglichen Preises das Flugzeug.
Kurze Zeit, nachdem Ya'akov Dori zum Chef des Stabes der Haganah ernannt worden war, erhielt Moshe seine Beförderung zum Stabsoffizier für arabische Angelegenheiten.

11

Noch einmal Degania
(November 1947-Mai 1948)

Die in den Unabhängigkeitskrieg mündenden Ereignisse und die ersten Kampfhandlungen erlebte Moshe, ohne Aufgaben an der Front zu haben, und weit entfernt von den Zentren der Macht. Er gehörte noch nicht einmal einer der drei wichtigsten Gruppen an, in denen die Spitzenformationen der Armee zusammengefaßt waren: der Palmach, die sich um Israel Galili und Yigal Allon scharte, der Haganah und ihrem Feldkorps, von Yigael Yadin geführt (seit dem Sommer 1947 Director of Militäry), oder den Veteranen der britischen Armee. Ihre hauptsächlichen Repräsentanten: Chaim Laskov und Mordechai Maklef, die sich beide der begeisterten Unterstützung durch David Ben Gurion erfreuten. Moshes Rückkehr zu einem Frontkommando erfolgte eher zufällig.

Man hielt ihn für einen äußerst brauchbaren Offizier für arabische Angelegenheiten und war der Meinung, dieser Posten fülle ihn voll aus.

Mit der Ernennung zum Abschnittskommandeur nahm Moshe den Dienst bei der kämpfenden Truppe wieder auf. Es folgte die Beförderung zum Major und Bataillonskommandeur. Seine Altersgenossen bekleideten schon viel höhere Posten. Yigal Allon etwa befehligte als Generalmajor Truppenteile im Norden und Süden, ehe er das Kommando über die Südfront erhielt.

Moshes einziger Vorteil als Offizier für arabische Angelegenheiten bestand in dem mit diesem Posten verbundenen direkten Kontakt zum Stabschef Dori und seinen Vorgesetzten: Israel Galili, dem Oberbefehlshaber des Nationalkommandos der Haganah und David Ben Gurion, Verteidigungsminister der Zionistischen Exekutive. Andererseits wurde seine Arbeit durch einen Wasserkopf interessierter Gruppen, die alle auf irgendeine Weise mit arabischen Angelegenheiten zu tun hatten, stark behindert. Es gab da die Abteilung für arabische An-

gelegenheiten bei der Jewish Agency, den Geheimdienst der Haganah und noch viele andere. Als Offizier für arabische Angelegenheiten durfte er beratend tätig werden, doch militärische Maßnahmen wurden von Einheiten durchgeführt, die seinem direkten Kommando nicht unterstanden.
Moshe hatte zwei Hauptaufgaben: er mußte Agenten anwerben und hatte die Tätigkeit arabischer Banden in Palästina, den angrenzenden Ländern und ganz besonders in Syrien zu beobachten und darüber zu berichten. Während des ganzen Jahres 1947 dehnten sich die Banden immer mehr aus und wurden zunehmend gewalttätiger. Sie bildeten tatsächlich bis zum 14. Mai 1948, dem Tag, an dem der Staat Israel ausgerufen wurde, die einzigen Gegner im Unabhängigkeitskrieg. Nach der Unabhängigkeitserklärung schlossen sie sich mit den regulären Truppen der arabischen Nachbarn Israels zusammen, die sofort den jungen Staat angriffen.
Es gab auch noch andere Dienststellen in Israel, die Agenten bei den Arabern unterhielten. Moshe aber war der einzige, der seine persönlichen Freunde mit solchen Posten betraute. Er bezeichnete sie mit dem Codewort »Berater« und leitete wahrscheinlich diese Bezeichnung von seinem eigenen offiziellen Titel ab. Zwei seiner wichtigsten Berater waren Giora Zeid und Oded Yannai, beide Kindheits- und Jugendfreunde aus Nahalal. Bei der Auswahl seiner arabischen Agenten verfuhr Moshe nach dem gleichen Grundsatz, dem er schon vor der Invasion Syriens gehuldigt hatte: suche Männer aus, die ebensogut in Terroristenbanden passen würden.
Die Berater standen ursprünglich nur mit Moshe in Verbindung, dem sie auch die Informationen lieferten. Später, als sich der Krieg ausweitete, ließen die direkten Kontakte immer mehr nach, und die Agenten arbeiteten nur noch über die offiziellen Dienststellen direkt mit dem Geheimdienst der Haganah. Seinen größten Erfolg erzielte Moshes Agentennetz im Norden. Hier war es bei der Eroberung von Haifa, Nazareth und zahlreichen weiteren Orten im Jezreel-Tal und Untergaliläa beteiligt. Die Einnahme der Stadt Akko, die ohne Blutvergießen vor sich ging, könnte man den Verbindungen zuschreiben, die Moshes Berater zu dem Drusenscheich Salah Knifess von Shfar'am geknüpft hatten. Moshe war in diese Geschichte mit mehr als nur einer Schnur verknüpft.
Ein drusisches Bataillon unter dem Kommando des sechzigjährigen Scheich Wahab war der in Syrien von Fawzi Kaukji gegründeten »Befreiungsarmee« beigetreten. Wahab trat ungeachtet der Bedenken des

Sultans el-Atrash, des Führers der Sekte der Drusen in Jebel Druse, dem Krieg gegen die Juden in Palästina bei. Am 28. März 1948 wurde dem Bataillon der Befehl über den Distrikt Haifa übertragen. Sein Hauptquartier richtete er im Drusendorf Shfar'am ein. Wahab führte Störungsangriffe gegen den Kibbuz Ramat Yohanan und das Dorf Kfar Ata durch. Die Aktionen entwickelten sich allmählich zur Schlacht von Ramat Yohanan. Hier standen die Drusen der Carmeli-Brigade gegenüber, in der Zohar Dayan als Zugführer diente. Die Schlacht um die beiden Dörfer entbrannte am 12. April. Vier Tage später hatte die Carmeli-Brigade gesiegt und hielt ungeachtet ihrer starken Verluste die beiden Dörfer Ramat Yohanan und Kfar Ata. Offiziellen Berichten zufolge »entstanden die schweren Verluste hauptsächlich unter den Offizieren, die zu oft ihr Leben opferten, um ihren Männern ein Beispiel zu geben«. Einer dieser Offiziere war Zohar Dayan. Er kehrte am 12. April nicht mehr von einer Unternehmung zurück und wurde als vermißt gemeldet. Erst am 17. April, nach der Schlacht, fand man ihn tot im Gelände. Der Tod des Bruders im Gefecht mag später die Überzeugung des Stabschef Moshe Dayan nachhaltig beeinflußt haben: der Platz eines Offiziers im Feld ist stets an der Spitze seiner Männer.
Die Leichen der Gefallenen hatten bereits einige Tage in den Feldern gelegen und waren fast bis zur Unkenntlichkeit verändert. Es wurde notwendig, sie durch ihre Familien identifizieren zu lassen. Die Familie Dayan bat Moshe, das zu übernehmen. Keine Spur seines Schmerzes war äußerlich wahrzunehmen. Alle, die Moshe kannten, wußten, wie sehr er Zorik geliebt hatte. Hier war nun einer der seltenen Fälle in seinem Leben, wo Moshe Dayan um Hilfe bat. Ehe er sich zur Identifizierung seines Bruders aufmachte, bat er seinen Schwager, Israel Gefen, ihn zu begleiten, denn: »Ich weiß nicht, ob ich das durchhalten kann.«
Schon vor der Schlacht von Ramat Yohanan hatte Giora Zeid mit dem Drusen-Bataillon verhandelt. Auch Scheich Salah Knifess hatte versucht, Wahab aus dem Kampf herauszuhalten. Zwei Tage nach der Schlacht erneuerte Giora die Verbindung zu den Drusen und konnte Moshe bald berichten, daß sich eine Möglichkeit abzeichne, das gesamte Drusen-Bataillon auf die Seite der Israelis herüberzuziehen. Giora überbrachte Moshe die Nachricht ein wenig besorgt, denn immerhin war ja sein Bruder gerade durch ihre Hände ums Leben gekommen. »Doch Moshe dachte einen kurzen Augenblick nach – er fällte seine Entscheidungen immer sehr schnell –, dann sagte er nur: ›Yallah‹ (Arabisch: ›Gehen wir!‹).«

In der gleichen Nacht trafen sich etwa zehn Offiziere des Drusen-Bataillons mit Giora und seinen Begleitern auf dem Schlachtfeld und fuhren mit ihnen in das nahegelegene Kiryat Tivon zum Abendessen und zu einer ersten Besprechung. Die drusischen Herren erschienen in »großer Montur«, mit Pistolen und Gewehren bewaffnet. Als sie Moshe vorgestellt wurden und man ihnen sagte, sein Bruder sei in der Schlacht von Ramat Yohanan gefallen, erblaßten sie sichtlich.
Nach drusischer Tradition kann Blut nur mit Blut gesühnt werden. Einen Augenblick glaubten die Drusen, sie seien in eine Falle gelaufen. Moshe aber hob sein Glas gegen die Anwesenden und sagte: »Da Sie hierher gekommen sind, um mit uns einen Vertrag zu schließen, vergebe ich Ihnen, daß Sie Blut von meinem Blut vergossen haben. Trinken wir auf das Leben.« Durch Vermittlung des Salah Knifess – der später wegen seine Teilnahme an der Gründung des Staates Israel ausgezeichnet wurde – wurde Wahabs Bataillon dazu bewegt, sich aus dem Krieg zurückzuziehen. Seine Enthaltung bereitete den Weg für die Einnahme Akkos. Nur im Dezember 1948 konnten Freiwillige der Minderheitengruppen in Israel in die Armee eintreten, vorzugsweise Drusen, für die in der Zahal die Minderheiten-Truppenteile eingerichtet wurden. Abed Abeidat meldete sich freiwillig zu einem dieser Truppenteile und begann damit eine brillante Laufbahn in der Armee.
Nachdem die Carmeli-Brigade die Stadt Haifa am 22. April 1948 gesichert hatte, erhielt Moshe sein erstes nicht-beratendes Kommando. Mit der Verwaltung und Betreuung der arabischen Stadtviertel befaßte sich anfangs Mordechai Maklef, der Erste Generalstabsoffizier der Brigade. Auf Ben Gurions Veranlassung beauftragte jedoch das Hauptquartier der Haganah Moshe Dayan in Haifa mit der Spezialaufgabe, die Verwaltung des zurückgelassenen und verlassenen arabischen Besitzes zu übernehmen. An dieser Stelle erwarb sich Moshe nun die ersten Kenntnisse, machte er die ersten Erfahrungen mit der Militärregierung. Später, im Sinai-Feldzug nach der Einnahme des Gaza-Streifens, als Chef des Stabes, und später dann als Verteidigungsminister nach dem Sechstagekrieg, sorgte er für eine gutgeregelte und liberale Verwaltungsführung in den unter israelischer Verwaltung stehenden Gebieten. Im Jahre 1948 allerdings hatte er davon noch keine festen Vorstellungen. Um die damals weitverbreiteten Plünderungen zu unterbinden, befahl er, daß alles, was die Armee gebrauchen konnte, den Armeenachschublagern zuzuführen sei. Der Rest wurde auf die jüdischen landwirtschaftlichen Siedlungen verteilt. Frau Golda Meir, die an den Beratungen darüber teilnahm, stimmte dieser Regelung zu.

Man sah die ganze Sache als eine Art von Wiedergutmachung für die Siedlungen an, die unter dem arabischen Terrorismus so schwer gelitten hatten. Doch eine Menge Leute meinten, die ganze Sache sehe eher wie ein tief bedauernswerter Akt der Aneignung fremden Eigentums aus als wie die Handlungsweise einer verantwortungsbewußten Staatsführung, die besser daran getan hätte, ordnungsgemäße Aufstellungen des beschlagnahmten Eigentums anzulegen und sich zu bemühen, die Rechte des einzelnen besser zu schützen.

Moshes Einsatz als Offizier für arabische Angelegenheiten, der durch die Ereignisse des 14. Mai eingeschränkt wurde, verlor mit der Staatsgründung seine Daseinsberechtigung. Jetzt ersetzte ein richtiger Feldzug die sporadischen Einsätze gegen Terroristen und irreguläre arabische Banden. Obgleich Moshe wiederholt seinem Wunsch nach einem Kommando bei der kämpfenden Truppe mit Nachdruck Gehör zu verschaffen suchte, gab man ihm keins.

Er schreibt: »Allen Leuten war ich im Weg. Ich hatte keinen Job, und das machte mich ganz krank. Ich wollte zu irgendeiner Feldtruppe. Das Schwergewicht lag damals auf der aktiven Führung eines Krieges und nicht auf dem Gebiet der Planung. Es war mir egal, ob ich als Brigadekommandeur oder Kompaniechef eingesetzt werden würde.«

Viele Jahre später, in einem in der Tageszeitung *Haboker* veröffentlichten Interview, behauptete Ben Gurion: wäre Moshe Dayan bei Ausbruch des Unabhängigkeitskrieges Chef des Stabes der Zahal gewesen, wäre es möglich, daß die gegenwärtigen Staatsgrenzen anders verliefen und wir größeren militärischen Erfolg zu verzeichnen gehabt hätten ...

Es ist bedauerlich, daß ich Moshe Dayan zu Beginn des Krieges noch nicht gekannt habe. Ich hatte den Eindruck, man versuchte ihn von mir fernzuhalten. Ich machte schließlich doch noch seine Bekanntschaft und bin sehr froh darüber, denn er hat mir nie Grund zur Enttäuschung gegeben.

Die Frage, ob Moshe Dayan schon 1948 für einen höheren Kommandoposten in Frage kam, ist, obgleich sie erst bei der Spaltung der Führerschaft der Mapai im Jahre 1960 gestellt wurde, nur vom Standpunkt der Entwicklung seiner Beziehungen zu Ben Gurion in jenen Tagen interessant. Obgleich Ben Gurion behauptete, er habe Moshe Dayan bis zur Staatsgründung im Jahre 1948 (14. Mai) nicht gekannt, oder wie er in seinem Interview mit *Haboker* sagt, »bei Beginn des Krieges« (Datum der Annahme der Teilung Palästinas durch die Vollversammlung der Vereinten Nationen), so ist doch allgemein bekannt,

daß Ben Gurion Moshe auf dem 22. Zionistenkongreß traf. Sie blieben während des ganzen Jahres 1947 in Verbindung, und für den Beginn des Jahres 1948 bezeugen sowohl Dori als auch Yadin, daß Moshe als Offizier für arabische Angelegenheiten jederzeit über ihre Köpfe hinweg ungehinderten Zutritt zu Ben Gurion hatte.
Die wahre Erklärung scheint zu sein, daß Ben Gurion Moshe Dayan als Angehörigen der Haganah kannte, der sich mit politischen Dingen befaßte, und nicht mit Kriegsführung. Dafür könnte es zwei Gründe gegeben haben.
Der erste ist ein ganz objektiver: Moshes Verwundung vom Juni 1941 schob seine Beförderung im militärischen Dienst hinaus, wenn sie sie nicht ganz aufhob. Der zweite Grund: es kann kein Zweifel darüber bestehen, daß die in der Palmach vorherrschende Atmosphäre der einer Kibbuzgesellschaft entsprach. Persönliches Fortkommen hing deswegen von Parteibindungen ab. Das traf ebenso für die Haganah zu, wie Dori behauptet, nachdem er und Yadin zurückgetreten waren und Yitzhak Sadeh und Israel Galili – beide aus der Führungsschicht der Achdut Ha'avodah kommend – zum Chef des Stabes beziehungsweise Oberbefehlshaber ernannt wurden. Sadeh empfand eine starke Zuneigung für Moshe und schätzte ihn genauso wie Yigal Allon, doch seit 1943 verringerte sich sein Einfluß in der Palmach ständig. Doch, wie wir noch sehen werden, betraute Sadeh Moshe sofort mit einer verantwortlichen Position, sowie er dazu in der Lage war.
Moshe war seit sieben Jahren aus dem aktiven Dienst ausgeschieden. Ganz andere Gruppierungen und Einzelpersonen waren in die Verantwortung hineingewachsen und hatten wertvolle Erkenntnisse gewonnen. Moshes Eingliederung und seine Ernennung zum Kommandeur hätten eine jähe Unterbrechung eingespielter Gepflogenheiten bedeutet, eine in Kriegszeiten besonders unangebrachte Maßnahme. Hinzu kommt noch, daß jedermann im Oberkommando der Meinung war, Moshe sei gerade für Sonderaufgaben der am besten geeignete Mann. Yadin behauptet, seine Beförderungsliste hätte ohne Rücksicht auf politische Beurteilungen und Neigungen auch nicht anders als die von Galili ausgesehen. Im Mai 1948 drehte sich alles um das nackte Überleben. Es wäre müßig gewesen, die eventuellen politischen Implikationen jeder militärischen Ernennung zu durchleuchten.
Endlich schien es, als wäre Moshe ein »Spätzünder«, der 1948 die notwendige Reife für ein hohes Kommando noch nicht besaß. Es steckte immer noch viel von dem unausgegorenen Streichemacher seiner Jugendzeit in ihm, und das ging manchmal bis hart an die Grenze des

gerade noch zu Verantwortenden. Moshe war sich selbst darüber klar, daß – obgleich in den mittleren Rängen eines Frontkommandos gerade noch zulässig – diese Eigenschaft mit höheren Kommandopositionen völlig unvereinbar war.

Vier Tage nach der Veröffentlichung von Ben Gurions Interview in *Haboker* schrieb Dayan an Ya'akov Dori:

Jerusalem, 10. März 64

Lieber Ya'akov!

Zu Ben Gurions Behauptungen in *Haboker* etc.:

a) Soweit ich mich erinnere, äußerte Ben Gurion seinerzeit einen Widerwillen gegen Israel Galili, weil dieser Achdut Ha'avodahs Leute bevorzugte und andere herabsetzte.

b) Es besteht überhaupt kein Zweifel darüber, daß ich zur Zeit des Unabhängigkeitskrieges einfach noch nicht reif genug war, weder für die Stellung eines Stabschefs noch für irgendeinen anderen hohen Kommandoposten. Alles, was dann später an militärischen Unternehmungen und Entscheidungen herausbriet, basierte auf dem von älteren und besseren Kameraden Gelernten und war ganz einfach das Ergebnis eines Lernprozesses. Ich erwähne diese zwei Dinge, weil ich nicht den geringsten Zweifel habe, daß wir unsere Grundeinstellung gegenüber Ben Gurion teilen und nicht selten, eben wegen dieser großen Hochachtung, die wir für ihn hegen, gezwungen sind, die Spreu vom Weizen zu trennen. Wir müssen sogar gewisse Dinge, die er sagt oder tut, ruhig ertragen. Dieses Mal überschreiten seine Bemerkungen alle Grenzen des Erlaubten, selbst wenn sie irrtümlich geäußert sein sollten.

In Freundschaft
Dein Moshe Dayan.

Der Wandel in Moshes militärischen Aussichten trat ganz plötzlich ein. Als letzte Brigade vor der Staatsgründung wurde die Achte unter Sadehs Kommando aufgestellt. Sie war die einzige Panzerbrigade des Unabhängigkeitskrieges. In ihr gab es ein Panzerbataillon und ein motorisiertes Bataillon. Doch Panzer waren nur für zwei Kompanien vorhanden, und gepanzerte Fahrzeuge für das motorisierte Bataillon mußten erst noch irgendwo aufgetrieben werden. Den Mannschaftsstand zu ergänzen bereitete weniger Schwierigkeiten. Man beschloß, ehemalige Angehörige der Lehi*, die wie alle unabhängigen militäri-

---

* Hebräisches Kurzwort für Lohamei Herut Israel (abweichende Widerstandsorganisation, Splittergruppe der Irgun)

schen Organisationen bei Gründung der Zahal aufgelöst worden waren, einzustellen.

Als Sadeh seine neue Einheit auf die Beine stellte, verfügte er nur über eine recht dürftige Auswahl von Anwärtern auf die Offiziersstellen. Jeder, der ein wenig taugte, war längst bei anderen Einheiten eingestellt worden. Sadeh war zweifellos hocherfreut, als er entdeckte, daß Moshe noch zur Verfügung stand, denn Moshe war ein Mann nach seinem Herzen. Er schlug vor, Moshe mit dem Befehl über das 89. Bataillon zu betrauen. Über ein Kommando-Bataillon, wie er es nannte. Moshe zeigte sich von dem Gedanken nicht weniger erfreut. Yadin, der unentwegt auf die Notwendigkeit von Kampfhandlungen hinter den Feindlichen Linien hingewiesen hatte, weil er meinte, die Zahal sei für eine frontale Kampfführung nicht geeignet, glaubte auch, in Moshe den richtigen Mann gefunden zu haben. Seine Erfahrungen aus der Invasion in Syrien vom Juni 1941 sprachen dafür.

Yadin erwähnte Moshes Namen Ben Gurion gegenüber, der am 17. Mai 1948 in sein Tagebuch schrieb: »Moshe Dayan wurde beauftragt, eine Kommandotruppe für die ›Zentrale Front‹ aufzustellen.« Einen Tag später mußte er schreiben: »Es wurde beschlossen, Moshe Dayan zum Befehlshaber der Front im Jordantal zu ernennen.«

Die Lage hatte sich radikal verschlechtert. Die »Schlacht um die beiden Deganias« war entbrannt.

Der Staat Israel wurde am 14. Mai gegründet. Einen Tag später begannen die Armeen der arabischen Staaten den Angriff. Im Jordantal stand lediglich ein schwaches Bataillon der Golani-Brigade mit einer Kampfstärke von insgesamt 400 Mann zur Verteidigung bereit. Das Gebiet von Zemakh-Tiberias wurde von einer einzigen Kompanie verteidigt. Eine zweite Kompanie hielt den anschließenden Abschnitt Ashdot Ya'akov-Gesher, eine dritte Kompanie lag weit im Rücken der zweiten in Reserve. Ein Zug und eine Kompanie Heimwehr aus umliegenden Kibbuzim hatten in Zemakh in und bei der Polizeistation Stellung bezogen. Inzwischen gingen die beiden vordersten Kompanien einer regulären syrischen Infanteriebrigade gegen Zemakh vor. Sie wurden von Artillerie, Panzern und Schützenpanzern unterstützt. Die Brigade besetzte ein verlassenes Lager der britischen Armee. Bis dahin hatten die beiden Gegner nur leichten Feuerwechsel gehabt. In der Morgendämmerung des 18. Mai brach der zusammengefaßte syrische Angriff los. Seine Ziele waren, Degania, den nahegelegenen Deich und die Jordanbrücke unter syrische Kontrolle zu bringen. Damit würde das gesamte Jordantal offen vor der syrischen Armee liegen.

Die winzige Truppe in Zemakh konnte nicht ernstlich hoffen, ohne Artillerie, Panzerabwehr- und Flugzeugabwehrwaffen gegen zwei reguläre Infanteriekompanien, dreißig Panzer und Schützenpanzer, Artillerie, Granatwerfer und Flugzeuge ihre Stellungen zu halten.
Bei ihrem qualvollen Rückzug über offenes Gelände konnten sie noch nicht einmal ihre Toten einsammeln. Die Verwundeten mußten sterbend zurückgelassen werden. Die Straße nach den beiden Deganias lag offen vor den Angreifern.
Unter zermürbenden Einschlägen der syrischen Artillerie entstanden in Degania A die ersten Verluste. Das Oberkommando in Tel Aviv wurde über die prekäre Situation dort und im ganzen Jordantal unterrichtet. Verstärkungen zu schicken, war unmöglich. Es gab keine. Als Yadin dennoch aus französischen Beständen stammende Kanonen auftrieb, erhob Ben Gurion Einspruch, der sie in Jerusalem benötigte. Endlich stimmte er zu, sie für 24 Stunden freizugeben. Dann sollten sie sofort nach Jerusalem gebracht werden.
Am 19. Mai schilderte eine Delegation aus Degania A, Degania B und Genezareth den Behörden in Tel Aviv die ernste Situation in ihrer Heimat. Es gelang ihnen, Ben Gurion zu sprechen, dem sie gegen Abend berichteten, wie sich die syrischen Panzer bereits den Umzäunungen der Kibbuzim näherten.
Yoseph Baratz berichtet:
Wir schilderten, ohne uns zu setzen, alle Einzelheiten der Lage. Wir forderten Geschütze, Flugzeuge und Truppen. Ben Gurion ließ uns gar nicht ausreden. »Es gibt nichts mehr. Keine Geschütze, nicht genug Flugzeuge, an allen Fronten fehlen Soldaten. Das ist so im Negev, in Jerusalem, in Obergaliläa. Überall ist die Lage sehr ernst. Das ganze Land ist Front. Wir können keine Verstärkungen schicken.« Ben-Zion, ein Israeli aus Genezareth, unterbrach ihn: »Ben Gurion, was reden Sie da, sollen wir etwa das Jordantal aufgeben?« Er brach in Tränen aus.
Yadin schlug den Männern vor, gegen die angreifenden Panzer Molotow-Cocktails vorzubereiten. »Können wir das Risiko auf uns nehmen und die Panzer so nahe an Degania herankommen lassen?«
»Sie müssen«, sagte Yadin. »Sie haben gar keine andere Wahl.«
Als einzigen Trost konnte Yadin den Siedlern Moshes Ernennung zum Befehlshaber des Jordantal-Abschnitts anbieten. Die drei Männer hörten diese Nachricht mit gemischten Gefühlen. In den letzten Jahren vor dem Krieg hatte Moshe nicht gerade ein besonderes Ansehen als Offizier gewonnen.
Die Tatsache, daß er in Degania geboren wurde und sich seiner Heimat

noch immer verbunden fühlte, machte den Mangel an Menschen und Waffen nicht wett. Von großem Wert aber waren die vier uralten Kanonen, die Ben Gurion dann doch noch in Marsch setzen ließ.
Folgendes war geschehen: die Golani-Brigade wurde am 18. Mai um 9.35 Uhr darüber informiert, daß Moshe Dayan zum Befehlshaber des dem Brigadekommandeur direkt unterstellten Abschnitts von Ein Gev bis in das Gebiet nördlich Beisans ernannt worden war.
Moshe hat wahrscheinlich vor seiner Abfahrt zur Front mit Yadin die Frage seiner Befehlsgewalt erörtert. Er wurde ja doch der Golani-Brigade sozusagen mit sanfter Gewalt aufgezwungen. Am Nachmittag des gleichen Tages erhielt der Brigadekommandeur ein zweites Telegramm von Yadin, mit dem er ihm befahl, Dayan alles zur Verfügung zu stellen, was er zur Durchführung seiner Aufgabe benötigen könnte.
Der diensthabende Chef des Stabes schickte Dayan mit ein paar aufmunternden Worten an seine schwere Aufgabe. Er vergaß auch nicht, ihn daran zu erinnern, daß er ja in Degania geboren sei. Doch Moshes Abschiedsgeschenk war mehr als nur ein freundliches Schulterklopfen: das Armee-Oberkommando teilte ihm eine Kompanie Unteroffiziersschüler zu, junge Burschen zwischen sechzehn und siebzehn Jahren ohne Kampferfahrung, die aber eine zermürbte Kompanie alter Soldaten ersetzen konnten. Außerdem erhielt er noch drei Panzerabwehrwaffen. Die Unteroffiziersschülerkompanie marschierte direkt nach Degania, während Moshe die drei Panzerabwehrwaffen in sein altes schwarzes Haganah-Auto verlud und nach Degania brauste – eine Ein-Mann-Heilsarmee.
Moshes einziger Vorteil war, wie er schnell entdeckte, die relativ große Anzahl Rekruten aus Nahalal in seinem Abschnitt. Es gab drei Züge von ihnen. Einer unterstand Uri Bar-On. Neben vielen seiner alten Freunde in verschiedenen Stellungen gab es da noch Binya Zarhi und Ahya Ben-Ami. Moshe stützte sich auf seine Freunde aus Nahalal und machte Ben-Ami zu seinem persönlichen Adjutanten. So erlangte er ein gewisses Maß an Autorität über die Männer draußen in den Stellungen.
Moshe traf am 18. Mai kurz vor Sonnenuntergang in seinem Abschnitt ein. Der massierte syrische Angriff brach zwei Tage später morgens um 4.15 Uhr los.
Moshe hatte somit nur 30 Stunden zur Verfügung, um die seinem Kommando unterstehenden Truppen in Stellung zu bringen. Einschneidende Maßnahmen konnte er in der kurzen Zeit natürlich nicht mehr vornehmen. Seine Befürchtungen über ungenügende Befehlsgewalt

sollten sich bald als berechtigt herausstellen. Obgleich er der Abschnittskommandeur war, waren die Truppen in seinem Abschnitt nicht offiziell seinem Kommando unterstellt worden. Er war überdies nicht Kommandeur des Barak-Bataillons, das in seinem Abschnitt in Stellung lag, und er selbst unterstand seinerseits wieder dem Kommandeur der Golani-Brigade.
Unter diesen Umständen ist es wohl verständlich, warum Moshe der Hilfe durch seine persönlichen Freunde so dringend bedurfte. Hinzu kam, daß ihm zum erstenmal ein Frontkommando übertragen worden war. Er könnte auch befürchtet haben, seine nach sieben Jahren des Nichtgebrauchs etwas eingerostete Befehlssprache und militärische Terminologie könne ihn bei den achtzehnjährigen Soldaten und ihren Offizieren ein wenig lächerlich machen. Eines jedoch steht fest: er kam nicht im Vollgefühl seiner Fähigkeit, Männer lenken und Truppen führen zu können, nach Degania zurück.
Am Mittwoch erhielt er den Befehl über seinen Abschnitt und befahl sofort, Verbesserungen an Stellungen und Verteidigungslinien vorzunehmen.
Dann erteilte er den Befehl, der sich in der bevorstehenden Schlacht als der entscheidende Faktor erweisen sollte: er ließ Beit Yerach in die Verteidigungslinien einbeziehen. Moshe spielt im allgemeinen die Rolle, die er in der »Schlacht um die beiden Deganias« gespielt hatte, herunter:
Ich hatte keine Befehlsgewalt. Ich habe die beiden Deganias nicht gerettet. Die Schlacht wäre ohne mich genauso verlaufen wie in meinem Beisein. Wir wollen mal sagen, ich gab den Befehl, entlang der Straße zwischen den beiden Deganias und Zemakh vorzugehen und Beit Yerach zu nehmen, so daß wir den Syrern in der Flanke saßen. Das war an sich kein großes Meisterstück.
Doch es gibt noch andere Berichte, die Moshe Dayan als einen Offizier von hervorragender Haltung beschreiben. Ungefähr neun Stunden dauerte »die Schlacht um die beiden Deganias«. Von 4.15 Uhr in der Frühe bis ein Uhr nachmittags, als eine überraschende und entscheidende Wendung erfolgte. Die angreifenden syrischen Streitkräfte – eine Infanteriebrigade, von Artillerie, Panzern, Schützenpanzerwagen und von zwei Bombenflugzeugen unterstützt – näherten sich dem Sieg bis auf ein paar Schritte. Der Angriff wurde von den Panzern angeführt, die sich auf die Umfassungsanlagen der beiden Dörfern zubewegten. Ein syrischer Panzer durchbrach die äußere Anlage von Degania A, überquerte den Panzerabwehrgraben neben der Straße, durch-

stieß die innere Linie und rumpelte über den Innenhof der Siedlung, als die Verteidiger aus ihren Deckungslöchern sprangen, ihn mit Molotow-Cocktails angriffen und in Brand setzten. Das gleiche Schicksal widerfuhr einem zweiten Panzer.

In diesem Augenblick der Krise, ja schon vorher meinten der Brigadekommandeur und der Artillerieoffizier, man solle schon jetzt die Artillerie einsetzen und einen Gegenangriff starten. Moshe seinerseits hielt die Zeit dafür noch nicht für gekommen. Er meinte, man solle die Artillerie erst am kommenden Tag zum Tragen bringen, wenn die Schlacht in ihr entscheidendes Stadium eingetreten sei. Das Brigadekommando überließ die Angelegenheit Moshes Entscheidung. Typisch für Moshe war, daß er sich die Lage aus nächster Nähe selbst erst einmal ansah und sich von den Männern an Ort und Stelle berichten ließ, ehe er seine Entscheidung traf.

Obgleich die Hauptlast des Angriffs von Degania A getragen wurde, war die Lage in Degania B weit ernster. Die Vorbereitungen zur Verteidigung der Siedlung waren mehr aufs Geratewohl getroffen worden. Es gab einfach nicht genug Verbindungsgräben. Viele Verluste gingen direkt auf dieses Konto. Funkverbindung mit der Siedlung gab es nicht. Moshe sandte, um sich über die Lage dort Klarheit zu verschaffen, Ahya Ben-Ami von Genezareth zu Uri Bar-On nach Degania B. Er gab ihm ein Schreiben folgenden Inhalts mit: »Es sind vier Geschütze angekommen. Sie stehen in Poriya. Ich möchte mit ihrem Einsatz bis morgen warten. Wenn Du mir aber sagst, Du brauchst sie jetzt, werde ich das Feuer eröffnen.« Bar-On schrieb auf die Rückseite des Schreibens: »Sofort Feuer eröffnen.«

Als Ben-Ami nach Genezareth zu Moshe zurückgekehrt war, berichtete er: »Ich kann nicht mit Sicherheit behaupten, ob die Syrer den Innenhof schon erreicht haben oder nicht. Ich hörte es von irgend jemandem, aber ich habe es nicht selbst gesehen. Ich zweifle aber keinen Augenblick daran, daß sie den Innenhof erreichen *können*. Alles, was sie zu tun haben, ist den Gang einzulegen und loszufahren. Es gibt nichts, was sie aufhalten könnte!«

Ben-Ami befahl dem Artillerieoffizier in Poriya, das Feuer zu eröffnen. Alles in allem gaben die drei verrosteten Geschütze 500 Schuß ab (ein Geschütz war inzwischen zusammengebrochen), und bei der Polizeistation fielen etwa 30 Syrer. Keins der Geschütze verfügte über eine Zielvorrichtung. Der Artillerieoffizier wollte seine Munition nicht verschwenden. So schoß er, um die Reichweiten festzulegen, zuerst ein paar Granaten in den See.

Diese und die folgenden Salven richteten auf syrischer Seite überhaupt keinen Schaden an, der von den Felsen widerhallende Krach und das unheimliche Heulen der aus den Bergen herabjagenden Granaten aber verbreitete Panik unter den syrischen Infanteristen, die nun ganz einfach um ihr Leben liefen.
Moshe hatte nicht mehr als 40 Schuß gezählt, als ihm gemeldet wurde, der syrische Befehlshaber habe seine Panzer nach Zemakh zurückgezogen.
Ab ein Uhr nachmittags begannen die Syrer, das Schlachtfeld fluchtartig zu verlassen. Die Panzer wendeten in ihrer Spur und wurden von den flüchtenden Infanteristen, die nicht schnell genug fortkommen konnten, noch überholt. Plötzlich war die Belagerung der beiden Deganias wie durch Zauberkraft aufgehoben. Gegen vier Uhr nachmittags breitete sich völlige Ruhe über das Schlachtfeld. Von der Schlacht erzählte Moshe gern diese Anekdote:
Binya berichtete mir von dem Angriff auf Degania B – wie die Syrer herankamen und wie sie flüchteten. Als alles vorüber war, erhob sich plötzlich ein Araber, ging auf Binya, der am Tor der Siedlung stand, zu und sagte: »Mach auf! Ich bin Mohammed!« Es stellte sich heraus, daß er sich während der Schlacht in einem Gerstenfeld verborgen gehalten hatte. Warum sollte ausgerechnet er sich am Angriff beteiligen? Er hatte so lange am Boden gelegen, bis alles ruhig wurde und er überzeugt war, seine Kameraden hätten die beiden Deganias genommen. So stand er also auf, läutete die Glocke und – da bin ich. Binya hieß ihn willkommen, auf passende Art, natürlich.
Dieser Zwischenfall prägte sich Moshes Gedächtnis ein. Nicht nur als Anekdote vom Schlachtfeld, sondern auch, weil er die scheinbar unwichtigen Einzelheiten beachtete, die manchmal ein wesentliches Phänomen erhellen. In diesem Fall erkannte Moshe so manches im Charakter des arabischen Soldaten.
Bei Anbruch der Nacht beschloß Moshe, sich darüber zu informieren, was in Zemakh vorging. Es stand noch nicht fest, ob die Syrer sich nach Zemakh zurückgezogen hatten, um ihre Streitkräfte neu zu gruppieren, oder ob sie sich sogar noch weiter nach Osten abgesetzt hatten, wie Moshe vermutete.
Er griff sich einige Freunde aus Nahalal, nahm seinen Stab mit und fuhr in seinem schwarzen Wagen nach Zemakh. Ein Zug Soldaten begleitete ihn. Seine Freunde hielten das Unternehmen für couragiert, doch Moshes Vermutung über den syrischen Rückzug erwies sich als zutreffend. Als Andenken nahm er sich einen syrischen Feldstecher mit

und kehrte in einem syrischen Verbindungsfahrzeug zu seinem Stabsquartier zurück.

Von Moshes Standpunkt aus war die »Schlacht um die beiden Deganias« wegen des syrischen Rückzugs aus Zemakh von Bedeutung. Das Verhalten der Syrer war eine überraschende Entdeckung, die einen ausschlaggebenden und bleibenden Wandel in seiner Einstellung zu den Sicherheitsproblemen Israels hervorrief:

Die nächtliche Spritztour nach Zemakh machte auf mich einen unauslöschlichen Eindruck. Ich sah, wie sie alles fortgeworfen hatten und geflohen waren. Das ist meinem Gedächtnis sehr lebendig eingeprägt ... wie sie nach drei oder vier Granaten einfach aufstanden und davonrannten, ohne zu wissen, was sie taten – sie waren völlig kopflos. Mit unserer vierten Granate brach der gesamte syrische Angriff zusammen. Sie zogen sich zurück, ohne angegriffen zu sein, übrigens, Zemakh wurde überhaupt nicht angegriffen, und bei Anbruch der Nacht waren sie nicht mehr da.

Damals dachte ich, man braucht nur auf eine Blechdose zu schlagen, und sie flattern auseinander wie aufgescheuchte Vögel.

Ein paar Tage nach der Schlacht um die beiden Deganias kehrte Moshe nach Tel Aviv zurück, um das Kommando über das 89. Bataillon zu übernehmen.

12
Die Neunundachtziger (Mai bis August 1948)

Nach Zemakh zweifelte Moshe nicht mehr an seiner Fähigkeit, Kommandeur der Neunundachtziger sein zu können.
»Mit ein paar Jeeps und Maschinengewehren können wir die Sache in Ordnung bringen und die Araber unter Kontrolle halten«, erklärte er Yitzhak Sadeh mit frischem Selbstvertrauen. Die Achte Brigade wurde aufgestellt und mit Befehl vom 21. Mai 1948 dem Armeehauptquartier als taktische Reserve unterstellt. Ihre Aufgabe: Offensivhandlungen und Gegenangriffe. Ein Befehl vom 31. Mai unterstellte sämtliche Einheiten der Brigade bis spätestens 1. Juni, 12 Uhr mittags, dem Befehl Sadehs. Moshe hatte noch als Abschnittskommandeur im Jordantal mit einigen jungen Leuten aus Nahalal und Yavniel über ihre Versetzung in sein neues Bataillon gesprochen. Sie waren Feuer und Flamme, in einer Kommandoeinheit dienen zu können. Uri Ben-On erinnert sich, von Moshe gehört zu haben, dieser sei vom Hauptquartier ermächtigt worden, jeden gewünschten Mann von anderen Einheiten für seine Truppe herauszupicken. Er, Uri, solle Kompaniechef werden und noch mehr solcher Männer mitbringen. Auf Moshes mündliche Anweisung hin benachrichtigte er die jungen Leute aus Nahalal und ein paar Angehörige seiner eigenen Kompanie. Er selbst ging danach gar nicht erst wieder zu seiner Kompanie zurück und erzählte auch Meir Amit, seinem stellvertretenden Bataillonskommandeur, kein Sterbenswörtchen davon.
Bar-Ons Erste Kompanie des 89. Bataillons, später die C-Kompanie, formte sich um einen Kern aus Männern der Golani-Brigade, die der Ausstrahlungskraft Moshes erlegen waren. Die Zweite Kompanie (B-Kompanie), war dem 43. Bataillon der Kiryati-Brigade »abgeluchst« worden, und die Dritte Kompanie (A-Kompanie) setzte sich aus Mannschaften der aufgelösten Lehi zusammen.
Eine der ersten Neueinstellungen im 89. Bataillon war ein Militär der zweiten Generation, Yohanan Pelz. Er hatte seit 1935 in Palästina

eine Reihe von Sicherheitsaufgaben in der JSP erfüllt. Im Zweiten Weltkrieg diente er als Major im Dritten Bataillon der Jüdischen Brigade. Während der ersten Gefechte des Unabhängigkeitskrieges befehligte er im Raum Tel Aviv die »Special Company« der Haganah. Aus irgendeinem Grund wurde dieser Truppenteil die PM-Kompanie genannt. Das rührte wahrscheinlich noch von den Initialen »Hebrew Plugah Meyuhedet« her. Diese Kompanie erfreute sich höchsten Ansehens und war für ihre Einsatzfreude bekannt. Einer ihrer hervorragendsten Soldaten war Akiva Sa'ar, der stellvertretende Kompaniechef. Mit der Aufstellung regulärer Zahal-Brigaden wurde die gesamte Kompanie mit Ausnahme von Pelz dem Dritten Bataillon der Kiryati-Brigade eingegliedert. Pelz war ohne Kommando, als ihn Generalmajor Moshe Zadok, der Leiter des Personalamts im Armeeoberkommando, zu sich befahl und ihm den Posten des Stellvertretenden Bataillonskommandeurs der Neunundachtziger anbot. Wenig später wurde er ins Café Frack in der Dizengoff Street in Tel Aviv bestellt, um seinen neuen Befehlshaber kennenzulernen.

Für die neue Einheit war Pelz von doppeltem Nutzen. Zunächst sprach er mit Moshe über seine ehemalige Einheit und über Akiva Sa'ar. So wie Moshe eine ganze Kompanie der Golani-Brigade mitgebracht hatte, würde Pelz auch nicht gerade mit leeren Händen dastehen. Er klärte Moshe nämlich darüber auf, daß in der ganzen Welt Kommandoeinheiten aus Freiwilligen gebildet werden. Moshe hörte das zum erstenmal. Wenn die Neunundachtziger von sich aus Freiwillige rekrutieren dürften, wären die Kommandeure anderer Einheiten machtlos, wenn sich ihre Soldaten in Moshes Bataillon versetzen lassen wollten.

Schon am nächsten Tag sondierte Moshe beim Armeeoberkommando. Pelz organisierte den Bataillonsstab und richtete die Bataillonsunterkünfte im Heeresstützpunkt Tel Hashomer ein. Die ersten Fahrzeuge der neuen Einheit bildeten die von Bar-On aus dem Jordantal mitgebrachten Jeeps.

Die Gegensätze zwischen Moshe und seinem Stellvertreter zeigten sich schon bei der allerersten Begegnung. Teddy Eytan beschreibt Pelz in seinem Buch »Negev« so: »Es schien, als komme er geradewegs aus einem britischen Offizierskasino.« Gegen Pelz sah Moshe mit seiner schäbigen Kleidung, seinen verbeulten Hosen und den ewig rutschenden Socken wie ein Mitglied irgendeiner Terroristenbande aus oder doch zumindest wie ein Partisan. Er vermied militärische Termini, dachte undiszipliniert und kam sofort auf den Kern einer Sache zu sprechen. Gleich bei ihrer ersten Begegnung grenzten sie die jeweils zu bearbeitenden Sachgebiete scharf gegeneinander ab. Pelz erwies sich als ein blendender Organisator. Seine Aufgaben in der neuen Einheit: Organisation, Verwaltungsfragen, logistische Probleme. Moshe übertrug ihm dafür die volle Verantwortung.

Pelz erfüllte sein Versprechen und brachte seine ehemalige Kompanie von der Kiryati-Brigade zum Bataillon. Am 28. Mai befahl das Armeekommando allen Brigadekommandeuren, den Neunundachtzigern »je 40 ausgesuchte Freiwillige zu überstellen, inklusive eines Zugführers und vier Gruppenführern«. Der Kommandeur des 43. Bataillons der Kiryati-Brigade weigerte sich jedoch, sich von seinen besten Männern, und dazu noch in Kompaniestärke, zu trennen. Moshe und Pelz aber mochten sich nicht gedulden, bis die Angelegenheit »auf dem Dienstweg« und damit für alle Beteiligten zufriedenstellend geregelt werden sollte. So traf Pelz sich dann insgeheim mit den Männern seiner ehemaligen Kompanie. Akiva Sa'ar brauchte gar nicht erst überredet zu werden. Pelz brachte beim nächstenmal gleich einen leeren Bus mit. Ohne Befehl verließ die berühmte »PM« das 43. Bataillon. Pelz Schilderung von Moshe und seinem Kommandobataillon hatte ihre Wirkung auf die Männer nicht verfehlt.

Doch in einem Punkt unterschied sich das 43. Bataillon von den Golanis – in der Person seines Kommandeurs. Gleich Pelz hatte er in der Jüdischen Brigade gedient, dieser Mustereinheit an Disziplin und militärischer Ordnung. Es war kein anderer als Amos Ben Gurion, der Sohn des Verteidigungsministers. Anfangs konnte er sich gar nicht erklären, wohin Akiva Sa'ar und seine Männer verschwunden waren und warum ihm plötzlich eine ganze Kompanie fehlte. Als er endlich die ganze Wahrheit erfuhr, meldete er seinem Vater, dem Verteidigungsminister, die etwas absonderlichen Rekrutierungsmethoden Moshe Dayans und seines Stellvertreters. Moshe wurde befohlen, die Kompanie sofort zurückzuschicken. Die Männer sperrte man erstmal alle ein.

Aber Moshe gab nicht auf. Seine Bemühungen um Sa'ar und seine Kompanie hatten später doch noch Erfolg. Kaum war Sa'ar wieder bei den Neunundachtzigern angelangt, schickte man ihn los, bei anderen Brigaden Freiwillige anzuheuern. Mit einer Abschrift des Befehls vom Armeeoberkommando ausgerüstet, erschien er beim Kommandeur der Givati-Brigade, der ihn zu Major Zvi Zur, dem Kommandeur des 5. Bataillons, weiterleitete. Zur erklärte ihm, daß er keinen einzigen Mann entbehren könne, nur »die Typen aus dem Bataillonsknast«, ja, die könne er gern haben. Sa'ar akzeptierte.

Einige Brigaden überließen ihm nicht einmal die Leute, die »im Bau« saßen. Eine ganze Menge Freiwilliger trat bei den Neunundachtzigern ohne Versetzungsbefehl ein und wurde von ihren Einheiten zu Deserteuren erklärt. Für Moshe bedeutete das ein »Shibboleth«. Jeder Mann, der etwaigen Befehlen nicht gehorchte, nur um in die Kampftruppe zu gelangen, war gern gesehen.

Freunde seiner Kindheit umgaben Moshe. Es kamen Nachman Betser und Shmuel Wolf. Es dienten in seinem Bataillon Binya Zarhi und Israel Gefen. Moshes ehemaliger Reitlehrer, der 62jährige »Opa« Havinsky führte sein persönliches Gefolge an. Er wurde zum ›Regimental Sergeant Major‹ (Stabsfeldwebel beim Bataillonsstab) ernannt. Mehr als einmal bestätigten die Neunundachtziger ihren Ruf als schillernder, undisziplinierter Haufen. Während der Aufstellung stahlen sie zivile Jeeps, die sie hastig umspritzten und mit Armeezulassungsschildern versahen. Möglicherweise wäre diese etwas ungebräuchliche Art, ein Bataillon schnell komplett auszurüsten, gar nicht ans Licht gekommen, hätten die Soldaten nicht eines schönen Tages ihre Hände auf den brandneuen Jeep des bekannten Journalisten Arthur Koestler gelegt, und das direkt vor dem piekfeinen Hotel Ritz in Tel Aviv, in dem sich der Sitz des Presseamts der Regierung befand.

Diese Unverfrorenheit der Neunundachtziger war Moshes Werk. Seine Männer bewunderten ihn wegen seiner Eskapaden und machten ihn zu ihrem Helden.

Keine Schilderung der Neunundachtziger wäre vollständig ohne die Erwähnung Theodor (Teddy) Eytans. Er wurde als Nichtjude Thadée Diffre in Frankreich geboren. Seine Ankunft in Israel und sein Eintritt in die Zahal sind in Dunkel gehüllt. Er war einer der ausländischen Freiwilligen, die sich sehr bald Vertrauen erwarben. Man glaubte ihm ohne weiteres, daß er während des Zweiten Weltkriegs Hauptmann bei General Leclercs Panzertruppen gewesen war. Das Armeeoberkommando teilte ihn den Neunundachtzigern als Experten »für die Kriegsführung mit gepanzerten Waffen« zu. Man erinnert sich an ihn als an einen Mann, der zwar ein wenig verrückt, aber ein ausgezeichneter Kämpfer von großer Erfahrung und großem Können war.

Dann gab es noch Akiva Sa'ars Fahrer, einen fröhlichen irischen Deserteur der britischen Mandatspolizei.

Innerhalb eines Monats war das Bataillon voll ausgerüstet und einsatzfähig. Die Kampfmoral war ausgezeichnet.

Doch, wie der Zufall manchmal so spielt, von einer kleinen Kampfhandlung im Dorf Yehudiya abgesehen, richtete sich der erste ernsthafte Einsatz der Neunundachtziger nicht gegen die Araber, sondern gegen jüdische Mitbürger – die Irgun. Man muß die »Altalena-Affäre« mit den Augen Ben Gurions sehen und sie aus den Gedanken seines Konzepts von der Eigenstaatlichkeit verstehen. Er fürchtete die latente Zwietracht der militärischen Organisationen, die bis zur offiziellen Gründung der Zahal neben der Haganah bestanden hatten. Ben Gurion forderte die Aufstellung einer einheitlichen nationalen Armee. Im Waffenimport durch eine unabhängige militärische Organisation sah die provisorische Regierung eine ernsthafte Verletzung der Gesetze des Staates Israel.

In der Nacht zum 20. Juni ankerte die »Altalena« querab von Kfar Vitkin. Das Löschen ihrer Fracht zog sich über den ganzen folgenden Tag hin. Der Beschluß der Regierung, die Entladung der für die Irgun bestimmten Waffen unter allen Umständen, »koste es, was es wolle« zu verhindern, wurde der Armee mit dem ausdrücklichen Befehl zu sofortigem Einschreiten übertragen. Auf der Suche nach »loyalen« Truppenteilen in der näheren Umgebung Kfar Vitkins fiel die Wahl auf die 8. Brigade und auf die Palmach.

Moshe hätte diesen Befehl für sein Bataillon ablehnen können oder irgendeinen Grund erfinden müssen, sich und sein Bataillon da herauszuhalten, so, wie andere Kommandeure es schon getan hatten. Er entschloß sich jedoch, den Befehlen zu gehorchen.

Mit zwei Kompanien seines Bataillons und einer zugeteilten Panzerkompanie des 82. Panzerbataillons marschierte er nach Kfar Vitkin.

Vor dem Einsatz konferierte Moshe mit dem Staatssekretär im Verteidigungsministerium, Israel Galili, der die »Altalena-Affäre« bearbeitete, und mit Generalmajor Dan Even, dem Kommandeur der Alexandroni-Brigade, Bezirkskommandeur und seinem direkten Vorgesetzten. Ihren Befehlen entsprechend, kesselte er die Streitkräfte der Irgun an der Küste ein. Nur so konnte er verhindern, daß sie ausbrachen oder daß von außen Hilfe oder Verstärkung herangebracht wurden. Moshes Befehle warnten seine Männer ausdrücklich vor einem Zusammenstoß mit den Kräften der Irgun, andererseits wurden sie ausdrücklich darüber unterrichtet, daß sie sofort zurückzuschießen hätten, falls die »andere Seite« das Feuer eröffnen würde.

»Zuerst nahm ich an, das allein würde genügen. Die Irgun einzuschließen und ihnen zu sagen: Jetzt ist es aber genug!« Als Moshes Truppen in ihre Stellungen an der Küste einrückten, waren über Mittelsmänner bereits Verhandlungen eingeleitet worden.

Gegen Abend des 21. Juni wurde geschossen. Wie immer in solchen

Fällen, beschuldigten sich die Beteiligten gegenseitig, das Feuer eröffnet zu haben. Anfangs reagierten Moshes Männer überhaupt nicht auf vereinzelte Schüsse. Sie eröffneten das Feuer erst, als einer ihrer Kameraden tot zusammenbrach und drei weitere verwundet wurden.
Die Rolle, die Moshe in diesem Gefecht wirklich gespielt hat, ist nie geklärt worden. Uri Bar-On erinnert sich, daß Moshe irgendwann am Nachmittag die Einheiten des Neunundachtzigsten Bataillons seinem Kommando unterstellte.
Auf seine Fragen antwortete Moshe ihm, er komme gerade von Ben Gurion, der ihm, Moshe, befohlen habe, der Leiche des Obersten David Marcus das Geleit bei der Überführung in die USA zu geben. Bar-On meldete sich bei Generalmajor Even, der informiert wurde, daß für den letzten Abschnitt der Kampfhandlungen Bar-On die Neunundachtziger befehligte. (Pelz, der Zweite nach dem Kommandeur, nahm an den Kampfhandlungen nicht teil.)
Das war das Letzte, was Bar-On bis zum 9. Juli von Moshe sah. Obgleich Moshe noch die ursprünglichen Befehle gegeben hatte, wurden die Befehle zur Erwiderung des Feuers von Bar-On erteilt, der das Kommando über die Neunundachtziger »mit nur geringem Enthusiasmus«, wie er später erklärte, übernommen hatte. Kaum war das Flugzeug mit der Leiche des Obersten Marcus nach Amerika abgeflogen, erhob sich schon die Frage: Warum blieb Moshe nicht bis zum Ende des Gefechts in Kfar Vitkin? Könnte er in der Reise nach Amerika möglicherweise ein Distanzieren von der unangenehmen Aufgabe erblickt haben, einer Aufgabe, die er sowieso nur mit sehr gemischten Gefühlen übernommen hatte?
Oder aber hatte sein allzeit waches Gespür für politische Konstellationen den öffentlichen Zorn, den die »Altalena-Affäre« hervorrufen würde, vorhergesehen?
Es stimmt zwar, daß Moshe nicht gerade mit Begeisterung an die Aufgabe herangegangen war, seine Männer jedoch bescheinigen ihm Energie und Kraft bei ihrer Durchführung.
Es ist daher durchaus denkbar, daß Moshe beim Verlassen der Szene ganz einfach seinem typischen Verhaltensmuster folgte, nämlich, anderen die Vollendung einer Aufgabe zu überlassen, die abzuschließen sie sehr wohl selber in der Lage waren. Er hatte ja auch Degania verlassen, als sich das Blatt zu wenden begann, obgleich genug Grund zu der Annahme bestanden hatte, daß die Syrer weiter südlich angreifen könnten.
Während der entscheidenden Stunden jedoch war Moshe bei seinen

Truppen in Kfar Vitkin. Als die Altalena dann wieder in See stach, war für ihn der Fall ausgestanden.

Sein Verhalten stimmte mit seiner Auffassung von klar abgegrenzter Verantwortung völlig überein.

Die Gesamtverantwortung für die »Altelena-Affäre« lag bei der Provisorischen Regierung und dem Oberkommando. Moshe hatte seinen Teil dazu beigetragen, indem er den Männern seines Bataillons befohlen hatte, das Feuer in dem Augenblick zu eröffnen, in dem sie selbst beschossen würden. Danach hielt er sich genauso für berechtigt, sein Kommando zu übertragen, wie seine Vorgesetzten es ihm übergeben hatten. Wie dem auch sei, die Antwort auf die Frage, warum Moshe Dayan Kfar Vitkin verlassen hatte, bevor sein Auftrag dort abgeschlossen war, bleibt weitgehend unbeantwortet.

Während sich in der Abenddämmerung des 21. Juni seine Neunundachtziger mit den Truppen der Irgun herumschossen, war Moshe mit seiner Frau Ruth auf dem Weg nach Nahalal, um sich vor Antritt der Reise nach Amerika von Kindern und Eltern zu verabschieden.

Nur drei Wochen später sollte er schon wieder bei seinen Neunundachtzigern sein.

Oberst David Marcus, ein amerikanischer Jude, der unter dem Namen Mickey Stone in der Zahal diente, war als Oberkommandierender der Jerusalemer Front am 11. Juni ein paar Stunden vor Inkrafttreten der Feuereinstellung irrtümlich erschossen worden. In seinem Testament hatte er um Beerdigung in der Militärakademie von West Point gebeten, denn dort war er zum Offizier ausgebildet worden.

Am 29. Juni erreichte Moshe in Paris ein Telegramm Ben Gurions: NICHT NACH NEW YORK WEITERFLIEGEN STOP SOFORT ZURÜCKKEHREN STOP.

Diese spontane Umdispostion beruhte auf dem Entschluß Ben Gurions, Generalmajor David Shaltiel von seinem Posten als Kommandeur des Jerusalemer Gebiets abzulösen und Moshe an seiner Stelle zum Befehlshaber zu ernennen. Doch dieser war so sehr mit seiner Amerikareise beschäftigt, daß er Ben Gurions Kabel überhaupt nicht beantwortete.

Moshes wichtigstes Erlebnis in New York war sein Zusammentreffen mit einem Mann namens Abraham J. Baum. Baum war freiwilliger Mitarbeiter bei der Gesandtschaft der Haganah in den Vereinigten Staaten. Seine Aufgabe war die Anwerbung und Einstellung amerikanischer Freiwilliger, zuerst für die Haganah und später dann für die Zahal. Man traf sich im Hotel. Bald stellte sich heraus, daß Baum

einer der waghalsigsten, narbigsten und am höchsten dekoriertesten Offiziere der US-Armee des Zweiten Weltkriegs war.
Was Baum zu sagen hatte, wollte der Kommandeur der Neunundachtzigsten Raider hören.
Baum war Leiter der Operationsabteilung eines zu dem Kampfkommando B des Oberst Creighton W. Abrams gehörenden gepanzerten Infanteriebataillons gewesen, als ihm befohlen wurde, mit einer speziellen Kampftruppe die deutschen Linien zu durchbrechen, um amerikanische Kriegsgefangene aus dem Lager Hammelburg an der Saale herauszuholen. Hammelburg lag im Rücken zweier deutscher Divisionen gute 60 Meilen hinter den deutschen Linien.
Moshe interessierten Stärke und Zusammensetzung der sogenannten »Kampftruppe Baum«, entsprachen sie doch genau dem von ihm kommandierten Bataillon.
Großräumig angelegte Kampfaufträge mit zwar zahlenmäßig geringen, dafür aber um so wagemutigeren Kampftruppen, waren nicht nur sein Ideal, sondern sie deckten sich auch genau mit den zentralen militärischen Vorstellungen der Zahal.
Mit dieser Truppe überschritt Baum in der Nacht zum 27. März 1945 die Saale und brach eine halbe Stunde später in das Kriegsgefangenenlager ein. Deutsche Aufklärungsflugzeuge hatten ihn jedoch vorher schon beobachtet, und er verlor die Hälfte seiner Mannschaften und Fahrzeuge. Selbst wenn es ihm gelungen wäre, sich wieder bis zu den deutschen Linien durchzuschlagen: Fahrzeuge für den Transport der Gefangenen hatte Baum nicht mehr. Die Deutschen vernichteten seine Einheit. Wer nicht gefallen war oder verwundet wurde, geriet wie Baum in Gefangenschaft. Zehn Tage später wurden die Kriegsgefangenen von starken amerikanischen Streitkräften befreit.
Moshe blieben als Frucht seiner stundenlangen Gespräche mit Baum folgende Erkenntnisse der mechanisierten Kriegsführung im Gedächtnis haften:
1. Existiert eine Straße, ist sie zu benutzen.
2. Greif immer, auch bei kleinsten Unternehmungen, mit voller Stärke an. Bemühe dich, stärker zu erscheinen, als du tatsächlich bist.
3. Erzwinge den Durchbruch in engster Formation. Vorzugsweise in einfacher Kolonne.
4. Setze deine Feuerkraft mehr als psychologischen Faktor denn als tödliche Waffe ein.
5. Bleibe ständig in Bewegung – sowie du anhältst, geht dein Vorteil, eine bewegliche Panzertruppe zu haben, verloren.

6. Kümmere dich nicht um das Bereitstellen von Reserven – setze sämtliche Kräfte ein, über die du verfügst, aber mache den Feind glauben, du hättest noch viel mehr davon.
7. Führe Infanterie zur Besetzung des gewonnenen Raums heran.
8. Halte die Panzertruppe wegen der mit Sicherheit zu erwartenden Gegenangriffe beweglich.

Moshe kehrte ein paar Stunden vor Ablauf der ersten Feuereinstellung, am 9. Juli, nach Israel zurück und eilte gleich vom Flughafen zu seinem Bataillon, das mitten in den Vorbereitungen zur »Operation Danny« steckte. Ziel dieses Vorhabens war, die Arabische Legion aus ihren Stellungen bei Tel Aviv zu drücken, die Straße nach Jerusalem freizukämpfen und die Stadt aus den Händen der Arabischen Legion und irregulärer Truppenteile zu befreien. Es sollten ferner der Zahal neue und besser zu haltende Verteidigungsstellen erkämpft sowie die beiden wichtigsten Verkehrsknotenpunkte, Flughafen und Bahnhof von Lydda, erobert werden.

Moshe nahm sich beim Umziehen Zeit, über den von Pelz ausgearbeiteten Operationsplan nachzudenken. Jetzt bot sich ihm die Gelegenheit, das bei Abe Baum gelernte in die Praxis umzusetzen. Moshe begeisterte seine Männer mit dem ihm eigenen Charme für seinen völlig neuartigen Plan, seine neue Taktik.

Der von Pelz nach den bewährten Regeln moderner Generalstabsschulung bis ins kleinste Detail ausgearbeitete Plan wurde verworfen. Jetzt hatte das gesamte Bataillon in einer Kolonne zu marschieren. Jeeps, Kettenfahrzeuge, gepanzerte Fahrzeuge und Granatwerfer. Ganz zweifellos schwebte Moshe so etwas wie die »Task Force Baum« vor.

Als Pelz auf der Bildfläche erschien, erklärte Moshe ihm, daß er seinen Operationsplan außer Kraft gesetzt hätte. Er meinte, »damit kann man ausgezeichnet gegen eine reguläre europäische Armee kämpfen. Unsere Gegner sind aber Araber und nicht die Deutschen!« Nach Zemakh zweifelte er überhaupt daran, ob es nötig sein würde, auch nur die Granatwerfer in Stellung zu bringen. Er war noch immer der Meinung: »Schlag auf ein Blechfaß, und die Araber zerflattern in alle Winde.«

Nach Pelz Überzeugung hatte Moshes militärischer Ausbildungsgrad allerhöchstens das Niveau eines unerfahrenen Zugführers erreicht. Doch: »Er gewann die Männer durch seinen phantastischen Mut. Er hatte überhaupt keine Nerven.«

Muzira und ein paar andere Dörfer waren am 10. Juli schnell genommen worden. Das Bataillon marschierte, Moshe an der Spitze, Pelz mit dem Granatwerferzug auf zwei gepanzerten Fahrzeugen am Ende der Kolonne.

Der Angriff auf Kulla begann. Das Gefecht entwickelte sich nicht so, wie es Moshe sich erhofft hatte. Es genügte durchaus nicht, einfach »auf ein Blechfaß zu schlagen«, um die Araber aus der Stadt zu werfen.

Die Chronisten des Unabhängigkeitskrieges sind sich darüber einig, daß die Schlacht bei Kulla ziemlich schwer war. Moshe war gezwungen, Pelz und seine Werfer nach vorn zu ziehen, um die feindliche Stellung aufzubrechen. Pelz hatte das vorausgesehen. Seine Werfer waren zur Stelle. Die B-Kompanie brach in Kulla ein. Pelz konnte jetzt ohne detaillierte Angriffs- und Feuerpläne nicht genau wissen, in wieweit die Angriffsspitzen bereits vorgedrungen waren. Er fürchtete, sein Werferfeuer könnte die eigenen Leute treffen. Doch behielt er einen klaren Kopf, kühlen Mut, wagte viel, brachte die Werfer in günstige Schußposition und nahm die Stadt unter Feuer.

Die angreifende Kolonne geriet ins Stocken. Die Fahrer der Halbkettenfahrzeuge, zum allerersten Mal unter Beschuß, setzten zurück, um in Deckung zu fahren. Moshe sprang von seinem leichtgepanzerten Fahrzeug. Er hatte sich entschlossen, den Angriff persönlich zu führen. Das Bataillon errang einen leichten Sieg. Der zweite Angriff traf auf entschlossenen Widerstand. Es entwickelten sich schwere Kämpfe.

Moshe blieb nicht bis zum Ende der Kämpfe bei der Truppe. Ben Gurion hatte ihn zu sich nach Tel Aviv befohlen.

Das in Paris erhaltene Kabel von Ben Gurion hatte Moshe nicht beantwortet. Ein zweites, das nach New York geschickt wurde, befahl ihm, sich unmittelbar nach seiner Rückkehr in Israel bei Ben Gurion zu melden.

Als Ben Gurion erfahren hatte, daß Moshe sofort zu seinem Bataillon geeilt war, ließ er ihm den ausdrücklichen Befehl zustellen, sich »unverzüglich und ohne Rücksicht darauf, wo und in was für einer Lage er sich gerade befinde«, bei ihm einzufinden.

Als sich Moshe dann in seiner Felduniform, dreckig und verstaubt bei Ben Gurion meldete, hörte er zum erstenmal etwas über die Hintergründe dieses Befehls: Es war Ben Gurions Absicht, ihn, Moshe Dayan, zum Befehlshaber des Jerusalemer Abschnitts zu ernennen. Der Verteidigungsminister beabsichtigte nämlich, die Altstadt Jerusalem wieder mit der jüdischen Stadt zu vereinigen, und hielt aus diesem Grund nach einem aggressiven Offizier Ausschau. Für eine solche Aufgabe habe Moshe sich in Degania qualifiziert, meinte Ben Gruion. Moshe

wurde ein wenig störrisch, als er hörte, er solle die Neunundachtziger mitten im Gefecht verlassen. Über sein neues Kommando war er nicht sehr begeistert, obgleich ihm jetzt die Beförderung zum Oberstleutnant winkte. Schließlich wollte er ja bei einer kämpfenden Truppe dienen.
»Es gelang mir, den Erlaß zu verzögern«, sagte er später. »Immerhin befand ich mich ja mitten im Gefecht. Ben Gurion gab seine Idee zwar nicht auf, aber er stimmte doch einem Aufschub zu.«
Inzwischen war einiges geschehen, was die Operationspläne der gesamten Brigade grundlegend ändern sollte.
Den Neunundachtzigern wurde befohlen, das Dorf Dir Tarif zu nehmen. Dem 82. Panzerbataillon war das nicht gelungen. Es wurde zurückgeschlagen. Die Führung der Neunundachtziger hatte seit Moshes Fortgang Pelz übernommen. Moshe fand diesen schlafend, in eine Decke gewickelt unter einem Ölbaum liegend. Wachgerüttelt berichtete er, so gut es eben ging, über die Kampfhandlungen, die Lage des Bataillons, den Munitionsverbrauch und die Verluste.
Dann bat er um die Erlaubnis, noch eine Stunde zu schlafen.
Als Pelz aufwachte, war es bereits sieben Uhr. Ein herrlicher Sommertag lag hell über den Bergen. Von den Neunundachtzigern war keine Spur zu sehen. Pelz war der einzige Mensch in Tira.
Er machte sich sofort auf den Weg nach Dir Tarif. Unterwegs traf er einen vom Weg abgekommenen Jeep, dem er befahl, ihn zum Bataillon zu bringen. Später erfuhr er, daß Moshe noch vor Anbruch der Dämmerung die Truppen in Marsch gesetzt hatte. Nur ihn hatte er schlafen lassen: »Yohanan ist müde, laßt ihn schlafen.«
Moshe, der seit dem Verlassen New Yorks selber kaum Schlaf gefunden hatte, wird die Schlafgewohnheiten seines Stellvertreters wohl mit einer Mischung aus Verärgerung und Spott betrachtet haben. So wie die Dinge lagen, wird ihn seine angeborene Abneigung gegen kollektive Verantwortung von der Pflicht, Major Pelz zu wecken, wohl freigesprochen haben. Die Ursache dieses etwas makabren Scherzes könnte aber auch in dem merkwürdigen Gefühl von »Anderssein« liegen oder darin zu suchen sein, das der kämpferische Partisan ganz eigener Prägung dem stets tadellosen, korrekten »British-Army-Officer« gegenüber empfindet. Möglicherweise überwogen diese Faktoren bei dem Wunsch, in Pelz und anderen den Rivalen zu sehen.
Als Moshe am 11. Juli mit dem Jeep in Dir Tarif ankam, sah er ein umgestürztes jordanisches Panzerfahrzeug im Gelände liegen, das er unbedingt haben wollte. Wie nötig brauchte sein Bataillon einen Panzerwagen mit Turmgeschütz.

Ungeachtet schwersten Feuers versuchte er, mit ein paar Mann das ungefüge Fahrzeug wieder aufzurichten.

In seinem Bericht schrieb Moshe später: »Wir hatten einfach keine Zeit zu verlieren«. Und »Die Dir Tarif-Stellung war jetzt fest in unserer Hand. Die Frage: was kommt als nächstes!«

Moshe wartete gar nicht erst auf weitere Befehle aus dem Brigadehauptquartier: »Nach Westen zu schimmerte Lydda durch die Orangenhaine. Zwischen uns und der Stadt lag nur die Ebene. Im Augenblick schien es das Vernünftigste zu sein, die Jordanier mit geringen Kräften hier zu beschäftigen, um mit der Hauptmacht auf Lydda vorzugehen. Daß die Stadt an ihrer Ostflanke befestigt und zur Verteidigung eingerichtet war, erschien uns höchst unwahrscheinlich, denn hier lag ja die Verbindung zwischen der Stadt und den arabischen Legionären im Raum Lydda-Beit Naballa-Ramallah.

Wenn überhaupt, hatte der Durchbruch hier an dieser Stelle zu erfolgen, und zwar dann, wenn die Stadt es nicht erwartete.«

Lydda gehörte nicht zu den Angriffszielen der Neunundachtziger. Laut Operationsplan war die Stadt von der Palmach Yiftach-Brigade mit Unterstützung des 82. Panzerbataillons zu nehmen. Moshe nahm darauf gar keine Rücksicht. Er berechnete die Gefechtsstärke seines Bataillons und machte sich Gedanken über dessen Eignung, diesen Angriff auch durchstehen zu können.

Während Moshe seine Einheiten musterte, wurde er von seinem Nachrichtenoffizier an das Funkgerät gerufen. Mulla Cohen, Brigadekommandeur der »Yiftach«, versuchte den Kommandeur des 82. Panzerbataillons zu erreichen. Moshe schaltete sich ein. Er hörte, wie der Brigadekommandeur der »Yiftach« für eine seiner in einem Zitrushain festliegenden Einheiten dringend Unterstützung durch das 82. Panzerbataillon anforderte. Für die Zweiundachtziger antwortete Moshe: Jawohl, er, die Neunundachtziger nämlich, könnten!

Man sieht, es war eben doch nicht nur ein Fehler in der Nachrichtenübermittlung, der Moshe seinem Bataillon ein neues Angriffsziel geben ließ.

Jetzt dauerte ihm das Bergen des jordanischen Panzerfahrzeugs zu lange. Es hielt den Angriff auf Lydda unnötig auf. »Wir mußten den Wagen einfach haben«, sollte er später schreiben. Moshe kletterte mit ein paar Mechanikern in ein Halbkettenfahrzeug, und, das schwere jordanische Feuer völlig ignorierend, zog er den Panzerwagen aus dem Graben. Seine Leute tauften den Koloß »Schrecklicher Tiger«. Ein Soldat, der in der britischen Armee etwas von Panzerkanonen gelernt

hatte, bediente die furchterregende Kanone, und der »Tiger« wurde vom gesamten Bataillon mit Jubel begrüßt. Das war jetzt ihre modernste und gleichzeitig wirkungsvollste Waffe.
Die Neunundachtziger hatten Dir Tarif genommen, das eigentlich den 82er Panzern »gehörte«, und schon wieder waren sie an deren Stelle auf dem Vormarsch nach Lydda.
Ehe die Neunundachtziger Dir Tarif verließen, versammelte Moshe seine Offiziere und setzte ihnen seine Befehle noch einmal auseinander: »Angehalten wird nicht. Geraten Sie an ein Hindernis, erhalten schweres Feuer und weiß der Teufel was sonst noch, fahren Sie die Spähwagen auf die Seite, und Panzer und Halbkettenfahrzeuge brechen durch. Wird ein Fahrzeug getroffen, liegen lassen. Niemand hält an, repariert es oder stoppt die nachfolgenden Fahrzeuge. Vorbeifahren und weiter vorgehen. Niemand außer mir darf die Kolonne anhalten. Bleiben Sie, koste es, was es wolle, in Bewegung!
Schießen Sie, überrollen Sie, bleiben Sie immer in Bewegung!« So begann, ohne Meldung an den zuständigen Brigadestab und ohne entsprechende Befehle der Brigade, für den größten Teil des Bataillons das »Unternehmen Danny«.
Der Überfall auf Lydda wurde ein brillanter militärischer Sieg. Es war ein völlig neues Erlebnis für die Zahal und ein Wechsel auf die Zukunft dieser Truppe.
In seinem Buch »Schlachten der Palmach« schrieb Yigal Allon: »Die Neunundachtziger griffen Lydda mit großem Elan an«, und Ben Gurion behauptete: »... Erst seit Lydda-Ramle lernte ich Moshe Dayan richtig kennen. Er war unsere größte Errungenschaft.«
Moshes Plan war äußerst einfach. Man konnte ihn in fünf Minuten erklären, wie Akiva Sa'ar berichtet: »Moshe hielt eine Karte hoch, deutete mit dem Finger auf Lydda und sagte: Wir greifen Lydda an. Hier, an dieser Stelle, dringen wir ein, fahren durch die Stadt, und hier geht's wieder 'raus. Klar?«
Hatte das Bataillon erst einmal die erste Verteidigungsstellung überwunden, mußte es sich teilen. Eine Kompanie sollte dann nach Norden abdrehen und an der Hauptstraße entlang vorgehen, die andere hatte sich nach Süden zu wenden. Nachdem die Kompanien sich so und dabei unter ständigem Feuern durch die Innenstadt gewunden hatten, sollten sie sich an einer Straßenkreuzung wieder vereinigen. Moshe wollte den völlig verblüfften Gegner niederschlagen, Verheerungen anrichten und ihn zur Kapitulation zwingen.
Vor dem Angriff hatte das Bataillon eine Angriffsstärke von 367

DER ANGRIFF DES 89. BATAILLONS AUF LYDDA

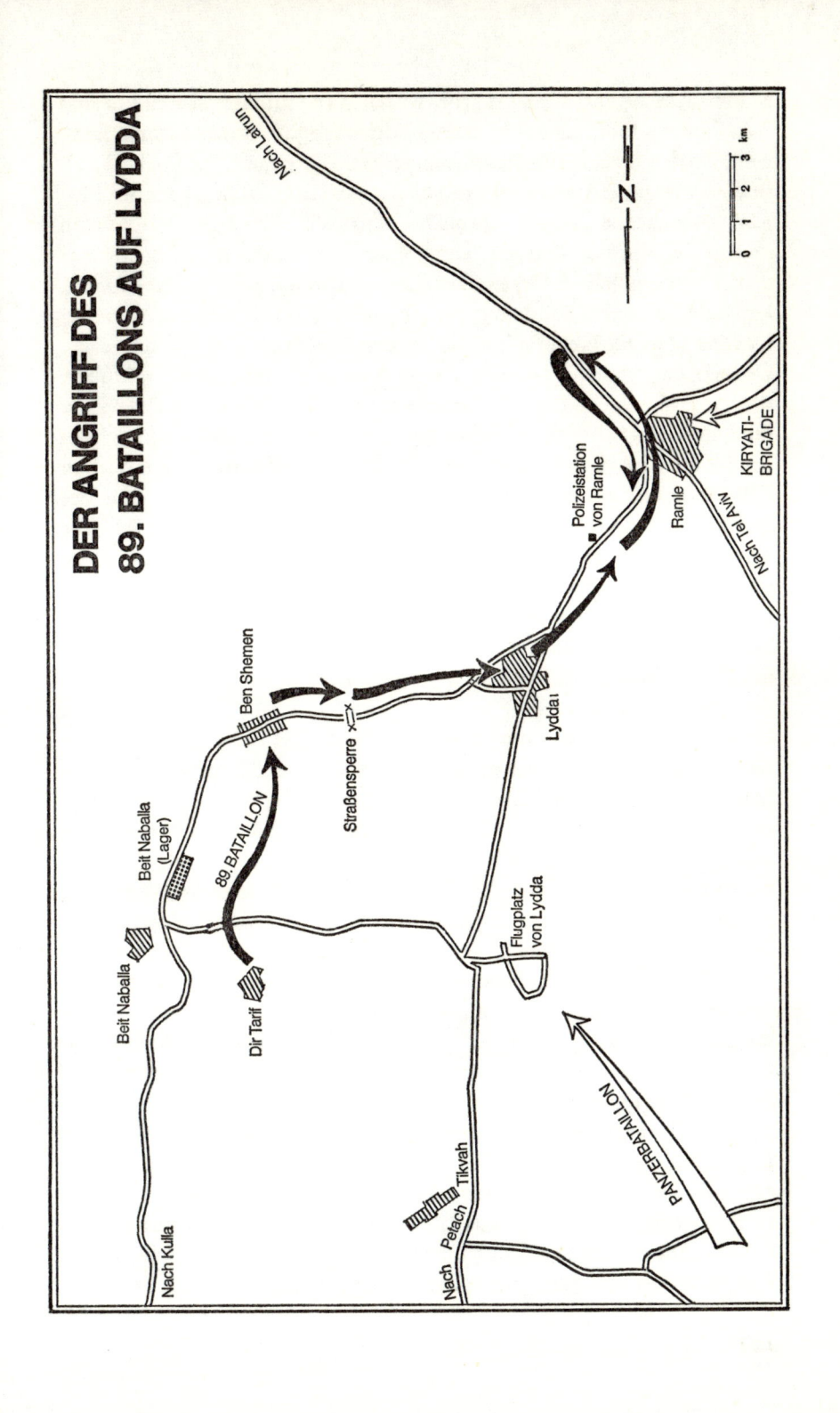

Mann. Am eigentlichen Angriff waren 150 Soldaten beteiligt. Das Bataillon verfügte über acht Kettenfahrzeuge (Schützenpanzerwagen), neun Spähwagen, einen Panzerwagen mit Turmgeschütz (Der Tiger), sowie zwanzig mit Maschinengewehren bestückte Jeeps. Ihnen standen eine unbekannte Anzahl arabischer Irregulärer gegenüber, die von zwei kriegsstarken aktiven Kompanien der Arabischen Legion verstärkt wurden. Sie verfügten über Kanonenpanzer und Artillerie.
Um 12 Uhr griffen Einheiten der Brigade »Yiftach« das Südostviertel Lyddas an. Die Neunundachtziger starteten ihren Angriff um 18.20 Uhr. Er dauerte nach Moshes Uhr genau 45 Minuten. Er selber führte den Angriff vom ersten Schützenpanzer aus. Es war dies eine der ganz seltenen Gelegenheiten im Jahre 1948, bei der ein Bataillonskommandeur seine Einheit bei einem Angriff ›von vorn‹ führte. Das Bataillon entfaltete sich zur einfachen Kolonne und bewegte sich entlang der Straße nach Lydda. Sofort schlug den vorgehenden Truppen sehr schweres Feuer entgegen. Es kam zu einem kurzen Halt an einem Panzerabwehrgraben. Moshe sprang von seinem Fahrzeug und wies jeden Fahrer einzeln an. Die Vorwärtsbewegung geriet dabei keine Sekunde ins Stocken. Auf die Funkverbindung verließ er sich lieber nicht. Die Besatzung des Panzerwagens fragte: »Was ist aber, wenn die Straße vermint ist?«
»Dann werdet Ihr gen Himmel gepustet!« war die Antwort.
Bald darauf donnerte die ganze Einheit auf der Hauptstraße in die Stadt. Von überallher schlug ihnen schwerstes Feuer entgegen. Besonders schwer wurden sie aus der stark befestigten Polizeistation beschossen. »Tiger« schoß kräftig zurück, und die Kolonne passierte die Polizeistation. Bis dahin war der Angriff mehr oder weniger planmäßig verlaufen. Als die Kolonne jedoch die Hauptstraßenkreuzung in der Stadt erreicht hatte, wandte der »Tiger« sich wie befohlen nach rechts, aber die nachfolgenden Kompanien teilten sich nicht, wie es geplant war. So bewegte sich nun die gesamte Streitmacht, der »Tiger« ausgenommen, in einer einzigen Kolonne in nord-südlicher Richtung durch die Stadt. »Tiger« kämpfte seine eigene Schlacht. Vorgehend, angreifend und feuernd erreichte er den Hauptplatz der Stadt, umfuhr ihn, schoß drei gutgezielte Granaten in den Wasserturm, verwickelte die Polizeistation in eine Schießerei und blieb dort so lange tapfer und einsam stehen, bis das Bataillon durch die Stadt zurückrollte.
Der Angriffsschwung trug das Bataillon ohne Aufenthalt durch ganz Lydda. Die Fahrzeuge kamen erst an der zur Festung ausgebauten Polizeistation von Taggart, an der Straße Lydda-Ramle, die von einer

Kompanie der Arabischen Legion gehalten wurde, zum Stehen. Das plötzliche Auftauchen des Bataillons verursachte eine Massenflucht von Zivilisten und Soldaten. Die erste Schützenpanzerwagenkompanie kam gerade noch sicher an dem Polizeigebäude vorbei. Dann hatten die Legionäre erkannt, was sich da eigentlich abspielte. Die Maschinengewehre in den Maschinengewehrstellungen in der Mauer spien schwerstes Feuer. Ein Fahrzeug ging in Flammen auf. Männer stürzten tot und verwundet von den Fahrzeugen. Handgranaten wirbelten durch die Luft, zerrissen die Besatzung eines Halbkettenfahrzeugs und zerkrachten zwischen den Fahrzeugen.
Moshe versuchte, die nach Süden rollenden Mannschaftstransporter aufzuhalten. Vergeblich. Die Funkgeräte waren ausgefallen. Mit vom vielen Brüllen heiserer Stimme sammelte er die Männer der zweiten Kompanie und hetzte hinter der ersten her. Erst in Ramle, als sich die Kompanie nach Osten, bis auf die Straße nach Jerusalem durchgekämpft hatte, traf er die erste wieder. Hier erfuhr er auch den Grund ihres wilden Vorpreschens: die Bremsen des ersten Halbkettenfahrzeugs hatten versagt! Es war dem Fahrer unmöglich gewesen, an der Kreuzung anzuhalten, und diszipliniert und pflichtbewußt folgten alle anderen Wagen dem führenden Fahrzeug im Gänsemarsch.
Als das Bataillon in der Nähe des Bahnhofs von Ramle haltmachte, ließ Moshe die Verluste feststellen. Die Fahrzeuge befanden sich in einem traurigen Zustand: fast alle Reifen waren durchlöchert, Kühler ausgefallen, Bremsen funktionierten nicht mehr. Zahlreiche Soldaten waren bei der Polizeistation von den Fahrzeugen gestürzt. »Die Moral ›sackte ab‹«, stellte Moshe fest.
Aus der Polizeistation erhielt das Bataillon jetzt schweres Granatwerferfeuer. »Die Geschichte fing an, unangenehm zu werden. Die Männer wurden nervös«, erinnert sich Moshe. Er entschloß sich, noch einmal durchzubrechen. Nordwärts diesmal, auf Ben Shemen zu. Die Verwundeten wurden auf die Halbkettenfahrzeuge gebettet, die Funkgeräte, so gut es ging, repariert. Als die ersten Geschosse der jordanischen Panzer über ihre Köpfe pfiffen, hatte Moshe sein Bataillon reorganisiert. Es konnte also weitergehen.
Obgleich das nun zum zweitenmal angreifende Bataillon aussah, als wäre es bereits zusammengehauen – Moshes Wagen fuhr auf zwei zerschossenen Reifen mit kochendem Kühler im ersten Gang – war der Kampfgeist der Männer ungebrochen.
Das war aber auch ihr einziger Vorteil, als sie auf der Straße von Lydda nach Ramle ihrem schwersten Gefecht entgegenfuhren. Jetzt

waren die Araber vorbereitet. Sie warteten. Moshe hatte den Männern eingeschärft, daß die einzige Möglichkeit, der Feuerwand des Gegners zu entkommen, in exakter Feuerdisziplin und in genauem Schießen bestand. Die Lage verschlechterte sich noch, als die Neunundachtziger anhielten, um ein paar Verwundete, die sich in einen Graben gegenüber der Polizeistation geflüchtet hatten, zu bergen. Moshe hatte die Bergung der Verwundeten und Toten befohlen. Er selber half dabei nach Kräften mit.

Langsam, mühsam und unterwegs noch Verluste erleidend, bewegte sich die Kolonne außer Reichweite der Polizeistation. Moshe ließ halten und überzeugte sich, daß niemand zurückgelassen worden war, kein toter und kein verwundeter Soldat. Beim Weiterfahren übernahmen jetzt die Jeeps die Führung. Inzwischen hatte Moshes Fahrzeug noch einen weiteren Reifen verloren und wurde von einem Kettenfahrzeug geschoben. In der Stadt trafen sie ihren »Tiger«, der die ganze Zeit seinen »Privatkrieg« mit den Jordaniern geführt hatte. Nur noch der »Tiger« und ein Halbkettenfahrzeug konnten mit eigener Kraft fahren, alle anderen wurden geschoben. Die Maschinengewehre der vorausfahrenden Jeeps schossen die Straßen entlang und in die Häuser. Hinter ihnen bewegte sich langsam der Rest des Bataillons. Neun Tote und siebzehn Verwundete brachten sie mit.

Noch waren die letzten Strahlen des Tageslichts über dem westlichen Himmel zu sehen, als das Bataillon in Ben Shemen eintraf, sich neu formierte, Reifen wechselte, auftankte, Munition ergänzte. Generalmajor Yigal Allon, Kommandeur aller an der »Operation Danny» beteiligten Streitkräfte, schrieb seinen ersten Bericht über die Kampfhandlungen der Neunundachtziger:

»Zu dem Zeitpunkt, als die Brigade ›Yiftach‹ die südlichen Ausläufer der Stadt eroberte, drang das Sturmbataillon in die Stadt ein, ging durch die Hauptstraße vor und kehrte nach Ben Shemen zurück. Sie erlitten Verluste an Menschen und Fahrzeugen. Die Araber in Lydda, anfangs durch die Massierung des Feuers, den verwegenen Durchbruch und die Taktik des Überfalls überrascht, erholten sich sofort wieder und verstärkten ihren Widerstand. Im Augenblick halten wir die Moschee der Stadt, und um die nahegelegene Polizeistation wird erbittert gekämpft. Wir werden heute abend soviel vom Stadtgebiet wie möglich unter unsere Kontrolle bringen und morgen früh den Rest besorgen.« Tatsächlich war zu diesem Zeitpunkt die Polizeistation der einzige Ort, an dem noch Widerstand geleistet wurde. Um Mitternacht wurde auch sie aufgegeben, und die letzten arabischen Legionäre verließen die Stadt.«

Lydda und Ramle kapitulierten am Morgen des 12. Juli.
In seinem Bericht vom 12. Juli spricht Moshe von den Erfolgen der Neunundachtziger in Lydda: ... Zerstörung aller Stellungen und Hindernisse entlang den Hauptstraßen von Lydda und Ramle, mit Ausnahme der Polizeistation von Lydda, das angerichtete Chaos verursachte eine panische Flucht der Araber aus beiden Städten, zerriß das Netz der Verteidigung und war die Hauptursache der Kapitulation.
In dem Maß, wie Generalmajor Allon von einer »koordinierten Aktion« sprach, betrachtete Moshe die Kampfhandlungen seiner Neunundachtziger als die Hauptursache der Kapitulation.
Im allgemeinen neigt man in den Überlieferungen der Zahal dazu, den Fall Lyddas und Ramles dem Überfall der Neunundachtziger zuzuschreiben. Der Angriff wird teilweise als tollkühn bezeichnet, da er am hellen Tag stattfand. Er war in der Tat eine der wenigen Kampfhandlungen, die die Neunundachtziger nicht im Schutz der Dunkelheit durchführten. Ohne diese Bewegung mit dem Kommandostab der »Operation Danny« zu koordinieren oder aber entsprechende Befehle von seinem Brigadekommandeur Yitzhak Sadeh erhalten zu haben, befahl Moshe seinem Bataillon, zu seiner Basis in Tel Hashemer zurückzukehren. Als einzig mögliche Rechtfertigung dafür könnten die fehlerhaften Verständigungsmöglichkeiten mit dem Brigadekommando gelten. Ein disziplinierterer Offizier als Moshe Dayan jedoch hätte sich vorher mit seinem Brigadekommandeur persönlich in Verbindung gesetzt, um klare, unmißverständliche Befehle zu erhalten.
Während die »Operation Danny« im Mittelabschnitt der Front abrollte, tobte die Schlacht, die später als die »Zehn Tage« bekannt wurde, schon auf ihrem Höhepunkt. Am Abend des 8. Juli 1949, als der erste Waffenstillstand abgelaufen war, begannen die Kampfhandlungen, die zehn Tage später bei Inkrafttreten des Zweiten Waffenstillstands endeten. Am Tag nach der Rückkehr der Neunundachtziger in ihre Quartiere wurde Moshe zum Armeeoberkommando befohlen, um die Befehle für die Teilnahme seines Bataillons an der »Operation Death to the Invaders« (Unternehmen Tod den Eindringlingen) entgegenzunehmen. Aufgabe dieses Unternehmens war es, den Weg in die Negev-Wüste zu öffnen.
Moshe litt während der Besprechungen an starken Erschöpfungserscheinungen, wies mit allem Nachdruck auf die Schwächen seines Bataillons hin und bat General Yadin, seine Männer jetzt nicht mit einer neuen Aufgabe zu betrauen. Er fürchtete das völlige Verschleißen

seiner Männer. General Yadin besprach sich mit Ben Gurion. Jedoch: »Und wenn es den Untergang des Bataillons bedeutet – wir müssen einen Weg in den Negev bahnen! Schaffen Sie uns den Durchbruch, Moshe! Danach wird es Waffenruhe geben. Dann stellen wir ein neues Bataillon auf.«
Mitten aus den Vorbereitungen zu diesem Angriff heraus wurde Moshe am 15. Juli noch einmal zu Ben Gurion befohlen. Er berichtete ihm über die Kampfhandlungen in Lydda und über die erlittenen Verluste. Ben Gurion trug die Einzelheiten tief beeindruckt in sein Tagebuch ein. Moshes Vorschlag jedoch, die Schlacht von Lydda als Modellfall für zukünftige Kampfhandlungen anzusehen, lehnte er ab. General Yadin zufolge bestärkte der Überfall auf Lydda Ben Gurion sogar noch in seiner Auffassung, in Moshe Dayan einen »Partisanen« zu sehen. Der wahre Grund für dieses Treffen jedoch war Ben Gurions eindringliches Beharren auf seinen Vorschlag, Moshe möge den Posten als Kommandeur des Jerusalemer Militärbezirks annehmen. Genau wie vor fünf Tagen bat Moshe um Aufschub. Ben Gurions Entschluß stand fest: sobald der Zweite Waffenstillstand in Kraft tritt, erfolgt die Ernennung.
Befehlshaber des Unternehmens »Tod den Eindringlingen« wurde Shimon Avidan, der Kommandeur der Brigade Givati. Das Unternehmen hatte einen Keil in die ägyptischen Stellungen zu treiben, und zwar durch Wegnahme zweier Militärstützpunkte im Norden der Straße von Majdal nach Faluja (Beit Affa und Hatta), sowie südlich dieser Straße (Karatiya). Von dort aus sollten sich Truppen der Givati mit den im Negev befindlichen jüdischen Kräften vereinigen. Dem Operationsplan entsprechend hatten Einheiten der Brigade Negev von Süden her Bir Abu-Jabber und die beherrschenden Stellungen bei Kaukaba und Huleikat zu nehmen.
Die wichtigste Aufgabe der Neunundachtziger bestand in der »Einnahme von Karatiya, das als das wichtigste Objekt der gesamten Operation angesehen wurde... (und) tiefes Eindringen in Feindesland erforderte. Deswegen betraute die Brigade das Kommando-Bataillon mit dieser Aufgabe, eine bewegliche gepanzerte Einheit von starker Feuerkraft.«
Während der Lagebesprechung am 15. Juli sprach Moshe eine der Behinderungen an, die seine taktischen Pläne bei Lydda störten: das Fehlen von Infanterieeinheiten, die mit den Panzerwagen vorrücken könnten, den ersten Schock des Gegners auszunutzen verstünden und Stellungen auf seinem Gebiet einrichteten, ehe der Gegner sich wieder

erholen konnte. Damit sich ein ähnlicher Fehler nicht wiederholte, wurde den Neunundachtzigern eine Infanteriekompanie des Dritten Bataillons der Brigade Givati zugeteilt.

Moshe betrieb bereits drei Tage vor Beginn der Kampfhandlungen Aufklärung durch Offiziersspähtrupps. Die Straße von Faluja nach Karatiya konnte er aber nicht erreichen, und so blieb ihm das wichtigste Hindernis, dem sich das Bataillon später gegenübergestellt sehen sollte, verborgen – der tiefe Geländeeinschnitt des Wadi Mufared. Auf der Karte war er als »für Fahrzeuge befahrbar« eingetragen und deshalb in die Vormarschstraße einbezogen worden. Tatsächlich hatte er steile Wände auf beiden Seiten und war viel tiefer, als die Karte angab.

Die Neunundachtziger waren ausgeblutet. Yohanan Pelz, verwundet am 12. Juli, lag noch im Lazarett. Zwei der besten Kompaniechefs, Uri Bar-On und Akiva Sa'ar, ebenfalls. Gefechtsstärke: 221 Mann gegenüber 367 Mann vor dem »Unternehmen Danny«.

Die einzige schwere Waffe war der »Tiger« mit seiner Kanone im Turm. Sechs Halbkettenfahrzeuge brachten den Fahrzeugbestand wieder auf die frühere Stärke von zwölf Jeeps, acht Halbkettenfahrzeugen, vier offenen Spähwagen sowie zwei improvisiert-gepanzerten Fahrzeugen, die sogenannten »Blechpötte« (mit Stahl-Holz-Stahlplatten in Sandwichbauweise armierte Armeelastwagen). Nur die Panzerung des »Tigers« konnte schwerem Feuer widerstehen. Die »Blechpötte« waren bestenfalls Handwaffenbeschuß gewachsen.

Moshe wiederholte die Anweisungen von Lydda und Ben Shemen: wird ein Fahrzeug getroffen, vorbeifahren, Angriff fortsetzen! Am 17. Juli, vormittags 10 Uhr, fuhr das Bataillon in die Ausgangsstellung. Zur gleichen Zeit rückte Gevas Infanteriekompanie zum Treffpunkt im Wadi Mufared ab. Die Neunundachtziger gingen gegen den Flughafen von Faluja vor. Zwei Jeeps fuhren als Wegweiser vorweg, dann kamen der Tiger und die Halbkettenfahrzeuge. Der Rest der Jeeps bildete den Schluß. Moshe befand sich im zweiten Fahrzeug hinter dem »Tiger«, mit anderen Worten im fünften Fahrzeug der Kolonne.

Die Ägypter überschütteten das Bataillon mit vernichtendem Artillerie-, Granatwerfer- und Maschinengewehrfeuer von dem Augenblick an, als es vom Flughafen gegen die Straße Faluja-Karatiya vorging. Die Truppe war einen Kilometer lang dem heftigsten Feuer ausgesetzt, bis Moshe befahl, die Straße zu verlassen. Einer der »Blechpötte« überschlug sich, die anderen Fahrzeuge fuhren ohne anzuhalten vorbei,

immer nach Süden, bis sie ohne weitere Zwischenfälle den Feldweg, der Faluja mit Karatiya verband, erreichten. Als sie dann nur 500 Meter weiter den Wadi Mufared erreichten, mußten sie feststellen, daß dieser absolut unpassierbar war. Es gelang aber dann doch, vier Jeeps auf die andere Seite zu fahren, wo sie in Stellung gingen, um das im Wadi festliegende Bataillon zu decken. Während die Männer noch versuchten, den Wadi zu überqueren, flohen die ägyptischen Truppen aus dem Dorf. Wenn Moshe bisher noch geglaubt hatte, sein Überraschungsmoment im Schutz der Dunkelheit ausnutzen zu können – jetzt mußte er den Gedanken daran aufgeben.
Am 18. Juli zwei Uhr nachmittags sollte der Angriff auf Karatiya laut Operationsplan beginnen. Doch der Wadi Mufared erwies sich als ein zäherer Gegner als die Ägypter. Es gelang dem »Tiger«, auf die andere Seite zu kommen. Ein Halbkettenfahrzeug überschlug sich schon beim Versuch. Es blieb keine andere Wahl, als sich mit Hacke und Spaten Rampen in die Steilwände zu brechen. Chaos und Verwirrung wuchsen, und Moshe hatte alle Hände voll zu tun. Er konnte sich nicht auch noch um diese Arbeiten kümmern. Sein Auge fiel auf einen jungen Zugführer, der frisch von der Offiziersschule zur Truppe versetzt worden war und noch nicht so abgekämpft war wie die meisten der Männer. Moshe betraute ihn mit dem Befehl über sämtliche Arbeiten innerhalb des Wadi. Um seine eigene Seelenruhe und seine Gleichgültigkeit gegenüber dem gegnerischen Granatwerferfeuer zu zeigen, legte Moshe sich an der Steilwand des Wadi nieder und schlief sofort ein. Der Anblick ihres festschlafenden Kommandeurs war für die Männer ein unumstößliches Zeichen, daß dieser überhaupt nicht daran dachte, das Vorhaben aufzugeben. Im Gegenteil, er sammelte Kraft für das bevorstehende Gefecht. Das Vertrauen der Männer in den Ausgang des Gefechts und ihre Ruhe wurden so wieder hergestellt. »Als ich ungefähr eine Stunde später erwachte, war ich froh, die Aufgabe, einen Weg durch den Wadi zu bahnen, einem tüchtigen Offizier übertragen und nicht im Zustand der Erschöpfung überhastete Entscheidungen getroffen zu haben.«
Moshe wartete noch bis vier Uhr morgens und griff Karatiya dann mit allen Fahrzeugen an, die bis dahin den Wadi überquert hatten. Die Waffen und die Munition von den zwei im Wadi festgefahrenen Halbkettenfahrzeugen und vier »Blechpötten« wurden ausgebaut. Der Angriff rollte. Voran der »Tiger«, dahinter fünf Halbkettenfahrzeuge und fünf Jeeps. Die Männer hatten Befehl, nicht zu feuern. Erst zweihundert Meter vor dem Angriffsziel entwickelte sich das Bataillon zum

Sturm. In der Mitte fuhr der »Tiger«, die Halbkettenfahrzeuge in gefächerter Formation, Jeeps an den Flanken. Hundertfünfzig Meter vor dem Dorf ließ Moshe aus allen Rohren feuern. Der Widerstand war nur gering. Es gab keine Verluste. Die Infanterie war den Halbkettenfahrzeugen gefolgt, besetzte und sicherte den Ort und bezog dort ihre Stellungen.

Wie es ihm nun schon zur Gewohnheit geworden war, entschied Moshe: »Das Kommando hat seine Aufgabe erfüllt und kann wieder abrücken.«

Zwei Stunden nach dem Angriff, um sechs Uhr, zog sich Moshes Bataillon aus Karatiya zurück und marschierte zu seinem Stützpunkt. Als die Ägypter zur Vorbereitung ihres Gegenangriffs Karatiya mit schwerer Artillerie beschossen, befanden die Neunundachtziger sich schon weit im Norden auf dem Weg nach Masmiye.

Nur die Infanteriekompanie war allein im Dorf zurückgeblieben.

In der Räumung Karatiyas durch die Neunundachtziger sah General Avidan einen so ernsten Verstoß Moshes gegen die Disziplin, daß er den Fall vor das Armeeoberkommando brachte. General Yadin wies den Militär-Generalstaatsanwalt am 20. Juli an, Moshe Dayan wegen Gehorsamsverweigerung anzuklagen. Der Fall wurde jedoch niedergeschlagen, nachdem man ihn verhört und seine Einlassungen als berechtigt anerkannt hatte.

13
Jerusalem (August 1948-Oktober 1949)

Mit der Ernennung Moshes zum Kommandeur der in Jerusalem stationierten Etzioni-Brigade begann seine Karriere in der Zahal. Es ist zweifelhaft, ob er, ohne mit dieser Dienststellung betraut worden zu sein, in den Annalen des Unabhängigkeitskrieges eine andere Erwähnung gefunden hätte als die eines zwar verwegenen, aber undisziplinierten Bataillonskommandeurs. Noch einen Vorteil hatte diese Ernennung: sie ließ Moshes bedeutende politische Veranlagung, seine Begabung für politische Dinge zutagetreten. Eigenschaften, die unbemerkt geblieben wären, hätte Moshe Dayan seine Laufbahn als Kommandeur eines Feldtruppenteils fortgesetzt. Man redete jetzt von ihm nicht mehr als »Partisan« und sprach ihn auch nicht mehr mit dem Vornamen an, sondern – als Ergebnis seines Aufstiegs und der Änderung seines »Image« – bediente sich seines Familiennamens, wenn von ihm oder über ihn gesprochen wurde.
Es ist deswegen wichtig zu wissen, daß Dayan nur auf Grund beharrlicher Forderungen Ben Gurions nach Jerusalem versetzt wurde.
Wie ein arabischer Scheich von einer Suite von Bewunderern und Freunden umgeben, trat Dayan sein neues Amt in Jerusalem am ersten August an. Er brauchte in Degania die Unterstützung durch seine Mitbürger und enge Freunde, um Selbstvertrauen zu gewinnen und um die Führung seiner Einheiten zu erleichtern. Bei Aufstellung der Neunundachtziger brauchte er sie als »harten Kern« in seinem Bataillon. Doch in Jerusalem, so schien es einigen Leuten in der Etzioni-Brigade, waren seine Freunde Attribute seines Erfolgs – und der erste Schritt auf dem Weg zur Bildung eines Hofstaats. Dieser Eindruck ist wert, festgehalten zu werden, denn Jerusalem war die letzte Station, wo Dayan noch inmitten dieser Begleitung erschien. Von da an übernahm er jede neue Aufgabe allein. Dayan entwickelte sich tatsächlich so sehr zum »einsamen Wolf«, daß eine Zeit kam, da man seine Fähigkeit zur Zusammenarbeit mit anderen ernsthaft in Zweifel zog. Uri Bar-On

meint, einer der Gründe, warum Dayan sich von den Neunundachtzigern Männer mit nach Jerusalem nahm, sei der, daß er ganz einfach der Jerusalemer Brigade mehr Kampfgeist habe einflößen wollen. Bürger und Soldaten der Stadt hatten zu viele Fehlschläge und Enttäuschungen hinnehmen müssen. Jerusalem war lange belagert worden. Es hatte unter unaufhörlichen Straßenschlachten, Artillerieüberfällen und Scharfschützen gelitten. Das jüdische Viertel in der Altstadt sowie ein Kranz von Siedlungen an den Ausläufern der westlichen Stadt waren verlorengegangen. Viele Soldaten wurden getötet oder in den vier landwirtschaftlichen Siedlungen im Süden Jerusalems gefangengenommen worden. Noch immer lag die Drohung einer Eroberung durch Jordanien über zahlreichen Vorstädten.

Die Etzioni-Brigade war niemals zu einem ordentlichen Truppenteil geformt worden. Sie hatte keine Kampferfahrung. Einheiten der Brigade waren höchstens in Kompaniestärke an Einsätzen beteiligt gewesen. Die Brigade war hochgradig zersplittert. Überall wurden kritische Stimmen laut. Die Männer einte nur eins – der Wunsch, Generalmajor Shaltiel loszuwerden. Diese Brigade übernahm jetzt Moshe Dayan.

Über den Zustand der Brigade wurde sich Dayan auf seiner ersten Patrouille zum Kibbuz Ramat Rachel klar. Dieser Kibbuz, der eigentlich eine südliche Vorstadt Jerusalems ist und auf Bethlehem hinabsieht, wechselte während des Krieges mehrmals den Besitzer. Während des ganzen Unternehmens stellte Dayan eine Art »Beharrungsvermögen« fest, das seine Ursache in einem sozusagen festgerosteten Kode von Dingen, die man tat oder unter gar keinen Umständen tat, hatte. Nichts wirft ein helleres Licht auf die Teilnahmslosigkeit und Gleichgültigkeit der Brigade, als die Tatsache, daß Offiziere nur höchst selten mit auf Patrouille gingen. Diese Ausnahmefälle prägten sich der Erinnerung derer, die daran teilnahmen, fest ein.

Während des Unternehmens ereignete sich ein Zwischenfall, der sowohl für die Stimmung innerhalb der Brigade als auch für Dayans Führerqualitäten bezeichnend war. Die Straße von Jerusalem nach Ramat Rachel konnte ständig von der arabischen Legion eingesehen werden und wurde nur mit gepanzerten Fahrzeugen, den sogenannten »Blechpötten« befahren. Es gab natürlich auch einen Fußweg, der an den exponierten Stellen in einem Schützengraben verlief. Dayan, der die Lage aus erster Hand kennenzulernen wünschte und jede Zeitvergeudung haßte, setzte sich mit fünf Offizieren zu Fuß in Marsch und befahl, das Fahrzeug nachzusenden. Unterwegs hörten sie Schüsse.

Sie galten dem gepanzerten Fahrzeug. Als der Erkundungsgang beendet und die Offiziere sich dem wartenden Fahrzeug genähert hatten, fanden sie den Fahrer durch abgesplitterte Stahlpartikel im Gesicht und an der Schulter verwundet vor. Als einer der Offiziere darauf Dayan vorschlug, doch lieber zu Fuß den Rückweg anzutreten, da das Fahren in dem gepanzerten Fahrzeug offenbar zu gefährlich sei, drehte sich Dayan, dem Bericht Uri Bar-Ons zufolge, um und sagte: »Schämen Sie sich nicht? Dieser Soldat ist bis hierher gefahren, nur um uns abzuholen. Er ist unterwegs verwundet worden. Glauben Sie wirklich, wir lassen ihn jetzt die Straße wieder zurückfahren und marschieren selbst in Sicherheit durch den Schützengraben? Los, gehen Sie doch im Graben, wenn Sie wollen. Ich nehme den Wagen!«
Die Aufgabe solcher Bräuche hob die Stimmung der Truppe, aber »der Geist der Truppe wird im Gefecht geschmiedet«. Doch obgleich Dayan ständig auf Kampfhandlungen drängte – in dieser Hinsicht wurde Ben Gurions Wahl klar bestätigt – und das Armeeoberkommando fortgesetzt bestürmte, örtliche Unternehmen zu genehmigen, die politischen Rücksichten legten den militärischen Unternehmungen im Jerusalemer Abschnitt Einschränkungen auf. Zu der Zeit, als Ben Gurion Dayan nach Jerusalem kommandierte, war es schon zu spät, obgleich es damals noch niemand vermutete. Shaltiels zwischen dem 9. und 19. Juli fehlgeschlagenen Bemühungen erwiesen sich als die letzte Möglichkeit für großangelegte Unternehmen im Gebiet von Jerusalem. Die Debatten in der UNO-Vollversammlung und im Sicherheitsrat, die ständig zunehmende Tätigkeit der UNO-Beobachtungstruppen in Jerusalem und die erneuten Bemühungen des Grafen Folke Bernadotte um eine ständige Niederlassung – alles Dinge, die sich kurz vor der Übernahme des Kommandos durch Dayan ereigneten – schlossen die Möglichkeit zu einer großangelegten Offensive im Jerusalemer Raum aus.
Nur seiner persönlichen Ausstrahlung und seinen guten Verbindungen verdankte es Dayan, daß er die Genehmigung für zwei Offensivunternehmen bekam, die alle beide als Mißerfolge endeten. In Jerusalem war die von der UNO festgesetzte Feuereinstellung durch örtliche Verhandlungen des Grafen Bernadotte bestätigt worden. Von kleineren Übertretungen abgesehen, wurden die Abmachungen im großen und ganzen eingehalten. Der Mount Scopus war jenen Abmachungen zufolge entmilitarisiertes Gebiet, das von israelischer Polizei bewacht wurde. Das Government House war gleichermaßen entmilitarisiert und wurde zum Hauptquartier der UN-Waffenstillstands-Kontroll-

kommission gemacht. Zwei für das jüdische Jerusalem lebenswichtige Gebiete schieden also aus.

Nachdem die Arabische Legion die Neutralität von Government House Hill verletzt hatte, war Dayan darauf erpicht, diese gute Gelegenheit auszunutzen und mit einem nächtlichen Unternehmen die Kontrolle über das Gebiet an sich zu bringen. Das Armeeoberkommando stimmte zu. Das Unternehmen sollte in der Nacht des 17. August ablaufen. Ben Gurion bestand auf zwei Einschränkungen: die Gesamtdauer des Unternehmens war auf 24 Stunden zu begrenzen, unbedingtes Verbot, das von der UN besetzte Government House zu nehmen oder sein umzäuntes Gelände auch nur zu betreten.

Während der Vorbereitungen traf sich Dayan mit zwei ehemaligen Offizieren der Jüdischen Brigade: Hillel Fefferman, dem neuernannten Ersten Generalstabsoffizier der Brigade, und Meir Zorea (»Zaro«), dem Kommandeur des Beit Horan-Bataillons, dem das Unternehmen aufgehalst worden war.

Fefferman und Zaro waren eng befreundet. Beide hatten sechs Jahre lang zusammen gedient und waren als Hauptleute entlassen worden.

Während eines Spähtrupps im Gelände des geplanten Unternehmens schlug diesem Gewehr- und Maschinengewehrfeuer entgegen, in das gleich darauf Granatwerfer und leichte Geschütze einfielen. Das Feuer lag gut. Der Gegner war tadellos ausgebildet und sehr wachsam, stellte Fefferman fest. Die Jordanier hatten im Südosthang des Hügels starke Stellungen angelegt. Von der Südseite – hier lagen ägyptische Truppen – erhielten sie kein Feuer. An dieser Seite würde ein Durchbruch leichter gelingen können – glaubten sie.

Fefferman berichtete bei seiner Rückkehr, daß man unmöglich den Hügel in seine Gewalt bringen und halten könne, ohne den Gipfel, nämlich Government House zu nehmen. Zugegeben, ein nächtlicher Angriff könnte zeitweilig ganz erfolgreich sein, ohne den Gipfel in Besitz zu haben – doch bereits in der Morgendämmerung wären die Soldaten auf den deckungslosen Abhängen hilflos dem feindlichen Feuer ausgesetzt. Zaro war gleicher Meinung. Er schlug als Alternative vor: gerät die angreifende Truppe in ernsthafte Schwierigkeiten, so solle sie die Genehmigung erhalten, den Hügelkamm und das Dach von Government House zu besetzen. Diesen Vorschlag lehnte Dayan ab. Er hatte Yadin ausdrücklich versprochen, das Government House nicht zu nehmen.

Möglicherweise war das die erste Manifestation von Dayans Gehorsam gegenüber höheren Rängen, wenn er, Dayan, für ein Unternehmen

oder einen Bereich die Alleinverantwortung trug. Lag die höchste Befehlsgewalt in den Händen anderer, gestattete er sich ein an Ungehorsam grenzendes Maß persönlicher Freiheit.
In Jerusalem trug er allein die gesamte Verantwortung. Diese Auffassung rührte allerdings nicht allein von Loyalitätsüberlegungen her.
Die Erinnerung an den Rückzug der Syrer aus Zemakh, der brillante Angriff auf Lydda und an die problemlose Eroberung von Karatiya verstärkten Dayans Selbstvertrauen und das Vertrauen in sein eigenes Beurteilungsvermögen und schärften seine Vorbehalte gegenüber den hochgezüchteten Veteranen der britischen Armee. Fefferman drängte Zaro, dem Befehl nicht zu gehorchen, aber dieser erklärte trocken: »Befehl ist Befehl.«
Bei Anbruch der Nacht, am 17. August, rückten zwei Kompanien von Zaros Bataillon, jede mit nur zwei Zügen, aus, um in einer Zangenbewegung Government House zu umfassen. Aus der nahegelegenen Vorstadt Talpiot stand Zaro über Funk mit ihnen in Verbindung.
Die Anfangserfolge der Truppe wurden sofort durch arabische Irreguläre zunichte gemacht, die, ohne sich groß um politische Abmachungen zu kümmern, sofort den Hügelkamm besetzten. Zaros Truppen waren so schwerem Kreuzfeuer ausgesetzt. Die Verluste stiegen. Zaro bemühte sich beim Brigadekommando um den Befehl, Government House nehmen zu dürfen. Eine Stunde lang bemühte sich der verantwortliche Stabsoffizier erfolglos um eine Verbindung zu Dayan. Fefferman weigerte sich, in Abwesenheit des Kommandeurs den Befehl zu geben. Als ihm klar wurde, daß die Irregulären den Kamm des Hügels besetzt hielten und Zaros Bataillon spätestens bei Tagesanbruch in einer unhaltbaren Lage sein würde, befahl er den Rückzug. Als Dayan beim Brigadestab erschien, bestätigte er Feffermans Befehl. Die Verbindung Zaros zu seinen Männern war abgerissen. Ihr Rückzug geriet in Unordnung. Diese Operation ließ den Geist der Truppen auf einen neuen Tiefstand sinken.
Im Morgengrauen ließ Dayan die Männer des Beit Horan-Bataillons antreten, kanzelte sie tüchtig ab, warf ihnen vor, sie hätten gefochten wie Faulenzer und seien eine Schande für die ganze Armee. In dieser Form hätte er mit Männern, die tapfer gekämpft hatten, nicht umspringen dürfen. Fefferman hielt seine Rede für rein rethorisch, denn der ausdrückliche Befehl des Armeeoberkommandos, der untersagte, den Hügel zu nehmen, war immer noch in Kraft. Zaro hatte den Zorn seines Kommandeurs nicht verdient.
Während der Schlußbesprechung beim Brigadekommando kam es zu

heftigen Szenen. Obgleich Dayan Zaros persönliche Tapferkeit nicht anzweifelte, stellte er den Bataillonskommandeur in ihm zur Rede, der seine Männer nicht aus der vordersten Linie geführt hatte. Dayan glaubte, daß Zaros Anwesenheit bei der Truppe das Blatt zu seinen Gunsten gewendet hätte.

Die Anschauungen darüber gingen auseinander. Fefferman war über die ganze Angelegenheit so empört, daß er demonstrativ die Besprechung verließ. Er war wütend über die geradezu laienhafte Art, mit der Dayan die Kampfhandlungen vorbereitet hatte. Zaro versuchte er zu überreden, gemeinsam mit ihm Yadin dahin zu bringen, Dayan aus Jerusalem abzuberufen. Zaro, ein Musterbeispiel angeborener Disziplin, lehnte den Vorschlag ab.

Es stand zeitweise nicht gut um die Etzioni-Brigade. Fefferman wurde von seinem Posten als Chef des Stabes abgelöst und mit dem Kommando des Panzerwagenbataillons der Brigade betraut. Für die nächsten zwei Monate verwandte Dayan seine ganze Energie an Reorganisation und Ausbildung der Brigade. Er verfügte über zwei Infanterie- und ein neues Panzerwagenbataillon, in dem Akiva Sa'ar und Uri Bar-On als Kompaniechef dienten.

Nach zwei Monaten fortgesetzter Anfragen um Genehmigung weiträumiger Unternehmen bot sich zuletzt eine Gelegenheit dazu von selber an. Von Anfang an hatte Dayan um Erlaubnis gebeten, in Richtung Süden gegen Bethlehem operieren zu dürfen.

Als am 15. Oktober die »Operation Yoav« an der Südfront begann, mit dem Ziel, die ägyptische Armee zu schlagen und den Negev unter Kontrolle zu bringen, erneuerte Dayan seinen Druck auf Ben Gurion. Die Stellungen im Süden Jerusalems wurden von Truppen der ägyptischen Armee gehalten, die das Gebiet um Hebron kontrollierten. Vom militärischen Standpunkt erschien ein Unternehmen in dieser Gegend in Zusammenwirken mit der »Operation Yoav« einleuchtend. Yadin, Chef der Abteilung »G« im Armeekommando, unterstützte Dayans Antrag und arbeitete einen Operationsplan unter der Bezeichnung »Operation Wine Press« aus (Unternehmen Weinkelter). Aus politischen Erwägungen wollte Ben Gurion nichts davon hören. Dayan informierte den Regierungschef. Dem Gesamtvorhaben standen nur insgesamt 24 Stunden zur Durchführung zur Verfügung, und zwar die Zeit vom Einbruch der Nacht am 21. bis zur Dämmerung des 22.

Der Sicherheitsrat der UNO hatte am 19. Oktober eine neue Feuereinstellung für den 22. Oktober beschlossen. Jede Seite, die sie verletzen sollte, wurde damit in ihre Ausgangsstellung zurückgezwungen.

Während im Negev die Schlachten der »Operation Yoav« tobten, setzte das Kommando der Mittelfront die »Operation Mountain« in Gang. Es war beabsichtigt, sowohl die ägyptische Armee im Raum Hebron zu binden, um sie am Eingreifen in den Kämpfen im Negev zu hindern, als auch den Jerusalemer Korridor, die Verbindung der Stadt zur Küstenebene, auszuweiten. Dieses Unternehmen wurde von der Palmach Harel-Brigade mit beträchtlichem Erfolg durchgeführt. Vier Tage lang griff die Brigade von Lydda nach Süden an. Am letzten Tag ihres Angriffs erhielt Dayan die Erlaubnis, »Operation Wine Press« durchzuführen.

Es ging über die Kräfte der Etzioni-Brigade, über die Hauptstraße von Jerusalem aus nach Bethlehem vorzubrechen. Diese Straße wurde von der Arabischen Legion gehalten. Dayan wollte sich deshalb »durch die Hintertür einschleichen«, und zwar über das Hochgebirge und das Dorf Beit Jalla. Da man die Berge für eine natürliche Sperre ansah, wurden sie lediglich von ein paar ägyptischen Soldaten in ungefähr Kompaniestärke gehalten. Dayan war überzeugt, mit seinen Kräften die Ägypter, die den jordanischen Truppen an Qualität unterlegen waren, ausschalten zu können. Er rechnete mit dem Vorteil der Überraschung, wenn er plötzlich aus unerwarteter Richtung angriff. Nach der Einnahme von Beit Jalla konnten die jordanischen Streitkräfte auf der Straße Jerusalem – Bethlehem umgangen werden.

Es gab Zweifler an der Fähigkeit der Brigade, die Geländeschwierigkeiten zu überwinden. Fefferman zum Beispiel, ein geborener Jerusalemer, behauptete, daß von allen Gebirgen rund um Jerusalem, »die Bergkette von Beit Jalla die wildeste ist«. Um Dayans Plan ausführen zu können, hatte man zuerst einmal einen Weg die steilen Hänge hinunter zu finden und einen anderen, die noch steileren an der anderen Seite wieder hinaufzugelangen. Dayan vermutete, daß nach dem Fall von Beit Jalla die Stadt Bethlehem den Angreifern wie eine reife Frucht in den Schoß fallen und damit der Weg nach Hebron frei würde.

Die schwierigste Aufgabe, das Erklettern des Gebirges und die Eroberung des Bergkamms, fiel dem von Zalman Mart befehligten Mariah-Bataillon zu. Die beiden anderen Bataillone, Beit Horan (unter Zaros Befehl) links, das 64. Panzerwagenbataillon rechts, deckten die Flanken.

Entweder wegen seines unerschütterlichen Glaubens an das, was er in Zemakh gelernt hatte, oder wegen seines unbedingten Vertrauens in Marts Fähigkeiten, unternahm Dayan nicht seinen gewohnten Späh-

trupp entlang der Route, die das Bataillon während des Angriffs zu bewältigen hatte. Mart begnügte sich mit dem Aussenden eines nächtlichen Spähtrupps. Die Männer berichteten, daß sie einen Weg gefunden hätten, auf dem das Bataillon zur Eisenbahnlinie hinabsteigen könne. Sie hatten auch eine mehr oder weniger schwierige Aufstiegsstelle markiert, von der aus der Aufstieg nach Beit Jalla zu bewältigen wäre. Keine Patrouille erkundete einen Weg für den späteren Aufstieg.
Eine oberflächliche Erkundung hätte schon ausgereicht, die Geländeschwierigkeiten zu beschreiben! Einer der Stabsoffiziere der Brigade behauptete, daß es schon außergewöhnlich schwer sei, selbst mit leichtem Gepäck und an einem nicht zu heißen Tag die Strecke in der vorgegebenen Zeit zu bewältigen. Wieviel schwerer müßte es aber dann erst bei Nacht sein, in voller Kriegsausrüstung und unter kriegsmäßigen Bedingungen! An den Abhängen gab es fünf Meter hohe Terrassen. Marts Bataillon würde schwerlich allein mit den Geländeschwierigkeiten fertig werden. Doch Dayan meinte noch immer, daß die Araber »bei einem Angriff sofort abhauen« würden.
Dayan richtete seinen Gefechtsstand in einem Steinbruch bei Bayit Vegan ein. Von dort hatte er gute Funkverbindung zu den einzelnen Bataillonen.
Um acht Uhr morgens rückte die Brigade in die Ausgangsstellung ein. Die Flankensicherungskräfte lösten ihre Aufgabe erfolgreich und gingen dem Operationsplan entsprechend vor. Doch das Bataillon von Mart, das aus sechs Kompanien bestand, kam nur ganz langsam von der Stelle. Es verlor solange wertvolle Zeit, bis es ganz zum Stehen kam. Es genügt, drei der von Mart begangenen Fehler zu betrachten, um sein Versagen zu erklären:
Erstens, das Bataillon bewegte sich in Linie und wand sich wie eine Schlange in einer Länge von mehreren Kilometern durchs Gelände. Der letzte Mann befand sich einige Stunden nach Beginn des Unternehmens noch in der Ausgangsstellung.
Zweitens, wegen der ihm versprochenen ausgedehnten Unterstützung durch schwere Artillerie hatte Mart seine Kompanie schwerer Waffen in eine Schützenkompanie umgewandelt und diese an die Spitze der Kolonne gesetzt.
Doch Ausbildung und Kampfaufgaben einer Kompanie schwerer Waffen innerhalb des Infanteriebataillonsverbands machen die Männer zu einem Angriff ungeeignet.
Entweder fanden die Spähtrupps den vorher ausgesuchten Pfad nicht

wieder, oder dieser war schon von Anfang an schlecht gewählt, wenigstens lief die Spitzenkompanie in einen Hinterhalt, wie es Mart schien. Tatsächlich handelte es sich aber bloß um eine einzelne Maschinengewehrstellung, der es gelungen war, die gesamte Kompanie außer Gefecht zu setzen, denn nachdem ein Mann gefallen war, brachte die Kompanie nicht den Mut auf, noch weiter vorzugehen.
Marts dritter – und verhängnisvollster – Fehler war, daß er versäumt hatte, eine kleine Abteilung so auf die Bekämpfung der Maschinengewehrstellung anzusetzen, daß der Rest des Bataillons die Stelle einfach umgehen konnte.
Mart, der sich 200 Meter weiter hinten bei der dritten Kompanie aufhielt, setzte sich über Funk mit der Spitzenkompanie in Verbindung. Es gelang deren Kompaniechef, ihn zu überzeugen, daß »nichts mehr getan werden kann. Es ist unmöglich, den Hinterhalt zu überwinden.« Im gleichen Augenblick wurde die Kolonne in ganzer Länge mit Gewehrfeuer beschossen, und Mart verlor völlig die Nerven. Als Dayan sich mit ihm über Funk in Verbindung setzte, hörte er: »Hier ist ein großes Durcheinander, so daß ich selbst nicht weiß, wie wir hier wieder herauskommen sollen. Wir erhalten Feuer von allen Seiten, und die Spitzenkompanie liegt fest!«
Selbst wenn Mart die Spitzenkompanie ausgewechselt und mit ein paar Mann das ägyptische Maschinengewehr zum Schweigen gebracht hätte, wäre ihm nicht mehr genügend Zeit zur Durchführung seines Auftrags geblieben. Er bat deshalb um die Genehmigung zum Rückzug.
Dayan antwortete: »Sie wissen selbst, was für eine Bedeutung dies Unternehmen hat. Ihnen brauche ich da nichts zu erklären. Doch wenn Sie sagen, es geht nicht weiter – Sie sind an Ort und Stelle und der Kommandeur. Sie müssen entscheiden, was zu tun ist.«
Letzten Endes blockierte eine einzige Maschinengewehrstellung das Vorgehen des Moriah-Bataillons und infolgedessen den Angriff der gesamten Brigade. Die Besatzung des Araberdorfs Woulaya im Westen Jerusalems gegenüber dem alten Batir war alles, was die »Operation Wine Press« an Geländegewinn erbrachte. Das war später, bei Festlegung der Waffenstillstandslinie von Bedeutung.
So zeitigte dieser fast vollständige Mißerfolg dann doch noch wenigstens einen positiven Aspekt.
Die Lehren von Zemakh, Lydda und Karatiya waren bis zu einem gewissen Punkt mitschuldig an Dayans Versagen beim Government House und bei Beit Jalla.
Rückschauend scheint es, als wäre Dayan in Jerusalem bis auf einen

Schritt dem endgültigen Sieg nahe gewesen. Sein Führungsgrundsatz – demzufolge eine kleine Streitmacht voller Wagemut und Erfindungsgabe zahlenmäßig überlegene arabische Streitkräfte schlagen könne – war richtig. Wäre das nicht so gewesen, ist zu bezweifeln, ob der Unabhängigkeitskrieg tatsächlich mit einem Sieg der Israelis geendet hätte. Dayan schätzte die Schwächen des Feindes durchaus richtig ein – doch er versagte bei den eigenen und denen der Zahal.
Der Unterschied zwischen einer Gruppe von Partisanen und Einheiten einer regulären Armee wurde ihm erst durch seine Jerusalemer Erfahrungen ganz klar, und er erkannte ferner, daß es ihm selber an genügendem beruflichem Wissen mangelte. Später, als Chef des Generalstabs, verschmolz er den Elan und den Wagemut des Partisanen mit der Ausbildung und der Erfahrung eines Berufssoldaten, um den Charakter der Zahal zu formen.
Doch damals hing ihm die Niederlage von Beit Jalla trotz Lydda und Karatiya noch an. Dayan war als »Partisan« abgestempelt, als »tollkühner« und »gefährlicher« Truppenführer, der seine militärischen Unternehmen nicht mit genügender Sorgfalt vorbereitete.
Niemals verlor Dayan ein anschuldigendes Wort gegen Mart. Obgleich ihm das Geschehen bei Beit Jalla am meisten schadete, behandelte er Mart nicht, wie er Zaro und sein Bataillon behandelt hatte. Es schien, oberflächlich betrachtet, als schütze er einen Freund, dem er sein Leben verdankte. Doch Dayan war ganz einfach der Meinung, Mart habe getan, was zu tun ihm möglich gewesen war. Er hatte fortan seine eigene Ansicht über Marts Eignung zum Truppenführer, persönlich jedoch blieben sie loyale Freunde, und als Mart verwundet wurde, saß Dayan an seinem Bett im Lazarett und tat, was er konnte, um ihm zu helfen. Marts militärische Laufbahn war allerdings bei Beit Jalla beendet. Bis zu seiner Verabschiedung im Jahre 1968 mit 51 Jahren bekleidete er nur noch verschiedene Stellungen in der Zahal. Er wurde als Oberstleutnant entlassen. Den gleichen Rang hatte er 1948 inne.
Im November 1948 ernannte der Chef des Stabes, Dori, ein von Generalmajor Chaim Laskov geführtes dreiköpfiges Komitee, um die Befehlsverhältnisse in der Jerusalemer Region zu überprüfen. Den Empfehlungen des Laskov-Komitees folgend, ernannte das Armeeoberkommando Moshe Dayan zum Kommandanten Jerusalems unter Beibehaltung des Kommandos über die Etzioni-Brigade. Sein besonderer Status als Kommandant Jerusalems erweiterte sowohl das Bündel seiner Verantwortung, als er auch seinem Ungehorsam gegenüber dem Kommandeur des Mittleren Frontabschnitts, Generalmajor Zvi Aya-

lon, kräftig Vorschub leistete. Dieser entwickelte eine bemerkenswerte Geduld im Umgang mit seinem Untergebenen, sogar dann, wenn Dayan zu angesetzten Besprechungen zu spät erschien, nur weil er unterwegs ein wenig Obst gepflückt hatte. Einmal allerdings fand er, Dayan sei zu weit gegangen.
Dayan weigerte sich, trotz eines ausdrücklichen, von Generalmajor Ayalon telegrafisch erhaltenen Befehls, einen Zug Soldaten zum Schutz einer feierlichen Baumpflanzungszeremonie abzustellen.
Zwar verlief die Tu Bishat-Zeremonie ohne Störung, Oberstleutnant Dayan kam jedoch wegen Befehlsverweigerung vor ein Kriegsgericht. Nach ein paar Jahren, als Ayalon immer noch Befehlshaber des Mittelabschnitts war, Dayan dagegen bereits Chef des Stabes, prägte Ayalon das geflügelte Wort: »Es ist bedeutend leichter, unter Moshe Dayan zu dienen, als ihn unter seinem Kommando zu haben.«
Dayan wurde des Ungehorsams für schuldig befunden. Das Problem war nur, eine entsprechende Bestrafung für ihn festzusetzen. Hier waren die Richter überfordert. Bei der Zahal existierte nämlich noch gar kein Militärstrafgesetzbuch. Um die Dinge auch noch auf die Spitze zu treiben, wurde Dayan zur gleichen Zeit – am 27. Februar 1949 – zum Mitglied der israelischen Waffenstillstandsdelegation ernannt, die auf der Insel Rhodos mit den Jordaniern verhandeln sollte. Das Gericht mußte nun für Dayan ein Urteil finden, das eine der Tat angemessene Bestrafung war, aber ihn von der Teilnahme an den Waffenstillstandsverhandlungen nicht ausschloß.
Zum Schluß schlug Dayan selber die Lösung vor: zeitweilige Rückversetzung in den Rang eines Majors. Der Vorschlag wurde vom Gericht akzeptiert, und das Urteil erging entsprechend. Von dieser Degradierung erfuhren nur wenige. Dayan brauchte nicht einmal die Rangabzeichen von seiner Uniform zu entfernen, denn er hatte äußerlich den gleichen Rang zu bekleiden wie sein jordanischer Gegenspieler. So reist dann also der Herr »Major« Dayan in seiner normalen Uniform nach Rhodos.
Mit der Stellung des Kommandanten von Jerusalem war das Recht verbunden, den Kontakt mit der Presse aufrechtzuerhalten. Tatsächlich hatte neben Dori und Yadin nur Dayan die Erlaubnis, die Presse zu informieren. Seine Beziehungen zur Presse waren, obgleich kniffliger und verwickelter, als es den Anschein hatte, ganz ausgezeichnet. Jerusalem war die Quelle weltweiter israelischer und arabischer Interessen. Dayans Darlegungen wurden in der ganzen Welt beachtet und erschienen häufig auf der Titelseite führender Zeitungen. Seine sehr

direkte Art, sich auszudrücken, gewann durch seine blitzschnelle Schlagfertigkeit, seinen persönlichen Charme und seinen Humor an Farbigkeit.
Hauptmann Alex Braude, in Dayans Stab damit beschäftigt, Moshe Dayans Image als Soldat und Staatsmann zu pflegen, veranlaßte den Abdruck eines illustrierten Artikels im amerikanischen Magazin *Life*, betitelt: »Neues Israel«, der an hervorragender Stelle ein Photo von Moshe Dayan als einzigem in dem Artikel erwähnten Zahal-Offizier brachte.
In Kreisen der Mapai betrachtete man den *Life*-Artikel als guten Witz. Ben Gurion befand sich auf dem Höhepunkt seiner politischen Macht, sein Prestige war immens, seine nationale Bedeutung auf ihrem Gipfelpunkt angelangt. Im zweiten Glied der Mapai-Funktionäre dachte man nicht im Traum daran, für Dayan Platz zu machen. Er war immer noch ein Teil jener nebulosen Masse, die man in Parteikreisen »die jungen Leute« nannte. Dayans diplomatisch-politische Arbeit begann wenige Tage nach dem Scheitern seines Unternehmens am Government House Hill.
Ende August 1949 bat der UNO-Truppen-Befehlshaber, Generalmajor William Riley, Vertreter der ägyptischen, jordanischen und israelischen Armeen nach dem Assyrischen Kloster in der Nähe des Jaffa-Tors, um mit ihnen über die militärische Lage im Gebiet um das Government House zu beraten, in dem das UNO-Hauptquartier seinen Sitz hatte. Die UNO wollten den Hügel um das »Government House« völlig entmilitarisiert sehen. Das Treffen endete in einer Sackgasse, und es schien, als solle die für den 5. September angesetzte Besprechung ähnlich enden.
Doch Dayan unternahm einen beispielhaften Vorstoß, »als sich die Geschichte festgefahren und die Vermittlung der UNO-Beobachter... sich nicht als die beste Methode, die Dinge zu regeln, erwiesen hatte, schlug ich Abdullah el-Tel vor, daß wir beide die illustre Gesellschaft für eine kurze Weile verlassen und im Nebenzimmer ein paar passende Worte miteinander sprechen sollten«. Die beiden Männer kamen sofort zur Sache. Nach einer Viertelstunde erschienen sie wieder und teilten den anderen Teilnehmern der Besprechung mit, daß man sich darauf geeinigt habe, zwischen dem israelischen und dem jordanischen Kommandeur Jerusalems eine direkte Fernsprechverbindung einzurichten.
Das Treffen zwischen el-Tel und Dayan sollte das erste sein, das seit Ausbruch des Krieges ohne Teilnahme einer dritten Macht – der UNO – zwischen Vertretern Israels und Jordaniens stattfand. Der besondere

Wert lag in seiner Wirkung auf Dayans politisches Denken. Schon am 5. September 1948 suchte er den direkten Kontakt mit der Gegenseite, im Krieg und Frieden.

Dayan löste seine politischen Aufgaben von Anfang an mit viel persönlichem Charme, Intelligenz, mit schnellem Erfassen des wesentlichen und einer aufrichtigen, offenen Wesensart, die Vertrauen einflößte. Diese Eigenschaften zusammengenommen, überzeugten el-Tel vom Nutzen zweckmäßiger Vereinbarungen, auf denen Dayan – und nach ihm andere – ihr Konzept der direkten Verhandlungen mit den Arabern oder gar nichts gründeten. Die direkte Fernsprechleitung war auch der erste Ausdruck einer Überzeugung, die sich später, als Dayan Stabschef war, herauskristallisierte, daß nämlich die UNO eher ein Puffer zwischen Israel und den arabischen Staaten darstellte als ein Instrument der Annäherung. Dementsprechend erhöhte sich auch die Häufigkeit der Zusammenkünfte Dayans mit el-Tel, bis diese in Jerusalem zu einer regelmäßigen Einrichtung wurden, die von der Presse entsprechend kommentiert wurde.

Dayan und el-Tel erzielten Übereinstimmung in vielen Vereinbarungen, die sich gerade durch das Vorhandensein von Feuereinstellungslinien als notwendig erwiesen. Da war zum Beispiel der freie Zugang von Arbeitern zum Universitätsgelände in der israelischen Enklave auf dem Mount Scopus, die Entmilitarisierung bestimmter Gebiete, der Austausch von Kriegsgefangenen, die Erteilung von Grenzübertrittsgenehmigungen für Pilger zum Besuch der Heiligen Stätten und die Abgrenzung von Niemandsland. Erfolg dieser direkten Kontakte: ein offizielles Abkommen zwischen den beiden örtlichen Befehlshabern. Als Dayan am 29. Juni 1949 zum Vorsitzenden aller israelischen Delegationen bei den Gemischten Waffenstillstandskommissionen (Mixed Armistice Commissions) ernannt wurde, bemühte er sich, gleiche Abkommen zwischen den örtlichen Befehlshabern beider Seiten in allen Abschnitten zu fördern.

Dayan wurde bald ein ständiger Teilnehmer an allen Beratungen auf höchster Ebene, soweit sie die Festlegung der Feuereinstellungsverfahren betrafen, bis zu einem gewissen Grad auch der daraus folgenden staatspolitischen Fragen. Es wird berichtet, daß Oberstleutnant Moshe Dayan im Anschluß an ein Treffen der beiden Kommandanten von Jerusalem am 12. Dezember 1949 geäußert habe, er, Dayan, sehe wegen der vollständigen Erfüllung aller Bedingungen des Feuereinstellungsvertrages keinen Grund, weitere Treffen zu vereinbaren, es sei denn, sie beschäftigten sich direkt mit der »Umwandlung des Feuereinstellungsvertrages in einen Waffenstillstandsvertrag, der einen dauerhaften Frieden zur Folge haben wird. Nach der offiziellen Presseverlautbarung antwortete Oberst el-Tel, daß er in dieser Angelegenheit seine Regierung zu konsultieren habe. Das waren die ersten, offenkundigen Anzeichen für den Beginn zweiseitiger Geheimgespräche zwischen Israel und Jordanien, in denen Moshe Dayan eine Rolle spielte, die später von Ben Gurion mit »bedeutend« umschrieben wurde.

Im September 1948 erneuerte Eliyahu Sasson die Verbindung zu Vertretern des Haschemitischen Königreichs von Jordanien und traf sich in Paris mit jordanischen Diplomaten. Am 10. Dezember 1949 übergab Dayan el-Tel eine Botschaft von Sasson an König Abdullah, mit der dieser gebeten wurde, einen Mann seines Vertrauens »zu einer Begegnung und für Gespräche« nach Jerusalem zu entsenden. Der König stimmte zu. Ende Dezember trafen Sasson und Dayan mehrmals mit el-Tel und Dr. Shaukat Sati zusammen. Die vier Männer bereiteten den Boden für eine ganze Serie von Verhandlungen mit dem König.

Am 4. Januar 1950 bevollmächtigte Premierminister David Ben Gurion und Außenminister Moshe Sharett Reuven Shiloah und Eliyahu Sasson vom Auswärtigen Amt und Oberstleutnant Moshe Dayan, im Namen des Staates tätig zu werden, unter Zusicherung sämtlicher Befugnisse, »mit Seiner Majestät dem König zu verhandeln und mit ihm einen Vertrag zu schließen ... um die Feindseligkeiten zu beenden und beiderseitige friedliche Beziehungen herzustellen« zwischen dem Staat Israel und dem Haschemitischen Königreich Jordanien.

Die ersten Zusammenkünfte mit König Abdullah (16. und 30. Januar 1957) schienen auf Dayan tiefen Eindruck gemacht zu haben. Sie wurden unter strengster Geheimhaltung durchgeführt. Sasson und Dayan in fremde Uniformen gekleidet, überschritten die Linien gleich bei Eintritt der Dämmerung und wurden mit el-Tels Wagen direkt zum El-Shuneh-Palast gebracht. Als weitere Vorsichtsmaßnahme trug Dayan eine dunkle Brille statt seiner schwarzen Augenklappe. Die zweite Unterredung dauerte bis tief in die Nacht.

Der König wünschte, daß während der Verhandlungen eine gelöste Atmosphäre herrschte, und ließ zu Beginn ein festliches Diner servieren.

»Später eröffnete er die Sitzung, umriß den Streitfall und legte allen Beteiligten nahe, ihn in einer angemessenen Atmosphäre zu diskutieren. Er schmückte seine Ansprache mit Aphorismen aus der Welt der Beduinen und erklärte, wir alle seien schwer beladene Reiter, die, um an ihr Ziel zu gelangen, ein Bündel mit Problemen nach dem anderen abzuwerfen hätten.« Dayans Ungeduld mit dem vorsichtig umschreibenden Verhandlungsstil der Beduinen und die voneinander abweichenden Interpretationen der Verhandlungen mit dem König durch die beiden Israelis, versinnbildlichte bereits die grundlegenden Unterschiede, die in den Ansichten der Zahal-Offiziere, die die jüngere israelische Generation verkörperten und den Beamten des Auswärtigen Amtes, ausschließlich Veteranen der Politischen Abteilung der Jewish Agency, zum Vorschein kamen. Während der junge, erst vierunddreißigjährige Dayan frisch und zweckmäßig verhandelte, hielt Sasson, ein alter, erfahrener Diplomat der Politischen Abteilung seit 1934, Wärme, menschliche Kontakte und höfliches Benehmen für die beste Möglichkeit, internationale Probleme zu lösen.

Die Waffenstillstandsverhandlungen mit Jordanien spielten sich auf zwei Ebenen ab: einmal gab es die offiziellen auswärtigen Verhandlungen auf Rhodos und zum zweiten die ausschlaggebenden Geheimbesprechungen im Königlichen Palast von El Shuneh.

Der Generaldirektor des Auswärtigen Amtes und Chef der israelischen Waffenstillstandsdelegation, Walter Eytan, behauptete, der König habe absichtlich etwas »farblose« Vertreter nach Rhodos abgeordnet, um dafür dann die Verhandlungen in seinem Palast mit Hilfe seiner engsten Berater um so besser führen zu können.

Deswegen kehrten schon ein paar Tage nach Beginn der Verhandlungen auf Rhodos die wichtigsten Mitglieder der israelischen Delegation nach Israel zurück, um an den Geheimgesprächen mit dem König und seinen Beratern teilzunehmen. Dayan monierte laufend die Verhandlungsweise der Vertreter des Auswärtigen Amtes. Er nahm nicht einmal Ben Gurion aus. Dayans Verehrung für Ben Gurion war von Anfang an nicht die eines Bekehrten zu den Lehren des verehrten Meisters, sondern das Ergebnis sich täglich wiederholender praktischer Erfahrung.

Die Verhaltensweise gegenüber der UNTSO, die Fragen des Jerusalemer Waffenstillstands, die Beachtung oder Verletzung der Feuereinstellungsabkommen, die Verhandlungen mit dem Haschemitischen Königreich und ihre militärischen Folgeerscheinungen waren alles Themen, zu denen zwischen Ben Gurion und Moshe Sharett ständig gegensätzliche Ansichten bestanden. Täglich gerieten sie über Grundsatzfragen aneinander, und ganz besonders stritten sie sich bei Problemen, die von Sharett zu betreuen waren. Zwar klaffte nicht dauernd dieser Riß in ihren Ansichten, doch überbrückt wurde er nie.

Dayan fuhr häufig mit einem maschinengewehrbestückten Jeep zu den Treffen mit Ben Gurion. Vielleicht dachte er bei sich, notfalls lassen sich verzwickte politische Probleme mit Hilfe solcher Bewaffnung lösen – wer weiß.
Für ihn war es ganz natürlich, sich eher zu Ben Gurion als zu Moshe Sharett hingezogen zu fühlen, der »alle Dinge ständig gegen die damit verbundenen momentanen Schwierigkeiten abzuzweigen pflegte«. Doch als er Ben Gurion besser kennenlernte, gewahrte er, »welch penible Überlegungen seiner scheinbar unbedenklichen Handlungsweise zugrunde lagen«. Sharett äußerte ständig Bedenken: Wie würden die Engländer reagieren, was könnten die Amerikaner tun, was sagen die Franzosen – und er übernahm höchst ungern Risiken –, während sich Ben Gurion Analysen und Einschätzungen von Entwicklungen im allgemeinen als genauer erwiesen.
Auch die Art, wie Ben Gurion an die Dinge heranging, beeindruckte Dayan. Er stellte sich immer zuerst die Frage: »Was wollen wir tatsächlich erreichen?« Erst dann entschied er, was wichtig war und was erst in zweiter Linie kam, gab Zielvorstellungen an und einen Plan, sie zu verwirklichen. Einen Charakterzug bewunderte Dayan an Ben Gurion: »Niemals reagiert er ärgerlich oder beleidigt. Er strebt immer ein Ziel an. Um das zu erreichen, muß er etwas unternehmen, muß unbeugsam sein und sogar etwas riskieren. Unwichtige Dinge benötigen das alles nicht. Sie mögen von anderen Leuten erledigt werden.« Immer konzentrierte Ben Gurion Kraft und Energie auf das Wesentliche. In späteren Jahren ähnelte Dayan Ben Gurion in dieser Hinsicht. Er faßte auch die wichtigsten Dinge zuerst ins Auge. Zweitrangige Sachen delegierte er einfach.
Dayans Vergleich zwischen Ben Gurion und Sharett fiel zugunsten Ben Gurions aus.
Sharett sprach weit ausholend, bediente sich rhetorischer und sauber gedrechselter Formulierungen lieber als praktischer, zweckmäßiger Darstellung. Obgleich Sharett zweifellos der eloquentere von beiden war, erzeugten Ben Gurions Reden eine »gewaltige Spannung«. Ben Gurion ließ sich niemals in die Karten schauen. Seine Geheimnisse offenbarten sich nur dem Scharfsinnigen durch Schlußfolgerungen und Analogien. Dayan studierte diese Heimlichkeiten wie ein wissensdurstiger Zauberlehrling. Er verehrte Ben Gurion sehr. Er erwählte ihn zu seinem Lehrer und Vorbild. Als er ihm einen Band seines Buches »Tagebuch des Sinai-Feldzuges« überreichte, schrieb er als Widmung hinein: »Ben Gurion, dem Lehrer und Vorbild.«

Ben Gurions Gewohnheit, alles im Licht einer allumfassenden Philosophie zu betrachten, gewann Dayans Bewunderung, wenn es sich um die großen Entwicklungen handelte, rief aber Kritik und ein Lächeln hervor, wenn sie auf technische Einzelheiten, Menschen oder Ereignisse angewandt wurde. Hinter diese Schwäche kam Dayan zum erstenmal, als er von seinem Zusammentreffen mit König Abdullah berichtete und seine Meinung zu dem äußerte, was der König wahrscheinlich tun und welchen Dingen er seine Zustimmung verweigern würde. Manchmal lehnte Ben Gurion Dayans Schlüsse ab und erklärte, was der König tatsächlich gemeint habe, wenn er sich so und so ausdrückte, und wo er nicht zustimme, wenn er etwas so sage. Dayan ertrug diese Erklärungen mit Gelassenheit, bis ihn eines Tages die Geduld verließ und er den politisch erfahrenen Staatsmann herausforderte:
»Sie haben nicht ein einziges Mal mit König Abdullah gesprochen. Ich dagegen habe oft mit ihm zusammengesessen. Ich behaupte, er wird diesem Punkt zustimmen, Sie sagen, er wird es nicht – er wird dem beipflichten und nicht jenem! Und warum? Weil Sie mir auseinandersetzen, wozu die Ägypter ihre Zustimmung geben werden, und was die Leute in China taten, und wie sich derlei in grauer Vorzeit abspielte!
Aber König Abdullah weiß von alldem gar nichts. Er wird seine Zustimmung zu einer Sache geben und sie zu einer anderen verweigern, je nachdem, wie ihm zumute ist. Sie haben ihn nie getroffen, haben ihn nicht einmal gesehen, während ich zwischen ihm und Ihnen hin und her gehe. Doch ehe ich mich überhaupt äußern kann, haben Sie mir schon gesagt, wozu er seine Zustimmung geben wird und wozu nicht. So geht es nicht.«
Die Verschiedenheit des jungen Armeeoffiziers, der die Dinge ohne ihre historische Verflochtenheit ausschließlich so sah, wie sie sich ihm gegenwärtig darstellten, von dem gereiften Staatsmann, der sich einen Weg neuer Ideen durch die breite Straße historischer Ansichten bahnt, gab häufig Anlaß zu wechselseitigen Rangeleien. Dayan äußerte einmal nachdenklich zu Ben Gurion, als er aus seinem Arbeitszimmer in die untergehende Sonne blickte: »Wenn ich die untergehende Sonne betrachte, steht für mich fest: die Sonne geht unter. Es wird Abend. Für Sie aber ist die Tatsache des Sonnenuntergangs an sich im Augenblick unwichtig. Sie sehen die Bewegung der Sterne, sehen den Kosmos sich um seine Achse drehen. Für Sie ist die ganze Welt im Fluß. Es ist Ihnen unmöglich, ein einfaches Teilchen als ein Ganzes, als eine Episode anzusehen.«

Es bestand jedoch in mancherlei Hinsicht wechselseitige Hochachtung für einander. Dayans politisch-diplomatische Begabung beeindruckte Ben Gurion, und er neigte dazu, ihm Israels Erfolge bei den Verhandlungen mit Abdullah zuzuschreiben.
Der Kampf in Palästina endete am 7. Januar 1949 mit enem israelischen Sieg, und am 13. Januar begannen auf Rhodos die Waffenstillstandsverhandlungen zwischen Israel und Ägypten.
Die Bedrohung durch die Arabische Legion König Abdullahs hörte jetzt auf, für Israel von Bedeutung zu sein. Auch die ägyptische Armee spielte keine Rolle mehr für die Zahal, die nun nichts mehr gehindert hätte, die Legion zusammenzuschlagen. Doch Ben Gurion wünschte, aus Abdullahs Lage politisches Kapital zu schlagen. Während die anderen arabischen Staaten höchstens bereit waren, einen Waffenstillstandsvertrag abzuschließen, schien Abdullah willens, einen Friedensvertrag zu unterschreiben. Als Gegenleistung hätte Israel an einer Abmachung festhalten müssen, die Golda Meir und Eliyahu Sasson dem König vorgeschlagen hatten und die eine teilweise Annexion der Gebiete auf dem westlichen Jordanufer durch Jordanien vorsah. Die israelische Regierung neigte dazu, der Annektierung zuzustimmen – wie sie es tatsächlich später auch tat –, wollte aber unter gar keinen Umständen dem König die Herrschaft über Lydda und Ramle einräumen, genausowenig wie sie bereit war, Jordaniens Herrschaft über den südlichen Negev einschließlich Eilats zu akzeptieren.
Was Jerusalem betrifft, so pflichteten die israelischen Bevollmächtigten der Meinung des jordanischen Königs bei, daß man sich der Internationalisierung Jerusalems widersetzen müsse, um einer Teilung der Stadt in einen israelischen und einen jordanischen Sektor den Vorzug zu geben. Den vom König vorgeschlagenen Trennungslinien stimmte sie jedoch nicht zu.
Die jordanisch-israelischen Verhandlungen komplizierten sich im Dezember 1949, als der Irak in direkter Zuwiderhandlung gegen die Resolution des Weltsicherheitsrats seine Weigerung bekanntgab, mit Israel in Waffenstillstandsverhandlungen einzutreten.
Bei Ausbruch der Feindseligkeiten war die irakische Armee in Palästina eingedrungen und hatte entlang der Ausläufer des Hochlands von Galiläa Stellungen bezogen. Damit schnitten sie das Jezreel-Tal vom südlichen Teil der Küstenebene ab und hinterließen Israel eine lange dünne Einschnürung, die leicht durchtrennt werden konnte.
Während Israel und Jordanien auf Rhodos Waffenstillstandsverhandlungen aufnahmen, ließ der Irak durchblicken, daß er an einem Waf-

fenstillstand irgendwelcher Art nicht interessiert sei und lieber seine Truppen aus Israel zurückziehen möchte. Die Arabische Legion dürfe die irakischen Stellungen besetzen. Israel konnte natürlich solch einer Abmachung nicht zustimmen. Wäre die Arabische Legion angesichts der Israelis in die irakischen Stellungen eingerückt, hätte das den Ausbruch eines neuen Krieges bedeutet. König Abdullah standen die entsetzlichen Folgen einer solchen Konfrontation klar vor Augen.
Da die Aussichten, mit dem König einen vernünftigen Friedensvertrag zu schließen, günstig schienen, nahmen die Vertreter Israels auf Rhodos eine gemäßigte Haltung ein. Der König, der eine Niederlage im Krieg fürchtete, verzichtete freiwillig auf einige Gebiete im irakischen Abschnitt, die er, wären die Feindseligkeiten wieder aufgeflammt, auf jeden Fall verloren hätte. Yigael Yadin war für die Verhandlungen mit dem König verantwortlich, und er war es auch, der zusammen mit Walter Eytan vom Auswärtigen Amt mit dem König oder seinen Bevollmächtigten in Jerusalem und El-Shuneh zu Vorgesprächen zusammentraf. Dayan kehrte von Rhodos zurück, um bei den Verhandlungen, welche die Teilung des irakischen Abschnitts zwischen Israel und Jordanien zum Ziel hatten, den Vorsitz zu führen. Der König sprach von ihm als »Einauge« und schrieb bei einer Gelegenheit, er möchte ihn »der Liste seiner Freunde in Israel hinzufügen«.
Major Yehoshafat Harkabi, der Dayan am 19. März nach El-Shuneh begleitete, schrieb: »Moshe Dayan war in seinen Gesprächen mit dem König großartig. Er benutzte eine kluge Formulierung: ›Die Iraker und wir waren als Feinde dort. Mit Ihnen werden wir uns als Freunde dort treffen. Aus diesem Grund brauchen wir die erste Hügelkette.‹«
Dayans Beitrag war seine Hartnäckigkeit, trotz Yadins Skepsis, darauf zu bestehen, daß die Eisenbahnlinie von Lydda nach Jerusalem Israel gegeben wurde, obgleich sie dort schwer zu verteidigen war. Auf diese Art erreichte Dayan am Verhandlungstisch, was seine Brigade in der verlorenen Schlacht von Beit Jalla nicht hatte erreichen können.
In seiner Eigenschaft als Kommandeur von Jerusalem waren Dayan und sein Gegenspieler el-Tel damit beschäftigt, Gebiete zwischen den Fronten als Niemandsland auszuweisen. Dabei erwies sich Dayan als harter und gerissener Verhandlungspartner. Er ließ sich von dem Satz leiten: »Frage nach einem Berg so, als ob Du einen Maulwurfshügel haben willst.« Als diese Gespräche zu einem befriedigenden Abschluß gebracht worden waren, erhielt die Delegation auf Rhodos entsprechende Anweisungen, und am 3. April wurde der Waffenstillstandsvertrag zwischen Israel und Jordanien unterzeichnet. Aus den Frie-

densverhandlungen mit König Abdullah wurde nichts. Auf dem Weg in die el-Aksa-Moschee, zum Freitagsgebet, wurde der König am 22. Juli 1951 von einem Verschwörer ermordet. Von allen Vereinbarungen zwischen Jordanien und Israel trat nur eine einzige in Kraft: Israels Recht auf Ablösung seiner Wachen am Mount Scopus. Die »Grüne Linie« – unter welchem Namen die Waffenstillstandslinie bekannt wurde –, die »ein Ort hätte werden können, an dem sich Freunde treffen«, entwickelte sich statt dessen zu einer Barriere, die Feinde trennt.

»Er war ein König«, schrieb Dayan über Abdullah, »doch es gelang ihm nicht zu erlangen, was er zu erlangen wünschte.« Die Zeiten höfischen Prunks, orientalischer Gebräuche, königlicher Zuvorkommenheit, in der die israelischen Diplomaten einen Hoffnungsstrahl erblickten, waren vorbei. In Jordanien, obgleich nicht ganz so stark wie in anderen arabischen Staaten, begannen sich revolutionäre und fanatische Kräfte zu regen, denen es nach einer militärischen Lösung des Palästinaproblems verlangte.

Zur gleichen Zeit entglitt den Politikern der alten Schule langsam die Kontrolle über die Politik in genau dem Maße, wie Israel sich der immer notwendiger werdenden Forderung zur Verteidigung seiner nackten Existenz mit Hilfe der Armee gegenübergestellt sah.

Auf beiden Seiten der israelischen Grenzen begannen jetzt junge Offiziere, in die Entwicklung der Dinge gestaltend einzugreifen.

Auch Dayan erwachte aus einem flüchtigen Traum vom Frieden. Jetzt siegte in ihm der Truppenbefehlshaber über den Diplomaten. In einem Brief an Ben Gurion vom 22. September 1949, den er kurz vor Aufgabe seines Postens in Jerusalem geschrieben hatte, riet er, nicht länger nur zu Verhandlungen. Nun schlug er das Planen militärischer Unternehmen vor, um den Mount Scopus mit Gewalt zu nehmen.

Seine Hauptsorge war, daß sich mit der Zeit die Waffenstillstandslinien ohne Friedensvertrag zu Landesgrenzen verhärten würden.

14

Der Befehlshaber
(Oktober 1949-Dezember 1952)

Der Unabhängigkeitskrieg endete am 20. Juli 1949 mit dem Abschluß des Waffenstillstands zwischen Israel und Syrien. Es war die ausdrückliche Absicht der vier Waffenstillstandsabkommen, den Übergang von der Waffenruhe zu einem dauerhaften Frieden zu erleichtern und die vertragschließenden Parteien anzuhalten, mit Drohungen oder Gewaltanwendung zur Lösung des Palästinaproblems endlich aufzuhören.

Die Überzeugung in Israel, jezt endlich dem Frieden ganz nahe zu sein, hatte einen ständig wachsenden Antimilitarismus zur Folge. In verhältnismäßig kurzer Zeit verwandelte sich die Zahl aus einer großen Volksarmee, die die Elite der israelischen Jugend in ihren Bann gezogen hatte, in eine kleine Armee mit den notwendigen Führungskadern und Wehrpflichtigen.

Die letzteren rekrutierten sich hauptsächlich aus neueingewanderten Juden vornehmlich arabischsprechender Länder. Sie besaßen kaum Schulbildung, sprachen nicht hebräisch, und die jüngst geformte Tradition der Zahal sagte ihnen überhaupt nichts. In mancher Hinsicht glichen sie den eingeborenen Soldaten einer Kolonialarmee. Bemühungen des Armeeoberkommandos, tüchtige junge Offiziere des Unabhängigkeitskrieges zum Verbleib bei der Truppe und zur Aufnahme der militärischen Laufbahn zu bewegen, hatten nur geringen Erfolg.

Auch Dayan hatte seine Zweifel. Seinem Freund Ahya Ben-Ami, der ihn im Herbst 1949 in Jerusalem besuchte, bekannte er, daß er die Armee verlassen wolle. »Er sehe dort keine Zukunft.« Sein Interesse galt der Politik. Von der allgemeinen antimilitaristischen Stimmung im Lande unbeinflußt, könnte Dayan sich seines Mangels an militärischen Grundkenntnissen, wie sie nun einmal von einem Berufsoffizier gefordert werden müssen, bewußt geworden sein. »Meine militärische Vorbildung ist gleich null«, sagte er zu seinen Freunden. Er war vor

die Frage gestellt: »Entweder das Soldatenhandwerk zu erlernen, und zwar von Grund auf, oder aber auszuscheiden.«
Die Neigung, sich einer militärischen Ausbildung zu unterziehen, war gering, aber alles, was mit Politik zusammenhing, fesselte ihn.
Wieder war es Ben Gurion, der ihn dazu bewog, in der regulären Armee zu bleiben und die Ernennung zum Oberbefehlshaber des Südlichen Kommandobereichs anzunehmen (OC Southern Command). Ben Gurion hörte sich Dayans Einwendungen an. »Wenn ich nun nach Beersheba gehe (Standort seines Stabes), stecke ich sofort mitten in Entwicklungsproblemen und tauge nicht mehr zum Soldaten.«
Doch der Premierminister beharrte auf seinem Vorschlag und versprach Dayan Möglichkeiten zur Vervollkommnung seiner militärischen Bildung. Vier Tage nach seiner Beförderung zum Generalmajor, am 25. Oktober, wurde Dayan zum Kommandeur des Südlichen Befehlsbereichs ernannt. Wieder einmal hatte Ben Gurions Einfluß Dayans »Richtung« bestimmt.
Innerhalb von vier Jahren sollte er bereits Chef des Generalstabs sein.
Am 9. November übergab Generalleutnant Dori sein Kommando als Chef des Generalstabs an Yigael Yadin. An diesem Tag begann die Ära der ersten Generation in der Zahal aufgewachsener Offiziere. Die ranghohen Offiziere aus den Zeiten der Haganah begannen allmählich zu verschwinden. Dayan war damals vierunddreißig. Seit seinem einundzwanzigsten Lebensjahr stand er im Dienst der Nation. Es waren Jahre voller Hader und Krieg.
Für die Freuden des Lebens blieb wenig Zeit. Die Zukunft schimmerte auch nicht gerade im hellsten Licht. Dayan wußte, daß der Kampf weitergehen würde; sein Leben würde ein Teil davon sein.
Er genoß bescheidene Freuden. Die Männer des »Southern Command« merkten bald, daß ihr neuer Kommandeur kein sturer »Kommißkopf« war.
Man begann gerade, in der Zahal strengere Maßstäbe in bezug auf Ordnung, Kleidung und allgemeine Disziplin anzulegen. Das Hauptanliegen General Yadins war es, aus der Partisanen-Volksarmee eine moderne, reguläre, gut disziplinierte Truppe zu formen. Aber nur weil er jetzt General war, ließ Dayan sich seine Lebensauffassung nicht durch Schlipsetragen, geputzte Schuhe und zackiges Grüßen beeinträchtigen. Seine ungezwungene, gerade und ausgleichende Art, sich zu geben, beeindruckte seine Untergebenen tief.
Das Vertrautwerden mit den seinem Befehl unterstehenden Landstrichen, immerhin einem Gebiet von der halben Größe Israels, war eine

Aufgabe, die er mit seinen Männern auf abenteuerreichen Erkundungszügen teilte. Er durchforschte sorgfältig alle Abschnitte und fuhr sogar durch Gebiete, in denen Minen des letzten Krieges noch nicht geräumt worden waren.

Diese Forschungsfahrten durch die Wüste waren in den ersten Monaten seine größte Freude. Mit dem Nachrichtenoffizier Hauptmann Ze'evi, »Ghandi« genannt, trieb Dayan sich tagelang in den Bergen des Negev herum.

Auch Grenzverletzungen blieben dabei natürlich nicht aus, da Dayan und »Ghandi« nur uralte britische Karten im Maßstab 1 : 100 000 zur Verfügung standen. Eines Tages gerieten sie sogar direkt in eine ägyptische Stellung. Nur ein Trick, über den später noch viel gelacht wurde, bewahrte sie vor der Gefangennahme: es gelang ihnen, den ägyptischen Offizier anhand seiner Karten davon zu überzeugen, daß nicht sie, sondern er die Grenze verletzt hatte. In der anschließenden Verwirrung konnten sie sich dann »absetzen«.

Einmal nahm Dayan seine 11jährige Tochter Yael mit auf eine Erkundungsfahrt in das Gebiet von Kuntilla. Zu ihren lebendigsten Erinnerungen gehört das Fangen, Schlachten und Braten eines verirrten Schafes und die Rast am Lagerfeuer.

Die Männer des Südkommandos haben ihren General freimütig, freundlich, witzig und immer voller Anekdoten in Erinnerung. Seine Liebe zu seinem Land beeindruckte sie ebenso wie seine genaue Kenntnis der Bibel, aus der er Sinnbilder schöpfte und Vergleiche anstellte.

Ungefähr zu der Zeit las er in der Zeitung, daß Amerikaner aus Löwenklauen und Haifischzähnen Halsbänder fabriziert hätten. Auf Grund eines Berichts über das Auftauchen von Haifischen vor der Küste von Eilat, flog er dorthin und besorgte sich den Kopf eines Hais. Ungerührt durch den Gestank, kochte er ihn, bis sich die Zähne herauslösten. Einem Zahnarzt der Militärzahnklinik zerbrachen mehrere Bohrer, ehe er endlich alle Zähne durchbohrt hatte.

Dayan zog die Zähne auf Silberdraht und machte daraus ein Halsband, das er für eine besondere Gelegenheit verwahrte.

Bald wurden im Südkommando Unstimmigkeiten zwischen Dayan und seinem neuen Chef des Stabes, Oberst Zvi Zur, fühlbar.

»Der Kontrast zwischen uns rührte von unseren unterschiedlichen Ansichten über die zu bewältigenden Aufgaben her. Ich hatte darauf zu achten, daß Ordnung, das militärische Gerüst und System stimmten. Ich kann anders nicht arbeiten. Moshe Dayans Methoden wichen vollständig davon ab«, sagte Zur.

Dayan suchte seine ganze Kraft auf das Wesentliche zu konzentrieren und hielt erzwungene Ordnung und konventionelle Verfahren für Bindungen, die man lösen müsse. Mitten im Gelände fällte er Entscheidungen und beendete eingeleitete Aktionen dort, wo er es für angebracht und notwendig hielt, ohne sich mit seinem Chef des Stabes abzustimmen oder ihn gar zu benachrichtigen. Ihm fehlte ganz zweifellos die Geduld abzuwarten, bis die Befehle den gesamten Kommandoapparat ordnungsgemäß durchlaufen hatten.
Er, Dayan, sprang in den Jeep und brauste ab zu der betreffenden Einheit, die dann auf der Stelle die entsprechenden Befehle erhielt.
Eine der Meinungsverschiedenheiten zwischen Dayan und Zur drehte sich um die Frage der Urbarmachung israelischen Bodens entlang den Waffenstillstandslinien.
Es gab im Süden nur wenige jüdische Siedlungen. Die Wehrdörfer, Grenzkibbuzim, für die Verteidigung Israels unerläßlich, waren nur dünn gesät. Das ermutigte natürlich die Araber von jenseits der Grenze, aus dem Gazastreifen und Hebron, israelisches Land unter den Pflug zu nehmen.
Für Dayan bedeutete das eine Gefahr für Israel. Er fürchtete, die arabischen Bauern würden die Grenzen langsam zu ihren Gunsten verschieben und letztlich dort doch noch siegen, wo ihre Armeen versagt hatten.
Er bereiste sofort den Süden. Dort nötigte er Farmer der Kibbuzim und Moshavim dringend, doch die nicht bestellten Ackerflächen unter Kultur zu nehmen; zu säen und zu ernten. Den Bauern versprach er die volle Unterstützung des Südkommandos. Um dem Plan auf die Beine zu helfen, bot er den Farmern so viele Armeefahrzeuge an, wie sie brauchten. Zur, mit seinem ausgeprägten Ordnungssinn, meinte, es sei ausgesprochen falsch, »Fahrzeuge, die der Nation gehörten, Militärfahrzeuge, einfach zu nehmen und sie ein paar Bauern zur Verfügung zu stellen, damit sie damit ihren eigenen Weizen ernten können. Noch nicht einmal für einen allgemein nützlichen Zweck!«
Sollte die Regierung so etwas für wichtig genug halten, argumentierte er, so hätte sie alle Möglichkeiten, um die Landwirtschaft entlang der Grenzen zu gewährleisten, und, falls der Verteidigungsminister das für richtig hielt, könnte er seine Befehle über die regulären Kanäle an die Truppe weiterleiten.
Zur bestand darauf, daß die Funktionen der Truppe sich allein auf die militärischen Aufgaben beschränken sollten.
Nach Dayans Auffassung war die genaue Abgrenzung der Waffenstill-

standslinien von höchster Bedeutung. Er war der Meinung, die Landwirtschaft könne das viel besser erreichen als die Armee. Außerdem gab es zu jener Zeit keine Kämpfe. Männer und Fahrzeuge hatten keine Aufgaben zu erfüllen, die nicht hätten verschoben werden können.
Er meinte, es sei besser, die Fahrzeuge für einen guten Zweck in Betrieb zu nehmen, als sie vollgetankt und ausgerüstet in wohlausgerichteten Reihen herumstehen zu lassen. Wer konnte wissen, ob die Regierungsmaschine sich überhaupt rühren würde? Vielleicht geschah überhaupt nichts, oder die Entscheidung kam zu spät.
Mit der Zeit erkannte Zur, daß Dayan recht gehabt hatte, doch 1950 rebellierte er.
Nach sieben Monaten endloser Mißverständnisse und vergeblicher Versuche, sich an Art und Arbeitsweise seines Vorgesetzten zu gewöhnen, platzte ihm die Geduld. Maklef, damals stellvertretender Chef des Stabes, erinnert sich, daß Zur sich völlig verzweifelt an ihn wandte: »Ich kann nicht länger mit Moshe zusammenarbeiten.«
Maklef versetzte ihn zum Armeeoberkommando, wo er »Assistant Director« der Operationsabteilung wurde. Jedoch als Leiter der Stabsabteilung für Kriegsstärken im Armeeoberkommando hatte er sehr eng mit Dayan zusammenzuarbeiten. 1967 hatte er den ansehnlichen Job eines Generaldirektors der Mekorot Water Company, eines der größten Unternehmen Israels, gegen den zeitweiligen Posten eines Assistenten des Verteidigungsministers einzutauschen. Und dieser Minister hieß Moshe Dayan.
1950 war ein ereignisloses Jahr. Das Südkommando war am Austausch arabischer Bevölkerungsteile in Askalon beteiligt und mit den Problemen befaßt, die sich aus dem Einsickern des Beduinenstamms der Azazma von der Sinai-Halbinsel in den Negev ergaben.
Im Dezember fand Dayan sogar Zeit, mit seiner Frau Ruth auf Urlaub in die Türkei zu fahren. Sein Aufenthalt ließ Gerüchte aufflackern, Israel wolle sich mit der Türkei und Griechenland militärisch verbünden. Zufällig hatte nämlich auch Ben Gurion auf seinem Weg nach London, wo er die Möglichkeit israelischer Bindungen an das Commonwealth untersuchen wollte, in Griechenland einen kurzen Aufenthalt eingelegt.
Weil ein Grenzzwischenfall mit Jordanien, später nannte man ihn »den 78. Kilometer«, in der Arava-Wüste drohte, sich zu einem Krieg auszuweiten, rief man Dayan dringend aus der Türkei zurück. Dayan konzentrierte, um die Arabische Legion von unüberlegten Schritten

zurückzuhalten, in dem umstrittenen Gelände so viele Truppen wie möglich. Damit den Jordaniern aber noch ein ehrenvoller Weg des Rückzugs geöffnet blieb, fand er eine einmalige Lösung: Er befahl einfach seinen Soldaten, die Markierungen des 78. Kilometers auf der Straße nach Eilat zurückzusetzen. Der Zwischenfall endete mit der Anerkennung der israelischen Souveränität über das umstrittene Gebiet.

Im verhältnismäßig ruhigen Jahr 1950 baute das Armeeoberkommando der Zahal Reservetruppen auf und schuf sich durch intensive Ausbildungsvorhaben einen Stamm aktiver Armeeoffiziere. Die erste Schule für Bataillonskommandeure wurde von Generalmajor Laskov 1949 gegründet. Es war sein Ziel, die Lehren des Unabhängigkeitskrieges weiterzugeben und den Absolventen der Schule das berufliche Rüstzeug in die Hände zu geben, das sie in Ausübung ihres Dienstes benötigen würden. Zum erstenmal lernten Zahal-Offiziere, ein Gefecht selbständig durchzuführen, Feuerleitpläne aufzustellen, Alarmbefehle und Operationspläne zu entwerfen. Hier, in dieser Schule, flossen alle militärischen Konzepte der Palmach, der Jüdischen Brigade und das »Field Corps« zu einem einzigen zusammen, zur Kriegsschule der Zahal.

Nachdem sämtliche Bataillonskommandeure die Schule durchlaufen hatten, stellte man fest, daß sich jetzt zwischen Brigade und Militärbereichskommandeuren und ihren frisch geschulten Untergebenen eine Lücke im militärischen Grundwissen aufgetan hatte.

Jetzt absolvierten Brigadekommandeure erst die Kurse für Bataillonskommandeure, ehe sie an fortgeschrittenen Lehrgängen teilnehmen mußten.

Ben Gurions Versprechen, Dayans Lücken in militärischer Ausbildung zu schließen, wurde erfüllt.

Für neun Monate, in den Jahren 1950 und 1951, setzte Dayan sich wieder auf die Schulbank.

Dayan war eine einzige Überraschung für jedermann in der Schule. Angefangen beim Chef des Stabes, Yadin, bis hin zur letzten Lehrkraft, hatten alle einen unbotmäßigen, wilden, rebellischen Schüler erwartet. Dayan indessen betrieb seine Studien mit äußerstem Ernst. Wie man es oft bei Leuten findet, die erst ziemlich spät im Leben beginnen, nach geregelten Plänen zu studieren, entwickelte Dayan einen Wissensdurst, den auch zwei Jahre militärischer Studien nicht stillen konnten. Das ging so weit, daß er sich in Tel Aviv bei der Rechts- und Wirtschaftswissenschaftlichen Fakultät für Abendkurse einschrieb und

sein Rechtsstudium fast bis zum Abschluß brachte. Studenten und Lehrer waren von seinen Fähigkeiten gleichermaßen beeindruckt.
Über die Lehrgangsteilnehmer im Generalsrang hatten die Ausbilder den Generalstabschef Yadin mündlich zu informieren. Von Dayan berichteten sie: überragendes taktisches Können, fleißiger Schüler, steht allem, mit dem er nicht einverstanden ist, kritisch gegenüber; das Eingehen auf technische Details ist ihm zuwider.
Läppische Fragen, etwa die: »Omi schenkt Dir zwei Bonbons, und Mutti gibt noch zwei dazu, wieviel hast Du jetzt?«, beantwortet er ungefähr so: »Omi hat mir aber Kuchen geschenkt!«
Theoretische Übungen spielte man in einer dafür besonders geeignet erscheinenden Region durch, nämlich in der Nähe der Hauptdurchgangsstraßen vom Gazastreifen ostwärts nach Irag-Suweidan und nördlich an der Küstenstraße. Den Studenten wurde zur Aufgabe gestellt: »Wo sollte sich die Brigade mit der Front nach Süden zur Verteidigung entwickeln?« Vom taktischen Standpunkt aus gesehen, hatte das den Regeln der Schule entsprechend in der Nähe der beiden Straßen zu erfolgen. Nur ließ dieser Plan die Verteidigung des Kibbuz Yad Mordechai und anderer Grenzsiedlungen außer acht. Wenn jemand nun auf die Idee kam, das als realen Verteidigungsplan gegen einen ägyptischen Angriff aus dem Gazastreifen heraus anzusehen, lagen jene Siedlungen unverteidigt im Niemandsland zwischen der Brigade und den Ausgangsstellungen des Feindes.
Alle Lehrgangsteilnehmer akzeptierten willig die von der Schule vorgeschlagene Lösung; Dayan riß sie in Fetzen. »Sie können vielleicht in West Point Taktik lehren, aber nicht in Israel!«, war der Kern dessen, was er seinen Lehrern sagte, »Soll das etwa heißen, Sie ließen Yad Mordechai ungeschützt? Und was ist mit den neuen Siedlungen im Süden, was geschieht mit denen? Wer verteidigt sie? Überlassen wir sie etwa den Arabern? Das kommt gar nicht in Frage! Hier, direkt an der Grenze zum Gaza-Streifen, muß die Verteidigungslinie verlaufen.« Die Ausbilder erklärten, daß nach militärtheoretischen Erkenntnissen eine Verteidigung an zwei Durchgangsstraßen aufzubauen ist. Sie setzten ihm zu wiederholten Malen auseinander, daß man diese Gegend ausschließlich für theoretische Übungen ausgesucht habe.
Immer wieder hieß es: »Moshe Dayan, schlagen Sie sich Yad Mordechai aus dem Kopf. Versuchen Sie, das alles nur theoretisch zu sehen. Betrachten Sie das Ganze als leeren Raum!« Uzi Narkiss schrieb darüber:
»Für die Schule war das ein harter Schlag. Es ging um eine Grundsatz-

frage. Die Lehrer hatten die Lösung dem militärischen Lehrgebäude entsprechend vorbereitet, während Moshe Dayan auch die politischen und erzieherischen Aspekte sah, die in dem Problem steckten. Es interessierte ihn nicht im geringsten, welche Verbindungswege zu halten waren, solange ganze Siedlungsgebiete unverteidigt blieben. Es blieb uns Lehrern keine andere Wahl, als Yad Mordechai und die anderen neuen Siedlungen mit in die Verteidigung einzuschließen.«
Sich selbst verglich Dayan mit einem Fuchs, dem neuen Emblem des Südkommandos (nach der biblischen Geschichte von den brennenden Fuchsschwänzen, mit denen Samson die Ernten der Philister anzündet). Die Schulungsabteilung der Zahal wählte eine Eule zu ihrem Wahrzeichen.
Bei der Abschlußfeier zum bestandenen »A«-Examen trug Dayan ein selbstverfaßtes Gedicht vor, das er »Die Eule und der Fuchs« genannt hatte.
Er selbst nennt sich darin einen verlassenen, hungrigen Fuchs, der die Eule bittet, ihn in ihre Schule aufzunehmen und mit Weisheit zu füttern.
Am Ende des Gedichts werden dann die Verteidigungsübungen der Brigade geschildert und der Unterschied zwischen der praktischen Schläue des Fuchses und den abstrakten Theorien der Eule erwähnt, die sich an ihre Bücherweisheiten klammert, selbst dann noch, als das Land schon überrannt worden ist:

> So nehmt' nur Papier und Bleistift zur Hand
> und schreibt, wie es aussieht in unserem Land:
> Tel Aviv ist erobert, Haifa in Fetzen,
> Galiläa und Negev die Feinde durchwetzen.
> In Flammen steht Jerusalem.
> Du bist der Führer mit riesigem Stabe
> Marschierst, kommandierst, stößt vor, gehst zurück,
> schließt ein, motorisierst und täuschest auf gut Glück,
> suchst Ziele, fährst Panzer, mit großem Gehabe
> Hierhin und dorthin, an Wiese und Bach
> Die Flugbahnen flitzen, mal hoch und mal flach.
> Brichst durch, stürzt hinab, und berichtest zur Spitze –
> der Feind ist zerschmettert, mit dicker Haubitze!

Als fünf Monate später das Ende des Ausbildungskurses mit einer Party gefeiert wird, schrieb er eine Sequenz zu dem Gedicht »Fuchsens Schwanengesang«. Reserviert, so gut wie niemals der Hilfe eines Freundes bedürfend und dafür bekannt, keine Vertrauten zu benötigen,

enthüllte Dayan plötzlich mit diesem Gedicht sich selbst.
Er bekannte offen, daß er niemals als Mensch von »Uniform und Befehl«, Regeln unterworfen, Anweisungen folgend, erfolgreich sein würde. Er spielte auf die inneren Konflikte an, die sich aus den Widersprüchen zwischen Amtserfüllung und Liebe zum Leben ergeben. Der Fuchs sagt in seinem Schwanengesang:

>   Nichts hab vom Kurs ich profitiert
>   Bei Gott, ich bin kein General
>   Vergeblich hab ich's hingeschmiert
>   Was ich geplant und kritisiert.
>   Wir konnten uns bewegen
>   Von Nord nach Süd, von Ost nach West –
>   Immer war ich dagegen!
>   Meine Herren, ich will bekennen
>   Wenn auch mein »Ego in Fetzen« mich quält
>   Man muß es beim Namen nennen:
>   Es ist immer die Liebe, die zählt!
>   Ich liebe ohne Scham und leide ohne Schmerzen
>   Ich freu mich, wenn Ihr »Moshe« sagt,
>   »Sir« geht mir auf die Nerven
>   Die Hand in der Tasche im Sommerhauch
>   Eine Blume zwischen den Lippen
>   An den Füßen Sandalen, Eiskrem im Bauch
>   Auf dem Rücken 'nen großen Flicken
>   Doch jede Woche aufs neue gequält
>   Von dem, was uns Oberst Hodorowsky erzählt
>   Keine Flagge weht ohne Fahnenstange
>   Mir wird vor meinen Fehlern nicht bange
>   Seit meiner Kindheit bei Scheune und Hof
>   Niemand mich so beiseiteschob.

Dayan verließ den Lehrgang zusammen mit seinem Lehrer, dem Oberleutnant Uzi Narkiss, der sein Erster Stabsoffizier beim Südkommando wurde. Binnen ganz kurzer Zeit wurde aus diesen beiden Männern ein leistungsfähiges, reibungslos funktionierendes Team, dessen Tüchtigkeit sich bald in dem großangelegten Zahal-Manöver vom August 1952 zeigte.

Ein paar Wochen nach Beendigung des Fortgeschrittenenlehrgangs begann das Manöver »A«.

Die Truppenübung gab nicht nur einen überraschenden Vorgeschmack auf die Taktik, die Moshe Dayan fünf Jahre später als Chef des

Stabes im Sinai-Feldzug anwenden sollte, sondern sie war auch ein Ausdruck seiner Kritik an der Zahal, wie diese sich unter Yadin entwickelt hatte. Die Manöver endeten dann auch mit einem handfesten Krach zwischen Yadin und Dayan.

Eine der Hauptaufgaben Yadins nach seiner Bestallung zum Chef des Stabes bestand darin, den Zerfallprozeß der Armee nach dem Unabhängigkeitskrieg aufzuhalten und etwas völlig Neues an ihre Stelle zu setzen.

Er schuf eine kleine stehende Truppe mit enormen Möglichkeiten zu sofortiger Integration blitzschnell mobilisierter Reserven – jederzeit in der Lage, sich in eine kriegsstarke, schlagkräftige Armee zu verwandeln und den Schauplatz der Kämpfe auf feindliches Gebiet zu tragen.

Kreise der Wirtschaft opponierten gegen den Manöverplan. Sie vermochten den Verlust so vieler Arbeitsstunden nicht einzusehen. Zu einer Zeit, in der jedermann das unbedingte Gefühl herannahenden Friedens hatte, erschien den Wirtschaftlern und Geschäftsleuten die Aufstellung der Reserven als ein kindisches Spielchen in Uniform.

Yadin aber war der Meinung, daß der einzige Weg, sein System zu überprüfen, seine praktische Durchführung sei. Er verlangte daher, man solle der Zahal wenigstens das Abhalten eines Manövers mit 100 000 Mann gestatten. Mit anderen Worten, der Zahal stand für dieses Manöver fast die Truppenstärke zur Verfügung, über die das Land im Kriegsfall verfügen konnte. Der Finanzminister und andere Minister, deren Ressorts eng mit der Wirtschaft des Landes verflochten waren, äußerten Bedenken und behaupteten, die Truppenübungen würden das Land ruinieren. Yadins Antwort: »Gerade das haben wir ja herauszufinden!«

Von den geplanten Manövern Yadins wurden drei genehmigt: »A« (im Jahre 1950), Prüfung des Verfahrens zur Einberufung von Reserven.

»B« und »C« (im Jahre 1951), taktische Manöver, um die einberufenen Reserven in zwei angenommenen taktischen und strategischen Lagen zu testen:

1. Der Feind hat Israel überraschend angegriffen.
2. Israel unternimmt einen Präventivschlag gegen einen seiner Feinde.

Bei Manöver B spielte das Südkommando die Rolle des Feindes (Grünland) und hatte das Kommando des Mittelabschnitts, »Israel« (Blauland), anzugreifen. Moshe Dayan stellte den Kommandeur der feindlichen Truppen dar, Zvi Ayalon befehligte die israelische Armee. Die Übung teilte sich in drei Abschnitte:

1. Anfänglicher Erfolg »Grünlands«;
2. Aufhalten des grünen Vormarsches durch »Blauland«;
3. ein Gegenangriff »Blaulands«.

Es war die Aufgabe des von Generalmajor Zadok befehligten Manöverhauptquartiers, sicherzustellen, daß die vom Armeeoberkommando zu testenden Lagen sich auch tatsächlich so einstellten. Deshalb waren beiden Streitkräften Schiedsrichter zugeteilt. Die durch die Einberufung aller Reserven sehr hohen Kosten des Manövers verpflichteten alle Teilnehmer, sich bis in die kleinsten Details streng an die festgelegten Spielregeln zu halten.

Die Manöver begannen am 29. August 1951, und schon am allerersten Tag sah es so aus, als ob Generalmajor Dayan, der Kommandeur der »feindlichen« Truppen, das sehr verwickelt und sorgfältig geplante Manöver in ein einziges Chaos verwandeln würde.

Die Kampfhandlungen des B-Manövers sollten 36 Stunden andauern. Ayalons »Blauland«-Streitkräfte konnten deshalb damit rechnen, mindestens 24 Stunden zur Verfügung zu haben, ehe »Grünland« mit seiner Armee zum Angriff antrat.

Dayan, der die Entschlüsse seines Gegners genau studiert hatte, schien sich zu fragen, was würde geschehen, falls die Manöverlage nicht die volle vorgegebene Zeit durchspielt oder überhaupt unberücksichtigt gelassen würde?

Er entschied sich für sofortiges Handeln. Kaum hatte die Manöverleitung das Zeichen zum Beginn gegeben, als Dayan auch schon in das Befehlsfahrzeug des Kommandeurs der 7. Panzerbrigade kletterte und ihm befahl, auszurücken. Von dieser Manöverplanänderung waren die Schiedsrichter nicht unterrichtet. Die 7. Panzerbrigade überraschte die Streitkräfte »Blaulands« bereits in den ersten Phasen ihres Aufmarsches und stieß tief in deren Rücken vor. Diese Bewegung entsprach größtenteils, allerdings in viel weiter gestecktem Rahmen, Dayans Durchbruch beim Haganah-Lager von Ju'ara im Jahre 1937. Als er die Proteste vernahm: »So was können Sie doch nicht machen, das ist unfair!«, entgegnete er: »Natürlich ist das fair!«

Die Manöverleitung berichtete sofort General Yadin, daß die Streitkräfte »Grünlands« sich nicht an die Spielregeln hielten. Für das Armeeoberkommando war es jetzt unmöglich geworden, die von ihm ausgewählten taktischen Situationen zu überprüfen. Die Positionen, in denen sie laut Manöverplan den Angriff »Grünland« zum Stehen bringen sollten, waren nicht mehr gegeben. Da das Manöver B jedoch so viele Kosten und Anstrengungen verursacht hatte, entschloß man

sich, es fortzusetzen, um zu retten, was von dem ursprünglichen Plan noch übriggeblieben war.
Dayan nahm Narkiss' eindringlichen Rat, das Manöver als Strafe für die vierundzwanzigstündige Zwangspause, die gegen die Streitkräfte »Grünlands« verhängt worden war, sich selbst zu überlassen, nicht an. Er setzte das Manöver fort und hielt seine Männer sogar noch zum »Fair-play« an. Doch weil sein Hang, unbedingt gewinnen zu müssen, ihn übermannte, entschlupften er und seine Einheiten sogar den ihnen zugeteilten Schiedsrichtern.
Die Manöverkritik wurde zu einer stürmischen Sitzung. In Gegenwart des Oberkommandierenden der Zahal beschuldigte der Kommandeur der Manöverleitung, Generalmajor Zadok, Dayan und seine Streitkräfte der Sucht des »Gewinnenwollens« um jeden Preis. Yadin beschuldigte die Streitkräfte »Grünlands«, sie hätten nicht den Manöverbefehlen gehorcht und anstelle der »Blauland«-Streitkräfte in erster Linie die Schiedsrichter als ihre wichtigsten Gegner angesehen und versucht, deren Einschränkungen auszuweichen. Und das, obgleich man ihnen vorher genau auseinandergesetzt habe, welcher Art die Aufgaben der Schiedsrichter sein würden, was für einen Zweck das Manöver verfolge und daß die Operationsbefehle dazu nicht immer nach ihrem Geschmack sein würden. Namen erwähnte er nicht. Seine scharfe Kritik an Dayan war in allgemeine Formulierungen geleidet.
Das Verhalten der Streitkräfte »Grünlands« verrate Unreife in militärischem Denken.
Ehe Yadin seine Ausführungen beendete, konnte er es sich doch nicht verkneifen, noch einen Pfeil direkt auf Dayan abzuschießen. Er erzählte folgende kleine Geschichte:
»Vier Piraten spielen in aller Ruhe Poker. Da steht einer von ihnen auf und sagt wütend: ›Ich will hier keine Namen nennen, aber wenn jemand nicht sofort mit dem Mogeln aufhört, schlage ich ihm auch noch das andere Auge aus!‹«
Nach seinen eigenen Worten fühlte sich Yadin von Dayan durch dessen Charme und seinen Sinn für Humor angezogen. Hätte diese gegenseitige Anziehung nicht bestanden, das Verhältnis Yadins zu seinem Untergebenen wäre ernsthaft gefährdet gewesen. Mit Schmunzeln berichtet Yadin, wie Dayan, wegen zu schnellen Fahrens von der Militärpolizei angehalten, sich herausredet: »Ich soll 120 gefahren sein? Entschuldigen Sie, aber ich habe nur ein Auge. Wo, wünschen Sie, soll ich hinschauen – auf die Straße oder auf den Tacho?« Wegen dieser Antwort sah Yadin von einer an sich fälligen Bestrafung ab.

Dennoch hielt Yadin Dayan für unreif und hatte für seinen ständigen Ungehorsam wenig Verständnis. Dayans Hauptfehler war in Yadins Augen seine Mißachtung der Arbeit des Generalstabes.
Gegen Ende 1951 wurde Dayan an die *British Army's Senior Officers' School* nach Devizes in England kommandiert. Obgleich er den ehemaligen Offizieren der britischen Armee in der Zahal gegenüber skeptisch eingestellt war, hielt Dayan den Lehrgang in Devizes für wertvoll. Seine Briefe an Yadin berichteten von seinem »großen Interesse an dem Lehrgang«, davon, daß er »außerordentlich gute Fortschritte« mache und daß Panzer das Hauptthema des Lehrgangs seien. Sein Verlangen nach militärischer Formalausbildung war gewachsen. Er erbat von Yadin die Genehmigung, an weiteren Lehrgängen, sogar an solchen niedrigeren Niveaus, teilzunehmen.
Yadin stimmte nicht zu, aber er stellte doch fest, daß Dayan zu denjenigen gehörte, die ihre eigenen Fähigkeiten ganz genau einzuschätzen wissen und im allgemeinen nicht dazu neigen, zuzugeben, daß sie noch allerhand mehr zu lernen haben. Wenn diese Menschen aber erst zur Einsicht gekommen sind und das Ausmaß ihrer Unwissenheit überschauen, sind sie lernbegierig und entwickeln einen unstillbaren Wissensdurst.
Nachdem Dayan aus England zurückgekehrt war, bat Yadin ihn in sein Büro und bot ihm den Posten eines Stellvertretenden Stabschefs an, mit der Aussicht, selbst der nächste oder übernächste Chef des Stabes zu werden. Aber Dayan hielt nichts von Stellvertretungen. In seinen Augen würde das bedeuten, fortgesetzt mit den Ansichten anderer übereinzustimmen oder wenigstens Übereinstimmung auszudrücken. Das konnte er nicht über sich bringen. Yadin war eine Persönlichkeit, er eine andere. Dayan zufolge haben sie sich immer gut verstanden, aber andererseits getrennte und manchmal auch entgegengesetzte Meinungen vertreten.
Spräche er als Stellvertreter seine Vorbehalte aus, wäre er illoyal, sagte er nichts, würde er sich selbst gegenüber unehrlich handeln.
Als Yadin die Gewißheit hatte, daß Dayan nicht sein Stellvertreter werden würde, rief er Maklef aus London zurück (wo dieser ein betriebswirtschaftliches Studium begonnen hatte) und ließ ihn seinen Posten als Stellvertretenden Chef des Stabes wieder einnehmen. Dayan wurde zum Befehlshaber des Nordkommandos ernannt.
In den sechs Monaten seines Kommandos befaßte er sich in ausgedehntem Umfang mit Ausbildung und Geländeübungen. Darin glich er einem Studenten im ersten Semester, der seine neuerworbenen Kennt-

nisse möglichst mit allen Kommilitonen teilen möchte. Seinem Chef des Stabes, Chaim Bar-Lev, einem erfahrenen Instruktionsoffizier, stellte er als erste Aufgabe die Ausarbeitung einer Übung, in deren Verlauf er den Angriff auf ein befestigtes Operationsziel durchspielen und die in England gelernten Methoden anwenden sollte.

Einer der Männer, die Dayans erste Schritte als Befehlshaber des Nordkommandos mit Interesse verfolgten, war der Nachrichtenoffizier des Nordkommandos, ein junger Major namens Ariel Sharon; der Mann, der später die hervorragenden Fallschirmtruppen der Zahal schuf und dem Chef des Stabes Dayan bei seiner Aufgabe, Geist und Kampffähigkeit der Armee zu heben, zur Hand ging. Sharon berichtet, daß Dayan zu seiner großen Verwunderung dem Kommando einen neuen Geist einflößte. Er rief zuerst einmal sämtliche Offiziere im Kasino zusammen und hielt ihnen einen Vortrag über den Dienst in der Regulären Armee. Viele der Offiziere taten nämlich so, als täten sie der Nation mit ihrem Dienst in der Armee einen Gefallen. Um diesem Phänomen zu begegnen, hatte man beim Armeeoberkommando ein Verfahren ausgearbeitet, das alles enthielt, von hochgestochener Rhetorik und Sprüchen von nationaler Pflicht über rein materielle Versprechungen bis hin zur Bettelei. Moshe machte das anders. Er sagte den Offizieren: »Sie sind hier, und ich bin es auch. Warum, brauchen wir nicht lange zu erklären. Wer bleiben und dienen will, ist willkommen. Ich werde mich glücklich schätzen, mit ihm zu arbeiten. Wer das aber nicht will, wer etwa glaubt, er werde hier zu irgend etwas gezwungen oder gar meint, er tue dem israelischen Volk einen persönlichen Gefallen, dem ist es freigestellt, aufzustehen und davonzugehen. Ich lasse niemanden gegen seinen Willen in der Armee dienen. Viel Glück Ihnen allen. Das wäre es, meine Herren.« Unter den damaligen Verhältnissen erschien diese Rede fast schon revolutionär. Sie wurde mit Begeisterung aufgenommen und war für die Offiziere, für die die Armee sowohl Dienst an der Nation als auch persönliche Neigung bedeutete, von großer Hilfe. Sie übernahmen die Art Dayans und übertrugen sie auf ihre Kommandoführung.

Das Nordkommando kann sogar als der Beginn von Dayans führender Rolle in der Zahal angesehen werden. Hier begann er, eine Truppe aus Soldaten zu formen, die mit Stolz dienten. Fast alles, was er von da an unternahm, war völlig neu und oft revolutionär. Die allgemeine Stimmung im Kommando änderte sich augenblicklich. Da es nur selten zu Kampfhandlungen kam, führte Dayan ein ausgedehntes Trainingsprogramm taktischer Übungen mit und ohne Beteiligung der Truppe

und zweiseitiger Manöver durch.
Die Übungen wurden gleich draußen kritisiert. Meist gab es dazu frische Früchte. Die Köpfe tief über rote Scheiben triefender Wassermelonen gebeugt, hörten die Offiziere der Manöverkritik zu oder einem Vortrag über Verteidigung und Angriff.
Bei einer Gelegenheit beendete Dayan eine zweiseitige Übung, indem er erklärte, es habe keine Seite gewonnen, denn die Zahal könne die Zahal nie besiegen. Yadin zuckte zusammen, als er das hörte. Dayan hatte wieder einmal bewiesen, wie unberechenbar er sein konnte, wenn er das Kommando führte.
Beim Nordkommando beginn sich der Truppenführer Moshe Dayan zu formen.
Aus einer zweiseitigen Truppenübung entstand eines seiner Führungsprinzipien. Als einer seiner Brigadeführer dem Übungsstab meldete, sein Gefechtsstand sei eingeschlossen, fragte Dayan ihn, warum er das glaube. Der Offizier antwortete, sein Gefechtsstand sei von der Masse der Brigadetruppen abgeschnitten.
Mit ein paar Sätzen, die bald in der gesamten Zahal Berühmtheit erlangten, entgegnete Dayan ihm: »In diesem Fall ist möglicherweise Ihr Gegner eingeschlossen? Eingeschlossensein ist eine Sache der Betrachtungsweise, des Eindrucks, des Gefühls, keine sinnlich wahrnehmbare Angelegenheit. Von mir aus gesehen sind nicht Sie, sondern ist Ihr Gegner eingeschlossen. Handeln Sie entsprechend!«

15

Erster Generalstabsoffizier (1952-1953)

Die Amtszeit Generalleutnant Yadins umfaßte die Jahre der Masseneinwanderung nach Israel. In den ersten Jahren seines Bestehens 1948 bis 1952 verdoppelte sich die Einwohnerzahl Israels durch die Ankunft von 700 000 Einwanderern. 580 000 davon kamen in den drei Jahren von 1949–1951 ins Land. Übergangslager, eine restriktive Wirtschaftspolitik, Arbeitslosigkeit und Knappheit wichtiger Dienstleistungen, das alles erzeugte Bitterkeit und eine Welle herber Kritik an Regierungsstellen, die sich unter der Last der Aufnahme jener Emigranten abmühten. Angesichts der Hilflosigkeit der Regierung, kam Yadin ihr mit der Unterstützung durch die Zahal entgegen. Anstatt ihre Zeit nur mit militärischer Ausbildung zuzubringen, halfen die Soldaten bei der Aufstellung von Übergangslagern, verwalteten sie, erteilten den Einwanderern Unterricht, versorgten sie mit Lebensmitteln und schulten sie sogar in landwirtschaftlichen Arbeitsweisen. Die Armee war dort erfolgreich, wo die Zivilbehörden versagten.

Mitglieder der Mapai – mittlerweile Israels größter Partei – wiesen Ben Gurion darauf hin, daß eine so gelagerte öffentliche Meinung fruchtbaren Boden für eine Machtübernahme durch das Militär – einen »Putsch«, wie sie es nannten, abgeben würde. Einige versuchten Ben Gurion mit einer kleinlichen Gleichung aufzustacheln: Die Öffentlichkeit schreibt alles Positive der Zahal zu – das ist ihr Oberbefehlshaber Generalleutnant Yadin – und macht ihrem Verdruß gegen die Regierung und die größte Partei Luft – das ist Ben Gurion. Doch die Eifersüchtelei der Mapai-Funktionäre und die Furcht vor einen Putsch wäre belanglos gewesen, hätte es da nicht eine Affäre mit dem gleichen Hintergrund gegeben, die dieser Einstellung in die Quere kam und schließlich den Gang der Dinge bestimmte.

Mitte 1952 hatten finanzielle Schwierigkeiten, insbesondere eine Devisenknappheit, einen Regierungsbeschluß veranlaßt, der den Etat der Zahal von 50 Millionen israelischer Pfunde um 10 Millionen kürzte.

Ein beachtlicher Schnitt. Außerdem erteilte Ben Gurion Yadin klare Anweisungen, wie die Kürzung durchgeführt werden sollte, nämlich durch Entlassung von 6000 Mann militärischen und zivilen Personals. Yadin bestand darauf, selber entscheiden zu können, wie und wo die notwendigen Kürzungen zu erreichen seien, durch Truppenverringerung bei bestimmten Einheiten etwa. Ben Gurion verlangte die Auflösung ganzer Abteilungen und die Entlassung ihres Personals.
Yadin glaubte, daß wenn Ben Gurion seinen Vorschlägen nicht zustimmte, die einzig mögliche Erklärung dafür sei, daß er sein Vertrauen zu ihm verloren habe. Am 22. November 1952 schrieb er vier Briefe an Ben Gurion, die er alle zusammen abschickte. Ein Brief enthielt die Bitte um Entlassung, der zweite Brief erläuterte den ersten; der dritte enthielt die Fortsetzung ihres Schriftwechsels über den richtigen Weg, die Einsparungen vorzunehmen; der vierte Brief war persönlicher Art. Yadins Reaktion verblüffte Ben Gurion. Er bat ihn, den Antrag auf Entlassung zurückzuziehen. Für Ben Gurion ein ganz außergewöhnlicher Schritt. Doch Yadin blieb fest.
Hier nun unternahm Ben Gurion einen noch nie dagewesenen Schritt: er bot Yadin den Posten des Verteidigungsministers an. Mit anderen Worten, er schlug vor, Yadin solle aus der Armee ausscheiden, um in die Regierung als Kabinettsmitglied einzutreten. Er bekäme dadurch freie Hand, die Kürzungen am Militärhaushalt so vorzunehmen, wie sie ihm am zweckmäßigsten erschienen. Yadin lehnte diesen Vorschlag ab. Er hielt es für lebensnotwendig, daß die Ämter des Verteidigungsministers und des Ministerpräsidenten in einer Person vereint blieben. Er verließ die Armee und kehrte zu seinen archäologischen Studien an die Hebräische Universität Jerusalem zurück.
Ben Gurion trennte sich schweren Herzens von Yadin. Er schrieb ihm einen einzigartigen Abschiedsbrief, der von Superlativen strotzte. Er schätzte Yadin weiterhin hoch, hielt ihn für den Begabtesten der gesamten jungen Generation des Unabhängigkeitskrieges und für den Menschen, der am besten geeignet sei, wichtige nationale Aufgaben zu erfüllen. Am Ende bot er ihm den Posten des Erziehungsministers und 1963, als er sich endgültig von den Regierungsgeschäften zurückzog, die Stellung des Ministerpräsidenten an.
Vor seiner Ernennung zum Chef des Generalstabs verlangte Mordechai Maklef die Zustimmung Ben Gurions zur Ernennung Yitzhak Rabins zum stellvertretenden Chef des Generalstabs und zum Chef der Operationsabteilung. Als gegen diesen Vorschlag Veto eingelegt wurde, erklärte Maklef sich mit dem Kandidaten Ben Gurions, Generalmajor

Moshe Dayan, einverstanden. Dayan hatte jedoch immer noch Bedenken gegen den Dienst als Stellvertreter und bat darum, nur zum Chef der Operationsabteilung ernannt zu werden. Er glaubte, in jener Position seinen eigenen Anschauungen Nachdruck verleihen zu können und nicht verpflichtet zu sein, sich in allen Sachen mit den Ansichten seines Vorgesetzten zu identifizieren. Am 7. Dezember 1952 traten beide Männer ihre neuen Posten an. Sie waren übereingekommen, daß Dayan als Chef der Operationsabteilung selbständiger Leiter eines Zweiges des Armeekommandos sein und in Maklefs Abwesenheit die Aufgaben des Generalstabschefs wahrzunehmen habe. Dayan genoß so alle Vorzüge des Stellvertreters, ohne dessen Verpflichtungen zu übernehmen.

In Nahalal rief Dayans Ernennung eine fast an Belustigung grenzende Überraschung hervor. Man hielt ihn allgemein für einen wagemutigen und tapferen Kämpfertyp, für einen guten Bataillons- und sogar Brigadekommandeur. Schon der Posten eines Frontbefehlshabers übersteige aber bereits seine Fähigkeiten, wie man meinte. Daß er Chef der Operationsabteilung und später Chef des Generalstabs mit allen damit verbundenen logistischen und verwaltungstechnischen Problemen sein könne, erschien den braven Bürgern von Nahalal unmöglich. Seine Ernennungen kamen den Vertrauten seiner Kindheit nicht nur ein wenig befremdlich vor, sondern erschienen ihnen auch wie eine geradezu unverantwortliche Handlungsweise Ben Gurions.

Diese Ansichten der Bürger von Nahalal waren in hohem Maße bezeichnend für einen großen Teil der militärischen und zivilen Öffentlichkeit. Zu jener Zeit hielt man Dayan für einen unruhigen, ungehorsamen Störenfried. Sogar Ben Gurion, sein konsequentester und vielleicht einziger Fürsprecher, war von der Weisheit seiner Wahl nicht ganz überzeugt. Diese Zweifel wurden hauptsächlich durch Dayans Benehmen genährt, aber auch nicht weniger dadurch, daß er ein »einsamer Wolf« war. Er verfügte im Gegensatz zu gleichrangigen Kameraden weder in Militärkreisen noch in der Führung der Mapai-Partei über eine sogenannte »Hausmacht« und natürlich auch nicht bei anderen Parteien. Nur er allein kannte seine Ansichten, Gedanken, Reflexionen und Pläne. Dayan war eine unbekannte Größe und deswegen verdächtig.

Maklef nannte ihn einen »harten Kunden«; man durchschaute ihn nicht. Nicht daß Dayans Argumentation fehlerhaft war; Maklef hielt sie für ausgezeichnet. Nur, was im Armeeoberkommando an Beschlüssen einging, war niemals endgültig. »Wenn wir uns einbildeten, eine Ange-

legenheit beendet zu haben, kam er am nächsten Tag mit etwas neuem an.« Da es ihm an Geduld mangelte, gab Dayan auch Anweisungen, die häufig im Gegensatz zu früher von ihm oder dem Chef des Stabes gegebenen zu stehen schienen. Daher wurde seine Handlungsweise, obgleich keinesfalls illoyal motiviert, doch häufig so ausgelegt. Unterschiedliche Auffassungen von der Truppendisziplin schufen weitere Schwierigkeiten. Maklef hielt sich peinlich genau an militärische Ordnungsvorschriften. Dayan dachte gar nicht daran, sich um die Schuhbänder seiner Soldaten zu kümmern. Ihn interessierte es nicht, ob diese auch ganz genau nach Vorschrift saßen. Maklef hielt Dayan für einen so ungestümen Menschen, »daß ... er niemals der ›Zweite Mann im Kommando‹ (der Zahal) sein kann«.
Schon bei seinem Amtsantritt war klar, daß Dayan das Zusammenspiel ordnungsmäßiger Stabsarbeit nicht begriff und überhaupt keine Lust zeigte, sich mit verwaltungstechnischen Dingen zu befassen. Das änderte sich auch nicht, als er Chef des Generalstabs wurde. Er meinte, das Herumjonglieren habe auch seine guten Seiten, und der Wechsel um des Wechsels willen sei eine gute Sache.
Ihm schien die Zahal eine schwerfällige Maschinerie zu sein, die man ab und an mal auf Trab bringen müsse, damit sie nicht ganz wirkungslos werde.
Zu Yadins Zeiten hatte sich ein System entwickelt, in dem der Chef des Generalstabs Armeeoberkommandierender (das israelische Gesetz bestimmt nicht ausdrücklich, wer Armeeoberkommandierender ist) war, während der stellvertretende Generalstabschef oder der Chef der Operationsabteilung dem Generalstabschef als Chef seines Stabes dient. Maklefs Hauptproblem bestand darin, daß Moshe Dayan seine Aufgaben als Stabschef gar nicht durchführte, nämlich die Koordinierung der einzelnen Stabsabteilungen und die Leitung der Armee entsprechend seinen Befehlen. Er beschäftigte sich ausschließlich mit Aufgaben, die ihn interessierten, und umschrieb sein eigenes Verantwortungsgebiet. Er bemühte sich – mit Erfolg –, nicht in die Arbeit anderer Abteilungen einzugreifen. Dadurch war Maklef gezwungen, einzuspringen und seinen eigenen Stabschef zu spielen.
Man könnte die Beziehungen zwischen Maklef und Dayan am besten als ein klassisches Beispiel von Kommunikationsmangel beschreiben. Maklef sagte dazu: »Dayan stritt sich gar nicht erst mit Leuten herum, er brach einfach die Beziehungen zu ihnen ab.« Bald machte er die Erfahrung: »Generalmajor Dayan ist nicht zu zähmen. Es ist unmöglich, ihn in Reih und Glied zu bringen. Er strahlt auf die Soldaten und

auf die Menschen im allgemeinen ein charismatisches Führertum aus und verfügt über außergewöhnliche Schlauheit im Kampf.« Außerdem stellte Maklef fest, daß er von den Mechanismen und der Arbeit in einem Staat keine Ahnung hatte oder nicht haben wollte.
Dayan delegierte sämtliche Pflichten und koordinierenden Arbeiten an seinen Stellvertreter, Oberst Meir Amit. So sehr das Maklef ärgerte, mußte er doch anerkennen, daß Dayans Art zu arbeiten ihm Zeit zum Nachdenken ließ. Daraus entwickelte sich ein Zustand, in dem der Chef des Generalstabs mit dem Kleinkram der Stabsarbeit, logistischen Aufgaben und Personalangelegenheiten überlastet war, während sich sein Stellvertreter genügend freier Zeit erfreute, um überlegen zu können und militärische Aufgabenstellungen nach allen Seiten zu durchdenken. Das Verhältnis zwischen den beiden wurde immer gespannter. Dayan bat Ben Gurion im August um Studienurlaub, dem dieser grundsätzlich zustimmte, doch auf das kommende Jahr verschob.
Zu den Schwierigkeiten mit seinem Ersten Generalstabsoffizier sah sich Maklef in weniger als sechs Monaten nach Amtsantritt auch noch Schwierigkeiten mit seinem Vorgesetzten, dem geschäftsführenden Verteidigungsminister Pinchas Lavon gegenüber. Da Ben Gurion geplant hatte, sich für zwei oder drei Jahre von den Amtsgeschäften zurückzuziehen, bat er das Kabinett um zwei Monate Urlaub, um die Sicherheitsprobleme des Landes zu studieren und seinem Nachfolger eine klar strukturierte Grundlinie zu hinterlassen. (Außenminister Moshe Sharett wurde Geschäftsführender Ministerpräsident). Der Urlaub Ben Gurions endete am 17. Oktober. Am 19. und 20. Oktober nahm die Regierung seine achtzehn Vorschläge über allgemeine und Armee-Sicherheitsaufgaben entgegen, die sie einmütig guthieß. Am 20. gab er seinen Wunsch bekannt, unverzüglich aus dem Amt zu scheiden. Während er seine beiden Ämter noch eine kurze Zeit behielt, um seinem Nachfolger zu ermöglichen, sein eigenes Kabinett zu bilden, mischte Ben Gurion sich nur wenig in die laufenden Arbeiten des Verteidigungsministers ein. Er überließ die Routineangelegenheiten mehr und mehr Pinchas Lavon.
Am 7. Dezember trat Ben Gurion zurück. Von der Nation verabschiedete er sich mit einer Rundfunkansprache, meldete sich beim Staatspräsidenten ab und zog am 14. Dezember mit seiner Frau Paula in den Negev-Kibbuz Sde Boker.
Lavon diente während der zweiten Hälfte des Jahres 1953 als Geschäftsführender Verteidigungsminister. Er wird wahrscheinlich immer ein Rätsel bleiben. Dünn, vornübergebeugt, die Haare vorzeitig er-

graut, einem Glas nicht abgeneigt, gebildet, schlagfertig, scharfzüngig, intellektuell, die Mehrheit der Mapaiführer um Haupteslänge überragend, war Lavon durch die Ränge der Histadrut aufgestiegen. Der Übergang von der Gewerkschaftsarbeit zur nationalen Aufgabe, insbesondere zum Verteidigungsministerium, bewirkte ein Umschwenken, dessen ihn kein Mensch für fähig gehalten hatte. Seinen Anhängern zufolge war er ein Anti-Aktivist, »... jemand, der sich einer Machtpolitik widersetzte, die das schon Erreichte gefährden könnte«. In dem Augenblick, als er das Amt des Verteidigungsministers antrat, vollzog Lavon die Umwandlung vom eingeschworenen Pazifisten zum extremen Aktivisten; von einem sich in sozialistischen Visionen vergrabenden Gelehrten zum Anwalt des erzwungenen Wechsels; vom Prediger der Bruderschaft aller Nationen zum araberverachtenden Nationalisten, vom Propheten sozialer Gerechtigkeit und Streiter für Gemeinbesitz zum Egoisten, der das Oberste der Welt nach unten kehren würde, um Wiedergutmachung für persönlich erfahrene Ungerechtigkeit zu erlangen.

Lavon war, wie Ben Gurion ihn später umschrieb, »ein Irrtum«. Der erste, der – vergeblich – versuchte, Ben Gurion vor der Tragweite dieses Irrtums zu warnen, war Maklef.

Maklef und Lavon lagen sich von Anfang an in den Haaren. Maklef glaubte, Lavon verachte die Armee innerlich und halte die Offiziere für »Bürokraten in Uniform«.

Der Mangel an gegenseitiger Achtung zwischen Maklef und Lavon war dann auch der Hintergrund, obgleich nicht der direkte Anlaß einer Krise, die ausbrach, als sie sich über ihr Verhältnis bei der Zielsetzung ihrer Aufgaben im Aufbau des Generalstabs und des Verteidigungsministeriums nicht klar werden konnten. Maklef opponierte gegen die Verdoppelung der Zahl von Funktionen, zum Beispiel gegen die Beibehaltung von Personalstärke-, Ausrüstungs- und Versorgungsabteilungen sowohl im Armeeoberkommando wie auch im Verteidigungsministerium. Er wünschte die Übernahme des amerikanischen Systems, bei dem der Verteidigungsminister eigene Assistenten ernennt, die sich mit den Bereichen Personalstärke, Ausrüstung und Versorgung zu befassen haben. Diese besonderen Assistenten hätten Direktiven auszuarbeiten, die dann von den entsprechenden Abteilungen des Armeeoberkommandos hätten ausgeführt werden müssen. Das würde ein nicht so umfangreiches, aber dafür politisch und wirtschaftlich jetzt wirklich führendes Verteidigungsministerium bedeuten. Dem Generalstab stünden dann der verwaltungstechnische Apparat und das Personal zur

Verfügung, die Anordnungen des Ministeriums auszuführen.

Im weiteren Verlauf dieser Streitereien bildeten Lavon, Dayan und Shimon Peres (seinerzeit Geschäftsführender Generaldirektor des Verteidigungsministeriums) eine »Anti-Maklef-Allianz«. Dayan begrüßte die Ernennung Lavons zum Nachfolger Ben Gurions im Verteidigungsministerium. Er war der Meinung, man solle die Zahal nicht mit Dingen belasten, die sie an ihrer einzigen Aufgabe hinderten – an der Kriegführung. Diese Einstellung verschärfte die Spannungen zwischen Dayan und seinem Vorgesetzten.

Maklefs schwache Position rührte zum Teil daher, daß er seine Ansichten allein zu vertreten hatte, während sich seine Gegenspieler auf die herrschenden Verhältnisse stützen konnten.

Maklef deutete den Widerstand gegen seine Reformen als ein Bemühen, seine Machtbefugnisse einzuschränken. Er befürchtete, Lavon und Peres hätten sich verschworen, um ein starkes Verteidigungsministerium zu schaffen, das seine Machtvollkommenheit als Chef des Stabes einschränken würde.

Warum stand Dayan ihnen zur Seite? Vielleicht um Maklef zu schwächen und seinen Rücktritt zu beschleunigen, damit er die Stelle des Stabschefs übernehmen könnte? Als letzten Versuch, seine Stellung zu retten, bat Maklef – und die Bitte wurde zum Ultimatum –, Dayan, Peres und noch ein paar andere zu entlassen. Sein Bemühen war von Anfang an zum Scheitern verurteilt. Am Ende stand er schwächer und isolierter da als je zuvor.

Dieser Konflikt spielte sich genau in den Tagen ab, da Ben Gurions Rücktritt zur Gewißheit wurde. Dieser dachte gar nicht daran, Dayan zu entlassen, wie Maklef gefordert hatte; im Gegenteil, er wollte Dayan als Stabschef haben. Konsequenterweise trat Maklef am 6. Dezember 1952, einen Tag bevor Ben Gurion dem Präsidenten sein Entlassungsgesuch vorlegte, zurück.

Ben Gurion ernannte Dayan am Morgen des 6. Dezember mit Wirkung ab 4 Uhr nachmittags zum Chef des Stabes. Dann fuhr er nach Jerusalem und reichte sein Rücktrittsgesuch ein. Als sich Ben Gurion mit seiner Rundfunkansprache vom israelischen Volk verabschiedete, amtierte Dayan schon als neuer Stabschef.

Ungeachtet der kurzen Zeit, in der Maklef das Amt des Generalstabschefs verwaltete, erreichte er bedeutende Fortschritte bei dem Bemühen, aus der Zahal eine kampftüchtige Truppe zu formen. Diese Aufgabe setzte Dayan mit gesteigertem Impetus fort. In der Verringerung der Zahl der Offiziere und der Zivilangestellten, wie es Ben Gurion ihm auferlegt hatte, sah Maklef eine ausgezeichnete Gelegenheit, die Armee von älterem und ungeeignetem Personal, das jüngeren und talentierten Offizieren die Laufbahnen verbaute, zu befreien. Dayan hatte sich als Erster Generalstabsoffizier mit diesen Personalverringerungen zu befassen, die er als Chef des Stabes, ohne zu Kostenverringerungen gezwungen zu sein, noch beschleunigte.

»Lieber Bayonette als Öfen!« sagte Dayan, verringerte die Personalkosten und investierte die ersparten Beträge in Kampfausrüstung. Als sich auf einer Kommandeurstagung einige Offiziere über den Mangel an Hemden in ihren Einheiten beklagten, antwortete Dayan ihnen: »Lassen Sie mich bitte mit den Hemden in Ruhe, meine Herren, was ich wissen möchte ist, ob Sie genug Gewehre haben.« Soldaten sagte er, als sie sich über die Zustände in der Mannschaftsmesse beschwerten: »Garibaldi und seine Männer hatten überhaupt keine Messe!«

Maklef hatte noch einen anderen, sehr wichtigen Trend eingeleitet: das Einziehen von Rekruten mit ausgezeichneter Schulbildung in Kampfeinheiten. Dayan setzte während seiner Amtszeit diesen Prozeß fort. Eine andere Sache von ganz entscheidender Bedeutung war Maklefs Entschluß, die Truppeneinheit 101 aufzustellen. Sie bestand aus einer Gruppe dafür speziell ausgesuchter, wagemutiger Kämpfer. Dayan formte daraus später die Fallschirmjägereinheiten der Zahal. Auf diese Weise wurden von Maklef bereits eingeleitete Schritte, integrierte Bestandteile der Leistungen Dayans. Der Weg, den er als Chef des Stabes beschritt, begann tatsächlich schon, als er noch Erster Generalstabsoffizier war. Aus diesem Grund sind Dayans Amtsperioden als erster Generalstabsoffizier und Chef des Stabes als eine Einheit anzusehen.

Sein Dasein als »Zweiter Mann« der Zahal rief Dayan den Leuten sofort mit Schock-Taktiken ins Bewußtsein. Von Anfang an aß er in der regulären Offiziersmesse des Armeeoberkommandos. Dort wurden hauptsächlich die Offiziere bis etwa zum Oberstleutnant herauf, verpflegt. Selten sah man dort Obristen. Seinerzeit befand sich das Armeeoberkommando auf einem Hügel bei Ramat Gan. Die Büros des Ersten Generalstabsoffiziers lagen ein wenig höher, etwa im zweiten Stockwerk. Der Dezember 1952 war sehr regnerisch. Klärte es etwas auf, verlegte Dayan, um sich aufzuwärmen, den »Betrieb« ins Freie. Hier diskutierte er, hielt Besprechungen mit seinen Gehilfen ab und empfing Besucher. Auf dem Weg zur ersten Truppeneinheit, die er besuchte, pflückten sein Stab und er sich ein paar Orangen, die sie unterwegs verzehrten. Die letzten davon, warf Dayan dem Feldwebel

der Wache zu, der gerade zackig grüßen wollte: »Da, fang auf!«
Shimon Peres erzählt, daß eines Tages einer seiner Adjutanten in sein Büro im Verteidigungsministerium gerannt kam mit den Worten: »Der Erste Generalstabsoffizier ist vollkommen verrückt geworden. Sie müssen etwas tun!« Peres ging hinaus und sah Dayan mit einem Gewehr auf der Veranda stehen, ruhig in alle Richtungen knallend. Er erklärte, er habe Gäste zum Abendessen und seiner Frau Ruth versprochen, für das Fleisch zu sorgen. Wildtauben seien ja im Überfluß vorhanden. Auch seine Sekretärin, Leutnant Neora Matalon, weiß von solchen Jagdszenen zu berichten. Einmal ruhte er nicht eher, als bis die Strecke fünfzig Wildtauben zählte. Dayan meinte, das habe sich gelohnt, und fuhr nach Hause.
Der Stil seiner Kleidung ließ erkennen, daß ihn Etikette und Vorschriften nur wenig bekümmerten. Obgleich er, was persönliche Sauberkeit betraf, sehr penibel war und während der heißen Jahreszeit mehrmals am Tag zu duschen pflegte, hielt er geputzte Schuhe und gebügelte Uniformen für überflüssig. Neora nennt ihn einen »schrecklichen Schlamper«. Er war imstande, in ausgebeulten Hosen und mit rutschenden Socken zu einer Trauerparade zu erscheinen, weil er gerade auf dem Rücksitz seines Wagens geschlafen hatte. Seine Mitarbeiter beschlossen, seine äußere Erscheinung zu ändern, indem sie stets eine frischgebügelte Uniform für ihn im Büro bereitliegen hatten und ihn überredeten, sich zu Paraden, öffentlichen Auftritten und Konferenzen umzuziehen.
Binnen kurzem merkte jeder im Armeeoberkommando und viele Leute draußen, daß es einen brandneuen Ersten Generalstabsoffizier gab. Mehrere Wochen lang nach seinem Amtseintritt war Dayan der Mittelpunkt aller Gespräche. Aber sowie er glaubte, sich behauptet zu haben, sich auch nicht mehr in den ausgeklapperten Geleisen gewöhnlicher Generalstabsarbeit bewegte, also sein gestecktes Ziel erreicht hatte, hörte er mit den Mätzchen auf. Jedoch als er dann zum Chef des Stabes ernannt wurde, unterstrich er noch einmal, fast bühnenwirksam, daß er von jetzt ab »Erster Mann« war. Die Bürosuite des Stabschefs wurde neu eingeteilt. Für sich reservierte er den kleinsten Raum. Seinen Vorgängern hatte er als Adjutantenbüro gedient. Der große luxuriös eingerichtete Raum der Yadin und Maklef als Arbeitszimmer gedient hatte und in dem Besucher erst eine beträchtliche Entfernung zurückzulegen hatten, ehe sie vor dem Schreibtisch des Stabschefs standen, wurde zum ständigen Konferenzraum umgewandelt. Auch der Posten des Adjutanten beim Chef des Stabes wurde gestrichen. Man

hatte ihn aus der britischen Armee übernommen. Dayan hielt ihn für ungewohnt, überflüssig und nicht der Eigenart der Zahal-Offiziere entsprechend. Auch für militärischen Pomp und militärisches Zeremoniell mangelte es ihm an der dazu notwendigen Geduld.

Am allermeisten beeindruckte die Zahal, daß Dayan den von Yadin bestellten hufeisenförmigen Schreibtisch durch einen vorschriftsmäßigen Feldtisch, der mit einer Armeewolldecke bedeckt wurde, ersetzen ließ. Der kleine Raum, in dem nie mehr als fünf Personen gleichzeitig bequem sitzen konnten, nahm die intime gesellige Atmosphäre eines Stabszeltes im Feld an.

Als das Armeeoberkommando von Ramat Gan in seine neuen Büros in Tel Aviv umzog, nahmen Offiziere seines Stabes die Gelegenheit wahr, den plumpen Feldtisch durch einen erstklassigen, im Stil eines Feldtisches gearbeiteten Schreibtisch zu ersetzen, der später sogar noch eine Glasplatte erhielt. Klimaanlagen bei sich einbauen zu lassen, lehnte Dayan aus Solidarität mit den Feldtruppen ab.

Dayan wählte seine Mitarbeiter ganz unkonventionell aus. Sie erfreuten sich der gleichen Machtvollkommenheit wie die Offiziere in den Stäben der beiden Kommandos, die er innegehabt hatte. Als Dayan als Erster Generalstabsoffizier zum Armeeoberkommando kam, brachte er weder treue Anhänger noch alte Freunde, ja nicht einmal Mitarbeiter von den vorherigen Dienststellen mit. Von Maklef »erbte« er dessen ersten Gehilfen, Oberstleutnant Shlomo Gazit. Da es im allgemeinen üblich war, daß die kommandierenden höheren Offiziere ihre eigenen Adjutanten mitbrachten, hielt Gazit seine Tage für gezählt. Dayan behielt Gazit als seinen Ersten Adjutanten, aber er überprüfte, ob er seine Arbeiten auch zuverlässig ausführte. Einerseits glaubte sich Gazit schon »auf dem absteigenden Ast«, während er andererseits feststellen mußte, daß Dayan ihn immer mehr in das innere Gefüge der Arbeit des Ersten Generalstabsoffiziers Einblick nehmen ließ und ihm die Verantwortung für völlig neue Bereiche anvertraute. Während einer Sitzung schob Dayan Gazit einen Zettel zu, auf den er seine Frage in Versen notiert hatte. Gazit antwortete mit einem Limerick. Das Eis war gebrochen.

Für seinen Terminkalender war die rothaarige Neora Matalon zuständig. Er war nicht besonders kompliziert. Ein Tag in der Woche gehörte den zu besuchenden Einheiten. Probleme wurden dabei an Ort und Stelle sofort geklärt, anstatt sie erst dem Armeeoberkommando zu unterbreiten; ein anderer war persönlichen Besprechungen mit Abteilungsleitern und Korpskommandeuren vorbehalten; ein dritter

gehörte dem wöchentlichen Treffen und der Konferenz mit dem Verteidigungsminister, der Freitag wurde, wenn irgend möglich, auf Dayans Wunsch freigehalten, damit er seinem neuen Hobby, dem Ausgrabungen von Altertümern, nachgehen konnte. Da Dayan Neoras Worten zufolge »seine Freiheit liebte«, lautete die einzige Anweisung, ihm soviel freie Zeit wie möglich zu lassen. Deswegen brauchten Termine mit Dayan auch nicht schon drei Wochen vorher abgesprochen zu werden, und es konnten jeden Tag etwa drei Besprechungen angesetzt werden. Noch heute sieht Dayans Terminkalender nicht anders aus.
Dayans Mitarbeiter unterlagen einem ungeschriebenen, aber sehr wichtigen Gesetz: wegen der Ermüdung seines einzigen Auges, sollten nur kurzgefaßte Schriftstücke vorgelegt werden. Gingen lange Schreiben ein, waren kurzgefaßte Auszüge anzufertigen. Zeitungsausschnitte wollte er nicht. Die Zeitungen ging er selber durch. Während der Freizeit saßen er und sein Stab wie eine Gruppe alter Freunde im Vorzimmer oder im Schreibmaschinenraum. Häufig las er dabei den Entwurf des Tagesbefehls oder eine Rede vor, rezitierte Gedichte von Natan Alterman und erzählte sogar etwas aus seinem Leben. Der öffentlichen Meinung gegenüber war er ausnehmend empfindlich und bereitete seine Stellungnahmen und Erklärungen sehr sorgfältig vor. Die kleine Gruppe in seinem Büro diente dabei als eine Art von »Probe-Zuhörerschaft«.
Im Winter 1954 wurde Dayan ganz plötzlich von der Leidenschaft zur Archäologie übermannt. Sein Interesse wurde zufällig geweckt. Eines Sonntags – er war mit seinem dreizehnjährigen Sohn Ehud auf die Taubenjagd gegangen – entdeckte er in einem ausgetrockneten Flußbett bei Tel-el-Zafi einige aufrechtstehende Krüge. Zuerst nahm er an, die am Ort wohnenden Araber hätten sie dort vergessen, doch als er näher herankam, bemerkte er, daß schwere Regenfälle die Erde von den Krügen gespült hatten. Einen der Krüge nahm er auf seiner nächsten Reise mit nach Jerusalem und zeigte ihn Yigael Yadin, der mittlerweile ein bekannter Archäologe geworden war. Yadin schätzte das Alter des Kruges auf ungefähr dreitausend Jahre. Er gehörte der israelischen Periode an. Dayan war begeistert und kehrte bei erster sich bietender Gelegenheit zu dem »Tel« (archäologischer Hügel) zurück. Der »Tel« war während der kanaanitischen und der israelischen Siedlungsperiode eine Ansiedlung gewesen. Dayan begann vorsichtig, die Erde fortzuschaufeln, und plötzlich: »Als ich zu graben begann, öffnete sich ein ganzer Raum. Hier standen die Krüge, dort die Lampen, hier waren der Fußboden, der Ort für kultische Handlungen.

Mir war, als wäre ich in die Zeiten König Davids versetzt worden.«
Von nun an wurden archäologische Grabungen und Restaurationsarbeiten eine Hauptbeschäftigung seines Lebens und die Ursache von mehr als einer Rechtsverletzung. Dayan sagte einmal, hätte er die Wahl, eine Hälfte seines Lebens nach Altertümern zu graben und die andere Hälfte dafür im Gefängnis zu sitzen oder nicht zu graben, dafür aber immer ein freier Mann zu bleiben, würde er das erste vorziehen.
Seit 1954 hat Dayan eine Antiquitätensammlung zusammengetragen, wie sie von keinem Privatsammler wieder erreicht worden ist. Einzigartig an dieser Sammlung ist, daß Dayan jedes Stück selbst ausgegraben und die meisten Stücke auch selbst restauriert hat. Er hat eine hohe Kunst aus der Wiederherstellung antiker Töpferarbeiten gemacht. Kürzlich hat er einen Antiquitätsgarten eingerichtet, der in der Dunkelheit wie ein weit zurück in die Vergangenheit erstreckendes, sagenhaftes Land aussieht. Es ist, als habe Dayan seine Welt erweitert, nach Zeit und Raum. Die kostbaren Zeugen vergangener Zeiten in seinem Garten und in seinem Haus haben das alte Israel, das antike Ägypten, Mesopotamien und die Mittelmeerinseln zu einem untrennbaren Bestandteil seiner täglichen Überlegungen werden lassen. Die öffentliche Meinung jedoch tadelte Dayan wegen seiner Nichtbeachtung von Traditionen und gültigen Gesetzen des Landes. Zu seinem Image trat Zügellosigkeit als weiterer Bestandteil hinzu.
Seine angeborenen Führungsqualitäten erhielten dadurch einen düsteren, ein wenig furchterregenden, ja sogar abstoßenden Unterton.

16

Der Truppenführer (1953-1955)

Die mangelhafte Einsatzfähigkeit der Zahal trat für Dayan mit zwei Zwischenfällen in ihrem ganzen Umfang zutage. Beide ereigneten sich im ersten Monat seiner Amtsführung als Erster Generalstabsoffizier. Der erste geschah in der Nacht des 14. Dezember 1952, als eine Abteilung Soldaten versuchte, die Wachen auf dem Mount Scopus, der israelischen Enklave im jordanischen Teil Jerusalems, mit Munition zu versorgen. Nachdem die jordanischen Posten einen oder zwei Schüsse in ihre Richtung gefeuert hatten, drehten die Israelis um und rannten davon. Das Marschgepäck und ein paar Kopfbedeckungen mit ihren Namen und Kennummern ließen sie zurück. Commander Hutchinson, Vorsitzender der Israelisch-Jordanischen Waffenstillstandskommission, berichtet, die Israelis hätten versucht, noch in der gleichen Nacht die Ausrüstungsgegenstände wiederzugewinnen, seien aber zurückgeschlagen worden.

Der zweite Zwischenfall war weit ernsterer Natur. In der Nacht des 22. Januar 1953 überschritt eine israelische Kompanie die Waffenstillstandslinie, um einige Häuser in Falama bei Kibya im Zuge einer Vergeltungsaktion in die Luft zu sprengen. Als die Einheit die Ausläufer des Ortes erreichte, eröffnete die örtliche Miliz das Feuer, tötete einen der Angreifer und verwundete fünf weitere. Ohne ihren Auftrag ausgeführt zu haben, zog sich die Kompanie wieder auf israelisches Gebiet zurück. Die erlittenen Verluste betrachtete man als Beweis für die Überlegenheit des Gegners und als ausreichende Rechtfertigung des Rückzugs. Für Dayan jedoch war die Niederlage bei Falama ein klares Anzeichen dafür, daß die Zahal gar nicht in der Lage war, die im Jahre 1950 eingeführte Politik der Vergeltungsschläge anzuwenden, als man sich darüber klar wurde, daß die Waffenstillstandsverträge den Frieden, den man sich erhofft hatte, nicht bringen würden. Die arabische Infiltration israelischen Gebiets nahm ständig zu. Es war ganz einfach, über die unbefestigte Grenze zu dringen und die neuen, eilig aufgebauten Siedlungen der Einwanderer entlang den Waffenstillstandslinien in der weiten, leeren Negevwüste anzugreifen. Doch was als spontane und vom Zufall bestimmte Infiltration begonnen hatte, wurde bald, erst von Jordanien, dann auch von Ägypten, ganz offiziell fortgeführt.

In den Jahren 1952 bis 1954 ernteten die Eindringlinge Erfolge. Der Verkehr nach und von den Siedlungen wurde gefährlich. Häufig kam er wegen der Gefahr von Hinterhalten, Minen und Granatwerferangriffen ganz zum Erliegen. Einwohner der großen Städte wagten nicht mehr, sich außerhalb der Stadtgrenzen zu bewegen, Jugendgruppen machten keine Ausflüge mehr. Die Öffentlichkeit blickte auf die Zahal, die aber auch die Ordnung an den Grenzen und in den einsameren Gegenden des Landes nicht aufrechterhalten konnte. Parlament und Presse überschütteten die Armee wegen ihrer Unwirksamkeit mit bitterer Kritik. Die Zahal versuchte zu vergelten: Auge um Auge. Falama war nur ein Beispiel für das Scheitern eines solchen Vergeltungsschlags in den Jahren zwischen 1951 und Oktober 1953.

Für das Versagen gab es Gründe und Entschuldigungen. Noch immer befand sich die Zahal in der Reorganisationsphase nach dem Unabhängigkeitskrieg. Die gesamte Armee unterlag dem Umbau aus der Partisanenarmee des Jahres 1948 in die reguläre Armee eines souveränen Staates. Die Mehrzahl der Soldaten der kämpfenden Truppe bestand aus Neueinwanderern, die das Land noch nicht hatte integrieren können. Die älteren Offiziere vertrauten ihren Männern nicht und konnten sich auf die jungen Offiziere nicht verlassen. Die Ausbildung bereitete die Männer nicht wirksam genug auf eine aggressive Kriegführung vor. Die Einheiten verbrachten einen Teil der für die Ausbildung zur Verfügung stehenden Zeit mit Aufgaben, die mit der Eingliederung der Einwanderer zu tun hatten – »Tomatenzüchten« nannte man das. Die Ausbildungsverfahren und die Ausrüstung waren immer noch zum großen Teil bei fremden Armeen entliehen. Sie waren für israelische Verhältnisse einfach ungeeignet. Es war Dayan, der die Zahal dazu brachte, sich mit der Sicherung der Grundausbildung als allerwichtigstem Ausbildungsvorhaben zu befassen. Er hielt die kleinen Aktionen für einen absolut untrennbaren Teil der Befähigungen der Armee zu großangelegten Unternehmen. Der hauptsächliche Unterschied zwischen Dayan und anderen Offizieren war: die anderen waren bereit, eine ganze Palette von Entschuldigungen zu akzeptieren, Dayan lehnte sie alle rundweg ab.

Die anderen beschuldigten untergebene Kommandostellen oder die unzureichende Ausrüstung oder den Mangel an einwandfreien Anweisungen, Dayan machte jeden, vom Armeeoberkommando abwärts, für das Versagen verantwortlich. Ganz besonders empörte ihn, daß man die Fehlschläge im Armeeoberkommando als das Ergebnis objektiver Tatbestände ansah. Er räumte ein, daß »es mich verrückt machte ... wenn sie die Ausrede akzeptierten, daß es wirklich nicht möglich war, daß ihre Unfähigkeit, nach Falama durchzubrechen, ihnen okay vorkam, daß der operative Gang der Dinge es nicht ermöglichte, den Auftrag durchzuführen. Nach Falama konnte ich nur noch stöhnen: ›Können die nicht einmal ein Haus oder einen Brunnen erreichen? Was geht hier eigentlich vor?‹«

Hier, an dieser Stelle, hakte Dayan ein. Hier fing er an, Feldtauglichkeit und Kampfgeist der Zahal zu heben. Zuerst machte er das Wort »Falama« zu einem sprichwörtlich negativen Begriff, zum schmachvollen Symbol aller Mißerfolge der Zahal. Er schreckte die Offiziere mit der Furcht vor dem Stigma »Falama« und tat etwas, was als ein einzigartiger Ausdruck seiner Persönlichkeit zu werten ist; er entschied eigenmächtig: »Jeder Offizier der Zahal, der von der Erfüllung seiner Aufgabe zurückschreckt, ehe die Mehrzahl seiner Soldaten oder wenigstens die Hälfte von ihnen verwundet worden ist, wird sofort aus seiner Stellung entlassen.« Diese bedeutsame und hochwirksame Erklärung wurde ohne Wissen des Stabschefs Maklef abgegeben. Obgleich Maklef die Auffassung Dayans, die Zahal müsse eine Streitkraft von größerer Wirksamkeit werden, teilte, sagte er doch: »So hätte ich es nicht ausgedrückt.«

Langsam und stufenweise nahmen die Konturen seiner Doktrin Gestalt an, und die Heeresdienstvorschrift der Zahal kristalisierte sich heraus: »Militärische Unternehmungen in Friedenszeiten«, eine These in sechzehn Lehrsätzen. Erst im Herbst 1955 war die Vorschrift so weit gediehen, daß er darüber einen Lehrgang für Offiziere der Zahal durchführen konnte.

1953 mußte er sich jedoch noch von der Intuition leiten lassen.

Dayan stand mit seiner Ansicht, daß man den Erfolg eines Unternehmens ausschließlich an der erreichten Leistung zu messen habe, allein. Seine Kameraden nahmen Unternehmen, die ohne Erreichung des gesteckten Ziels, aber auch ohne Verluste durchgeführt wurden, mit Gleichmut hin. Dayan war schockiert. Während sie Unternehmungen kritisierten, die zwar ihren Zweck erfüllt hatten, doch verlustreich waren, meinte er, daß der Ausgang die Verluste rechtfertigte. Ein einschlägiges Beispiel dafür war das Unternehmen Tel Mutilla im Mai

1951. Hier wurden die Syrer aus Stellungen vertrieben, die sie auf der israelischen Seite des Jordans, an seinem Eintritt in den See Genezareth, eingenommen hatten. Siebenundzwanzig Soldaten der Zahal fielen bei diesem Unternehmen. Kurz vor der Besichtigung des Gebiets durch das Armeeoberkommando kam Dayan (damals noch Oberbefehlshaber des Südkommandos) in die Gegend und erkundigte sich bei dem Brigadekommandeur Rehav'am Ze'evi (»Ghandi«) nach dem Verlauf des Unternehmens. Später besichtigte er das gesamte Gebiet noch einmal zusammen mit dem Generalstab. Im Verlauf der Schlußbesprechung wurden Brigade- und Bataillonskommandeur heftig kritisiert und das Unternehmen wegen der hohen Verluste zum vollständigen Fehlschlag erklärt. Dayan war der einzige, der anders darüber dachte. Er behauptete, die Bedeutung des Unternehmens Tel Mutilla liege in der von Offizieren und Soldaten gleichermaßen gezeigten Standhaftigkeit.

Ehe Dayan Generalstabsoffizier wurde, kehrten öfter Einheiten aus dem Einsatz zurück, ohne ihren Auftrag ausgeführt zu haben. Ständig führten die Kommandeure als Entschuldigung an: es hätte vier oder fünf Verluste gegeben.

Als Erster Generalstabsoffizier ließ Dayan diese Entschuldigung nicht mehr gelten. Nach dem Falama-Unternehmen traf er sich in der Nähe der Grenze mit dem Bataillonskommandeur und fragte ihn schlankweg nach der Anzahl der Toten. Aus der Antwort des Offiziers schloß er, daß dessen Verluste den Rückzug vor Durchführung des Auftrags nicht rechtfertigten.

Dayans Forderung, Unternehmungen fortzusetzen bis die Verluste mindestens 50 Prozent betrügen, standen im Gegensatz zu der im Land vorherrschenden Einstellung. Israel mit seiner geringen jüdischen Bevölkerung und die jüdische Nation als Ganzes, nach den von den Nazis begangenen Verbrechen, der Massenvernichtung jüdischer Menschen, waren von der Vorstellung ergriffen, ein aussterbender Stamm zu sein. Das Leben war kostbarer als alles andere, manchmal sogar kostbarer als die nationale Sicherheit.

Diese Empfindlichkeit und Verantwortung des einzelnen war der bestimmende Faktor bei der Planung und Durchführung von Unternehmungen. Das grenzte allerdings manchmal schon ans Lächerliche: wenn zum Beispiel wegen Rücksichtnahme auf die Gesundheit der Soldaten die Ausbildung bei Regen und schlechtem Wetter unterbrochen wurde. Dayan meinte, es liege im nationalen Interesse, diese Empfindlichkeit gegenüber Verlusten zu überwinden. Anders als bei seinen Zeitgenos-

sen lag seine Stärke in der Fähigkeit, seine Sensibilität, sein Mitgefühl überwinden zu können und die volle Verantwortung zu übernehmen für verstümmelte Glieder und ausgelöschte Leben.
Dennoch waren 50 Prozent als vertretbares Minimum zu hoch gegriffen.
Anfänglich versuchte Dayan zu überreden, wenngleich nur auf seine Art. Er rief Generalstabsoffiziere aus den Operationsabteilungen aller Sektoren der Armee zu Konferenzen zusammen, die alle einem Thema gewidmet waren: den Aufgaben des Kampfgeistes. Er unterstrich nachdrücklich, daß das allerwichtigste der Wille zum Handeln sei. Ein Unternehmen gelte als in jeder Hinsicht erschöpfend vorbereitet, wenn dieser »Wille zum Handeln« bestehe, selbst dann, wenn nicht die klarsten Befehle, die besten Karten und die präzisesten Operationspläne vorlägen. Fehle der Wille allerdings, könnten weder eindeutige Befehle, genaueste graphische Darstellungen, noch die brillantesten Pläne helfen. Der Schlüsselbegriff in Dayans Ansprache war: »Den Auftrag erschöpfend vorbereiten und durchführen.«
Als seine Ansichten diesen Entwicklungsstand erreicht hatten, glaubte Dayan, der Fehler im Gefechtverhalten der Zahal liege in dem räumlichen Abstand begründet, der den Führer der Kampfeinheit vom Schauplatz der Kampfhandlungen trennt. Der Befehl »Mir nach!« sollte erst 1955 zum geheiligten Grundsatz seiner Doktrin werden, als er in einer Vorlesung über »militärische Unternehmungen in Friedenszeiten« erklärte: »Der kommandierende Offizier ist nicht ›der wertvollste Mann der Einheit‹, den es unter allen Umständen zu schützen gilt. Das wichtigste für eine Einheit ist die Feindlage ... Die Führung einer Truppe im Gefecht bedeutet nicht langatmiges Hin- und Hergerede in Wort oder Schrift zwischen Truppe und Truppenführung ... Die Hauptsache ist Führerschaft: Der Befehl ›Mir nach!‹«
Generalmajor Laskov beurteilte die »Falama«-Fehlschläge anders. Er hielt ungenügende Ausbildung für ihre Ursache. Doch Dayan war überzeugt, daß wenn die Offiziere ihre Truppen wie gefordert führten, alles reibungslos funktionieren würde. Er wünschte, daß immer nur ein Offizier die Verantwortung für ein Unternehmen zu tragen habe. Seine Ansichten warfen schließlich die Frage auf: warum denn ging es mit der Zahal so gut während des Krieges von 1948?
Der Unabhängigkeitskrieg war ein Krieg des Heroismus. Dayan stellte das nicht in Frage. Doch anders als seine Kameraden fügte er ein wichtiges Kriterium hinzu, nämlich: Der Unabhängigkeitskrieg sei in erster Linie ein Verteidigungskrieg gewesen. Der Heroismus der Männer und

Truppenteile resultierte aus der Tatsache, daß hier Heim und Familie verteidigt wurden. Ein Verteidigungskrieg ist ein Krieg ohne Alternative. Die Selbstaufopferung, die er verlangt, ähnelt überhaupt nicht derjenigen des Angriffskrieges, in dem der Soldat sehr wohl über eine Alternative verfügt. Hier wird das Opfer den Kameraden gebracht, dem Kommandeur oder einfach dem, was man »die Ehre der Truppe« nennt. Anfang 1953 sah Dayan diesen Unterschied ein und fügte ihn als zehnten Paragraphen seiner Doktrin von 1955 ein: »Soldaten und Offiziere, die die Armee jetzt ausbildet, werden nicht in Verteidigungsschlachten, sondern im Angriff erprobt. Die Erzählungen von den erstaunlichen Heldentaten des Unabhängigkeitskrieges und die Versicherungen, es ihnen im nächsten Krieg gleichzutun, genügen einfach nicht mehr.«
Ben Gurion und Yadin hatten schon den Grundsatz aufgestellt, daß der nächste Krieg nicht auf israelischem Boden ausgetragen werde. Sogar im Fall eines arabischen Überraschungsangriffs würde der Kriegsschauplatz in das Gebiet des Gegners verlegt werden. Das bedeutete in der Praxis, die Zahal auf einen Angriffskrieg vorzubereiten. Als Dayan Erster Generalstabsoffizier wurde, war die Zahal außerstande, selbst kleinste Angriffe über die Grenzen durchzuführen. Er war es, der die Zahal zuerst dafür ausbildete, der Kardinalregel der Sicherheit Israels zu folgen: Verteidigung durch Angriff. Zu diesem Zweck sammelte Dayan zehn seiner Männer und befahl ihnen, taktische Rahmenübungen vorzubereiten, um das Durchbrechen einer befestigten Linie üben zu können. Der einzigartige Gesichtspunkt dieser Übung war die Anweisung Dayans, keine Lösungen anzunehmen, die raffinierte Umgehungsmanöver, Überrumpelungen oder tief in den Rücken des Feindes führende Angriffe vorsahen. Er befahl eine Übung ohne jüdische Cleverness. »Die Erfüllung des Auftrags findet durch Frontalangriff statt, durch schwere Kämpfe direkt am Angriffsziel, wofür mit starken Verlusten bezahlt wird.«
Diese Anordnung überraschte seine Männer. Yuval Ne'eman (Stabsoffizier der Planungsabteilung) erzählt, sie habe ihn »beunruhigt«: »Ich war gerade von der *Ecole de Guerre* zurückgekehrt, wo man mich genau die Lösungen gelehrt hatte, die Moshe haben wollte, und ich habe immer wieder eine sogenannte »Jüdische Lösung« gefunden, um den schweren Kampf am Angriffsziel zu umgehen. Und hier verlangte Moshe, der Meister der Kriegslist, die Art von Lösung, die man im Ausland für die ›nichtjüdische‹ Lösung hält.«
Dayan erklärte den Planern, wie tief er von dem Fehlschlag bei Falama

beeindruckt worden sei. Er sagte ihnen, daß die Angewohnheit, dauernd nach einem Ausweg mit einem Minimum an Verlusten zu suchen, schuld an der ernsten Niederlage und höheren Verlusten der Soldaten sei, wenn diese nicht fähig und willens wären, nötigenfalls Frontalangriffe anzusetzen.

Man wählte zur Durchführung der Übung einen Paß in den Bergen des Negev und lud etwa einhundert Offiziere zur Teilnahme ein. Wie erwartet, versuchte anfangs jeder einzelne von ihnen, »fachgerechte« Lösungen anzubringen, etwa durch flankierende oder ähnliche Unternehmen, wie sie bis dahin in der Zahal bevorzugt wurden. Doch der Übungsstab leitete die Übung so, daß keine Lösung möglich war außer der eines Frontalangriffs mit schweren Kämpfen am Angriffsziel. Am Ende der Übung hielt Dayan eine Vorlesung. Kern seiner Erklärung war: »Die restlose Durchführung des Auftrags darf durch Verluste nicht beeinträchtigt werden.«

Ein Teilnehmer fragte: »Wie viele Verluste? Wo ist die Grenze?« Dayans Antwort: »Zwanzig, dreißig, sogar fünfzig Prozent Verluste.«

Langsam begann so seine Anweisung, die niemals als formeller Befehl erging, Gestalt anzunehmen. Die gleichen taktischen Übungen wurden mit geringen Veränderungen und für andere Offiziere überall im Land abgehalten. Sie wurden ein Teil von Dayans »Feldzug«, mit dem er die Offiziere der Zahal mit dem Grundsatz vertraut machen wollte: »Gibt es keine andere Möglichkeit im Krieg, mußt Du töten, getötet werden und nicht versuchen, Dich daran vorbeizumogeln.«

Das Konzept, den erteilten Auftrag unter allen Umständen durchzuführen und dabei unvermeidliche Verluste hinzunehmen, nahm Gestalt an, als Dayan von einer Dienststelle zur anderen reiste, die Offiziere vom Kompaniechef aufwärts um sich versammelte und ihnen die unmißverständliche Anweisung vortrug: »Jeder Offizier der Zahal, der vor der Erfüllung seiner Aufgabe zurückschreckt, ehe die Mehrzahl seiner Soldaten oder wenigstens die Hälfte von ihnen verwundet worden ist, wird sofort aus seiner Stellung entlassen.«

Die Drohung mit Sanktionen unterstrich das, was schon mündlich erklärt worden war. Aber eine Armee wird ja nicht – wie Dayan selbst sagte – mit der Strenge des Befehls geführt, sondern durch das persönliche Beispiel. So gesehen, sollte er noch zu Beginn seiner Aktion allerhand Enttäuschungen erleben. Die bitterste von allen was das Fallschirmjägerbataillon, das ja eigentlich die allerschönste Blüte der Kampfeinheiten der Zahal sein sollte. Von einem ihrer Einsätze zurückgekehrt, meldete sie im August 1953 die vollständige Erfüllung des ihnen erteilten Kampfauftrags. Dayan war so erfreut, daß er an die Grenze fuhr, sie mit einer Flasche Brandy erwartete und mit ihnen ein Glas auf den Erfolg trank. Als jedoch am nächsten Tag der Bericht der UNO-Beobachter durchkam, wurde ruchbar, daß der Auftrag mitnichten erfüllt worden war; man hatte lediglich einen Esel und zwei Kühe getötet. Das war alles.

Viele der Grenzzwischenfälle ereigneten sich im Bereich der Jerusalemer Reservebrigade, die von Oberst Mishael Shaham geführt wurde. Shaham glaubte, die meisten Gewaltakte gegen Israel hätten ihren Ursprung im Dorf Nebi Samuel, der Heimat eines arabischen Terroristen, der das Gelübde abgelegt hatte, einhundert Juden zu töten. Shaham meinte, es wäre eine gute Vergeltung, das Haus dieses Mannes in die Luft zu sprengen. Da es in der ganzen Brigade keine Einheit gab, die fähig und in der Lage gewesen wäre, die Grenze zu überschreiten, in ein arabisches Dorf einzudringen und ein bestimmtes Haus in die Luft zu sprengen, und weil sogar schon Einheiten der regulären Armee bei solchen Aufgaben versagt hatten, beschloß er, ein Team von hervorragenden Kämpfern des 48er Krieges zusammenzustellen. Zum Führer des Auftrages wählte er einen seiner eigenen Bataillonskommandeure, Ariel Sharon.

Sharon sammelte schnell sieben Freunde, alles Zivilisten wie er selbst. Sie überschritten in der Nacht des 11. August die Waffenstillstandslinie und machten sich den Berg hinan auf den Weg nach Nebi Samuel. In Zivil, jeder schwer mit Sprengstoff und Waffen beladen, durchquerten sie das Dorf ohne Zwischenfall. Aber sie fanden erstens nicht das richtige Haus und brachten zweitens zu geringe Sprengladungen an, die nur geringen Schaden anrichteten. Die Explosion weckte die Einwohner und alarmierte die arabischen Legionäre der Gegend, die ihnen einen Hagel von Geschossen nachsandten. Alle acht Männer gelangten wieder sicher und unverletzt nach Jerusalem zurück.

Für Shaham und Sharon bewies diese Aktion, daß es möglich war, mit einer Einheit hinter die gegnerischen Linien zu dringen. Fehler könnten durch Training korrigiert werden. Shaham schlug Maklef in einem Brief die Gründung einer regulären Geheimeinheit vor, die sich auf Guerillaaktionen jenseits der Grenzen zu spezialisieren hätte und verwaltungstechnisch der Jerusalemer Reservebrigade zu unterstellen wäre. Er schlug vor, Major Ariel Sharon zum Kommandeur dieser Einheit zu ernennen.

Als Maklef diese Idee von einer Spezialeinheit bei einer Stabsbesprechung vortrug, widersprach Dayan ihr heftig. Er meinte, die gesamte Zahal solle auf das Niveau einer Kommandoeinheit gebracht werden. Er hielt Vergeltungsüberfälle für das bestmögliche Training der Armee und befürchtete, wenn man die Armee aus dieser Verantwortung entlasse, werde es ein weiteres Nachlassen der allgemeinen Tüchtigkeit und des Kampfgeistes geben.

Im August 1953 glaubte Dayan, daß die Aufstellung einer Kommandoeinheit, der die Gesamtlast der Vergeltungsaktionen übertragen würde, seine eigenen Bemühungen, die Zahal mit neuem Geist zu durchtränken und auf einen Angriffskrieg vorzubereiten, untergraben könnte.

Maklef setzte sich über Dayans Einwände hinweg und gab die nötigen Befehle für die sofortige Aufstellung der Einheit 101 aus, die von dem fünfundzwanzigjährigen Ariel Sharon, der wieder in die reguläre Armee eintrat, ausgebildet und geführt werden sollte.

Die Einheit 101 hatte alles in der Praxis durchzuführen, was Dayan als Theorie vorbetete. Obgleich er sich der Aufstellung widersetzt hatte, fühlte er sich zu den Männern und ihrem Kommandeur, hier besonders zu Meir Har-Zion, hingezogen. Auf dem Höhepunkt ihrer Tätigkeit zählte ›101‹ nie mehr als vierzig Männer und hatte mehr von einer »Partisanengang« an sich als von einer Einheit einer regulären Armee.

Die Männer trugen, was sie wollten. Shorts, weiße oder bunte Hemden, verschiedenfarbige arabische Kopfbedeckungen, spitze Mützen, Baretts und Bärte; bewaffnet waren sie mit »Tommy-guns« (lieber als mit der regulären Bewaffnung), Molotov-Cocktails und Kommandomessern. Rangabzeichen trugen sie nicht. Die totale Nichtachtung militärischer Etikette, von »Lack und Pracht«, Musterungen und militärischer Hierarchie, mußte sie Dayan ganz einfach ans Herz wachsen lassen.

Es ist zweifelhaft, ob Sharons Wagnis und Neuerung überhaupt zum Einsatz gekommen wäre, hätte es Meir Har-Zion nicht gegeben, einen jungen Mann mit einer seltenen Begabung für Kriegshandwerk und Kampf, ein Genie als Einzelkämpfer. Der achtzehnjährige Har-Zion glich dem jungen Moshe Dayan in mehr als einer Eigenschaft. Es ist möglich, daß Dayan sich dieser Ähnlichkeit von Anfang an bewußt war. Noch vierzehn Jahre nach dem ersten Zusammentreffen mit ihm konnte er sich an alle Einzelheiten klar erinnern.

Die Einheit erlebte ihre Feuertaufe im September 1953, als sie die Aufgabe hatte, den Stamm der Azazma – bewaffnete Beduinen mit

ägyptischen Pässen –, der die Südgrenze nach Belieben überschritt, den ägyptischen Nachrichtendienst mit Informationen versorgte und sich oft mit Patrouillen der Zahal herumschoß, wieder über die Grenze zu jagen. Der gesamte Stamm von ein paar hundert Mann wurde von 16 Mann der »101« in Jeeps und Schützenpanzern wieder nach Sinai zurückgeschickt. Dayan fuhr extra an die Südgrenze, um den Männern zu ihrem Erfolg zu gratulieren. Als er mit ihnen sprach, gewahrte er einen großen schwarzen Vogel, der sich auf dem Kadaver eines Kamels niedergelassen hatte. Schnell kniete er nieder und legte sein Gewehr auf den Vogel an. Ein hochgewachsener junger Mann mit buschigem Haar fiel ihm in den Arm: »Was tun Sie da, das ist ein Adler. Davon gibt es nur noch dreißig Paare im ganzen Land!«
Zuerst war Dayan über die Verwegenheit des Unteroffiziers wütend, doch dann siegte die Bewunderung für seine Kühnheit.
Jahre später nannte Dayan Har-Zion »unseren größten Krieger seit Bar Kochba«, und in seinem Artikel über den Geist der Zahal schilderte er ihn als beispielhaften israelischen Soldaten: »Was Har-Zion auszeichnet, ist ... daß er eine Mischung aus wagemutigem, zähem Kämpfer (der imstande ist, die Schlacht um der Schlacht willen zu genießen) und Bauer darstellt, der seine Erfüllung in der täglichen harten Arbeit findet.« Er hielt Har-Zion für »einen höchst erstaunlichen Kämpfer und den geborenen Führer im Gefecht.«
Vielleicht zogen auch gewisse Qualitäten, über die beide gleichermaßen verfügten, Dayan zu dem jungen Mann. Har-Zion führte ein lyrisches, poetisches Wandertagebuch. Er liebte es, allein umherzustreifen oder höchstens mit einem Begleiter, gewöhnlich mit seiner jüngeren Schwester Shoshana. Seine Ausflüge waren wagemutiger und gefahrvoller als alle, die Dayan je unternommen hatte. Genau wie Dayan haßte Har-Zion die Araber nicht. Er litt öfter unter Schuldgefühlen, wenn er gezwungen war, sie zu bekämpfen. Nachdem der Azazma-Stamm in die Flucht geschlagen worden war, schrieb er in seine Tagebuch: Wieder einmal werde ich von widersprüchlichen Gefühlen bedrängt. Ist das der Feind? Ist das alles überhaupt berechtigt?
Jetzt kenne ich aus Erfahrung ... das Empfinden im Kampf, den Willen zum Sieg, den Haß gegen den, der mir das Kostbarste von allem nehmen möchte – mein Leben. Die Siege sind zu leicht errungen worden.
Genau wie Dayan von Wingate und dem »Killer« ausgebildet worden war, »ohne Reue zu töten«, lernte Har-Zion das »Geschäft des Tötens« bei den »101«ern und später bei den Fallschirmjägern.

1 Moshe Dayan im Alter von fünf Jahren mit seinen Eltern. Sein linkes Auge ist infolge eines Trachoms teilweise geschlossen.

2 Der sechzehnjährige Moshe als Freiwilliger, zu dessen Aufgaben es gehörte, die Felder von Nahalal zu bewachen.

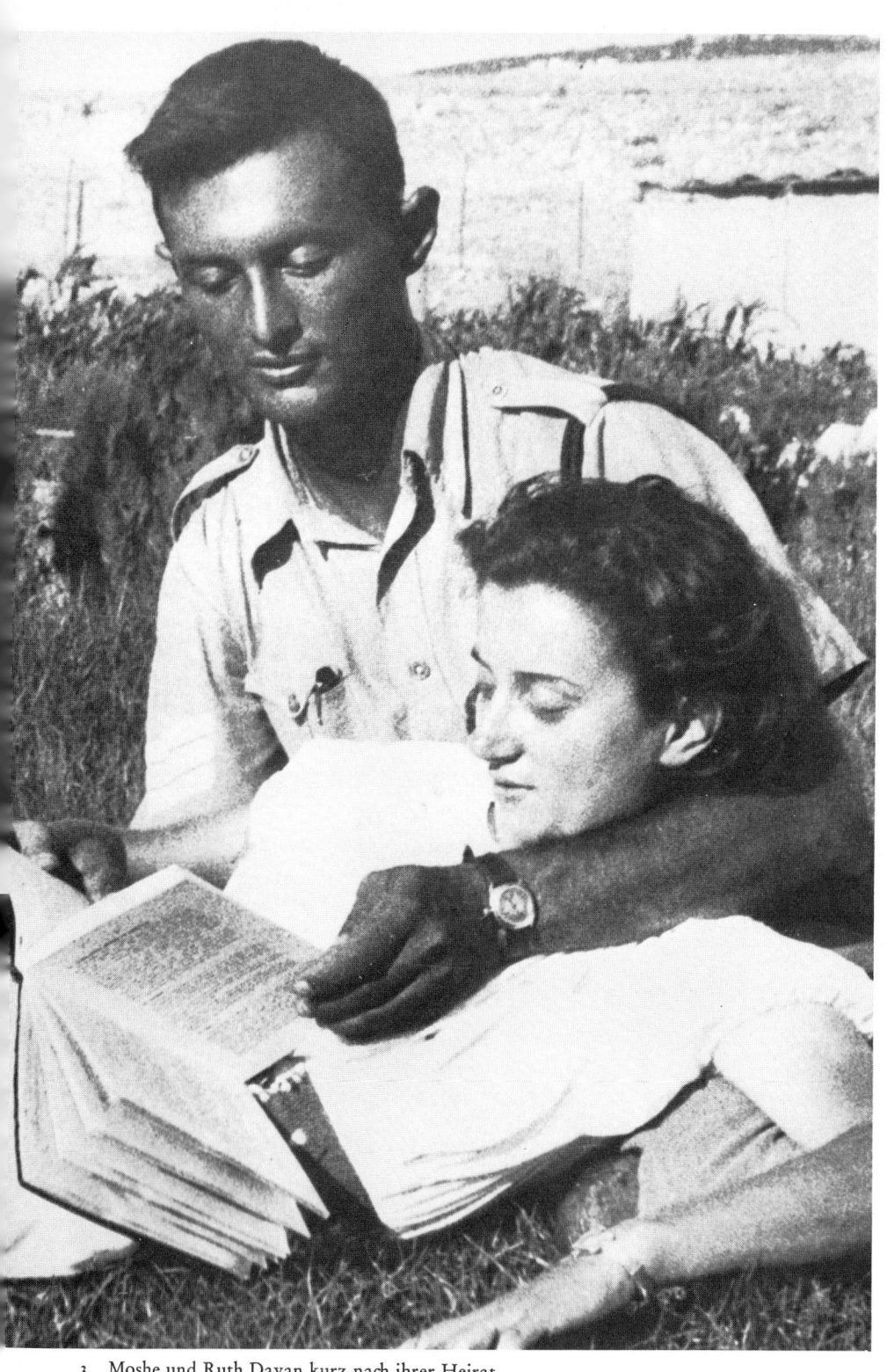

3 Moshe und Ruth Dayan kurz nach ihrer Heirat.

4   Dayan mit Yitzhak Sadeh und Yigal Allon 1938 in Hanita.

5   Dayan (ganz rechts) 1941 mit seinen Mithäftlingen, den »Dreiundvierzig«, in der Festung von Akko.

6 Dayan 1938 als Kommandant des »Panzerwagens« der Haganah in Hanita.

7 Oberstleutnant Dayan 1948 als Kommandeur des israelischen Sektors von Jerusalem im Gespräch mit Oberst Abdullah el-Tel, seinem jordanischen Gegenspieler.

8 Dayan mit Offizieren der Fallschirmjäger-Brigade nach einer Vergeltungsaktion im Jahre 1955. Stehend von links: Leutnant Meir Har-Zion und Major Ariel Sharon; ganz rechts Oberst Assaf Simhoni.

9 Dayan mit Männern des 89. Bataillons im Jahre 1948.

10 Kurze Ruhepause während eines Armeemanövers im Süden mit Generalmajor Chaim Laskov.

11 Dayan mit Soldaten nach dem Sieg im Sinai-Feldzug 1956.

12 Stabschef Dayan demonstriert, wie man eine Handgranate wirft.

13 Begegnung mit General Burns, dem Stabschef der UNO-Organisation zur Überwachung des Waffenstillstands, während der Verhandlungen über den Rückzug der Zahal von der Sinai-Halbinsel im Jahre 1957.

14 Mit Verteidigungsminister Pinchas Lavon.

15 Dayan bei der Suche nach archäologischen Funden in der Wüste.

16 Dayan mit den Rafi-Politikern David Ben Gurion und Shimon Peres.

17 Dayan bei seiner ersten Pressekonferenz als Verteidigungsminister am 3. Juni 1967, zwei Tage vor dem Ausbruch des Sechstagekrieges.

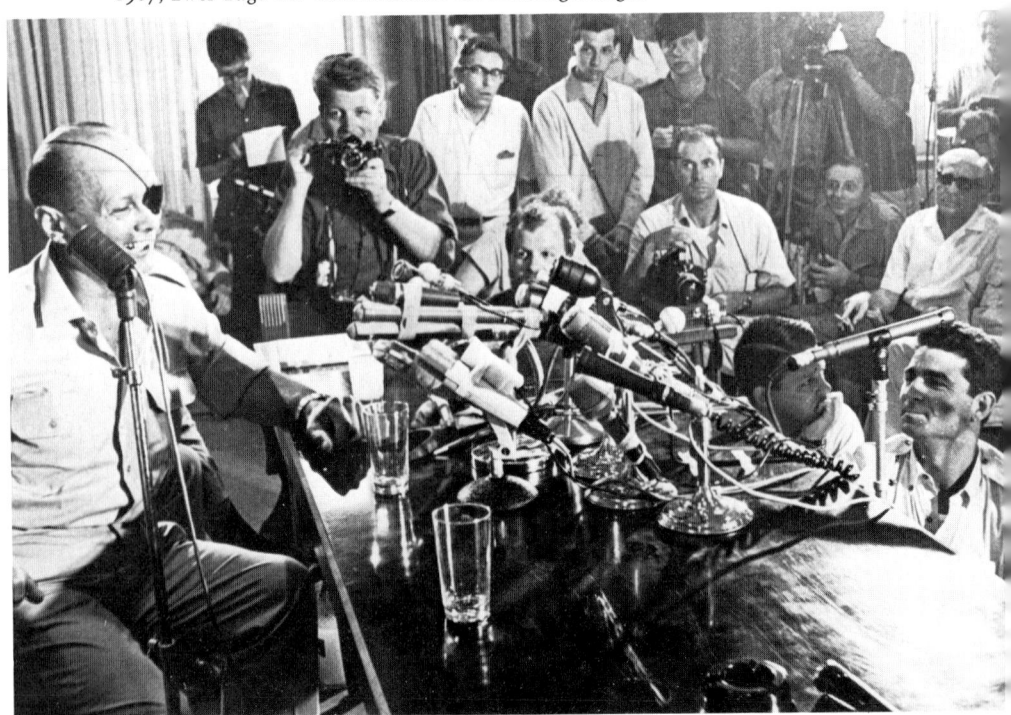

18 Kriegsberichterstatter Dayan mit amerikanischen Truppen in Vietnam.

19 Mit Premierminister Levi Eshkol.

20 1970 mit Premierminister Golda Meir.

21 Dayan am 7. Juni 1967 mit Stabschef Yitzhak Rabin (rechts) und dem Oberbefehlshaber des Mittelabschnitts, Generalmajor Uzi Narkiss, beim Betreten der Altstadt Jerusalems.

22 Dayan im archäologischen Garten seines Hauses mit Sheik Ali Ja'abri, dem Bürgermeister Hebrons.

Man kann Har-Zion sehr wohl als die Verkörperung der gesamten militärischen Doktrin Dayans ansehen. Die Männer der »101«, die Fallschirmjäger und später die gesamte Zahal, wurden von ihm inspiriert. Dayan beförderte ihn zum Offizier, ohne ihn vorher auf einen Offiziersausbildungslehrgang zu kommandieren.
Hauptmann Har-Zion diente der Armee nur drei Jahre. Am 12. September 1956 wurde er bei einer der letzten Vergeltungsaktionen vor dem Sinai-Feldzug schwer verwundet. Ein Luftröhrenschnitt auf dem Schlachtfeld ausgeführt, rettete sein Leben. Dayan, damals Chef des Stabes, raste in seinem Wagen hinter dem Verwundeten her. Er konnte seiner Bewegung kaum Herr werden. Sein engster Mitarbeiter sagte: »Ich hatte solchen Gesichtsausdruck bei ihm noch niemals gesehen. Wie ein Vater stand er neben dem Bett; man konnte seinen tiefen Schmerz fühlen. Er stand da ... nicht, um ihn zu ermutigen – da gab es nichts zu ermutigen.
Er stand da, ganz einfach, weil er gefühlsmäßig mit ihm verbunden war.«
Die Einheit »101« stellte ihren Kampfgeist und ihre Kampfstärke zum erstenmal bei einem Vergeltungsangriff auf das Dorf Kibya unter Beweis. Vom militärischen Standpunkt war das Unternehmen Kibya genau das Gegenteil der mißlungenen »Aktion Falama«. Zeigte letztere einen Trend nach unten an, so markierte Kibya den Beginn einer Aufwärtsbewegung.
In der Nacht zum 12. Oktober 1953 drangen eingesickerte Araber aus Jordanien in das Dorf Kfar Yahud ein und warfen eine Handgranate in ein spärlich beleuchtetes Haus. Die Explosion tötete eine Mutter mit zwei Kindern. Bis dahin waren bereits 124 israelische Staatsbürger von eingedrungenen Terroristen getötet worden. Der dreifache Mord in Kfar Yahud aber erregte die öffentliche Meinung Israels, wie kein Zwischenfall vorher. Auch jenseits der Grenze war die Reaktion heftig. Der Kommandeur der Arabischen Legion überwachte persönlich die Untersuchungen der von Kfar Yahud nach Jordanien führenden Spuren und übermittelte sogar der israelischen Regierung ein Ersuchen, von Vergeltungsaktionen abzusehen, da die jordanische Regierung beabsichtigte, die Meuchelmörder selbst zu bestrafen.
Das Ersuchen erreichte den Chef des Stabes und den Verteidigungsminister zu spät. Beide hielten sich nicht an ihrem Amtssitz auf. Es wurden zu der Zeit gerade große Truppenmanöver im Norden des Landes abgehalten. Ben Gurion (in Urlaub), geschäftsführender Verteidigungsminister Pinchas Lavon, Maklef und Dayan waren dabei.

Maklef erinnert sich, daß man am Morgen des 13. Oktober, kurz nachdem die Nachricht vom Mord eingetroffen war, eine improvisierte Besprechung abhielt und übereinkam, einen unerbittlichen Gegenschlag vorzubereiten. Da es der Zahal bekannt war, daß das jenseits der Grenze, Kfar Yahud genau gegenüberliegende Dorf Kibya den Terroristen als Basis und Unterschlupf diente, wurde beschlossen, ungefähr fünfzig Häuser anzugreifen und in die Luft zu sprengen.
Anscheinend wurde auch darüber gesprochen, die Armee anzuweisen, sich nicht von der Durchführung des Auftrags abhalten zu lassen, sollten dabei jordanische Zivilisten getötet werden. Es gibt Grund zu der Annahme, daß von zehn oder zwölf getöteten Soldaten und Zivilisten gesprochen wurde. Dayan wurde zum Armeeoberkommando geschickt. Die anderen blieben bei den Manövern zurück.
Dayan entwarf den Operationsplan in Übereinstimmung mit den erhaltenen Anweisungen.
Er umfaßte Angriffe auf die drei jordanischen Dörfer Skukba, Nihilin und Kibya. Die Aktion befehligte Major Sharon. Unter seinem Befehl standen die Fallschirmjägerkompanie und die Einheit »101«.
Er entwarf seinen Plan und wurde zu Dayan ins Armeeoberkommando befohlen. Sharon erhielt den Befehl, in Kibya so viele Häuser wie möglich zu sprengen; die Zahl fünfzig wurde erwähnt. Dayan befürchtete zu starke Verluste bei der Zahal und riet Sharon daher: »Bestehen Sie aber nicht darauf. Sollten sie feststellen, daß die Geschichte nicht so läuft wie vorgesehen, jagen Sie ein paar Häuser in die Luft und kehren zurück.« – »Ich hörte, was er sagte«, berichtete Sharon, »und beschloß, alles zu tun.« Dann zog Dayan wieder ins Manöver, und Sharon bereitete seine Truppe auf den Einsatz vor, der noch in der gleichen Nacht beginnen sollte.
Teilnehmer des Kibya-Unternehmens sagten später aus, Sharon sei sich bewußt gewesen, daß der Erfolg des Unternehmens von bemerkenswerter Tragweite für die Zukunft seiner Einheit war, und daß er nicht versagen dürfe.
»Wir kehren nicht zurück, ohne den Auftrag ausgeführt zu haben.«
Es war der riskanteste Teil in Sharons Plan, den Männern zu befehlen, das Feuer bis zuletzt zurückzuhalten. Der Überfall begann in der Nacht. Die Fallschirmjäger und die Männer der »101« schossen nicht zurück, als das Abwehrfeuer der jordanischen »Home Guard« auf sie herabregnete. Das Fehlen jeglicher Reaktion auf Seiten der Angreifer verwirrte die Jordanier, die in völliger Verwirrung die Waffen niederlegten und in die im Dunkel der Nacht liegenden Felder flüchteten. Als

die Angreifer das Feuer eröffneten, fielen der jordanische Kommandeur und sein Stellvertreter. Das Durcheinander vergrößerte sich. Die Angreifer hatten das Überraschungsmoment verloren und standen jetzt unter Zeitdruck. Jeden Augenblick konnten die jordanischen Verstärkungen eintreffen. Das Zerstörungswerk mußte schnell beendet werden.

An dem Angriff beteiligten sich 103 Soldaten. 80 davon drangen in Kibya ein. Die Dorfstraßen lagen verlassen. Es sah aus, als hätten die Bewohner das Dorf auf den Spuren der fliehenden Soldaten verlassen. Die Abschnittskommandanten bezeichneten 45 Häuser, die die mit 700 Kilo Dynamit beladenen Soldaten zur Sprengung vorbereiteten. Sharon und seine Männer waren überzeugt, daß keine Seele in den Häusern zurückgeblieben war. Sie sagten aus, daß nach kurzem Kampf der einzige Laut, der zu hören war, aus dem verlassenen Café drang, in dem ein Radio plärrte. Die Häuser gingen nacheinander in die Luft. Am 15. Oktober, morgens um 3.30 Uhr, viereinhalb Stunden nach seinem Beginn, war das Unternehmen Kibya beendet. Die Einheit erlitt keine Verluste. Die Jordanier verloren etwa zehn bis zwölf Mann, die alle außerhalb der Häuser gefallen waren. Dayan schickte Sharon eine Notiz: »Niemand gleicht Ihnen!«

Derselbe Tag enthüllte ein schreckliches Geschehen. Neunundsechzig Jordanier – die Hälfte davon Frauen und Kinder – waren getötet worden. Die meisten von ihnen in den gesprengten Häusern.

Aus Furcht vor den angreifenden Soldaten hatten sie sich in den Häusern versteckt und waren auch nicht entdeckt worden, als die Soldaten die Sprengladungen anbrachten. Die israelische Regierung, die Öffentlichkeit in Israel, Jordanien und in der ganzen Welt war tief erschüttert. Die direkte Verantwortung dafür ist bis auf den heutigen Tag zwischen Ben Gurion und Lavon umstritten. Der Öffentlichkeit teilte man mit, daß die ganze Geschichte ein Racheakt der Grenzsiedler, die dauernd den Angriffen der ständig einsickernden Jordanier ausgesetzt waren, gewesen sei. Ben Gurion meinte, daß hier eine Lüge im Interesse des Staates entschuldbar sei. Moshe Sharett stimmte zu und fügte dem Entwurf der Rundfunkrede Ben Gurions noch ein paar kleine Korrekturen hinzu.

Einen Tag, nachdem er seine Ämter als Ministerpräsident und Verteidigungsminister wieder übernommen hatte, am 19. Oktober, verlas Ben Gurion die Erklärung im Rundfunk und sagte: »Wir haben die Angelegenheit sorgfältig geprüft und festgestellt, daß keine einzige Truppeneinheit, auch nicht die allerkleinste, in der Nacht, als sich die

Vorgänge in Kibya abspielten, von ihrem Standort abwesend war.« Er schrieb den tragischen Überfall den Grenzsiedlern zu, »die in der Mehrzahl jüdische Flüchtlinge aus arabischen Ländern und Überlebende der Konzentrationslager sind und die jahrelang mörderische Angriffe mit größer Zurückhaltung ertragen haben.«

Es schien, als hätte die Scham über das grauenvolle Geschehen dieser Erklärung einen Hauch von Abgeschmacktheit verliehen. In den Reihen der Fallschirmjäger gab es keine Flüchtlinge aus arabischen Ländern und keine Überlebenden des nationalsozialistischen Völkermordes. Die Männer der »101«, die das ganze Unternehmen durchgeführt hatten, waren alle ohne Ausnahme im Land geborene Israelis. Die meisten von ihnen stammten aus den ältesten landwirtschaftlichen Siedlungen. Alles war aus den Werten von Gerechtigkeit und Kameradschaft unter Männern gewachsen. Niemand haßte die Araber, aber jeder erledigte seine Aufgabe mit Freude, denn sie waren überzeugt, daß die Existenz Israels davon abhing. Später machten die an der Kibya beteiligten Truppen geltend: »Niemand hat ausdrücklich etwas davon gesagt, keine Frauen und Kinder zu belästigen. Es wurde als selbstverständlich angesehen, daß wir so etwas niemals tun würden.«

Im Verlauf des Unternehmens hatte man den angreifenden Einheiten befohlen, sicherzustellen, daß sich in den zu sprengenden Häusern niemand mehr aufhielt. Dayan, zuerst als Erster Generalstabsoffizier, später als Chef des Stabes, bestand darauf, daß die Soldaten wenn nötig unter Lebensgefahr in die Häuser zu gehen hätten, um sicherzustellen, daß diese auch wirklich geräumt waren. Er erließ ausdrückliche Befehle, die es der Zahal verboten, auf Zivilisten zu schießen. Aus den Angriffsbefehlen des Armeeoberkommandos wurde die Benutzung von Artillerie, Granatwerfern und in einigen Fällen sogar von Handgranaten verbannt, aus Angst, es könnten Zivilpersonen damit zu Schaden kommen. Als Dayan Chef des Stabes wurde, veranlaßte er einen radikalen Wechsel in der Politik der Vergeltungsaktionen. Es wurden nur noch militärische Angriffsziele ausgesucht, und im Verlauf seiner Amtszeit führte die Zahal keine weiteren Aktionen gegen Dörfer und ihre Bewohner mehr durch. Dies war das erste und letzte Kibya der Zahal.

Dayan war eine der wenigen führenden Persönlichkeiten des Landes – wenn nicht die einzige –, die nicht durch die unerwarteten Ergebnisse des Überfalls auf Kibya gedemütigt war. Obgleich ihn der Tod der wehrlosen Zivilisten mitgenommen hatte, betrachtete er die Geschehnisse als einen der Zufälle des Krieges. Er wußte ganz genau, daß die Verluste nur so hoch ausgefallen waren, weil die israelischen Truppen

in dem festen Glauben gehandelt hatten, leere, von den Bewohnern geräumte Häuser zu sprengen, und er stand voll hinter den 101ern und den Fallschirmjäger. Führerschaft, besonders im Kampf, wurde nicht durch detailliertes Analysieren und gerade zutreffende Schlagworte erworben.
Sie wird durch standhafte Unterstützung und durch die Übernahme der vollen Verantwortung für das Blutvergießen des Krieges erlangt.
Kibya kann daher als der Grundstein von Moshe Dayans Befähigung zum Feldherrn angesehen werden.
Dayan flog am 19. Oktober nach Lake Success und informierte die israelische UNO-Delegation über die von Jordanien beim Weltsicherheitsrat eingebrachte Beschwerde. Israel wurde wegen des Kibya-Unternehmens einmütig verurteilt. Aber die Meinung der Weltöffentlichkeit verringerte nicht seinen Glauben an ein lebensnotwendiges Recht auf Vergeltungsmaßnahmen und änderte auch nicht seine Ansichten über den Zwischenfall von Kibya. Ein paar Wochen nach seiner Rückkehr aus Lake Success, am 8. Dezember, sprach er zu den Absolventen der Offiziersschule. Es war seine erste öffentliche Ansprache als Chef des Stabes.
Er führte aus:
»Sie werden den palästinensischen Arabern von Angesicht zu Angesicht gegenübergestellt werden. Die Araber tragen die Erinnerung an die Niederlage im Unabhängigkeitskrieg in ihren Herzen, ebenso die Hoffnung auf einen zweiten Waffengang. Die Regierung (von Jordanien) ist ihnen beim Umbau ihrer Dörfer zu militärischen Stützpunkten (für Unternehmen gegen Israel) behilflich ... Wenn (die Weltöffentlichkeit) meint, das Kibya-Unternehmen und den Staat Israel verurteilen zu müssen, gibt es genug Menschen, die das gleich aufgreifen, aber wenn die Zeit kommt, da es gilt, die Hauptstadt Israels und die Knesset (das Parlament), die nur ein paar hundert Meter von der Grenze entfernt sind, zu verteidigen, werden Sie allein diese Verantwortung zu tragen haben!«
Als Erster Generalstabsoffizier betrachtete Dayan das Kibya-Unternehmen als einen Erfolg. Seit Tel Mutilla im Mai 1951 war es zum erstenmal wieder ein Unternehmen, das »völlig ausgeschöpft« worden war, wie er es nannte. Seine Meinung über die Spezialeinheit verändert sich dadurch in jeder Hinsicht. Ein ausgezeichnetes Beispiel für Dayans Fähigkeit, seine Ansichten in Verbindung mit neuen Tatsachen und geänderten Verhältnissen zu ändern. Für eine von Dayans wertvollsten Eigenschaften hielt Yadin, daß er sich nie von den Typen beein-

flussen ließ, die tönten: »Ich hab's ja gesagt.« Bis dahin hatte er sich immer gegen ausgesuchte Eliteeinheiten, »Teams«, gewehrt. Seiner Überzeugung nach hatte die gesamte Zahal eine Elitetruppe zu sein; jetzt fing er an, sich mit dem Gedanken vertraut zu machen, die »101« könne ihren Geist über die gesamte Armee ausbreiten. So befahl er zunächst einmal den Zusammenschluß der »101« und der Fallschirmjäger zu einem Truppenteil. Es war seine Absicht, die Einzigartigkeit, den Wagemut und den Kampfgeist des »Bandenstils« der 101er mit der Organisation, der Disziplin und den Ausbildungsverfahren des Fallschirmjägerbataillons, dessen Kommandeur und Ausbildungspersonal in der britischen Armee ausgebildet worden waren, zu vereinigen. Der britische Einfluß war so groß, daß bis zum Zusammenschluß das Ausbildungsprogramm in englischer Sprache niedergeschrieben wurde.

In Dayans Plan war eine Kettenreaktion eingebaut: die »101« würde die Fallschirmjäger beeinflussen, die ihrerseits wieder auf die gesamte Armee einwirken würden.

1948 wurde für Moshe Dayan ein neuer Spitzname geprägt: »Arabber« (Jiddisch: Araber). Das hatte wahrscheinlich zwei Ursachen. Erstens war er bei der Haganah Offizier für arabische Angelegenheiten (Jiddisch: Arabische Gescheften) gewesen, und zweitens war man der Meinung, durch ständigen Umgang mit arabischen Angelegenheiten habe er sich gerade das in Benehmen und Denkweise angeeignet, was allgemein für »arabisch« gehalten wurde. Der Spitzname »Arabber« wird im allgemeinen einem Menschen verliehen, der nicht immer ganz genau das sagt, was er denkt. Die Art, wie die Verschmelzung der »101« und des Fallschirmjägerbataillons durchgeführt wurde, ließ vielen klar werden, warum der Spitzname so angemessen war.

Einen Monat nach Dayans Ernennung zum Chef des Stabes, am 6. Januar 1954, fand der Zusammenschluß statt. Dayan hatte sich aber schon ein paar Tage nach dem Überfall auf Kibya dazu entschlossen.

Sowohl Oberstleutnant Yehudah Harari als auch Major Ariel Sharon hatten gute Gründe anzunehmen, sie würden mit der Führung der neuen Einheit betraut werden. Beiden hatte Dayan das Kommando zugesagt.

Harari war der dienstältere Offizier. Der Leiter der Ausbildungsabteilung des Heeres, Meir Zorea, war überzeugt, daß Dayan zweifellos Harari mit dem Kommando betrauen würde und traf dazu alle nötigen Vorbereitungen. Doch unter strengster Vertraulichkeit und ohne

Wissen des Armeeoberkommandos teilte Dayan Sharon mit, daß er das Kommando erhalten werde. Harari erfuhr erst später und offiziell durch Dayan, daß nicht er, der Oberstleutnant, sondern Major Ariel Sharon zum Kommandeur der neuen Einheit, die jetzt die Nummer »202« trug, ernannt worden war.

Warum hielt Dayan seinen Kandidaten für den führenden Posten in der »202« so lange geheim und warum verursachte er einem Mann wie Harari soviel unnötigen Ärger? Ein Teil der Antwort liegt in der Tatsache, daß beide Einheiten – die »101« und die Fallschirmjäger – die Verschmelzung ablehnten. Die einen wollten keine militärischen Puppen werden, die anderen sich nicht auf Stil und Niveau der »Partisanen« von »101« herabdrücken lassen. Als die Verschmelzung dann doch stattfand, verließen tatsächlich eine ganze Menge Fallschirmsoldaten und Männer der »101« die neue Einheit. Es ist sehr wahrscheinlich, daß Dayan mit der Geheimhaltung des Namens des zum Kommandeur bestimmten Offiziers Mannschaftsverluste verhindern wollte. Es könnte auch sein, daß er sich bis zur letzten Minute freie Hand lassen wollte.

Rückwirkend betrachtet, kann es gar keinen Zweifel geben, daß Dayans Wahl berechtigt war. Drill, Ordnung und Disziplin können von vielen Offizieren gelehrt werden, nur wenige aber können Wagemut und Wendigkeit vermitteln. Mit der Ernennung Sharons zum Kommandeur der neuen Einheit, machte Dayan die »101« zum Rückgrat der neuen Einheit »202« und übertrug damit ihren Kampfgeist auf die gesamte Armee.

Schon zu Beginn des Wirkens der Einheit »202« führte Sharon ein neues System ihrer Beziehungen zum Armeeoberkommando ein. Befehle interpretierte er auf seine Weise und gab seine Interpretation an seine Soldaten weiter. Obgleich Dayan als Erster Generalstabsoffizier das »völlige Ausschöpfen eines Auftrags« verlangte, auch wenn 50 Prozent Verluste dabei auftraten, endeten die Operationsbefehle der Zahal mit dem Vermerk: »Wenn es zu machen ist, tun Sie es.« Nach Dayans Überzeugung könnten die Einheiten viel mehr leisten, als seine Kollegen glaubten, denn sie interpretierten die Klausel »Wenn es zu machen ist« lässiger.

Sharon ging den entgegengesetzten Weg. Er machte Dayans Maximum zu seinem Minimum und bemühte sich um immer bessere Ergebnisse. Unmittelbar vor Kibya steckte Dayan zurück und teilte Sharon mit, daß er, sollte er in Schwierigkeiten geraten, es mit dem Sprengen einiger Häuser bewenden lassen könne, um sich dann zurückzuziehen.

Sharon aber war entschlossen, alles zu erledigen – fünfundvierzig Häuser – wie befohlen. Nach seiner Überzeugung konnte man Höchstleistungen nur mit dem Befehl »Mir nach!« und nicht mit der vagen Aufforderung »Wenn es zu machen ist, tun Sie es« erreichen.
Alles was Dayan als Erster Generalstabsoffizier unverdrossen gepredigt hatte, in Vorträgen, Tagungen, Übungen erklärte und begründete, hier traf es plötzlich auf einen naturbegabten Meister, der es in der neugebildeten Einheit durchsetzte. Für die »Zweihundertzwei« Fallschirmsoldaten wurden die Befehle »Auftrag restlos durchführen« und »Mir nach« zur zweiten Natur.
Binnen kurzer Zeit wurden die Fallschirmtruppen, »Die Roten Mützen«, zur Crème aller Einheiten in der Zahal. Sie erhielten die Bezeichnung Fallschirmjäger und dienten der gesamten Zahal als Leitbild.
Nach einer Reise in die Vereinigten Staaten mit Yitzhak Rabin im Juli 1954 wollte Dayan ein System übernehmen, das in den Vereinigten Staaten von verschiedenen militärischen Einheiten angewendet wird: sämtliche Offiziere einer Fallschirmspringerausbildung zu unterziehen. Pinchas Lavon war darüber besorgt. Er befürchtete den Verlust oder die Dienstunfähigkeit dringend benötigter Offiziere. Sehr energisch widersetzte er sich Dayans Forderung, an dem Lehrgang teilzunehmen, und schrieb ihm: »Sie haben wahrscheinlich überhaupt keine Vorstellung von Ihrer Bedeutung.« Dayan schickte den Brief zu Lavon zurück mit dem Vermerk: »Mein Ich ist nur solange von Bedeutung, wie ich mir selber treu bleiben kann und keine Marionette bin.«
Er absolvierte den Lehrgang mit Erfolg, und Ende 1954 heftete Sharon ihm die Schwingen der Fallschirmspringer an die Uniform.
Mit der Weiterentwicklung der »202« vergrößerte sich die Einsatzbereitschaft der Zahal merklich. Das änderte Dayans Einstellung gegenüber den Frontbataillonen der Armee. Wenn er früher gezwungen war, ihnen Mut zuzusprechen und zu schmeicheln, manchmal sogar mit einigen Flaschen Schnaps, stellte er fest, daß die Männer der »202« jetzt eine zurückhaltende Hand benötigten. Sharons häufige Forderung nach neuen Einsätzen wurden letztlich mehr und mehr durch Dayans einschränkenden Einfluß abgebremst. Zwei Jahre lang, bis zum Dezember 1955, waren alle Kampfeinsätze der Zahal den Fallschirmjägern der »202« übertragen worden.
Die Einheit wurde ein »Treibhaus für Helden«, wie Ben Gurion es nannte, und sie »formte Helden vom Geist der Makkabäer«.
Es gelang Dayan auch – mit Erfolg, wie sich herausstellte –, den Neid

der Kommandeure und der Soldaten anderer Einheiten zu erwecken. Diese Stimmung lieferte einen vortrefflichen Hintergrund für die gesamte Zahal, Kampfgeist und Gefechtsnormen der »202« anzunehmen. Das Ziel wurde erreicht, indem man Beobachter des Generalstabs und Kommandeure anderer Einheiten Fallschirmjäger-Unternehmen zuteilte oder zu Einheiten, die gerade einen Überfall durchführten, zusätzliche Offiziere abkommandierte, die dann später das Gelernte an ihre Einheiten weitergaben. Manchmal wurden auch Offiziere der »202« zu anderen Einheiten versetzt oder der Ausbildungsabteilung des Generalstabs zugeteilt. Innerhalb von zwei Jahren hatte in der Zahal die neue Lehre von der Infanteriekriegführung Gestalt angenommen. Dayans System hatte Früchte getragen.
Im Dezember 1955 hatten die Fallschirmjäger ihren einmaligen Geist und ihre Haltung auf die gesamte Armee übertragen. Jetzt erhielten auch andere Einheiten Gelegenheit, eigene Gefechtshandlungen durchzuführen, wie die bei Sabha und Genezareth und beim »Unternehmen Yarkon«. Im Oktober 1956, bei Beginn des Sinai-Feldzugs, war die Zahal eine neue Armee.
Während der ersten fünf Monate von Dayans Amtsführung als Chef des Stabes, grub sich eine einzigartige Eigenschaft tief in die Haltung der Zahal ein, wo sie zum beherrschenden Faktor bei der Festigung des Kampfgeistes der Armee wurde:
Der Grundsatz, keinen Toten oder Verwundeten auf gegnerischem Gebiet oder in den Händen des Gegners zurückzulassen. Das hatte einen ganz einfachen Grund. In vielen Fällen hatten die Araber an Verwundeten, die in ihre Hände gefallen waren, scheußliche Greueltaten verübt. Es gab Fälle, in denen Verwundete sofort in ein Krankenhaus gebracht und ordnungsgemäß versorgt worden waren, doch das Schicksal der verwundeten Soldaten, die dem Gegner in die Hände fielen, war niemals vorhersehbar. Außerdem war die Behandlung der Kriegsgefangenen in den arabischen Ländern, besonders in Syrien, berüchtigt unmenschlich. In einigen Fällen war der Tod der Gefangenschaft vorzuziehen.
Anfangs war der Grundsatz, niemals Verwundete zurückzulassen, noch nicht zur zweiten Natur der Männer der »101« und »202« geworden. 1954 wurde als Vergeltung für die Ermordung eines Israeli in Ra'anana von sieben Männern der »202« ein verwegener Vergeltungsangriff auf einen Stützpunkt der Arabischen Legion in Azun durchgeführt, der drei Legionäre das Leben kostete. Es waren harte 30 Kilometer nach Azun zu marschieren, hin und zurück. Während des Ge-

fechts wurde der Unteroffizier Yitzhak Jibli, einer der ersten Männer der »101«, verwundet. Seine Kameraden trugen ihn den größten Teil des Weges zurück. Doch es bestand die Gefahr, daß sie bei Tagesanbruch einem größeren jordanischen Angriff ausgesetzt sein würden, und bis dahin waren es nur noch zwei Stunden. Die Männer berieten kurz. Es war zwei Uhr morgens, es waren noch 13 Kilometer zu marschieren und nur noch etwa zwei Stunden bis zur Dämmerung.
Meir Har-Zion schrieb in sein Tagebuch: »Die einzige Alternative schlich sich in mein Bewußtsein, mich vor Schrecken lähmend – wir mußten Jibli liegen lassen. Dem Tode ausgeliefert. Der Mensch, Kämpfer, Kamerad – hilflos. Gott sei Dank, bin ich nicht allein; Davidi ist noch da. Dividi, es gibt keine andere Wahl! Hörst Du? Wir müssen Jibli liegen lassen. Wir schauen uns in die Augen. Keiner von uns will sich mit dem gräßlichen Gedanken abfinden.«
Es war Jibli selbst, der die Männer bat, ohne ihn weiterzugehen.
Der Führer des Unternehmens küßte Jibli auf die Stirn. Die sechs Männer rannten fast den ganzen Weg zurück auf israelisches Gebiet.
Ein paar Tage später sickerte durch, daß Jibli der Arabischen Legion lebend in die Hände gefallen, aber trotz der heftigen Folterungen beim Verhör nicht zusammengebrochen war. Die Fallschirmjäger ersuchten das Armeeoberkommando, etwas zu unternehmen, um Jiblis Freilassung zu erreichen.
Dayan, der sich der Bedeutung bewußt war, die das Bergen und Mitnehmen der Verwundeten hatte, und der selber die Bitterkeit der Gefangenschaft erfahren hatte, genehmigte der »202« eine Serie von gesonderten Operationen, die alle der Geiselnahme von der jordanischen Armee dienten.
Eine Einheit, von Meir Har-Zion geführt, drang in Jenin ein und brachte einen jordanischen Soldaten als Geisel zurück. In zwei weiteren Aktionen wurden noch vier weitere geholt. Jetzt hatte die Zahal fünf jordanische Soldaten in Gewahrsam, und Dayan leitete die Verhandlungen wegen der Freigabe Jiblis ein.
Bei seinem ersten Gespräch mit Generalleutnant Burns, dem Chef der UNTSO, sagte er (Burns zufolge), »ich will mit einleitendem Gerede keine Zeit verlieren und gleich auf die Sache selbst zu sprechen kommen«. Burns erkundigte sich, ob die fünf jordanischen Gefangenen bedingungslos freigelassen werden sollten. Ob er glaube, fragte Dayan, daß die Jordanier genauso großzügig seien und den Unteroffizier Jibli, den sie seit dem 28. Juli in Gefangenschaft hielten, zurückschickten? Burns bemerkte, daß Dayans Angebot ihm verbrecherisch und anma-

ßend erschiene, denn immerhin sei Jibli ja auf jordanischem Territorium in Gefangenschaft geraten, nachdem er und seine Kameraden mehrere jordanische Soldaten getötet hätten, während die fünf Jordanier auf jordanischem Boden gefangengenommen worden seien. Nichtsdestoweniger vermittelte Burns zwischen den beiden Seiten, und der Austausch fand statt. Als Jibli gesund und munter nach Israel zurückkehrte, entboten ihm seine Freunde und der Chef des Stabes ein fröhliches Willkommen. Dayan verlieh ihm später eine Auszeichnung.

Jibli war der erste und letzte Soldat der Fallschirmjäger und später der Zahal, der auf dem Schlachtfeld verlassen wurde. Von jetzt an trugen alle Einsatzbefehle der Zahal den ausdrücklichen Befehl: Verwundete dürfen nicht auf dem Schlachtfeld zurückgelassen werden.

Dieser Grundsatz wurde in der Zahal zum geheiligten Dogma. Geheiligt durch das Blut derjenigen Soldaten, die mit ihrem Leben bezahlten, weil sie verwundete Kameraden bergen wollten.

So entstand eine einzigartige Bruderschaft verschworener Kämpfer. Keine Armee der Welt hat ähnliches aufzuweisen.

17
»Die junge Armee« (1954)

Am 7. Dezember 1953 regnete es in Strömen. Es war Dayans erster Amtstag als Generalstabschef der Zahal. Die für diesen Tag angesetzte Schlußparade des Offiziersausbildungslehrgangs wurde trotzdem durchgeführt.
Zum erstenmal hielt Dayan eine Ansprache als Chef des Stabes. Er wies darauf hin, daß die jungen Offiziere sich auf einen Zustand vorzubereiten hätten, in dem allein sie selbst – und nicht die UNO, die Weltmeinung, Freunde oder Verbündete – die Verantwortung für das Weiterbestehen des Staates Israel zu tragen hätten.
Dieser trüb-dunkle Wintertag barg eine gewisse Symbolik. Nach dem Zusammensein mit den jungen Offizieren des Lehrgangs kehrte Dayan in seine Amtsräume zurück. Eine ganze Reihe von Unterredungen mit höheren und an Jahren älteren Offizieren stand auf der Tagesordnung. Dayan war der Meinung, daß für viele von ihnen der Zeitpunkt ihres Ausscheidens aus dem aktiven Dienst herangekommen war. Die Zahal benötigte ihre Dienste nicht mehr.
Es war Dayans Absicht als Chef des Stabes, vordringlich die Armee zu verjüngen, eine junge Armee aufzubauen oder, wie man damals sagte, ihr »frisches Blut zuzuführen«. Wegen des Unwetters war in Tel Aviv inzwischen die Stromversorgung ausgefallen. Kerzen tauchten die makabre Szene in düsteres Licht.
Bis zum Abend hatte Dayan mit einer langen Reihe von Offizieren gesprochen. Neora erinnert sich: »Jeder, der hineinging, schien beim Heraustreten Tränen in den Augen zu haben. Ich weiß nicht, ob es die Reflexion des Kerzenlichts war oder ob es echte Tränen waren.«
Allgemein hatte man angenommen, daß, sobald Dayan seine Tätigkeit aufgenommen hatte, »Köpfe rollen« und seine erste Amtshandlung Entlassungen sein würden. Der Verdacht war begründet und verlieh ihm – zumindest in den Augen eines Teils der Öffentlichkeit – den Ruf eines Chirurgen, eines Mannes, der sich um Gefühle und Rechte

derer, die nach seiner Meinung der Forderung nach dem »Ausschöpfen des Auftrags« nicht voll entsprachen, nicht scherte.
Damals klang diese Bezeichnung »Chirurg« ein wenig nach Henker. Besonders in Kreisen der Mapai und der Histadrut. Jene Kreise verfolgten gespannt Dayans Maßnahmen und stellten mit Sorge fest, daß er, sollte er nach seinem Ausscheiden aus der Armee eine politische Karriere anstreben, eine Gefahr bedeuten würde. Parteifunktionäre hatten ihn ja schon als »gefährliche Person« abgestempelt, noch ehe er zum Chef des Stabes wurde.
Der damalige Außenminister Moshe Sharett war außer sich über Dayans Ernennung. Er schrieb Ben Gurion, er sei viel zu sehr Partisan und es mangele ihm an Gespür für politische Verantwortung. Sharett lud seinen Ärger darüber, daß Lavon Vergeltungsaktionen gebilligt hatte, von denen das Außenministerium entweder überhaupt keine Kenntnis hatte oder dessen Ergebnisse und Konsequenzen weit über das hinausgingen, was er erwarten konnte – nach den ihm zur Kenntnis gebrachten Unterlagen, versteht sich – bei Dayan ab. Auch daß er ganz allein, ohne ein Gefolge loyaler Freunde, Adjutanten oder Assistenten, seinen Posten antrat, trug ihm die Bezeichnung als »gefährlicher Mann« ein. Man fürchtete sich vor ihm, vor allem, weil er seine Gedanken bei sich behielt. Parteigrößen und Politiker konnten niemals sicher sein, mit ihm über einen bestimmten Zeitraum rechnen zu können oder gar eine politische Absicht mit ihm zu koordinieren. Das Rätselhafte an Dayan vergrößerte sich in dem Maße, wie sich seine Fähigkeit entwickelte, die eingeschlagene Richtung je nach den Umständen oder beim ersten Heraufdämmern neuer Lösungen zu ändern.
Die Atmosphäre schleichenden Mißtrauens, das Flackern der Kerzen, die Stimmungen der Regennacht im Armeeoberkommando, das alles floß zusammen zu der Legende von der »Bartholomäusnacht« – am ersten Tag seiner Amtsführung als Chef des Stabes. Tatsächlich aber vollendete er langsam und schrittweise seine Politik der »Neuen Jungen Armee«. Ben Gurion selbst hatte diese Politik begonnen und den zweiunddreißigjährigen Yadin zum Chef des Stabes ernannt. Er überging schon damit eine ganze Generation altgedienter Männer aus der Haganah. In militärischen Kreisen nannte man das »weg mit der Generation der Wildnis«. Was Ben Gurion begann, vollendete Dayan in drei Jahren. Wie Zvi Zur, damals Chef der Heerespersonalabteilung, sagte: »Dayan handelte langsam, doch systematisch; vornehm, doch entschlossen. Viele der ranghöchsten altgedienten Haganah-Veteranen schieden während seiner Amtsführung aus der Armee aus.« Man ent-

ließ die älteren Herren nicht einfach, sie gingen auf eigenen Wunsch. Für sie verfügte man nicht mehr über ihrem Rang und Dienstalter angemessene Planstellen.

Die Legende glaubt zu wissen, daß Yehudah Harari der erste gewesen sei.

Er wurde aber nicht »gelüftet«, wie behauptet wurde, sondern man sagte ihm, die »202« würde ab sofort einem Offizier niedrigeren Dienstgrades anvertraut werden.

Auf diese Weise begann bei der Zahal die Reduzierung der Kader regulärer Offiziere. Der ständige Druck, Kosten einzusparen, trug genauso dazu bei wie der Wunsch Dayans, soviel von dem gekürzten Budget wie möglich für die Beschaffung von Ausrüstung und Waffen zu verwenden. Vor allem bemühte er sich unermüdlich, überschüssiges Personal loszuwerden und überzähliges Material, das den Zielen der Armee nicht mehr dienlich war, abzuschaffen, Truppenteile wie Kavallerie und Brieftaubeneinheiten aufzulösen, um so eine stets kampfbereitete Zahal zu schaffen, die aus nichts als stets einsatzfähigen Einheiten zu bestehen hatte. Dayan verbündete sich mit dem Finanzministerium, dessen dauernden Druck zur Kostensenkung er sogar verdoppelte, indem er Gehaltskürzungen forderte, um die Anschaffung von Bewaffnung und Ausrüstung finanzieren zu können. Einzelheiten des Plans verdichteten sich erst gegen Ende der ersten Dienstjahre als Chef des Stabes. Er war einmalig, revolutionär und im Grunde altersfeindlich. Wenn es stimmt, daß Dayan die Generation der Wildnis auf die Guillotine schickte, muß man hinzufügen: er machte die Guillotine zur Dauereinrichtung. Mit der für ihn charakteristischen Ungeduld wartete er nicht, bis seine Absichten der allgemeinen militärischen Öffentlichkeit klar vor Augen standen.

Meir Amit, damals Assistent des Ersten Generalstabsoffiziers, berichtete: »Damals fing er damit an, in seinem Haus Versammlungen abzuhalten. Ich habe niemals begriffen, wen er einlud und warum. Er holte die Leute ohne ein sichtbares System zusammen, einfach nur Männer, die er mochte und deren Ansichten er respektierte.«

Dienstrang und Stellung spielten bei seiner Auswahl keine Rolle. Anscheinend waren etwa 20 bis 30 Armeeangehörige bei dem ersten Treffen anwesend, in dem er sich ausführlich über das, was er das »verdoppelte Leben« oder »die zweite Sphäre des Lebens« nannte, verbreitete. Sein Grundgedanke war extrem einfach: eine gute Armee ist eine junge Armee. Die in ihren Dienststellungen alt gewordene Offiziersschicht führt bei der Armee zu Schwerfälligkeit, zur Lähmung neuer Ideen und der Ablehnung junger, unternehmender Offiziere. Das führt zum Stillstand in der Entwicklung und zu Auflösungserscheinungen durch kleine und größere Vorteile am Rande, sowie zu Egoismus. Die Zahal muß dementsprechend bereits zu einem frühen Zeitpunkt die Zwangspensionierung einführen. Jeder, der die Armee wählt, muß sich auf einen zweiten – zivilen – Lebensabschnitt vorbereiten.

Als der Plan dann vom Heerespersonalamt in die entsprechende Form gegossen war, wurde er transparenter. Der Grundsatz, einen aktiven Offizier nicht über die ganze Spanne seines produktiven Lebens im Dienst zu behalten, erfuhr breite Unterstützung.

Das Militär-Pensionsgesetz wurde entworfen, um das Ausscheiden der Vierzigjährigen zu erleichtern. Das Konzept jedoch wurde mit der Zeit geändert, und nach Dayans Amtsperiode begann die Armee wieder »älter« zu werden.

Die israelische Gesellschaft wurde von Dayans Entwurf weitreichend beeinflußt. Sein Plan des »zweifachen Lebens« entließ die vierzigjährigen ehemaligen Offiziere ins Zivilleben – talentierte, ehrgeizige, vitale Männer auf der Höhe ihrer Leistungskraft. Die Wirtschaft riß sich um diese jugendlichen »Pensionäre« und bot ihnen überall leitende Positionen an. Das ging so weit, daß die israelische Gesellschaft mehr und mehr militärische Züge annahm. Während die Zahal die Politik vom »zweifachen Leben« zugunsten einer besseren Armee guthieß, fürchteten die Parteifunktionäre ihre Anwendung in weitergestecktem Rahmen. Sie bezeichneten Dayan infolgedessen als jemanden, »der sich der Alten zugunsten der Jungen entledigt«. Sie fragten sich natürlich, ob er nicht vielleicht doch seine Gedanken auf das zivile Leben übertragen würde, und, sollte er in ein öffentliches Amt gewählt werden, sich nicht einfach einen neuen Plan vom »zweifachen Leben« einfallen lassen würde, um jetzt die vierzig- bis fünfzigjährigen Funktionäre aus den Ämtern zu drängen. Es hatte den Anschein, als ob die Mapai-Funktionäre die nichtmilitärischen Verästelungen Dayanscher Politik gar nicht wahrnahmen. Das ist in der Tat aber notwendig, will man die Feindschaft begreifen, die die älteren Mitglieder der Mapai denjenigen entgegenbrachten, die sie »die jungen Sprinter« in der Partei nannten.

Dayan begann mit einer ganzen Serie von Überraschungsbesuchen, um die Wachsamkeit und Bereitschaft der Armee zu schärfen. Gewöhnlich fuhr er allein zu den Stützpunkten, und zwar nachts. Er kontrollierte die Offiziere vom Dienst. Stieß er auf irgendeine Verfehlung gegen die Dienstvorschriften, besprach er das Problem auf der Stelle mit rangniedrigen Offizieren oder sogar Feldwebeln. Die Offiziere vom Dienst, die nicht dort angetroffen wurden, wo sie sich nach den Bestimmungen der Dienstvorschrift aufzuhalten hatten, wurden aus der Armee entlassen. Die gesamte Armee wurde bald von einer Furcht vor diesen »Überraschungsbesuchen« erfaßt. Auf einer dieser Visiten sprach Dayan mit Soldaten, die gerade von einer nächtlichen Übung zurückgekehrt waren. Jedesmal, wenn sie von den anstrengenden Übungen heimkehrten, war die Küche schon geschlossen, und sie hatten mit leerem Magen ins Bett zu gehen. Dayan empfand das als ausgesprochen ungerecht. Es ging nicht an, daß während die kämpfenden Truppen in der Nacht ausgebildet wurden, die rückwärtigen Dienste ihren normalen Tagesdienst absolvierten und sich in der Nacht eines ungestörten Schlafs erfreuten. Er erließ sofort einen Armeebefehl, demzufolge der kämpfenden Truppe eine warme Mahlzeit nach jeder Nachtübung zustand. Um sicherzugehen, daß sein Befehl auch durchgeführt wurde, bezog er die Kantineneinrichtungen in seine Überraschungsbesuche ein.

In lebenswichtigen Dingen vertraute er niemandem, nur sich selbst. Eines Nachts kam er spät zu einer Panzereinheit und stellte fest, daß zum heißen Tee, der für die Männer bereitgestellt war, der Zucker fehlte. Man sagte ihm, die Zuckerzuteilung reiche nicht aus für eine zusätzliche Mahlzeit in der Nacht. Sofort rief Dayan den Chef der Armeeversorgungsabteilung in seiner Wohnung an und befahl ihm, persönlich oder durch einen seiner älteren Offiziere noch in der gleichen Nacht drei Sack Zucker zu der betreffenden Einheit zu schaffen. Gegen Quittung. Am nächsten Morgen stand dann der Chef der Armeeversorgungsabteilung in Dayans Büro und präsentierte die Quittung des Kommandeurs der Panzertruppeneinheit: »Erhalten: drei Sack Zukker.«

Dayan hatte dadurch natürlich hervorragende Kontakte zum »gemeinen Mann« und zur Truppe überhaupt. Der Stabsarbeit war das nicht zuträglich. Schwierigkeiten und Mehrarbeit, Informationsmangel und dauernd neue Änderungen hatten bewältigt zu werden. Dayan sagte dem Ersten Generalstabsoffizier Meir Amit einmal: »Mich interessiert der ganze logistische Kram überhaupt nicht. Ich sage, was getan werden muß. Nun laß sie sehen, wie sie damit fertig werden.«

Man hielt Dayan für einen Pingpongball, hastig, übereilt, unbekümmert. Hier eine Einheit aufgelöst, dort eine neue aufgestellt. Diejenigen, die dauernd und eng mit ihm zusammenarbeiteten, wußten, wie er seine Entscheidungen fällte. Sie wußten, daß er jeden seiner Schritte sorgfältig plante. Amit sagte: »Niemand kann ermessen, wie vorsichtig Dayan ist, besonders dann, wenn es gilt, von einem Vorgesetzten Genehmigungen einzuholen. Ich kann mich nicht an einen einzigen Fall erinnern, wo er auch nur einen Schritt tat, ohne zuerst die Zustimmung der vorgesetzten Dienststelle einzuholen.«

Das überraschte sogar Ben Gurion. Am Abend des 10. Oktober 1956, im Zuge der Vergeltungsaktion Kalkilya, geriet die angreifende Einheit in ernste Schwierigkeiten. Von Minute zu Minute stiegen die Verluste. Es bestand die Gefahr, daß die Einheit umgangen und zusammengeschossen wurde. Dayan wollte Artillerie einsetzen und zog sogar einen Luftwaffeneinsatz in Betracht, um die gefährdete Einheit zu entsetzen. Es überraschte Ben Gurion, daß Dayan nicht auf eigene Verantwortung handelte, sondern sich an ihn wandte, um einen ausdrücklichen Befehl des Verteidigungsministers dafür zu erwirken. Als Dayan aus seinem Amt als Verteidigungsminister ausschied, schrieb Ben Gurion: »Sie entfalten zwei grundlegende und scheinbar widersprüchliche Eigenschaften, die aus Ihnen einen der besten Soldaten in Israels Verteidigungsstreitkräften machten: einen beinahe unbekümmerten Wagemut und ein gründliches taktisch- und strategisches Urteilsvermögen.«

Was Dayan auch immer an Geduld und Verständnis für die Arbeit eines Generalstabs fehlen sollte, wurde mehr als aufgewogen durch sein scharfsinnig-intuitives Verstehen menschlicher Eigenschaften, Fähigkeiten und Fehler. Bei allen mit Kampfgeist und Einsatzfähigkeit zusammenhängenden Problemen ging er auf die allerfeinsten Details ein. Viele seiner Soldaten kannte er persönlich. Bei der Ernennung von Kommandeuren für die kämpfenden Einheiten folgte er einer einfachen Faustregel: »Nur Tiger«. Jeder, dem es an Wagemut, Tapferkeit und einer gewissen Findigkeit im Einsatz fehlte sowie am Willen, seinen Männern im Kampf voranzugehen, erhielt weder ein Kommando, noch wurde er befördert. Er mochte der beste Ausbilder oder Verwaltungsoffizier sein. Die Soldaten, denen er seine Freundschaft schenkte, waren diejenigen, die den größten Wagemut entwickelten. Als Stabspersonal und für die rückwärtigen Dienste suchte er sich Männer aus, die seine Andeutungen verstanden und seinen Gedanken folgen konnten. Er hatte einfach keine Geduld, bis in die feinsten Verästelungen von Dingen einzudringen, die nicht unmittelbar ein Teil der zu bewältigenden Hauptaufgaben waren und mit dem zu erreichenden Ergebnis nicht direkt zusammenhingen. Er suchte sich Männer aus, die das begreifen konnten, was er für wichtig hielt, und die die gestellten Aufgaben selbständig lösten.

Um erfolgreich arbeiten zu können, verließ Dayan sich mehr auf den richtigen Mann am richtigen Ort als auf wohldurchdachte Lehrsätze. Zum Zeitpunkt des Sinai-Feldzugs, im Oktober 1956, waren die meisten Ernennungen in der Zahal von ihm ausgegangen, und er erfreute sich der Bewunderung und des Respekts der gesamten Armee. Zwischen ihm und seinen Männern aber blieb ein Abstand. Unter anderen Verhältnissen – vorschriftsmäßig durchgeführter Arbeit im Stab, militärischen Zeremonien und eingehaltener Etikette – wäre das eine ganz natürliche Erscheinung gewesen, aber Dayan verbreitete um sich eine ungezwungene, ja nonchalante Atmosphäre. Er respektierte den einfachen Soldaten wie den General gleichermaßen. Der Kommandeur der Heeresoffiziersschule, Israel Tal, beobachtete, daß Dayan zu den Kadetten sprach, als wäre er einer von ihnen oder – genauer gesagt – als wären sie alle wie er. Er verstand es, sich über sich selbst lustig zu machen und verbreitete ein Gefühl der Zwangslosigkeit um sich.

Dayans Dienststellung trug natürlich in hohem Maße zur Zurückhaltung seiner Untergebenen bei. In einer Armee entstehen hierarchische Strukturen, Distanz und Prestige auf natürlichem Wege. Man würde sogar einem »holzköpfigen« Chef des Stabes die äußeren Zeichen von Respekt und Ehrfurcht entgegenbringen und das nicht einmal aus Dummheit, sondern aus dem Empfinden heraus, daß die Stellung einer Person in den Augen ihrer Untergebenen in genau dem Maß steigt, wie ihr eigenes Ansehen eine Aufwertung erfährt.

Obgleich sich Dayan selbst nur wenig um die militärischen Zeremonien und den Lack und Glanz der militärischen Äußerlichkeiten kümmerte, taten Adjutanten und Sekretärinnen ihr Bestes, ihn immer im vollen Schmuck seiner Stellung erscheinen zu lassen; und obgleich der Chef des Stabes seine Offiziere in seinem einfachen Arbeitszimmer empfing, traten diejenigen, die ihn besuchten, ein, als handele es sich um die Wohngemächer eines Königs. Es gab Leute, die behaupteten, seine Umgebung fürchte ihn, denn er habe die Macht, über das Schicksal jedes Offiziers bestimmen zu können, und er zögerte nie, jemanden zu entlassen.

Nicht nur seine Stellung erweckte Zurückhaltung. In seiner Gegenwart überkam die meisten eine Ehrfurcht vor dem großen Künstler und der machtvollen Persönlichkeit.

Das rührte offenbar von zweien seiner Charaktereigenschaften her. Er erlaubte erstens niemandem, mit ihm eine engere Freundschaft zu entwickeln, im Gegenteil, er wurde dann zunehmend introvertiert. Die Leute, die mit ihm zu arbeiten hatten, waren fortwährend gezwungen zu überlegen, ob sich hinter seinen Erklärungen und Handlungen nicht irgendwelche verborgenen Meinungen und Ansichten verbargen und wenn, welche. Genau wie Ben Gurion verbreitete Dayan sich nie über die Gedanken und Gefühle, auf denen sich seine Entschlüsse aufbauten. Die Notwendigkeit, seine Absichten erst erraten zu müssen, und die Furcht, sie gründlich mißzuverstehen, bestärkten ihn in seiner Zurückhaltung.

Die zweite Eigenschaft war der schnelle Wechsel seiner Stimmungen. Im allgemeinen begann er seinen Arbeitstag in trüber Laune, die sich langsam, je weiter der Tag voranschritt, aufhellte. Es gab selbsternannte »Dayan-Experten«, die von sich behaupteten, erkennen zu können, wann er schlechter Laune sei. In jenem Fall verschoben sie die Vorlage wichtiger Angelegenheiten, bis sich seine Stimmung gebessert hatte. Jeder, der mit ihm eine Unterhaltung anfing, wenn er in schlechter Laune war, mußte feststellen, daß er noch nicht einmal einen Satz zu Ende sprechen konnte. Dayan ging einfach darüber hinweg. Seine Grundregel lautete: »Keine Erklärung, keine Entschuldigung.« Entschuldigungen von ihm waren in der Tat recht dünn gesät. Die meisten stammen aus der Zeit, als er schon die Armee verlassen hatte und in die Politik gegangen war. Einen Trost hatten die Opfer seines Temperaments. Er machte nie weitreichende Entschlüsse von Zufallserscheinungen abhängig. Seine Ansichten über Menschen bildete er sich auf der Grundlage ihrer Leistungen.

Dayans Verhalten anderen Menschen gegenüber, obgleich äußerlich direkt und unkompliziert, wurde im Lauf der Zeit zunehmend komplexer. Er erwähnte einmal, daß ihm an der Gesellschaft anderer Menschen nichts liege und daß die Leute ihn langweilten. Oder, wie die »Dayan-Experten« es ausdrückten: Grundsteine seines Verhaltens sind nicht Haß und Liebe, sondern Respekt. Er verhielt sich aus diesem Grund so unpersönlich, wie es nur möglich war. Nach Amits Ansicht respektierte Dayan nur zwei Arten von Menschen: Die Mutigen und die Weisen. »Ich will nicht unbedingt sagen, daß er Narren oder Unentschlossene verabscheute; er rechnete einfach nicht mit ihnen. Mit den Mutigen kann er sich über die trivialsten Dinge unterhalten – wie und warum etwas geschah, bis hinunter ins allerkleinste Detail – er konnte sich dabei immer an ihre Namen erinnern. Mit den Weisen liebte er es, Fragen, die ihn besonders interessierten, durchzusprechen. Das ging von militärischen Berufsfragen bis hin zu Literatur und Archäologie. Er lernt von beiden und ist immer ein interessierter, geduldiger Zuhörer.«

Die Auswahl derer, die ihn interessierten, und seine Ungeduld mit den anderen, rief den Eindruck einer gewissen Arroganz hervor. Den Parteileuten war das Beweis genug: Dayan war nicht aus dem Holz geschnitzt, aus dem man Politiker macht. Dayan selbst hielt beide Charakterzüge für zutreffend, und gerade diese Züge formten in besonderem Maß Moshe Dayans »souveräne Persönlichkeit«. Es gelang ihm zu verhindern, von den Verhältnissen oder von den Stellungen, die er bekleidete, zu Handlungen, einem bestimmten Verhalten oder einer Gesellschaft gezwungen zu werden, die nicht seinem Geschmack entsprachen.

Es scheint, als sei er zum Künstler geboren, als sei er eine Künstlernatur, der später der Soldat und der Staatsmann aufgepfropft worden sind. Viele Seiten seiner Persönlichkeit spiegeln den wahren Künstler wider: sein Wunsch, etwas mit eigenen Händen zu schaffen, ohne Hilfsmittel und ohne Ausführungsvorschriften. Einem Maler gleich fügt er dem Werk etwas Farbe hinzu, nimmt dort wieder ein wenig fort, je nachdem, wie das Kunstwerk fortschreitet, seine Stimmung wechselt oder wandelt sich einfach nur in einer plötzlichen Laune des Augenblicks. An den Künstler erinnert auch Dayans Liebe zum minutiösen Detail und seine Beschäftigung mit dem Gegenstand seiner Schöpfung. Inspiration und Originalität sind ein wesentlicher Teil seines Charakters. Sie stammen eher aus Assoziationen und der jeweiligen Lebenslage, als aus schulmäßigen Studien der militärischen Doktrin oder der Geschichte. Dayan hat militärische Literatur oder die Memoiren von Militärs oder Staatsmännern nie gelesen. Poesie und Literatur haben seine Zeit und sein Denken dagegen in hohem Maß in Anspruch genommen. Als inspirierten Schöpfer hat man Dayan aber anzusehen, soweit es die Schaffung einer höchst notwendigen, beweglichen und wagemutigen Armee betrifft.

Es steht fest, daß der Widerstand der altgedienten Mapai-Funktionäre gegen Dayan als möglichen Kandidaten für die Parteiführung sich während des ersten Teils seiner Zusammenarbeit mit Lavon zu verhärten begann. Hochstehende Parteimitglieder wie Levi Eshkol und Golda Meir teilten Ben Gurion ihre Ablehnung Pinchas Lavons als geschäftsführenden und später als Verteidigungsminister mit. Sie warnten sogar vor politisch möglicherweise schädlichen Konsequenzen dieser Bestallung. Andererseits wandte sich Lavon als geschäftsführender Verteidigungsminister gegen Dayans Ernennung zum Chef des Stabes. Er neigte dazu, einen Kandidaten mit weniger politischen Bestrebungen zu bevorzugen.

Ungeachtet der Einstellung Lavons Dayan gegenüber gab es zu Beginn ihrer Zusammenarbeit keinen Mißton. Lavon bezog im Gegensatz zu Sharett einen recht aktiven Standpunkt. Dayan behauptet, daß er genau wegen dieser Einstellung Lavons dessen Ernennung begrüße. Dayans anfängliche Unterstützung Lavons könnte auf anderen Überlegungen beruht haben, so etwa der, daß der angespannte Gegensatz zwischen Maklef und Lavon seine eigene Ernennung zum Chef des Stabes beschleunigen könnte. Wie dem auch sei: die beiden arbeiteten bis Juni 1954 harmonisch zusammen. Dayan hielt Lavon für einen »intelligenten Menschen von scharfem, klarem Verstand und vor allem, für die Antithese von Sharetts politischem und militärischem Denken. Lavon setzte allem von Sharett Vorgeschlagenen seinen Verstand entgegen. Völlig zu recht, wie Dayan glaubte. Sogar später, als die Spannungen zwischen ihnen wuchsen, meinte Dayan immer noch, daß Lavons Linie gar nicht weit von seiner eigenen liege. Lavon entwickelte eine unabhängige Einstellung. Er konsultierte den Ministerpräsidenten Moshe Sharett nicht, nicht einmal in wichtigen Angelegenheiten. Sharett seinerseits war natürlich der Meinung, daß diese Differenzen zwischen Lavon und ihm weit über die normalen Kabinetts- und Parteikontroversen hinausgingen. Er befürchtete eine Unterminierung seiner Position durch Lavon. Er machte aus seinem Verdacht kein Geheimnis und erteilte Lavon in zwei Briefen einen strengen Verweis.

Die Übernahme von Ben Gurions Ämtern für die Dauer seiner Abwesenheit war nichts weiter als eine Generalprobe für dessen bevorstehenden Rücktritt, das war jedem klar. Sharett hatte Lavon in Verdacht, ihn nicht nur als geschäftsführenden Ministerpräsidenten, sondern auch als kommenden Ministerpräsidenten zu diskreditieren. Doch man hatte nicht nur Lavon in Verdacht, Sharett stürzen zu wollen. Altgediente Mapai-Führer hielten Lavon, Dayan und Peres für »Verschwörer« gegen Sharett und seine Anhänger. Man verdächtigte das Trio, nur eines im Sinn zu haben: die Beschleunigung der Rückkehr Ben Gurions aus Sde Boker.

Ein tiefsitzendes Mißtrauen war vielen Mapai-Veteranen zur zweiten Natur geworden. Hatte sich schon zu Yadins Zeiten die Brauchbarkeit der Armee in rein zivilen Dingen gezeigt und ihre Eifersucht und Furcht entzündet, jetzt, da Dayan die Tätigkeit der Zahal auf rein militärische Dinge beschränkte, glühten die gleichen Emotionen nur um so stärker.

Die Veteranen befürchteten, die junge Zahal – jetzt ausschließlich für die Kriegführung ausgebildet und in der Lage, Vergeltungsschläge aus-

zuteilen, die auf beiden Seiten mit starken Verlusten einhergehen konnte, mit Kampfeinheiten, die gelernt hatten, »ohne Reue« zu töten, und alle Befehle mit größtem Mut ausführten – könnte beim Fehlen stärkerer gesellschaftlicher Bindungen ihre Stärke auch gegen die Ordnung des Staates richten. Ben Gurion war auch nicht frei von dieser Besorgnis. Er ging so weit, sich bei Ariel Sharon zu erkundigen, ob der so etwas für möglich halte.
Tatsächlich jedoch war diese Furcht vor der Zahal und ihren Offizieren zu allen Zeiten grundlos gewesen. Die Veteranen der Mapai kannten einfach Israels Jugend nicht. Daher waren die meisten ihrer Befürchtungen zweifellos auf diese Unkenntnis zurückzuführen. Andererseits hatte der Argwohn, den man in den Anfangsjahren gegen die Zahal hegte, den konstruktiven Effekt gehabt, die Selbstbeschränkung der Zahal und ihre völlige Unterordnung unter die zivilen Gewalten zu verstärken. Aus diesem Grunde bereitete der erste Teil von Dayans Zusammenarbeit mit Lavon den Mapai-Veteranen Kopfschmerzen. Sie hielten Dayan für einen gefährlichen Mann.
Im Sommer 1954 kühlten sich die Beziehungen zwischen Lavon und Dayan so weit ab, daß man schon von einem totalen Bruch zwischen den beiden zu sprechen begann. Der Streit drehte sich darum, ob der Verteidigungsminister das Recht habe, sich unmittelbar mit Einheiten der Armee und mit Armeeangehörigen in Verbindung zu setzen, wie Lavon meinte, oder ob alles über die regulären Kanäle – mit anderen Worten des Büro des Stabschefs – zu laufen hatte, wie es Dayans Ansicht und Ben Gurions Praxis gewesen war. Das Ganze schien durch Mißtrauen hervorgerufen worden zu sein. Lavon klagte 1954 und 1960, daß »der Chef des Stabes ihn häufig über (militärische) Unternehmen falsch informiert habe ... er habe den gesteckten Rahmen von Unternehmen während ihrer Durchführung beträchtlich erweitert und sei damit weit über den vom Verteidigungsminister genehmigten Originalbefehl hinausgegangen.« Dayan zufolge waren Lavons Anklagen die Früchte seines angeborenen Mißtrauens und entsprachen niemals den Tatsachen. Shimon Peres, dessen Beziehungen zu Lavon sich zur gleichen Zeit trübten, sagte genau dasselbe. In der Armee gingen Gerüchte um, der Verteidigungsminister lade Offiziere ein, um sie hinter Dayans Rücken auszufragen.
Es gibt Beweise dafür, daß Lavon sich nicht auf sein Recht beschränkte, direkte Meldungen entgegenzunehmen, sondern versuchte, es auf das Erteilen unmittelbarer Anweisungen an Abteilungen des Armeeoberkommandos auszudehnen. Seine Direktiven an einen gewissen Offizier,

der unter der Bezeichnung der »höhere Offizier« geführt wurde, führten zu dem, was später als »das unglückselige Geschäft« bekanntwerden sollte und seinerseits wieder zur »Lavon-Affäre« führte, die Israel in den frühen sechziger Jahren schockierte. Es wird allgemein bestätigt, daß Lavon sich privat mit dem »höheren Offizier« traf, um Planungsanweisungen für das »unglückselige« Unternehmen zu erteilen. Lavon und seine Anhänger wie auch ihre Gegner widersprechen sich heftig in der Frage, ob Lavon dem Offizier auch Operationsanweisungen erteilt habe oder nicht. Über zwei weitere wichtige Punkte gibt es keinen Streit: erstens hatte der Chef des Stabes gegen jeden Abschnitt des »unglückseligen« Unternehmens Widerspruch eingelegt und zweitens hatte Dayan sich während der Verhandlungen Lavons mit dem »höheren Offizier« in den Vereinigten Staaten aufgehalten.

Ausländische Zeitungen brachten das »unglückselige« Unternehmen mit bestimmten Sabotageakten in Ägypten in Verbindung. Am 11. Dezember 1954 wurden in Kairo elf Juden unter der Anklage vor das höchste Militärgericht gestellt, einem zionistischen Spionage- und Sabotagering angehört zu haben. Israelische und ausländische Zeitungen brachten Berichte über den Prozeß. Danach hatten im Juli 1954 Mitglieder dieses Rings in Alexandria und Kairo in Postämtern, Kinos und Büros der USIS Brandbomben gelegt. Und das gerade zu der Zeit, als die britisch-ägyptischen Verhandlungen über den Suezkanal Fortschritte machten und die Vereinigten Staaten anfingen, England als einflußreichste Macht in Ägypten abzulösen. Die Anklage behauptete, die Angeklagten hätten in der Maske einer sogenannten »Volks-Widerstandsgruppe« gehandelt, die in Wahrheit beabsichtige, die gerade erstarkenden Verbindungen zwischen Ägypten und den Vereinigten Staaten zu unterbrechen. Einige der Angeklagten gestanden die Sabotage ein, bestritten jedoch die Beteiligung an Spionageakten. Im Januar 1955 verhängte das ägyptische Gericht schwere Strafen: zwei der Angeklagten wurden zum Tode verurteilt, sechs zu Gefängnisstrafen zwischen sieben Jahren und lebenslänglich. Nur zwei wurden freigesprochen. Einer der elf verübte in seiner Zelle Selbstmord, noch ehe das Urteil verkündet worden war. Die harten Urteile erregten die Weltöffentlichkeit und Israel. Die Menschen begannen zu fragen, ob die Regierung überhaupt eine wirksame Kontrolle über das Verteidigungsministerium und seine verborgenen Aktivitäten ausübe. Am 11. Februar widmete der Dichter Natan Alterman seine wöchentliche Zeitungsspalte den Kairoer Angeklagten und schrieb: »Wir werden nicht nur zu fragen haben, *wie,* sondern auch *warum* Helden sterben müssen.«

Im Januar 1955 ernannte Ministerpräsident Moshe Sharett, der von dem »unglückseligen« Unternehmen keine Ahnung hatte, Generalleutnant Ya'akov Dori, einen ehemaligen Stabschef, und Yitzhak Olshan, den Präsidenten des Obersten Gerichts, zu Leitern einer Untersuchungskommission. Sie sollten herausfinden, ob Lavon den Befehl zu der ganzen Sache gegeben hatte oder ob die Geschichte auf Anregung des »höheren Offiziers« durchgeführt worden war. Die Wahrheit wurde nicht herausgefunden. »Wir bedauern, daß wir außerstande gewesen sind, die uns vom Ministerpräsidenten gestellten Fragen zu beantworten. Wir können lediglich sagen, daß wir nicht zweifelsfrei überzeugt sind, daß er (›höhere Offizier‹) nicht Befehle vom Verteidigungsminister erhalten hat. Gleichfalls sind wir nicht sicher, ob der Verteidigungsminister tatsächlich die ihm zugeschriebenen Befehle gegeben hat.« Mit anderen Worten: ein Unentschieden.
Während die Führung der Mapai – Sharett, Eshkol, Golda Meir und andere – meinte, Lavon müsse wegen der Dori-Olshan-Untersuchungsergebnisse zurücktreten, bezeigte Dayan dem Verteidigungsminister sein Mitgefühl. Er wiederholte ihm gegenüber sogar einen Auszug seiner Zeugenaussagen. Am 25. Januar sagte er zu Ben Gurion: »Wenn Pinchas Lavon noch sechs Monate auf seinem Posten bleibt, werden wir gute Beziehungen zueinander haben.« Dayan behauptete beharrlich, daß sich Lavon und der »höhere Offizier« die Verantwortung zu teilen hätten. Formell halte er Lavon für den Verantwortlichen.
Er bestand sogar auf dieser Ansicht, als Ben Gurions politische Laufbahn in der Schwebe hing. Sein Instinkt sagte ihm, daß er sich aus dieser Sache so weit als möglich herauszuhalten habe.
Am 2. Februar 1955 bat Lavon um seine Entlassung. Die gesamte Mapai-Führung meinte, man müsse die Entlassung annehmen. Sharett fragte bei Ben Gurion in Sde Boker an, ob er das Verteidigungsministerium übernehmen wolle. Die Mapai brauchte Ben Gurion in der Regierung, denn die Wahlen zur dritten Knesset standen vor der Tür. Am 21. Februar, fast fünfzehn Monate nach seinem Ausscheiden, kehrte Ben Gurion wieder in die Regierung zurück. Er übernahm das Amt des Verteidigungsministers.
Nach den Wahlen vom 18. August bildete er ein Koalitionskabinett, in dem er wieder Ministerpräsident und Verteidigungsminister wurde. Das »unglückselige« Unternehmen verschwand in der Versenkung. Doch nur für kurze Zeit. Es war eine Zeitbombe, die im Jahre 1960 explodierte und damit Ben Gurions endgültiges Ausscheiden im Jahre 1963 einleitete.

18

Vorspiel zum Sinai-Feldzug (1955-1956)

Erst im Februar 1955, mit Ben Gurions Rückkehr als Verteidigungsminister, entwickelte sich zwischen ihm und Dayan eine enge Zusammenarbeit. Obgleich Ben Gurion nach außen hin kein Geheimnis aus seiner wohlwollenden Einstellung Dayan gegenüber machte, testete er ihn insgeheim unausgesetzt.
Ben Gurion gehört nicht zu denen, die ihre wahren Gefühle zeigen. Die Sonderstellung, die er in Israel einnahm, erlaubte es ihm zu bekommen, was immer er wollte, ohne sein Begehren genauer formulieren zu müssen. Hatte er sich einmal entschlossen, über irgend etwas zu schweigen, konnte nichts und niemand ihn zum Reden bringen. Mit Telegrammen und Plänen Dayans konnte er sich beschäftigen, ohne ein Wort verlauten zu lassen. Wollte er auf Konferenzen keine Antworten geben, hörte er kommentarlos den Fragen zu, ging dann aber zu irgendeinem anderen Thema über. Besprechungen bei ihm waren zu Ende, wenn er von den Anwesenden keine Notiz mehr nahm und zu schreiben begann. Diejenigen, die täglich mit ihm zusammen waren, lernten bald, diese und ähnliche Zeichen zu deuten. Dayan wurde gleich geprüft, ob er Ben Gurions Gedanken richtig »lesen«, ob er sein Schweigen als Zustimmung oder Ablehnung deuten konnte.
Entgegen allgemeinen Vorstellungen fielen Dayan und Ben Gurion sich bei ihrem ersten Zusammentreffen als Chef des Stabes und Verteidigungsminister nicht sofort um den Hals. Dayan war sich über Ben Gurions Verhalten ihm gegenüber nicht einmal klar. Erst um die Zeit der großangelegten Vergeltungsschläge, die dem Sinaifeldzug vorausgingen, fühlte er, daß Ben Gurion endlich von seinem Können überzeugt war. Mit dem Sinai-Feldzug selbst gewann er Ben Gurion völlig. Restlos klar aber war Dayan sich über Ben Gurions Einstellung erst, als er den Abschiedsbrief des Ministerpräsidenten gelesen hatte, in dem dieser ihn »einen der besten Soldaten der Zahal« nannte.
Ben Gurion hatte die etwas beunruhigende Gewohnheit zu fragen:

»Was machen Sie hier?« Diese Frage stellte er regelmäßig den Offizieren seines Stabes, wenn sie sich bei ihm zu den wöchentlichen Besprechungen einfanden. Peres hielt das für seine Art, »Guten Tag« zu sagen. Eine von Dayans Erzählungen wirft einiges Licht auf die Vermutungen über seine Beziehungen zu Ben Gurion:
»Immer wenn ich zu Beginn meiner Zusammenarbeit mit ihm in sein Büro trat, fragte er mich: ›Was tun Sie hier?‹ Ich antwortete: ›Ben Gurion, ich bin der Chef des Stabes.‹ Dann sagte er: ›Was, nicht Yigael Yadin?‹ ›Nein, das ist vorbei‹, sagte ich darauf. ›Jetzt bin ich Chef des Stabes.‹ Ich faßte das so auf: ich hatte in seinen Augen Yadins Niveau noch nicht erreicht und mußte erst noch weiterkommen. Nach kurzer Zeit fragte er schon wieder ›Was tun Sie hier?‹ Als ich ihm dann antwortete, daß ich der Stabschef sei, und er fragte: ›Was, nicht Laskov?‹ begriff ich, daß die Unterhaltung zu Ende war und ich zu gehen hatte.«
Diese Geschichte, bekennt Dayan, ist »nur die eine Seite der Wahrheit«, denn er fügt hinzu: »Es kann kein Zweifel darüber bestehen, daß er sich mit Yigael Yadin tief verbunden fühlte, ihn verehrte und sich nur ungern von ihm trennte. Lange Zeit empfand er es als schwierig, mich zu akzeptieren. Ehe er mich für einen guten Stabschef halten konnte, hatte er eine ganze Menge seiner Ansichten zu ändern. Yadin jedoch hielt er für einen ausgezeichneten Stabschef. Er war nach Laskov verrückt, ihn schätzte er wirklich hoch. Er wollte ihn gern als meinen Stellvertreter sehen, aber *ich* wollte das nicht. Es war natürlich nicht so, daß Ben Gurion vier Jahre lang vergessen hatte, daß ich der Chef des Stabes war. Seine Frage: ›Was tun Sie hier?‹, war als Stichelei gedacht. Ben Gurion zögerte nie, spöttisch zu werden, und hatte damit bei zahlreichen Gelegenheiten guten Erfolg.«
Möglicherweise war Ben Gurions anfängliches Verhalten Dayan gegenüber durch den Verdacht beeinflußt, Dayan habe Lavon irregeführt. Während einer Stabsbesprechung im Jahre 1955 machte Ben Gurion eine witzelnde Bemerkung, die einigen Zweifel an der Zuverlässigkeit Dayanscher Berichte vermuten ließ. Nach der Besprechung schrieb Dayan ihm ein paar empörte Zeilen. Ben Gurion antwortete: »Ihren Brief, meine Bemerkungen über Ihre Zuverlässigkeit betreffend, habe ich erhalten. Ich freue mich, Ihnen zu sagen, daß ich Ihre Berichte für zuverlässig halte und bedaure, was ich in halbwitzigem Ton gesagt habe. Ich wäre Ihnen dankbar, wenn Sie diesen Vermerk allen zeigen, die heute morgen meine Bemerkung gehört haben.« Die vier Stabschefs unterschieden sich alle voneinander, jedoch teilten sie alle die »unein-

geschränkte Loyalität gegenüber den bevollmächtigten Institutionen des Staates«. Weiter sagte Ben Gurion: »Moshe Dayan würde niemals lügen. Ich halte ihn einer Lüge nicht einmal für fähig.« Lavons tiefverwurzeltes Mißtrauen hielt Dayans Maßnahmen für »vorsätzlich irreführend«. Ben Gurions Selbstvertrauen und sein Vertrauen in seine Mitarbeiter ließ ihn Dayans Unternehmungen als »Ergebnis der Umstände« betrachten.

Zum Beweis dafür mag das »Unternehmen Genezareth« angesehen werden. Aus befestigten Stellungen an den Hängen der Golanhöhen beschossen syrische Truppen israelische Streifen und Fischerboote auf dem See Genezareth. Am 10. Dezember 1955 griffen die Syrer israelische Schiffe mit Artilleriefeuer an. Die Fallschirmjägerbrigade und eine Kompanie der Golani- (Infanterie-) Brigade zerstörte einen Tag darauf alle syrischen Stellungen am Seeufer. Fünfzig syrische Soldaten wurden getötet, dreißig gerieten in israelische Gefangenschaft. Die Israelis verloren sechs Tote. Zwölf Mann wurden verwundet.

Die Größe des Unternehmens, seine Härte und die zahlreichen syrischen Verluste fanden ein weites Echo. Obgleich das Unternehmen erst nach wiederholten Vorstellungen der UNO-Vertreter bei der syrischen Regierung, die Angriffe auf die israelischen Schiffe einzustellen, und ungeachtet der Tatsache, daß der Chef des Stabes der UNTSO, General Bennike erklärte, daß der See Genezareth aufgrund der Waffenstillstandsverträge souveränes israelisches Territorium sei, durchgeführt wurde, verurteilte der UNO-Sicherheitsrat mit beträchtlicher Mehrheit – Israel. Auch in Israel wurde das Ausmaß der Aktion scharf kritisiert. Außenminister Moshe Sharett, der sich zu Verhandlungen über den Erwerb amerikanischer Waffen mit dem Außenminister der Vereinigten Staaten, John Foster Dulles, in Washington aufhielt, beklagte sich, das »Unternehmen Genezareth« habe die guten Chancen, die amerikanische Regierung zu Waffenlieferungen an Israel als Ausgleich für den seit Beginn des Jahres nach Ägypten fließenden Strom sowjetischer Waffen zu überreden, zunichte gemacht. Er glaubte, Ben Gurions Entscheidung sei zu diesem Zeitpunkt vorsichtig ausgedrückt – schlecht gewählt gewesen.

Man hatte allgemein angenommen, daß Ben Gurion ursprünglich ein viel kleineres Unternehmen genehmigt hatte, und wieder einmal beschuldigte man Dayan, die Aktion eigenmächtig ausgeweitet zu haben. Der falsche Eindruck entstand zum Teil durch die unterschiedlichen Auffassungen Ben Gurions und Sharetts in der Politik der Vergeltungsschläge. Nach dem Nitzana-Unternehmen an der Grenze zum

Sinai behauptete Sharett, das Unternehmen habe in Wirklichkeit den Ägyptern greifbare Beweise für eine israelische Aggression in die Hände gespielt und damit den ägyptisch-tschechoslowakischen Waffenlieferungsvertrag gerechtfertigt. Dayan hielt diese Verhandlungen von Regierung zu Regierung für Zeitverschwendung. Er meinte, man solle mit solchen Gremien verhandeln, die unmittelbar an Waffenlieferungen interessiert sind, etwa den Rüstungsindustrien oder den Militärbehörden. Der Generaldirektor des Verteidigungsministeriums, Peres, schloß sich dieser Denkweise an und setzte sie später in die Praxis um. Sharett widersetzte sich. Ben Gurion gab Dayan Rückendeckung und sagte Sharett: »Meiner bescheidenen Meinung nach sind die Ideen des Stabschefs logisch.« Solche Andeutungen hießen im Jahre 1956 unmißverständlich: Sharetts Tage als Außenminister waren gezählt.
Dayan machte geltend, daß Form und Ausmaß militärischer Unternehmungen nicht immer vorhersehbar seien. Er glaubte, die unerwarteten Ergebnisse des »Unternehmen Genezareth« seien ganz einfach die Ergebnisse des ausgezeichneten Ausbildungsstands der Fallschirmjäger, den man immer zu gering veranschlagt habe. Tatsächlich hatte Dayan nämlich *zusätzliche* Ziele für die bereits genehmigten Streitkräfte angefordert. Vor Durchführung des Unternehmens hatte Ben Gurion die Ansicht vertreten, die zum Einsatz vorgesehenen Truppen seien außerstande, den Auftrag auszuführen. Als er dann nachher feststellen mußte, daß Fallschirmjäger sämtliche syrischen Truppenteile innerhalb des von dem Unternehmen betroffenen Gebiets außer Gefecht gesetzt hatten, war er »nicht traurig – nur sehr überrascht«. Nach dem »Unternehmen Genezareth« verordnete Ben Gurion Beschränkungen für die Stärke der Angriffstruppen und den Umfang ihrer Ziele. Dayan wurde ersucht, einen vollständigen und detaillierten Vorschlag über jedes geplante Unternehmen und seine Ziele, selbst wenn es nur von einer kleinen Einheit durchgeführt werden sollte, einzureichen.
Zwischen Ben Gurion und Dayan gab es während der Zeit ihrer Zusammenarbeit keine Spannungen. Persönliche Differenzen schwelten unter der Oberfläche. Ben Gurion kamen Beschwerden über Dayans Härte im Umgang mit Menschen zu Ohren. Er sprach mit Dayan darüber: »Warum sind Sie so hart?« Dayan erinnerte sich an Ben Gurions Vorliebe für biblische Zitate und antwortete mit dem Hinweis auf die für sich selbst gewählte Rolle: »Man sagte auch von den Söhnen Zeriahs, daß sie hart seien, und doch gingen sie und halfen König David, das Reich zu erobern.«

Aber unter der ungetrübten Oberfläche versuchten beide Männer doch, sich gegenseitig zu beeinflussen. Ein solcher Fall war die Ernennung Laskovs zum Stellvertretenden Stabschef. Dayan, der sich immer geweigert hatte, als Stellvertreter zu dienen, widersetzte sich natürlich auch, als man ihm einen Stellvertreter beiordnen wollte. Er wollte Männer seiner Wahl zu Gehilfen haben. Soweit es sich machen ließ, arbeitete er unmittelbar mit Amit und Uzi Narkiss zusammen und ignorierte dabei im wesentlichen Generalmajor Yoseph Avidar, den Ersten Generalstabsoffizier und eine »Ben Gurion-Ernennung«. Als im Oktober 1955 Avidar aus der Armee ausschied, um Botschafter Israels in Moskau zu werden, schieden sie als Freunde. Dayan schenkte seiner Frau das Haifischzahnhalsband. Ben Gurion war sich Dayans ablehnender Haltung gegenüber Laskov bewußt.

Dayan bekämpfte die Ernennung Laskovs nicht, obgleich er sich darüber klar war, daß er nicht mit ihm zurechtkommen konnte. Er akzeptierte aber Ben Gurions Entscheidung. Im Armeeoberkommando jedoch behandelte er Laskov, als existiere dieser nicht. Im Sommer 1956 ernannte er General Laskov zum kommandierenden General des Panzerkorps, mit der schmeichelhaften Begründung, das Korps brauche einen Mann seines Kalibers. Auf diese Art konnte Dayan seine Amtszeit ohne Stellvertreter zu Ende bringen. Meir Amit wurde zum Ersten Generalstabsoffizier befördert. Damit hatte Dayan sich den Kontrollen entwunden, die Ben Gurion sich ausgedacht hatte.

Das Vertrautsein mit den Methoden Ben Gurions hatte Dayan gelehrt, sich seine Unterstützung auch ohne – unnötige – Druckmittel zu sichern. Es war schon zur Regel geworden, daß der »Alte Herr« die Stellungen und den Status des Stabschefs, der Wehrbezirkskommandeure, der Abteilungskommandeure im Armeeoberkommando und der Kommandierenden Generäle der Korps protegierte. Einerseits mischte er sich natürlich nicht ein, wenn die betreffenden Herren unterschiedlicher Meinung waren, andererseits jedoch tat er alles, um sicherzustellen, daß ihnen aus diesen Differenzen weder eine Prestige- noch eine Statuseinbuße erwuchs. Dayan war ein erfahrener Mann in der Voraussage der Ergebnisse von Streitigkeiten, die Ben Gurions schiedsrichterlicher Entscheidung überlassen worden waren. Die Armee nannte es »das Ben-Gurion-Gambit«. Das trifft nicht ganz den Kern der Bezeichnung für den Vorgang, umstrittene Meinungen vor Ben Gurion zu bringen, dem es zwar genausoviel auf ein auf Fairplay basierendes demokratisches Verfahren wie auf ein Musterbeispiel an Manipulation ankam. Ein sehr bekanntes Beispiel dafür ist die Diskussion über die unterschiedlichen Ansichten Dayans und Lavons über Anwendung und Einsatz der Panzerwaffen. Am 1. September 1956 wurden über 40 Offiziere zusammengerufen. Die meisten davon waren »pro« eingestellt. Gespannt lauschte Ben Gurion der Handvoll, die Laskovs Meinung unterstützte und der großen Zahl der Widersacher. Er äußerte sich zu keinem der diskutierten Themen und stellte nur ein paar Fragen. Doch nach Ende der Diskussion ließ er Laskov kommen und sagte ihm, er »habe sich dem Beschluß« zu beugen und in Übereinstimmung mit den Richtlinien des Stabschefs zu handeln. Einige der anwesenden Offiziere hielten die Diskussion für eine fadenscheinige List Dayans, der Laskov vor Ben Gurion nur in eine ungünstige Lage manövrieren wollte und ihn als Vertreter einer Minderheit abzuqualifizieren suchte, der es an überzeugenden Argumenten fehle. Laskov dachte darüber ungeachtet seiner Rivalität mit Dayan anders. Er sagte: »Dayan scheute sich nicht, die Differenzen Ben Gurions Schiedsspruch zu unterbreiten. Er wußte genau, daß er die Macht hatte, mich ohne Diskussion zur Annahme seiner Ansicht zu zwingen und Ben Gurion ihn dabei unterstützen würde.« Laskovs einzige Klage über Dayan bestand darin, daß dieser die Diskussion sofort »in den Griff« bekam, und zwar zu seinem Vorteil.

Ben Gurions und Dayans Ansichten über die Notwendigkeit einer aggressiven Sicherheitspolitik stimmten völlig überein. Es ist nicht undenkbar, daß Ben Gurion der aggressivere von beiden war. Dayan sagt selbst: »Ganz tief im Innern ist Ben Gurion ein großer Kämpfer. Er versucht aber immer, seine Impulse unter Kontrolle zu halten, denn er möchte Israel natürlich nicht, nur weil sein Temperament mit ihm durchgeht, in ein unbedachtes Abenteuer stürzen.« Ben Gurions innere Zurückhaltung und seine Fähigkeit, die analytische Begabung von den sprunghaften Emotionen zu trennen, erzeugten manchmal einen Zustand, der als Unschlüssigkeit mißdeutet wurde.

In den Jahren von 1953 bis 1956 gab es viele Zwischenfälle, die Ben Gurion und Dayan aufbrachten. Sie waren das Ergebnis dreier Hauptentwicklungen in jenem Bereich:

der von Arabern gegen israelische Siedlungen und israelische Bürger verübten Terrorakte,

der ägyptischen Blockade der israelischen Schiffahrt im Suezkanal und der Straße von Tiran,

der ägyptischen Vorbereitungen auf einen uneingeschränkten Krieg gegen Israel.

Die israelischen Reaktionen entwickelten sich entsprechend – von Ver-

geltungsaktionen bis zum Präventivkrieg im Oktober 1956.
Schon 1951 war der arabische Terror die Hauptursache der Unruhen entlang der Grenze gewesen. In jenem Jahr führten arabische Eindringlinge 1665 Diebstähle und Raubzüge, Sabotageakte und bewaffnete Angriffe auf Zivilisten durch, 1952 stieg die Zahl der Zwischenfälle auf 1751. Der Terror, der anfangs nur von Einzelpersonen verübt worden war, wurde durch die konstante Weigerung der arabischen Regierung ermutigt, die Waffenstillstandsverträge zu erweitern (sie also durch Friedensverträge zu ersetzen) und durch die unaufhörlichen Absichtserklärungen der arabischen Regierungen, Israel anzugreifen und zu zerstören.
Anfangs hielt die Regierung des Staates Israel diese Vorfälle für die letzten Funken des verglimmenden Feuers aus dem Jahre 1948.
Dayan schreibt: »Der gegen Israel gerichtete Terror verstärkte sich jedoch in der zweiten Hälfte des Jahres 1954. In den darauffolgenden Monaten erkannte die Regierung Israels, daß es sich hier nicht um Einzelaktionen, sondern um organisierte Unternehmungen handelte, die mit vollem Wissen der arabischen Regierungen auf ägyptische Initiative und unter voller Verantwortung der ägyptischen Regierung durchgeführt wurden.«
Die Zahl der von arabischen Terroristen getöteten und verwundeten Bürger stieg ständig.
In vier Jahren wurden 153 Zivilisten getötet und 202 verwundet. Dabei entstand gleichzeitig ausgedehnter Sachschaden an dem Eigentum der Betroffenen.
Wiederholt wurde das Leben in den Grenzsiedlungen ganz erheblich gestört. Es gab Zeiten, in denen der Verkehr nachts ganz zum Erliegen kam oder nur in Konvois möglich war.
Anfangs übte Israel Geduld und appellierte an die arabischen Regierungen, die Waffenstillstandsabkommen zu halten. Als diese Maßnahme ohne Erfolg blieb, unternahm man die ersten Vergeltungsaktionen nach dem Grundsatz: »Auge um Auge.« Nahmen arabische Bürger das Recht in die eigenen Hände und überschritten die Grenze, um zu morden und zu zerstören, taten es die Israelis auch. Kleine Gruppen von zwei oder drei Soldaten überschritten die Grenze, führten einen Angriff durch und gingen wieder zurück. Das Prinzip war auch bei größeren Unternehmen das gleiche: stahlen Araber Schafe in Israel, schmuggelten die Israelis Schafe aus Jordanien heraus; zündeten die Araber Kornspeicher und Dreschtennen an, verbrannten die Israelis Dreschtennen in Jordanien; beschoß eine Seite eine israelische Siedlung,

sprengte die andere einen Brunnen oder das Haus des arabischen Gemeindevorstehers. Israel bekannte sich, um eine militärische Konfrontation zu vermeiden, nicht offiziell zu den Vergeltungsschlägen, und man versuchte, soweit es irgend ging, zu verbergen, daß sie von israelischen Soldaten durchgeführt wurden. Die Regierung meinte, Terror und Vergeltung dürften nicht über das hinausgehen, was man noch als »Streit unter Zivilisten« bezeichnen könnte. Erst nach dem Kibya-Unternehmen begann die israelische Regierung damit, die Ausführung der Vergeltungsschläge der Zahal direkt zu übertragen.
Dayans Verhalten gegenüber Vergeltungsmaßnahmen durchlief zwei Stufen. Bis zur ägyptischen Blockade der Straße von Tiran im September 1955, glaubte er, daß wenn die schweren Angriffe auf militärische Ziele schon nicht das Ende der Überfälle, der Mordanschläge und der Plünderungszüge brächten, sie diese wenigstens drastisch reduzieren würden. In einer im September 1955 veröffentlichten Ansprache an Offiziere der Zahal führte er aus:
»Wir können nicht jede Wasserleitung und jeden Baum bewachen; wir können den Mord an Arbeitern in Obstplantagen und an Familien in ihren Betten nicht verhindern. Aber wir können auf unser Blut einen hohen Preis setzen; einen Preis, dessen Bezahlung für jede arabische Siedlung, jede arabische Armee oder jede arabische Regierung zu hoch sein wird.
Die arabische Armee kann die Terroristen im eigenen Land nur bekämpfen und ihre Maßnahmen der Bevölkerung erklären, wenn sie sich darüber klar ist, daß das Stehlen einer Kuh aus (einem Kibbuz) die Zerstörung der Stadt Kalkilya bedeutet, und daß der Mord an einem Juden in einer Siedlung die gesamte Bevölkerung Gazas in Gefahr brächte.«
Dayan revolutionierte die Vergeltungspolitik, indem er die Unternehmungen ausschließlich gegen militärische Ziele richtete, als wolle er ein neues Kibya vermeiden und die Verantwortung für die ständige Infiltration den arabischen Behörden auferlegen. In seinem Artikel »Von Falama bis Sinai« schrieb er: »Es war nicht Ziel der Vergeltungsaktionen, Rache zu nehmen oder Strafen auszuteilen. Sie sollten ein Abschreckungsmittel sein. Die Idee war, den arabischen Machthabern klarzumachen, daß ihr Terror gegen Israel ihnen mehr schadet als nützt.«
Er wurde durch die nachfolgende Entwicklung der Ereignisse in seiner Überzeugung bestätigt.
In den ersten Jahren seiner Amtszeit als Chef des Stabes sah es so aus,

als ob die arabischen Regierungen und ihre Armeen – besonders diejenigen Ägyptens und Jordaniens – die zunehmende Härte der Vergeltungsschläge bemerkten und versuchten, die Infiltration Israels zu beschränken.

Im Jahre 1954 ging die Zahl der von arabischen Terroristen ermordeten israelischen Staatsbürger auf 33 zurück (die Zahl der Verletzten stieg auf 77). 1955 ging sie weiter auf 24 Ermordete zurück (Verletzte 69). Die Zahl stieg 1956 wieder steil an. Ohne die Opfer des Sinai-Feldzuges waren es 54 Ermordete und 120 Verletzte. Nach dem Sinai-Feldzug fielen diese Zahlen ständig. Von 1959 bis 1967 betrug die Zahl der bei arabischen Angriffen ermordeten israelischen Zivilisten weniger als 10, in manchen Jahren lag sie sogar unter fünf.

Im Gegensatz zu der ständig sinkenden Rate der zivilen Verluste stiegen die militärischen. 50 Fälle im Jahre 1955, 63 im Jahre 1966 (ohne die Sinai-Verluste). Die hohen Verlustziffern schienen deutlich zu machen, daß die größeren Vergeltungsaktionen ihren Zweck tatsächlich nicht erfüllten. Und genau hier nahm Dayans »zweite Stufe« Gestalt an. Ihr Kern: durch Entwicklung und Ausbau der Abschreckungskräfte in der Zahal die Sicherheit des Staates Israel zu festigen. Dayan erreichte das nicht durch eine Eskalation der Vergeltungsschläge, wie die Öffentlichkeit glaubte. Im Gegenteil, er unternahm weniger Angriffe, aber er intensivierte Umfang und Wagemut der Aktionen. In einer Ansprache vom September 1955 sagte er, nach einem schweren Angriff legte sich das betroffene arabische Land für eine gewisse Zeit Zurückhaltung auf und erlaubte irgendwelchen Kräften nicht, die Grenze nach Israel zu überschreiten und dort etwas zu unternehmen. Diese Zurückhaltung legte die Bevölkerung jenes Landes dann als Schlappheit und Unfähigkeit aus, Israel im Kampf gegenüberzutreten. Vom September 1955 an wurden die Menschenverluste der israelischen Armee als unvermeidlicher Tribut an den Aufbau einer Abschreckungskapazität angesehen. In den vier vor Dayans Amtszeit als Stabschef liegenden Jahren fielen 143 israelische Soldaten im Verlauf gegnerischer Aktionen. In den vier Jahren seiner Amtszeit waren die Verluste genauso hoch: 143 Gefallene (ohne den Sinai-Feldzug 1956). Die Zahl wäre viel höher gewesen, hätte man die Situation an den Grenzen nicht in den Griff bekommen. Nach dem Sinai-Feldzug blieb es an den Grenzen ruhig. In den letzten beiden Jahren danach führte Israel nicht die kleinste Vergeltungsaktion durch. Dayans Politik rechtfertigte sich selbst.

Ben Gurion und Dayan waren beide, was das Leben der Soldaten

angeht, hochgradig empfindsam. Bei Ben Gurion drückte sich der Schmerz darüber in seinem Gesicht aus und trug erheblich zu der Erschöpfung bei, die 1953 zu seinem zeitweiligen Ausscheiden aus dem Amt führte. Dayan enthüllte viel weniger von seinen wirklichen Gefühlen. Einer seiner Adjutanten beobachtete ihn während des Kalkiya-Unternehmens, in dem 18 Soldaten fielen und 88 verwundet wurden. Sein Gesicht veränderte sich. Er fühlte das und meinte, daß sein Gesichtsausdruck und seine Sorgen wenig dazu beitrügen, den Kommandeur und seine Männer zu ermutigen. So verließ er den Kommandostab und kehrte ins Armeeoberkommando zurück.
Ganz anders als Ben Gurion hegte Dayan Mitgefühl auch für die gegnerische Seite. Ungeachtet seines Kampfes für die Sicherheit und Unabhängigkeit des Staates Israel stand er dem an den Arabern des Landes begangenen Unrecht nicht blind gegenüber, und seine Loyalität zu Israel war nicht von Selbstgerechtigkeit begleitet.
Viel davon drückt seine am offenen Grab von Ro'i Rotberg aus dem Kibbuz Nahal Oz gehaltene Rede aus, die viele Israelis überraschte und sogar schockierte. Rotberg wurde von einer Gruppe Araber angegriffen, über die Grenze gezerrt und zu Tode gefoltert, als er gerade mit ihnen reden wollte. Dayan sagte am offenen Grab:
»Sie haben Ro'i gestern morgen ermordet. Die Ruhe des Frühlingsmorgen blendete ihn, und er sah die Mörder nicht, die im Graben lagen und auf ihn lauerten. Laßt uns heute die Mörder nicht verdammen. Was wissen wir denn von ihrem grausamen Haß auf uns? Sie müssen seit acht Jahren in den Flüchtlingslagern des Gazastreifens leben, während wir, gleichsam unter ihren Augen, das Land, in dem sie und ihre Vorfahren lebten, zu dem unseren machen.
Sein Blut sollten wir nicht von den Arabern des Gazastreifens fordern, sondern von uns selber ... Laßt uns heute Rechenschaft ablegen. Wir sind eine Siedlergeneration, die ohne Helm und Gewehr keinen Baum pflanzen und kein Haus bauen kann.«
In der öffentlichen Diskussion über den besten Weg, mit den Arabern zum Frieden zu gelangen, ob durch diplomatische Bemühungen und gemäßigte militärische Reaktionen, wie Sharett und sein Kreis vorschlugen, oder durch mächtige Streitkräfte, die den Arabern beweisen könnten, daß Israel nicht niederzuwerfen war, worauf Ben Gurion bestand, bekannte Dayan sich entschieden zur zweiten Lösung. In der Grabrede für Ro'i Rotberg drückte er es so aus:
»Jenseits des Grenzgrabens wogt ein Meer von Haß und Rachedurst. Haß, der auf den Tag wartet, an dem Ruhe unsere Bereitschaft abge-

stumpft haben wird. Ro'is Blut schreit zu uns und nur zu uns! Denn wir haben gelobt, daß unser Blut nicht umsonst vergossen werden darf. Gestern wurden wir wieder einmal getäuscht; wir hörten und wir vertrauten ... Laßt uns nicht den Haß fürchten, der das Leben von hunderttausenden Arabern um uns herum verzehrt. Laßt uns den Blick nicht davon abwenden. Das würde unsere Hände zittern machen. Dies ist das Schicksal unserer Generation.
Wir haben nur eine Wahl: stark zu sein, entschlossen zu sein, Waffen zu tragen, oder das Schwert wird unseren Händen entgleiten, und damit würde unser Leben ernsthaft bedroht sein. Das Licht seines Herzens blendete ihn (Ro'i), er konnte das Messer des Mörders nicht erkennen. Taub vor Friedenssehnsucht vernahm er nicht die Schritte seiner Mörder.«
Nur durch Stärke und Abschreckung glaubte Dayan, die Regierungen von Ägypten und Jordanien von der Unterstützung der Fedajin und vor militärischen Unternehmen zurückhalten zu können.
Sie mußten überzeugt werden, daß sie gegen Israel nicht die geringste Chance hatten.
Im September 1955 sagte er in einer Ansprache an Offiziere der Zahal: »Die Araber werden erst dann von militärischen Unternehmen gegen Israel abgehalten, wenn sie Grund zu der Annahme haben, daß die von ihnen eingeschlagene Richtung auf heftige Gegenmaßnahmen stößt und Streit mit uns nur sie zu Verlierern machen kann.« Er fuhrt fort: »Unsere Siege und Verluste in kleinen Gefechten an der Grenze sind wegen ihrer Auswirkung auf unsere Sicherheit wichtig. Den Arabern rufen sie Israels Stärke nachdrücklich ins Bewußtsein, und uns Israelis schaffen sie Vertrauen in die eigene Kraft ... Indirekt demonstrieren die Vergeltungsschläge ja schon das israelisch-arabische Gleichgewicht der Kräfte.«
Früher wurden die Angriffe außer den Unternehmungen von Tel-Mutilla, Falama und Kibya – im allgemeinen von sehr kleinen Einheiten durchgeführt. Auch Dayan setzte anfangs nur wenige Soldaten ein: vier bei einem Überfall auf Hebron und sieben bei dem Vergeltungsschlag gegen den Stützpunkt der Arabischen Legion in Azun. Der Wechsel trat in der Nacht zum 28. Februar 1955 ein, eine Woche nachdem Lavon aus der Regierung ausgeschieden war und Ben Gurion wieder Verteidigungsminister geworden war. Zwei Züge der Fallschirmjäger überfielen einen Stützpunkt der ägyptischen Armee in der Nähe des Bahnhofs von Gaza, während eine kleinere Truppe gegen ägyptische Reserven einen Hinterhalt legte.

Das »Unternehmen Gaza« wurde durchgeführt, weil die ägyptische Armee schon eine ganze Reihe von Grenzzwischenfällen verursacht hatte, darunter das Entsenden eines Sabotagetrupps des ägyptischen Geheimdienstes mit dem Ziel, sich gegen Zivilisten und ziviles Eigentum zu wenden. Das Ergebnis des »Unternehmens Gaza« schien zu bestätigen, daß seine Langzeitwirkung größer war als die einer bloßen Vergeltung. 36 ägyptische Soldaten wurden getötet, zwei Zivilisten und 31 Soldaten verwundet; außerdem wurden zahlreiche Häuser und ein Brunnen innerhalb des ägyptischen Stützpunkts gesprengt. Die Fallschirmjäger, die im ganzen acht Mann verloren, hatten für die Dauer des Unternehmens den ägyptischen Stützpunkt fest in der Hand. Nach diesem Unternehmen vergrößerten sich die an solchen Aktionen beteiligten Streitkräfte beständig.

Dayan stellte fest, daß die Politik der Vergeltung durch die Vergeltungsaktionen selber entwickelt wurde: »Die Art, wie die Unternehmen durchgeführt wurden, war zum großen Teil das Ergebnis früher gemachter Erfahrungen, die uns gelehrt hatten, was möglich war und was nicht.«

Anfangs hielt Ben Gurion Raubzüge in Dörfer, die arabischen Terroristen Unterkunft gewährten, das Töten von Zivilisten und das Zerstören ihrer Häuser für durchaus gerechtfertigt. Dann aber, im düsteren Licht der Tragödie von Kibya und auf Dayans Anregung, reifte der Entschluß, die Vergeltungsunternehmungen nur noch gegen militärische Ziele zu richten.

Die wirkliche Stärke der an den bekanntesten Vergeltungsaktionen teilnehmenden Streitkräfte war außerhalb Israels unbekannt. Die Stärke der an dem »Unternehmen Kibya« beteiligten Truppen schätzten die UNO-Beobachter auf 500 Mann. Tatsächlich waren nicht mehr als 103 Soldaten beteiligt. Bei der »Aktion Genezareth« schätzte man die Stärke der beteiligten Truppen sogar auf eine ganze Brigade. Diese Übertreibungen brachten Dayans Vorhaben zu Fall. Statt Ägypten einzuschüchtern und es zu veranlassen, die Tätigkeit der Felayin zu beschneiden, spornte die Furcht vor Israels Überlegenheit Nassers Regierung an, sich für einen Vernichtungskrieg auszurüsten und vorzubereiten. Das wiederum hob die Politik der Vergeltungsschläge auf eine noch höhere Stufe: der Ruf nach dem Präventivkrieg oder doch zumindest nach dem sogenannten Vorbeugungsschlag.

Obgleich Dayan sehr dafür war, den Streit mit Ägypten hochzuschaukeln, hat er niemals vorsätzlich zu Zwischenfällen angestiftet oder welche hervorgerufen, wie israelische Kritiker behauptet haben. Sein

Gehorsam und seine Loyalität Ben Gurion gegenüber waren beispielhaft, aber er wußte ganz genau, daß Ben Gurion zu überreden war. Dayan hoffte auf eine ägyptische Reaktion, die dann den Grund zur Wegnahme des Gazastreifens liefern konnte. Zu der Zeit, als die Grenze »heiß« war, befahl ein Brigadekommandeur seinen Truppen, Verteidigungsstellungen auszubauen. Als Dayan die Brigade besichtigte und der Kommandeur voller Stolz präsentierte, was seine Männer an exzellenten Befestigungsanlagen angelegt hatten, fuhr Dayan ihn wütend an: »Wofür graben sie da? Wenn etwas passiert, wollen wir *angreifen*, nicht verteidigen!« Er befahl der Brigade, die Schützengräben zuzuschütten und die befestigten Stellungen wieder abzureißen. Angriff sei die bestmögliche Verteidigung, meinte Dayan. Er verbot tatsächlich das Anlegen von Verteidigungsstellungen entlang den israelischen Grenzen.

Der September des Jahres 1955 sah die Blockade der Straße von Tiran und die Unterzeichnung des ägyptisch-tschechischen Waffenlieferungsvertrags. Der gesamte Schiffsverkehr aus dem Roten Meer nach Eilat kam zum Stillstand. Die Flüge der El-Al in Richtung Süd-Afrika, soweit sie ägyptischen Luftraum berührten, wurden suspendiert. Gleichzeitig beschleunigte der Waffenlieferungsvertrag die Umstellung der ägyptischen Armee auf sowjetische Waffen. Im April 1955 beschloß das Oberkommando der ägyptischen Armee, daß Terror und Sabotage eine wirkungsvolle Art der Kriegführung gegen Israel darstelle, und stellte eine Spezialtruppeneinheit auf, die »Fedayin« genannt wurden, die »Selbstaufopferer«. Ihre Aufgabe war es, ganz offiziell von ägyptischem, syrischem, libanesischem und jordanischem Staatsgebiet aus bewaffnete Terrorüberfälle auf israelisches Staatsgebiet auszuführen. Im September steigerte das ägyptische Armeeoberkommando diese Überfälle über alles vorhergehende Maß hinaus. Israel war gezwungen, die Araber ultimativ vor die Wahl zu stellen: entweder sofort den Frieden zu halten oder mit diesen Methoden in einen »heißen« Krieg zu schlittern.

Dayan befürchtete, daß Israel weniger Chancen auf einen Sieg habe, wenn die Ägypter zuerst angriffen. Außerdem hätte es unter größeren Zerstörungen zu leiden. Seine Befürchtungen waren wohlbegründet. Am 20. September sickerte durch, daß Schiffe mit schweren Waffen, Panzern, Kanonen und Flugzeugen ägyptische Häfen angelaufen hätten, ebenso russische U-Boote. Radio Kairo posaunte in die Welt hinaus: »Der Tag von Israels Niederlage ist gekommen! Es wird an den Grenzen kein Friede sein! Wir fordern Rache, unsere Rache bedeutet:

TOD FÜR ISRAEL!« In dem Augenblick, als die Ägypter die Straße von Tiran versperrten, schlug Dayan dem Verteidigungsminister Ben Gurion vor, sie durch sofortigen Einsatz der Zahal wieder zu öffnen. Ben Gurion lehnte jedoch ab.
Am 19. Oktober nahm Dayan einen langen Urlaub und flog nach Paris. Am 22. ließ Ben Gurion ihn wieder zurückrufen. Dayan, der verständlicherweise gespannt darauf war, nun endlich von Ben Gurion Näheres über eventuell geplante Aktionen zu erfahren, wurde von Ben Gurion lediglich in eine ganz allgemein gehaltene Konversation verwickelt, an deren Schluß er ihm auf seine typische Art verschiedene Anweisungen gab, unter anderem auch, Vorbereitungen zu treffen für die Eroberung der Straße von Tiran, von Sharm el-Sheikh, Ras Nasrani und der Inseln Tiran und Sanapir, damit die freie Ausübung der israelischen Schiffahrt durch den Golf von Akaba und das Rote Meer sichergestellt sei.
Nach den Wahlen zum israelischen Parlament am 2. November wurde Ben Gurion wieder einmal Ministerpräsident und Verteidigungsminister. Als er sein Koalitionskabinett der Knesset vorstellte, spielte er auf seine Bereitschaft zum Krieg an:
».... Die ägyptischen Vertreter bei der UNO haben öffentlich erklärt, daß zwischen Israel und Ägypten weiterhin der Kriegszustand bestehe. Die ägyptische Regierung hat eine der Grundlagen des internationalen Rechts gebrochen, das Recht auf freie und ungehinderte Schiffahrt durch den Suezkanal, das durch einen besonderen Beschluß des Weltsicherheitsrats garantiert worden ist. Jetzt versucht Ägypten, die Fahrt israelischer Schiffe in das Rote Meer zu blockieren. Das steht in eklatantem Widerspruch zu dem internationalen Grundsatz von der Freiheit der Meere. Dieser einseitig geführte Krieg hat sofort aufzuhören. Er kann nicht dauernd weitergehen ... vergewaltigt man unsere Rechte durch Gewaltakte zu Lande und zur See, werden wir uns das Recht zum Handeln vorbehalten und diese unsere Rechte auf das Wirksamste zu verteidigen wissen. Wir suchen Frieden – aber keinen Selbstmord ...«
Dayan wußte im voraus, was Ben Gurion dem Parlament sagen wollte. Er fing an, die Anweisungen des Premierministers, alle Vorbereitungen für die Eroberung der Straße von Tiran zu treffen, durchzuführen, und befahl die Aufstellung eines besonderen Kampfverbandes unter dem Kommando von Oberst Chaim Bar-Lev. Ein Aufklärungsverband wurde losgeschickt, um die Möglichkeit zu prüfen, auf dem Landweg an die Meerenge heranzukommen.

Nichts drückt die tragische Dualität, in die das Schicksal Israel gezwungen hatte, besser aus als der Sinai-Feldzug. Israel wurde förmlich zur Stärke gezwungen; der Wunsch nach Verteidigung zwang es, anzugreifen; seine Sehnsucht nach Frieden trieb es in den Krieg.
Es gibt da gar keinen Zweifel: wäre Israel ein mächtiges Land mit großer Bevölkerungszahl und einer starken Wirtschaft gewesen, die Dinge hätten sich anders entwickelt, und der Streit wäre nicht über einen bestimmten Punkt hinausgegangen. Doch so – im Verhältnis zu den arabischen Staaten geradezu winzig – schien Israel eine leichte Beute zu sein.
Seine Weigerung, ein Raub der viel größeren arabischen Staaten zu werden, trieb Israel dazu, stark zu sein: seine Verletzlichkeit förderte seine Stärke.
In Israel und bis zu einem gewissen Grad auch im Ausland wurden sogar die verbissensten Vergeltungsschläge als Verteidigungshandlungen angesehen. Der Nachteil war jedoch, daß diese Unternehmungen die Araber niemals wirklich abschrecken oder gar ein momentanes Nachlassen der arabischen Terrorakte bewirken konnten. Andererseits riefen zu viele Vergeltungsschläge Gegenschläge hervor, denen dann wieder mit neuen Vergeltungsaktionen geantwortet wurde: ein nie endenwollender Teufelskreis. Die durch diesen Prozeß ausgelöste Bewegung führte zu einer schrittweisen Eskalation an allen Fronten und notwendigerweise zum Krieg.
Im September 1956 war Dayan von der Unvermeidbarkeit eines Vernichtungskrieges überzeugt.
Binnen eines Monats führte die Zahal vier Vergeltungsangriffe durch, die auf beiden Seiten immer höhere Verluste verursachten.
In Israel war die Zahl der Verluste schon seit jeher der wichtigste Gradmesser für den Sinn eines militärischen Unternehmens gewesen. 1956 erreichte sie einen so hohen Stand, daß die israelische Öffentlichkeit an der Notwendigkeit so vieler Opfer zu zweifeln begann. Die Vergeltungsangriffe wurden ohne die geringste Eroberungsabsicht durchgeführt. Unmittelbar nach der Erfüllung ihres Auftrags kehrten die israelischen Truppen wieder auf heimatliches Gebiet zurück. Es erhob sich die Frage: wenn diese Angriffe schon keine Wirkung auf die Araber erkennen lassen und die arabischen Aggressionen nicht beenden können, warum dann diese sich ständig steigernden Menschenverluste hinnehmen? Im September 1955, als er noch an die Wirkung seiner Vergeltungspolitik glaubte, behauptete Dayan, das, was er »ganz normale Sicherheitsvorfälle« nannte (Überfälle arabischer Ter-

roristen auf israelische Bürger), »dürfe man nicht als vorübergehende Episoden ansehen, sondern als Verhältnisse, wie sie eine gewisse Zeit – zehn, zwanzig Jahre – andauern können.«
Ein Jahr später, im vierten Jahr der Vergeltungsangriffe, begriff Dayan, daß die Politik der Vergeltung sich überlebt hatte. In einer Generalstabsbesprechung am 15. Oktober hieß es: »Es ist klar, daß dies System revidiert werden muß.« Nach der Kalkilya-Aktion traf Dayan sich mit Zeitungsleuten, denen er das Problem so schilderte: »Wir sind nur eine kleine Armee. Nach jedem Unternehmen wie diesem sind wir gezwungen, unsere besten Männer in die Krankenhäuser zu legen. Die Frage ist, wie weit können wir noch gehen?« Dayan vermochte nicht in Kategorien nichtmilitärischer Aktionen zu denken. Seine einzigen Zweifel bezogen sich auf die wachsende Zahl der Verluste. Über ihre Wirkung auf den Feind hegte er überhaupt keinen Zweifel: »Ich glaube nicht, daß Jordanien über das, was in der vergangenen Nacht (in Kalkilya) passiert ist, einfach hinweggehen kann. Wenn hundert jordanische Soldaten und Polizisten als Vergeltung für den Mord an zwei Israelis mit ihrem Leben zahlen müssen, haben sie noch einmal ganz genau zu überlegen, ob sich die Entsendung von Fedayin überhaupt lohnt. Es ist zweifelhaft, daß sie so weitermachen werden, wenn der für jede dieser Aktionen zu zahlende Preis so immens hoch ist. Ich bin der Meinung, daß wir die Jordanier zum Aufgeben zwingen werden. Sie werden keine weiteren Fedayin schikken. Die Frage ist nur – können wir es uns leisten, mit dieser Methode fortzufahren?«
Dabei schien er ganz offen darauf anzuspielen, daß seine Antwort auf beide Fragen nur lauten könnte: Israel muß einen Präventivkrieg führen.
Als Ben Gurion seinen Vorschlag auf die gewaltsame Öffnung der Straße von Tiran vorlegte, begegnete man ihm im Kabinett mit heftiger Opposition. Das Kabinett war der Meinung, daß die Zeit für solch eine Aktion noch nicht reif sei. Israel sollte »zu einem Zeitpunkt handeln, der ihm angemessen erscheint.« Als Ben Gurion ihm die Entscheidung des Kabinetts mitteilte, war Dayan tief enttäuscht. Unter anderem war es gerade diese Reaktion, die Anlaß zu der Beurteilung Dayans gab, derzufolge er bezüglich der Araber optimistisch, aber pessimistisch gegenüber den Israelis sei. Mit anderen Worten, er glaubte, die Araber würden Israel zum Kampf zwingen, noch ehe die Israelis sich selbst dazu entschlossen hätten.
In einem Brief an Ben Gurion reagierte Dayan recht scharf auf den

Beschluß des israelischen Kabinetts. Die Formel, Israel würde »zu einem Zeitpunkt handeln, der ihm angemessen erscheint«, hielt er für wichtigtuerisch und sinnlos, denn dahinter stand kein konkreter Plan, die Meerenge zu öffnen. Er machte geltend, daß die von der Regierung eingeschlagene Politik »unredlich (ist) und letzten Endes nur zum Verlust unserer maritimen Freiheit und unserer Bewegungsfreiheit in der Luft führen wird. Eilat wird dadurch zu einem Küstenstreifen an einem abgeschlossenen See. Die Ausfahrt hängt vom Wohlwollen der ägyptischen Regierung ab.« Die Reaktion der Regierung auf die Schließung der Straße von Tiran konstituiere »eine de facto-Preisgabe der Schiff- und Luftfahrt durch die Straße von Tiran«. Dayan war der Ansicht, Israel müsse »sobald wie möglich (innerhalb eines Monats) die Einnahme der Straße von Tiran betreiben«. Sein Vorschlag wurde überstimmt, der Sonderkampfverband wieder aufgelöst. Zwischen den Zeilen steht Dayans Kritik an Ben Gurion. Er erinnert den Ministerpräsidenten an den Verlust des freien Zugangs zum Mount Scopus und der Benutzung der Latrum Road (wie es im Waffenstillstandsvertrag festgelegt war), »einerseits wegen der Weigerung Jordaniens, andererseits wegen unseres Versagens. Wir hätten unsere Rechte mit Gewalt durchsetzen sollen.« Ehe Dayan im Jahre 1949 Jerusalem verließ, hatte er der Regierung vorgeschlagen, ihr Recht dazu in Anspruch zu nehmen. Er führte dann aus, daß Ben Gurion sich bei zahlreichen unmißverständlichen Erklärungen zu militärischen Maßnahmen bekannt hatte und »den Ministerpräsidenten Ägyptens durch General Burns hat wissen lassen, daß die israelische Regierung sich nicht mit einer Politik der einseitigen Beachtung der Waffenstillstandsbedingungen einverstanden erklären könne«. Dayan meinte, hier setze der israelische Ministerpräsident seine Glaubwürdigkeit aufs Spiel.
Obgleich Dayan in seinem Brief an Ben Gurion selber scharf angreift, schreibt er in seinem »Tagebuch des Sinai-Feldzugs«: »Ben Gurion war zwar der Adressat meines Briefes, der tatsächlich gar nicht an ihn selbst gerichtet war. Immerhin war er derjenige, der darum bemüht war, die Armee mit der Aufgabe, die Blockade zu brechen, beauftragen zu lassen; das Kabinett allerdings entschied, die Zeit sei dafür noch nicht gekommen.« Genaugenommen stimmte das auch. Doch auch Dayan wußte natürlich, daß Ben Gurion jeden Beschluß, den er für lebensnotwendig hielt, im Kabinett durchsetzen konnte. Der Minderheit anzugehören, hat Ben Gurion nie gestört, wenn es galt, für seine Ansichten zu kämpfen. Ganz im Gegenteil, in solchen Fällen gab er so lange nicht nach, bis er seinen Willen durchgesetzt

hatte. Dayan hielt Ben Gurions Status innerhalb des Kabinetts, besonders in Fragen der äußeren Sicherheit, für so gefestigt, daß er, wenn er nur davon überzeugt gewesen wäre, der einzige Weg, die Straße von Tiran wieder für den israelischen Schiffsverkehr zu öffnen, sei der Weg der militärischen Gewalt – er imstande gewesen wäre, die Kabinettskollegen auf seine Ansicht einzustimmen.
Ben Gurion hielt es manchmal ganz einfach für zweckmäßig, im Kabinett als Achillesferse der Minorität zu gelten.
Dayans und Ben Gurions Einstellung gegenüber allen Sicherheitsfragen entsprang den gleichen Quellen – der Scheu vor dem Vergießen jüdischen Blutes.
Doch während Ben Gurion befürchtete, ein Unterliegen im Kampf gegen Ägypten würde für Israel neuen Völkermord bedeuten, war Dayan besorgter über die Möglichkeit, es könne für die Vernichtung jüdischen Lebens ein zu geringer Preis gefordert werden. Ben Gurion war in Polen geboren. Er konnte sich das Grauen der osteuropäischen Progrome und des nationalsozialistischen Völkermords weit lebendiger vergegenwärtigen. Dayan, der Soldat, der zur erneuerten Kampfkraft der israelischen Armee volles Vertrauen hatte und dem immer noch »die beim ersten Schlag auf eine Blechdose wie verschreckte Vögel durcheinanderflatternden Araber« vor Augen standen, konnte sich einen Massenmord an den Juden Israels gar nicht vorstellen. Noch Jahre später berichtete er über den Sechstagekrieg eher als von einem Ausdruck des Sehnens der Nation nach dem Land der Väter, als von einem Krieg ums bloße Überleben.
Die Unterschiede in ihren Ansichten über den Krieg waren sogar noch viel ausgeprägter. Als Ben Gurion am 2. November sein Kabinett vorstellte, führte er aus: »Wir begehren nicht einen einzigen Zoll fremden Bodens. Doch solange wir leben, wird niemand auch nur einen einzigen Zoll unseres Landes von uns nehmen. Für den Streit zwischen uns und Ägypten können wir keinen Grund entdecken, im Gegenteil. Wir meinen, daß zwischen den beiden Nationen weite Felder fruchtbarer Zusammenarbeit liegen könnten. An gutem Willen dazu mangelt es auf unserer Seite nicht.« Es war ihm wirklich nur um eine Erhaltung des Friedens an den Grenzen zu tun, wenn er sich weigerte, den Weg zum Mount Scopus mit Gewalt zu öffnen, den Durchgang durch das Gebiet von Latrum zu erzwingen oder die syrische Armee aus den Stellungen zu vertreiben, die diese sich in der entmilitarisierten Zone Israels angeeignet hatte. Dayan vermutete fast, Ben Gurion wolle den Gedanken an die freie Schiffahrt durch die Straße von Tiran fallen

lassen, wenn er damit nur den Krieg vermeiden könnte. In Territorialfragen erwies sich Dayan als der extremere von beiden. So war Ben Gurion gegen die Inbesitznahme des Gazastreifens. Er war zwar mit Dayan einer Meinung, daß die ägyptische Armee eigentlich aus dem Gazastreifen entfernt werden müsse und daß die Stützpunkte der Saboteure zu zerstören seien, doch sah er eine Fülle von Problemen aus dem so dicht besiedelten Gebiet auf sich zukommen. Für Dayan überwogen territoriale Fragen mögliche Probleme. Schon früher hatte er seine Abneigung, auch nur »einen Fußbreit Boden« aufzugeben, gezeigt, nämlich bei der Abgrenzung des Niemandslands im Gebiet von Jerusalem. Für Dayan bedeuteten Schiffahrtsrechte Gebietsrechte, und die Behinderung der freien Schiffahrt auf dem Meer war für ihn gleichbedeutend mit dem Zurückstecken der Grenzen Israels.

Der Hauptunterschied zwischen den beiden Männern lag in ihren Ansichten über den Krieg und seine Folgen begründet.

Ben Gurion sah mehr als Dayan einen harten Krieg bevorstehen, mit großen Verlusten für Israel, und er reagierte empfindlicher auf die Meinung der Weltöffentlichkeit, besonders auf die der Großmächte. Auch betrachtete er die Verstärkung der ägyptischen Armee durch die sowjetrussischen Waffenlieferungen mit aufmerksamer Sorge. In einer Übersicht über die Sicherheitslage Israels vor dem Parlament am 2. Januar 1956 führte er aus:

»In den Jahren seit der Beendigung der Feindseligkeiten vor sieben Jahren erfreuten sich alle arabischen Armeen – für die ägyptische Armee traf das sogar schon allein zu – einer gewaltigen quantitativen Überlegenheit in allen militärischen Bereichen, zu Lande, zur See und in der Luft. Nicht zu reden von ihrem mächtigen Menschenpotential.«

Ben Gurion wußte natürlich, daß die hohe Qualität der Zahal, ihr Kampfwert und ihre Ausbildung ausglichen, was ihr an Quantität an Waffen und Ausrüstung mangelte.

Im Verlauf des ägyptisch-tschechoslowakischen Waffenlieferungsvertrags pumpte die Sowjetunion nicht nur noch nie dagewesene Mengen an Waffen und Ausrüstung nach Ägypten hinein, sondern auch Waffen, die es bis dahin im mittleren Osten noch nie gegeben hatte. »Der tschechische Waffenlieferungsvertrag hat in den vergangenen Monaten die Lage auf das Gefährlichste verändert«, schrieb Ben Gurion.

Dayan störte die militärische Überlegenheit der arabischen Länder weniger. Obgleich er die sowjetisch ausgerüsteten Ägypter ernst nahm, sah er den Waffenlieferungsvertrag nicht als eine unmittelbare Gefahr an. Im März 1956 sagte er: »Die Jugend Israels ist in der Lage, mehr ausgebildete Piloten und Panzerbesatzungen zu stellen als alle arabischen Staaten zusammengenommen. Unsere Gegner verfügen zwar über Migs, schwere Stalin- und Centurion-Panzer, aber alle diese Waffen benötigen auch fähige Piloten und gut ausgebildetes Bedienungspersonal.« Dayan war überzeugt, daß ein ägyptischer Angriff auf Israel mit einer Niederlage des Angreifers enden würde, und er glaubte an den endgültigen Sieg der Zahal wegen ihres hohen technischen Potentials, ihrer inneren Verteidigungslinien und ihrer hohen Kampfmoral. Aus diesen Worten sprachen zum ersten Male die Ruhe und die Ausgeglichenheit seiner Führungsqualitäten in Spannungszeiten. Von hier aus mag seine militärische Führerschaft über die Armee hinaus in die breite Öffentlichkeit ausgestrahlt sein.

Ben Gurions tiefe Besorgnis über die Möglichkeit von Luftangriffen auf israelische Städte bildete den Kern seiner Überlegungen, Israel solle nicht ohne mächtige Verbündete in einen Krieg eintreten. Dayan dagegen sprach in der israelischen Öffentlichkeit offen davon, daß es unmöglich sein könnte, »verhängnisvolle Bombardements unserer Wohngebiete und vielleicht sogar die Eroberung kleiner Gebiete zu verhindern«. Er versprach jedoch den endgültigen Sieg der israelischen Waffen. Er glaubte daran, daß Israel alles ohne Verbündete durchstehen könnte. Seine Worte enthielten einen Hinweis darauf, daß ein Präventivkrieg – ehe die ägyptische Armee Zeit gefunden hatte, sich mit den neuen sowjetischen Waffen vertraut zu machen – die Sicherheitslage Israels in hohem Maße verbessern würde.

Ben Gurion fürchtete die Konsequenzen. Eine arabische Niederlage würde Israel bei seinen Nachbarn natürlich nicht beliebter machen; die Kluft zwischen den Nationen würde sich vergrößern, die Barriere des Hasses wachsen. Israel würde durch einen Präventivkrieg als Angreifer dastehen und nicht als ein Land, das den Frieden sucht. Die schon jetzt schwankende Unterstützung durch die Weltöffentlichkeit würde weiter nachlassen. Dann gab es noch den politischen Aspekt. Jordanien und Ägypten hatten mit England gegenseitige Verteidigungsabkommen geschlossen. Ägypten verstärkte seine Verbindungen zur Sowjetunion. In einer Welt, die sich immer schneller zu Machtblöcken zusammenfand, stand Israel isoliert da. Möglicherweise würden ihm seine Erfolge auf den Schlachtfeldern von den Verbündeten der arabischen Staaten wieder entwunden werden. Der Wunsch nach einem mächtigen Verbündeten schien in Ben Gurion so stark zu sein, daß er zeitweilig meinte, Israel solle in den Verband des britischen Commonwealth eintreten, und er bemühte sich sehr, das der britischen

Regierung vorzuschlagen. Später untersuchten seine Berater die Möglichkeit, Israel der NATO beitreten zu lassen. Als aus beiden Vorhaben nichts wurde, meinte Ben Gurion, Israel könne wenig oder gar keine Vorteile aus einem Krieg mit den Arabern ziehen.

Schließlich wird Ben Gurion noch einen weiteren Vorbehalt gegen einen Präventivkrieg gehabt haben. Er sagte zu Shimon Peres: »Jeder gefährdete Staat, selbst wenn er unter starkem Druck steht, darf nicht außer acht lassen, daß er die kommende Generation zum Richter aufruft. Sie erst wird in der Lage sein, Geist, historische Größe, Logik und Moral der unter dem Druck der Verhältnisse zustande gekommenen Entscheidungen objektiv zu bewerten.«

Die Summe aller jener Überlegungen bewahrte Ben Gurion davor, die Regierung zu zwingen, schon Ende 1955 einer militärischen Aktion zuzustimmen. Krieg erschien Ben Gurion eher als eine Frage der Notwendigkeit, denn als eine Gelegenheit, die es beim Schopf zu packen gelte, wie Peres sagte. Er war nur bereit, einen Präventivkrieg zu führen, wenn es absolut keine andere Möglichkeit gab, und nur aus einer Lage heraus, in der jedes Zögern Selbstmord bedeuten würde. Dayan hielt es für unvernünftig, so lange zu warten, bis Israel mit dem Rücken an der Wand zu kämpfen hätte. Er glaubte an den rechten Augenblick, einen Krieg zu beginnen, und fürchtete, ihn zu verpassen. In seinem Brief vom 5. Dezember schrieb er Ben Gurion: »Im Augenblick scheint es mir nicht so, als wäre die Gelegenheit in ein paar Monaten günstiger. Mit der Erstarkung der ägyptischen Streitkräfte, besonders der Luftwaffe, wird unsere Aussicht auf Erfolg immer mehr dahinschmelzen.« Doch Ben Gurion wußte, daß die Geschichte im allgemeinen »Gelegenheiten« im Überfluß zu bieten hat.

Tatsächlich: Innerhalb einiger Monate begann sich eine neue »Gelegenheit« am Horizont abzuzeichnen.

Im Jahre 1956 verschlechterte sich die militärische Situation ständig. Mit steigender Lautstärke verkündeten ägyptische Sprecher die Fähigkeit und die Absicht ihres Landes, Israel zu zerstören.

Es sickerten Einzelheiten über den tschechischen Waffenlieferungsvertrag durch: Im Austausch gegen ägyptische Baumwolle, die zu weniger als dem halben Preis geliefert wurde, sollte Ägypten erhalten: »530 gepanzerte Fahrzeuge ... rund 500 Kanonen unterschiedlicher Modelle, fast 200 Kampfflugzeuge, Bomben- und Transportflugzeuge; eine Anzahl Kriegsschiffe ...«

Dieser Vertrag beseitigte nach Dayans Worten »das wacklige Waffengleichheitsgewicht« im Mittleren Osten. Vor dem Vertrag besaß Ägyp-

ten 80 Düsenflugzeuge gegenüber Israel 50. Der neue Vertrag steigerte die Anzahl der ägyptischen Düsenflugzeuge auf 200 ultramoderne Einheiten, Bomber und Jagdflugzeuge. Die Waage neigte sich gefährlich zugunsten Ägyptens. Die Luftstreitkräfte waren das schwächste Glied in Israels Verteidigung. Viel besser allerdings sah es bei Panzerfahrzeugen und Artillerie auch nicht aus.
Die Intensivierung der Fedayin-Überfälle war nur ein Teil der Vorbereitungen Ägyptens zum großen entscheidenden Angriff auf Israel. Um das Maß vollzumachen, schloß Ägypten im September 1956 mit Syrien und im Oktober mit Jordanien einen Vertrag über die Einrichtung eines gemeinsamen militärischen Oberkommandos. Am 24. Oktober schlang ein dreiseitiges Militärabkommen zwischen Ägypten, Syrien und Jordanien die Schlinge um Israels Hals. Die Schwere der Situation wurde ein wenig durch die schnelle Entwicklung der israelisch-französischen Beziehungen gemildert. Seit 1954, als Shimon Peres, wohlausgerüstet mit einem Brief Ben Gurions an den damaligen Verteidigungsminister Pierre König, nach Paris geflogen war, bestanden zu Frankreich militärische Bindungen. 1955, als Dayan für seinen Einsatz von 1941 in Syrien mit dem Kreuz der Ehrenlegion ausgezeichnet wurde, war das Eis gebrochen. Peres schrieb: »Panzer und Kanonen haben wir schon bekommen. Für die Lieferung von Flugzeugen sind – abgesehen von ein paar Moskitos – die Hindernisse noch nicht überwunden.« Der 32jährige Peres, Generaldirektor des israelischen Verteidigungsministeriums, hatte in Frankreich den Verbündeten gefunden, den sich Ben Gurion wünschte. Zumindest glaubte er, daß Frankreich ein »ordentlicher«, ein »politischer« Lieferant moderner Waffen, besonders von Flugzeugen sein könnte.
Schon Anfang 1956, nach den französischen Wahlen, konnte Peres schreiben: »Nun endlich sind die Hindernisse – reale und bloß formelle – aus dem Weg geräumt. Die Waffenlieferungen aus politischen Gründen haben begonnen.« Die ersten vier Mystère-Düsenjäger landeten im März 1956 in Israel. Der israelisch-französische Waffenlieferungsvertrag begann, die militärischen Vorteile des ägyptisch-tschechoslowakischen Waffenlieferungsvertrags abzubauen.
Gleich nachdem Nasser am 26. Juli den Suezkanal verstaatlicht hatte, wurde die Frage eines konzertierten israelisch-englisch-französischen Unternehmens aufgeworfen. Peres zufolge war Frankreich die treibende Kraft hinter der Idee. Der Verteidigungsminister Bourges-Maunory erkundigte sich bei Peres: »Was meinen Sie, wie lange wird es dauern, bis Ihre Armee die Sinai-Halbinsel durchquert und den Suezkanal

erreicht haben kann?« Peres antwortete: »Wir haben sechs bis sieben Tage veranschlagt, doch unser Suez heißt Eilat; seiner Schließung würden wir niemals zustimmen. Das könnte der Anlaß für eine israelische Aktion sein.«

Im September 1956 sprach Peres wiederum ernsthaft über das Projekt mit dem französischen Verteidigungsminister, und dieser sagte ihm lächelnd: »Möglicherweise ist die zeitliche Abstimmung der Briten (für eine englisch-französische Aktion gegen den Suezkanal), die noch nicht festgelegt ist, dem israelischen Zeitplan für die Öffnung der Straße von Tiran (der auch noch nicht fixiert war) näher als dem französischen Zeitplan.«

Peres kabelte an Ben Gurion und erhielt die Antwort: »Falls Sie nur über den Zeitplan gesprochen haben, liegen wir näher in Paris als an London.«

Am 1. September erhielt Dayan während einer Generalstabsbesprechung ein Kabel des israelischen Militärattaches in Paris »mit Informationen über die englisch-französische Absicht, sich des Suezkanals zu bemächtigen – ›Operation Musketier‹.« Es wurde beschlossen, »sich auf jeden Fall auf einen Krieg in unserer Gegend vorzubereiten«. Am 25. September wurde die Beteiligung Israels an einem englisch-französischen Unternehmen gegen Ägypten zum erstenmal ernsthaft diskutiert.

Anscheinend wußten ursprünglich nur Ben Gurion, Peres und Dayan über die Geheimgespräche Bescheid. Ben Gurion erweiterte den Kreis auf Levi Eshkol, den Finanzminister, auf den die Last der Mobilisierungs- und Ausrüstungskosten fallen würde, und auf Frau Golda Meir, die im Juni dieses Jahres Moshe Sharett als Außenminister abgelöst hatte. Dayan flog in geheimer Mission zum Waffeneinkauf nach Frankreich. Am 21. Oktober 1956 verhandelte Ben Gurion vier Tage mit Vertretern Englands und Frankreichs in Frankreich. Am 24. Oktober, dem letzten Tag seines Aufenthalts in Frankreich, nur fünf Tage vor Beginn des Sinai-Feldzuges, unterschrieb Ben Gurion ein Protokoll, das später unter dem Namen »Konferenz von Sèvres« bekannt wurde. Damit band Israel sich an das englisch-französische Suezkanalabkommen. Die ganze Angelegenheit wurde am 26. Oktober von Ben Gurion dem Kabinett vorgelegt; nur einen Tag vor Beginn des Unternehmens, am 28. Oktober, informierte er die Opposition. Die Zielstrebigkeit, mit der Ben Gurion den Entschluß im Kabinett durchpaukte, bestärkte Dayans Überzeugung, er, Ben Gurion, hätte das alles schon im Dezember 1955 tun sollen.

Es hat den Anschein, als ob von Juli bis Anfang Oktober Dayan und Peres die treibenden Kräfte waren, die auf die Teilnahme Israels am Suez-Krieg (Gesamtbezeichnung für das gemeinsame Unternehmen, in dem Israels Anteil mit »Operation Kadesh« oder »Sinai-Feldzug« bezeichnet wurde) hinwirkten. Wie wir sehen werden, spielten Dayan und Peres auch eine wichtige Rolle im letzten Stadium von Ben Gurions Entschluß.

Dayans »Tagebuch des Sinai-Feldzugs« beginnt mit subtiler Kritik an Ben Gurion: »Der Sinai-Feldzug ergab sich aus der Verschärfung des politisch-sicherheitsmäßigen Konflikts zwischen Israel und den benachbarten arabischen Staaten einerseits und aus dem englisch-französischen Entschluß andererseits, sich mit Gewalt der Kontrolle über den Suezkanal zu bemächtigen. Ohne das englisch-französische Unternehmen ist es überhaupt zweifelhaft, ob Israel den Feldzug hätte unternehmen können, und wenn, wäre der Charakter des Unternehmens sowohl in militärischer als auch in politischer Hinsicht anders gewesen.« Nach Dayans Überzeugung hätte Ben Gurion den Feldzug mit dem Ziel der Öffnung der Straße von Tiran beginnen müssen, ohne jeden Bezug auf die Verstaatlichung des Suezkanals. Deswegen unterschied er zwischen der von ihm im Herbst 1955 vorgeschlagenen Einnahme der Straße von Tiran und dem Sinai-Feldzug vom Oktober–November 1956. Das eine sei ein rein israelisches Unternehmen gewesen, während das zweite, obgleich ihm israelische Interessen zugrunde lagen, von England und Frankreich abgehangen habe. Nach Dayans Kritik zu urteilen, hätte er ein völlig unabhängiges Unternehmen im Jahre 1955, das den etwas verworrenen und letztlich doch enttäuschenden Sinai-Feldzug von 1956 verhütet hätte, vorgezogen.

Betrachtet man Dayan, Peres und Ben Gurion, so waren von den drei Männern Dayan und Peres viel mehr auf Krieg erpicht als Ben Gurion, bei dem Dayan bis zum allerletzten Augenblick zweifelte, ob er sich am Ende überhaupt für den Krieg entscheiden würde. Peres sagte: »Ben Gurion enthüllte keinem von uns seine endgültige Stellungnahme.« Noch in der Parlamentsdebatte vom 15. Oktober, nur zwei Wochen vor Beginn des Feldzuges, sprach er sich gegen den Präventivkrieg aus. In der Diskussion mit Oppositionsmitgliedern, die einen von Israel begonnenen Krieg forderten, führte er aus: »Die Kabinettsmitglieder und ich selbst akzeptieren diese Ansicht nicht. Wir befürworten die Selbstverteidigung und werden, falls man angreift, mit allen uns zur Verfügung stehenden Kräften bis zum Sieg kämpfen. Doch wir wissen um die Schrecken des Krieges, wir kennen seine Zerstörungen, seine

Vernichtung menschlichen Lebens. Wir glauben nicht, daß sich durch Kriege geschichtliche Probleme lösen lassen; sie bringen uns keine dauerhaften Lösungen. Aus diesen Gründen wollen wir keinen Krieg.«
Am 17. Oktober empfing Ben Gurion ein Telegramm aus Paris. Absender: Guy Mollet, der ihn zu Geheimgesprächen mit englischen und französischen Bevollmächtigten einlud. Man könnte das als ersten positiven Schritt Ben Gurions in Richtung auf das geplante Unternehmen ansehen. Golda Meir war skeptisch. Eshkol befürwortete die Reise; Dayan konnte seine Begeisterung kaum zurückhalten. Peres war, das braucht nicht besonders erwähnt zu werden, nicht weniger begeistert.
Das Gefühl, einen großen Augenblick in den französisch-israelischen Beziehungen zu erleben, stand im Raum. Nutzte man ihn nicht, würde er für immer verloren sein.
Die Frage aber ist: Inwieweit beeinflußten Dayan und Peres die Entscheidungen Ben Gurions in bezug auf den Sinai-Feldzug? Eins ist klar: vom ersten Tag der israelisch-französischen Gespräche über ein gemeinsames militärisches Vorgehen an, gab sich Ben Gurion nach außen verblüfft und anscheinend entgegengesetzter Meinung. Während er allen Vorschlägen und Telegrammen kritisch gegenüberstand, widersetzte er sich nicht, sondern ermutigte tatsächlich zu den Schritten, die dann am Schluß in den Sinai-Feldzug mündeten. Ben Gurion behielt dadurch die Freiheit der Entscheidung bis zum allerletzten Termin. Die in großen Mengen von Frankreich gekauften Waffen könnten als Absicht, in den Krieg zu ziehen, gedeutet werden. Doch das war nur die eine Seite von zwei Möglichkeiten. Die Waffen konnten ebensogut dazu dienen, Israel gegen mögliche ägyptische Angriffe zu schützen. Ben Gurion zeigte überhaupt keine Skrupel bei den Argumenten, die er auf den Tisch legte, um Frankreich zu Waffenlieferungen an seine Regierung zu überreden – genauso wie das, was man die französisch-israelischen Planungen nennen könnte, seiner Zustimmung gar nicht so sicher war.
Er konnte sich noch immer im allerletzten Augenblick gegen einen Präventivkrieg aussprechen und die Pläne dazu in die Dunkelheit der Archive verbannen.
Peres' Einfluß auf Ben Gurion entsprang seiner Darstellung, in Frankreich einen Verbündeten und im Kriegsfall einen Waffenlieferanten zu sehen. Dayans Einfluß war wesentlicher. Er hatte aus der Zahal eine Armee geformt, deren Endsieg so gut wie feststand.
Wären nicht die Vergeltungsunternehmen gewesen und damit der Be-

weis für die Tüchtigkeit der Zahal, die französische Regierung hätte niemals zugestimmt, Israel mit modernen Waffen auszurüsten. General König formulierte das so: »Man muß den Israelis mehr Waffen für ihre hervorragenden Soldaten liefern«, und wenn man Dayan hört, dann war es »vom allerersten Kontakt mit den französischen Bevollmächtigten an klar, daß wir nicht nur Waffen als Abschreckungsmittel angefordert hatten, sondern auch die Möglichkeit ins Auge gefaßt hatten, diese Waffen zur Bekämpfung des arabischen Terrors zu benutzen.«
Unter Dayan wurde die Zahal zu einem neuen einflußreichen Faktor bei den politischen Überlegungen Frankreichs und später Großbritanniens, ungeachtet der traditionellen proarabischen Politik dieser Staaten.
Ben Gurion, Dayan und Peres kamen am 21. Oktober in Paris an. Ben Gurion wohnte in einer Villa in Sèvres, während sein Gefolge im Reynolds-Hotel in Paris wohnte. Dayan, der eine dunkle Brille trug, um seine Identität zu verbergen, war nicht in der Lage, seine Person ganz zu verleugnen. Er trug sich als Mr. Mosh Dya in das Empfangsbuch des Hotels ein.
Die Verhandlungen drohten zu einem Fiasko zu werden. Die Engländer, bestrebt, eine Form zu finden, die die britische Öffentlichkeit zufriedenstellte, schlugen vor, Israel solle Ägypten als erste Macht angreifen. England und Frankreich aber sollten erst auf dem Höhepunkt der Kämpfe mit einem Ultimatum zur Feuereinstellung herausrücken, Interventionstruppen schicken, sich der Kanalzone bemächtigen und dabei die »Erhalter des Weltfriedens« spielen.
Ben Gurions Antwort darauf war ein vehementes nein. Unter gar keinen Umständen war er bereit, einer Lösung zuzustimmen, die Israel allein zum Angreifer stempelte und England und Frankreich zu treuherzig-rechtschaffenen Friedenswächtern hochkristallisierte. Er fürchtete außerdem ägyptische Luftbombardements mit all ihren verheerenden Folgen für sein Land. Gegenüber England hegte er größtes Mißtrauen. Das ging so weit, daß er England sogar zutraute, noch im allerletzten Moment aus dem Unternehmen auszusteigen. Ben Gurion betrachtete im Grunde seines Herzens die Haltung Englands als den typischen Ausdruck der »Perfidie Albions«. Er meinte, England sei sogar bestrebt, unter der schlauen Formung einer Dreier-Aktion die Freundschaft und die Zusammenarbeit zwischen Frankreich und Israel zu zerstören. Mächtige Alliierte zu gewinnen, war immer eins der politischen Ziele Ben Gurions gewesen, und man könnte fast sagen,

daß er bereit war, dafür mit einem Krieg zu bezahlen. Die britische Haltung schloß aber eine vollständige Zusammenarbeit aus. Demnach sollte es nur eine unabhängige Aktion der Israelis auf der einen und die englisch-französische Intervention gegen Ägypten und Israel auf der anderen Seite geben.
Dayan dagegen hielt es für die Hauptaufgabe, Ägypten zurückzuschlagen. Die politische Verbrämung und die Art, in der das zu geschehen habe, waren in seinen Augen von zweitrangiger Bedeutung. Er hegte gegen die Engländer nicht soviel Mißtrauen, und auch das Schicksal israelischer Städte in bezug auf Luftangriffe machte ihm keine Sorgen. Schon im November 1955 hatte ihm der Kommandeur der israelischen Luftwaffe, Generalmajor Dan Tolkowsky versichert, daß im Fall eines Präventivkrieges die israelische Luftwaffe in zwei bis drei Tagen die Luftüberlegenheit gewinnen werde. Deshalb schlug Dayan vor: Israel solle anstelle eines »großen Krieges« gegen Ägypten nur eine erweiterte Vergeltungsaktion vornehmen. Das würde die Engländer zufriedenstellen und Ben Gurions Bedenken zerstreuen, denn eine erweiterte Vergeltungsaktion würde sowohl von der öffentlichen Meinung Israels als auch von seiner Regierung gebilligt werden. Israel wäre dabei nicht zum Angreifer abgestempelt, und es würden keine ägyptischen Luftangriffe provoziert werden, was Ben Gurions Hauptsorge war. Gegenüber der Weltöffentlichkeit könnte man eine Vergeltungsaktion zum Schutz von Leben und Eigentum israelischer Bürger darstellen.
Dayans Vorschlag hatte den Vorteil, daß ein Vergeltungsschlag immerhin ein völlig unabhängiges israelisches Unternehmen darstellen würde. Er, Dayan, schrieb im September 1956: »Das Unternehmen, das nun wahrscheinlich in Gang gesetzt werden wird, ist durch die Aufhebung des internationalen Status des Suezkanals beschleunigt worden. Das aber ist kein spezifisch israelisches Problem, wenn es uns natürlich auch sehr eng berührt. Wir haben keine Ambitionen, an den Suezkanal zu gehen oder gerade in diesem Streit Partei zu ergreifen.« Anscheinend war dies seine grundsätzliche Betrachtungsweise bei den Gesprächen von Sèvres.
Kurz vor dem Sinai-Feldzug versicherte Tolkowsky noch einmal: »Die Luftwaffe fürchtet nicht die Konfrontation mit ägyptischen Luftstreitkräften.«
Dayan befürchtete aber, Israel würde jetzt eine weitere gute Gelegenheit aus den Händen gleiten.
Die Verhältnisse konnten gar nicht besser sein. Der ungarische Aufstand war ausgebrochen. Am 7. September schrieb Dayan in sein Tage-

buch: »Israel darf nicht in eine Stellung manövriert werden, in der wir gute Gelegenheiten vorübergehen lassen, Ägypten zu schlagen.«

Ein genial einfaches Rezept, das Dayan vorschlug, rettete die Verhandlungen von Sèvres, brachte einen für alle drei Seiten befriedigenden Kompromiß zustande und wird ganz bestimmt Ben Gurions endgültige Entscheidung beeinflußt haben. Die Engländer versuchten, ihr Eingreifen dadurch zu rechtfertigen, daß sie gewisse Klauseln ihres Vertrages mit Ägypten von 1954 heranzogen, die ihnen ein militärisches Eingreifen im Kriege gestatteten. Anders als Ben Gurion hielt Dayan die Zusammenarbeit mit einer Großmacht nicht für unbedingt erforderlich.

Dayan entwickelte beim Umsetzen seiner Vorschläge in Handlungsrichtlinien großes Talent. Das berichten übereinstimmend alle Teilnehmer an den Besprechungen von Sèvres. Ursprünglich sollen die israelischen Bewegungen als Vergeltungsaktion und – um die Engländer zufriedenzustellen – als kriegerische Handlungen aufgezogen werden, die nach englischer Intervention in dem Gebiet verlangten.

Dayans Lösung war, den Krieg vom Ende her zu beginnen. Militärisch ausgedrückt: Ein Fallschirmjägerbataillon sollte an einem Ende des Mitla-Passes abspringen – in der Nähe des »Parker Memorial« – nicht weit vom Suezkanal und in der Nähe des endgültigen Angriffszieles der Zahal.

Sollten sich Ben Gurions Befürchtungen als richtig herausstellen und England sein Interventionsversprechen nicht halten, so könnte der Rückzug der Fallschirmtruppen immer noch dadurch gesichert werden, daß ein weiteres Bataillon die ägyptischen Stellungen in Richtung auf den Mitla-Paß durchbrach und sich dort mit den Truppen vereinigte. Damit wäre das ganze Unternehmen beendet und nichts anderes als ein ausgedehnter Vergeltungsangriff.

Sollten England und Frankreich aber ihren Teil des Abkommens erfüllen, könnte der Absprung in der Nähe des Suezkanals als eine Kriegshandlung angesehen werden, die das Eingreifen der beiden Großmächte voll rechtfertigte.

England stimmte zu. Frankreich sollte den Schutz des Luftraums über den israelischen Städten übernehmen und die ägyptischen Stellungen entlang der Sinaiküste von seiner Flotte beschießen lassen. Das würde Ben Gurions Forderungen nach einem »unzweideutigen Zeichen« der englisch-französischen Beteiligung an dem israelischen Unternehmen befriedigen. Jetzt begann der Plan Gestalt anzunehmen. Ein Zeitplan wurde aufgestellt.

Dayans Plan war kein kurzer Geistesblitz.
Schon vor der Konferenz von Sèvres war das Problem, einen Feldzug gewissermaßen von rückwärts aufzurollen, im israelischen Armeeoberkommando eingehend untersucht worden. Dayan hat darüber in seinem »Tagebuch des Sinai-Feldzuges« eingehend berichtet.
Selbst nachdem Dayans Vorschläge von Engländern und Franzosen angenommen worden waren, gab Ben Gurion nicht zu verstehen, wie er sich nun entschieden hatte. Einge Stunden vor der Unterzeichnung der Protokolle von Sèvres saß er mit Dayan, Peres und den Herren der israelischen Delegation im Garten. Nach einiger Zeit ruhiger Meditation wandte er sich an Dayan: »Was meinen Sie?« Dayan antwortete: »Ich denke, wir sollten anfangen.« Ben Gurion sagte nichts. Erst als er das Abkommen unterschrieb, wurde klar, daß er eine endgültige Entscheidung getroffen hatte. Dayan schrieb in sein Tagebuch: »Der Augenblick, in dem ich endgültig merkte, daß alle Zweifel ausgeräumt und der Beschluß, den Feldzug zu unternehmen, gefaßt war, ... war der 25., vor vier Tagen.«
Nach außen gab Ben Gurion sich umsichtig, wohlüberlegt und ganz und gar dem Detail verhaftet; innerlich hatte er ständig geradezu vulkanische und weitschauende Vorstellungen zu unterdrücken.
Schon bei ihrem allerersten Zusammentreffen entdeckte Dayan, daß Ben Gurion alle Ideen vor dem Hintergrund einer allumfassenden Weltschau sah. So sah er zum Beispiel den Sinai-Feldzug im Licht einer totalen Umgestaltung der Karte des Nahen Ostens. Er sollte Frieden bringen zwischen einem nunmehr gesicherten Israel und seinen arabischen Nachbarn und den englischen und französischen Einfluß in diesem Raum wiederherstellen. Er glaubte, Frankreich habe einen Fehler begangen, als es die Grenzen des Libanon auf Gegenden mit überwiegend mohammedanischer Bevölkerung ausdehnte, die die christliche Majorität bedrohte und die Aussichten auf einen weiteren profranzösischen Staat im Mittleren Osten verringerte. Ben Gurion war der Ansicht, man könne diesen Fehler wiedergutmachen, indem man das Gebiet von Litani vom Libanon abtrennte und es durch Israel annektieren lasse.
Eine viel ehrgeizigere »Korrektur« sah er in der Aufteilung des politisch unstabilen Jordanien zwischen Israel und dem Irak. Damit würde Nassers Einfluß in Syrien schwinden, und der englische Einfluß im Mittleren Osten wäre aufrechterhalten. Im Süden faßte er Israels Souveränität über den Golf von Akaba und einen international kontrollierten Suezkanal ins Auge. Gemeinsam mit Peres berauschte sich

Ben Gurion an Gedanken, die fast so etwas wie die Schaffung eines neuen »Königreichs Israel« zur Folge haben würden.
Dayan war realistisch. Er betrachtete Sinai nicht als »Neubeginn« wie Peres und Ben Gurion.
Für ihn waren Dinge wie prophetische politische Ansprüche, Veränderungen der Landkarte des Nahen Ostens oder gar die Begründung neuer günstiger politischer Allianzen nichts als Luftschlösser. Ihn beschäftigten die naheliegenden Probleme, die Beendigung des Terrors, die Ausschaltung der Möglichkeit arabischer Angriffe und die Öffnung der Straße von Tiran für den See- und Luftverkehr.
Dayan stand den politischen Entwicklungen, die dem Sinai-Feldzug folgten, unzugänglicher gegenüber als Peres und Ben Gurion. Die von ihm angestrebten territorialen Veränderungen bezogen sich einzig auf die Wohlfahrt des Staates Israel und nicht auf Statusverbesserungen Englands oder Frankreichs. Dayan verlangte den Gazastreifen, um endlich der Bedrohung israelischer Bürger durch arabische Terroristen von dort aus ein Ende zu setzen.
Sechsunddreißig Stunden nachdem Ben Gurion das Erreichen der Insel Yotvat durch israelische Streitkräfte bekanntgab, eilte er wiederum ins Parlament zurück und gab unter dem Druck der Sowjetunion und der Vereinigten Staaten die Bedingungen bekannt, unter denen sich Israel mit einem Rückzug aus den eroberten Gebieten einverstanden erklären würde.
Im Nahen Osten blieb alles beim alten; hinzu kamen nur noch einige Unannehmlichkeiten mehr. Die sowjetrussische Infiltration nahm ständig größere Dimensionen an. Die Regierung Anthony Eden stürzte; sein Nachfolger war weit davon entfernt, mit Begeisterung den Suezkanalkrieg zu führen. Ben Gurion selber hatte weniger vermessene Kriegsziele im Auge und erklärte jetzt, vornehmstes Ziel sei die Untermauerung der israelischen Sicherheitslage und das Brechen von Nassers militärischem Machtpotential gewesen – Dayans Absichten von Anfang an! Erreicht waren ein Hinausschieben der ägyptischen Kriegsdrohungen gegen Israel für ein paar Jahre, bis 1967, und die Festigung Israels im politischen Bewußtsein der Welt.
Am 3. Juni 1956 stellten die Ärzte ihre endgültige Diagnose – Dvorah Dayan war an Leber- und Lungenkrebs erkrankt. Das Leiden breitete sich rapide aus. Sie verschied am 28. Juli 1956. Dayan grub zu diesem Zeitpunkt in der Nähe des Gazastreifens nach Altertümern.
Ein Flugzeug des Armeeoberkommandos spürte ihn auf und überbrachte ihm die Nachricht vom Tode seiner Mutter.

19

Der Sinai-Feldzug (Oktober-November 1956)

Schnelligkeit und Wagemut, diese zwei kriegserprobten Tugenden des Raider-Bataillonskommandeurs von 1948, wurden die Schlüssel zu Dayans Erfolgen im Sinai-Feldzug des Jahres 1956.
150 Kilometer westlich der israelischen Grenze, an der Straße nach Port Taufiq, am Südende des Suezkanals weit hinter den Linien der ägyptischen Truppen, ein Fallschirmjägerbataillon abzusetzen, barg sehr ernste Risiken. Sämtliche zu dem Bataillon führenden Straßen waren von starken ägyptischen Streitkräften gesperrt. Kampfstarke Reserven lagen nur 60 Kilometer entfernt auf der anderen Seite des Suezkanals. Die Fallschirmjäger konnten nur spärlichen Schutz durch die israelische Luftwaffe erwarten, denn das Einsatzgebiet lag genau am äußersten Ende der Reichweite israelischer Flugzeuge, die sich dort nicht mehr in Luftkämpfe einlassen konnten. Die Ägypter verfügten über Flugplätze direkt im Sinai. Ihre Jäger und Bomber konnten den israelischen Truppen schweren Schaden zufügen.
Das Bataillon hatte in dieser gefährlichen Stellung 24 Stunden lang auszuhalten, ehe es von einer zweiten Einheit, die sich durch 200 Kilometer Feindesland vorzuarbeiten hatte, erreicht werden konnte. Wegen der Geländeschwierigkeiten und des außerordentlich mühsamen Vorgehens in diesem Gebiet hatte man tatsächlich mit einer längeren Zeitspanne zu rechnen, in der die abgesetzten Fallschirmjäger auf sich selbst angewiesen waren. Dayan schätzte sie auf runde 48 Stunden. Während dieser Zeit konnten sie von den ägyptischen Truppen in Fetzen gerissen werden. Er erklärte die hinter seinem Entschluß stehende Absicht so:
»Ich bin mir natürlich darüber klar, daß ein solches Vorgehen nicht für jeden Feldzug paßt, doch meiner Meinung nach ist es unter den gegenwärtigen Verhältnissen, mit der Sinai-Halbinsel als Operationsziel und der ägyptischen Armee als Gegner, korrekt und durchführbar. Es paßt auch genau zum Charakter unserer Armee und unserer Offi-

ziere. Dem Kommandeur einer israelischen Einheit kann ich auf einer Karte den Suezkanal zeigen und sagen:
›Da ist Ihr Ziel. Dies ist die Vormarschstraße. Fordern Sie während des Kampfes bitte weder Mannschaften noch Waffen oder Fahrzeuge an. Alles, was wir Ihnen zuteilen konnten, haben Sie bereits erhalten. Mehr ist nicht da. Melden Sie laufend den Stand Ihres Vormarsches. Sie haben in 48 Stunden den Suezkanal zu erreichen!‹«
Dieses Vertrauen – und nur das – gab Dayan die Möglichkeit, ein Bataillon Fallschirmjäger weit vor den israelischen Stellungen abspringen zu lassen und einem zweiten Bataillon zu befehlen, sich in weniger als 48 Stunden mit ihm zu vereinigen.
Eine Schlacht an ihrem Endziel beginnen zu lassen und dabei ein einziges Bataillon in das Herz der ägyptischen Verteidigungsstellungen auf der Sinai-Halbinsel springen zu lassen, war ein Teil der in Sèvres auf Dayans Vorschlag getroffenen Abmachung. Nach den Worten von Generalleutnant Bar-Lev sollte Dayan »in jeder Phase des Sinai-Feldzugs imstande sein, das ganze Unternehmen abzublasen oder der Entwicklung entsprechend umzukehren, um sagen zu können, es habe sich lediglich um einen Vergeltungsschlag der Zahal gehandelt. Wegen dieser Überlegung habe er den Krieg nicht in allen Sektoren mit voller Härte führen wollen, sondern es vorgezogen, erst einen Zug zu machen, dann abzuwarten und jeden weiteren gründlich zu überdenken, obwohl diese Art des Vorgehens den Grundsätzen der Zahal eigentlich widersprach.« Die Ägypter dachten ähnlich, denn sie konnten sich nicht vorstellen, daß der Einsatz eines einzigen Bataillons tief in ihrem Territorium einen Krieg rechtfertigen sollte.
Am 29. Oktober um 4 Uhr 59, eine Minute früher als geplant, sprang das Bataillon nahe dem östlichen Zugang zum Mitla-Paß ab. Zur gleichen Zeit überquerten relativ kleine israelische Streitkräfte die Grenze an zwei Stellen – bei Ras el-Nakeb und bei Kuntilla. In kurzer Zeit drangen die Israelis tief in ägyptisches Gebiet ein. Die erste Kampfgruppe sollte sich dem Fallschirmjägerbataillon anschließen, die zweite eroberte Sharm el-Sheikh. In der Nacht des 29. jedoch sahen diese drei Bewegungen noch wie ein Teil einer großangelegten Vergeltungsaktion aus. Ihr begrenzter Umfang ermöglichte die Bekanntgabe einer offiziellen Verlautbarung, die Dayan zufolge »entschlossen und drohend klingen, aber nichts von unseren wahren Absichten verraten« sollte. Dayan selbst verfaßte die Verlautbarung, die um 9 Uhr morgens vom Armeesprecher über den Rundfunk verbreitet wurde:
»Der Armeesprecher gibt bekannt, daß die Zahal in der Gegend von

Ras el-Nakeb und Kuntilla mit Truppeneinheiten der Fedayin in Gefechtsberührung steht und daß westlich der Straßenkreuzung von Nakhl, in der Nähe des Suezkanals, Stellungen besetzt worden sind. Dieses Unternehmen ist eine Folge der fortgesetzten ägyptischen Angriffe auf den israelischen Land- und Seeverkehr, die mit dem Ziel durchgeführt worden sind, Zerstörungen zu bewirken und den Bürgern Israels ein Leben in Frieden zu verweigern.«

Um die ägyptische Mißdeutung der israelischen »Vergeltungsaktion« zu untermauern und um so weit wie möglich zu verschleiern, daß es sich hier tatsächlich um einen Krieg handelte, bediente man sich im israelischen Armeeoberkommando einer ganz einfachen, aber dennoch sehr wirksamen Kriegslist: In den drei Monaten vor dem Feldzug konzentrierte sich die Zahal ausschließlich auf Unternehmen an der jordanischen Grenze. Es wurden dort vier umfangreiche Vergeltungsanschläge durchgeführt, und auf ägyptische Provokationen an der Südgrenze reagierte man überhaupt nicht.

Die Beziehungen zwischen Israel und Ägypten schienen zu dieser Zeit der »üblichen Routine« zu entsprechen oder waren sogar »gut« zu nennen, verglichen mit der Spannungszeit von 1955.

Während nun also die Unternehmen gegen Jordanien hochgespielt wurden, sorgte Dayan für strengste Geheimhaltung des wirklichen Ziels – Sinai. Generäle, die wie der Oberbefehlshaber des Nordabschnitts, Yitzhak Rabin, mit dem geplanten Unternehmen nichts zu tun hatten, wurden zu den vorbereitenden Stabsbesprechungen gar nicht erst eingeladen.

Der Sinai-Feldzug behielt sein Überraschungsmoment bis zum letzten Augenblick. Ägypten war nicht die einzige Macht, die vollkommen ahnungslos blieb. Die Regierung der Vereinigten Staaten kam hinter die Entwicklung auch erst ein paar Tage vor Ausbruch der Feindseligkeiten.

Das Fallschirmjägerbataillon in Nakhl bekam durch das Überraschungsmoment genügend Zeit, um sicher in Stellung zu gehen. Das Ostkommando der ägyptischen Armee reagierte auf den Absprung der israelischen Fallschirmjäger aufs Haar so, wie es Dayan vorhergesehen hatte. Anstatt auf der Stelle erhöhte Alarmbereitschaft zu befehlen und den Zustand dringender Kriegsgefahr zu erklären, operierte es nur nach seinen »ständigen Befehlen«. Ein paar Stunden nach dem Absprung wurde die 2. ägyptische Brigade in Marsch gesetzt, um den Mitla-Paß zu halten. Zwei Tage lang lag sie untätig und ohne vorzugehen vor dem östlichen Eintritt in den Paß, bis dann am 31.

Oktober die Schlacht um den Paß entbrannte. Durch diese langsame und örtlich begrenzte Reaktion erhielt die israelische Armee in allen Abschnitten völlige Handlungsfreiheit.
Der Vormarsch der 9. israelischen Brigade nach Sharm el-Sheikh war gefahrvoll und wagemutig. 400 Kilometer durch weglose Wüste, Sanddünen, ausgetrocknete Flußläufe und Felsgeröll. Mehr als einmal blieben Fahrzeuge stecken, und die Brigade lief Gefahr, in schier grundlosem Sand mitten in der Wüste sitzenzubleiben.
Es mußte allein schon aus politischen Gründen alles sehr schnell gehen. Um die Entsendung von »Freiwilligen« der kommunistischen Länder und die Einmischung der Vereinigten Staaten zu verhindern oder nach Möglichkeit hinauszuschieben, durfte das ganze Unternehmen nicht länger als zwei Wochen dauern.
»Schnelligkeit im Vorgehen ist oberstes Gesetz unseres Handelns und sichert uns unsere grundsätzliche Überlegenheit über die ägyptische Armee«, erklärte Dayan. Genauso wie Dayan aus seiner genauen Kenntnis der ägyptischen Mentalität heraus das Risiko des Fallschirmjägereinsatzes am Mitla-Paß auf sich nahm, riskierte er jetzt das außerordentlich schnelle Vorgehen.
»Ich würde sagen, die Ägypter handeln schematisch«, sagte Dayan. »Ihre Kommandostellen liegen im Hinterland, sehr weit von der Front entfernt. Jede strategische und taktische Bewegung, die sie beabsichtigen, braucht sehr viel Zeit zum Nachdenken, Zeit, um über das ausgedehnte Nachrichtennetz Meldungen zu erhalten, Zeit, Entschlüsse zu fassen und endlich Zeit, diese durch den äußerst komplizierten Befehlsweg zur kämpfenden Truppe zurückzufiltern, wo sie dann nach angemessener Zeit der Überlegung aus- und durchgeführt werden können.«
Im Vergleich dazu handelte die israelische Armee stets flexibel, blitzschnell und völlig frei von irgendwelcher »Kommißroutine«.
Dayan handelte nach den Erfordernissen der taktischen und strategischen Lage und nicht nach militärischen Lehrbüchern. Oft zum Mißvergnügen doktrinärer Offiziere. »Wir kämpfen hier nicht gegen die deutsche Armee. Alle Analogien sind zu vermeiden. Man kann nicht erwarten, daß sich ägyptische Truppen genauso verhalten wie etwa europäische es in der gleichen Situation mit Sicherheit täten.«
Dayans Anweisungen waren deutlich:
Wenn irgend möglich, sollen die Ziele tief im Hinterland des Gegners durch Luftlandetruppen oder den Absprung von Fallschirmjägereinheiten genommen werden und nicht durch schrittweises Vorgehen und

Frontalangriffe auf jede ägyptische Stellung von der israelischen Grenze bis zum Suez. Aus dem gleichen Grund müssen Infanterie und Panzertruppen, wo immer es möglich ist, gegnerische Stellungen umgehen und liegen lassen. Der Vormarsch hat weiterzugehen. Angriffe auf oder Durchbrüche durch gegnerische Stellungen sind nur dann durchzuführen, wenn es keine Möglichkeit zur Umgehung gibt, oder in einer späteren Phase des Feldzugs, wenn sie von ihren Basen in Ägypten abgeschnitten sind.
Auf diese Weise hatten die Einheiten der Zahal zu handeln und vorwärtszudrängen, bis sie ihren Auftrag erfüllt hatten. Sämtliche Versorgungsgüter waren mitzuführen. »So weit die Füße tragen.« Wegen des Fallschirmjägerangriffs wurde Dayan auf Grund der dabei auftretenden logistischen Probleme scharf kritisiert. Man sagte, sein Plan enthalte absolut nichts für den Fall, daß irgendetwas schief gehe. In jedem Krieg gebe es unglückliche Zufälle. Doch auch hier hatte Dayan die ägyptische Mentalität in sein Kalkül einbezogen.
»Sie werden dort genauso schockiert, durcheinandergebracht und der Vernichtung nahe sein wie in anderen Abschnitten.«
Das Hauptargument Dayans betraf General Laskov, den Oberbefehlshaber der israelischen Panzertruppe.
In einer Stabsbesprechung in Gegenwart des Verteidigungsministers Ben Gurion sollte der Einsatz der Panzerwaffe erörtert werden. Dayan brachte dabei Ansichten vor und drückte sich in Redewendungen aus, die jeden Panzertruppenkommandeur, der sich noch etwas Selbstachtung bewahrt hatte, erbleichen ließen. Er legte einen Entwurf vor, der die Panzerwaffe zum Hilfsmittel der Infanterie degradierte. Er drückte das so aus: »Wir müssen jetzt folgendes als charakteristische Formation ansehen: ein Bataillon Infanterie, plus einer Panzerkompanie, plus zugeteilter Artillerie ... Die Panzerwaffe wird in Formationen aufgeteilt, die als selbständige Kampfeinheiten zum Durchbrechen gegnerischer Stellungen und zum Operieren im Rücken des Gegners zu dienen haben ... sie haben ein Minimum an direkter Unterstützung zu erwarten ... ihr Einsatzziel muß nicht notwendigerweise die Panzerwaffe des Gegners sein.«
Die Generäle Laskov und Zores wiederholten, was jeder Panzertruppenkommandeur der Welt seit Guderian gesagt hatte, nämlich:
»Der Hauptgegner der Landstreitkräfte ist die Panzerwaffe und nicht die Infanterie ... Panzer gegen Panzer kämpfen zu lassen ist der Schlüssel, die Panzerwaffe zum entscheidenden Faktor eines Landkrieges zu machen ... Die Panzerwaffe ist stets in konzentrierter Forma-

tion einzusetzen... Panzereinheiten dürfen nicht zur ›Vorratshaltung‹ entarten, damit Panzerfahrzeuge an Infanterieeinheiten ›ausgeliehen‹ werden können.
Das Aufsplittern der Panzerwaffe schließt die Möglichkeit, sie als die entscheidende Operationswaffe einzusetzen, aus.«
Für Dayan hörte sich das alles an wie Töne aus einer anderen Welt. Er konnte sich die Ägypter einfach nicht als Gegner in Panzerkämpfen, wie etwa Rommels oder Pattons Regimenter, vorstellen. Die Entwicklung der Kämpfe gab ihm recht. Die einzige Panzerschlacht des Sinai-Feldzugs fand zwischen zwei israelischen Einheiten statt. Unabsichtlich und zufällig.
Dayan standen immer die ganz besonderen logistischen Probleme großer Panzertruppeneinheiten vor Augen. Er sah schon die Panzer vor sich, wie sie langsam und schwerfällig umherfuhren und endlich im Wüstensand steckenblieben. Im Vergleich zur leichten, auf Halbkettenfahrzeugen aufgesessenen und sehr beweglichen Infanterie, erschienen ihm die Panzer wie gigantische, klobige und überflüssige Maschinen. Als nach der Stabsbesprechung, in der Dayan bekanntgab, daß hochbewegliche Kampfgruppen »aufgesessener Infanterie« nach Westen durchbrechen und »den Suezkanal in einem Minimum an Zeit erreichen würden«, General Laskov Dayan fragte: »Und die Panzer? Was werden die tun?«, antwortete er ganz entschieden: »Die Panzer würden nur (der Infanterie) hinderlich sein und nichts nützen.« Er dachte dabei wahrscheinlich an die Panzer des 82. Bataillons bei Dir Tarif im Juni 1948 und sicher auch an die Manöver des Panzerkorps im Jahre 1955, bei denen die meisten Panzer wegen technischer Fehler liegenblieben und ihre Gefechtsziele überhaupt nicht erreichten. Er schlug deswegen einen Plan vor, der jedem Panzeroffizier die Haare zu Berge stehen ließ: Die Panzer sollten auf ihren Transportfahrzeugen an den Kanal gebracht werden und die Besatzungen in – Bussen hinterherfahren. Selbst dort, so sagte er, hätten sie nur die Präsenz Israels zu dokumentieren. An eine Kriegführung mit Panzern sei nicht gedacht.
Dayan glaubte, daß ein paar wagemutige Unternehmen hochbeweglicher, schnell vorstoßender Streitkräfte genügen würden, um sämtliche Operationspläne der ägyptischen Armee über den Haufen zu werfen und ihren Zusammenbruch herbeizuführen. Er brauchte dazu keine gewaltigen Panzertruppenformationen und europäische Dienstanweisungen. Doch noch ganz kurz vor dem Feldzug begriff er die Unsinnigkeit dieser Vorstellungen. Ohne seine schriftlich niedergelegten Befehle

zu ändern, genehmigte er völlig neue Dienstanweisungen, die die konzentrierte Bereitstellung größerer Panzermassen erlaubten. Dayans Fähigkeit, seine Ansichten zu ändern – ohne Rücksicht darauf, ob er an »Gesicht« verlieren würde oder nicht –, erlaubten es ihm, offensichtliche Fehlentscheidungen zu korrigieren.
Ein anderer umstrittener Punkt zwischen Laskov, Zorea und Dayan war der Begriff des »Zusammenbruchs«. Der Operationsbefehl vom 25. Oktober enthält die Zielsetzung, »die Organisation der ägyptischen Streitkräfte durcheinanderzuwirbeln und ihren Zusammenbruch herbeizuführen«. Dayan erklärte in der Debatte über die Verwendung der Panzertruppe: »Unsere Einheiten werden Orte an ihren rückwärtigen Verbindungslinien besetzen. Ihr Nachschub wird zusammenbrechen. Die Panzertruppe des Gegners wird mit dem Rest seiner Streitkräfte zusammenbrechen, so daß schließlich sein gesamter Aufmarsch zusammenbricht.«
Dayan lehnte die normalerweise als Kriegsziel angesehene Vernichtung der gegnerischen Kräfte ab, weil er meinte, »wir sollten versuchen, so viel Waffen und Ausrüstungsmaterial des Gegners wie nur möglich in die Hände zu bekommen. Wir haben nicht das geringste Interesse daran, eine maximale Anzahl ihrer (der Ägypter) Soldaten zu töten. Sogar Tausende von Verlusten kann der Gegner sofort ersetzen. Menschennachschub ist weder für Nasser noch für die anderen arabischen Führer ein Problem.« Es widerstrebte Dayan, den Haß zwischen den beiden Völkern durch Tausende von Gefallenen auf beiden Seiten noch mehr aufzuheizen, und er sagte: »Es ist besser, so wenig Blut wie nur möglich zu vergießen.« Er schlug deshalb eine andere Formulierung vor: »... die Organisation der ägyptischen Streitkräfte durcheinanderzuwirbeln und ihren Zusammenbruch herbeizuführen. Mit anderen Worten, wir sollten Straßenkreuzungen und militärische Schlüsselstellungen in unsere Hand bringen, damit wir die ganze Gegend unter Kontrolle bekommen und dadurch den Gegner zur Kapitulation zwingen.«
Es war Dayans Ziel, den Gegner kampfunfähig zu machen, aber nicht durch Blutvergießen.
Laskov und Zorea waren anderer Meinung. Sie meinten, die ägyptische Armee werde aus den umgangenen Stellungen heraus den Kampf fortsetzen. »Nur sehr schweres Feuer« könne den »Zusammenbruch« herbeiführen. Sie hielten Dayans Plan für fehl am Platz. Dayan gab beiden Seiten recht. Obgleich er anscheinend nichts von der Panzerwaffe hielt, machte er sich die Erkenntnisse der modernen Kriegfüh-

rung zu eigen, die den schnellen Zusammenbruch der gegnerischen Streitkräfte zum Ziel hat. Obgleich er seine Art, die Dinge anzugehen, auf der Mentalität des ägyptischen Soldaten aufbaute, ähnelt sie doch sehr der deutschen Taktik des im Zweiten Weltkrieg praktizierten »schnellen Durchbruchs«, der große Abschnitte des gegnerischen Aufmarsches einfach liegenließ, um sich in den Besitz lebenswichtiger Gebiete, beherrschender Straßenkreuzungen und wichtiger Durchgangsstraßen zu setzen.

Der Sinai-Feldzug entwickelte sich dank brillanter Planung, intensiver Ausbildung, Schnelligkeit, Angriffslust, genauester Vorbereitung und der gewissenhaften, geschmeidigen Ausführung der Befehle genauso, wie Dayan es sich vorgestellt hatte. Achtundvierzig Stunden nach Kriegsausbruch waren die Schlüsselstellungen des Sinai in Händen der Zahal. Nur die Einnahme von Sharm el-Sheikh nahm längere Zeit in Anspruch. Die 9. Brigade rollte fast kampflos, nach anstrengendem Marsch, am 5. November in den südlichsten Stützpunkt der Halbinsel ein.

Ein Punkt schien Laskovs und Zoreas Einwände zu bestätigen. Die Verteidigungsstellungen von Um Katef und Um Shihan, die während des israelischen Vormarsches umgangen worden waren, hielten hartnäckig stand und zwangen die Zahal zu längeren Gefechten. Doch gerade hier fand Dayans Strategie ihre gewichtigste Rechtfertigung. Die israelischen Angriffe auf diese Stellungen brachen zusammen. Die Ägypter übergaben sie schließlich nur, weil sie völlig abgeschnitten und eingekreist waren. Das umliegende Gebiet befand sich vollständig unter Kontrolle der Zahal.

Eingehendes Wissen über den Gegner bildete die wichtigste Komponente in Dayans Lehrsätzen über die Kriegführung und verwandelte Sorglosigkeit in kalkuliertes Risiko. Sein Verständnis für die Mentalität der Araber ermöglichte es ihm, hinter die Fassade – moderne Waffen, sowjetische Ausbilder, Panzer, Flugzeuge – zu schauen und die tatsächliche Stärke der Ägypter zu ermessen. Er war von der »Größe« der ägyptischen Luftwaffe nicht sonderlich beeindruckt, denn er wußte, daß die Zahl der Flugzeuge überhaupt nichts mit ihrem operativen Wert zu tun hatte. Aber das Materialaufgebot schreckte die Royal Air Force-Verbände, die dem Suez-Kanal zugeteilt waren. Sie meinten, nicht genug Flugzeuge zu besitzen, um die ägyptischen Luftwaffenstützpunkte zerstören zu können. Das gleiche meinten die Verbände der Royal Navy von ihren Zielen. Wie überhaupt sämtliche dem Oberkommando General Stockwells unterstellten Streitkräfte einhellig der Ansicht waren, die Ägypter seien für sie wohl zu stark. Schon die bloße Menge der den Ägyptern zur Verfügung stehenden Waffen ließ die Engländer die Eröffnung des Feldzugteils, den zu führen sie sich verpflichtet hatten, verzögern. Sie führten ihre Kämpfe am Suezkanal nur mit halben Herzen, was endlich dazu führte, daß sie ihren Anteil überhaupt nicht erfüllten.

Gleich bei Ausbruch der Feindseligkeiten verließ Dayan das Armeeoberkommando und schloß sich den Soldaten an der Front an. Während des gesamten Feldzuges kehrte er höchstens zwei- oder dreimal zum Oberkommando zurück.

»Ein Oberkommandierender gehört an die Spitze der Truppen«, schrieb er. »Ich weiß nicht, ob es einem Truppenkommandeur nun gerade immer gefällt, wenn ich ihm dauernd auf die Hacken trete, aber ich muß ganz vorn sein, um, wenn nötig, sofort und direkt eingreifen zu können.«

Es gab natürlich noch einen anderen Grund. Ein Mann wie Dayan würde niemals in der Langeweile eines Armeeoberkommandos sitzen und darüber den Krieg, die Aktionen und auch die Gefahren des Schlachtfeldes verpassen. Der zeitliche Ablauf des Feldzugs ermöglichte es ihm, bei den wichtigsten Unternehmen in den einzelnen Abschnitten dabeizusein.

In seinen Anweisungen zum Operationsbefehl hatte er den Feldzug in drei Phasen eingeteilt. Erste Phase: Absprung der Fallschirmjäger in der Nacht vom 29. auf den 30. Oktober 1956 am Mitla-Paß, Einnahme von Nakhl und der dorthin führenden Straßen von Kusseima, Kuntilla und Ras el-Nakeb. Zweite Phase: Einnahme von Kusseima und Vormarsch der 9. Brigade von Ras el-Nakeb in südlicher Richtung auf Sharm el-Sheikh in der Nacht des 30. auf den 31. Oktober 1956. Dritte Phase: Einnahme von Rafah, Abu Ageila, El Arish und anderer Ziele in der Umgebung in der Nacht vom 31. Oktober auf den 1. November 1956.

Dayan selbst fuhr in einem Jeep im Gelände umher. Ein Fahrzeug der Nachrichtentruppe, dem es aber nicht immer gelang, Verbindung zu halten, folgte seinem Wagen. Nur ein Offizier, sein Chefadjutant Oberstleutnant Mordechai Bar-On, begleitete ihn und war neben vielem anderen auch für das Kriegstagebuch verantwortlich.

In den Morgenstunden des 30. Oktober traf Dayan in der Gegend von Kusseima ein, wo er hören mußte, daß ungeachtet seines ausdrücklichen Befehls, nicht vor dem 31. Oktober Panzertruppen einzusetzen, der Kommandeur des Südkommandos, Oberst Assaf Simhoni, die 7.

Panzerbrigade eingesetzt hatte. Die Brigade war schon mit jedem Widerstand entlang ihrer Vormarschstraße fertig geworden. Es war Simhoni und den anderen Offizieren ausdrücklich erklärt worden, daß dem Entscheid politisch-militärische Überlegungen zugrunde lagen. Hauptsächlich sollte der Charakter der Vergeltungsaktion wenigstens so lange aufrechterhalten werden, bis Frankreich am 31. Oktober mit einer Beschießung des Gebiets um Rafah intervenieren würde. So lange es nicht absolut sicher war, daß England und Frankreich ihr Wort hielten, wollten Ben Gurion und Dayan jede direkte Kriegshandlung vermieden wissen. Und dazu gehörte natürlich auch der kriegsmäßig durchgeführte Angriff einer kompletten Panzerbrigade.
Es entwickelte sich zwischen beiden eine heftige Diskussion. Simhoni erklärte, er denke gar nicht daran »zu warten, bis irgendwelche Leute (die Engländer und Franzosen) mit ihren Streitkräften in Gang kämen, und er sehe deswegen überhaupt keinen Grund, den Hauptangriff ganze 48 Stunden zurückzuhalten. Er halte im übrigen die Befehle des Armeeoberkommandos für einen politischen und militärischen Fehler.«
In gewisser Weise erntete Dayan damit nur, was er gesät hatte.
Die ausgezeichnete Fitneß und die Moral der Armee, ihr Drängen nach Einsatz, die Bereitschaft der Offiziere, den Angriff zu führen, seine Schnelligkeit, sein Wagemut und seine Exaktheit wie auch der Bruch der Disziplin durch einen Kommandeur an der Front, waren alles die Ergebnisse des Geistes und der Haltung, die er, Dayan, dieser Armee eingepflanzt hatte. Dayan war doppelt entsetzt über Simhoni. Erstens würde das Inmarschsetzen einer ganzen Panzerbrigade 24 Stunden vor der Zeit den Ägyptern die wahren Absichten der Zahal enthüllen. Zweitens würde das Leben von 395 Fallschirmjägern im Mitla-Paß ernsthaft gefährdet werden, denn nun glaubten die Ägypter nicht mehr an eine begrenzte Vergeltungsaktion und konnten entsprechende Gegenmaßnahmen treffen.
Dayan reagierte auf diesen Bruch der Disziplin innerhalb der nächsten 24 Stunden. Er raste 20 Kilometer hinter der vorstoßenden Brigade her und versuchte sich dabei darüber klar zu werden, wie er auf Simhonis Ungehorsam zu reagieren hätte. Aus seinem Tagebuch geht hervor, daß er beabsichtigte, über den Kopf der Operationsabteilung im Armeeoberkommando über Frontbefehlshaber und Divisionskommandeure hinweg dem Brigadekommandeur direkte Befehle zu geben. Für ihn gab es überhaupt keinen Zweifel, daß er zu diesem Zeitpunkt die Brigade umzudrehen hatte. »Vom Standpunkt der Disziplin und der Ordnung aus gibt es über die Berechtigung solcher Maßnahmen über-

DER SINAI-FELDZUG

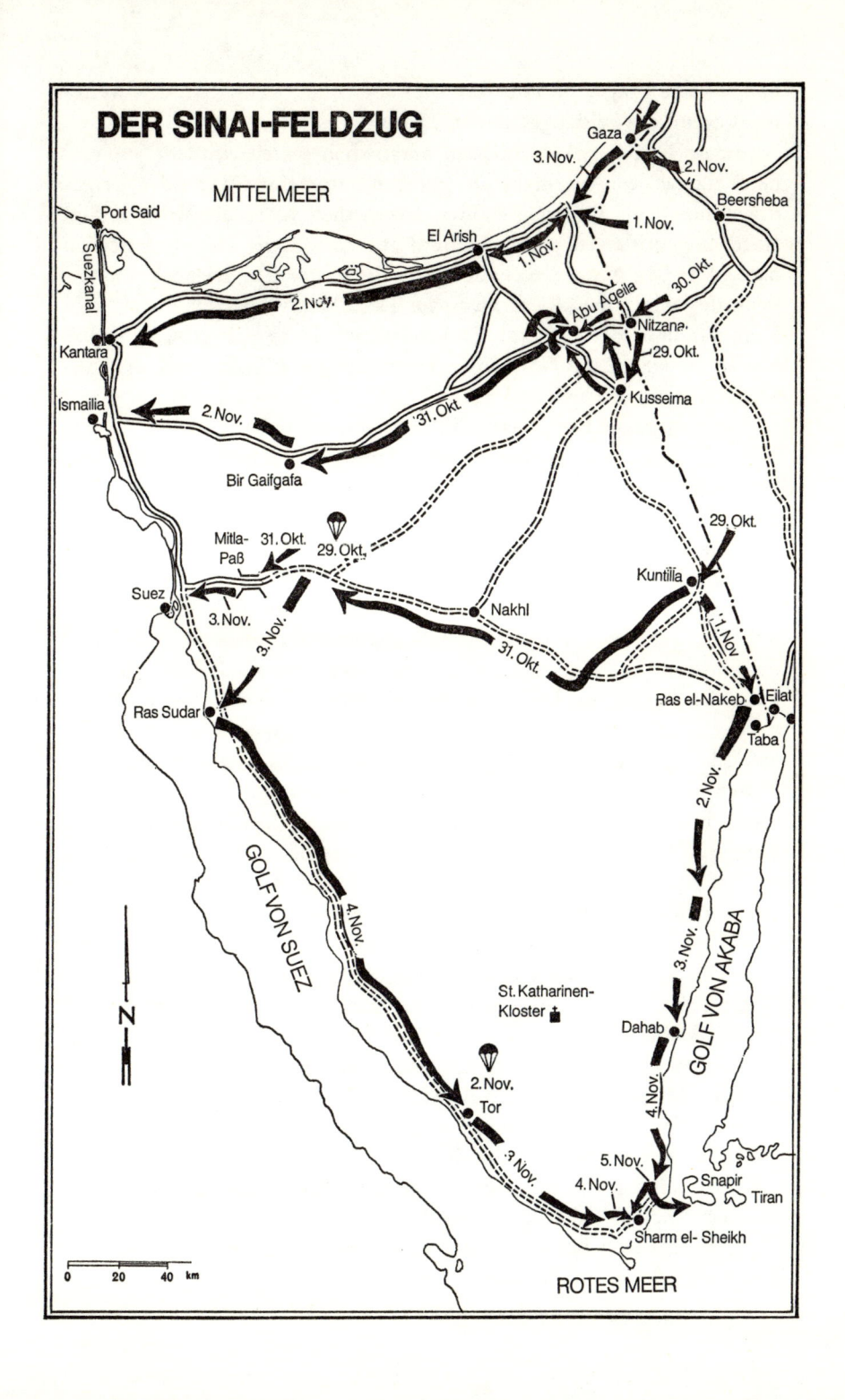

haupt keine Frage; stimmte das alles aber noch, wenn man den weiteren Verlauf des Feldzuges im Auge hatte?«
Nachdem bereits sieben Stunden verstrichen waren, seitdem Simhoni der Brigade den Angriffsbefehl gegeben hatte, traf Dayan den Brigadekommandeur, Oberst Ben-Ari. Inzwischen hatte die Brigade Um Katef angegriffen, obgleich Simhoni auf Anweisung Dayans befohlen hatte, vor Um Katef liegenzubleiben. Jetzt war der Brigadekommandeur derjenige, der die strategische Lage besser überschaute als sein Kommandierender General. Dayan schrieb in sein Tagebuch: »Aber wie so oft waren die Nachrichtenverbindungen schlecht, und ein Panzerbataillon griff Um Katef an.«
Dayan konnte die Ereignisse nicht aufhalten: man kann eine im Kampf stehende Brigade nicht einfach zurückrufen. So entschloß er sich, das Beste aus dem Vormarsch der Brigade zu machen, datierte den Zeitplan vor und befahl dem Kommandeur, »unverzüglich mit der Ausführung der ihm mit der ›Operation Kadesh‹ übertragenen Aufgaben zu beginnen«. Dayan befahl Ben-Ari, Um Katef liegen zu lassen, es zu umgehen und weiter nach Westen vorzustoßen. Die Brigade sollte auf zwei parallelen Vormarschstraßen westwärts gegen den Suezkanal marschieren. Er folgerte, »es ist nicht anzunehmen, daß alle ägyptischen Stellungen starken Widerstand leisten. Es muß weiche Stellen geben. Wenn die ganze Front in Bewegung kommt und die widerstandsbereiten gegnerischen Stellungen sich eingeschlossen sehen, wird es weniger schwierig sein, sie zur Übergabe zu zwingen.«
Diese Erklärung wiederholt Dayans Konzept des Zusammenbruchs, das sich als richtig erwies. Von jetzt an drang die 7. Brigade ohne Halt tief in den Sinai vor. Der vorgezogene Einsatz der 7. Brigade machte es notwendig, auch alle anderen an dieser Front geplanten Einsätze vorzuziehen. Die 10. Brigade griff noch in der gleichen Nacht an.
Von Um Katef kehrte Dayan nach Kusseima zurück und brachte die Streitkräfte entlang der Vormarschstraße Kusseima – Nakhl »auf Trab«. Dabei entdeckte er, als er den in einen nahegelegenen Hügel gepflügten Panzerspuren folgte, einen ganzen Haufen Feuersteinabschläge, Klingen und andere Artefakte. Für einen Augenblick vergaß er den Krieg, grub im Sand und wurde reich belohnt: »Hier hat wahrscheinlich vor ungefähr sechs- bis achttausend Jahren eine Werkstatt zur Herstellung von Steingeräten gelegen. Wer weiß, welche Wilden vor Tausenden von Jahren über diese kleine Gemeinschaft hereinbrachen, sie in Panik versetzten und sie zwangen, Geräte, Werkstatt und Rohmaterial zurückzulassen?«

In der späten Nacht des 30. Oktober besuchte Dayan den grippekranken Ben Gurion und hörte, daß die englisch-französischen Streitkräfte ihren Angriff auf die ägyptischen Luftwaffenstützpunkte um 24 Stunden hinausgeschoben hätten. Ben Gurion, der sich nun natürlich um die israelischen Fallschirmjäger im Mitla-Paß Sorgen machte, verlangte, man müsse die Soldaten noch in derselben Nacht heimschaffen. Dayan ermutigte ihn mit der Feststellung, auch ohne die englisch-französische Invasion sei die Zahal in der Lage, die Operation Kadesh wie geplant durchzuführen. Er ersparte ihm die unerfreuliche Geschichte von dem Disziplinbruch des Obersten Simhoni und dem vorzeitigen Kampfeintritt der 7. Brigade mit all seinen Folgen. Dayan beabsichtigte damit anscheinend, den Verteidigungsminister nicht unnötig aufzuregen (drei Tage später berichtete er dann über alles sehr detailliert), doch vielleicht sympathisierte er auch insgeheim mit Kommandeuren, wie dieser Oberst Simhoni einer war, der ihm so sehr glich.
Dayan schrieb: »Es ist besser, ein feuriges Rennpferd zurückzuhalten, als ein störrisches Maultier dauernd anzutreiben.«
Doch kaum war er wieder auf der Halbinsel eingetroffen, als er es auch schon mit »störrischen Maultieren« zu tun bekam. Dayan geriet mit dem Kommandeur der 10. Brigade hart aneinander. Die Brigade hatte den Befehl, Um Katef, einen befestigten Ort an der einzigen Asphaltstraße einzunehmen, die als Nachschublinie für die 7. Panzerbrigade und andere Einheiten, die in den Sinai eingedrungen waren, dienen konnte. Dayan gewann den Eindruck, daß der Mann versagt hatte. Er hatte einfach nicht das getan, was nötig gewesen wäre, um seine Befehle ordnungsgemäß auszuführen. Dayan schrieb:
»Meine Geduld mit der 10. Brigade war zu Ende. Ich hatte einfach kein Ohr mehr für die dauernden Beschwerden des Brigadekommandeurs. Da waren die Männer erschöpft, Nachschub blieb aus, die Nächte zu kalt, die Tage zu heiß, die staubverschmierten Waffen schossen nicht mehr, die Fahrzeuge blieben im Sand stecken. Ich kannte sie alle, die Probleme. Ich habe dafür keine Lösung. Ich kann doch die Wüste nicht umkrempeln – und die Nachschubstraße muß offengehalten werden!«
Im Vergleich zur 4. Brigade bot die 10. Brigade dann auch ein schlechtes Bild. Die 4. nahm Kusseima ein, bewegte sich auf direkten Befehl Dayans hin sofort auf Nakhl zu und sicherte so die Vormarschstraße des zur Verteidigung mit den am Mitla-Paß abgesprungenen Truppen bestimmten Fallschirmjägerbataillons. Dayan war tief beeindruckt von der Leistung dieser Reservebrigade. In weniger als 48 Stunden hatte

das Brigadekommando 90 Prozent seiner Sollstärke mobilisiert und ausgerüstet. Dann waren die Soldaten vom Aufstellungsort aus 200 Kilometer gefahren, um an den Einsatzort zu gelangen, und hatten weitere 20 Kilometer im Angriff auf Kusseima durch trügerische Sanddünen zurückgelegt. Dabei waren noch dauernd Nachzügler zur Truppe gestoßen. Um den Zeitplan einhalten zu können, war die Brigade von ihrem Aufstellungsort aufgebrochen, ohne komplett mit allen ihr zustehenden Fahrzeugen ausgerüstet zu sein. So hatte eine Menge Munition zurückbleiben müssen. Der Brigadekommandeur ließ die Munition eines Bataillons auf alle drei verteilen. Sein einziger Gedanke war, den »Auftrag bis ins Letzte auszuführen«. Das tat die 4. Brigade dann auch, ohne daß sämtliche Einheiten alles an Versorgungsgütern und Ausrüstungen erhalten hatten.

Die 10. Brigade schnitt bei einem Vergleich sehr schlecht ab. Ihre zusammen mit Teilen der 37. Panzerbrigade in der Nacht des 31. Oktober durchgeführten Angriffe brachen zusammen.

»Daß diese Angriffe versagt haben, ist sicher. Weniger sicher ist, ob diese Aktionen überhaupt die Bezeichnung Angriff verdienen«, kommentierte Dayan.

Tatsächlich waren die Bewegungen der 10. Brigade durch Dayans spezifische Führungsmethoden behindert. Er erteilte dem Brigadekommandeur gleich eine ganze Serie sich ständig widersprechender Befehle. Nachdem die Brigade ihre ersten Stellungen jenseits der Grenze erfolgreich eingenommen hatte, wurde ihr befohlen, keine unnötigen Angriffe mehr zu unternehmen und weitere Befehle abzuwarten. Zur gleichen Zeit wurde dem Kommando mitgeteilt, daß seine Brigade dem Angriff auf Um Katef nicht zugeteilt sei. Doch als Dayan um zwei Uhr nachmittags (31. Oktober) zum Brigadestab kam, gab er ohne Kenntnis des Frontbefehlshabers und ohne den zuständigen Divisionskommandeur zu benachrichtigen den Angriffsbefehl auf Um Katef für die folgende Nacht. Hastig wurden die Angriffsbefehle vom Brigadestab ausgearbeitet. Um sechs Uhr nachmittags erschien der zuständige Divisionskommandeur und verlangte eine sofortige Änderung der Angriffsbefehle.

Zwei Bataillons zogen um Mitternacht durch 15 Kilometer Sanddünen, um in ihre Bereitstellungsräume zu gelangen. Eine Stunde später sickerte durch, daß sich noch eine Einheit der 37. Panzerbrigade im gleichen Raum bewegte, ohne sich vorher mit der 10. Brigade abgestimmt zu haben. Die 37. Brigade war ohne Wissen Dayans vom Direktor der Operationsabteilung im Armeeoberkommando, Oberst Uzi Nar-

kiss, in Marsch gesetzt worden. Narkiss hatte den Chef des Stabes nicht erreichen können. Simhoni, der Oberbefehlshaber des Südkommandos, hatte die 37. sofort eingesetzt, ohne auf die restlichen Einheiten dieser Brigade zu warten. So fuhr der gesamte Brigadestab bei der vordersten Angriffskompanie. Das Halbkettenfahrzeug geriet auf eine Mine, der Brigadekommandeur fiel, der gesamte Stab fiel verwundet aus. Dayan kommentiert das Geschehen so:
»Es gibt überhaupt keinen Zweifel darüber, daß die ganze Art und Weise, wie das Kommando der 37. Brigade seinen Einsatz durchführte, unkorrekt und schlecht überlegt war.
Es bestand ganz einfach keine militärische Rechtfertigung eines motorisierten Angriffs bei Nacht auf unbekanntes, dazu noch vermintes Gelände; loszufahren ohne auf die Panzer zu warten, die jeden Augenblick eintreffen sollten; sämtliche Offiziere des Stabes in ein Halbkettenfahrzeug zu pferchen. Doch nicht nur eine falsche Beurteilung der Lage ließ den Kommandeur schließlich handeln, es gab da noch zwei weitere Faktoren. Einer davon war ein äußerst ungenauer Nachrichtendienstlicher Bericht über die Feindlage. Aus irgendwelchen Gründen besagten die beim Generalstabsoffizier des Südkommandos eingehenden Informationen, daß die ägyptischen Streitkräfte bei Um Katef durch fliehende Soldaten ständig mehr zusammenschmolzen. Daher würde es für unsere Streitkräfte schon genügen, einfach aufzukreuzen und das Feuer zu eröffnen.
Der zweite war mein Druck auf den Oberbefehlshaber des Südkommandos, sich mit der Öffnung der Straße Um Katef – Abu Ageila zu beeilen. Der Oberbefehlshaber hatte dem Brigadekommandeur gesagt, er habe mir versprochen, daß die Straße bei Tagesanbruch geöffnet sein werde.«
Es gab also mildernde Umstände für das, was Dayan für unnötiges Zaudern der 10. Brigade hielt.
Das »edle Pferd«, das zwar seinen Befehlen trotzte, aber dennoch seinen Auftrag glänzend erfüllte, wurde nicht bestraft.
Das »störrische Maultier« aber, das seine Befehle buchstabengetreu ausführte, doch kläglich versagte, als es galt, das Ziel zu erreichen, wurde hart bestraft:
Der Kommandeur der 10. Brigade wurde seines Postens enthoben. Als der Brigadekommandeur ein paar Tage später gegen diesen Beschluß Widerspruch erhob, schrieb Dayan ihm am 4. November 1956:
»Ich bin ganz sicher, daß uns einige Details, die den Gang der Ereignisse interpretieren könnten, unbekannt sind. Ebenso sicher bin ich,

daß meine Beurteilungen Irrtümern unterliegen können. Ich muß aber nichtsdestoweniger nach bestem Wissen und Gewissen zum Besten der Armee handeln ...«

Das blutigste Gefecht des Sinai-Feldzugs, in dessen Verlauf 38 israelische Soldaten getötet und 120 verwundet wurden (mehr Verluste als in sämtlichen Durchbruchsgefechten zusammen), war nach Dayans Überzeugung unnötig und die unmittelbare Folge von Befehlsverstößen. Es existierte ein ausdrücklicher Befehl des Armeeoberkommandos, der dem Kommandeur der 202. Fallschirmjägerbrigade, Ariel Sharon, die Einnahme des Mitla-Passes verbot. Das Gefecht fand statt, als Sharon trotzdem beschloß, den Paß zu nehmen.

Das zweite Fallschirmjägerbataillon vereinigte sich mit dem, das spät in der Nacht des 30. Oktober abgesprungen war. Um seine taktische Stellung zu verbessern, wollte Sharon in den frühen Morgenstunden des 31. Oktober gegen den Mitla-Paß vorgehen. Er hatte dafür gute Gründe. Im Fall eines ägyptischen Panzerangriffs bot ihm das Gelände nicht ausreichenden Schutz. Gegen 11 Uhr vormittags traf der Chef des Stabes beim Südkommando, Rehav'am Ze'evi (»Ghandi«), bei seinem Befehlsstand ein und überbrachte den ausdrücklichen Befehl Dayans, nicht in den Paß einzudringen und sich auch nicht auf Schießereien einzulassen. Kurz bevor Ze'evi eintraf, hatte Sharon bereits vom Armeeoberkommando und vom Kommandeur des Südkommandos gleichlautende Befehle erhalten. Es könnte sein, daß die Meldungen, die er von Ze'evi über das Vorgehen und die Erfolge in den anderen Abschnitten hörte, seinen Neid erregten.

Im Buch »Die Fallschirmjäger« (»The Paratroopers«) wird das so beschrieben: »Diese alten Schlachtrösser, diese kampfeswütigen Krieger wollten kämpfen. Zum erstenmal seit dem Unabhängigkeitskrieg gab es eine richtige Schlacht. Die gesamte Zahal kämpfte: Panzertruppen, Infanterie, Luftwaffe. Auch sie wollten endlich kämpfen, den Durchbruch erzwingen und als erste den Suezkanal erreichen.«

Sharon erbat die Genehmigung, einen Spähtrupp gegen den Paß vorzuschicken. Ze'evi stimmte unter der Bedingung zu, daß nur Aufklärungsstreitkräfte in Marsch gesetzt würden und jedes Gefecht zu vermeiden sei.

Kurz bevor sein Flugzeug abhob, sah Ze'evi noch, wie sich eine starke Einheit in Bewegung setzte. Zu stark, wie er meinte, um nur als Spähtrupp zu gelten. Sie bestand aus Halbkettenfahrzeugen, leichten Panzern, Kanonenpanzern und Jeeps. Diese Kolonne drang in den Mitla-Paß ein, und tappte geradewegs in eine Falle der ägyptischen Armee.

Die ägyptischen Truppen hatten sich in den Höhlen und Einschnitten verschanzt, die das ausgetrocknete Flußbett säumten. Gleich nach Ausbruch des Gefechts mußte schon die gesamte Brigade eingesetzt werden, um die listig geschnappte Kolonne wiederherauszupauken. Sieben lange Stunden fochten die Fallschirmjäger um ihr Leben. Stellung nach Stellung, Höhle nach Höhle mußte in erbittertem Kampf genommen werden. Es war ohne Zweifel das beste und das heldenhafteste Gefecht der Fallschirmjäger überhaupt. Die ägyptische Armee verlor 200 Mann.

Wieder einmal hatte Dayan sich mit den Folgen des Ungehorsams auseinanderzusetzen. Er schrieb: »Bei der Analyse der Vorgänge am Mitla-Paß sollten wir unterscheiden zwischen Fehlern und Irrtümern und dem Nichtbefolgen gegebener Befehle. Der Entschluß, den Angriff trotz bestehender anderslautender Befehle auszuführen, ärgerte mich, aber ich konnte die Fallschirmjäger verstehen. Ich könnte mir vorstellen, vor acht Jahren im Unabhängigkeitskrieg als Kommandeur eines motorisierten Kommandobataillons genauso gehandelt zu haben, auch dann, wenn meine Handlungsweise den Befehlen des Armeeoberkommandos entgegengestanden hätte.«

Um keinen Zweifel an seinem Standpunkt in dieser Angelegenheit aufkommen zu lassen, fügte er hinzu: »Was das Nichtbefolgen von mir gegebener Befehle und meine Nachsicht dazu betrifft – die Wahrheit ist, daß ich das Problem für gravierend halte, wenn der betreffende Truppenteil seinen Kampfauftrag nicht erfüllt, doch keinesfalls, wenn er mehr leistet, als die Pflicht von ihm verlangt.«

Zwei Fragen erwuchsen aus dem Gefecht am Mitla-Paß: Wenn es klar war, daß Sharon Befehle des Armeeoberkommandos mißachtet hatte und somit für den Tod von 38 der besten Soldaten der Zahal in einem völlig nutzlosen Gefecht verantwortlich war, warum entband Dayan ihn dann nicht sofort von seinem Posten und ließ ihn vor ein Kriegsgericht stellen? Dayan hatte tatsächlich einen Offizier mit der Untersuchung des Falls beauftragt, Generalmajor Chaim Laskov. In seiner Zeugenaussage vor Laskov hatte Sharon angegeben: »Hätten sich die gegnerischen Panzer in jener Nacht nicht zum Suezkanal zurückgezogen, ich bin nicht sicher, ob unsere Verluste dann nicht höher gewesen wären.« Er beschloß, als »Befehlshaber an Ort und Stelle« ein taktisch besonders wichtiges Gebiet zu erkunden. Er behauptete, er habe seinen Männern noch zusätzlich befohlen, »sich unter gar keinen Umständen in ein Gefecht verwickeln zu lassen«, doch die Aufklärungseinheit rannte in eine Falle, und so wurde das Gefecht am Mitla-Paß zu einer

Schlacht auf Leben und Tod. Aus diesem Grund meinte Sharon, daß die Verluste am Mitla-Paß nicht vergebens gewesen seien. Es habe nur eine Möglichkeit gegeben, dem Befehl zu gehorchen, nämlich sich nicht auf ein Gefecht einzulassen, die toten und verwundeten Kameraden liegenzulassen.« Vom menschlichen Standpunkt aus gesehen mußte gekämpft werden.

Jetzt sollte Ben Gurion in dieser Angelegenheit schlichten. Dieser außergewöhnliche Schritt war nur möglich, weil Ben Gurion ein tiefes persönliches Verhältnis zu Sharon hatte. Auf Ben Gurions Frage, ob das Gefecht am Mitla-Paß nun nötig gewesen sei oder nicht, antwortete Sharon: »Hier, und heute, bequem im Sessel bei einer Tasse Tee, bin ich bereit anzuerkennen, was ich damals nicht wußte – es war nicht notwendig. Doch an der Front, mit den mir zur Verfügung stehenden Informationen, abgeschnitten, mit schlechten Nachrichtenverbindungen ... ohne Anweisungen, Feindlagebeurteilungen und ohne alles, was damit zusammenhängt, mit meiner Verantwortung allein, unterschied sich meine Beurteilung der Lage von der nachträglichen Bewertung doch erheblich!«

Dann trug Dayan seine Darstellung der Ereignisse vor, die dann schließlich zu dem Gefecht führten.

Ben Gurion erklärte am Schluß, er könne sich nicht zum Schiedsrichter aufwerfen über die unterschiedlichen Ansichten zweier Offiziere.

Sharon war »entlastet«.

Warum aber wählte Dayan ein so ganz und gar ungewöhnliches Verfahren? Die Antwort liegt wohl mit in seiner Bewunderung für »edle Pferde« beschlossen, deren einziges Vergehen es ist, mehr zu tun, als man von ihnen erwartet.

Die zweite Frage, die sich nach der Sitzung bei Ben Gurion und nach Dayans Erklärung, er würde unter gleichen Verhältnissen wohl genauso gehandelt haben, stellte, ist die: Warum verurteilt er das Gefecht in seinem Werk über den Sinai-Feldzug? Warum bezeichnet er es als unnötig und behauptet, die Gefallenen hätten ihr Leben umsonst geopfert? Warum mißachtet er die Gefühle der Witwen und verwaisten Kinder? Der ihrer Söhne beraubten Eltern, deren Liebstes am Mitla-Paß kämpfte und starb?

Diese Frage stellten sich viele von denen, die Dayans Buch gelesen hatten. Neora, der Dayan einen Auszug des Buches zu lesen gab, ehe es veröffentlicht wurde, hat ihn danach sehr direkt gefragt. Dayan antwortete: »Weil das meiner Meinung nach immer noch die Wahrheit ist.«

Dieses leidenschaftliche Verlangen nach der Wahrheit wird in hohem Maße von einer seiner grundlegenden Charaktereigenschaften geformt: der sauberen Abgrenzung seines Verantwortungsbereichs. Indem er die Wahrheit sichtbar und zu Allgemeingut werden läßt, glaubt er, selbst nicht mehr so sehr im Licht der Öffentlichkeit zu stehen. Es scheint, als ob Dayan bei jeder Gelegenheit verkündet: So bin ich, dies sind meine Tugenden, das meine Fehler; das habe ich erreicht, bei jenem aber versagt; das habe ich getan, hier habe ich geirrt. Falls die Öffentlichkeit mich nun noch will, mir vertraut, mich wählt, tut sie das auf eigene Verantwortung. Niemand kann hinterher kommen und behaupten, ich hätte unter falschen Voraussetzungen etwas unternommen oder mich mit etwas betrauen lassen.

Am Morgen des ersten November beobachtete Dayan das Gefecht um Rafah aus der Nähe. Dabei entdeckte er einen Planungsfehler des Sinai-Feldzugs. Um schwere Verluste zu vermeiden und im Zusammenhang mit seiner Theorie vom Zusammenbruch, hatte er die Einnahme Rafahs bis zu dem Tag hinausgeschoben, an dem die Engländer und Franzosen mit ihrem Feldzug beginnen sollten. Frankreich hatte die Beschießung der Befestigungen um Rafah von See aus übernommen und Dayan hatte sich darunter so etwas wie eine schwere Küstenbeschießung vorgestellt. »Ich hatte gehofft – und das sagte ich auch zu den für das Rafah-Unternehmen verantwortlichen Offizieren –, daß das Flottenunternehmen den Zusammenbruch der ägyptischen Verteidigung herbeiführen und der anschließende Angriff unserer Infanterie nur noch auf geringen Widerstand treffen würde.«

Das französische Flottenbombardement war, wie Dayan selber es ausdrückte, »ein komplettes Fiasko ... der Walfisch entpuppte sich als Hering«. Die französischen Zerstörer verfeuerten insgesamt 150 Schuß 155-mm-Granaten. Das sind weniger, als die Artillerie an Land für solch einen Angriff bereitstellen würde. Überdies schlugen auch noch Granaten in und um den Gefechtsstand von Generalmajor Laskov ein, der die für den Angriff bereitgestellte Truppe kommandierte. Laskov ersuchte die Franzosen denn auch wiederholt über Funk, die zwecklose Beschießung endlich einzustellen.

Da Dayan mit einem Zusammenbruch des ägyptischen Widerstands nach dem französischen Flottenbombardement rechnete, hatte er den Angriff auf Rafah nicht in »Phase Eins« seines Konzepts mit einbezogen, in der die Zahal den Vorteil der Überraschung noch auf ihrer Seite hatte. Am 1. November konnte von Überraschung keine Rede mehr sein. Dayan änderte auf dem Schlachtfeld die Befehle für den

Oberbefehlshaber des Südkommandos. Sie lauteten jetzt auf Angriff von Norden anstatt von Süden, so daß gleich von Anfang an so viele Panzer wie nur möglich eingesetzt werden konnten.

Die Zahal unternahm also einen Frontalangriff genau an der Stelle, an der die ägyptische Armee am besten zur Verteidigung gerüstet war. Nachdem die 7. Panzerbrigade einen so brillanten Beweis von der Wirksamkeit ihrer Waffe geliefert hatte, war Dayan zum Apostel der Kriegführung mit Panzertruppen geworden. Er schloß sich den Einheiten der von Oberst Chaim Bar-Lev geführten 27. Panzerbrigade an und beabsichtigte, bis zur Einnahme von El Arish dabei zu bleiben.

Dayan wurde Zeuge der Einnahme der Straßenkreuzungen bei Rafah. Nach einem Gefecht von mehreren Stunden wurde die ägyptische Stellung am 1. November durchbrochen. Dann begann die 27. Panzerbrigade mit ihrem Vormarsch auf El Arish. Dayan und seine Begleiter fuhren in einem dreiachsigen Befehlswagen. Ein zweiter mit den Nachrichteneinrichtungen begleitete sie. Er verlieh den beiden Fahrzeugen den Spitznamen »Stabschef-Einheit« und fuhr damit zwischen den Fahrzeugen des Brigadestabes unmittelbar hinter der Spitzeneinheit, die sich aus einer kleinen Aufklärungstruppe, ein paar Pionieren, einer Infanteriekompanie auf Schützenpanzern, sechs leichten AMX 13-Panzern und einer Batterie von 10,5-cm-Geschützen auf Selbstfahrlafetten zusammensetzte. Hinter Dayan und dem Brigadestab fuhr der Rest der Spitzeneinheit, noch ein paar Panzer. 24 Stunden ging der Stabschef der Armee Israels wie ein Kompanieführer oder Bataillonskommandeur mit der 27. Panzerbrigade vor. Es gab Zeiten, da fuhr die »Stabschef-Einheit« noch vor dem Bataillonskommandeur direkt hinter der Spitzenkompanie. Die Ägypter versuchten, den Vormarsch der Zahal am Jeradi-Paß zum Halten zu bringen. Dort schossen sie auch auf Dayans zwei Fahrzeuge mit Panzerabwehrkanonen. Er beobachtete das mit großem Interesse und schrieb: »Dieser ägyptische Soldat war also nicht davongelaufen – es gibt eben überall Ausnahmen.«

Dayan beobachtete den Angriff der führenden Einheit auf die Jeradi-Stellungen. Die Geschicklichkeit des Kommandeurs beeindruckte ihn so sehr, daß er sich nach seinem Namen erkundigte. Dabei stellte er fest, daß es sich hier um einen Offizier handelte, dessen Beförderung Dayan zurückgehalten hatte. Der Mann wurde auf der Stelle befördert. Gegen Abend hielten die Angriffsspitzen etwa sechs Kilometer vor El Arish zum Auftanken, Munitionieren und für eine Ruhepause an.

Dayan beantwortete Stapel von Funkmeldungen aus dem Armeeoberkommando, die während des ganzen Tages eingelaufen waren. Dann suchte er sich ein gemütliches Plätzchen im Sand, wickelte sich in seine Decke und schlief ein. Schon nach kurzer Zeit begann die ägyptische Artillerie, sich auf die Truppe einzuschießen. Der Chef des Stabes mußte sich nach einem komfortableren Schlafplatz umsehen.
Als die 27. Panzerbrigade während der Dämmerung in El Arish einmarschierte, zog sich die ägyptische Armee zurück. Dayan sah sich die Stadt an. Er ernannte den Kommandeur des Infanteriebataillons, das den Panzertruppen gefolgt war, zum Militärgouverneur der Stadt und instruierte ihn, wie er sich der Zivilbevölkerung gegenüber zu verhalten habe. Die Vorbereitungen zur »Operation Kadesh« umfaßten keine Direktiven für irgendeine »Militärregierung«, und Dayan stellte erst einmal provisorische Anweisungen auf. Später flog er mit einer Piper nach Tel Aviv. Bei diesem Flug wäre er um ein Haar von israelischen Soldaten, die das Flugzeug für ein ägyptisches hielten, abgeschossen worden.
Am zweiten November 1956 fiel der Gazastreifen mit seinen Hunderttausenden arabischer Bewohner in die Hände der Zahal. Jetzt begann Dayan, die Hauptpunkte seines Entwurfs einer Militärregierung in geringen Dosen wirksam werden zu lassen. Zuerst in El Arish und dann in Tor. Er flog zusammen mit seinem Ersten Generalstabsoffizier, Meir Amit, dessen Assistent, Uzi Narkiss, der im Armeeoberkommando zur Erledigung der laufenden Arbeiten zurückblieb. Dayans Besuch in Tor fiel gerade in die Zeit nachlassender politischer Wirkung des Feldzugs und steigenden internationalen Drucks. Er wünschte deshalb, die Fallschirmjäger so schnell wie möglich nach Sharm-el-Sheikh zu bringen, damit Israel nicht eins der wichtigsten Ziele dieses Feldzugs aus den Händen glitt.
Tor war ein Städtchen von etwa fünftausend Einwohnern. Früher diente es den Pilgern als Station auf ihrem beschwerlichen Weg nach Mekka. Es gab einen winzigen Hafen, ein verfallenes Hotel, eine Quarantäne-Station und ein Lepra-Hospital. Die Haupteinnahmequelle der Bewohner war der Fischfang. Dayan ordnete sofort die Aufhebung der Sperrstunde an und befahl gleichzeitig den Fallschirmjägern, »den Bewohnern bei der Rückkehr zu ihren normalen Lebensgewohnheiten behilflich zu sein«. Er erlaubte den Arabern, wieder ihre Obstgärten zu bearbeiten und in Küstennähe zu fischen. Die gleichen Grundsätze sollte Dayan elf Jahre später, im Jahre 1967, als Verteidigungsminister in den von der israelischen Armee besetzten Gebieten

anwenden. Auf dem Rückweg von Tor machte er in El Arish Station. Auch hier befahl er, das Zivilleben sofort zu normalisieren, und führte einen seiner wichtigsten Gedanken über eine Militärregierung aus: die Betreuung der bereits bestehenden zivilen Körperschaften mit der Verwaltung des Gemeinwesens, unter minimaler israelischer Beteiligung und Einmischung. Sein Grundsatz, die Einwohner mit ganz leichter Hand, unter weitgehender Vermeidung unnötigen Drucks zu behandeln, spornte sie zur Mitarbeit an.

Der Stadtrat und die Würdenträger der Stadt wählten einmütig den Militärgouverneur zum Bürgermeister. Darüber hinaus bot der Stadtrat an, die Armee mit Gemüse und Eiern zu versorgen. Dieses Angebot wurde höflich abgelehnt.

Nach dem Fall von Rafah und El Arish leisteten die noch übriggebliebenen ägyptischen Truppen nur noch geringen Widerstand. Der gesamte Gazastreifen fiel am 3. November. In diesem Fall erwies sich Dayans »Theorie vom Zusammenbruch« als zutreffend. Die Entscheidung, Gaza zu besetzen, war der letzte Akt eines ausgedehnten Streits zwischen Dayan und Ben Gurion. 1948 unterstand der Gazastreifen der Befehlsgewalt des ägyptischen Ministers für Krieg und Kriegsflotte. Dieser annektierte ihn nicht für Ägypten, sondern betrachtete ihn strikt als Teil eines zukünftigen arabischen Palästina. 1956 lebten dort 60 000 Einheimische und 200 000 Palästina-Flüchtlinge. So viele Araber auf zu kleinem Gebiet waren der Grund, warum Ben Gurion die Angliederung des Gazastreifens an Israel ablehnte. Mit Gaza als einem Teil Israels wäre der Tag nicht mehr fern, an dem die Araber die Mehrheit der Bevölkerung Israels bilden würden.

Andererseits sah Dayan den Gazastreifen als »Brückenkopf für einen Angriff auf Israel und Stützpunkt für Terroristen und Saboteure in ›Friedenszeiten‹«.

Dayan bezeichnete ihn als den »ägyptischen Finger in Israels Rippen«. Ben Gurion sah im Gazastreifen eine bevölkerungsstatistische Bedrohung des jüdischen Charakters Israels, während es für Dayan um die militärische Bedrohung ging, die ein nur 60 Kilometer von Tel Aviv eingerichteter ägyptischer Militärstützpunkt ausübte. Jetzt erkannte er jedoch, wie verwickelt und »unhandlich« es in diesem Raum, demographisch gesehen, zuging. Die einfachste Lösung wäre die Vertreibung der Palästina-Flüchtlinge und die Annexion des gesamten Gebiets durch Israel gewesen. Doch weder Ben Gurion noch Dayan dachten im entferntesten an diese Lösung, aber keiner von beiden hatte ein Rezept in der Schublade. Dayan bevorzugte die Aufrechterhaltung des Status quo im Gazastreifen, nämlich die Fortführung der Militärregierung. Damit sah die Sicherheitsfrage schon besser aus. Mit der Zeit würde man weitersehen.

Als Dayan in Gaza eintraf, war er sich über die Umrisse und Grundzüge einer Militärregierung schon klar. Dayans Kindheitsbeziehungen zum arabischen Stamm der el-Mazarib und zu anderen Arabern haben sicher – ob bewußt oder unbewußt – dazu beigetragen, eine Politik ohne Haß und frei von jeder Rachsucht zu entwickeln. Die in Israel nach 1948 Gebiete mit weitgehend arabischer Bevölkerung auferlegte Militärregierung und seine Erfahrungen als Befehlshaber der Süd- und Nordkommandos sowie als Erster Generalstabsoffizier und Chef des Stabes hatten seinen Gedanken darüber genügend Nahrung gegeben. Dayan drang recht häufig auf Aufhebung sogenannter Vorsichtsmaßnahmen, traf dabei aber auf den Widerstand Ben Gurions und seiner Berater in arabischen Angelegenheiten. Einer der interessantesten Aspekte im Vergleich zwischen Ben Gurion und Dayan ist der Unterschied in ihrem Verhalten gegenüber einer Militärherrschaft. Dayan, der für den Krieg gesprochen hatte, verlangte, daß eine Militärregierung so human und so liberal wie möglich zu sein habe. Das ging bis zur Streichung wichtiger Aufgaben dieser Regierung. Er versuchte zum Beispiel immer, die Gültigkeit von Reisebescheinigungen an Araber unter dem israelischen Militärregime zu erweitern. Dagegen war Ben Gurion, der immer gezögert hatte, den Krieg zu beginnen, und der seine Folgen fürchtete, für einen harten Kurs in der Behandlung der Araber und für vollständige militärische Kontrolle. Das Bemühen, strenge sicherheitspolitische Maßnahmen mit liberalem Entgegenkommen für die Araber zu verknüpfen, hatte in Galiläa, im sogenannten »Feuerbereich«, bemerkenswerten Erfolg. Dayan, der sich grundsätzlich jeglicher Enteignung arabischen Landes widersetzte, hatte der Übernahme eines ganz bestimmten Gebietes für militärische Ausbildungszwecke zugestimmt. Er weigerte sich jedoch, militärische Begründungen zur Vertreibung arabischer Bauern von ihrem Grund und Boden anzuerkennen und bestand darauf, daß Vereinbarungen getroffen wurden, die den Arabern das Wohnen und die Feldbestellung in dem Übungsbereich ermöglichten.

Als Dayan am 4. November in Gaza eintraf, bot sich ihm, wie er schrieb, ein »trauriger und unnötiger Anblick«. Mit der angeordneten allgemeinen Sperrstunde war er nicht einverstanden, befahl die sofortige Wiederaufnahme des normalen Lebens und sorgte dafür, daß der UNRWA (United Nations Relief and Work Agency) Gelegenheit gegeben wurde, ihr Hilfswerk für die Palästinaflüchtlinge unverzüglich fortzusetzen. Im Verlauf seiner Gespräche mit dem Militärgouverneur und mit Ben Gurions Berater für arabische Angelegenheiten schlug Dayan eine Politik vor, die einerseits die Sicherheit des Staates Israel garantierte, andererseits jedoch den Arabern keine unnötigen Erschwernisse auferlegte. Er betonte wiederholt, daß die Befehle herausgegeben worden seien, »damit wir wieder zusammen leben können«. Das ist übrigens auch später zum Grundkonzept seiner Anweisungen an die Militärgouverneure der israelischen Armee in den im Sechstagekrieg eroberten Gebieten geworden. Dayan befürchtete, daß der Sicherheitsstandpunkt bei der militärischen Verwaltung wissentlich falsch ausgelegt werden würde, um dann als Entschuldigungsgrund für das Unterdrücken von Arabern im Gazastreifen herhalten zu können. Er betrachtete die Araber als Israels ständige Nachbarn – wie auch immer die endgültige Lösung im Gazastreifen aussehen würde –, und er wollte gutnachbarliche Beziehungen zur Grundlage und zum Ziel seiner Politik machen. Ein Ausdruck dieser Haltung war die Erteilung der Fischereigenehmigung an die Fischer von Gaza, obgleich er wußte, daß sie sich in den Fischgründen mit Mitgliedern des ägyptischen Nachrichtendienstes trafen. Nach Dayans Überzeugung war aber das Wiederingangsetzen des normalen Lebens und das Abwenden der Bedrückungen von Zivilpersonen wichtiger als ein mögliches Sicherheitsrisiko.

Von Anfang an war es einer seiner wichtigsten Grundsätze, bei den Militärgouverneuren keine Kollaborateure zu beschäftigen. Er befahl, daß die von den ägyptischen Behörden gewählten oder ernannten Gemeindebehörden ihren Dienst wieder aufzunehmen hätten. Dayan selbst verabscheute Kollaborateure und stand ihrer »Nützlichkeit« in hohem Grade skeptisch gegenüber, doch es schien, daß der wichtigste seinen Befehlen zugrunde liegende Gedanke der war: solange die Araber Leben und Sicherheit Israels und der israelischen Armee nicht gefährdeten, sollte es möglichst wenig Einmischung in den Lebensablauf der arabischen Zivilbevölkerung geben. In Gaza war, mit Ausnahme des neuernannten Bürgermeisters, die Zusammensetzung der Zivilbehörden die gleiche geblieben wie unter ägyptischer Herrschaft. Dayan ernannte Rushdi el-Shawa, einen allgemein geachteten Bürger Gazas, zum Bürgermeister, anstelle des von den ägyptischen Behörden ernannten höheren Beamten, Munir el-Ra'is. Während einer Sitzung mit den führenden Persönlichkeiten der Stadt verlangte Dayan nur eins: die Wiederaufnahme des normalen Lebens. Er bat sie nicht um

Loyalitätsbekundungen, noch verlangte er von ihnen, Israel zu lieben; sie konnten denken und fühlen, was sie wollten und wie es ihnen paßte, solange sie der Armee keinen Schaden zufügten. Die israelische Militärverwaltung Gazas war kurzlebig, aber sie bildete die Grundlage des von Dayan nach dem Sechstagekrieg in den von Israel besetzten Gebieten eingeführten Verwaltungssystems.

Als Dayan die von den ägyptischen Truppen angelegten Befestigungen inspizierte, stieß er auf Altertümer, und es dauerte gar nicht lange, da hatte er auch schon ein kanaanitisches Grab aus der Zeit um 1300 vor Christi freigelegt und einen Krug und einen Teller mit rituellen Speisen für den Verstorbenen ausgegraben. Die Fülle der im Gazastreifen und auf der Sinaihalbinsel vorhandenen Altertümer trieb Dayan viele Male in den Süden, ehe sich die Israelis ganz zurückziehen mußten. Er unternahm lange Wanderungen, grub selber, kaufte, tauschte und ließ sich beschenken. Die Mönche des St.-Katharinen-Klosters am Fuß des Berges Sinai schenkten ihm eine Miniaturkanone, die heute den Rasen seines Hauses in Zahala schmückt. Bei seinem Besuch im Kloster begegneten die Mönche ihm mit großem Respekt. Einer der Mönche öffnete das Gästebuch des Klosters und zeigte ihm die Unterschriften General Leclercs, der für Napoleon I. unterschrieben hatte, ferner die des Zaren Nikolaus I. und Ismail Paschas, und bat Moshe Dayan, seine eigene hinzuzufügen.

Mit den Beduinen entwickelte Dayan bald ein lebhaftes Tausch- und Handelssystem in Altertümern. Er entdeckte uralte Kornkrüge, in denen die Beduinen jetzt Dattelsämlinge züchteten. Vom Adjutanten bis zum Fahrer hatte Dayan alle für seine Sammlerleidenschaft eingespannt.

Dayans allerletztes Gefecht auf der Sinaihalbinsel war gleichzeitig besonders bezeichnend für die Art, wie er diesen Krieg zu leiten pflegte. Am 4. November konnte er einfach nicht mehr ruhig in Tel Aviv herumsitzen. Dauernd trafen sich widersprechende Nachrichten über die Stellung der 9. Brigade ein. Zwei Meldungen, die Brigade habe Sharm-el-Sheikh besetzt, wurden später zweimal dementiert. »Sogar ein langmütigerer Armeeoberbefehlshaber als ich hätte dabei die Geduld verloren.« Er beschloß daher, loszubrausen, die 9. Brigade zu suchen und mit ihr sicherzustellen, daß Sharm-el-Sheikh noch am gleichen Tag eingenommen wurde.

Dayan verließ Tel Aviv am 5. November 1956 zusammen mit dem stellvertretenden Ersten Generalstabsoffizier Uzi Narkiss. Nach zweistündigem Flug landete man in Tor. Dort hätte eine Piper warten sollen, um sie zur 9. Brigade hinunterzufliegen. Die Maschine war nicht eingetroffen. Dayan wollte seinen Plan nicht aufgeben und beschloß, sich dem Fallschirmjägerbataillon anzuschließen, das Tor um 3.30 Uhr am gleichen Morgen verlassen hatte, um Sharm el-Sheikh von Norden her anzugreifen. Narkiss mußte ein paar Fahrzeuge auftreiben. Dayan handelte derweil mit einem Araber über den Preis eines antiken Kruges.

Narkiss kehrte eine Stunde später mit einem Armeebefehlsfahrzeug und zwei höchst zweifelhaften Zivilfahrzeugen zurück. So machten sie sich dann auf den Weg: Dayan, Narkiss, ein paar Soldaten des Reservebataillons, das Tor besetzt hielt und der antike Krug.

Fünfzig Kilometer wurden ohne Zwischenfall zurückgelegt. Plötzlich aber kamen ihnen Hunderte bewaffneter und unbewaffneter ägyptischer Soldaten entgegen. Sie gehörten zu den Truppen, die aus Sharm el-Sheikh geflohen waren, als die Stadt eingenommen wurde. Dayan befand sich zu dem Zeitpunkt noch an Bord des Transportflugzeugs. Je näher die kleine Truppe an die Stadt herankam, desto mehr ägyptische Soldaten begegneten ihnen. Fast alle waren bewaffnet. Narkiss wurde unruhig. Die Ägypter hätten leicht ihre Frustrationen und ihre Scham über die Niederlage an Dayans kleiner Truppe abreagieren können. Jetzt wurde Dayan wieder ganz und gar zum Zugführer. Er übernahm das Kommando. Der kleinen Abteilung wurde befohlen, einzelne Schüsse nicht zu beantworten. »Das wäre das Letzte gewesen, ausgerechnet an diesem Tag zwischen Tor und Sharm el-Sheikh festzuliegen und mich mit flüchtenden Ägyptern herumzuschießen.« Doch die Ägypter interessierten sich überhaupt nicht für den kleinen Konvoi. Anscheinend trotteten die meisten vorbei, ohne ihn überhaupt wahrzunehmen.

»Ohne Zweifel hatten sie uns als israelische Soldaten erkannt. Doch sie beschossen uns nicht und versuchten auch nicht, sich vor uns in Sicherheit zu bringen. Sie ließen uns einfach passieren. Aus ihren Gesichtern sprach Entkräftung und völlige Überanstrengung. Nur mit Mühe setzten die Verwundeten unter ihnen einen Fuß vor den anderen, und einige wichen noch nicht einmal unseren Fahrzeugen aus.«

Danach flog Dayan zurück nach Tel Aviv und meldete Ben Gurion, daß Sharm el-Sheikh eingenommen und der Feldzug damit beendet sei.

Ben Gurion antwortete halb scherzhaft: »Und ich vermute, das können Sie kaum ertragen, nicht wahr?«

Dayan schreibt in seinem »Tagebuch« dazu: »Ich sagte nichts. Er wußte

ganz genau, daß mir nicht die Beendigung der Feindseligkeiten Sorgen machte, sondern meine Vorstellung von unseren Möglichkeiten, uns im jetzt beginnenden politischen Kampf zu behaupten.«
Möglicherweise befürchtete er auch, daß es wegen des bevorstehenden politischen Kampfes zwischen ihm und dem »Großen Alten Mann« zu einem Bruch kommen könnte.

20

Einbruch in die Parteipolitik (1958-1959)

Am 14. November 1956 nahm das israelische Parlament einen Kabinettsbeschluß an, demzufolge Israel sich auf Grund bevorstehender Abmachungen mit dem Sicherheitsrat und den UNO-Truppen aus den im Sinai-Feldzug besetzten Gebieten wieder zurückzuziehen habe. Der Wortlaut der UNO-Resolution gab Israel großen Spielraum für diese Truppenbewegungen. Es durften sogar in Gebieten, über die noch keine befriedigende Einigung erzielt worden war, Truppen stationiert bleiben. Dayan tat, was er konnte, um den Rückzug der Truppen soweit es irgend ging zu verlangsamen. Er hoffte immer noch auf eine Änderung der Lage, doch vergebens. Die Zahal zog sich Schritt für Schritt aus dem Sinai zurück.
Dayans Hauptargument gegen den Rückzug war die Unfähigkeit des Sicherheitsrats und der UNO-Streitmacht, die ägyptische Armee von der Besetzung des Sinai und des Gazastreifens abzuhalten. Damit erhielt sie wieder ausreichende Stützpunkte für Angriffe auf den Staat Israel. Bei Gesprächen mit Ben Gurion über die Lageberichte des israelischen UNO-Delegierten Abba Eban, der zugleich das Amt des Botschafters in den Vereinigten Staaten innehatte, brachte er seine Bedenken zur Sprache. Dayan teilte nicht Ebans Überzeugung, daß angesichts des amerikanischen und sowjetischen Drucks und der Beschlüsse der UNO-Vollversammlung Israel gar keine andere Wahl habe, als sich vollständig zurückzuziehen. Ben Gurion machte aus den Ansichten seines Generalstabschefs kein Geheimnis. Mit seiner Erlaubnis hielt Dayan vor den Parlamentsabgeordneten der Mapai-Partei allein und noch vor der entscheidenden Plenarsitzung einen entsprechenden Vortrag.
Der Öffentlichkeit wurde das alles klar, als sich die israelischen Truppen aus Sharm el-Sheikh zurückzogen und Dayan Offizieren und Soldaten, ehe sie den Scharen der Zeitungsleute ausgeliefert waren, sagte: »Lächeln Sie, wir wollen daraus keine Tragödie machen. Die sollen

nicht denken, daß uns das umgeworfen hat.« Bei anderer Gelegenheit war er sogar noch unvoreingenommener. Als am 15. Januar 1957 die Flagge des israelischen Militärgouverneurs in El Arish eingeholt wurde, hörten die Pressevertreter von ihm: »Offiziere haben sich mit den guten und den bitteren Seiten ihres Berufs abzufinden.« Auch nach dem Sechstagekrieg brach dieser Streit wegen des Rückzugs aus. Ben Gurion unterstützte den Vorschlag, sich als Ausgleich für einen wirklichen und dauerhaften Frieden auf die Grenzen vom 4. Juni 1967 (mit Ausnahme Jerusalems) zurückzuziehen, während Dayan forderte, aus Sharm el-Sheikh, dem Gazastreifen und anderen besetzten Gebieten dürfe es keinen Rückzug geben.

Dayan nahm im Frühling 1957 nach vollendetem Rückzug der Zahal erst einmal einen längeren Urlaub und machte einige Auslandsreisen. Im September wurde er in die Klinik des Dr. Jack Penn, eines plastischen Chirurgen, in Johannesburg aufgenommen. Offenbar hatte Dayan sich nach sechzehn Jahren noch immer nicht mit seiner äußeren Erscheinung abgefunden. Er meinte natürlich nicht wie so viele andere, daß die schwarze Augenbinde seiner politischen Karriere förderlich sei; er wollte nur wie jeder normale Mensch aussehen. Es ging nicht. Man konnte kein Glasauge in seiner Augenhöhle anbringen.

Im Januar 1958 reiste er wieder ins Ausland. Diesmal ging es nach Burma und Thailand, nach London und nach Paris, wo ihm eine hohe Stufe des Ordens der Ehrenlegion verliehen wurde. Nach seiner Rückkehr reichte er Ben Gurion sein Abschiedsgesuch als Chef des Generalstabs ein.

Jetzt begann seine Hinwendung zur Politik, die er kurz vor den Wahlen zur Vierten Knesset im Jahre 1959 einleitete. Dayan manövrierte behutsam und berechnend. Sein Vorgehen entwickelte sich in gewisser Weise zu einem Versteckspiel mit Ben Gurion. Obgleich Dayan natürlich sehr daran interessiert war, in die zweite Sphäre seines »doppelten Lebens« einzutreten und eine politische Laufbahn einzuschlagen, verriet sein Verhalten in der Öffentlichkeit niemals seine Absichten; er hatte die Haltung eines Menschen angenommen, den man umwerben, wenn nicht gar zwingen mußte, ein öffentliches Amt zu bekleiden. Er wollte nicht mehr Stabschef sein, doch bevor er sich zwingen ließ, würde er bleiben; er wollte nicht ins Zivilleben eintreten – das für Dayan natürlich nur ein Leben für die Politik bedeuten konnte – und war deshalb bereit, in der Armee zu bleiben und sich in den Rang eines Generalmajors zurückversetzen zu lassen. (Er schlug Ben Gurion sogar vor, ihn zum Kommandeur der Offiziersschule zu ernennen).

Sollte das alles nicht zu machen sein, wünschte er zu studieren; würde ein Studienurlaub abgelehnt werden – nun, dann könnte er ja immer noch bei der Armee bleiben. Und neben all diesen Alternativen würde sich dann schon etwas finden.
Wahrscheinlich verschleierte seine scheinbare Willigkeit sehr schlaue Berechnungen. Die bedeutsamste davon war: Eine unmittelbare Erklärung seiner Absichten hätte als »Vordrängeln« ausgelegt werden können, und »Vordrängler« sind in der israelischen Politik nicht gern gesehen. Die allgemein anerkannten Spielregeln schreiben vor, daß der Bewerber sich maßvoll verhält, daß er sich nicht bereit zeigt, einen Posten zu übernehmen, ehe er nicht dazu eingeladen wird, man ihn förmlich bittet oder in die Position geradezu hineinzwingt. Dann kam noch die Frage hinzu, welches Ministerium für ihn in Frage kam. Das, was ihn natürlich am meisten reizte – das Verteidigungsministerium – war bei Ben Gurion in guten Händen. Alles in allem, eine politische Absichtserklärung war erst dann vorzuziehen, wenn er von Ben Gurion feste Zusagen in Händen hatte.
Ben Gurion war in diesen Verstellungsspielen ein unübertroffener Meister. Es ist nicht unwahrscheinlich, daß er Dayan durchschaute, das Spielchen aber mitmachte und sich entschloß, es für bare Münze zu nehmen. Sollte Dayan nicht in der Armee bleiben wollen – es sei denn, man drängte ihn dazu –, so hatte Ben Gurion den »Druck« zu bringen. In seinem Abschiedsbrief an Dayan tat er das ganz offen: »Ich habe mehrere Monate überlegt und gezaudert, ob Ihr Gesuch, von Ihren Diensten als Stabschef der Zahal entbunden zu werden, anzunehmen sei.« Wollte Dayan studieren? »Schließlich habe ich Ihrem Gesuch zugestimmt, und das Kabinett hat, nicht ohne Vorbehalte, meine Entscheidung gutgeheißen. Ich finde, die ganze Nation und ich selber schulden Ihnen die Erfüllung Ihrer Wünsche, und Sie sollen die Möglichkeit erhalten, zwei Jahre an der Hebräischen Universität in Jerusalem zu studieren.« Hatte Dayan nicht den Wunsch, als Generalmajor in der Armee zu bleiben? Ben Gurion fuhr fort: »Wir konnten diesen Beschluß um so leichter fassen, als Sie ja Ihre Bereitschaft erklärt haben, mit dem Rang eines Generalmajors weiterhin in der Armee zu verbleiben.«
Sollte Dayan auch nur einen Augenblick daran geglaubt haben – und das hatte er wirklich –, Ben Gurion würde ihn bitten, eine leitende Position in der Regierung zu übernehmen, war er auf dem Holzweg. Als Ben Gurion ihn auf eine Unterredung zu sich bat, spielte Dayan mit dem Gedanken, Ben Gurion im Verlauf des Gespräches etwas von

den 1959 ins Haus stehenden Wahlen anklingen lassen, und daß ihm aus dem Grund nur eine begrenzte Zeit zum Studium zur Verfügung stehen würde. Vielleicht würde der »Große Alte Mann« auch sofort mit der Parteiarbeit beginnen. Nichts von alldem geschah. Ben Gurion behielt wie immer seine Gedanken für sich und bekundete tiefes Interesse für Dayans Studiengang.

Dayan hatte den Nahen Osten als Studienfach gewählt. Ben Gurion hob seine Absicht in den Himmel, wies auf die Wichtigkeit dieses Vorhabens hin und bedauerte tief, daß sich nur wenige Studenten ernsthaft mit dieser Materie befaßten. Er ließ nicht die leiseste Andeutung fallen wie etwa: die Zeit bis zu den Wahlen sei nur noch kurz, zu kurz, um einen Universitätsabschluß zu erreichen, oder etwas in dieser Richtung. Die Unterhaltung endete mit einem warmen Händedruck und den allerbesten Wünschen des Herrn Ministerpräsidenten für eine erfolgreiche akademische Laufbahn.

Im Jahre 1958 studierten eine ganze Menge sogenannte »Mapai-Jünglinge« an der Hebräischen Universität. Die meisten von ihnen waren etwa Ende dreißig. Dayan, Generalmajor auf Studienurlaub, schloß sich ihnen bei den Vorlesungen und in der Mensa an. Eine Zeitlang lebte er das Leben eines jungen Studenten. Er soll bei Prüfungen sogar ein wenig »geschummelt« haben. Solche Gerüchte nährte er noch durch entsprechende Bemerkungen. Doch Dayans Studentenleben dauerte nicht lange. Er schloß sein Studium nicht ab.

Avraham Ofer war einer der Führer der jungen Leute in der Mapai. Februar 1951 war gerade er die treibende Kraft bei den Bemühungen um eine Wiederbelebung der Mapai. Die »jungen Leute« riefen nach einer Revision der demokratischen Praktiken innerhalb der Partei, nach der Einführung eines direkten Wahlsystems für das Parlament anstelle des augenblicklich gültigen Systems der anteiligen Vertretung und der Einrichtung von Vorwahlen. Sämtliche Vorschläge waren eine direkte Herausforderung der Macht des »Blocks« (oder »Tammany Hall«, wie er häufig genannt wurde), der Hochburg der Veteranen, die über den Parteiapparat und die Ernennungsgremien die absolute Kontrolle ausübten.

Hielt der 1944 in die »junge Garde« der Mapai eingetretene Dayan sich selbst für einen der »jungen Leute«? Man stellte ihm die Frage 1951 anläßlich der Mapai-Tagung zur Wiederbelebung der Partei. Als er darauf das Wort ergriff, sagte er, daß er zuerst nur aus Neugier eingetreten sei, und seine Rede ließ keinen Zweifel an seiner Ablehnung der Veteranen der Mapai und ihrer Art, das Parteileben unter

Kontrolle zu halten. Selbstverständlich akzeptierte Dayan ohne weiteres die Führerschaft Ben Gurions und schrieb die absonderlichen demokratischen Praktiken der Partei diesem auch nicht zu. Später einmal mußten Dayan und Shimon Peres dann allerdings zusehen, daß sie den Abstand zwischen ihrer Identifizierung mit Ben Gurion und ihrer Kritik an den internen Praktiken der Mapai überbrückten.
Dayan machte auf der Tagung von 1951 die ersten Andeutungen über seinen Entwurf, den er einen »bahnbrechenden Staatsaufbau« nannte. Tatsächlich war fast seine gesamte Ansprache diesem Gedanken gewidmet. Anderen »jungen Leuten« unähnlich, betrachtete er das Parteileben nicht als das Maß aller Dinge. Er meinte, man müsse die Mapai an dem messen, was sie im Interesse und zum Besten des Staates erreicht hatte und nicht an ihrer internen Politik. »Falls das meine Sache wäre, und falls Nahalal dieser Hingabe an das gemeine Wohl zustimmen würde ... (würde ich) nur fünf Familien von den fünfundsiebzig in Nahalal behalten und die anderen siebzig unter verschiedenen (Einwanderer) Dörfern aufteilen. Dafür würde ich dann siebzig neue Familien in Nahalal ansiedeln.« Sicherheit und nationale Interessen schärften seinen Sinn für eine bessere und erfolgreichere Eingliederung der Neueinwanderer. Bis zu seinem Ausscheiden aus der Armee bestimmte der Gedanke an die Eingliederung der Immigranten sein politisches Denken. Als Soldat kannte er die soziale, wirtschaftliche und kulturelle Armut der neuen über den Süden Israels verstreuten Einwanderersiedlungen genau. In den meisten Fällen rekrutierten sich die Ansiedler aus ungebildeten und ungelernten orientalischen Stadtbewohnern, die hier zum allerersten Mal mit einer modernen Landwirtschaft in Berührung gekommen waren. Arabische Eindringlinge verwüsteten und zerstörten ihren Besitz und oft auch ihr Leben. Dayan war lange genug Oberbefehlshaber des Süd- und des Nordkommandos gewesen, um nicht genau zu wissen, daß die Siedlungen gar nicht das dichte Verteidigungsnetz darstellen konnten, das man in ihnen sah. Seine Sorge um die ordnungsmäßige Eingliederung der Einwanderer beruhte zu allererst auf Sicherheitserwägungen.
Die Art, wie Dayan das Problem der Effektivitätsverstärkung neuer Ansiedlungen anging, ähnelte seiner Methode, die Kampf- und Einsatzfähigkeit der Zahal zu steigern: durch das persönliche Beispiel.
Dayan wollte die Einwohner Nahalals und andere wie die Soldaten und Offiziere der Zahal auf die Einwandererdörfer verteilen, damit sie, genau wie die Offiziere die neuen Rekruten, die Dörfler in ihrem täglich sich erneuernden Kampf um die Existenz unterstützten. So wie

sein Vater 1919 zur Auflösung Deganias aufgerufen hatte, damit seine Einwohner die Äcker des Horan bebauen konnten, rief er zur Auflösung Nahalals auf. Die Lage in den Dörfern der Einwanderer ließ ihm keine Ruhe. Als ranghöchsten Offizier des Landes brachte ihn die Gründung einer neuen Bewegung innerhalb der zweiten Moshav-Generation in die gefährliche Nähe rechtswidriger politischer Aktivität. Er rief sie zum Aufgeben ihrer eingesessenen Bauernhöfe auf, bat sie, in Einwandererdörfer zu ziehen, um den Neueinwanderern bei ihrem Hineinwachsen in die israelische Lebensweise landwirtschaftliche Lehrer zu sein. Mit der Zeit entwickelte sich sein Aufruf zur Jugendbewegung der Moshav, welche die Unterstützung Ben Gurions gewann.
Levi Eshkol war als Finanzminister gleichzeitig Schatzmeister und Direktor der Ansiedlungsabteilung der Jewish Agency und verantwortlich für die Einrichtung neuer Einwanderersiedlungen.
Angesichts dieser Tatsachen hätte er über die Gründung der Moshav-Jugendbewegung, die in der Hilfe für die Neueinwanderer ihre eigentliche Aufgabe sah, froh sein sollen; er aber saß voller Zweifel und düsterer Prophezeiungen. Sein Assistent bei der Jewish Agency, Aryeh Eliav, erinnert sich, daß Eshkol Dayan zum erstenmal in Verbindung mit der Moshav-Jugendbewegung mit einem Kosaken-Hetman verglich. Eshkol war in der Ukraine aufgewachsen und hatte sich sehr lebendige Erinnerungen an die Kosaken bewahrt. Vielleicht hatte er auch von Dayans Reitertrupp in Nahalal gehört oder ihn sogar bei einem Besuch dort in Aktion gesehen. Auf jeden Fall fürchtete er, Dayan könnte die Jugend der Moshav wie eine Schwadron russischer Kosaken in seine Siedlungsdomäne einbrechen lassen.
Eshkol war nicht so sehr gegen die Hilfe der Moshav-Jugend eingestellt wie er sich vielmehr um die »dramatischen Lösungen« sorgte, die Ben Gurion so schätzte. Als ihn die Moshav-Jugend im Namen ihrer gerade gegründeten Jugendbewegung aufsuchte, kühlte er ihre Begeisterung mit Fragen aus der Praxis und erklärte ihnen trocken, er wolle erst einmal sehen, was sie überhaupt tun könnten und »ob daraus eine Tomatenstaude oder eine Gurkenpflanze wächst«. Er befürchtete, die Moshav-Jugend würde die methodische Arbeit des bürokratischen Apparates der Jewish Agency zertrümmern und mehr Schaden anrichten, als Gutes tun. Als die Moshav-Jugend dann tatsächlich in den Siedlungen mit ihrer Arbeit begann, lehnte er ihre quasi-militärischen Arbeitsmethoden ab.
Eshkol war in vieler Hinsicht das genaue Gegenteil Dayans. Er liebte Gesellschaft; er mußte dauernd Leute um sich haben. Das schmeichelte

seiner Eitelkeit. Er liebte belanglose Gespräche und Witze, war unpünktlich, unordentlich, scheinbar unentschlossen, doch auf seine umständlich-ruhige Art recht erfolgreich. Er verlangte nichts von seinen Mitarbeitern und hatte für ihre Schwächen Verständnis. Niemand ist ohne Fehler, schien seine Lebensauffassung zu sein. Besprechungen mit Dayan dauerten nie länger als eine halbe Stunde, in der jedem Teilnehmer nur ein paar Augenblicke zugestanden wurden, um seine Ansichten auszudrücken. Bei Gesprächen mit Eshkol gab es Tee und Gebäck. Er redete die Teilnehmer auf Jiddisch mit »Jungermann« (Junger Mann) und »Kinderlach« (Kinder) an. Seine Leute hielt er alle für geduldig, tolerant, weltläufig, während Dayans Moshav-Jugend in seinen Augen richtige »Kosaken« waren, die nur dicke Gelder verlangten und dauernd sagten: »Das entscheiden wir und nicht Ihre Bürokraten.«

Die Moshav-Jugend tat außerordentlich viel, um bei der Eingliederung der neuen Siedler zu helfen. Nicht wenige bezahlten dafür mit ihrem Leben. Die zweiundzwanzigjährige Varda Friedman aus dem Moshav Kfar Vitkin wurde im Negev-Dorf Patish während einer Hochzeitsfeier am 22. März 1955 von Ägyptern ermordet. Als Dayan sich am 28. Januar 1958 vom Armeeoberkommando verabschiedete, fügte er Vardas Namen denen der Soldaten und Sicherheitsbeamten hinzu. Daß er sie damit unter Israels Helden aufnahm, drückte seine Überzeugung aus:

Die Eingliederung der Einwanderer erfolgt auch an der »Front« und verlangt genausoviel Opfer wie eine Schlacht.

Die Erwähnung der Namen von Varda Friedman und Ro'i Rotberg neben den Helden der Zahal in seiner Abschiedsansprache als Chef des Stabes war gewissermaßen ein Treueversprechen bei seinem Eintritt in die Politik. Die Ziele, die ihn als Soldaten leiteten, sollten auch in seiner Zeit als Staatsmann seine Leitbilder bleiben. In diesem Sinn verpflichtete er sich, im Namen der Gefallenen zu handeln.

Dayans politische Zukunftspläne waren von seiner Abneigung gegen Politiker im allgemeinen und Parteifunktionäre im besonderen beeinflußt. Er wollte nicht Politiker unter Politikern sein oder sich von irgendwelchen Ernennungskomitees in die Macht manipulieren lassen. Politiker betrachtete er als Leute, die meistens von der Plackerei anderer Leute leben und ihnen pausenlos zureden, Dinge zu tun, die sie zu erreichen nicht im entferntesten bereit sind. Es irritierte ihn, von der Ministerialbürokratie zu hören, sie begriffen Israels Sicherheitsprobleme. Für ihn war der einzige Mensch, der etwas von der Bedeu-

tung der Sicherheit verstand, der Soldat, der dafür durch seinen Einsatz und seinen Tod einzustehen hatte. Dayan verlangte von den Offizieren, daß sie ihre Männer mit den Worten »Mir nach!« führten – von den Parteipolitikern erwartete er das gleiche. Ihnen sollte erst einmal die Härte des Lebens in Israel in Fleisch und Blut übergehen.
Dayan wollte nicht einer Bewegung von Politikern vorstehen, sondern einer von jungen Männern, die genau wie er in direktem und engem persönlichen Kontakt zu dem Schmerzen und der Härte der Gründung und der Verteidigung des Staates Israel gestanden hatten. Das aber sollte nur ein Wunschtraum bleiben. Die Jugendbewegung der Moshav bestand nur noch zwei Jahre, nachdem sie ihre Aufgabe bei den Neusiedlern erfüllt hatte, und die Jugend der Mapai war von seinem Ideal weit entfernt. Unter ihnen gab es genauso viele in der Einwanderereingliederung und den Sicherheitsaufgaben unerfahrene Politiker wie unter den alten Parteimitgliedern. Man kann mit Sicherheit behaupten, daß Dayan sich selbst niemals mit der Parteijugend völlig identifizierte oder ihren Führern die Anerkennung zubilligte, die er den verdienten Soldaten zuteil werden ließ. Doch es gab nichts Besseres; so betrachtete er sich dann als einer aus ihren Reihen.
Das Hauptanliegen der achten Mapai-Tagung vom Mai 1958 waren die folgenden Vorschläge Pinchas Lavons, jetzt Generalsekretär der Histadrut, in dem gewerkschaftseigenen Industriekomplex einen Wechsel herbeizuführen. Er verlangte, man solle den gesamten wirtschaftlichen und industriellen Bereich in kleinere Einheiten aufteilen und so dem Einzelmitglied mehr Mitbestimmung ermöglichen. In Wirklichkeit bedeutete das aber einen starken Machtzuwachs des Exekutivkomitees. Auf dieser Tagung begann der Gegensatz zwischen Lavon und Dayan aufzubrechen. Dayan opponierte auf das schärfste gegen Lavons Vorschläge. Politisch gesehen, gingen hier auf dieser Tagung die alten Parteimitglieder zum erstenmal offen gegen »den Trend der jungen und noch unreifen Parteimitglieder vor, sich in höhere Stellungen zu drängeln«. Pinchas Lavon schwebte dabei wie ein Raubvogel über Dayan, um ihn bei einem Fehltritt zu erwischen. Seit seiner etwas unglücklichen Amtsführung als Verteidigungsminister hegte er bitteren Groll gegen Dayan und Peres.
Ob Dayan nun, um für sein »Einsteigen« in die Mapai-Politik Reklame zu machen, vorsätzlich Schocktaktiken anwandte, wie er es in der Armee getan hatte, ist schwer zu sagen. Seine Jungfernrede als Parteipolitiker hielt er unmittelbar nach dem achten Parteikonvent am 25. Mai 1958 vor Mitgliedern eines Studentenklubs in Tel Aviv. Er sprach

mit überlegenem Selbstvertrauen und ohne sich vorher mit irgend jemandem abgesprochen zu haben. Sein Thema lautete: »Studenten und Staat«. Lang und breit ließ er sich über wirtschaftliche Probleme aus – von denen gerade er am allerwenigsten verstand. Dayan redete drauflos, drückte sich langatmig und ohne erkennbare Ordnung in den Gedanken aus. Später gab er zu, »daß man das, was ich sagte, hätte verbessern können und so bringen müssen, daß die Leute etwas davon gehabt hätten«. Er griff alles und jeden an: das Establishment, die Histadrut, den Kibbuz, die Nahal-Einheiten der Armee, die einen Teil ihrer Militärzeit in einem Kibbuz abdienen, die Bürokratie, Parteifunktionäre und die wirtschaftliche Führung der Nation. Er stieg leidenschaftlich ein in eine »biologische Kampagne« gegen die Parteiveteranen: »Die Männer der vorhergehenden Generation haben jetzt ein Alter erreicht, in dem sich Revolutionen nicht mehr durchführen lassen. Jede Energiequelle muß einmal versiegen. Diese Männer blicken mit Stolz auf das zurück, was sie seit 1902 erreicht haben, ehe unsere Generation geboren war. Wir aber sind an 1962 interessiert.« Dann lobte er die jüngeren Parteimitglieder und fügte hinzu: »Bestimmte Dinge können eben nur von der jüngeren Generation getan werden.« Dayans Wunsch nach einem »größeren Israel« färbte jeden Gesichtspunkt seines politischen Denkens und seiner politischen Äußerungen. Wenn sich Israel nach dem Sinaikrieg nicht an Fläche vergrößert hatte, mußte es jetzt an Bevölkerungszahl, wirtschaftlicher Kraft, Technologie, Wissenschaft und Kultur zunehmen. Er sprach sich für eine schnelle Entwicklung aus, damit das Land imstande wäre, so viele jüdische Einwanderer aufzunehmen, daß schon 1970 eine Bevölkerungszahl von 3,5 bis 4 Millionen Einwohnern erreicht werden konnte. Das war eine direkte Herausforderung an Lavons Vorschläge zum achten Parteikonvent. Dayan hielt die Zeit noch nicht für gekommen, den arbeitenden Menschen einen größeren Einfluß auf die Wirtschaft zu übertragen. Der Erweiterung staatlicher Macht durch eine staatlich kontrollierte Wirtschaft gehöre die erste Priorität. »Wir brauchen vielleicht 20 Millionen Dollar, um das angestrebte Ziel zu erreichen. Sind wir denn nicht geradezu verpflichtet, diesen Betrag dem Staatshaushalt zu entnehmen, ohne erst lange zu fragen, ob wir auch genug – Eipulver haben? Darauf kommt es doch an.«
Er schockte die Histadrut, indem er die Wirksamkeit der Nahal-Einheiten und das von der israelischen Arbeiterbewegung hochgehaltene Prinzip der Freiwilligkeit anzweifelte. Und als ob das alles nicht schon genügte, setzte er sich noch lautstark für das ein, was er »wirksame

Entlassungen« nannte. Damit wollte Dayan die große Zahl der überflüssigen und unwirksamen Arbeitskräfte in öffentlichen Unternehmen und Behördendienststellen einschränken. Dieser Vorschlag bedeutete für die Histadrut ein rüdes Abschlachten heiliger Kühe.
In Parteikreisen betrachtete man Dayans Rede als Sammelruf zum Aufstand der Jugend und nackte Herausforderung an Veteranen, Histadrut und Partei. In einigen Kreisen wurde seine Rede mehr oder weniger als Blödsinn abgetan, als Ausdruck politischer Naivität. Ben Gurion strafte Dayans Vorgehen mit Nichtbeachtung. Doch wenn Dayan tatsächlich die Absicht gehabt hatte zu schockieren, so gab es auch genug Jugendliche, die nicht weniger verblüfft waren als die Veteranen. Der einzige Berufspolitiker unter den Jugendlichen, Ofer, beeilte sich, Dayan aus dem Hinterhalt der alten Parteimitglieder zu befreien, der »Veteranen«. Er schlug das Abhalten einer besonderen Versammlung vor, um die ideologischen Differenzen mit Dayan zu klären und seinen Kritikern zu ermöglichen, seine Ansichten aus erster Hand statt aus verdrehten Zeitungsberichten zu hören. Deswegen organisierte Ofer flugs den »Ideologischen Kreis«, der am 7. Juni in Beit Berl tagte.
Dayan hatte hier zum erstenmal Gelegenheit, sein politisches Glaubensbekenntnis im Rahmen eines Parteiforums darzustellen. Hauptsächlich referierte er über das, was er die »vier Hauptziele, denen sich der Staat in naher Zukunft gegenübergestellt sehen wird«, nannte. Das Verteidigungsproblem stand nicht zur Debatte.
Die vier Ziele waren: Verstärkung der Bindungen zwischen den Juden in Israel und denen im Galuth, vollständige Eingliederung der Einwanderer, wirtschaftliche Weiterentwicklung; Formen des israelischen Nationalcharakters.
Den Sozialismus oder die Verdienste der israelischen Arbeiterbewegung erwähnte er nicht einmal. Er gebrauchte kein einziges Schlagwort der Mapai-Redner.
Dayan erschien auf den ersten Blick als ein unorthodoxer Zionist. Er wollte gar nicht unbedingt jeden Juden nach Israel holen. »Ich verlange gar nichts vom jüdischen Volk. Wer kommen will, soll kommen, wer nicht kommt, wird seinen Beitrag leisten, wer investieren will, kann das tun. Sogar diejenigen, die (alldem) ablehnend gegenüberstehen, die gar nichts tun und sich dem widersetzen, was die anderen tun, zwischen ihnen und mir wird es innerhalb der Nation keine Schranken geben. Dies ist mein Volk, ich habe kein anderes.« Er meinte, nichts sei unersetzlich. Für alles kann Ersatz gefunden werden, für Zahlun-

gen, Investitionen und Einwanderer. Eines aber gibt es, wofür kein Ersatz gefunden werden kann – wenn sich nämlich eine Million, nur eine halbe Million Menschen selber vom jüdischen Volk trennen würden.

»Diese Quelle kann man nicht ersetzen. Es gibt nämlich nur eine einzige jüdische Nation.«

Es sei daher die vornehmste Pflicht Israels, die jüdische Nation zu stärken und zu festigen.

Als er dann herausarbeitete, auf welchen Wegen die Festigung der Nation zu erfolgen hätte, bewies er, wie simplifiziert, unüberprüft und naiv seine Ansichten vom Galuth und seinen Beziehungen zum Staat Israel in Wirklichkeit waren. Hier einer seiner Vorschläge: »Man sollte den israelischen Botschaften in aller Welt dreihundert junge Israelis schicken, damit sie die jüdische Jugend zusammenrufen.«

Er glaubte anscheinend tatsächlich, der herzerwärmende Anblick gesunder, redlicher israelischer Jugend könne von sich aus einer gebildeten und anspruchsvolleren Jugend in den hochentwickelten Ländern klarmachen, warum sie sich stolz zu ihrem Judentum bekennen sollten. Er übersah dabei die Tatsache, daß »Judentum« unter der Jugend des Galuth ein genauso kontroverser Begriff war wie unter den dreihundert Jugendlichen, die von Israel ausgesandt würden.

Dayans Einstellung gegenüber der Aufnahme der Einwanderer und ihrer Eingliederung – er nannte es »Assimilation« – hatte sich nicht geändert.

Sein Verhalten bedeutete für die Mapai etwas völlig Neues. In dieser Partei stellte der Geist der Freiwilligkeit einen Eckpfeiler dar. Natürlich wünschten die Parteiveteranen, diesen Geist aus den Tagen der Pioniere auch nach der Staatsgründung und nach der Schaffung aller staatlichen Institutionen weiterhin hochzuhalten. Dayan sah keinen Grund, Dinge von Freiwilligen tun zu lassen, die längst Aufgaben des Staates hätten sein sollen. Er verlangte mehr. Dayan wollte Geist und Wesen der Freiwilligen in den staatlichen Einrichtungen gewährt wissen. Genauso wie er Freiwilligeneinheiten wie die Fallschirmjäger in die Zahal integrierte und dort weiterentwickelte, wünschte er den Geist der Freiwilligkeit in anderen staatlichen Einrichtungen zu pflegen. Er verlangte, daß man Neuansiedlungen und wirtschaftliche Weiterentwicklung an die Spitze der Prioritätenliste setzte. Ganz besonders kritisierte er die Volksbildungsmaßnahmen. Einige Mapai-Delegierte forderten die Einberufung von Studenten, um Neueinwanderer zu unterrichten. Dayan sagte dazu: »Man braucht keine

Studenten einzuberufen, damit sie eine Stunde in der Woche Unterricht erteilen. Das hat gar keinen Zweck. (Was wir tun sollten) ist, ihnen nahezulegen, im Rahmen des vom Erziehungsministerium festgelegten Plans den Lehrerberuf zu ergreifen und dann das zu tun, was das Ministerium versäumt hat, denn die Lehrer, die wir augenblicklich haben, lehnen es ab, wie Freiwillige zu handeln.«

Im Bereich der Wirtschaftsentwicklung wich Dayans Vorstellung von der Auffassung seiner Partei ab. Ihm ging es ausschließlich um die Leistungsfähigkeit der Wirtschaft. Jede Methode, die Israel auf dem Weg zur wirtschaftlichen Unabhängigkeit vorantrieb, war ihm recht, solange sie nur wirkungsvoll blieb. Er setzte sich als Mitglied einer Arbeiterpartei und dazu noch kurz vor den Neuwahlen leidenschaftlicher Kritik aus, als er sich auf einen gerade beendeten Streik in einer großen Textilfirma bezog und sagte: »Sollte die Entlassung von Arbeitern erfolgt sein, weil die gleiche Menge Textilien mit weniger Arbeitskräften produziert werden kann, ist das in Ordnung. In diesem besonderen Fall traf das aber nicht zu. Verfahren wir aber nicht nach dem System wirtschaftlicher Vernunft, bedeutet das, daß wir einfach noch nicht auf dem richtigen Weg zu wirtschaftlicher Unabhängigkeit sind.« Dann nahm er zu einem Ausspruch des Ministers für Handel und Industrie, Pinchas Sapir, Stellung, der gesagt hatte, in seinem Ministerium befänden sich zweihundert überzählige Angestellte: »Mir sind zweihundert Arbeitslose auf der Straße lieber als zweihundert Arbeitslose in einem Ministerium. Um die Arbeitslosen auf der Straße haben wir uns nämlich alle zu kümmern. Für Arbeitslose innerhalb eines Ministeriums macht niemand auch nur den kleinen Finger krumm.« Er schlug vor, die durch Erhöhung der Effektivität und ein Einfrieren der Löhne und Gehälter eingesparten Gelder sofort wieder für wirtschaftliche Entwicklungsvorhaben zu verwenden.

Zur Bildung des Nationalcharakters rief Dayan die Jugend auf, so etwas wie ein nationales Bewußtsein zu entwickeln. »Die jungen Leute sollten wissen, daß sie einer Generation angehören, die verpflichtet ist, etwas zu tun. Das ist die Aufgabe der gegenwärtigen Generation in diesem Land. Ihr Ziel ist es, die Entwicklung voranzutreiben.« Sich selbst sah Dayan als einen Fortführenden der Ansiedlungsbewegung und forderte dafür einen wirksamen nationalen Plan mit Entwicklungsmöglichkeiten und Möglichkeiten der Identifizierung des einzelnen mit nationalen Vorhaben.

Dayans erstes Auftreten in der ideologischen Arena hatte einen rebellischen, für die Mapai eher revolutionären Anstrich. Er äußerte Zweifel an den Methoden, deren sich die Partei bediente und durch die dann der Parteiapparat funktionierte. Die Veteranen in der Partei seien zu alt, meinte er, und in einem Interview mit der Abendzeitung *Ma'ariv* äußerte er: »Die Repräsentation (in der Mapai) ist zu indirekt. Es gibt zu wenig Wahlen und zu viele Ernennungen.« Er ließ einfließen, daß er die richtige Persönlichkeit sein könne, fähig, eine ordentliche Politik zu machen, ohne Gefahr zu laufen, durch Kompromisse nach der einen oder anderen Seite hin abzuweichen.

Ben Gurion hatte wahrscheinlich den Tumult vorausgesehen, den die Rede Dayans in der Partei auslösen würde, denn er nahm Dayan unter seine Fittiche und widerlegte dabei behutsam seine Vorstellungen. Als er sich auf der Parteiversammlung erhob, um seine Rede zu halten, forderte er zunächst Respekt für den ehemaligen Stabschef der Armee. Dann aber äußerte er Bedenken gegen die Pauschalierungen in Dayans Ansprache über die Werte der Kibbuzbewegung, der individuellen Freiwilligkeit sowie der Identifizierung der Jugend mit dem Staat und seinen Aufgaben.

Trotzdem, die Mapai sah in der Rede Ben Gurions in Beit Berl den Beweis für seine rückhaltlose Unterstützung Dayans, und sie hatte dann auch den Erfolg, daß sie den Parteipolitikern einen Dämpfer gab.

Aber nicht lange. In Frankreich war De Gaulle mit Hilfe der Armee an die Macht gekommen. Er löste die Vierte Republik auf und errichtete eine Fünfte Republik, die genau auf seine Persönlichkeit zugeschnitten war. Die Demokratie in Frankreich wurde dabei ein wenig gestutzt. Diese Entwicklungen vertieften in Israel das Mißtrauen gegen Dayan. Unter den Veteranen erregte Ben Gurions starke Unterstützung des ehemaligen Stabschefs allerlei Mißtrauen. Man sah schon einen Putsch heraufziehen mit einer »Machtübernahme« durch Ben Gurion und seine »jungen Leute«. Und das alles direkt unter ihren Augen! Als Führer der Gewerkschaftsbewegung Histadrut – der Bastion der sozialistischen Linken in der Mapai – betrachtete sich Pinchas Lavon als Dayans entschiedenster Gegner. In den Aussagen des ehemaligen Generalstabschefs sah er nichts anderes als den letzten entscheidenden Angriff auf die Histadrut. Lavon schürte daher die Flamme der Anti-Dayan-Kampagne. Dayans Auftritt bei der ideologischen Konferenz folgte eine Welle der Opposition. Sekretäre örtlicher Arbeiterräte, Gewerkschaftsführer, Sprecher der Kibbuzbewegung, Organisatoren politischer Diskussionsgruppen, sie alle vereinigten sich zu einer Welle des Widerstands gegen ihn.

Die über die inneren Querelen der Mapai so kurz vor den Parlamentswahlen natürlich hocherfreuten Oppositionsparteien gossen natürlich auch noch kräftig Öl ins Feuer, auf dem die Mapai-Veteranen den ehemaligen Stabschef der israelischen Streitkräfte »grillten«.
Das Parlament legte dem Verteidigungsminister fünf Fragen darüber vor, wie es möglich sei, daß Dayan, der immer noch General war – obgleich auf Studienurlaub –, von ihm selbst herausgegebene »Ständige Befehle« zum Gespött machen könne, indem er sich mit politischen Dingen befasse und in Angelegenheiten des Staates einmische. Anfangs verteidigte Ben Gurion Dayan noch mit fadenscheinigen Entschuldigungen, doch schließlich erklärte er, er habe Dayan angewiesen, »aus Gründen der Staatshygiene« sofort mit solchen Reden aufzuhören. Jahre später erklärte Ben Gurion: »Als er (Dayan) im Jahre 1958 in die Politik eintrat, machte er anfangs einigen Unsinn. Ich merkte gleich, daß er noch nicht mit ihr umgehen konnte. Ich riet ihm zu warten, und er hörte auf mich. Er hatte Köpfchen und lernte schnell.«
Von da an bis zu seinem offiziellen Entlassungstermin aus der Armee am 1. November, hatte Dayan nur noch ein paar harmlose, unverbindliche Auftritte.
Doch schon bald sollte der Kampf zwischen den »jungen Leuten« und den »Veteranen« mit größerer Härte als je zuvor entbrennen.
1959 war ein Wahljahr. Der Wahlkampf der Mapai war ganz auf den Sieg von 1956 im Sinai-Feldzug, den darauffolgenden internationalen Prestigegewinn sowie den wirtschaftlichen Aufschwung abgestellt. Ben Gurion hatte sich entschlossen, seine »jungen Leute«, Dayan, Peres und Abba Eban, der gerade seine Pflichtbesuche in den Vereinigten Staaten absolviert hatte und nach Israel zurückgekehrt war, zu fördern. Er hielt diese Männer für fähig, die Reihen der Mapai zu stärken. Sie hatten ihre Tüchtigkeit bereits bewiesen.
Im Nachhinein betrachtet, sieht es gar nicht so aus, als habe Ben Gurion unnötigen Druck ausgeübt, um seine »jungen Leute« in Positionen zu bringen, die normalerweise den Veteranen vorbehalten waren. Doch im Jahre 1958 betrachteten die »Veteranen« sein Vorhaben als den Schwung der Axt, die herabfuhr, um sie zu köpfen. Was Ben Gurion als leichten »Drehgriff« ansah – für sie war das ein »Würgegriff«. Ganz bestimmt hatte die Machtfülle Ben Gurions etwas mit der Übertreibung der Gefahr durch die Veteranen zu tun, die fürchteten, durch seine jungen Leute abgeschoben zu werden. Der Wahlschlager für die kommenden Wahlen hieß: Dein Ja dem Großen Alten Mann! Wer aber gab den Veteranen die Garantie, daß Ben Gurion wirklich nur

Platz für seine drei jungen Leute schaffen wollte. Für sie war Ben Gurion über seinen Schatten gesprungen und bedrohte mit seinem Bekenntnis zu dem von Dayan eingeleiteten »biologischen Krieg« die Möglichkeiten der brav und geduldig wartenden Veteranen.
Überdies hatte Dayan erklärt, die Veteranen hätten ihre Zeit nun hinter sich. Mit der Verschärfung des Streits zwischen Veteranen und jungen Leuten schien es, als schlüge Ben Gurion sich auf die Seite der Letzteren. Es ging sogar so weit, in *Davar* einen Artikel zu Dayans Verteidigung zu veröffentlichen. Das hatte er noch nie für einen ihm nahestehenden Mapai-Führer getan. Dayans Protektion durch Ben Gurion erstreckte sich weit über den politischen Bereich hinaus. Dayans wahllose Schürzenjägerei war in Mapai-Kreisen, in denen Klatsch sowieso zu den bevorzugten Beschäftigungen gehörte, längst kein Geheimnis mehr. Seine amourösen Abenteuer waren Gegenstand vieler Gespräche unter Mapai-Politikern. Nicht zuletzt trug sein Status als General und erfolgreicher Kämpfer ganz erheblich dazu bei, daß seinen tatsächlichen Eskapaden noch eine ganze Reihe erdichteter hinzugefügt wurden. Im Jahr 1959 erfuhr die Öffentlichkeit zum erstenmal etwas über Dayans Verbindung zu Haddassah Mor.
Für die puritanischen Heuchler in den Reihen der Mapai tat Dayans munteres Liebesleben seiner Eignung zum Parteikandidaten Abbruch. Es gab immer einige, die es nicht lassen konnten, zwischen privater Moral und öffentlichem Verhalten gewisse Parallelen zu ziehen, und die meinten, jemand, der seiner Frau untreu sei, müsse das auch zwangsläufig seiner Partei gegenüber sein. Möglicherweise wäre die ganze Geschichte überhaupt nicht publik geworden, hätte der betroffene Ehemann sich nicht an Ben Gurion gewandt. Dieser war ausgerechnet ein pensionierter Oberstleutnant der Armee und ein ehemaliger Mitschüler Dayans, Dov Yermiyah. Noch während seiner Dienstzeit ließ er sich von seiner Frau scheiden und heiratete die sehr viel jüngere Haddassah Mor. Fräulein Mor aber hatte nun wahrscheinlich im Streben nach literarischem oder anderem Ruhm ein Büchlein verfaßt, in dem auch ihrer etwas delikaten Affäre mit dem Chef des Stabes, Moshe Dayan, gebührender Raum gewidmet worden war. Vor der Veröffentlichung jedoch gab sie Dayan Gelegenheit, genauso zu reagieren wie der Herzog von Wellington, der in der gleichen Lage erklärt hatte: »Veröffentliche das Buch und sei verflucht!«
Im September 1959 schrieb der Ehemann zwei Briefe an Ben Gurion. Er machte darin dem Ministerpräsidenten ernste Vorhaltungen und stellte die Frage, wieso eigentlich ausgerechnet der Ministerpräsident

einen Scheinheiligen, der ihn gezwungen habe, sich von seiner jungen Frau zu trennen, auch noch unterstütze. Das sei nun schon keine Privatsache mehr, meinte er. Dayan habe sich einer schweren öffentlichen Verfehlung schuldig gemacht. Er verlangte Wiedergutmachung des Schadens.

Obgleich Ben Gurion die psychischen Ursachen, die jenen Brief bewirkten, gut verstehen konnte und dem Schreiber zugestand, daß Emotionen des Herzens tiefer wirkten als verstandesmäßige Überlegungen, fühlte er sich verpflichtet, auf jenen Teil des Briefes zu antworten, in dem der Schreiber auf die öffentlichen Auswirkungen von Dayans Verhalten einging und Parallelen zwischen privatem und öffentlichem Leben zu entdecken glaubte. Ben Gurion sah sie als zwei vollkommen verschiedene Bereiche an und zog eine Trennungslinie zwischen den persönlichen Angelegenheiten eines Mannes und seinem Leben in der Öffentlichkeit. Er meinte, der Ehemann hätte nicht nur über Dayan, sondern auch über seine Frau ungehalten sein müssen, und er solle sich darüber klar werden, daß eine Frau nicht Privateigentum des Ehemannes, sondern ein verantwortlich handelndes Individium mit eigenen Rechten sei. Dazu führte er aus der jüdischen Geschichte die Affäre von David und Bathsheba an und zeigte am Beispiel Nelsons aus der englischen Geschichte, daß kein Engländer Nelson wegen seiner Affäre mit der Frau des englischen Gesandten in Neapel deshalb für einen weniger genialen Flottenführer und minder tapferen Soldaten gehalten hatte. Ben Gurion lehnte es auch ab, Dayan für einen Heuchler zu halten. Er wußte, daß Dayan den intimen Dingen im Leben eines Mannes gar nicht so großen Wert beimaß, wie immer erzählt wurde. Andererseits zeichneten sich Dayans Handlungen durch Kenntnis der Dinge und Selbstaufopferung aus. Niemals verlangte er von anderen, was er selber zu geben nicht bereit war. Im Gefecht war sein Platz immer an der Spitze seiner Männer gewesen.

Diese kompromißlose Haltung machte allen Versuchen, Dayans Privataffären innerhalb und außerhalb der Partei als Waffe gegen ihn zu verwenden, ein schnelles Ende. Dayan hatte außerhalb seiner Ehe nur eine einzige wirkliche Liebe. Sieben lange Jahre trug er sie mit sich herum. Dann überließ er ganz offen seiner Frau die Entscheidung. Nach 36jähriger Ehe zerbrach die Gemeinschaft mit seiner Frau. Ruth Dayan ließ sich 1971 scheiden.

In diesem Zustand innerer Streitigkeiten konnte die Mapai nicht auf einen entscheidenden Sieg bei den Wahlen hoffen. Ben Gurion wollte gern mehr als 40 Prozent der Parlamentssitze erobern – mindestens 61

– um eine Einparteienregierung zu bilden und dann konsequenterweise das gesamte Wahlsystem zu ändern. Dazu mußte erst einmal innerhalb der Mapai für »reine Luft« gesorgt werden. Eshkol bot seine Unterstützung dazu an. Man bemühte sich, die Kluft zwischen den Generationen durch Aussöhnung beider Seiten miteinander wieder zu schließen. Die ersten Versuche einer Annäherung fanden am 22. November und am 5. Dezember in der Landwirtschaftsschule von Kfar Hayarok statt. Offensichtlich endete die Versammlung erfolgreich. Bei dem zweiten Aussöhnungsgespräch jedoch kam es zu einer dramatischen Konfrontation zwischen Golda Meir und Ben Gurion. Ein Teilnehmer am Gespräch sagte später: »So wie Ben Gurion die Sache darstellte, mußten sich einige der alten Parteimitglieder jetzt überflüssig vorkommen. Unvermutet erklärte Golda Meir, daß sie nach Ablauf ihrer Amtszeit als Außenminister weder ein Amt in der Partei noch in der Regierung, im Parlament oder sonstwo in staatlichen Einrichtungen übernehmen werde. Ben Gurion wünsche Posten für seine jungen Leute – bitte sehr, ihr Amt stehe zur Verfügung.« Dies war eine deutliche Drohung der Veteranen, daß sie nicht kampflos aufgeben wollten. So hatte dann, ungeachtet der rhetorisch verklausulierten Entschließung, die sogenannte Aussöhnung überhaupt nichts erbracht. Jetzt war Ben Gurion gezwungen, die aufsässigen Veteranen zu beschwichtigen, denn er hatte nicht den leisesten Wunsch, es nun mit sämtlichen Veteranen zu verderben, bloß um seinen jungen Männern den Weg freizukämpfen.

Der Dezember 1958, ein Monat vor den Wahlen zur Neunten Parteitagung der Mapai, bei der die Partei ihren Wahlkampf ingangsetzen wollte, wird in die Erinnerung der Parteimitglieder als der Monat eingehen, der eher von mörderischen Kämpfen zwischen den jungen Leuten und den Veteranen als von Harmonie unter ihnen beherrscht wurde. Sogar Dayan nahm sich jetzt in seinen öffentlichen Erklärungen viel mehr heraus. Er verlangte, daß rund 5000 Regierungs- und Gemeindeangestellte zu entlassen seien, damit der öffentliche Dienst modernisiert werden könne. Die so eingesparten Beträge sollten dann diversen Entwicklungsprojekten zusätzlichen Schwung verleihen. Er verlangte überdies noch ein Einfrieren der Löhne und Gehälter, »bis wir unsere wirtschaftliche Unabhängigkeit erreicht haben«. Am 27. Dezember nahm er den Kampf mit den Gegnern im Histadrut-Exekutivausschuß auf, der den jungen Leuten mangelndes politisches Verständnis vorgeworfen hatte, und führte aus:

»Hat die Jugend Israels, die in den vergangenen fünfzehn Jahren mit dem Gewehr im Arm über Felsen kroch, durch den Sand watete, sich an Dornbüschen blutig riß, in Flugzeugen und auf Schiffen in zwei Kriegen – dem Unabhängigkeitskrieg von 1948 und dem Sinai-Feldzug von 1956 – tapfer kämpfte, hat diese Jugend weniger Verständnis für das jüdische Volk als die Männer, die die letzten zwanzig Jahre im fünften Stockwerk des Histadrut-Verwaltungsgebäudes oder in anderen Behörden gesessen haben?«

Die Reaktion erfolgte auf der Stelle. Die Zeitung *Davar* brachte einen Leitartikel, in dem ausgeführt wurde, daß ein Sappeur des Heeres zum Wirtschaftler ebenso ungeeignet sein könne, wie umgekehrt der Wirtschaftler einen guten Sappeur abgeben würde. Solche Vergleiche seien oberflächlich und fielen auf den zurück, der sie anstelle.

Der Artikel war zwar feindselig im Inhalt, aber höflich in der Form. Doch gleichzeitig veröffentlichte die Zeitung eine Karikatur, die Dayan als kleinen Jungen zeigt, der Steine in die Fenster des Histadrut-Verwaltungsgebäudes wirft. Unterschrift: »Ein ungezogener Junge.«

Endlich merkte sogar Ben Gurion, daß man Dayan bremsen mußte. Am 31. Dezember lud er alle Spitzenfunktionäre der Mapai und Dayan zu sich nach Jerusalem in seine Geschäftsräume ein. Sechs Stunden lang luden die Veteranen all ihre Erbitterung gegen Dayan und seine öffentlichen Aussprüche bei Ben Gurion ab. Levi Eshkol und Ben Gurion machten ihm lediglich auf väterliche Art ernste Vorhaltungen. Zum Schluß versprach Dayan, seine öffentliche Kritik an der Histadrut-Führung einzustellen. Endlich wurde ein Fünferkomitee ernannt, das die Wirtschafts- und Sozialpolitik der Partei neu formulieren sollte. Alle Mitglieder hatten sich bei ihren öffentlichen Auftritten danach zu richten. Dayan und seine Gegner kamen überein, ihre gegenseitigen persönlichen Angriffe einzustellen.

Dayans Eintritt in die Politik ähnelte in vielen Punkten dem Beginn seiner militärischen Laufbahn. In beiden Fällen erlaubte er sich ein gewisses Maß an Rücksichtslosigkeit, Ungehorsam und geradezu exotischen Angriffsmethoden. Sein Kampf gegen die Führungsspitze der Mapai erinnerte an seinen Angriff auf Lydda – blitzschneller Durchbruch, Feuer nach allen Seiten und aus sämtlichen Rohren, Rückzug. Anfangs schien er für höhere Posten noch zu unreif und mußte erst eine gewisse Entwicklungsperiode durchmachen, ehe er ganz nach oben kam.

Doch ungeachtet der Nackenschläge und Zurücksetzungen aus der Hand der Veteranen machte er Fortschritte. Der Nimbus furchtloser Angriffe auf die heiligen Kühe der Partei gewann ihm bei Jung und

Alt viele Anhänger, die in ihm den zur Bewerkstelligung dramatischer Veränderung fähigen Rebellen sahen.

Der Wahlkampf für die Wahlen zur Gewerkschaftsvertretung und zum Parlament, die beide im gleichen Jahr stattfanden, zog sich diesmal endlos in die Länge. Er dauerte von April bis November.

Die Höhepunkte lagen in den heißen Sommermonaten. Auf Dayan hatte sein öffentliches Auftreten immer noch die Wirkung eines Gefechts. Er sprach darüber bei verschiedenen Anlässen. Wenn er eine Wahlversammlung lärmend, feindselig und keuchend vor Hitze antraf, »fühlte ich, das hier, die dort, das sind meine Leute. Damit hatte ich jetzt zu tun. Daß sie gegen mich waren, mich nicht wollten, sich beschwerten, und daß ich ihnen von Angesicht zu Angesicht gegenüberstand: das alles war genauso, wie es sein mußte.«

Dayan hatte bei seinen ersten Parteiversammlungen wiederholt erklärt, die Mapai soll den Wählern die ganze Wahrheit sagen, ohne etwa das zu verbergen, was dem Prestige der Partei abträglich sein könnte. Er zum Beispiel sagte klipp und klar, daß im Jahre 1958 die Löhne um 11 Prozent, die Produktion dagegen nur um 8 Prozent gestiegen seien. Er war entrüstet darüber, daß der Vorstand der Gewerkschaftsabteilung der Histadrut das bei seinem Vortrag über die Politik der Mapai in der Histadrut nicht klargelegt hatte. Zu seinen Wahlversammlungen, die zu den größten des Wahlkampfes gehörten, drängten sich die Zuhörer. In Elendsvierteln, Entwicklungsstädten und Einwanderersiedlungen umdrängten ihn seine Verehrer, nahmen ihn auf ihre Schultern und riefen: »Lang lebe Dayan – nieder mit der Mapai!«

21

Der Bruch (1960-1967)

Bei den Wahlen zur Fünften Knesset errang Ben Gurion seinen bisher größten Sieg. Die Mapai gewann 47 von 120 Sitzen. Das waren 7 Sitze mehr, als die Partei in der vorhergehenden Sitzungsperiode hatte. Für israelische Verhältnisse war das eine eindrucksvolle Leistung. Mit 11 neuen Parlamentsabgeordneten und neuem Elan zog die Mapai in die Fünfte Knesset ein. Dayan, Pinchas Sapir, Abba Eban und Shimon Peres waren unter denjenigen, die zum erstenmal Abgeordnete geworden waren.
Dayans Vater, Shmuel Dayan, war nicht wiedergewählt worden. Er hatte nur den siebten Platz der Moshav-Kandidaten erreichen können. Er wurde seitdem nie wieder gewählt. Am 11. August 1968 starb er, in der Moshav-Bewegung bis zuletzt als Funktionär in hohem Ansehen.
Ben Gurion war enttäuscht, daß er wieder eine Koalitionsregierung bilden mußte. Sein Wunsch, mindestens 61 Parlamentssitze zu erkämpfen, hatte sich nicht erfüllt. Eigentlich hätte die Bildung der neunten israelischen Regierung ein Kinderspiel sein müssen, nach diesem großartigen Sieg seiner Partei, doch schon wegen der Streitereien innerhalb der siegreichen Mapai war das keine leichte Aufgabe. Gleich nach den Wahlen formierten sich die Veteranen wieder einmal gegen die jungen Leute. Da Golda Meir erklärt hatte, sie würde kein öffentliches oder Parteiamt übernehmen, hatte Ben Gurion jetzt keinen Außenminister. Angesichts dieser Tatsache hätte er das Ministerium mit Dayan oder Abba Eban besetzen können. Er konnte es aber nicht – und wollte es natürlich auch nicht – Frau Meir gehen lassen. Um das Unglück voll zu machen, erklärte jetzt auch Zalman Aranne, daß er das Ministerium für Erziehung und Kultur nicht wieder übernehmen werde. Er trat damit in Golda Meirs Fußstapfen. Auch die Koalitionspartner dachten gar nicht daran, in einer Regierung, in der die Mapai ausschließlich durch ihre »jungen Leute« vertreten war, mitzuarbeiten.

Ben Gurion aber dachte gar nicht daran, seinen Entschluß, Dayan in die Regierung aufzunehmen, wegen der aus den Führungsgremien der Mapai zu erwartenden Schwierigkeiten aufzugeben. Schließlich gelang es doch, nach informativen Gesprächen mit Frau Meir und Zalman Aranne die Veteranen, wenn auch murrend und knurrend, dazu zu bewegen, einer Aufnahme Dayans in die Regierung zuzustimmen. Allerdings nur für den politisch eher harmlosen Posten des Landwirtschaftsministers.

Anderthalb Monate nach den Wahlen, am 16. Dezember, stellte Ben Gurion seine Regierung endlich dem Parlament vor. Es sah so aus, als hätte die Mapai zu guter letzt ihr Haus doch noch in Ordnung gebracht. Die Differenzen mit der Knesset, der Histadrut und den Parteiinstitutionen waren beigelegt, Golda Meir und Aranne auf ihre Posten zurückgekehrt. Äußerlich sah das alles recht gut aus. In dieser Regierung war die Mapai stärker als je zuvor vertreten. Sie stellte 10 von insgesamt 16 Kabinettsmitgliedern. Die innere Zwietracht war jedoch zu tief verwurzelt und das Mißtrauen zu stark, als daß die Veteranen Ruhe gegeben hätten. Ihre Furcht, vor Ben Gurion und seinen jungen Leuten überfahren zu werden, war ständig gewachsen. Golda Meir, Zalman Aranne und Pinchas Sapir bildeten die »Troika«, die zur Seele des Widerstands gegen Ben Gurion wurde.

Die Befürchtungen der Veteranen kamen nicht ganz von ungefähr. Vor einem Bezirksgericht irgendwo in Israel war ein Mann angeklagt, der mit dem »unglückseligen Unternehmen« – später als der »Dritte Mann« bezeichnet – irgendwie in Verbindung stand. Im Verlauf dieses Verfahrens nun empfahl das Gericht, Ermittlungen darüber anzustellen, ob einer der vor Gericht erschienenen Offiziere vor dem Olshan-Dori-Untersuchungsausschuß, der im Jahre 1955 das ganze Problem untersucht hatte, eine falsche Aussage gemacht hatte. Unter führenden Mitgliedern der Mapai schwirrten Gerüchte umher von gefälschten Dokumenten und unrichtigen Zeugenaussagen einiger Armeeangehöriger vor dem Untersuchungsausschuß. Wären diese Lügen nicht gewesen, besagten die Gerüchte, hätte der Olshan-Dori-Untersuchungsausschuß Lavon von jeglicher Verantwortung für das »unglückselige Unternehmen« entbinden müssen, statt ihm und dem nebulosen »höheren Offizier« die Schuld zu gleichen Teilen aufzuerlegen. Lavon wäre weiterhin unangefochten Verteidigungsminister geblieben, Ben Gurion wäre nicht aus Sde Boker zurückgeholt worden, und alles hätte sich völlig anders entwickelt.

Das war der Beginn des fast fünf Jahre lang andauernden Hickhacks,

der als »Lavon-Affäre« die israelische Öffentlichkeit in Atem hielt.
Die Lavon-Affäre drehte sich scheinbar um die Frage, ob die von Ben Gurion am 28. August 1960 angeordneten Armee-Untersuchungen genügend Beweismittel erbracht hatten, um eine offizielle gerichtliche Untersuchung des »unglückseligen Unternehmens« zu rechtfertigen, wie Ben Gurion es verlangte, oder aber, ob es Ben Gurion nicht genügen konnte, auf der Grundlage der ihm vorgelegten Beweismittel Lavon von der Verantwortung für all die erteilten Befehle zu entbinden, die erst zu dem sogenannten »unglückseligen Unternehmen« geführt hatten, wie Lavon es wünschte. Zu Lavons großem Mißvergnügen lehnte es Ben Gurion ab, ihn zu entlasten, denn er war, wie er betonte, kein Richter. 1960, in jenem Klima von Mißtrauen und Verdächtigungen, glaubten viele, Ben Gurion verlange den Prozeß oder mindestens eine gerichtliche Untersuchung gegen Lavon, um die Front der Veteranen aufzuweichen, damit die jungen Leute um so stärker daraus hervorgehen könnten. Die Anhänger der Veteranen meinten dagegen, die Rehabilitierung Lavons würde die jungen Leute zurückpfeifen und ihren »Galopp zur Macht« besser unter Kontrolle bringen. Ben Gurions Gegner manövrierten ihn jetzt von einer Schwierigkeit in die andere. Mit 74 Jahren schien sich der Große Alte Mann geändert zu haben. Er schien weicher geworden zu sein und nicht mehr der großartige Kämpfer von früher. Es schien, als hätte diese Schwäche nichts mit seinem Alter zu tun; als wäre sie eine ganz persönliche Krise, die mit seinem Image zu tun hatte. Das Gesetz berechtigte den Ministerpräsidenten, jede Art von Untersuchungskommission einzusetzen, die ihm richtig und nützlich erschien. Er tat es aber nicht, weil er natürlich genau wußte, daß er nur die Minderheit hinter sich hatte. Hätte er die Sache im Kabinett forciert, hätte man ihn sicher als Tyrannen abgestempelt. Doch zu jener Zeit war es für Ben Gurion besonders wichtig, als Demokrat und Liberaler angesehen zu werden. Er erwartete das Einsetzen der Untersuchungskommission daher vom Justizminister, der dazu vom Gesetz auch ermächtigt war. Der aber lehnte ab. Statt dessen geriet die Angelegenheit jetzt vor den Parlamentsausschuß für Verteidigung und Auswärtige Angelegenheiten. Bei seinem Erscheinen vor dem Ausschuß wies Lavon mit aller Entschiedenheit darauf hin, daß er weder Dayan noch Peres beschuldige, irgend etwas mit den Fälschungen oder den falschen Zeugenaussagen zu tun gehabt zu haben. Er beklagte sich, daß ihre Zeugenaussagen vor dem Untersuchungsausschuß, ihn, Lavon, seinerzeit als unglaubwürdig hingestellt hätten; als jemanden, der zuerst einmal Befehle gibt und dann

die Verantwortung dafür ablehnt.

Obgleich Ben Gurion, Dayan und Peres mit dem »unglückseligen Unternehmen« von 1954 überhaupt nichts zu tun gehabt hatten, keiner von ihnen auch nur das geringste mit den Beziehungen zwischen Lavon und dem »höheren Offizier« je zu tun gehabt hatte, wurden alle drei Männer zu Zielscheiben der aufgebrachten Öffentlichkeit – nicht nur in Israel –, die gegen das Lavon angeblich zugefügte Unrecht protestierte. Man gründete diverse Volksbewegungen, um »die Demokratie aus der Umklammerung« zu erretten. Eine religiöse Studentenorganisation erklärte sogar, »für den Hinauswurf Ben Gurions, Moshe Dayans, Shimon Peres' und Konsorten aus den Machtpositionen in unserem Land« kämpfen zu wollen. Erklärungen dieser Art waren damals nicht ungewöhnlich.

Schließlich konnte überhaupt kein Beweis dafür entdeckt werden, daß dem Olshan-Dori-Untersuchungsausschuß gefälschte Dokumente vorgelegen hätten oder er Dokumente verschleiert hatte. In dem Maß, wie die sogenannte »Lavon-Affäre« an Bedeutung und Gewicht zunahm, geriet das eigentliche »unglückselige Unternehmen« mehr und mehr in den Hintergrund. Die Öffentlichkeit erregte eine Anspielung Lavons, die sofort von den Gegnern der Mapai und ihren jungen Leuten hochgespielt wurde, mehr, nämlich: Unter Ben Gurion als Verteidigungsminister, Dayan als Chef des Stabes und Peres als Generaldirektor des Verteidigungsministeriums habe sich im ganzen Lande ein sogenannter »Defensivismus« entwickelt, ein politisches Vorurteil, das in der Maske der »geheiligten Interessen der nationalen Verteidigung« nur den eigenen Interessen der drei Männer zu dienen habe. Fast über Nacht wurde Ben Gurion – ein überall bewunderter Staatsmann, der Wächter und Retter Israels, der Parteiführer mit dem größten Wahlerfolg der israelischen Geschichte – zum rachsüchtigen Tyrannen, zu einem alten Mann, dessen beste Zeit lange vorbei sei, abgestempelt. Noch schlimmer, viele Leute glaubten sogar, er habe das Gerede von Israels beängstigend ernster Sicherheitslage lediglich heraufbeschworen, um seine eigene Herrschaft zu untermauern.

Dieser Umschwung in der öffentlichen Meinung Israels war für die Gegner der Mapai und der jungen Leute vom Himmel gefallenes Manna. Jetzt nahte Levi Eshkols Stunde. Jetzt trat er auf, um die Mapai vor sich selbst zu retten. Anstelle eines Untersuchungsausschusses schlug er einen interministeriellen Ausschuß vor. Er glaubte, damit sowohl Ben Gurion – wurde jener Ausschuß doch von der Regierung getragen, wenn auch nicht so ganz unparteiisch – wie auch Lavon zufriedenzu-

stellen, denn der Ausschuß wäre ja mehr eine öffentliche als eine juristische Körperschaft.
Eshkol schlug sieben Minister vor, die als Unterkommission fungieren sollten und alles Material durchzuarbeiten hätten, das sich im Lauf der Zeit angesammelt und in irgendeiner Form mit der Affäre zu tun gehabt hatte. Diese Kommission sollte dann entscheiden, ob eine staatliche Untersuchungskommission einzusetzen sei. Kurz gesagt, Eshkol wollte die »Lavon-Affäre« ein für allemal vom Tisch haben.
Unter Eshkols Vorsitz mißachtete der »Ausschuß der Sieben« so ziemlich alle bekannten Verfahrensregeln, wobei man sich kaum einen größeren Mischmasch von ausübender Gewalt und Rechtsprechung vorstellen kann: er stellte Nachforschungen an, verhörte, überprüfte, beurteilte, debattierte, beschloß, jene Zeugen zu hören, diese dann wieder nicht, und kam am Ende zu einer Entschließung, die ein wahres Meisterstück Levi Eshkolscher Kompromißbereitschaft darstellte. Einerseits stellten die sieben Minister fest, daß »Lavon die Befehle, nach denen das ›unglückselige Unternehmen‹ ohne sein Wissen abgewickelt wurde, nicht erteilt hatte«, andererseits versäumten sie zu erwähnen, *wer* denn nun wirklich die Befehle gegeben hatte.
Dann setzten sie dem positiven Befund über Lavon schnell noch einen negativen entgegen: In ihrer Entschließung war stillschweigend die Feststellung inbegriffen, daß Lavon als Verteidigungsminister den Angelegenheiten der Armee nicht »in bestmöglicher Weise gerecht« geworden, und daß seine Dienstzeit durch Unzulänglichkeiten, Mängel und Fehler gekennzeichnet gewesen sei, die vom »Mangel an sauber abgegrenzten Verantwortungs- und Befehlsbereichen auf höchster Ebene« herrührten.
Mit anderen Worten: Wenn man Lavon auch nicht für das »unglückselige Unternehmen« verantwortlich machen konnte, Gründe, um ihn als Verteidigungsminister zu entlassen, waren genug vorhanden.
Zehn Minister, einschließlich Eshkol, Frau Meir und Pinchas Sapir, stimmten für den Beschluß des Ausschusses. Dayan und zwei andere Minister enthielten sich der Stimme. Ben Gurion nahm an der Abstimmung nicht teil, ein Minister hielt sich im Ausland auf. Das Ergebnis konnte als persönlicher Sieg Lavons gewertet werden.
Ben Gurion war, entgegen Eshkols Berechnung, nicht bereit, die Angelegenheit jetzt ruhen zu lassen. Er erklärte am 25. Dezember, er könne nicht mehr länger in der Regierung verbleiben und weigere sich, nur um des lieben Friedens innerhalb der Mapai willen, seine Grundsätze über den Haufen zu werfen. Er startete den Feldzug »Wahrheit über

alles«, mit dem Ziel, den Beschluß des Siebenerausschusses zurückzuweisen, seine Verfahrensweise zu diskreditieren und eine Untersuchungskommission zu bilden, die jetzt die Wahrheit über und um das »unglückselige Unternehmen« aufzudecken habe. Alle Versuche Ben Gurions, noch vor seinem Rücktritt seinen guten alten Namen wiederherzustellen, schlugen fehl. Dreizehn Monate nach Bildung der neuen Regierung, am 31. Dezember 1960, trat er zurück. Er hoffte, daß die Bildung des neuen Kabinetts die Ermittlungen des Siebenerausschusses der alten Regierung für ungültig erklären würde. Eshkol versuchte, ihn zu versöhnen, indem er anbot, er wolle Lavon unter dem Vorwand entlassen, dieser habe vor dem Ausschuß für Verteidigungs- und Auswärtige Angelegenheiten des Parlaments der Mapai gegenüber eine gegnerische Haltung eingenommen und gedroht, ein Geheimdossier zu veröffentlichen.

Diese Entlassungsversammlung des Mapai-Exekutivausschusses vom 4. Februar 1961 war in Wirklichkeit nichts als die Generalprobe eines Kampfes zwischen Ben Gurion und seinen Gegnern in der Mapai. Gegen die Entlassung stimmten 40 Prozent der Mitglieder, die größte Gruppe, die je gegen Ben Gurion aufgetreten war. Das war ein sichtbares Zeichen seines Verlustes an Ansehen und Vertrauen.

Ben Gurions Rücktritt machte Neuwahlen erforderlich. Diesmal verlor die Mapai fünf Parlamentssitze. Schwerer allerdings wog die Forderung ihrer vier Koalitionspartner, die neue Regierung nicht wieder von Ben Gurion bilden zu lassen. Die Aufgabe der Koalitionsbildung fiel an Eshkol, der darin den Beginn seiner beherrschenden Rolle in der Mapai erblickte. Es gelang ihm, bei zwei der früheren Koalitionspartner den Widerstand gegen Ben Gurion zu überwinden, und mit ihrer Hilfe bildete er dann Israels zehnte Regierung. Ministerpräsident wurde David Ben Gurion.

Ben Gurions Stellung jedoch war sehr schwach. Er führte den Vorsitz einer Regierung, die er nicht einmal selber gebildet hatte. Die sich ständig steigernde Opposition der Veteranen, besonders Golda Meirs, verbitterte ihn immer mehr. Ben Gurion war entschlossen, sich zu gegebener Zeit ganz zurückzuziehen. Am 16. Juni 1963 überraschte er dann seine Kabinettskollegen mit der Rücktrittserklärung.

Zehn Tage nach Ben Gurions Rücktritt stellte Eshkol seine neue Regierung dem Parlament vor.

Fünf Jahre, von Dezember 1959 bis November 1964, amtierte Dayan in drei aufeinanderfolgenden Regierungen als Landwirtschaftsminister.

Während dieser Zeit beunruhigte die sogenannte »Lavon-Affäre« und der Bruch zwischen Ben Gurion und den Veteranen die Nation. Beide Phänomene rüttelten erheblich an den Fundamenten, auf denen Dayans politische Laufbahn ruhte. Nichtsdestoweniger hatte seine Amtszeit als Landwirtschaftsminister ihre eigenen bezeichnenden Höhepunkte und Erfolge. So befaßte er sich intensiv und in klarer Konzeption mit den vier Grundproblemen der israelischen Landwirtschaft, nämlich dem Wasserproblem, dem Export, der Rentabilität und dem sozio-ökonomischen Status der Landwirte.

Seine Gedanken dazu veröffentlichte Dayan schon am 17. Januar 1960.

Es war eines der Hauptanliegen des Landwirtschaftsministers Dayan, die Fertigstellung der neuen »nationalen Hauptwasserleitung« zu beschleunigen.

Da diese Leitung eine unbedingt notwendige Voraussetzung für das Fortbestehen der Grenzsiedlungen darstellte, mußte das Projekt nach seiner Überzeugung durch eine Beschneidung und Einschränkung des allgemeinen Verbrauchs sowie durch ein Einfrieren des Lebensstandards ermöglicht werden. So, wie der Wasserleitungsbau geplant war, hätte seine Fertigstellung rund fünf Jahre beansprucht. Dayan verlangte, es müsse in drei Jahren geschafft werden. Diese Beschleunigung des Bautempos war nicht allein aus landwirtschaftlichen Erwägungen heraus notwendig geworden, sondern hatte auch politische Ursachen, die in der feindseligen Haltung begründet waren, die dem Projekt von den arabischen Nachbarländern entgegengebracht wurde, die das Jordanwasser mit Israel teilten.

Syrien hatte schon damit begonnen, den Oberlauf des Jordans auf seinem Gebiet abzulenken.

Die Wasserleitung wurde 1965, genau dreieinhalb Jahre, nachdem sich Dayan für die Baubeschleunigung eingesetzt hatte, fertiggestellt. Sechs Monate vorher war er als Landwirtschaftsminister ausgeschieden. Heute wird allgemein anerkannt, daß Dayan die Fertigstellung um mindestens drei Jahre beschleunigt hatte.

Dayan verwandelte das Landwirtschaftsministerium aus einer hauptsächlich Blaupausen und Anbaupläne fabrizierenden Behörde in einen straff organisierten, den Anforderungen der israelischen Landwirtschaft entsprechenden, modernen Lenkungskörper. Er sagte den Beamten seines Ministeriums, die sich in die Verwaltung der von ihm zu weitgehend selbständig arbeitenden Körperschaften geformten Landwirtschaftlichen Fachgruppen einmischen wollten: »Laßt die Landwirte

ruhig ihren Weg gehen. Sie kennen Boden und Bearbeitungsmethoden besser als Sie.«
Zwischen den Landwirten und dem Landwirtschaftsministerium entwickelte sich eine völlig neuartige Form der Zusammenarbeit. Dayans Politik des »geplanten Anbaus« und der erhöhten Exporte landwirtschaftlicher Erzeugnisse erwies sich als ebenso erfolgreich wie seine Bemühungen um die Erhöhung der Einkommen aus landwirtschaftlichen Tätigkeiten. Im ersten Jahr seiner Amtszeit stieg das Gesamteinkommen der israelischen Landwirte von 251 Millionen israelische Pfund auf 266 Millionen 1959/1960 und auf 319 Millionen 1960/1961. Das Einkommen hatte in den Jahren davor eine fallende Tendenz gezeigt. Durch ordentlich durchgeführte Planungen und eine vernünftige Verteilung der Überschüsse stieg das Einkommen der einzelnen Landwirte während seiner Amtszeit gleichmäßig an. Als Dayan im Jahre 1964 aus dem Kabinett ausschied, erkannten sogar seine Kritiker an, daß er ein erfolgreicher Landwirtschaftsminister gewesen war.
Während Dayan das Amt des Landwirtschaftsministers innehatte, hielten die im Jahr 1961 begonnenen politischen Entwicklungen unvermindert an. Nachdem Ben Gurion erklärt hatte, daß er wegen der vom Siebenerausschuß verübten Rechtsbeugung nicht mehr länger dem Kabinett angehören könne, teilte er dem Sekretariat der Mapai mit, seine Entscheidung sei endgültig. Das Mapai-Sekretariat hatte am 31. Dezember bis in die frühen Morgenstunden beraten, war sich aber nicht schlüssig geworden, ob Ben Gurion nicht vielleicht doch noch seine Meinung ändern könnte.
Die Mapai-Führer verstanden, daß Ben Gurions stillschweigend eingeschlossene Bedingung die Bildung eines nach israelischem Recht zusammengesetzten Untersuchungsausschusses war, der das »unglückselige Unternehmen« aus dem Jahre 1954 zu untersuchen hätte. Darüber hinaus wollte er die Beschlüsse des Siebenerausschusses widerrufen sehen. Wenn die Öffentlichkeit erfuhr, daß er von Anfang an Recht gehabt hatte, würde er ihr Vertrauen wiedererlangen. Das würde aber andererseits auf eine faktische Beschuldigung Eshkols und der Veteranen hinauslaufen, die den Siebenerausschuß eingesetzt, daran teilgenommen und seine Beschlüsse gutgeheißen hatten. Infolgedessen gewannen die Ausdrücke »Untersuchungsausschuß« und »Siebenerausschuß« vor dem Streit um Lavon und dem »höheren Offizier« an Bedeutung. Aus dem ehemaligen Siebenerausschuß wurde eine von den Veteranen gehaltene polit-strategische Hochburg, die ihre Beherrschung des Parteiapparats auch weiterhin sichern sollte.

Golda Meir gab schnell bekannt, daß auch sie zurücktrete. Auf diese Art versperrte sie denjenigen unter den Veteranen den Weg, die schon mit dem Gedanken spielten, wieder einmal Ben Gurion nachzugeben. Aranne, der kurz vorher zurückgetreten war, teilte dem Parteisekretär mit, daß einem Rücktritt Golda Meirs der von Sapir auf dem Fuß folgen würde, und er ließ keinen Zweifel darüber aufkommen, daß es sich dabei um – geplante – Schritte gegen Ben Gurion handle.
Die Partei hätte sich dann für sie um Ersatz im Kabinett bemühen müssen. Das würde zunächst einmal eine Regierung ohne die Mapai bedeuten. Das konnte das Parteisekretariat aber unter gar keinen Umständen gutheißen.
Der Druck auf Dayan vergrößerte sich wegen seiner Verbindungen zu Ben Gurion ständig. Für ihn war jetzt die Stunde der Wahrheit in seiner politischen Laufbahn angebrochen, und es wurde dringend notwendig, daß er sich über seine politische Identität klar wurde. Ben Gurions Ansichten über die Lavon-Affäre teilte er nicht. Er war überzeugt, daß Lavon die Befehle nicht erteilt hatte, die zu dem »unglückseligen Unternehmen« geführt hatten. Alles mußte seinen Ursprung in dem sogenannten »dritten Mann« haben. Lavon mußte die Befehle an den »höheren Offizier« erst hinterher gegeben haben. Immerhin, da Ben Gurion Lavon zu seinem Nachfolger ernannt hatte, blieb gar keine andere Wahl, als ihn seinem Schicksal zu überlassen. Deswegen stimmte Dayan grundsätzlich mit dem Siebenerausschuß überein. Er war gegen einen gerichtlichen Untersuchungsausschuß und meinte, die leidige Angelegenheit hätte beendet werden sollen, ehe sie hochgespielt worden war. Aus dem gleichen Grund jedoch widersetzte er sich dem Sekretariatsbeschluß, Eshkol als Friedensstifter einzusetzen und ihn zur Ernennung des Siebenerausschusses zu ermächtigen, von dessen Amtsführung er nicht übermäßig entzückt war.
Ganz abgesehen von diesen Beurteilungen wußte Dayan natürlich ganz genau, daß die einzige Möglichkeit, Ben Gurions Regierungsstil fortzusetzen, den er ohne Vorbehalte unterstützte, die Erklärung Ben Gurions selber war, Ministerpräsident bleiben zu wollen. Aus diesem Grund versuchte er, zwischen den beiden Seiten zu vermitteln. Ungeachtet einiger Bedenken gegen eine gerichtliche Untersuchung schlug er die Abänderung des Sekretariatsbeschlusses vom 20. Januar vor, indem er ausführte, daß die Affäre von 1954 »in Übereinstimmung mit den Erfordernissen von Recht und Gesetz durch die zuständigen Einrichtungen des Staates zu behandeln ist«, und um Ben Gurion zufriedenzustellen, formulierte er: »Die Untersuchung muß durch die zuständigen

nationalen und gerichtlichen Körperschaften erfolgen.« Diese Änderung wurde einstimmig angenommen. Nach der Sitzung allerdings beugten sich Eshkol und die Veteranen dem Druck Lavons und veranlaßten, daß das Wort »gerichtlich« gestrichen wurde.
Wahrscheinlich war Dayan sich der zunehmenden Stärke der Veteranen und des damit einhergehenden Niedergangs der Macht Ben Gurions bewußt.
Als Neuling im politischen Geschehen hatte gerade er sich davor zu hüten, seine politische Zukunft an die Zukunft eines einzigen Mannes zu binden. Hier waren weniger politische Klugheit als eine Veranlagung zum »einsamen Wolf« im Spiel.
Anders als Shimon Peres, der voll hinter Ben Gurion stand, ließ Dayan sich von seiner Logik leiten und geriet dadurch ein wenig ins Zwielicht. Er versuchte, Ben Gurion zu helfen, aber er unterstützte ihn nicht öffentlich. Erst später, als mit dem Streit Ben Gurions gesamte politische Zukunft verbunden war, nahm er sogar an den Versammlungen in »Frau Golda Meirs Küche« teil, bei denen Entschließungen ausgeklügelt wurden, noch ehe sie den Parteigremien vorgelegen hatten. Auf einer jener Versammlungen sagte er unmißverständlich, daß nach seiner Überzeugung Lavon nicht »den Befehl gegeben hat«. Das bedeutete eine offene Unterstützung der Veteranen.
Die Sitzung des Sekretariats vom 31. Dezember hatte eine Entschließung ins Auge gefaßt, derzufolge kein Mitglied der Mapai sich an einer Regierung beteiligen würde, deren Chef nicht Ben Gurion hieß.
Die Frage war nur, ob es klug war, ein solches Vertrauensvotum abzugeben. Daß Ben Gurion der einzige Mapai-Anwärter auf den Sessel des Ministerpräsidenten war, stand außer Frage. Der einzige, der sich nicht auf ein ausschließlich von Ben Gurion geführtes Kabinett festlegte, war Dayan. Er begründete das folgendermaßen:
»Sollte eine Situation eintreten, in der Ben Gurion zurücktritt, und ich denke, daß die Bildung einer Mapai-Regierung im Interesse des Staates liegt und man böte mir – was Gott verhüten möge – den Posten des Landwirtschaftsministers an, würde ich dieser Regierung beitreten. Das sage ich in voller Kenntnis aller Umstände. Ich brauche mich nicht mit Ben Gurion zu identifizieren. Meine positive Haltung gegenüber Ben Gurion hat zu 96 Prozent keine persönlichen Gründe; sie bewertet die Identifikation Ben Gurions mit dem Staat positiv. Mir geht es vor allem um den Staat. Er rangiert noch vor Ben Gurion.«
Nachdem Ben Gurion das Sitzungsprotokoll durchgelesen hatte, äußerte er: »Ich stellte fest, daß es in der gesamten Mapai nur einen Mann

gab, der wußte, was wirkliche Staatspolitik bedeutet. Jedermann sagt, ohne Ben Gurion kann es keine Regierung geben. Der einzige, der begriff, daß es immer die Politik ist, die zählt, und nicht der Mann, war Dayan.« Trotzdem, diejenigen, die Ben Gurion besonders nahestanden, hatten das Gefühl, daß der »Große Alte Mann« von Dayan tief enttäuscht war.

Da die Mapai aus ihrem Dilemma keinen Ausweg finden konnte, schrieb Ben Gurion am 26. Februar 1961 noch einmal an die Parteiführung. Sie solle ohne ihn eine Regierung bilden. Als seinen Nachfolger schlug er Levi Eshkol vor. Dayan erwähnte er mit keinem Wort. Ein paar Jahre später, als es zwischen Ben Gurion und Eshkol zum offenen Bruch gekommen war, schlug er wieder eine ganze Reihe von Männern für den Posten des Verteidigungsministers vor; wieder stand Dayans Name nicht auf der Liste.

Als Ben Gurion dann Mitte 1963 endgültig zurücktrat, fühlten sich die jungen Leute von ihm verlassen. Einige meinten, er selbst habe Eshkol dazu überredet, Verteidigungsministerium und Ministerpräsidentenamt zu übernehmen, um damit Dayan und Peres den Weg in die Spitzenpositionen der Regierung zu verbauen. Dayans Position war ungefestigter als je zuvor. Schon Anfang 1961 dachte man in Mapai-Kreisen wieder daran, die im Jahre 1942 von der Partei abgesplitterte Achdut Ha'avodah wieder in den Schoß der großen alten Mutterpartei zurückzuführen. Die Veteranen versprachen sich davon eine weitere Festigung ihrer Stellung gegenüber den jungen Leuten.

Die Achdut Ha'avodah war einverstanden und beteiligte sich an der Regierung. Aus dieser Zusammenarbeit ging dann im Jahre 1968 die »Israel Labor Party« hervor.

Yigal Allon war als Arbeitsminister nach zwölfjähriger Opposition gegen die Mapai untragbar. Politisch gesehen war Dayan – besonders dort, wo es sich um soziale und wirtschaftliche Aufgaben drehte – der Erzfeind der Achdut Ha'avodah.

Dayans Stellung in Eshkols erstem Kabinett war in mancher Hinsicht ein politischer Abstieg. Während er Landwirtschaftsminister blieb, wurde Eshkol Ministerpräsident und Verteidigungsminister; Eban, der bis dahin Erziehungsminister gewesen war, wurde zum stellvertretenden Ministerpräsidenten ernannt, Golda Meir, Zalman Aranne (der wieder auf den Posten des Erziehungsministers zurückgekehrt war) und Pinchas Sapir (jetzt Doppelminister mit den Ressorts Finanzen sowie Handel und Industrie) übten sowohl in der Mapai als auch in Eshkols Regierung große Macht aus. Allein Dayan blieb draußen vor

den Türen der Macht – oder wurde draußen gehalten.
Zuerst kämpfte er um eine Stellung, die ihm einige Macht verleihen könnte. Zum Auftakt sozusagen reichte er seinen Rücktritt ein. Ben Gurion hatte seinen Rücktritt auch gerade eingereicht. Dies geschah zu einer Zeit, da Eshkol seiner Sache immer noch nicht sicher war und auf die Unterstützung sogar der jungen Leute angewiesen war. Das war natürlich der günstigste Moment, um aus Eshkol Zugeständnisse herauszuholen, die Dayan näher an den Kreis der Führenden heranbrachten, und Dayan war der letzte, der sich eine so günstige Gelegenheit aus den Händen gleiten ließ. Der politische Kampf begann unter Ausschluß der Öffentlichkeit. Eshkol erwies sich erneut als Meister des hinhaltenden politischen Taktierens. Zuerst einmal bat er Dayan, seinen Rücktritt ein paar Monate zu verschieben. »Um Regierungskrisen zu verhindern«, wie er sagte. Dayan stimmte zu – und saß in der Falle. Eshkol nutzte die Zeit gut. Erstens war er der einzige Mapai-Kandidat, der überhaupt für das Amt des Ministerpräsidenten in Frage kam, und zweitens wünschte Israel jetzt endlich, daß im Interesse der Demokratie die totale Abhängigkeit von Ben Gurion und seiner machtvollen, ausschließlich auf ihn bezogenen Herrschaft durch eine maßvollere, möglicherweise kollektiv ausgeübte abgelöst würde.
Eshkol schien dafür genau der richtige Mann zu sein. Ben Gurions Unterstützung dabei beseitigte auch noch das allerletzte Hindernis, die etwa noch vorhandenen Zweifel an seiner Befähigung zum Verteidigungsminister.
Alles, was Dayan und Peres erreichen konnten, war ein Versprechen Eshkols, daß sie auch in der neuen Regierung ihre Positionen behalten würden. Doch für Eshkol war der Bruch eines Versprechens genauso leicht wie ein Versprechen selbst. Zu jener Zeit wurde seine Redensart: »Ich habe das versprochen, aber nicht versprochen, mein Versprechen zu halten!« geradezu ein Sprichwort.
Vom 24. Juni an, dem Tag, an dem Eshkol die neue Regierung vorstellte, nahm seine Macht stetig zu. Dayan erfuhr von hohen Mapai-Funktionären und von seinen Gesinnungsgenossen eher bittere Kritik.
Eshkol, ein geriebener und mit allen Wassern gewaschener Politiker, lehnte Dayans Forderungen natürlich nicht rundweg ab, sondern fing endlose Gespräche an und schob dann alle Schuld auf die ach so ungünstigen »Umstände«, während er selbst natürlich immer der gütige, liebenswürdige Ministerpräsident blieb. Ein paar wohldosierte, gut abgefaßte Indiskretionen gingen an die Zeitungen, und schon wurden Dayans Forderungen nach Mitsprache in Verteidigungsfragen unvor-

stellbar. Jetzt wünschten die Koalitionspartner eine Klarstellung und sie forderten die Zusicherung, daß Dayan weder Zugang zu, noch Einfluß bei Verteidigungsangelegenheiten gegeben werde. Ihm dürfe nichts zugestanden werden, was nicht auch jedem anderen Mitglied des Verteidigungsausschusses innerhalb des Kabinetts auch zustand. Dayan sollte nicht »gleicher als gleich« sein, um mit Aranne zu reden.
Für Dayan endeten diese Besprechungen zwar mit freigebig ausgeteiltem Schulterklopfen, aber seine Taschen blieben leer. Eshkol und Sapir stimmten zwar seiner Forderung nach Einrichtung eines ministeriellen Kontrollausschusses für die Wirtschaftsplanungsbehörde zu, doch war das nur eine leere Geste. Eshkol und Sapir, die mächtigsten Männer in der Regierung, hätten Dayan in jedem denkbaren Ausschuß überstimmen können. Mit einer weiteren leutseligen Geste ihres guten Willens stimmten die beiden zu, den Rahmen des Landwirtschaftsministeriums zu erweitern. Sapir erklärte sich bereit, bestimmte Abteilungen des Handels- und Industrieministeriums dem Landwirtschaftsministerium einzugliedern. Eshkol versprach »mehr Koordinierung« zwischen der Ansiedlungsabteilung der Jewish Agency (der er immer noch vorstand) und dem von Dayan geleiteten Ministerium. Auf solche Art wurde Dayan nicht direkt hinausgeworfen; aber auch die wenigen Zugeständnisse genügten nicht, die Bitterkeit seiner Niederlage in diesem Machtkampf zu verschleiern.
Doch kaum waren die drei Monate Bedenkzeit, die Dayan seinerzeit Eshkol angeboten hatte, verstrichen, kaum hatte Dayan seine Absicht, weiterhin in der Regierung zu bleiben, geäußert – »nach Klärung zahlreicher Sachfragen, besonders auf dem Verteidigungssektor« –, als Eshkol und Sapir schon anfingen, noch nicht einmal die wenigen Zusagen, die sie Dayan gemacht hatten, zu halten. Eshkol wiederrief sein Versprechen, und Sapir verknüpfte mit den von ihm getroffenen Abmachungen so viele Bedingungen, daß sie Farce wurden. Man brach Versprechen, deren Einhaltung Dayan besonders am Herzen gelegen hatte. Hier drehte es sich im einzelnen um die Frage der Einkommenssteigerung bei Landwirten. Ein paar Monate später ignorierte Eshkol sein Versprechen von »mehr Koordinierung« zwischen der Siedlungsabteilung und dem Landwirtschaftsministerium. Er veröffentlichte einen eigenen Plan über die Anlage von Siedlungen und landwirtschaftlichen Zentren in Galiläa, von dem Dayan nicht einmal einen vorläufigen Entwurf zu sehen bekam.
Eshkols härtester Schlag aber war das Bild, das er der Öffentlichkeit von Dayan zeichnete. Er hatte Erfolg mit seiner Darstellung eines

Mannes, der noch kompromißbereiter war als er selbst und der sich weit weniger verbindlich und weniger entschlußfreudig zeigte, als das Publikum annahm. Eshkols Pressesprecher ließen an die Presse Meldungen durchsickern wie: »Dayan hat klein beigegeben.« Es erschienen Artikel wie: »Dayan auf dem Rückzug angegriffen.« Möglicherweise lernte Dayan ein wenig aus den Prügeln der Herren Eshkol und Sapir. Seine Flexibilität und Kompromißbereitschaft, die ihm zunächst hinderlich waren, sollten später eine breite Basis öffentlicher Unterstützung garantieren.

Das Ende des Jahres 1963 bezeichnete den Tiefpunkt in Dayans politischer Laufbahn. Er nahm keinerlei Rücksichten mehr und äußerte unverblümt seine Meinungen. Er erkannte, daß man ihn ausmanövriert hatte. Seine Beziehungen zu Eshkol verschlechterten sich von Tag zu Tag. Ohne auch nur seine engsten Mitarbeiter zu informieren, überreichte er am 4. November 1964, vormittags um 9.55 Uhr, unmittelbar vor der wöchentlichen Kabinettssitzung Eshkol seine Rücktrittserklärung. Den wahren Grund kannten nur seine engsten Vertrauten: das fehlende Vertrauen zwischen Dayan und Eshkol.

Dayan hatte gute Gründe, sich als von Eshkol »aus dem Kabinett gedrängt« vorzukommen.

Als Dayan aus der Regierung ausschied, beabsichtigte er, in die »Yonah Fishing Company« einzutreten. Schon als Landwirtschaftsminister hatte er die israelische Fischerei für einen ganz bedeutenden Wirtschaftszweig gehalten, der unbedingt weiterentwickelt werden müsse. Um Vorsitzender dieser Gesellschaft zu werden, brauchte er das Einverständnis Eshkols. Er bat um eine Besprechung, die Eshkol zunächst einmal verschob und dann doch leutselig und ein wenig von oben herab gewährte; Eshkol genehmigte Dayans Eintritt in die Firma.

Jetzt, da Dayan erfahren hatte, daß Eshkol in der Mapai-Führung festen Fuß gefaßt hatte, hielt er es nicht für der Mühe wert, aktiv an der Gründung einer Opposition innerhalb der Partei mitzuarbeiten. Er sagte sich, »die Zeit arbeitet nicht für mich«. Die Ära Ben Gurion war dahin. Niemand wünschte sie zurück. Er, Dayan, war nicht weniger ein Symbol dieser Ära als Ben Gurion selbst. Einer seiner engsten Mitarbeiter meinte, Dayan würde sich, zumindest zum gegenwärtigen Zeitpunkt, völlig von der Politik trennen. Er begann, sein »Tagebuch des Sinai-Feldzugs« zu schreiben und behauptete, das nehme seine Zeit voll in Anspruch. Eine Woche später gewann ein Besucher den Eindruck, daß für die nahe Zukunft eine Rückkehr Dayans in irgendein

Regierungsamt nicht in Betracht kam. Dayan habe erkennen lassen, daß er sich mindestens fünf Jahre lang aus dem öffentlichen Leben zurückziehen wolle.

Eine Woche später änderte Dayan seine Meinung und entschloß sich, der Opposition innerhalb der Mapai beizutreten. Binnen kurzem steckte er bis über den Kopf darin.

Während dieser Zeit befaßte sich Ben Gurion noch immer mit den Vorbereitungen für seinen Kampf gegen die Feststellungen des Siebenerausschusses. Er suchte am 22. Oktober 1964 den Justizminister in dessen Jerusalemer Wohnung auf und händigte ihm persönlich sein gesamtes, von Rechtsanwälten vorbereitetes Material über die Lavon-Affäre aus, der es an den Justitiar der Regierung weitergab. Der Justitiar unterstützte in seinem Bericht Ben Gurion vorbehaltlos und erklärte: »Der Tatsachenbericht des Siebenerausschusses würde niemals der genauen Überprüfung durch ein israelisches Gericht standhalten.« In den abschließenden Bemerkungen hätte der Justitiar um ein Haar vorgeschlagen, die Regierung solle eine Untersuchung einleiten – aber diesmal ein ordentliches Verfahren –, um die lästige Affäre aus der Welt zu schaffen. Tatsächlich aber trug Ben Gurion nur einen moralischen Erfolg davon. Eshkol war sich natürlich völlig darüber klar, daß – wenn die Regierung sich die Empfehlungen des Justitiars zu eigen machte – ihm, Levi Eshkol, seine ganze politische Karriere um die Ohren gehauen werden würde.

Eshkol und seine alte Garde von Veteranen lehnten Ben Gurions Forderungen daher wieder einmal ab. Statt sich um Gerechtigkeit zu bemühen, suchten sie nach einer politischen Ausflucht, die, wenn sie ihrer politischen Karriere nützte, auch für das Land von Vorteil sein würde, wie sie meinten. Das Land aber hatte allmählich genug von all diesen Querelen.

Dann ging alles noch einmal von vorn los. Das Sekretariat und der Exekutivausschuß der Mapai diskutierten die Möglichkeit, eine Untersuchungskommission einzusetzen. Wieder einmal wurde um das Für und Wider hart gestritten. Eshkol trat wie immer in solchen Fällen nach bewährter Praxis erst einmal zurück. Er berief das Kabinett am 14. Dezember 1964 zu einer dringenden Sitzung ein und gab seinen Rücktritt bekannt.

Nun stand der Exekutivausschuß der Mapai natürlich vor der Frage, entweder Ben Gurions rechtlich begründete Forderungen anzunehmen und dabei die Regierungsbildung einer anderen Partei zu überlassen – oder sie abzulehnen, die Mapaiherrschaft damit auch in Zukunft zu sichern und Eshkol somit die Gelegenheit zu erneuter Kabinettsbildung zu geben. Der Exekutivausschuß nahm mit 124 zu 61 Stimmen eine Entschließung an, derzufolge Eshkol erneut mit der Regierungsbildung beauftragt wurde. Ben Gurion hatte 40 Prozent der Mitglieder hinter sich, die »jungen Leute«. Man nannte sie später die »Minorität«.

Ben Gurion gab nicht auf. Er griff Eshkol persönlich und in der Öffentlichkeit an und bezeichnete ihn als »unfähig, Ministerpräsident zu sein«. Es dauerte auch nicht mehr lange, bis er Eshkol und seine Anhänger zu Lügnern erklärte. Der in die Verteidigung gedrängte Eshkol fand einen Weg, den Spieß umzudrehen und damit das Kabinett wieder besser in den Griff zu bekommen: er warf ein paar Anhänger Ben Gurions, darunter Peres, einfach hinaus.

Ohne diese Entwicklung zu kennen, ist es sehr schwierig, Dayans Handlungsweise und Bewußtseinsbildung in der Zeit von Ben Gurions Rücktritt im Juni 1963 bis zur Abspaltung der »Minorität« von der Mapai oder Ben Gurions Beschluß, eine neue Partei – die Rafi – am 16. Juni 1965 zu gründen, zu verstehen. Während dieser zwei Jahre schwankte Dayan und kämpfte mit sich, doch ohne irgendeinen Schritt in die eine oder andere Richtung zu tun. Die Öffentlichkeit sah ihn hier zum ersten-, aber nicht zum letztenmal als einen Menschen, der von einem Tag zum anderen seine Meinung von einem Extrem zum anderen überwechseln läßt.

Ungeachtet seiner scharfen Kritik an Eshkol unterstützte Dayan die »jungen Leute«, die nach der Tagung vom Oktober 1963 die Bildung einer aktiven und oppositionellen Fraktion innerhalb der Mapai mit eigener, unabhängiger politischer Wochenzeitung verlangten. Es ist denkbar, daß er weder imstande noch gewillt war, eine unabhängige Fraktion zu führen. Vielleicht hielt er die »jungen Leute« auch gar nicht für eine homogene politische Gruppe. Sie hatten in der Tat recht unterschiedliche Ansichten und Ziele. Einige glaubten, man könne Eshkol zum Bundesgenossen gewinnen. In Golda Meir, Pinchas Sapir und Zalman Aranne sahen einige der »jungen Leute« ihre wirklichen Gegner. Dayan, der sich mit Frau Meir – nicht dagegen mit Sapir – arrangiert hatte, hielt Eshkol für den mächtigsten Gegner der »jungen Leute« – und obendrein für eine lahme Ente.

Im Mai 1964 änderte Dayan seine Haltung und zeigte eine plötzliche Bereitschaft, eine neue politische Wochenschrift herauszugeben. Mehr denn je neigte er gerade zu jener Zeit dazu, sich für den Führer einer besonderen Fraktion zu halten. Er opponierte aber trotzdem gegen den

Vorschlag, ein Schattenkabinett mit sich selbst als Ministerpräsidenten zu bilden. Hätte er die unabhängige Fraktion und die Wochenzeitung wirklich eingerichtet, wäre seine Fähigkeit, eine echte politische Körperschaft zu formen, unter Beweis zu stellen gewesen.
Ben Gurions unablässige Verfolgung des »unglückseligen Unternehmens« aber und der Siebenerausschuß machten all diese Hoffnungen zunichte. Die »jungen Leute« und später die »Minderheit« waren in ihrer Beweglichkeit von Ben Gurion abhängig.
Dayan hatte das sehr gut verstanden. Er wußte genau: Wenn es überhaupt eine unabhängige Fraktion geben würde, hieße ihr Führer immer Ben Gurion. Allmählich häuften sich Konfliktstoffe zwischen den beiden Männern an. Solange Ben Gurion meinte, Eshkol eine Rolle in seinem Kampf gegen den Siebenerausschuß zuweisen zu können, kamen die beiden glänzend miteinander aus, von dem Augenblick jedoch, als Eshkol ihm auch nur in einer Sache Widerstand leistete, wurde er zu seinem geschworenen Feind. Das konnte Dayan nicht verstehen. Während Ben Gurion Eshkol für einen völlig unfähigen Ministerpräsidenten hielt und ihn gern abgelöst gesehen hätte, hielt Dayan an seiner Meinung fest, daß dies keine persönliche Frage sei, sondern eine Sache der Partei, die im Interesse des Staates zu lösen sei. Ben Gurion nannte seine Aktion einen Kampf für Wahrheit und Recht. Für Dayan genügte das keinen Augenblick, um darauf eine unabhängige Fraktion oder Partei aufzubauen.
Die bevorstehenden Wahlen im Nacken, hatte sich die »Minorität« so schnell wie möglich zu entscheiden, ob sie mit der Mapai brechen und als unabhängige Partei in den Wahlkampf gehen wollte oder nicht. Am 26. Mai versammelten sich 3000 Anhänger der »Minorität« in Avihail. Die Führer sollten sich über die einzuschlagende Linie klar werden. Ungeduldig warteten die Versammelten auf David Ben Gurion und Moshe Dayan. Ben Gurion schnitt in seiner Rede die Frage der Trennung aber nicht einmal an. Innerlich war er längst dazu entschlossen, doch seine politische Klugheit und Erfahrung rieten ihm, damit zu warten, bis das Fußvolk der Partei diese Frage »ganz spontan« an ihn herantrug.
Der »Große Alte Mann« ließ über die Zukunft der »Minorität« überhaupt nichts verlauten. Würde Dayan von sich aus etwas sagen? Die Menge wartete. Würde er die Führerschaft übernehmen, zur Spaltung aufrufen? Die Menge harrte gespannt und totenstill. Man erwartete von Dayan, daß er sich als Führer anbot.
Die Rede Dayans drehte sich um die Situation innerhalb der Partei:

Es gab keine freie Aussprache; Entscheidungen einer kleinen, in sich geschlossenen Clique von Parteiführern wurden eher durch eine gehorsame, gutgeölte Parteimaschine in die Tat umgesetzt als durch die gewählten Institutionen; das Gleichgewicht der Kräfte war nicht gewährleistet, weil man Parteiinstitutionen mit Anhängern der Mehrheit besetzte; gegenüber den als führende Funktionäre tätigen Parteiveteranen wurde blinder Gehorsam verlangt. Dayan beschuldigte Eshkol und Sapir, nicht willens oder sogar unfähig zu sein, dem Land ein funktionsfähiges Wirtschaftsprogramm anzubieten. Noch schlimmer, sie ließen sich sogar bei politischen Entscheidungen, die sie selber für wichtig hielten, durch persönliche Motive beeinflussen.

Das Bild, das er von der Mapai zeichnete, war alles andere als schmeichelhaft. Als er auf die Spaltung zu sprechen kam, äußerte er im gleichen Atemzug etwas, was fast wie ein direkter Widerspruch klang: »Ich möchte Ihnen sagen, daß dies keine Spaltungsversammlung ist, und – das ist wichtig – es ist auch keine Versammlung, die mit Spaltung droht – was schlimmer wäre. Doch allen, die eine Spaltung nicht wollen, möchte ich raten, ihren Blick nicht vor der Gefahr zu verschließen, der Gefahr der Spaltung nämlich, die schon vor der Tür der Mapai lauert.«

Dayan fürchtete, die Mapai würde die sogenannte »Minorität« in die Spaltung geradezu hineinzwingen. Allgemein glaubte man, daß die Spaltung nicht aufzuhalten sei, und daß Dayan dann mit von der Partei sein werde. Doch schon einen Monat später, als sich die »Minorität« von der Mapai abspaltete und eine neue Partei, die Rafi gründete, die »Israelische Arbeiterpartei«, erklärte Dayan, er würde in der Mapai bleiben. Seine Freunde unter den »jungen Leuten« waren völlig überrascht, enttäuscht, ja schockiert.

Die Reaktion war ungewöhnlich scharf. Die Zeitung *Yediot Aharonot* schrieb: »Dayan hat uns betrogen!« Zvi Brenner, ein Mitgefangener aus Akko, beschuldigte ihn, er habe Ben Gurion schmählich im Stich gelassen. Man bezeichnete ihn als Verräter, verdächtigte ihn, seine persönliche Karriere über das Gemeinwohl zu stellen und verbarg nicht die große Enttäuschung. Drei Monate später aber trat Dayan der Rafi bei.

Mit der ihn in allen Lebenslagen auszeichnenden Offenheit erklärte Dayan einem Interviewer der Zeitung *Ma'ariv*, warum er nicht von Anfang an dabei gewesen sei: »Ich habe ganz einfach gezögert. Deswegen habe ich mich nicht sofort entschließen können, ich habe immer noch versucht, den Aufbau einer Trennwand (zwischen der Mehrheit der Mapai und der »Minorität«) zu verhindern. Von einem ›Messer-in-den-Rücken-stoßen‹ kann also keine Rede sein.« Sein Zögern entstammte zum Teil seiner Loyalität gegenüber Ben Gurions Staatstheorie, zum anderen verhinderte er sein endgültiges Verbleiben in der Mapai, in der jetzt der Prozeß der »Ent-Ben-Gurionisierung« seinem Höhepunkt zustrebte. Dayan hat wiederholt erklärt, daß er eher für Ben Gurion als für Eshkol stimmen werde. Wie aber hätte er sich mit dem Widerspruch abfinden sollen, einer Partei anzugehören und für den Führer einer anderen zu stimmen?

Es muß tiefere Ursachen für Dayans Zweifel gegeben haben. Denn wäre er wirklich der Rebell gewesen, voller Ideale, überzeugt von seiner Fähigkeit, sie auch durchzusetzen, hätte er die Zügel an sich gerissen und die »Minorität« geführt, noch ehe Ben Gurion das Gesetz des Handelns bestimmt hätte. Seine Anhänger erwarteten von ihm die gleiche Angriffslust, Entscheidungsfreudigkeit und Energie bei politischen Dingen, wie sie es vom Dayan aus der Zahal gewohnt waren. Sein Zögern war für einen Mitläufer, nicht für jemanden, der nach der Führung strebt, charakteristisch. Das erklärt aber immer noch nicht, warum er in Avihail nicht nach der Führung griff. Als Führer der »Minorität« hätte er wirkungsvoller für oder gegen die Spaltung der Mapai kämpfen können. Mit viel weniger Ärger und größeren Erfolgschancen hätte er aus der Rafi eine echte politische Partei machen können und keine »Ben-Gurion-Fraktion«.

Ganz sicher haben persönliche Faktoren Dayans Handeln bestimmt; erstens seine besondere Eigenart, stets den Raum seiner Verantwortlichkeit genau abzugrenzen und jeder Art kollektiver Führung aus dem Weg zu gehen. Er wollte oder konnte nicht für Ben Gurions Schritte gegen den Siebenerausschuß die Verantwortung übernehmen. Außerdem, von ein oder zwei Namen abgesehen, beeindruckte ihn die Liste der Rafi-Kandidaten überhaupt nicht. Bevor er sich selbst mit auf diese Liste setzen ließ, wünschte er, sie mit ein paar Namen seiner Wahl verstärkt zu sehen. Für sich selbst hielt er den siebenten Platz für angemessen.

Während eine Reihe von Mitgliedern der »Minorität« der neuen Liste gute Wahlchancen einräumten, blieb Dayan pessimistisch. Ben Gurion sprach schon von »Mehrheit«, und Peres hielt fünfundzwanzig Sitze für ausgesprochen realistisch. Rafi würde damit zu einem einflußreichen Faktor in jeder Koalitionsregierung werden. Dayan schätzte die Zahl der zu erreichenden Parlamentssitze auf sechs bis acht – deswegen, so sagten einige, habe er sich auf den siebenten Platz gesetzt. Später hielt er acht bis zehn Sitze für realistisch. Die Rafi gewann dann ganze zehn Sitze in der Sechsten Knesset. Bei der Bildung einer neuen Regierung wurde sie daher völlig ignoriert.

Der Soldat Dayan, der fest davon überzeugt war, massive arabische Armeen mit zahlenmäßig geringen Streitkräften schlagen zu können, war nicht der Staatsmann Dayan, der daran glaubte, die durch ihre Verbindung mit der Achdut Ha'avodah gekräftigte Mapai könne von einer kleinen politischen Partei geschlagen werden.

Als ein Reporter ihn fragte, ob nicht sein Zweifeln und sein Zögern seinem Image geschadet hätten, antwortete Dayan: »Möglicherweise. Doch wenn Leute mich nur deswegen nicht unterstützen, weil ich, ehe ich mich entschied zögerte, in eine andere Partei einzutreten, muß ich das mit Bedauern zur Kenntnis nehmen.«

Es schien, als wollte Dayan das Verhältnis zu seinen Wählern auf die Grundlage des Fair play stellen: Sie wissen, was sie für ihre Stimme bei mir zu erwarten haben. Ich für meinen Teil verspreche ihnen, genau das zu geben – nicht mehr, aber auch nicht weniger.

Endlich, eher ein Pragmatiker als ein Träumer, versuchte Dayan, immer noch einige Möglichkeiten offen zu lassen. Er wollte sich die Türen zur Mapai wie zur Rafi offenhalten.

Diese Bemühungen bestimmten von September 1965 bis Mai 1967 seine Tätigkeit innerhalb der Rafi. Die Last der Verantwortung trug Shimon Peres ganz allein. Er hatte für den Aufbau des Parteivermögens zu sorgen. Dayan tat fast nichts für die Partei. Er erschien kaum in der Öffentlichkeit und tat nur wenig, um den Wählern klarzumachen, welch eine Veränderung schon durch ihre Stimmabgabe für die Rafi eingetreten sei. Er stellte nicht das einfachste Programm für einen Wechsel im System auf.

In der Knesset hatte es den Anschein, als wäre Dayan selber eine Partei und nicht einer der Führer der Rafi. Bei verschiedenen Anlässen stand er in Opposition zu seinen eigenen Parteifreunden. Anläßlich der israelischen Vergeltungsaktion vom November 1966 im jordanischen Dorf Samoa griffen Ben Gurion und Peres den Ministerpräsidenten Eshkol im Parlament heftig an und kritisierten das Unternehmen. Dayan unterstützte es.

Im April 1966 erfuhr die israelische Presse davon, daß Dayan eine Einladung nach Vietnam erhalten habe, um für eine Reihe ausländischer Zeitungen vom dortigen Kriegsschauplatz zu berichten.

Das israelische Parlament lehnte diese Reise einstimmig ab. Man fürchtete, die Weltöffentlichkeit könne darin ein Eintreten Israels für den

Krieg der Vereinigten Staaten in Vietnam erblicken. Einem Freund gegenüber bekannte Dayan:
»Heute, nach fünfundzwanzig Jahren Tätigkeit für die Landesverteidigung und fünf Jahre für die Landwirtschaft, habe ich keine zerstörerischen Interessen. Aber im Augenblick ist das der einzige Krieg in der ganzen Welt. Irgendeiner von uns wird schwerlich in einem Krieg von diesen Ausmaßen gekämpft oder ihn auch nur zu sehen bekommen haben.
Mein Spezialgebiet ist die Sicherheit. So wie Spezialisten für Pflanzenkrankheiten herumreisen, um diese Krankheiten und ihre Bekämpfungsmöglichkeiten an Ort und Stelle zu studieren, möchte ich mir den Krieg in Vietnam ansehen, um daraus zu lernen und für die Verteidigung in unserem Bereich nützliche Erfahrungen zu sammeln. Das ist alles. Ich begreife nicht, was daran verkehrt sein soll. Ich kann nur lächeln, wenn ich höre, meine Reise bedeute eine Unterstützung der Vereinigten Staaten. Ob etwas daran ist, kann man doch frühestens nach meiner Rückkehr beurteilen.«
Die gesamte Fraktion der Rafi im israelischen Parlament war gegen seine journalistische Sonderaufgabe. Dayan nahm davon keine Notiz. Ein paar Tage vor seiner Abreise nach Vietnam äußerte ein Parlamentsmitglied: »Ich an Ihrer Stelle würde nicht reisen.« Dayan antwortete: »Es wird Sie überraschen, wenn ich Ihnen sage, daß ich an Ihrer Stelle auch nicht gehen würde. Ich reise jedoch ›an meiner Stelle‹, während Sie hier ›an Ihrer Stelle‹ bleiben.«
Die Reise nach Vietnam und die folgende Artikelserie über den Vietnamkrieg erwarben Dayan internationale Anerkennung als militärpolitischer Fachmann. Er wurde zu Besuchen und zu Treffen mit Regierungsmitgliedern und hohen Militärs in Amerika, England und Frankreich eingeladen. Nach seiner Rückkehr im Sommer 1966 bat er, vom Vorsitz der Rafi-Fraktion im Parlament entbunden zu werden. Von da an kam seine politische Tätigkeit praktisch zum Erliegen.
Dafür aber wuchs seine Unabhängigkeit.
Allgemein wurde angenommen, daß Dayan immer nur mit einem Bein in der Rafi gestanden habe. Seine Enttäuschung über die Partei und einige ihrer führenden Mitglieder hat er nie verborgen; er stellte sogar die Wirksamkeit einer Partei mit nur zehn Parlamentsabgeordneten in Frage.
Wenn er nicht austrat, dann wahrscheinlich nur, um sich alle Möglichkeiten offenzuhalten. Obgleich er die Regierung und ganz besonders die Wirtschaftsrezession Pinchas Sapirs kritisierte, fiel seine Kritik nicht

schärfer aus als die anderer Politiker. Das Zaudern, das sein Image anscheinend etwas angeschlagen hatte, wurde nun zu einer ihm zugeordneten Eigenschaft, die ihn als Persönlichkeit erscheinen ließ, die »nach allen Seiten offen« war.
Schneller als jedermann, ja schneller, als Dayan selbst je angenommen hatte, trat der Wechsel ein.
Im Mai 1967 erwiesen sich alle Unzulänglichkeiten und alle Unterlassungssünden Dayans in der Rafi als Vorzüge. Die Mapai begann nämlich, alle Kandidaten zu sichten, die in Betracht kamen, um Eshkol als Verteidigungsminister abzulösen.

Der Sechstagekrieg (Mai-Juni 1967)

Mit fünfzig Jahren war Moshe Dayan zum zweitenmal in seinem Leben außer Kurs geraten. Immer mehr wurde seine Partei vom Weg an die politische Macht abgedrängt, immer weiter entfernte Dayan sich von seiner Partei. Vergebens hatte er seine Erwartungen mit der Rafi verbunden, und gleichermaßen erwiesen sich die von der Rafi in Dayan gesetzten Hoffnungen als trügerisch.
Im allgemeinen bestimmen zwei Kriterien die potentielle Führerpersönlichkeit: Ist sie imstande, sich und ihre Kollegen an die Macht zu bringen? Wenn ihr das gelingt, ist sie dann zum Ministerpräsidenten geeignet? Wie die Dinge lagen, sah es doch so aus, daß selbst Dayans standhafteste Anhänger ihr Gehirn wegen einer Antwort auf die zweite Frage gar nicht zu strapazieren brauchten; war doch schon die Antwort auf die erste Frage ein unzweideutiges Nein. Dayan war nicht der Mann, eine politische Partei aufzubauen und sie zu organisieren. Er wußte das selbst viel zu genau. Die Menschen langweilten ihn, besonders Parteipolitiker. Ihre Konflikte, ihre täglichen Querelen in allen Zweigen der Partei, ihre Probleme mit Angelegenheiten, die nicht die auswärtigen Beziehungen und Verteidigungsangelegenheiten betrafen. Ihr dauerndes Gejammer sowie die kleinen Krisen und Schikanen interessierten ihn einfach nicht. Auf Parties ging er nicht. Wo sein Erscheinen sich nicht vermeiden ließ, verschwand er nach 23 Uhr. Seine Anwesenheit bei Besprechungen der höchsten Gremien der Rafi war selten und kurz. Dayans Freunde wußten, daß seine Geduld nach 15 bis 20 Minuten zu Ende war. Wenn er sich nervös durch die Haare fuhr, hatten sie zu verschwinden. Bei Leuten, die das nicht wußten oder nicht beachteten, ging Dayan.
Sein Benehmen erklärte er mit mangelndem Ehrgeiz, Ministerpräsident zu werden. Man sollte wohl sagen: Falls er doch Ministerpräsident werden würde, ist es gut so; wenn nicht, ist das auch kein Verlust. Macht und Status waren nicht das allein Ausschlaggebende in Dayans politischem Dasein.

So wie die Hoffnungen der Rafi dahinschmolzen, genügend Wähler zu finden, die es ihr ermöglichen würden, ihre Männer in die Regierung zu bringen, schmolzen Dayans Hoffnungen mit fortschreitender Festigung der Vereinigung von Mapai und Achdut Ha'avodah dahin. Die großen Erwartungen, die Dayan als Führer der Rebellen innerhalb der Mapai geweckt hatte, erstarben, als er einer der Führer gerade jener wurde, die sich dann zu einer ganz neuen Partei zusammengeschlossen hatten.
Dayans Haupthindernisse auf dem Weg zum Parteiführer waren sein Desinteresse an oder seine Unfähigkeit für Teamwork überhaupt. Shimon Peres gehörte zu denen, die das ganz genau wußten. Als Generalsekretär der Rafi hatte er die Hauptlast der Verwaltungsarbeit zu tragen. Er hatte sich häufig über Dayans mangelndes Verständnis und die Unmöglichkeit beklagt, mit ihm überhaupt zu einer Einigung zu kommen. In einzelnen Dingen konnten Verständigung und Übereinstimmung erzielt werden, doch nie für das gesamte, mehrphasige und auf lange Sicht angelegte politische Konzept.
Dayan wurde bei Freund und Feind gleichermaßen zum »einsamen Wolf«.
Zur gleichen Zeit bildete sich bei ihm jedoch so etwas wie natürliche Führungsqualitäten heraus. Es hatten eine ganze Menge Leute den Wunsch, für ihn und mit ihm zu arbeiten. Das Rätsel seiner Persönlichkeit ist nur zum Teil mit seinem Charisma zu erklären, obgleich häufig schon ein Lächeln genügte, um die Leute zu gewinnen und zu seinen Verehrern zu machen. Dayans Stärke war seine Persönlichkeit, nicht seine Fähigkeiten oder seine politischen und gesellschaftlichen Einsichten. Durch die ihm eigene Klarsicht, seinen Realismus und seine Fähigkeit, Entwicklungen exakt zu analysieren, war die Persönlichkeit Dayans größtes Kapital. Sein Charakter war nicht weniger bedeutend als seine Ansichten und seine Persönlichkeit nicht weniger beziehungsvoll als seine Ideen.
Dieser Gegensatz in seinem Erscheinungsbild war gleichzeitig Grund zum Neid und zur Bewunderung. Dayan sprach, handelte und benahm sich so, wie es ihm gefiel – souverän. Nicht einmal der Rang und die Uniform eines Generalmajors konnten ihn daran hindern, Sandalen zu tragen und sich seine Apfelsinen im nächsten Obstgarten zu pflükken. Der Status eines Politikers band ihn noch weniger an Konventionen. Er sprach aus, was er für richtig hielt, sogar dann, wenn es im Gegensatz zu den in der Öffentlichkeit verbreiteten Anschauungen stand. So konnte er sagen, daß er von den israelischen Arabern keine

Loyalität dem Staat gegenüber erwartete, und gleichzeitig fordern, daß ihnen die Beamtenlaufbahn zu öffnen sei. Er schrieb über die Angeberei von Israelis in Afrika und hatte nichts gegen Israelis, die auswandern wollten. In der Knesset äußerte er offen seine persönliche Meinung, selbst dann, wenn sie im Gegensatz stand zu den Meinungen von Ben Gurion oder Shimon Peres.

Seine Mitgliedschaft in der Rafi hinderte ihn nicht, ganz offen für Mitglieder anderer Parteien einzutreten oder selbst eigene Parteimitglieder zu kritisieren. Daß er ein führendes Mitglied der Rafi war, hinderte ihn nicht daran, über eine Rückkehr in die Mapai zu reden, falls ihm das notwendig erscheinen sollte.

In seinem »Tagebuch des Sinai-Feldzugs« schrieb Dayan so herausfordernd über die Zahal, den Augapfel Israels, die so unangreifbar hochstilisiert worden war, daß Golda Meir das Buch als die ernsteste Anklage ansah, die je gegen die Armee und ihre höchsten Offiziere geschrieben worden sei, und verlangte, daß ein Mann wie Dayan sich dazu vor der gesamten Nation zu verantworten habe. Über seine Familie urteilte er genauso offen. Er würde, könne er sein Leben noch einmal leben, nicht wieder heiraten und Kinder aufziehen. Privat lebte Dayan so, wie er es für richtig hielt. Ihn interessierte nicht, ob sein Verhalten gegen die Moralanschauungen der Öffentlichkeit verstieß wie bei seinen Liebesabenteuern oder dann, wenn er einfach geltendes Recht brach.

Fast zum Symbol dafür wurde die Affäre des »Fässer-Entfernens«, die seinerzeit in Israel viel Staub aufwirbelte. Damals, im November 1961, traf Dayan auf eine Straßenbaustelle. Leere Benzinfässer waren aufgestellt worden, um die Kraftfahrer am Durchfahren der Baustelle zu hindern und den Verkehr auf einen Behelfsweg umzuleiten. Dayan, der keine Lust hatte, sich in die Schlangen der Wartenden einzureihen, stellte die Fässer zur Seite und durchfuhr die Baustelle.

Sein Sammeln von selbstausgegrabenen Zeugen der Vergangenheit, an denen gerade der kulturträchtige Boden Palästinas so reich ist, wäre ihm einmal fast zum Verhängnis geworden. Nur das sofortige Eingreifen eines zehnjährigen Jungen, der den örtlichen Roten Davidsstern (entspricht dem Roten Kreuz) benachrichtigte, rettete Dayan vor dem Erstickungstod unter einer umgestürzten Mauer.

Es war begreiflich, daß Seite an Seite mit der Begeisterung für Dayans positive Eigenschaften sich im israelischen Volk ein gewisser Neid bemerkbar machte; der Neid, nicht so leben zu können, nicht so zu sein wie dieser Mann. Dayans Philosophie, sich immer und überall so zu geben, wie er wirklich war, und immer seinen persönlichen Neigungen nachzugeben, fand viel mehr Bewunderer als in einer Zeit, da er unter heftigem Beschuß stand und sich seine politische Stellung in ihrer Bedeutung eher verminderte, anzunehmen war. Es scheint, als ob Dayans Image, ungeachtet der unterschiedlichsten Überlegungen personeller und politischer Art, als das eines Mannes, der tat, was getan werden mußte, schließlich doch den Schicksalswechsel herbeiführte. Eine mächtige Welle von Vertrauen und Unterstützung schwemmte ihn zurück in das Kabinett und gewann ihm das begehrte Amt des Verteidigungsministers.

Wie auch immer die Fülle der Ereignisse vom Mai 1967 zu interpretieren ist, eines ist unbestritten: Der plötzliche Aufmarsch der ägyptischen Armee auf der Sinai-Halbinsel, die Ausweisung der UNO-Truppen aus dem Gazastreifen und der Straße von Tiran, die wiedererneuerte Blockade des Seeweges gegen die israelische Schiffahrt am 23. Mai und Präsident Nassers Ansprache* an die Piloten der ägyptischen Luftwaffe auf der Sinai-Halbinsel, das alles zusammengenommen brachte die israelische Öffentlichkeit völlig aus dem Gleichgewicht.

Plötzlich entdeckten sie, daß das Abschreckungspotential der israelischen Armee, dem das gesamte Land blind vertraute, über Nacht dahingeschmolzen war. Überdies erzeugte Nassers Selbstvertrauen gegenüber Eshkols Unschlüssigkeit in allen Teilen des israelischen Volkes eine ausgeprägte Furcht vor einem Krieg mit allen seinen gräßlichen Folgen. Binnen weniger Tage waren Überleben und Fortbestand des Staates in Frage gestellt. Wieder wurden die grauenhaften Verbrechen des nationalsozialistischen Völkermordes und die Schrecken der osteuropäischen Judenprograme im Bewußtsein der israelischen Öffentlichkeit lebendig. Wieder reckte sich, durch Kriegsankündigungen und Morddrohungen Nassers und der übrigen arabischen Führer zu gräßlichem Leben erweckt, das Gespenst des Totschlags aller jüdischen Menschen, der »Endlösung der Judenfrage«, drohend über Israel und seine Menschen.

Der israelische Ministerpräsident ordnete die Generalmobilmachung an.

Israel war ganz offensichtlich imstande, jeder Gefahr von außen zu begegnen; doch ein klares Konzept wie, wo, und wann es seine mobilgemachten Streitkräfte einzusetzen hatte, fehlte offenbar. Auch die

---

* »Die Straße von Tiran ist ägyptisches Territorialgewässer. Wenn die Führer Israels und General Rabin Krieg haben wollen, sind sie herzlich willkommen. Unsere Truppen warten auf sie.«

lange Wartezeit nährte in der Bevölkerung die Zweifel an der Fähigkeit der Zahal, der ägyptischen Truppen leicht und schnell Herr zu werden.
Bei den Feldtruppenteilen der israelischen Armee herrschte im allgemeinen der Geist des Vertrauens in die eigenen Fähigkeiten vor. Der Chef des Stabes aber, General Yitzhak Rabin, war nicht fähig, diesen Geist auf Regierung und Bevölkerung zu übertragen. Er erlitt außerdem am 23. Mai einen schweren Schwächeanfall*. Das war der Tag, an dem Nasser seine Bereitschaft zum Krieg mit Israel bekanntgab und die Straße von Tiran für die israelische Schiffahrt sperren ließ. Rabin hatte auf Anordnung seiner Ärzte zwei Tage im Bett zu bleiben.
Ein zusammengebrochener Generalstabschef, ein kraftloser, unentschlossener Ministerpräsident und Verteidigungsminister, die sich fortlaufend steigernde Unverschämtheit des ägyptischen Präsidenten und die unaufhörlichen Verstärkungen der ägyptischen Armeen im östlichen Teil der Sinai-Halbinsel schufen zusammengenommen einen für Israel noch nie dagewesenen Notstand.
Das Land verlangte jetzt den Zusammenschluß aller Parteien in einer Koalitionsregierung. Vom 23. Mai an forderten fast alle Parteien eine »Regierung der nationalen Einheit«.
Die Oppositionsparteien machten ihren Eintritt in die Regierung unter einem Ministerpräsidenten Eshkol jedoch von einem Wechsel in der Führung der Geschäfte aller mit der Verteidigung der Nation zusammenhängenden Fragen abhängig.
Zehn Tage lang, vom 23. Mai bis zum 1. Juni, tobte in der Öffentlichkeit ein hitziger Kampf. Es sollte unbedingt ein Kabinettswechsel her-

---

* Es existieren verschiedene Versionen über die Krankheit des Generalstabschefs. Der Pariser *Figaro* schrieb am 19. Januar: Einen Tag nachdem Präsident Nasser die Straße von Tiran geschlossen hatte, brach Rabin zusammen und erlitt eine nervöse Depression.
M. Gilboa in »Sechs Tage – Sechs Jahre« und S. Nakdimon in »Gegen Null Uhr« beziehen sich beide auf den Artikel und auf andere Quellen. Gilboa schreibt: »Rabins Freunde glaubten, die Frage der Minister, ob Israel sich einen Krieg erlauben könne, habe entscheidenden Einfluß gehabt.«
Nakdimon fügt hinzu: »Bei der Besprechung im Armeeoberkommando (wegen der Schließung der Straße von Tiran einberufen), wurde der Chef des Stabes krank ... man schaffte ihn in seine Wohnung. Dort wurde er von dem ranghöchsten Sanitätsoffizier der Armee, Oberst Eliyahu Gilon, untersucht, der ihm zwei bis drei Tage strengster Ruhe verschrieb. Der Fernsprecher wurde abgeschaltet, Besucher nicht zugelassen.«

beigeführt werden. Jeder war sich klar darüber: Zuerst einmal mußte man bei Volk und Armee wieder eine Atmosphäre des Selbstvertrauens schaffen. Das würde dem Vertrauen in die Regierung wieder auf die Beine helfen. Das Amt des Verteidigungsministers sollte in starke, fähige Hände gelegt werden. Dazu machte man fünf Grundsatzvorschläge. Alle wurden abgelehnt.

Eshkols Vorschlag sah vor, das Amt des Verteidigungsministers bei ihm zu belassen, bot dazu aber drei Alternativvorschläge an: Ein erweitertes ministerielles Verteidigungskomitee (dem auch drei Vertreter der Oppositionsparteien angehören sollten), Yigal Allon als besonderer militärischer Berater, oder ein Komitee aus Offizieren des Heeres, der Marine und der Luftstreitkräfte. Ein zweiter Vorschlag kam vom liberalen Herut-Block und der Nationalen Religiösen Partei und sah vor, Ben Gurion als Ministerpräsidenten oder als Verteidigungsminister wieder in die Regierung zurückzuholen. Ein dritter, von den gleichen Parteien eingebrachter Vorschlag, wollte Dayan zum Verteidigungsminister ernannt wissen. Ein vierter, vom Führer der Nationalen Religiösen Partei gemachter Vorschlag sah vor, Yigael Yadin zum Verteidigungsminister zu ernennen. Endlich wollte der fünfte, von den Veteranen der Mapai und der Achdut Ha'avodah eingebrachte Vorschlag Yigal Allon als Verteidigungsminister sehen. Dazwischen gab es dann noch eine Fülle von Variationen. Eine davon, die man später wieder fallen ließ, sah Dayan als stellvertretenden Ministerpräsidenten, Außenminister oder als einen von Eshkols drei Beratern vor.

Die Entwicklungen vom 14. Mai überraschten Dayan. Genau wie Rabin hatte er immer geglaubt, daß ein Krieg mit Ägypten in weiter Ferne liege. Noch im April 1967 hatte er einer Gruppe von Professoren der Harvard-Universität gegenüber geäußert, innerhalb der nächsten zehn Jahre sehe er keinen Krieg am Horizont auftauchen. Das war auch die amtliche Meinung von Regierung und Armee in Israel. Wegen ihres Engagements im jemenitischen Bürgerkrieg hielt man die ägyptische Armee für außerstande, einen Krieg gegen Israel anzuzetteln. Dayan sollte seine Ansicht sehr schnell zu ändern haben. Während die Regierung Eshkol den Zustrom ägyptischer Truppen auf die Sinai-Halbinsel mehr als bloße Demonstration abtat, erkannte Dayan sofort, daß hier ein Krieg heraufzog, den man nicht mehr würde vermeiden können.

In aller Öffentlichkeit kritisierte er während einer für ehemalige Generalstabschefs organisierten Besichtigungsreise zum Panzerkorps am 15. Mai die Regierung und sagte: »Nasser wird zu außergewöhnlichen

Maßnahmen Zuflucht nehmen wollen. Nachdem sich die UNO-Truppen von den Grenzen Israels zurückgezogen haben, ist er imstande, wieder die Straße von Tiran zu sperren. Eshkol wird das schlucken.«
In ganz kurzer Zeit ging diese Prophezeiung in Erfüllung. Es ist bezeichnend, daß Dayan sich zu diesem Zeitpunkt wieder einmal absetzte. Er zog sich aus dem brodelnden Hexenkessel des Parteigerangels zurück. Als die Lavon-Affäre ausbrach, war Dayan außer Landes. Auf dem Höhepunkt des Streits zwischen »Majorität« und »Minorität« der Mapai segelte Dayan geruhsam mit einem Fischerboot gen Eritrea. Diesmal nun, statt seine Partei zu führen, an ihren Überlegungen und Bemühungen und an ihrem Kampf für die Einsetzung einer Regierung der Nationalen Einheit aktiv mitzuwirken, beantragte er bei Eshkol die Genehmigung, die Armeeeinheiten im Süden des Landes zu besuchen. Er wollte »die Dinge aus erster Hand sehen«. Eshkol erklärte sich höflicherweise damit einverstanden, überließ ihm ein Militärfahrzeug und teilte ihm einen Oberstleutnant als Begleiter zu. Allem Parteienstreit entzogen, fast ohne Kontakt zu den leitenden Männern der Rafi, fuhr Dayan in der Uniform eines Generalleutnants von Einheit zu Einheit entlang der südlichen Staatsgrenze.
Es waren zehn Jahre ins Land gezogen, seitdem Dayan die Armee verlassen hatte. Man hatte neue Waffen und Geräte eingeführt und viele Verbesserungen vorgenommen. Vielleicht dachte Dayan im Grunde seines Herzens an die Betrauung mit irgendeinem militärischen Kommando. Die dafür erforderliche Qualifikation besaß er. Doch was auch immer seine Beweggründe gewesen sein mögen, instinktiv tat er genau das Richtige.
Dayan hatte seine Bedenken über die Aussichten, die man einer sinnvollen Änderung oder Umbildung der Regierung Eshkol einräumen konnte. Er hielt sich deswegen ganz bewußt fern von den Zentren politischer Aktivität. So wie er die Situation beurteilte, trat er für sofortige militärische Maßnahmen ein, noch ehe es der ägyptischen Armee gelang, ihren Aufmarsch auf der Sinai-Halbinsel zu beenden. Ben Gurion war dagegen. Er schlug vor, die Reservisten zu entlassen und die Schließung der Straße von Tiran »zeitweilig« hinzunehmen; wenigstens solange, bis sich Israel eine bessere, eine politische Möglichkeit anbieten würde, sie wieder zu öffnen. Er verlangte, daß Israel sich den günstigsten Zeitpunkt dafür selber auszusuchen habe und sich niemals zur Unzeit durch die politischen Umtriebe Nassers zum Handeln zwingen lassen dürfe.
Ben Gurions Handlungsweise wurde zum größten Teil durch seine

persönliche Abneigung gegen Eshkol sowie durch seinen Wunsch bestimmt, ihn endlich ersetzt zu sehen. Doch auch ganz reale Befürchtungen, Eshkol könne die Nation in Kriegs- und Nachkriegszeiten mit ihrer Problemfülle und den zu erwartenden politischen Zwistigkeiten nicht richtig führen, beeinflußten sein Verhalten.
Jetzt hielt Peres seine Stunde für gekommen. Er versuchte, eine Regierung der nationalen Einheit zu bilden, um dabei die Gelegenheit beim Schopf zu packen und Ben Gurion zurückzuholen. Er hatte damit keinen Erfolg. Die Mapai erhob sich wie ein Mann dagegen. Nichts fürchtete man mehr als Ben Gurions Rückkehr, bei der zweifellos viele »Köpfe rollen« würden.
Also ließ man zunächst den Vorschlag fallen, Ben Gurion die Ministerpräsidenten- und Verteidigungsministersessel anzubieten. So behielt die Rafi nur noch eine Alternative in der Hand: Es mußte versucht werden, Dayans Ernennung zum Verteidigungsminister in Eshkols Kabinett zu erwirken. Neue Spannungen entstanden zwischen Peres und Ben Gurion, der immer noch darauf bestand, Eshkol »hinauszuwerfen«. Ben Gurions Wunsch, nun endlich seine Rechnung mit Eshkol zu begleichen, verzerrte ihm alle Maßstäbe. Sogar noch dann, als er Dayans Ernennung zum Verteidigungsminister an seiner, Ben Gurions Stelle, bereits zugestimmt hatte, forderte er unentwegt: »Falls Eshkol Dayan nur das Amt des Verteidigungsministers anbietet, muß er niedergestimmt werden.« Frau Golda Meir verlangte die Stärkung der Regierung Eshkol. Sie wollte das ohne Wechsel im Verteidigungsministerium und ohne die Bildung einer Regierung der nationalen Einheit erreichen. Sie glaubte fest daran, daß die israelische Armee am Ende doch den Sieg davontragen würde und meinte, man solle den Ruhm des Sieges nicht auch noch mit anderen Parteien teilen müssen. Die Stärkung der Regierung habe aus den eigenen Reihen und von innen heraus zu erfolgen. Man könne zum Beispiel sie, Golda Meir, zum stellvertretenden Ministerpräsidenten ernennen; doch wenn schon ein neuer Verteidigungsminister nötig sein sollte, dann wolle sie nur ihren Kandidaten, Yigal Allon, auf diesem Posten sehen. Als sie auch damit keinen Erfolg hatte, setzte sie ihren nicht unbeträchtlichen Einfluß bei Eshkol dafür ein, damit Allon zu seinem stellvertretenden Ministerpräsidenten ernannt würde.
Eshkol befand sich, vorsichtig ausgedrückt, in einer wenig beneidenswerten Lage. Er hatte offenbar keine Ahnung, was für eine Atmosphäre der Unsicherheit er um sich verbreitete. So versuchte er zunächst einmal, seinen eigenen Kopf aus der Schlinge zu ziehen. Zuerst stimmte

er Allons Ernennung zu. Dann änderte er seine Meinung und präsentierte gleich ein ganzes Bündel von Alternativen, machte Rückzieher auf der ganzen Linie, übertölpelte dabei alle diejenigen, die versucht hatten, einen Druck auf ihn auszuüben, und kämpfte wütend um seine beiden Ministersessel. Er raste von einer Besprechung zur anderen, immer in der stillen Hoffnung, am Ende soviel Verwirrung angerichtet zu haben, daß außer ihm niemand mehr vollständig durchblicken konnte. Aus einiger Entfernung betrachtet, schien Eshkol einige Fleißarbeit zu leisten, doch bei näherem Hinsehen stellte sich heraus, daß er lediglich einen Tanz auf glühenden Kohlen aufführte.
Auf Rabin, den Eshkol ab sofort zu allen Kabinettssitzungen hinzuzog, entfiel in steigendem Umfang die Verantwortung für kritische Entscheidungen.
Diese Belastung ist es dann wohl auch gewesen, die Gesamtverantwortung für das Schicksal Israels, die Rabin letztlich in den Zusammenbruch trieb.
Die beiden Kandidaten für das Amt des Verteidigungsministers, Allon und Dayan, reagierten auf die Ereignisse jener hektischen Tage völlig unterschiedlich. Wie alle anderen war auch Allon überzeugt, daß Eshkol vom Amt des Verteidigungsministers entbunden werden müsse. Er hatte sich aber bereits damit abgefunden, Eshkols Berater in allen Verteidigungsangelegenheiten zu werden, sozusagen Geschäftsführender Verteidigungsminister, um dann, gleichsam auf kaltem Weg, in das Amt hineinzurutschen. Später verlangte er öffentlich das Amt für seine Person. Er kämpfte hart um die Ernennung.
Dayan verhielt sich getreu dem Grundsatz: »Dem Gerechten wird Hilfe zuteil« und blieb den Zentren politischer Aktivität fern. Den größten Teil seiner Zeit verbrachte er mit Truppenbesuchen in Standorten und Stellungen. Gelegentlich erschien er zu Beratungen in Tel Aviv, doch niemals erklärte er seine Kandidatur für den Posten des Verteidigungsministers. Eshkol und andere waren nun gezwungen, seine Bereitschaft dazu aus seinem Verhalten abzuleiten. Dayan selbst lehnte die Betrauung mit jedem anderen Amt kategorisch ab. Als Eshkol sich am 31. Mai bei Dayan erkundigte, ob er bereit sei, in einer Regierung der nationalen Einheit den Posten des Stellvertretenden Ministerpräsidenten zu übernehmen, und, falls das nicht der Fall sein sollte, welches Amt er dann annehmen würde, antwortete Dayan: »Ich halte das für eine eher hypothetische Frage. Deswegen kann auch die Antwort darauf nur hypothetisch sein. Ich bin bereit, das Amt des Ministerpräsidenten oder des Verteidigungsministers zu übernehmen.

Wenn es sein muß, auch alle beide. Kann ich das Verteidigungsministerium nicht bekommen, möchte ich zur Armee einberufen werden. Das hat aber nichts mit politischen Überlegungen zu tun. In diesem Fall würde ich jedes Kommando annehmen, das der Chef des Stabes für mich bereithält.« Eshkol fragte gleich: »Das wäre zum Beispiel?« Dayan antwortete: »Oberbefehlshaber des Südkommandos, denn ich kenne die Ägypter und die Sinai-Halbinsel sehr gut. Doch in der Armee würde ich sogar ein Halbkettenfahrzeug fahren.«

Zu diesem Zeitpunkt war Eshkol schon bereit, das Amt des Verteidigungsministers zugunsten Yigal Allons niederzulegen. Jetzt sah er plötzlich in Dayans Antwort einen neuen Ausweg. Er stürzte sich auf dessen Worte, als ob damit sämtliche Probleme mit einem Schlag gelöst wären. Jetzt brauchte er sein Versprechen, Allon mit dem Verteidigungsministerium zu betrauen, nicht mehr zu halten. Mit Dayan als Oberbefehlshaber der ägyptischen Front würde das Vertrauen der Nation in Armee und Regierung wieder zurückkehren, und er, Eshkol, könnte weiterhin beide Ministerien verwalten. Schnell informierte er die Kollegen von der Mapai und die Parteivorsitzenden jener Parteien, die nach Dayan gerufen hatten. Das Problem sei gelöst, die Regierung der nationalen Einheit könne gebildet werden.

Dadurch, daß er der Übernahme eines militärischen Kommandopostens zustimmte, arbeitete Dayan denjenigen direkt entgegen, die ihn als Verteidigungsminister sehen wollten. Doch die Entwicklung der Lage im Nahen Osten führte Eshkols Eiertänze ad absurdum. Täglich wachsendes Kriegspotential der Ägypter auf der Sinai-Halbinsel und die nur zögernden Versuche der Regierung, der Krise Herr zu werden, ließen in der Bevölkerung den Ruf laut werden: »Dayan muß Verteidigungsminister werden.« Eshkol wurde mit Telegrammen und Bittschriften überhäuft. Als Golda Meir sich gegen die Ernennung Dayans aussprach, befand sie sich in der Minderheit. Von der Fraktion der Mapai in der Knesset wurde Eshkol zur Darlegung seines Standpunkts aufgefordert. Während einer Fraktionskonferenz am 30. Mai äußerte der Sprecher des Parlaments, Kadish Luz: »Die Öffentlichkeit verlangt nach Dayan. Ihn zu ernennen, ist der einzige Weg, sie zu beruhigen.«

Die Frauen Israels, die jetzt die Mehrheit der Bevölkerung bildeten, standen hinter Dayan. Ihre Söhne und Männer hatten ihnen von der Begeisterung geschrieben, mit der Dayan überall von den Einheiten der Armee empfangen wurde.

Eine politische Gruppe, der »Kreis weiblicher Wähler«, beschloß, sich für Dayans Ernennung einzusetzen. Ehe jene Organisation voll in die

geplante politische Kampagne einstieg, wollte sich Frau Herzla Ron, eine Justitiarin des Verteidigungsministeriums, Dayans Zustimmung zu der geplanten Aktion versichern. »Sie haben nicht mit mir gesprochen«, beendete Dayan die telefonische Unterredung. Er sei eigentlich nicht gegen den Plan, meinte Frau Ron, wolle aber wohl auch die Frauenorganisation nicht so recht unterstützen.
Am 1. Juni 1967 hatte die Organisation bereits Zehntausende von Unterschriften gesammelt.
Schließlich konnten Eshkol und Golda Meir dem gesammelten Druck der Öffentlichen Meinung, der Nationalen Religionspartei, dem Herut-Block der Liberalen, der Mapai-Mehrheit, dem hartnäckigen und nie erlahmenden Druck Shimon Peres' und sogar Yigael Yadins, einer absolut apolitischen Persönlichkeit, nicht mehr länger ihren Widerstand entgegensetzen.
Eshkol war tief beeindruckt, als auf einer Versammlung des Herut-Blocks der Liberalen Menahem Begin sagte: »Innerhalb einer halben Stunde, Herr Ministerpräsident, können Sie die gesamte Nation hinter sich haben, wenn Sie Moshe Dayan zum Verteidigungsminister ernennen.«
Eshkol beschloß, »die Kröte zu schlucken«. Am ersten Juni schlug er Dayan vor, als Verteidigungsminister in die Regierung einzutreten.
Nur zwei Führer der Rafi erhoben Einwände wegen des Eintritts eines Vertreters der Rafi in eine Regierung der nationalen Einheit. Einer davon war Ben Gurion. Er kleidete seine Ablehnung in die geradezu unmögliche Forderung: »Ich bin für das Einverständnis der Rafi zur Ernennung Moshe Dayans zum Verteidigungsminister. Ich schlage vor, daß die Rafi Eshkol veranlaßt, sein Amt als Ministerpräsident niederzulegen und unter Moshe Dayan das Amt des stellvertretenden Ministerpräsidenten auszuüben.«
Falls Ben Gurion die Rafi-Partei nur gegründet haben sollte, um Eshkol für seine Sünden im Siebenerausschuß zur Rechenschaft zu ziehen, war diese Absicht völlig danebengegangen. Jetzt bildete er eine Minderheit in gerade der Partei, die er selber einst aus der Minderheit der Mapai geschaffen hatte. Im Vertrauen auf eine positive Antwort der Rafi berief Eshkol die erste Sitzung der Regierung der nationalen Einheit auf acht Uhr morgens ein. Man beschloß, der Ernennung Dayans zum Verteidigungsminister und Eshkols Entbindung von diesem Amt mit aller gebotenen Ruhe abzustimmen. Dayan erschien, nachdem die Rafi seiner Ernennung gegen Mitternacht zugestimmt hatte. Die Debatte über die Lage entlang den israelisch-ägyptischen

Grenzen wurde an den ministeriellen Ausschuß für Verteidigungsangelegenheiten verwiesen, der für den folgenden Tag, den 2. Juni, einberufen worden war.

Die erste Kabinettssitzung, an der Dayan von Anfang bis Ende teilnahm, fand an jenem Freitag im Armeeoberkommando statt und war ausschließlich den Berichten des Generalstabschefs, Rabins, des Befehlshabers des Armeenachrichtendienstes, Generalmajor Aaron Yarivs und des Oberbefehlshabers der israelischen Luftwaffe, Generalmajor Mordechai Hods, gewidmet.

Das Kabinett trat am Sonntag, dem 4. Juni, erneut zusammen und bevollmächtigte den erweiterten ministeriellen Ausschuß für Verteidigungsangelegenheiten, auf die Lage entlang der ägyptischen Grenze entsprechend zu reagieren. Am gleichen Nachmittag beschloß der Ausschuß in seiner Eigenschaft als Kriegskabinett, am nächsten Morgen, Montag, dem 5. Juni, den Kriegszustand zu verkünden.

Damit endeten die am 21. Mai begonnenen Debatten über die Vorzüge diplomatischer Schritte gegenüber Gewaltanwendung und über einen von den USA unternommenen Versuch, mit Hilfe einer multinationalen Flotte die Straße von Tiran zu öffnen. Dayans Einstellung war bekannt. Niemand war überrascht, als er bei Eintritt in die Regierung sofortige militärische Aktionen verlangte.

Vorher noch war das Kabinett gespalten. Am 27. Mai ergab die Abstimmung ein 9 : 9-Unentschieden. Nach Dayans Eintritt jedoch ging der Kabinettsbeschluß zügig und ohne nennenswerte Schwierigkeiten bei nur zwei Gegenstimmen durch. Dayans Ernennung zum Verteidigungsminister hatte dem Kabinett offenbar einen neuen Geist eingeflößt und es ihm erleichtert, diese so schicksalsträchtige Entscheidung schnell zu treffen.

Warum wollte die Nation gerade Dayan und niemanden sonst?

Ganz gewiß nicht wegen der staatsmännischen Meriten, die er seit seinem Ausscheiden aus der Armee erworben hatte. Die Wahrheit ist, daß er den drei anderen Bewerbern vorzuziehen war, wenn man deren militärische Erfahrungen in Betracht zog. Ben Gurion hatte sich in eine Lage hineinmanövriert, aus der heraus seine Ernennung zum Verteidigungsminister so gut wie undenkbar erschien. Die Kampf- und Kriegserfahrungen der Generäle Yadin und Allon datierten bis 1948 zurück. Dayans Stärke war seine Verbundenheit mit der Zahal, der Armee Israels, nach dem Sinaifeldzug. Er war der Schöpfer und auch der Führer einer siegreichen Zahal gewesen. Für die israelische Öffentlichkeit war er der Erste Soldat der Nation. Jedermann kannte Dayan als einen Menschen gnadenloser Pflichterfüllung. Im Krieg ist, ganz anders als in Friedenszeiten, Effektivität das einzig gültige Kriterium. Niemand entsprach dieser Forderung des israelischen Volkes besser als Dayan.

Seine Truppenbesuche und seine Bereitschaft, wieder als Oberbefehlshaber der Südfront in die Armee einzutreten, trugen nicht gerade sehr dazu bei, den in der Öffentlichkeit für seine Ernennung geführten Feldzug zu unterstützen. Tatsächlich hätten sie seine Chancen beinahe ruiniert. Doch vom Augenblick der Ernennung zum Verteidigungsminister an bis zum Ende des Krieges wurde die Armee seine wichtigste Stütze. Jetzt erst sah man das Ausmaß des von der Armee in ihn gesetzten Vertrauens. Wohin Dayan auch ging, überall begrüßte die Armee ihn mit Enthusiasmus. Bei seinen Truppen- und Frontinspektionen hatte sich Dayan über Planung, Bewaffnung und Ausrüstung der Armee ein klares Bild gemacht.

Er war für das Amt des Verteidigungsministers bestens gerüstet. Schon am ersten Tag seiner Amtsführung erteilte er dem Chef des Generalstabs, Rabin, ausdrückliche und ausführliche Befehle über den Plan, nach dem die Armee zu handeln hätte.

Dayan erneuerte in der israelischen Armee wieder das Vertrauen in ihre Befähigung zum Sieg. Das war sein wichtigster Beitrag zu den glanzvollen Siegen über Ägypten, Jordanien und Syrien.

Die Armee, die am Montag, dem 5. Juni 1967, in den Krieg zog, war voller Selbstvertrauen und wußte genau, daß am Schluß der Sieg ihr gehören würde.

Sofort führte Dayan wieder Ordnung und Pünktlichkeit in den Dienstbetrieb des Armeeoberkommandos ein. Damit stand es seit einiger Zeit nicht mehr zum Besten. »Lassen Sie bitte mal Ihren Plan sehen«, sagte er zu Generalstabschef Rabin, »vorausgesetzt, Sie haben überhaupt einen.«

Mit einem seiner ersten Befehle als Verteidigungsminister ließ er sich einen Schützenpanzer bereitstellen, der ihn sofort an jeden Ort der Front bringen konnte, wenn das notwendig werden sollte.

Mut ist ansteckend. Dayan infizierte seine gesamte Umgebung mit seiner Furchtlosigkeit. Seine Führungsqualitäten zeigten sich aber nicht nur in den sogenannten kleinen Dingen, sondern auch bei Ereignissen wie der großen Pressekonferenz vom 3. Juni, während der er Bündeln von Fragen mit Humor und schlagfertigen Antworten wie ein altes, gestandenes Regierungsmitglied begegnete.

Zum Beispiel:

Frage: »Glauben Sie, daß eine politische Lösung gefunden werden kann?«
Antwort: »Die Regierung Israels hat diplomatische Schritte eingeleitet, denen man eine Chance geben muß.«
Frage: »Bis wann?«
Antwort: »Bis die Regierung entscheidet.«
Diese einfache, scheinbar respektlose und vorlaute Antwort enthielt eine Information, die die meisten der anwesenden Journalisten glatt überhörten. Nämlich: Das Kabinett hatte noch gar nichts über eine militärische Aktion beschlossen. Viele Journalisten interpretierten die einfache Tatsache der Ernennung Dayans zum Verteidigungsminister als klaren Beschluß der Regierung, nun einen Krieg führen zu wollen. Doch erst am Sonntag, dem 4. Juni, hielt die gesamte Regierung der nationalen Einheit eine Kabinettssitzung ab und bevollmächtigte den Ministerpräsidenten, den Vetreidigungsminister und den Chef des Stabes, über geeignete militärische Gegenmaßnahmen gegenüber dem ägyptischen Aufmarsch auf der Sinai-Halbinsel Beschlüsse zu fassen.
Ein Korrespondent fragte Dayan, ob er nicht glaube, daß Israel mit seiner Zustimmung zu ausgedehnten diplomatischen Verhandlungen seine militärische Lage geschwächt habe. Sicherlich, meinte Dayan, sei das der Fall. Jetzt glaubten die Journalisten, ihn erwischt zu haben, und meinten, aus ihm Kritik an der Regierung, in die er gerade erst eingetreten war, herauslocken zu können oder ihn zu zwingen, einige seiner vorhergegangenen Behauptungen zurückzunehmen.
Dayan antwortete: »Im Augenblick sind wir mehr oder weniger in der Lage, ein bißchen zu spät oder ein bißchen zu früh zu kommen. Zu spät, um noch mit Gewalt auf die Sperrung der Straße von Tiran reagieren zu können, zu früh, um über die diplomatischen Bemühungen in dieser Sache zu einem endgültigen Beschluß zu kommen.«
Auf die Frage, ob nicht die Zeit zugunsten Israels arbeite, entgegnete er, er glaube nicht, daß Nationen mit der Stoppuhr in der Hand lebten. In den arabischen Ländern interpretierte man Dayans Antworten als Beweise für Israels Unfähigkeit, schon jetzt einen Krieg zu führen. So gewann, wenn auch unbeabsichtigt, die israelische Armee für den 36 Stunden später beginnenden Krieg das Überraschungsmoment.
Den größten Beitrag zum Selbstvertrauen der israelischen Nation leistete Dayan mit seiner vollständigen und konsequenten Ablehnung ausländischer militärischer Hilfsangebote. Bis zu seiner Ernennung zum Verteidigungsminister hatte die Regierung Eshkol ständig versucht, die Straße von Tiran mit Hilfe diplomatischer Schritte zu öffnen, die

ihren Mittelpunkt in Washington hatten. Israel machte geltend, daß es nach seinem Rückzug aus der Straße von Tiran, aus der Sinai-Halbinsel und dem Gazastreifen im Jahre 1957 von der Regierung des Präsidenten Eisenhower bindende Zusicherungen erhalten habe, daß die Straße von Tiran für die israelische Schiffahrt offengehalten werde. Das sei in einem vom Präsidenten der Vereinigten Staaten von Nordamerika – Eisenhower – unterzeichneten Dokument niedergelegt. Dayan, seinerzeit Chef des Generalstabs der israelischen Armee, hatte zu jenem Dokument wenig Vertrauen. Erst auf Israels nachdrückliche Berufung auf diesen Vertrag bequemte sich Präsident Johnson, eine multinationale Flotte aus Handelsschiffen aufzustellen, die durch ihre bloße Anwesenheit in der Straße von Tiran die Zusicherung des amerikanischen Präsidenten erfüllen und der israelischen Schiffahrt die freie Durchfahrt sichern sollten. Dieser läppische Versuch war von Anfang an zum Scheitern verurteilt. Doch Eshkol vertraute seiner Wirksamkeit bis zu einem gewissen Grad.

In seiner Rundfunkansprache an die Nation am 28. Mai 1967 sagte er: »Die Mobilisierung der Zahal war und ist ein entscheidender Faktor bei der Beschleunigung dieser internationalen Aktion zur schnellen Beseitigung der Blockade.«

Gegen der Ansprache sagte er, daß seine Regierung in allen Hauptstädten der Welt ihre Aktivitäten verstärke, mit dem Ziel, internationale Körperschaften zu veranlassen, Schritte für eine allgemeine freie Durchfahrt durch die Straße zu unternehmen. Die Mobilisierung betrachtete Eshkol deshalb nur als eine zusätzliche Aufmunterung der Diplomatie. Dieser Begründung widersprach Dayan aus mancherlei Gründen. Er fürchtete, ein Öffnen des Seeweges mit Hilfe der Großmächte würde Israels Überleben von der Gnade gerade dieser Großmächte abhängig machen. Genau wie Dayan dagegen war, die Grenzen Israels von Truppen der Vereinten Nationen bewachen zu lassen, wehrte er sich jetzt gegen eine internationale Aktion, die Israel leicht in ein Protektorat der beteiligten Großmächte verwandeln könnte.

Im Gefolge der diplomatischen Schritte tauchte jetzt die Möglichkeit einer militärischen Intervention der USA auf.

Dies war der sehnlichste Wunsch und die letzte Hoffnung der Verzweifelten in Israel. Dayan lehnte auf seiner Pressekonferenz vom 3. Juli aber die Illusion einer multinationalen Flottenstreitmacht genauso ab wie die Aussicht auf eine bewaffnete amerikanische Intervention.

Zum erstenmal sprach es im Jahre 1967 ein Minister der israelischen Regierung klar aus: »Ich erwarte nicht und wünsche nicht, daß irgend jemand für uns kämpft oder stirbt. Das ist meine unerschütterliche Meinung.«

Aus seinem Vertrauen in die Armee Israels machte er kein Hehl. Sie werde schon ganz allein mit den Ägyptern zurechtkommen. Gefragt, ob er die Möglichkeit der Anwendung von Raketenwaffen durch die Ägypter im Fall eines Krieges in Betracht gezogen habe, antwortete er: »Das sollen sie ruhig einmal versuchen!« Dayans Bild vom Krieg unterschied sich sehr von Eshkols Auffassung. Dieser Unterschied half mit, das Selbstvertrauen der Zahal wiederherzustellen und beeinflußte auch die Kriegführung.

Eshkol wollte, sollten die diplomatischen Bemühungen um eine friedliche Beilegung des Konflikts scheitern, die ägyptische Armee in einem bestimmten Abschnitt, dem östlichen Sinai etwa oder im Gazastreifen, schlagen, und dann das Gebiet solange besetzt halten, bis sich die Ägypter mit der Öffnung der Straße von Tiran einverstanden erklärten. An einen mit letzter Konsequenz geführten Krieg dachte er nicht. Seine Pläne gipfelten in der Inbesitznahme einer Trumpfkarte und waren je nach Ausgangslage begrenzt oder erweitert.

Dayan ließ keinen Zweifel daran, daß die Vernichtung der ägyptischen Armee wichtiger war als die Inbesitznahme einiger Landstriche.

Das war jetzt nicht mehr seine Denkweise von 1956 und die Theorie vom Zusammenbruch der ägyptischen Armee, die lediglich die Zerschlagung des ägyptischen Aufmarsches und nicht das Töten möglichst vieler ägyptischer Soldaten zum Ziel hatte. Infolge der Massierung nahezu der gesamten ägyptischen Armee auf der Sinai-Halbinsel und der Blockade der Straße von Tiran war ein Krieg unvermeidbar geworden. Israel hatte jetzt ums nackte Überleben zu kämpfen. Der Befehl, die ägyptische Armee zu vernichten, hatte seinen Ursprung in jenen Überlegungen. Dayan wollte solche und ähnliche Bedrohungen ein für allemal ausschalten.

Der Verteidigungsminister Dayan war nicht identisch mit dem Generalstabschef Dayan. Die vergangenen zehn Jahre hatten ihre Spuren hinterlassen. Schütteres Haar umrahmte jetzt eine Stirnglatze, die Taille maß ein paar Zoll mehr; er hatte einen kleinen Bauch angesetzt. Doch die Militärs bemerkten noch eine ganz andere Veränderung an ihm. Er war nicht länger mehr der ungestüme Dayan, der mit dem Kopf durch die Wand ging, der Vorgesetzte und Ranghöhere durch die Kraft seiner Persönlichkeit einfach mitriß. Diesmal saß er an den Schaltstellen des Feldzugs als ein Mensch mit feinstem Gespür für die Meinungsnuancen der Weltöffentlichkeit und mit bemerkenswerter

Vorsicht bei allen von ihm geleiteten militärischen Unternehmungen. Er war eine Bremse für die Zahal, die er befehligte, und für die Regierung der nationalen Einheit, der er verantwortlich war, ein ständiger Mahner zur Besonnenheit.

Diese neue Seite seiner Persönlichkeit trat schon vor Ausbruch des Krieges zutage. Als man sich im Armeeoberkommando und beim Oberbefehlshaber der Südfront, General Gavish, überlegte, wie weit man nach Vernichtung der ägyptischen Armee im Fall eines Krieges vorzugehen habe, und als im Armeeoberkommando der Suezkanal als die natürliche Grenze eines Vormarsches bezeichnet wurde, widersprach Dayan heftig.

»Was wollen Sie am Suezkanal? Das ist politischer Unsinn!« herrschte er den Chef des Stabes an und ging daran, die beiden Pässe, den Mitla und den Jidi, einige 20 bis 40 Kilometer vom Suezkanal entfernt, als Punkte des weitesten Vordringens zu bezeichnen. Wahrscheinlich dachte er dabei an das politische Debakel, daß der englisch-französisch-israelischen Aktion von 1956 auf dem Fuß gefolgt war. Diese Möglichkeit wollte er diesmal schon vor Ausbruch der Feindseligkeiten ausgeschaltet wissen. Für die Wahl der von ihm befohlenen Begrenzungspunkte konnte er vernünftige Gründe anführen.

Dayan glaubte, die Ägypter würden ihre Niederlage nicht wahrhaben wollen und den Kampf einfach fortsetzen. Er dachte daran, daß der Krieg dann überhaupt kein Ende nehmen würde. Der Kanal war für Nassers Prestige ungeheuer wichtig. Er war lebenswichtig für die ägyptische Volkswirtschaft und stärkte Nassers Machtbewußtsein, gar nicht zu reden von der Bedeutung, die er für die im Entstehen begriffenen sowjetischen Mittelmeerstreitkräfte haben würde sowie für deren Verbindungslinien nach dem Jemen und nach Vietnam. »Jeder, der sich auch nur eine einzige Unze gesunden Menschenverstandes bewahrt hat, sollte seine Finger davon lassen. Wenn es uns gelingt, den Kanal zu erreichen, läßt Nasser sich niemals auf einen Waffenstillstand ein, und der Krieg wird jahrelang weitergehen.«

Doch, wie es so geht, der Krieg begann am 5. Juni 1967, und es stellte sich heraus, daß er ganz anders verlief, als alle Vorhersagen behauptet hatten. Er dauerte nur vier Tage und nicht zwei bis drei Wochen, wie Dayan geschätzt hatte. Sein Ausgang stand bereits in der ersten Hälfte des ersten Kriegstages fest, als der weitaus größte Teil der ägyptischen Luftwaffe binnen drei Stunden von den israelischen Luftstreitkräften vernichtet wurde und die Panzerdivision von Generalmajor Tal die befestigten Stellungen von Rafah-El-Arish durchbrochen hatte. Außer-

dem zeigte sich schon am ersten Tag, daß die israelischen Verluste geringer sein würden, als man zuerst angenommen hatte. Wegen der außerordentlich geschwinden Auflösung der ägyptischen Armee und ihrer regellosen Flucht wurde der Befehl, die ägyptische Armee physisch zu vernichten, nicht länger aufrechterhalten. Im Gegenteil, schon nach den ersten drei Kriegstagen durchsuchten die Truppen der Zahal die Sanddünen des Sinai nach ziellos umherstreifenden ägyptischen Soldaten und zeigten ihnen den Weg zurück nach Ägypten.
So zügig ging der Vormarsch der Zahal voran, daß am dritten Kriegstag das israelische Oberkommando den falschen Eindruck gewonnen hatte, der nördliche Teil der Panzerdivision Tal habe bereits den Suezkanal in Höhe der Stadt Kantara erreicht. Sofort befahl Dayan den Einheiten, sich auf die Stellungen bei Romani zurückzuziehen und dort anzuhalten. Die Truppen hatten jedoch die Linie noch gar nicht überschritten. Der Befehl wäre nicht nötig gewesen. Allein die Tatsache, daß so ein Befehl erteilt wurde, unterstrich Dayans Vorsicht.
Doch schon am Mittwoch, dem 7. Juni 1967, genehmigte Dayan den Vormarsch auf den Suezkanal für sämtliche Truppenteile. Es erwies sich als fast unmöglich, die Vorwärtsbewegung einer ganzen Armee einfach anzuhalten. Man sagt, Dayan habe nach dem Krieg geäußert: »Ich wollte unter gar keinen Umständen an den Kanal. Die entsprechenden Befehle waren erteilt. Die Truppen sollten in einiger Entfernung vom Suezkanal haltmachen. Doch die Armee stellte mich vor vollendete Tatsachen. Mir blieb keine Wahl.« Seine Argumentation wird wahrscheinlich bis zu einem gewissen Grad vom Armeeoberkommando beeinflußt worden sein, das den Kanal für die bestmöglichste Verteidigungslinie auf der ganzen Sinai-Halbinsel hielt. Jede Linie östlich davon würde die Möglichkeit eines totalen Sieges und damit ein Ende der Feindseligkeiten ausschließen. Wegen dieser neuen Überlegung ließ Dayan den Angriff auf den Gazastreifen um einen ganzen Tag verschieben. Sogar als am Vormittag des fünften Juni die vollständige militärische Überlegenheit der Zahal auf der Sinai-Halbinsel feststand, hielt Dayan seine gemäßigte Einstellung aufrecht und verbot – ungeachtet der jordanischen Angriffe im Raum von Jerusalem – dem Oberkommando des Zentralabschnitts, aus der Verteidigung zur Offensive überzugehen. Anfangs bemühte er sich, einen Zweifrontenkrieg nach Möglichkeit zu vermeiden. Er sagte dem Oberbefehlshaber des Zentralabschnitts, Uzi Narkiss: »Knirschen Sie meinetwegen mit den Zähnen, aber fordern Sie keine weiteren Truppen beim Oberkommando an.« Narkiss meldete Dayan, daß die Araber unter Umständen

zwei strategisch wichtige Punkte, nämlich Kastel Hill, der die von Westen kommenden Straßen nach Jerusalem beherrschte, und Mount Scopus, die israelische Enklave in der Altstadt von Jerusalem, einnehmen und besetzen könnten. Dayan bezweifelte es, aber er informierte Narkiss, daß selbst dann, wenn diese Gefahr tatsächlich bestehe, die Beendigung des Feldzugs auf der Sinai-Halbinsel den Vorrang habe. Später werde man die Streitkräfte des Zentralabschnitts verstärken und Mount Scopus und Kastel Hill wieder zurückholen. Zur gleichen Zeit befahl Dayan dem Armeeoberkommando, die Panzerbrigade Harel als Reserveeinheit nach Jerusalem abzustellen. Später sollte dieser Befehl sich als der bedeutungsvollste des gesamten Sechstagekrieges erweisen. Erst als kaum noch Zweifel darüber bestanden (am 6. Juni 1967), daß der Feldzug auf der Sinai-Halbinsel im wesentlichen beendet war, befahl Dayan dem Oberkommando des Zentralabschnitts, nun seinerseits zur Offensive überzugehen. Doch auch hier schränkte er wieder die Bewegungen ein und begrenzte sie auf die Bergketten. Dayan bestand auf strikter Einhaltung seiner Befehle. Die Brigade Harel, die bei ihrem ungestümen Vordringen beinahe schon den Jordan erreicht hatte, wurde auf der Stelle zurückgepfiffen. Die Brigade konnte dann allerdings sofort wieder umkehren. Die Vormarschbeschränkungen waren inzwischen aufgehoben worden. Um sicherzustellen, daß keine Truppenteile des Zentralabschnitts den Jordan überschritten, wurde General Narkiss angewiesen, die Jordanbrücken durch Sprengungen unbrauchbar zu machen. Schenkt man einer kleinen Story, die damals die Runde machte, Glauben, so soll Dayan, als man ihm meldete, die Brigade Harel habe die Abdullah-Brücke gesprengt, gesagt haben: »Von welchem Ufer aus?«

Nirgends spürte man Dayans einschränkende Befehle mehr als in Ostjerusalem (dem jordanischen Sektor der Stadt außerhalb der Mauern der Altstadt) und in der Altstadt selbst. Sein allererster, Jerusalem betreffender Befehl an den Oberbefehlshaber des Zentralabschnitts lautete: »Falls notwendig, werden wir die Altstadt einschließen, betreten werden wir sie nicht.« Doch von den Erfolgen im Sinai und an der jordanischen Front förmlich berauscht, verlangten die anderen Minister mit Nachdruck, daß Jerusalem wieder befreit und eine ungeteilte Stadt werden müsse; am radikalsten vertraten diesen Standpunkt die Minister Yigal Allon und Menahem Begin. Der Innenminister, ein orthodoxer Jude, gab sich gemäßigter. Er glaubte, die Weltöffentlichkeit werde sich einer israelischen Besetzung der Altstadt Jerusalems widersetzen. Dayan war davon überzeugt. Das Kabinett beschloß am

5. Juni die Besetzung mit der Begründung: Die Altstadt Jerusalems muß genommen werden, um der Gefahr einer Beschießung des israelischen Jerusalem vorzubeugen. Noch immer hielt Dayan den Besetzungsbefehl zurück. Erst als Eshkol ihn um Mitternacht anrief und ausdrücklich wiederholte: »Die Regierung wünscht die Einnahme der Altstadt!«, gab Dayan zu verstehen, daß es theoretisch sehr wohl möglich sei, die Altstadt in direktem Angriff zu nehmen. Er jedoch ziehe eine Übergabe der Altstadt einem Angriff vor. Er suchte nach einer vernünftigen Regelung, um die Weltöffentlichkeit zu beruhigen. So zog er es vor, erst einmal abzuwarten, ob sich die Stadt nicht von selber ergeben würde. Das Kabinett trat am Dienstag, dem 6. Juni 1967, erneut zusammen. Yigal Allon und Menahem Begin beklagten sich über die Unentschlossenheit im politisch-militärischen Sicherheitssektor – gemeint war natürlich der Verteidigungsminister –, wodurch der Bewegung zur Befreiung Jerusalems ein Ende gemacht würde. Dayan entgegnete: »Ich bin bereit, eine Wette darüber abzuschließen, daß die Einwohner der Altstadt innerhalb der nächsten Stunden oder Tage die weißen Flaggen der Übergabe schwenken werden.«
Die Hälfte der Regierungsmitglieder stimmte dem zu. Die Sitzung endete unentschieden. Diejenigen Regierungsmitglieder, welche die sofortige Kapitulation Jerusalems verlangten, handelten aus Furcht, der UNO-Sicherheitsrat könnte eine Feuereinstellung erzwingen wollen, noch ehe die Altstadt von Jerusalem eingenommen wäre. Am 7. Juni verbreitete der BBC in seinen Nachrichten die Meldung, daß der Sicherheitsrat bereits über die Feuereinstellung abstimme. Menahem Begin insistierte bei Eshkol: »Jerusalem ist nicht mit den Golan-Höhen oder irgend etwas anderem auf der Welt vergleichbar. Jerusalem nach Ausrufung des Feuereinstellungsbeschlusses anzugreifen, ist ganz unmöglich.« Eshkol berief eine Kabinettssitzung ein. Dayan konnte dem Kabinett schon berichten, daß der Angriffsbefehl noch während der Nacht hinausgegangen sei. Luftwaffen- und Artillerieunterstützung waren mit Rücksicht auf die vielen Heiligen Stätten in der Altstadt Jerusalems strengstens untersagt. Der Angriff der Fallschirmjägerbrigade begann am Mittwoch, dem 7. Juni um 8.30 Uhr.
In dem Maße, wie sich die Erfolge der Zahal häuften und die von den israelischen Truppen besetzten Gebiete sich erweiterten, vergrößerte sich Dayans hemmender Einfluß bei Regierung und Armee.
Doch wenn immerhin noch die Hälfte der Kabinettsmitglieder in der Jerusalemer Frage hinter ihm standen, hatte nicht ein einziges für das Verzögern des Angriffs auf Syrien und die Golan-Höhen Verständnis.

Dayan wehrte sich gegen die Eröffnung einer dritten Front in Syrien. Die Kampfhandlungen auf der Sinai-Halbinsel und auf dem Westufer des Jordan waren noch nicht beendet.

Mit Eshkol war eine interessante Veränderung vorgegangen. Seine Unsicherheit und Unschlüssigkeit waren von dem Augenblick an, als Dayan das Verteidigungsministerium übernommen und die Zahal ihre ersten Erfolge errungen hatte, der Aggressivität und Entschlußfreudigkeit gewichen. So verlangte er bereits am ersten Kriegstag, »man müsse die Quellen des Jordan erobern«. Mit anderen Worten, er wollte den Krieg nach Syrien hineintragen. Andererseits war Dayan während seiner Amtszeit als Stabschef dafür bekannt gewesen, die Entscheidung auf dem Schlachtfeld zu suchen, als Verteidigungsminister aber war er gemäßigt und so umsichtig, daß in Regierung, Armee und großen Teilen der Bevölkerung gegen ihn einige Vorbehalte aufkamen.

Nun war die Lage an der Nordgrenze tatsächlich grotesk geworden. Während die ägyptische Armee im Süden kampfunfähig gemacht wurde, die Jordanier sich mit ihren Truppen hinter den Jordan zurückzogen, hatte die syrische Armee den besseren Teil erwählt. Sie brauchte nur ein wenig von den Golanhöhen herab auf israelische Zivilisten zu schießen, schon hatte sie ihre Solidarität mit der arabischen Sache ausreichend unter Beweis gestellt. Die Leiden eines Krieges blieben ihr erspart. Dayans Befehle waren eindeutig: Keinen Krieg mit der syrischen Armee. Syrien, seit 1956 der lästigste Gegner Israels und einer der heftigsten Kriegstreiber vor dem Ausbruch des Sechstagekrieges, kam beinahe ungeschoren davon. Die Armee erlitt keine Verluste. Die Golan-Höhen blieben in ihrer Hand. Die Beschießung unbewaffneter israelischer Siedlungen wurde aus sicherer Entfernung fortgesetzt.

Die Siedler der nördlichen Landstriche Israels befürchteten schon, daß ihnen auch diesmal wieder die Gelegenheit, den gräßlichen Alpdruck der dauernden Beschießungen loszuwerden, zwischen den Fingern zerrinnen würde. Aber sie fanden doch noch einen Weg, ihre Regierung zum beschleunigten Handeln zu veranlassen. Diese Aktion machte Geschichte unter dem Namen »die galiläische Rebellion«. Donnerstag, den 8. Juni 1967, als der Krieg gegen Ägypten und Jordanien ausgebrannt war, rief ein Bevollmächtigter der nördlichen Gebiete den Ministerpräsidenten Eshkol an und verlangte den Angriff der Zahal auf Syrien. Einschläge der syrischen Artillerie krachten in das Gespräch. Noch am gleichen Abend fuhr eine Siedlerabordnung nach Jerusalem. Genau wie im Jahre 1948 wurde auch diese Delegation von Israels Ministerpräsidenten empfangen.

Dayan stand unter schwerem Druck. Die Mehrzahl der Kabinettsmitglieder befürwortete den sofortigen Angriff auf die Golan-Höhen. Aus gutem Grund. Würden nämlich die Beschießungen mehrerer Siedlungen in Galiläa durch die syrische Artillerie fortgesetzt, müßten sie aufgegeben werden. Dayan jedoch dachte nicht daran, sich dem Druck zu beugen. Er ließ die Siedler wissen, er werde keinen Fußbreit von seiner festgelegten Politik abweichen, selbst dann nicht, wenn ein paar Siedlungen an der syrischen Grenze geräumt werden müßten. Diese Bemerkung rief im Kabinett ungläubiges Erstaunen hervor. War nicht gerade Dayan einer der krassesten Enthusiasten der Siedlungsbewegung? Hatte nicht gerade Dayan immer wieder behauptet, die Grenzen des jüdischen Staates seien die Grenzen seiner Siedlungen? Jetzt wollte er freiwillig israelisches Staatsgebiet opfern? Man begriff das nicht.
Doch es hatte den Anschein, als enthielte gerade diese Entscheidung Dayans sehr viel von seinem Widerwillen gegen Entschlüsse, die unter äußerem Druck zustande gekommen waren. Als die Delegation wieder in ihre Dörfer und Kibbuzim zurückkehrte, waren ihre Mitglieder davon überzeugt, daß es keinen Angriff auf die Golan-Höhen geben würde.
Gründe dafür hatte Dayan genug. Er wünschte erstens, nicht die Zahal nun auch noch an einer dritten Front kämpfen zu lassen. Nach dem totalen Zusammenbruch Ägyptens und dem Sieg über Jordanien meinte er, die Sowjetunion würde nun ganz gewiß nicht tatenlos zuschauen, wenn Israel das dem sowjetischen Herzen so besonders nahestehende Regime in Syrien angriffe. Außerdem fürchtete er, die israelische Armee könnte, angestachelt durch ihre Erfolge, zu weit gehen. 1949 hatte Ben Gurion aus Furcht vor einer Intervention Großbritanniens verboten, daß sich die Zahal mit allen ihr zu Gebote stehenden Mitteln auf die arabische Legion warf. Aus dem gleichen Grund hatte er selber den Abzug aus dem östlichen Sinai befohlen. Dayan bekannte sich zu dem allzeit bewährten Spruch vom »Spatzen in der Hand«.
Die Golan-Höhen anzugreifen, die wie eine Felsenburg über dem nördlichen Israel dräuten, würde zahlreiche Opfer kosten. Dayan machte geltend, die Luftstreitkräfte seien ausgebrannt und könnten den angreifenden Truppen nicht die Unterstützung geben, die nötig sei, um die Verluste gering zu halten. Die Minister gingen in folgender Überzeugung auseinander: Entweder ändert sich die allgemeine Lage oder aber die Position des Verteidigungsministers.
Die allgemeine Lage veränderte sich tatsächlich radikal. Und das innerhalb von ein paar Stunden.

Am 9. Juni 1967 gegen drei Uhr morgens hörte Dayan vom Antrag der ägyptischen Regierung beim Sicherheitsrat, dieser möge eine Feuereinstellung veranlassen. Syrien wollte sich unmittelbar anschließen. Das entsprach nun aber gar nicht seiner Vorhersage, und Dayan mußte seinen Standpunkt ganz neu überdenken. Eine Feuereinstellungsvereinbarung mit Ägypten bedeutete eine Menge verfügbarer Streitkräfte. Die Südfront würde wieder ruhig sein. Nach dem Norden könnten mehr Truppen verlegt werden. Die Gefahr eines Dreifrontenkrieges wäre somit gebannt. Die Furcht vor einem sowjetischen Eingreifen schwand. Der Zustand der israelischen Luftstreitkräfte fiel nicht mehr so sehr ins Gewicht. Dayan beschloß anzugreifen.

Es war keine Zeit zu verlieren. Sollte sich Syrien der ägyptischen Führung anschließen und nun seinerseits mit einer Feuereinstellung einverstanden sein, wäre die Gelegenheit, Galiläa von dem ständigen Beschießungsterror von den Golan-Höhen zu befreien, für immer verpaßt. Ohne Rücksicht auf das Protokoll und außerstande, den Chef des Stabes aufzuspüren, wie er behauptete, telefonierte er um 7 Uhr morgens mit dem Oberbefehlshaber des Nordabschnitts, Generalmajor David Eleazar, und befahl ihm, syrisches Gebiet anzugreifen und die befestigten Stellungen auf den Golan-Höhen zu zerstören. (Daß der Chef des Stabes in seiner Wohnung schlief, hatte man Dayan gesagt.)

Etwas später setzte er den Ministerpräsidenten davon in Kenntnis. Eshkol berief sofort eine Kabinettssitzung ein. Die Regierung genehmigte mit rückwirkender Kraft den Beschluß des Verteidigungsministers, mit dem Krieg gegen Syrien zu beginnen. Dayans erste Anweisung an Eleazar hieß: »über die Höhen hinaus vorzustoßen«; eine ausreichende Unterstützung durch Luftstreitkräfte sei sichergestellt. Doch nach dem Anlaufen der Kampfhandlungen entschloß er sich, nicht über die entmilitarisierte Zone hinaus vorzustoßen, die von den früheren Mandatsgrenzen gebildet wurde und in der die Syrer unter eklatantem Bruch des Waffenstillstandsvertrags von 1948 stark befestigte Bunkerstellungen gebaut hatten. Auf der Kabinettssitzung vom Freitagmorgen wiederholte er noch einmal seine Befürchtungen, die Syrer könnten von Panik ergriffen werden und dann behaupten, die Israelis gingen auf Damaskus vor. Das würde unter Umständen die Sowjetunion in die Feindseligkeiten einbeziehen. Über die Frage des Angriffs mit begrenztem Ziel beriet das Kabinett noch auf vier weiteren Sitzungen. Nachmittags um 4.30 Uhr flog Dayan noch einmal persönlich zu General Eleazar in dessen Hauptquartier und schlug ihm vor, sich aus dem Südabschnitt des Golan-Gebirges herauszuhalten und statt dessen seine Streitkräfte in der Gegend der Banias zu konzentrieren.

Sogar nach seiner Meinungsänderung über das Vorgehen in Syrien wünschte Dayan nicht, daß eindeutige Anweisungen über die Linien, an denen der Vormarsch zum Stehen kommen sollte, herausgegeben wurden. Er wollte vermeiden, daß Bewegungen von Truppenteilen der Zahal als Angriffe auf die Stadt Damaskus ausgelegt oder einen syrischen Zusammenbruch hervorrufen könnten, um so den Sowjets keinen Anlaß zum Eingreifen zu liefern. Die zu erwartenden Verluste sollten so gering wie möglich gehalten werden. »Wenn auch nur 50 unserer Soldaten ihr Leben verlören, wäre das zu bedauern.« Der syrische Zusammenbruch erfolgte auf der Stelle.

Am folgenden Tag, dem 10. Juni 1967, befahl Dayan dem Stellvertretenden Chef des Stabes, Generalleutnant Bar-Lev, um 14 Uhr in Kuneitra zu sein. Gegen 11.30 Uhr traf er sich wieder mit Generalmajor Eleazar, dem er befahl, einen Punkt parallel zur Landstraße nach Kuneitra zu besetzen. Das war zur Verteidigung und Sicherung des eingenommenen Geländes unbedingt notwendig. Von dort flog Dayan zu General Bull, dem Vorsitzenden der UNO-Beobachter. Es gelang ihm, den Zeitpunkt vom Wirksamwerden der Feuereinstellungsbefehle von 14 Uhr auf 18.30 Uhr hinauszuschieben. Das genügte den Streitkräften des nördlichen Befehlsbereichs, die eingenommenen Gebiete in den Griff zu bekommen.

Am 12. Juni 1967 inspizierte Dayan die eroberten Golan-Höhen, und setzte ein einen Gipfel des Mount Hermon betreffendes Verbot außer Kraft. Auf Verlangen von Dr. Yuval Ne'eman, der als Reservist in der Armee diente, befahl er die Einnahme des höchsten Gipfels in jenem Bereich. Damit war der astronomischen Wissenschaft Israels ein wichtiger Stützpunkt gewonnen. Durch die weise Beschränkung, die Dayan den Truppen des nördlichen Befehlsbereichs auferlegt hatte, war die Weltöffentlichkeit davon überzeugt worden, daß die Zahal nicht den Ehrgeiz hatte, nun auch noch Damaskus einzunehmen.

Später schrieb der Chef des Stabes, Rabin, auf Dayans Einschränkungen bezugnehmend: »Im Sechstagekrieg hatten wir natürlich alle unser Trauma. Für Moshe Dayan waren es die Russen; für mich, daß sämtliche arabischen Armeen geschlossen gegen uns im Kampf standen.«

23

Verteidigungsminister (1967 und danach)

Dayan wurde schon unmittelbar nach dem Krieg wegen seines ständig bremsenden Einflusses heftig kritisiert. Man warf ihm Furcht vor der Sowjetunion vor. Doch im Lauf der Zeit stellte sich heraus, daß er deutlicher als andere erkannt hatte, was für Ereignisse der Krieg zeitigen würde und welche Entwicklungen sich in seinem Gefolge abzuzeichnen begannen. Seine Befürchtungen eines sich gefährlich in die Länge ziehenden Krieges und einer sowjetischen Einmischung trafen mit unheimlicher Genauigkeit ein. Der Sechstagekrieg war nicht, wie die meisten Israelis gehofft hatten, der »letzte Krieg«. Im Gegenteil, er war lediglich »die erste Runde«.
Während des nun folgenden Abnutzungskrieges erreichte die sowjetrussische Intervention so ungeheure Ausmaße, daß Dayan mit Recht von einer Sowjetisierung des ägyptischen Krieges gegen Israel sprechen konnte.
Unmittelbar nach Einstellung der Feindseligkeiten wiederholte Dayan, was er bereits im Armeeoberkommando und bei Kabinettssitzungen gesagt hatte, wenn die Frage der Begrenzung der Kampfhandlungen auf der Sinai-Halbinsel zur Debatte stand, nämlich: Sollte die Zahal den Suezkanal erreichen, würde der Krieg niemals ein Ende nehmen. Weder die Ägypter noch die Sowjets könnten sich auf die Dauer damit abfinden, daß sich die israelische Armee am Ufer des Suezkanal eingegraben habe. Am 29. Juni 1967, anderthalb Jahre vor dem Beginn des sogenannten Abnutzungskrieges, wiederholte er diese Theorien während einer Tagung der Rafi in Tel Aviv:
»Ich kann sagen, daß ich nicht sicher bin, ja, daß ich weit davon entfernt bin, sicher zu sein, daß der Kampf vorüber ist, und ich glaube natürlich auch nicht an eine Beendigung des politischen Streits. Wir stehen am Anfang der ersten Phase des politischen Kampfes, nach nur einem Schritt – einem bedeutenden und großartigen Schritt, aber eben auch nur einem ersten Schritt des militärischen Engagements ... Israels

Armee steht jetzt am Suezkanal, sie steht in Sharm el-Sheikh, am Jordan, in Kuneitra und den syrischen Bergen. Wir stehen nur einen einzigen operativen Schritt entfernt von den arabischen Hauptstädten, weniger als 100 Kilometer von Kairo, Damaskus, Amman und Beirut. Wir haben überhaupt keine aggressiven Absichten. Doch unsere Präsenz entlang dieser Grenzen ist mehr als nur eine Herausforderung für die Staaten um uns – im Grunde genommen gefährdet sie deren Grundfesten. Werden jene Staaten jene Grenzen akzeptieren? Können sie sich damit abfinden?«

Bei anderen Gelegenheiten bezeichnete er die militärische Besetzung des Ostufers am Suezkanal als »den Fuß in Ägyptens Nacken« und hielt das für eine Situation, die Ägypten auf die Dauer unhaltbar finden müsse.

In der zweiten Junihälfte des Jahres 1967 war man sich einig, daß beim Zustandekommen eines in direkten israelisch-ägyptischen Besprechungen ausgehandelten Friedensvertrages, die israelische Armee sich bis auf die ehemalige Mandatsgrenzen zurückziehen werde; mit anderen Worten, Israel wäre in jenem Fall bereit, die gesamte Sinai-Halbinsel mit Ausnahme des Gazastreifens, der ursprünglich zum Mandat Palästina gehört hatte und lediglich von einer ägyptisch kontrollierten Behörde verwaltet worden war, zurückzugeben. Dayan, Yigal Allon und die Führer des rechten Flügels des Herut-Blocks stimmten dem zu. Obgleich jenes Konzept zu früheren Voraussagen Dayans in Widerspruch stand, paßte es sehr gut in die zurückhaltende Rolle, die er sich auferlegt hatte. Zur gleichen Zeit jedoch war er der erste, der den Sechstagekrieg und seine Ergebnisse in einem anderen Licht sah. An dieser Stelle begann jetzt eine ganze Serie sich widersprechender öffentlicher Verlautbarungen, die ein Ausdruck von Dayans eigenem Durcheinander gewesen sein können.

Kurz vor Kriegsausbruch hatte man die bevorstehenden Feindseligkeiten aus israelischer Sicht als einen Kampf ums nackte Überleben betrachtet. Diese Ansicht hatte Dayan geteilt. Er war aber auch unter den ersten israelischen Staatsmännern zu finden, die mit Nachdruck auf die Sehnsucht des israelischen Volkes nach dem »Heiligen Land seines nationalen Erbes« hinwiesen. Am 7. Juni 1967 – noch tobte der Krieg in anderen Abschnitten – erklärte Dayan an der Klagemauer in Jerusalem: »Wir sind zu den Orten zurückgekehrt, die uns am heiligsten sind. Wir sind zurückgekehrt, um uns niemals wieder von ihnen zu trennen.« Bei der Gedenkfeier für die bei der Verteidigung des jüdischen Stadtviertels in der Altstadt von Jerusalem im Jahre 1948

gefallenen Einwohner und ihrer Wiederbestattung auf dem Ölberg am 8. August 1967 sagte Dayan:
»Brüder, die Ihr für uns im Unabhängigkeitskrieg gefallen seid: wir haben Euren Traum nicht preisgegeben, nicht die Lehren vergessen, die Ihr uns erteilt habt. Wir sind zurückgekehrt an die Wiege der Geschichte unseres Volkes, in das Land unserer Väter. In das Land der Richter in Israel und zur Festung König Davids. Wir sind nach Hebron zurückgekehrt, nach Shechem, nach Bethlehem und Anatoth, nach Jericho und zu den Furten des Jordan. Brüder, Euer Beispiel ruht in unseren Herzen ... Wir wissen, wollen wir Jerusalem zum Leben erwecken, müssen unsere Soldaten in den Bergen Shechems und die Panzer der Zahal an den Brücken des Jordan stehen.«
Dayans Ansprache über die Rückkehr ins »Land unserer Väter« erinnert an Ben Gurions Erklärung am Schluß des Sinai-Feldzugs (am 7. November 1956) über »eine völlig neue Position zu Füßen des Berges Sinai« und die »Befreiung der Bucht von Shlomo« (ein biblischer Name, der hier zum erstenmal in unserer Zeit gebracht wurde). Das kam tatsächlich der Proklamation eines neuen Reiches Israel von Dan im Norden bis zur Insel Yotvat (Tiran) im Süden gleich. Ben Gurion, der Mann des Widerstands gegen jeden Präventivkrieg, der am zweiten November 1955 dem israelischen Parlament und der ganzen Welt versprochen hatte »Wir begehren nicht einen Quadratzoll fremden Bodens«, der es abgelehnt hatte, den freien Zugang zum Mount Scopus mit Waffengewalt zu erzwingen, der die syrische Armee in den Stellungen, die sie sich auf israelischem Gebiet und noch dazu in einer entmilitarisierten Zone angelegt hatte, unbehelligt gelassen hatte, dieser Ben Gurion war vom Sieg der israelischen Waffen im Jahre 1956 so sehr verblüfft, daß ihn die Kraft seiner Emotionen einfach aus der Sicherheit seiner grundsätzlichen Auffassungen riß. Zwischen Ben Gurion und Dayan besteht eine gewisse Ähnlichkeit in der Ausübung des Amtes eines Verteidigungsministers in Kriegszeiten. Beide übten sie Zurückhaltung. Beide überspannten sie den Bogen niemals. Aber Dayan hatte aus Ben Gurions bitteren Erfahrungen gelernt. Schon 36 Stunden nach seiner Erklärung war Ben Gurion bereits gezwungen, dem israelischen Parlament die Bedingungen, unter denen Israel zum Rückzug aus dem neuen »Reich« bereit sei, bekanntzugeben.
Dayan war in der Wahl seiner Ausdrücke vorsichtig. Er sagte »zurückgekehrt« und nicht »erobert«, »annektiert« oder gar »befreit«. Das konnte in gewisser Hinsicht durchaus das Prinzip des freien Zugangs zu den in der Bibel erwähnten Heiligen Stätten, die gemeinsam zu

unterhalten wären, bedeuten – was von Dayan als Lösung des Palästinaproblems angesehen wurde; falls eine solche Gemeinsamkeit überhaupt zustande käme. Im weiteren Sinn allerdings könnte man sagen, er habe mit seinen Ausführungen die dauernde Rückkehr durch Waffengewalt gemeint.

Als er an der Klagemauer sagte: »Wir sind an unsere heiligen Stätten zurückgekehrt«, fügte er im gleichen Atemzug hinzu »... und unseren arabischen Nachbarn bieten wir gerade in diesem Augenblick besonders nachdrücklich die Hand zum Frieden.« Dayan begriff sofort den Widerspruch, der in seinen beiden Erklärungen lag. Jerusalem zu einigen und gleichzeitig die Hand zum Frieden auszustrecken – das waren in den Augen der Araber unvereinbare Gegensätze. Desgleichen der Unterschied zwischen einem Krieg, der um die nackte Existenz eines Volkes, und einem, der mit der Sehnsucht einer Nation nach dem Land ihrer Vorväter als treibender Kraft geführt wurde. »Land unserer Väter«: das bedeutete für Moshe Dayan etwas, was jenseits von Nationalismus oder Geschichte lag. Schon sein Vater hatte ihn gelehrt, Land zu »erobern«. Zu »erobern« mit Hacke und Schaufel, mit Pflug und Traktor. Land zu »erobern« bedeutete für ihn und die Generation seines Vaters die Urbarmachung der Wüsten, Steppen und Sümpfe, die in den zwanziger Jahren dem Baron de Rothschild gehört hatten, die Ländereien des Horan. Nach der Gründung des Staates Israel auf dem Boden Palästinas enteignete die syrische Regierung die weiten Gebiete des Barons entschädigungslos. Es gab keine Möglichkeit, selbst für Außenminister Moshe Sharett im Jahre 1953 nicht, die enteigneten Gebiete zurückzuerhalten. Nach Beendigung des Sechstagekrieges lagen die Ländereien des Horan nicht innerhalb des von Israel in Syrien besetzten Streifens der Golan-Höhen. Dayan hatte sich bemüht, den »Krieg ums nackte Überleben« fest in der Hand zu behalten. Er konnte nicht riskieren, ihn in einen Krieg ausufern zu lassen, der langsam, aber sicher ganz Israel auffressen würde. Da er sich dem »Überlebenskrieg« verschrieben hatte, hätte er einer anderen Form von Krieg machtlos gegenübergestanden. Dieser innere Widerspruch, so schien es, schadete seiner Fähigkeit, den Krieg im Licht der grundsätzlichen Erkenntnis der Lage zu führen. Die Nachkriegsereignisse machten Dayan in seiner Eigenschaft als Verteidigungsminister zum Kabinettsminister für die besetzten Gebiete. Er wurde Oberster Militärgouverneur. Das war eine Aufgabe, in der er sich hervorragend bewährte. Arabern, denen man jahrzehntelang den Haß gegen Israel gepredigt hatte, akzeptierten die Bedingungen, unter denen er zur Zusammenarbeit mit ihnen bereit war, ohne daß sie dabei an »Gesicht« verloren oder gar irgendwelchem Druck ausgesetzt waren. Dayan hatte eine wohl einmalige Aufgabe zu erfüllen. Er hatte eine Militärregierung nicht in einem Land zu errichten, dessen Armee geschlagen und dessen Einwohner – die Palästinenser – ein Teil einer größeren arabischen Nation waren. Diese Nation war Israel an Bevölkerung um viele Millionen überlegen und immer noch im Besitz großer Armeen. Gerade hatten die führenden Persönlichkeiten der arabischen Welt bei einem Gipfeltreffen im August 1967 in Khartum erklärt, den Krieg gegen Israel mit allen Mitteln weiterführen zu wollen. Anderthalb Millionen Araber unter einer Militärregierung zu regieren, während achtzig Millionen ihrer arabischen Brüder mit Kampfhandlungen und Terrororganisationen den Krieg fortzusetzen beabsichtigten, war ungefähr so schwierig, wie einen tobenden Wal am Schwanz zu packen und zu bändigen.

Das Geheimnis von Dayans unbezweifelbaren Erfolgen lag wahrscheinlich in seiner Grundhaltung gegenüber den palästinensischen Arabern verankert. Wegen der ungemein kurzen Kriegsdauer erlangten die Vorkriegsüberlegungen gegenüber den Arabern große Bedeutung. Politiker und Offiziere hatten gar keine Zeit, sich darauf zu konzentrieren, wie der Sieg auf dem Schlachtfeld denn nun in brauchbare Politik umzusetzen wäre und verfielen sozusagen wieder auf das Herkömmliche und Bewährte. Diejenigen, die Israels Grenzen am liebsten in den Mandatsgrenzen von 1948 gesehen hätten, nannten sich »Bewegung für ein größeres Israel« und verlangten schlicht die Annektion der von Israel besetzten Gebiete. Wieder andere waren besorgt um den Verlust der bestimmenden jüdischen Eigenart in ihrem Land, denn die Bevölkerungszunahme in den besetzten arabischen Gebieten war ungleich höher als in Israel. Sie verlangten die beschleunigte Rückgabe der besetzten Gebiete. Dayan schwankte zwischen diesen beiden Polen. Seine Haltung gegenüber den palästinensischen Arabern basierte auf dem Gedanken, mit ihnen eine Konföderation einzugehen. Am 2. Dezember 1966, zu einer Zeit, als er – wie viele andere auch – fest daran glaubte, daß in absehbarer Zeit an eine militärische Auseinandersetzung nicht zu denken war, erklärte Dayan vor Studenten in Jerusalem: »Eine Konföderation zwischen Israel, Jordanien und den Palästinensern des westlichen Jordanufers könnte die Lösung des israelisch-arabischen Problems bedeuten.« Die Grundlage solch einer Konföderation, so dachte er in jenen Tagen, wäre die Erhaltung der Souveränität jedes Landes in auswärtigen und Verteidigungsangelegenheiten.

Die Zusammenarbeit sollte vornehmlich auf wirtschaftlichem Gebiet stattfinden.

Eine zweite Komponente seines Verhältnisses zu den palästinensischen Arabern war ein Aspekt seiner Annäherung an die arabische Minderheit in Israel. In Fragen der Militärverwaltung in den Siedlungsgebieten der israelischen Araber war er weit liberaler als Ben Gurion, und seine Ansichten über das Problem der Staatstreue der arabischen Minderheiten im Staat Israel waren höchst unorthodox. Während des Wahlkampfes für die sechste Knesset rief er den Zorn einer beträchtlichen Anzahl von Juden hervor, als er sich im Dorf Tirra an seine arabische Zuhörerschaft wandte und sie aufrief, sich für eine von zwei Haltungen zu entscheiden. Diejenigen, welche innerhalb des jüdischen Staates leben wollten, sollten loyale Staatsbürger sein. Diejenigen, welche das nicht zu sein wünschten, sollten ihre Sachen zusammenpacken und fortgehen. Doch ehe er das aussprach, hatte er wiederholt und nachdrücklich darauf hingewiesen, daß diejenigen unter den Arabern, die sich endgültig für ein Verbleiben in Israel entschieden hatten, von der jüdischen Gesellschaft nicht assimiliert werden würden. Im Gegenteil, sie sollten ihre gesellschaftlichen und kulturellen Werte behalten, sie pflegen und ausbauen.

Diese grundsätzliche Haltung beeinflußte Dayans Ausgangslage als Militärgouverneur. Er wollte vom allerersten Augenblick an ein gutnachbarliches Verhältnis zwischen Israel und den Arabern der unter israelischer Verwaltung stehenden Gebiete herstellen, die er als potentielle Verbündete ansah. Dafür strebte er eine liberale Militärherrschaft an, die nur in Sicherheitsangelegenheiten nicht mit sich handeln ließ. Die Grundidee war, so wenig wie möglich in den täglichen Kleinkram der Bevölkerung einzugreifen. Niemals, so formulierte es Dayan, sollte der »Boß« herausgekehrt werden. Die Araber sollten ihre eigenen Angelegenheiten auch selber regeln. Ihnen sollte im Verkehr mit Verwandten und Freunden von der anderen Seite der Waffenstillstandslinie ein gehöriges Maß an Freiheit eingeräumt werden. Dies alles waren die Punkte, die später dann zur »Politik der offenen Brükken« führten.

Dayan nahm blitzschnell die Nachwirkungen des Krieges wahr – den Schock der Israelis nach ihrem verblüffenden Sieg und das schmerzliche Erstaunen der Araber über ihre vernichtende Niederlage –, um vollendete Tatsachen zu schaffen, ehe die öffentliche Meinung oder gar die Politiker sich soweit wieder erholt hatten, um dagegen zu protestieren. Als andere immer noch völlig durcheinander waren und noch nicht

wieder zu sich selbst gefunden hatten, fing Moshe Dayan schon an, die Militärverwaltung der besetzten Gebiete nach seinen Ideen einzurichten und aufzubauen.
Die erste Aufgabe war die Wiederherstellung normaler Verhältnisse in den besetzten Gebieten. Die Verwaltung mußte arbeitsfähig gemacht, die Lebensmittelversorgung sichergestellt und die Verkehrswege geöffnet werden. Dayan sorgte für Aufhebung der durch die örtlichen Militärbefehlshaber verfügten Einschränkungen, er kümmerte sich darum, daß Handel und Wandel nicht in Wogen amtlichen Papiers, Bescheinigungen, Arbeitsgenehmigungen, Reisepermits und ähnlichen Dokumenten erstickten, wie sie die örtlichen Dienststellen ohne Zahl produzierten. Keine Verwaltungsgrenzen und Verkehrseinschränkungen durften die Feldarbeit der Bauern mehr behindern. Alle Straßensperren wurden aufgehoben.
In Jerusalem verlangte Dayan von General Narkiss die Öffnung der Tore der Altstadt. Dabei war Narkiss als Oberbefehlshaber des Zentralen Befehlsbereichs und Kommandeur aller israelischen Streitkräfte des westlichen Jordanufers vor gewaltige Probleme gestellt. Die Armee konnte mit den stets verschlossenen Stadttoren die jüdische Bevölkerung von der Altstadt und die arabische Bevölkerung von den israelischen Teilen der Stadt zurückhalten. Narkiss glaubte für die von ihm verfügte Verkehrsbeschränkung zwei gute Gründe zu haben: Einmal würde der Zustrom von Juden in eine ihnen feindlich gesinnte Stadt die Aufstellung starker Ordnungsstreitkräfte bedingen, um eventuelles Blutvergießen von Anfang an unmöglich zu machen. Zweitens würde der Zustrom so vieler Juden, darunter ganz bestimmt etlicher Unruhestifter, eine Verstärkung der zum Schutz des arabischen Eigentums eingesetzten Ordnungstruppen erfordern. Plünderungen begleiten jeden Krieg auf dieser Welt; im jüdischen Teil Jerusalems gab es – leider – genügend Leute, die glaubten, zu Racheakten guten Grund zu haben. Das mußte von vornherein verhindert werden. Um solchen Zwischenfällen rechtzeitig entgegentreten zu können, sah Dayan sich nach einem Offizier um, der den Mut hatte, auch schießen zu lassen, wenn es sein mußte. Wenn jetzt die Tore geöffnet wurden, durften nur von den Soldaten scharf kontrollierte Personen unter strenger militärischer Bewachung die Tore passieren. Die Militärbehörden hielten diese Lösung für ungenügend. Dayan jedoch hatte sich seine Meinung gebildet. Er verlangte nun die Öffnung aller Tore, zwei Wochen später befahl er, Soldaten und Wachen von den Toren abzuziehen. Am 29. Juni, als Ostjerusalem auch formell dem israelischen Staat eingegliedert wurde

und die Stadt endlich wiedervereinigt war, befahl er, alle Kontrollstellen zwischen den beiden Sektoren aufzuheben.
Die schnelle Entfernung der Sperren geschah ganz offenkundig, um Israels Anspruch auf die Altstadt Jerusalems zu unterstreichen. Sie drückte aber gleichzeitig Dayans Wunsch aus, jetzt alle Schranken zwischen Juden und Arabern abzubauen. Fielen erst einmal die äußerlichen Schranken, würden die beiden Nationen sich schon zusammenraufen und schließlich einen Weg zur friedlichen Koexistenz finden. Daran hatte Dayan immer geglaubt. Eine Schranke aber, ganz gleich welcher Art, die UNO-Truppen, eine internationale Armee oder einfach nur ein Zaun, würden den beiden Nationen nur immer wieder ihre Trennung vor Augen führen. Sie fänden niemals zueinander, und die gegenseitige Verständnislosigkeit würde anhalten.
Im Verlauf einer ganzen Serie schneller Entscheidungen beschloß Dayan, wieder den Waqf (Hoher Rat der Moslems) zur Beaufsichtigung des Tempelbergs mit seinen beiden weltberühmten Moscheen, dem Felsendom und der El Aksa-Moschee einzusetzen. Damit vermied er mögliche religiöse Assoziationen, falls es in Zukunft irgendwo zu Reibereien kommen sollte, und entzog dem Ruf nach einem Heiligen Krieg jede Grundlage. Nur zwei Wochen nach Kriegsende entschloß er sich, allen Arabern in Israel und den israelisch verwalteten Gebieten zu gestatten, in den beiden Moscheen des Tempelbergs zu beten. Dies war das erste Mal, daß es den in Israel wohnenden Arabern ermöglicht wurde, ihre Gebete an einer der heiligsten Stätten des Islam zu verrichten. Die Armee befürchtete, die Massenpilgerfahrten würden in einem einzigen Blutbad enden. Dayan ließ sich nicht von seiner Idee abbringen. Er machte dagegen geltend, daß nach der Niederlage Zivilisten, die nicht in diesem Krieg gekämpft hätten, wohl schwerlich zu den Waffen greifen oder Unruhe stiften würden. Er behielt natürlich Recht. Die Aufhebung der Sperren und der freie Verkehr nach hüben und drüben verliefen ohne den geringsten Zwischenfall.
Typisch für Dayan war wieder einmal, daß er alle Maßnahmen unter Umgehung des offiziellen Dienstweges einfädelte. Er gab seine Befehle unmittelbar Generalmajor Narkiss, statt sie über den Chef des Generalstabs der israelischen Armee zu veranlassen. Bei Besuchen des westlichen Jordantals gab er seine Befehle immer direkt an die Brigade- und Bataillonskommandeure. Er ließ alle Straßensperren beseitigen, gab beschlagnahmte Fahrzeuge zurück, erlaubte den Bauern, auf ihre Felder zu gehen und beschränkte die Sperrstunden auf die Zeit der Dunkelheit. Den Flüchtlingen aus Kalkilya erlaubte er, in die Heimat

zurückzukehren, und ordnete den Wiederaufbau der zerstörten Stadt an. Als er dort am 28. Juni zu einem kurzen Besuch erschien, empfingen ihn die Einwohner mit dem Ruf Ya'ish Dayan! (Lang lebe Dayan!) Indem Dayan in den israelisch verwalteten Gebieten, schon bevor die Nachwirkungen des Krieges verflogen waren, vollendete Tatsachen schuf, setzte er gewissermaßen Marktsteine für eine nach den Gesetzen der Vernunft geführte Militärregierung. Als Beispiel für die gutnachbarlichen Beziehungen gilt die Lösung der Frage der Patriarchengräber in den Höhlen des Machpela in Hebron. Hier lag die traditionelle Begräbnisstätte der Patriarchen und ihrer Frauen. Diese den Juden heilige Stätte war schon in den Anfangsjahren der Ausbreitung des Islam von den Moslems übernommen worden, die über der Höhle eine Moschee errichteten. Den Juden war strengstens verboten, sich weiter als bis zur siebenten Treppenstufe der Moschee und damit den Heiligen Gräbern der Patriarchen zu nähern. Dayan erlaubte den Moslems in Hebron, die Moschee zu behalten. Den Juden wurde gestattet, den geheiligten Platz zu betreten und dort eine Synagoge zu errichten. Dies könnte ein Modellfall religiöser Koexistenz genannt werden.

Ende Juli genehmigte Dayan auch offiziell ein Verfahren, das eigentlich ganz spontan begonnen hatte – die Vermarktung der landwirtschaftlichen Produkte des westlichen Jordantals über den Jordan hinweg. Später wurden dann als Ersatz für die im Krieg zerstörten Brücken und Zufahrtsstraßen zum Fluß neue Brücken und neue Straßen gebaut. Dieser Vorgang ging unter der Bezeichnung »Politik der offenen Brücken« um die ganze Welt. Vielleicht war das schon ein Schritt in die Zukunft. Die Araber Palästinas leben in einer Konföderation mit Israel unter Aufrechterhaltung ihrer Verbindungen zum anderen Teil der arabischen Nation.

In erster Linie behandelte Dayan die unter israelischer Verwaltung stehenden Gebiete, besonders das westliche Jordantal, als ein bis zur Unterzeichnung des Friedensvertrags im sicheren Gewahrsam Israels befindliches Pfand. Infolgedessen tat er alles in seinen Kräften Stehende, um den Haß der Araber auf die Israelis zum Erlöschen zu bringen und ihnen dafür die Gewißheit zu geben, daß Koexistenz zwischen den beiden Völkern nicht nur möglich, sondern auch für beide von Vorteil sei. Dayans Ziel war es, die Beziehungen zu schaffen, die in Friedenszeiten gebraucht werden, auch dann, wenn die Hoffnung auf einen nahe bevorstehenden Frieden wieder langsam dahinschmolz. Er versuchte so zu handeln, als ob der Friedenszustand tatsächlich schon wieder hergestellt wäre. Deswegen übertrug er die meisten Verwaltungsaufgaben den Gemeindebehörden. Aus dieser Politik erwuchs der Gedanke, auf dem Westufer jetzt zwei voneinander unabhängige Verwaltungsbezirke zu schaffen. Den einen mit Nablus, den anderen mit Hebron als Verwaltungszentrum. Das könnte sich auf der anderen Seite zum Rückgrat eines palästinensischen Staates entwickeln, die gemäßigteren arabischen Staatsmänner, die eine friedliche Einigung mit Israel vorzogen, in ihrer Absicht bestärken und damit eventuell zu einer Konföderation führen. Einen Augenblick hatte es sogar den Anschein, als bestünden dafür recht gute Erfolgschancen. Doch während das von Bürgermeister Sheik Ali Ja'abri verwaltete Gebiet um die Stadt Hebron den Gedanken eines unabhängigen Verwaltungsbezirks mit Freuden aufgriff, lehnte Nablus ab. Damit war der Plan zwar zu Fall gebracht, doch die Idee nicht aufgegeben. Dayan versuchte deshalb, die geplante Konföderation auf eine andere Art zustande zu bringen.

Gegen Mitte des Jahres 1968 änderte sich Dayans Einstellung gegenüber den israelisch verwalteten Gebieten. Jetzt konnte klar erkannt werden, daß es mit dem Frieden noch eine gute Weile haben und die Gebiete noch eine Zeitlang in israelischen Händen bleiben würden. Solange er die israelisch verwalteten Gebiete als kurzfristiges Pfand ansah, widersetzte er sich einer wirtschaftlichen Zusammenarbeit und israelischen Investitionen. Seine Hauptsorge war, alles zu vermeiden, was auch nur im entferntesten einer Enteignung arabischer Geschäftsleute, Landwirte und Zivilisten gleichkäme. Das würde Dayans Ansicht nach unweigerlich zu Ressentiments gegenüber Israel führen. Dayan meinte sogar, es sei besser, ein Krankenhaus von einem arabischen Chefarzt leiten zu lassen, auch wenn ein besserer israelischer Arzt zur Verfügung stehe. Nach diesem Grundsatz verhinderte Dayan sogar ein Eingreifen des israelischen Ministeriums für Erziehung und Kultur in das Schulsystem der israelisch verwalteten Gebiete. Er nahm dabei in Kauf, daß der dort erteilte Unterricht von Haß gegen Israel durchdrungen war. Er hatte nur den einen Wunsch, jeden Verdacht einer Israelisierung der israelisch verwalteten Gebiete unter allen Umständen zu zerstreuen.

Zu diesem Zeitpunkt hielt Dayan die Zeit zur Einleitung einer neuen Phase für gekommen. Eine Militärregierung kann so liberal auftreten, wie sie will, sie hat es immerhin stets mit dem Feind zu tun und infolgedessen kaum Verpflichtungen. Nach seinen eigenen Worten wollte Dayan eine Lage entstehen lassen, in der die Militärregierung nur eine vorübergehende Episode darstellte und nicht zu einer Dauereinrichtung wurde. Das bedeutete, daß die Regierung die gesamte Zivilverantwortung für die Einwohner der von Israel verwalteten Gebiete übernehmen würde. Jetzt wies er darauf hin, daß um die öffentliche Gesundheitspflege zu verbessern, tatsächlich israelische Ärzte zu leitenden Ärzten in den Krankenhäusern ernannt werden sollten, wenn sie sich einem arabischen Arzt überlegen zeigten, und er rief nach einem Höchstmaß an Zusammenarbeit zwischen Israel selbst und den von Israel verwalteten Gebieten. Ein für das westliche Jordantal eigens entwickelter landwirtschaftlicher Fünfjahresplan wurde mit einem entsprechenden Plan für Israel eng verzahnt und verminderte so die Abhängigkeit des Westufers von den Märkten östlich des Jordan. Die innerhalb des Gazastreifens gelegenen Anbaugebiete für Zitrusfrüchte wurden verwaltungsmäßig dem »Israeli Citrus Marketing Board« angegliedert und örtliche Konservenfabriken mit israelischem Kapital eingerichtet. Dayan forderte die Integration der Arbeitskräfte und steigerte in den israelisch verwalteten Gebieten die Investitionen israelischen Kapitals. Diese Phase seiner Politik bezeichnete er als »wirtschaftliche Integration«.

Im Jahre 1967 widersetzte sich Dayan einer israelisch-arabischen Partnerschaft. Die Araber sollten ihre Angelegenheiten selber regeln und diejenigen Einrichtungen des öffentlichen Dienstes, an die sie gewöhnt waren, beibehalten, selbst dann, wenn diese, verglichen mit gleichartigen in Israel, auf einem viel niedrigerem Niveau standen. Im Jahre 1968 behauptete er, Israel sei verpflichtet, den öffentlichen Dienst in den israelisch verwalteten Gebieten zu entwickeln und den allgemeinen Lebensstandard soweit wie möglich zu heben. Er forderte eine Verdoppelung der auszugebenden Mittel. Vor dem Hintergrund dieser Forderung kam es dann auch zur ersten öffentlichen Konfrontation zwischen Moshe Dayan und dem Finanzminister Pinchas Sapir. Sapir warf das ganze Gewicht seines nicht unbeträchtlichen Einflusses gegen diese Verdoppelung des Haushalts in die Waagschale. Gegen die Zugänglichmachung der gesamten israelischen Wirtschaft für die Araber der israelisch verwalteten Gebiete erhob er Einspruch. Es gelang ihm, Dayans Plan zu vereiteln. Das von Eshkol geführte Kabinett schloß sich größtenteils Sapirs Meinung an und begrenzte die Ausweitung der öffentlichen Dienste und der Investitionen. Genehmigungen, Arbeitskräfte aus diesen Gebieten zu beschäftigen, wurden eingeschränkt und zeitlich begrenzt. Sie wurden nur zum Abbauen plötzlich auftretender Unterbeschäftigung im Bereich des westlichen Jordantals und des Gazastreifens bestimmt. Zum erstenmal gab die

Regierung ein Limit bekannt. Jetzt durften nicht mehr als 5 000 Arbeiter von jenseits der »Grünen Linie« beschäftigt werden.
Sapir äußerte seine Gründe für die Ablehnung. Er sah die Notwendigkeit der von Dayan angestrebten Konföderation nicht ein. Ihm genügte ein jüdischer Staat, dessen Grenzen sich mit der »Grünen Linie« deckten. Er fürchtete, die Beschäftigung von Arabern aus den israelisch verwalteten Gebieten in Handwerk und Industrie Israels, werde das Antlitz des Landes verändern, und Israel werde aufhören, eine »Nation von Arbeitern« zu sein. Sapir war auch überzeugt davon, daß anderthalb Millionen Araber aus den israelisch verwalteten Gebieten den demographischen Status der jüdischen Mehrheit des Landes bedrohen könnten. Bei einem Funktionärstreffen der Labor Party (aus der Vereinigung der Mapai mit der Achdut Ha'avodah und der Rafi geschaffen) am 11. November 1968 führte er aus: »Ich bin dagegen, den 400 000 israelischen Arabern im Land noch eine Million palästinensischer Araber hinzuzufügen, die damit eine Minorität von 40 Prozent der israelischen Gesamtbevölkerung ausmachen würden. Wenn die natürliche Zuwachsrate dieser Bevölkerungsteile dann weiterhin das Drei- und Mehrfache des jüdischen Bevölkerungsteils entspricht, ist es nicht schwierig, sich auszurechnen, wann wir in diesem Land eine arabische Mehrheit in der Gesamtbevölkerung haben werden.«
Die zwischen Dayan und Sapir bestehenden Differenzen waren offenbar das Ergebnis ihrer unterschiedlichen Einstellungen zum Staat Israel. Nach Dayans Ansicht könnten die beiden in dem früher Palästina genannten Gebiet lebenden Nationen innerhalb eines einzigen Wirtschaftsraums leben, auch wenn sie unterschiedlichen Kulturkreisen angehören und zwei souveräne Staaten bilden. Grundprinzip seiner Haltung war die Vorstellung von einem gutnachbarlichen Verhältnis, mit anderen Worten, von einem »gemeinsamen Lebensweg«. Sapirs Konzept von einem jüdischen Staat wurde in den ersten zwanzig Jahren der Existenz des Staates Israel geformt. Selbst wenn die Zukunft den Frieden bringen sollte, würden die bezeichnenden Unterschiede, die zwischen Israel und seinen arabischen Nachbarn bestehen, das Überleben der jüdischen Identität gewährleisten. Sapir hätte sich wahrscheinlich auch mit einem gigantischen Graben zufriedengegeben, der, an den israelischen Grenzen entlanggeführt, das Land vom Nahen Osten abschnitt. Dayan schwebte ein Land mannigfaltigster Dimensionen vor. Sapir beharrte auf dem koventionellen Konzept eines jüdischen Staates mit deckungsgleichen geographischen, demographischen, politischen und kulturellen Grenzen. Dayan erschien das Land

als wesentlicher Teil eines viel größeren Gebiets. Nur seine geographischen und wirtschaftlichen Grenzen seien identisch. Sie umfaßten zwei getrennte demographische und kulturelle Einheiten, deren politische Abgrenzung nicht peinlich genau den demographischen Grenzen folgte. Ein Araber aus Jerusalem und ein Araber aus Nablus könnten auf diese Weise, obgleich sie zur gleichen demographischen und kulturellen Gruppe gehörten, unterschiedlichen politischen Gebilden angehören. Beide könnten innerhalb des gleichen Wirtschaftssystems tätig sein, müßten aber ihre politischen Vertretungen in verschiedenen Ländern wählen und würden unterschiedliche bürgerliche Rechte genießen. Es war das Hauptanliegen Dayans, die Übereinstimmung der geographischen mit der demographischen Trennungslinie zu verwischen. Er schlug daher vor, entlang der Bergkette von Hebron nach Nablus von der Regierung vier jüdische Städte einrichten zu lassen, um damit die demographische Kontinuität der arabischen Bevölkerung aufzulockern. Als er mit Teilen dieses Plans zum erstenmal vor die Öffentlichkeit trat, schlug er vor, das Gebiet um Hebron und Beersheba in eine einzige wirtschaftliche und verwaltungsmäßige Einheit zu verwandeln. Ein anderes integriertes Gebiet im Norden könne Afula und Jenin einschließen.

Der von Dayan ins Auge gefaßte jüdische Staat wurde nicht von einer geographischen Grenze bestimmt. Seine Kriterien waren demographischer und kultureller Art. Das galt auch für Palästina als Ganzes, obgleich er sich noch nicht darüber klar geworden war, ob es ein selbständiger Staat eigenen Rechtes oder ein Teil des Haschemitischen Königreiches Jordanien sein sollte, dessen Einwohner in Israel wohnten. Es kümmerte ihn nicht, ob die palästinensischen Bewohner des westlichen Jordantals zeitweilig Staatsbürger Jordaniens blieben oder ob sein »Land-als-Teil-einer-Region«-Konzept durch die Tatsache behindert wurde, daß Araber, die innerhalb eines souveränen israelischen Staatsverbands lebten, Bürger und Wähler eines anderen, genauso unabhängigen souveränen Staatsverbands sein würden. Der schwächste Punkt seines Konzepts war die Frage der Staatstreue. Seine Kritiker fragten, wie lange denn das Land ein jüdischer Staat bleiben werde, wenn es einen Abschnitt umschloß, dessen Einwohner keine israelischen Staatsbürger wären. Wie könnten beide Nationen innerhalb eines einzigen Wirtschaftssystems und einer Infrastruktur von Versorgungseinrichtungen bestehen und dennoch verschiedenen Kulturen und souveränen Staaten Bürgertreue schulden? Dayans Kritiker machten geltend, daß die wirtschaftliche Integration im Lauf der Zeit eine

Vereinheitlichung der Zivilbevölkerung mit sich bringen werde. Das Ergebnis wäre dann ein Staat mit einer starken, sehr schnell wachsenden arabischen Bevölkerung. Auf diese Art können die Araber auf demographischem Weg das erreichen, was ihnen im Krieg nie gelungen war. Dayan fand auf diese Fragen nur eine bestenfalls vorläufige Antwort. Er argumentierte, daß solange wie zwischen Israel und den arabischen Staaten Kriegszustand herrsche, es keine Drohung der totalen zivilen Assimilation gebe, und daß eine asymmetrische Lösung wie die von ihm vorgeschlagene ihre Gültigkeit behalten werde.

Ungeachtet seiner Schwächen erleichterte Dayans Konzept die Einführung und Anwendung zahlreicher gemeinsamer Aktionen, während Sapirs Konzept eines isolierten jüdischen Staates unrealistisch war. Doch die Regierung Eshkol konnte sich weder für das eine noch für das andere Konzept entschließen. Die Verschärfung des Abnutzungskrieges und eine verstärkte sowjetische Durchdringung des Nahen Ostens erschwerten eine klare Entscheidung. Jedoch, der Fortgang der Ereignisse selbst war es dann, der einen Vorgang einleitete, der sich mehr Dayans Beurteilung der Lage zuneigte. Die Wirtschaft der israelisch verwalteten Gebiete wurde mehr und mehr in die israelische integriert. Elektrische Energieversorgung, Wasser, Straßen, Verkehr, Koordinierung der Landwirtschaft, Vermarktung landwirtschaftlicher Erzeugnisse, Überwachung und Bekämpfung von Pflanzen- und Viehkrankheiten, vorbeugende ärztliche Versorgung und, teilweise, die Ausnutzung der zur Verfügung stehenden Arbeitskräfte, das alles wurde mit Israel geteilt und gemeinsam betrieben. Am 14. Juni 1971 konnte Dayan vor dem israelischen Parlament erklären, daß die Arbeitslosigkeit im Bereich des westlichen Jordantals drastisch gesenkt worden sei und nur noch 3,5 Prozent betrage. 25 000 Bewohner der israelisch verwalteten Gebiete arbeiteten innerhalb der Grenzen Israels. Einen Monat später war die Zahl schon auf 30 000 angewachsen. Der private Verbrauch im westlichen Jordantal war pro Kopf und Jahr von 618 israelischer Pfund im Jahre 1965 auf 800 Pfund im Jahre 1969 gestiegen und stieg weiter an. Für den Sommer 1971 wurden in den israelisch verwalteten Gebieten und in Israel selbst einige hunderttausend arabische Touristen erwartet.

Die »Politik der offenen Brücken« und die wirtschaftliche Integration, die Dayan als die offizielle Linie der Regierungspolitik vorschlug, entstanden beinahe aus sich selbst heraus. Genauso wie die Siedlungspioniere im alten kaiserlich-ottomanischen Palästina die Grenzen des zukünftigen Staates Israel durch Anlegen von Siedlungen bestimmten,

begannen die »faits accomplis« der Ära nach 1967, die zukünftigen Beziehungen zwischen den israelisch verwalteten Gebieten und Israel festzulegen.
Während man Dayan für liberal hielt, wenn es sich um wirtschaftliche, soziale und kulturelle Angelegenheiten handelte, war er gleichzeitig unnachgiebig in allen mit der Sicherheit zusammenhängenden Dingen. Gegen Israel und seine Bewohner verübte Angriffe arabischer Terroristenorganisationen lösten schnelle und heftige israelische Reaktionen aus. Dayan genehmigte die Ausweisung von Provokateuren und die administrative Verwahrung von Leuten, die der terroristischen Betätigung hinreichend verdächtigt waren. Er schreckte nicht davor zurück, die Häuser derer zerstören zu lassen, die terroristischer Umtriebe in Israel angeklagt waren; selbst dann nicht, wenn diese offiziell als das Eigentum unschuldiger Verwandter deklariert wurden. Am 11. Oktober 1967 zum Beispiel, im Anschluß an einen über das gesamte Westjordanien ausgedehnten Schulstreik, formulierte er diese Politik so: »Ich erwarte von Ihnen nicht, daß Sie uns lieben oder sich mit unserer Herrschaft abfinden. Den Krieg haben sie verloren, und ich weiß nicht, was die Zukunft bringen wird ... ich möchte Frieden haben. Aber, um es deutlich zu sagen, Sie, die Bewohner der von Israel verwalteten Gebiete, können überhaupt nichts unternehmen, um die Lage nach der einen oder anderen Seite zu verändern. Sie haben die Wahl: Entweder empören Sie sich, oder Sie finden sich mit dem gegenwärtigen Zustand ab. Ich erwarte von der Bevölkerung und ihren zivilen Einrichtungen, daß sie ein normales, geordnetes Leben führen und die verwaltungsmäßigen Verpflichtungen in ihren Bereichen erfüllen. Wir werden den unseren in der Regierung nachkommen. Sie haben die Wahl: Entweder normales Leben oder Rebellion. Sie sollten sich aber darüber klar sein, wählen Sie die Rebellion, so werden wir keine andere Wahl haben, als diese Rebellion niederzuschlagen.«
Dayans Stärke lag in seiner kristallklaren Formulierung der Vorschriften und in ihrer unbedingten Einhaltung. Es war, als hielte er in der einen Hand einen Knüppel und in der anderen eine Mohrrübe. Solange die Bewohner der israelisch verwalteten Gebiete sich der Rebellion enthielten, würden sie nur die Mohrrübe zu schmecken bekommen. Dayan wollte sie nach und nach mit immer mehr guten Sachen füttern, um in ihnen das Bewußtsein entstehen zu lassen, sie würden eine ganze Menge einbüßen, erwischte man sie bei irgendeiner feindseligen Betätigung. Tatsächlich hatte die unverhüllte Drohung, fortzunehmen, was schon so generös zugeteilt worden war, eine abschreckendere Wirkung als der

Knüppel. Wenn Dayan die Anwendung des Knüppels jedoch für notwendig hielt, tat er es sorgfältig, kraftvoll und ohne jede Reue.
Die Klarheit seiner Vorschriften und seine Weigerung, auch nur einen Zoll von den zivilen, kulturellen und wirtschaftlichen Freiheiten aufzugeben, die er für die israelisch verwalteten Gebiete verlangte, die geschwinde Bestrafung, die er denjenigen zumaß, die sich feindselige Handlungen zuschulden kommen ließen, half Dayan, seine Politik erfolgreich zu verwirklichen. Das ist allein schon an der Tatsache zu ermessen, daß die Araber in den israelisch verwalteten Gebieten sich für das normale zivile Leben entschieden. Die Terroristenorganisationen erlebten einen Reinfall, als sie versuchten, die israelisch verwalteten Gebiete zum Aufstand aufzuwiegeln. Die Bevölkerung lehnte dies eindeutig ab, und die Terroristenorganisationen waren gezwungen, den Krieg von der arabischen Seite der Feuereinstellungslinien zu führen. Wahrscheinlich erlitten sie sogar dabei noch Schiffbruch.
Dayan dehnte seine Bereitschaft zur Koexistenz mit den Arabern auch auf Israels Nachbarländer aus. Obgleich er nur in Sicherheitsfragen die gleiche eiserne Härte bewies, konnte er die Entspannung, die er in den israelisch verwalteten Gebieten erreicht hatte, dort nicht verwirklichen. Handwaffenfeuer, Artillerieduelle, Beschuß mit Panzerwaffen, Luftangriffe, Scharmützel, Kommandoüberfälle, Zerstörung und Sabotage fanden täglich auf beiden Seiten des Suezkanals statt, bis sich im August 1970 die Ägypter zu einer Feuereinstellung bereitfanden.
Oberflächlich betrachtet, gab es einen ganz einfachen Grund für den erneuten Ausbruch von Feindseligkeiten zwischen Ägypten und Israel. Israel war solange nicht bereit, sich aus den im Sechstagekrieg eroberten Gebieten zurückzuziehen, bis die Araber nicht in direkte Verhandlungen mit Israel einzutreten gewillt waren, die mit dem Ziel geführt werden sollten, Grenzlinien zu finden, die die Sicherheit Israels garantierten. So wie er seinerzeit gegen den Rückzug von der Sinai-Halbinsel im Jahre 1957 Widerstand geleistet hatte, widersetzte sich Dayan jetzt mit Nachdruck dem Rückzug israelischer Truppen aus Sharm el-Sheikh, um eine dritte Blockade der Straße von Tiran zu verhindern, aus dem Gazastreifen, um seine Umfunktionierung in einen für ägyptische Angriffe auf Israel geeigneten Stützpunkt zu verhindern, von den Golan-Höhen, damit die Syrer ihre Beschießungen der vor den Höhen liegenden Siedlungen nicht wieder aufnehmen konnten. Er verlangte, daß israelische Streitkräfte an den Berghängen Judäas und Samarias stationiert blieben, und daß das vereinigte Jerusalem die Hauptstadt des Staates Israel bliebe. Mehrere andere Minister teilten

diese Ansichten, aber Dayan war es, der sich darum kümmerte, daß sie ein zentraler Teil der Wahlplattform der Labor Party für die Wahlen des Jahres 1969 wurden, und er machte sie auch zu Grundsatzforderungen der Regierung Golda Meirs. Er forderte auch, Sharm el-Sheikh und seine Überland-Verbindungswege müßten ungeachtet der Bedingungen einer endgültigen Regelung in israelischer Hand bleiben. Ägypten verlangte den totalen Rückzug der israelischen Streitkräfte auf die Waffenstillstandslinien vom 4. Juni 1967 und lehnte jede Vereinbarung ab, die die Rechte der Palästinenser nicht wahrte. So wie Ägypten Israel Forderungen als Ausdruck seines expansionistischen Ehrgeizes betrachtete, sah Israel in Ägyptens Forderungen nur den Versuch, seine Ausgangsstellung für den endgültigen Vernichtungskrieg gegen Israel zu verbessern. Ein komplettes Patt.

Präsident Nasser versuchte, Israels Rückzug mit militärischem Druck herbeizuführen. Er begann mit dem Abnutzungskrieg. Er meinte, Israel sei nicht in der Lage, die hohen Kosten einer permanenten Mobilmachung aufzubringen und könne die starken blutigen Verluste nicht tragen. Dayan reagierte auf den Abnutzungskrieg genauso wie in früheren Jahren als Chef des Stabes. Seine Vorschrift aus den Tagen der Vergeltungsangriffe galt noch immer. »Wir können den Mord an arbeitenden Menschen und an Familien nicht verhindern ... aber wir können einen hohen Preis für unser Blut fordern.« So wie in den fünfziger Jahren die Fallschirmjäger in das Hinterland der Waffenstillstandslinien eingedrungen waren, folgen jetzt die Düsenmaschinen der israelischen Luftstreitkräfte am Himmel Ägyptens und bombardierten Anlagen tief im Hinterland. Diese militärische Politik bedeutete nicht eine Erneuerung, sondern eine Fortsetzung des Eskalationsprozesses. Nach israelischer Schätzung verloren die Ägypter in diesem Abnutzungskrieg rund 10 000 Soldaten, und am Ende war es dann doch Ägypten, das unter den schwersten Folgen zu leiden hatte. Eine andere Regel Dayans aus den fünfziger Jahren galt jetzt nicht mehr: »Die Araber werden sich nur gegen einen Zusammenstoß mit Israel entscheiden, wenn sie vernünftige Gründe für die Annahme haben, daß sie – handelten sie anders – sich schonungslosen Reaktionen gegenübersähen, die sie in einen bewaffneten Konflikt zögen, in dem allein die Araber die Verlierer wären.« Die Ägypter fürchteten den bewaffneten Konflikt nicht mehr; noch dazu, wo jetzt die Bedrohung der Existenz Israels, die bis zum Sechstagekrieg in der Hauptsache von den Arabern ausging, nach dem Juni 1967 zu einer russisch-arabischen Drohung wurde. Der Nahostkonflikt wurde zum Brennpunkt in der weltweiten

Konfrontation der beiden Supermächte. In gewisser Hinsicht war dieser Abschnitt der Beginn eines neuen Kapitels der Geschichte Israels. Von jetzt an entwickelte sich die Aufgabe, die Existenz des Staates Israel zu schützen, zu einer weltweit verzweigten Angelegenheit. Israel wurde jetzt nicht mehr allein von den arabischen Nationen im Nahen Osten belagert, sondern auch von der mächtigen Sowjetunion.

An dieser Stelle schien nun auch der Lebensweg Moshe Dayans in eine neue Phase einzumünden. Der Schutz des Staates wurde zu einem sich in zunehmenden Maß komplizierter gestaltenden Unterfangen. Er wurde zum Brennpunkt des täglichen Lebens in Israel. Anders als 1948 und 1956, als die Verteidigung nach Beendigung der Feindseligkeiten zu einer zweitrangigen Angelegenheit wurde, drehte sich jetzt nach dem größten Sieg, den israelische Waffen je errungen hatten, das gesamte Leben der israelischen Nation ausschließlich um die Verteidigung. Dayans Aufgaben als Verteidigungsminister verschafften ihm einen besonderen Status. Bei verschiedenen Gelegenheiten in der Regierung Eshkol und im Kabinett von Golda Meir war es allein Dayan, der das Schicksal der Regierung in seinen Händen hielt. Seine Ansichten wurden so hoch geschätzt, daß er zu bestimmten Zeiten das Kabinett ganz allein trug, obgleich er nur eine Minderheit vertrat. Auf Dayans Schultern ruhte der schwierigste Teil des Kampfes um das Überleben Israels, die Verantwortung für die fortgesetzten Verluste menschlichen Lebens. Seit dem Ende des Sechstagekrieges verlor Israel 721 Menschen. 127 davon waren Zivilisten. Diese Zahl kam dem Preis an Menschenleben nahe, den Israel im Sechstagkrieg zahlte: 790 Tote. Die Verluste des Sechstagekrieges konnten jedoch zumindest als der Preis verstanden werden, der in einem Israel aufgezwungenen Krieg für das Überleben der Nation zu zahlen gewesen war. Das galt nicht für die Verluste im Abnutzungskrieg, der längst nicht mehr »ein Krieg ohne Alternative« war. Einige Leute meinten, es sei eher ein Krieg zur Durchsetzung der israelischen Politik als ein Krieg um das Überleben des Landes. Wieder andere verstanden nicht, warum Israel mit dem Leben seiner Soldaten für Gebiete zahlte, die es im Prinzip wieder aufzugeben bereit war. Noch anderen schien Israel in ein Labyrinth verstrickt zu sein, aus dem es kein Entrinnen gebe. In einer Nation, die von dem Glauben durchdrungen war, ein langsam aussterbender Stamm zu sein, maß man dem stetig fließenden Strom blutiger Verluste eine besondere Bedeutung zu. Jeder einzelne israelische Verlust schien die Lebenserwartung der Nation als Ganzes zu verringern; gleichsam als zählten die Tage einer Nation nach den Verlusten, die zu erleiden

sie imstande war. Es war Dayan, der vor der Nation Rechenschaft über den hohen Preis abzulegen hatte, und er war es auch, der ihn gleichzeitig immer wieder von der Nation zu fordern hatte. Er allein unterschrieb die Briefe an die Familien der Gefallenen, und er war es auch, der die ihrer Kinder beraubten Eltern, den alleingelassenen Witwen und den zurückgebliebenen Waisen den Glauben wiederzugeben hatte, daß sie ihre Opfer nicht umsonst gebracht hatten. Endlich war es Dayan, der einer kleinen Nation, deren Feinde mit jedem Tag stärker und zahlreicher wurden, Mut und Tapferkeit einzuflößen hatte.
Dayan wurde zum Minister des Überlebens. Sein Selbstvertrauen, sein Glaube an die Zukunft, seine geistige Stärke, dem schwierigen, komplizierten Kampfgeschehen Widerstand entgegenzusetzen, mußte dem gesamten Volk nutzbar gemacht werden. Die ihm von den »Umständen« aufgezwungene Aufgabe war ganz gewiß nicht das, worauf er sich vorbereitet hatte. Er besaß weder die prophetischen Visionen, mit denen Ben Gurion die Nation in den vierziger Jahren aufrechtgehalten hatte, noch den religiösen Glauben, von dem die Juden der Diaspora in den langen Jahrhunderten des Exils zehrten. Seine Bemühungen, nicht über den eigenen engen Bereich seiner persönlichen Verantwortung hinauszugehen, begrenzten in der Tat seine Ausstrahlung. Ben Gurion rief die Nation auf, ein Musterbeispiel an Gerechtigkeit und Wahrheitsliebe zu sein und für die Verwirklichung einer großen Aufgabe zu leben, »das Licht unter den Völkern« zu sein. Rhetorik erschien Dayan verdächtig. Er vermied sie, wo immer er konnte. Er bevorzugte es, in konkreten Begriffen zu sprechen; er redete nicht von der »großen Wahrheit«, mit der sich die Nation wappnen müsse, sondern sprach über Flugzeugtypen und Raketenmodelle, die sie zum Überleben brauche.
Der Gegensatz zwischen Dayans Natur und der zu bewältigenden Aufgabe bewirkte eine Veränderung in ihm. Anfangs siegte seine natürliche Veranlagung, und er ging aller kollektiven Verantwortung weit aus dem Weg. Wie er es so oft in der zurückliegenden Zeit getan hatte, versuchte er durch beispielhaftes Verhalten Mut und Zuversicht zu verbreiten und nicht mit Visionen und Prophezeiungen. Obgleich es in seiner Stellung nicht mehr von ihm verlangt wurde, besuchte er recht häufig die vordersten Linien und die verlassensten, gefährlichsten Vorpostenstellungen. Einmal kletterte er dabei sogar in die Stellung eines vorgeschobenen Beobachters und freute sich ganz einfach daran, daß ihm das noch genauso gut gelang wie jedem anderen Soldaten auch. Alte Geschichten wurden wieder lebendig. Ein Brigadekommandeur

versuchte ihn mit den Worten: »Wir haben viele Soldaten, aber nur einen Verteidigungsminister« an dem Erklettern einer Böschung zu hindern, deren Beschießung der ägyptischen Artillerie schon zu einer lieben Gewohnheit geworden war. »Sie werden überrascht sein, wenn sie hören, wie viele Kandidaten schon auf die offene Stelle warten«, antwortete Dayan.

In seiner Freizeit grub Dayan weiter nach Altertümern, und das kostete ihn, schon wieder einmal, fast das Leben. Seine größte Furcht war, das Alter könne ihm dabei einen Strich durch die Rechnung machen. Kurz vor seinem 55. Geburtstag sagte er: »Im Alter bekümmert mich nur eins, nämlich nicht mehr von morgens bis abends mit der Hacke graben zu können. Nicht die beginnende Glatze, nicht die Magenschmerzen, die ich bekommen werde, und auch nicht das Absinken der Körperkräfte. Das Alter schreckt mich nicht. Sollte mich einmal jemand fragen, ob ich noch einmal 18 Jahre alt sein möchte – nein!«

Sollte Dayan sein Image jetzt bewußt ändern, um es vielleicht seiner Stellung anzupassen, war das anfangs nur bei den Aspekten seiner äußeren Erscheinung festzustellen, von denen er sich mit Leichtigkeit freimachen konnte. Vielleicht war er darüber sogar froh. Es fiel ihm leicht, aus der Haut des Rebellen zu fahren. Auf der letzten Rafi-Tagung im Dezember 1967, kurz bevor die einstige Splitterpartei wieder in den Schoß der Mapai zurückkehrte, reckte er noch einmal das Banner des Aufruhrs in die Höhe und versprach zu kämpfen. »Wenn ich jetzt in die Hayarkonstreet 110 gehe (um die Vereinigung mit der Mapai durchzuführen) ... werde ich das mit großer Freude tun, denn ich gehe nicht hin, um Öl auf die Wogen zu gießen, sondern um zu kämpfen. Ich werde vorschlagen, Eshkol aus der Stellung des Ministerpräsidenten zu entfernen; ich werde dafür sorgen, daß die gegenwärtige Wirtschaftspolitik geändert wird und daß jemand anders als Pinchas Sapir Finanzminister wird.« Das hörte sich aber alles so an, als gäbe er diese Erklärungen nur ab, um Ben Gurion (der gegen die Wiedervereinigung opponierte) zu beruhigen, denn Dayan arbeitete in der täglichen Routine der vereinigten Partei eng mit Eshkol zusammen. Als Eshkol starb, bewarb er sich nicht um das Amt des Ministerpräsidenten, sondern akzeptierte bereitwillig Golda Meir auf diesem Posten. Desgleichen machte er keinen Finger krumm, um Pinchas Sapir ablösen zu lassen. Entweder waren »die Umstände« schuld oder das Heraufdämmern seines mittleren Lebensabschnitts, was Dayan jetzt das Image des Rebellen vollständig fallen ließ. Vielleicht aber hatte es seiner wahren Natur auch gar nicht entsprochen. Er kritisierte nicht länger an den »Veteranen« herum. Zu Golda Meir unterhielt er loyale Beziehungen. Mit ihr besprach er sogar so ausgesprochen militärische Angelegenheiten wie die Ernennung von Generälen bei den Frontkommandos und im Armeeoberkommando.

Indessen, dieser Wechsel genügte noch nicht. Sein Amt erforderte mehr als den bloßen Nachweis persönlichen Muts, brauchbarer Lösungen, der Ruhe eines selbstbewußten Bürgers. Es erforderte mehr als das Image eines nationalen Führers, der allen politischen Streit und die persönlichen Wortklaubereien erhaben überragt. Der wieder losgebrochene Krieg mit Ägypten, die Aggressivität der arabischen Terroristen, die täglichen Meldungen über israelische Verluste und darüber hinaus die Erkenntnis, daß der Frieden mit den Arabern ein fernes, fast unerreichbares Ziel war, verbreitete im ganzen Land eine tiefe Niedergeschlagenheit. Dayan war einer der ersten unter den führenden Persönlichkeiten Israels, der ganz unrealistisch die begrenzten Aussichten auf einen Frieden in naher Zukunft erkannte und öffentlich darüber sprach. Den Frieden anscheinend in weite Fernen entrückt sehend, fragte die Nation: »Was wird das Ende sein?«

Wie lange noch würde Israel um sein Leben zu kämpfen haben, und welchen Wert hatte ein Leben ohne Frieden überhaupt noch? Während einer Tagung im Ober-Rabbinat stellte ein amerikanischer Tourist Dayan die gleiche Frage auf Jiddisch, als ob er beweisen wollte, daß er sogar außerhalb Israels als der Mann angesehen werde, an den die Fragen über Sein oder Nichtsein Israels zu richten wären. Daß er bereit war, darauf eine Antwort zu geben, ist ein Zeichen dafür, daß die Anforderungen, die sein Amt an ihn stellte, sich mit den Forderungen seiner Persönlichkeit zu decken begannen.

Am 7. August 1969, in einer Ansprache an die Absolventen der Stabsoffizierslehrgänge, befaßte Dayan sich zum erstenmal mit der »letzten Frage« vom Dasein Israels.

»Die Frage, ›Was wird das Ende sein?‹ hat unser Volk viertausend Jahre hindurch begleitet ... und man kann sagen, daß die Beschäftigung mit der Frage ›Was wird sein?‹ zu einem organischen Bestandteil unseres Volkes geworden ist. Sie haben zweifellos bemerkt, daß ich in meinem letzten Satz die Worte ›das Ende‹ ausgelassen habe; ich sagte ›was wird sein?‹ und nicht: ›Was wird das Ende sein?‹ Ich habe das gesagt, weil ich meine, wir sollten Nachdruck auf den einzuschlagenden Weg und nicht auf das Endziel legen.

Ruhe und Frieden sind für unser Volk immer nur Sehnsucht, nie Tatsache gewesen. Und wenn wir von Zeit zu Zeit diese Ziele erreichen

konnten, waren es immer nur Oasen – ein Atemholen, das uns unsere Stärke gewährte und unser Mut, den Kampf wieder aufzunehmen ... deswegen denke ich, unsere einzig mögliche Antwort auf die Frage ›Was wird sein?‹ ist: ›Wir werden weiterkämpfen‹.
Ich meine, daß jetzt, genau wie in der Vergangenheit, unsere Antwort ... sich auf unsere Fähigkeit stützen muß, den Schwierigkeiten ins Antlitz zu sehen, und auf unser Vermögen zu kämpfen, mehr noch als auf die Erwartungen von endgültigen, konkreten Lösungen unserer Probleme. Wir müssen uns moralisch und physisch auf einen andauernden Kampf vorbereiten. Wir können keinen Zeitplan für das Erlangen von ›Ruhe und Frieden‹ aufstellen.«
Auf der Suche nach dem tieferen Sinn des jüdischen Überlebens wurde Dayan immer mehr zu einem wahren Sohn seiner Väter und Vorväter. Wie sein Großvater Reb Avraham und dessen Vorfahren, die Rabbiner von Squira und ihre Väter vom »Hof« des »Großvaters« von Spola und Reb Pinchas von Koritz, benutzte er die Bibel als ein Werkzeug, den jüdischen Geist zu begreifen, und genau wie sie glaubte er fest an die Worte, die Gott zu Abraham sprach: »Darum so mache Dich auf und ziehe durch das Land in die Länge und Breite; denn Dir will ich's geben.« (Gen. 13, 17) Genau wie sein Vater, der seine Genossen in Degania ermahnte, den Kibbuz nicht als Hort ihrer Ruhe und ihres Friedens anzusehen, mahnte er sein Land eindringlich, den Kampf nicht aufzugeben.
Dayan las das Buch der Kabbala*, Zohar, und die Bücher eines der Begründer der Kabbala, des Rabbiners Yitzhak Luria (Ha'ari). Er berichtet, von Ha'ari tief beeindruckt worden zu sein. Von Ha'ari als einem »menschlichen Phänomen«, nicht durch seine phantastischen Wunder. »Ich glaube nicht an den jüdischen Mystizismus, sondern eher an die Kultur und die Geschichte des jüdischen Volkes, an die Tatsache, daß über Jahre hinaus die nationalen Fähigkeiten und Eigenschaften von einer Generation zur anderen weitergegeben worden sind.« Ohne religiös zu werden, bemühte er sich um eine eigene Interpretation des jüdischen Geistes und machte geltend, daß das jüdische Volk mit zwei »Hilfsquellen ausgestattet sei, die es ihm ermöglichten, die unaufhörlichen Kämpfe um das nackte Dasein zu bestehen«. Die erste sei der Glaube: »Ich denke hier nicht an den religiösen Glauben, sondern eher an den Glauben als Antithese der Verzweiflung; als Ele-

---

* Theosophisches System auf der Grundlage einer mystischen Interpretation der Heiligen Schrift.

ment ... das dem Geist der israelischen Nation eingeflößt wurde und vom ersten Tag an ein Bestandteil seines Blutes war; ich denke an den Glauben, an seine Bestimmung, seine Gerechtigkeit, seine Zukunft; an einen Glauben, der es beschützt und hart macht gegen geistige Depressionen, Schwäche, Handlungsunfähigkeit und Zerstörung.«

Die zweite sei Tapferkeit, »die Basis und das sine qua non seiner Fähigkeit, den Kampf durchzuhalten ... durch Generationen und unter ständig wechselnden Bedingungen.«

Für Dayan waren Weg und Kampf geistiger Inhalt und alles überstrahlendes Ziel jedes einzelnen Juden und der Judenheit als Nation. Sein eigenes Leben bestand aus einer ununterbrochenen Kette von Kampf und Krieg – von der Verbrennung Degania B's über den Ya'akobi-Mord in Nahalal, den Kämpfen der Schafhirten, der Haganah, bis zu Wingate, dem Zweiten Weltkrieg und dem Kriege Israels, den Blutbädern der Terroristen und dem Abnutzungskrieg. Der Lebensweg der meisten Israelis sah genauso aus. Der Tod war Dayans ständiger Weggenosse. Mehr und mehr wendete er sich dem Tod zu, um die Bedeutung des Lebens ermessen zu können. In seiner Ansprache zum Gedenken an den Todestag des großen israelischen Dichters Natan Alterman, am 21. März 1971, entwickelte er diese Gedanken als Teil eines Versuchs, Altermans Gedichte im Licht des »kämpferischen Geistes« zu sehen.

»Der Tod im Gefecht ist nicht das Ende des Kampfes, sondern sein *Höhepunkt*. Da der Kampf ein Teil, zu gewissen Zeiten sogar das ganze Leben ist, ist der Tod als Höhepunkt des Kampfes nicht die Zerstörung des Lebens, sondern sein vollster, sein mächtigster Ausdruck ... in der Schlacht geht ein Mann nicht in den Tod, um *anderen* die *Erlösung* zu bringen, nicht, um sich der Zukunft als Opfer darzubringen; ein Mann geht in die Schlacht, weil er sich nicht ergeben, nicht besiegt werden will; er will nicht um sein ›Überleben‹ kämpfen, denn für ihn ist der Inhalt von Leben und Tod lediglich der höchste Ausdruck der Unerbittlichkeit seines Kampfes. Dies ist kein Tod im Krieg, in einem historischen Geschehen; es ist ein persönlicher, ein dynamischer Tod, eingeschlossen in den Streit, den Kampf, nicht in den ›Krieg‹ ... Fast mein ganzes Leben habe ich auf die eine oder andere Art in der Gesellschaft von Kämpfern verbracht. Diese Männer lebten im Schatten des Todes, aber er verdunkelte ihr Leben nicht und drückte ihnen auch nicht den Stempel der Trauer auf. Das Gegenteil war der Fall. Hinter diesen Männern stand der *Wille zum Leben*, und gerade dieser *Wille zum Leben* hat aus ihnen die *Kämpfer* gemacht.«

Israel und Dayan waren einander ähnlich geworden. Beide waren einsam, dynamisch, voller Energie und kriegsversehrt. So wie Dayans Augenlicht beeinträchtigt war, wurde Israels Ausblick auf seine Zukunft von seiner heftigen Sehnsucht nach Frieden getrübt. Die Ähnlichkeit war besonders auffällig, wenn Dayan auf gefallene Soldaten und Kameraden des nicht endenwollenden Krieges die Totenreden hielt. Dann funkelte sein Auge voller Leidenschaft und Lebensbejahung, während das andere blind und tot unter der schwarzen Augenklappe verharrte. Es war, als symbolisierte Moshe Dayan dieses Israel, randvoll mit Leben und Tod; zum Sterben bereit, um endlich leben zu können.

Zeittafel

4. Mai	1915	In Degania geboren
	1922	Umzug nach Nahalal
	1929	Eintritt in die Haganah
2. Juli	1935	Eheschließung mit Ruth Shwarz
5. November	1939	Verhaftung und anschließende Verurteilung zu fünfjähriger Festungshaft in Akko
16. Februar	1941	Entlassung aus der Festung von Akko
7. Juni	1941	Verlust des linken Auges bei einer militärischen Aktion in Syrien
18. Mai	1948	Ernennung zum Kommandeur des Militärbereichs Jordantal und Rückkehr in den aktiven militärischen Dienst
25. Mai	1948	Kommandeur des 89. Bataillons im Rang eines Majors
1. August	1948	Ernennung zum Kommandeur der Jerusalem-Brigade im Rang eines Oberstleutnants
21. November	1949	Beförderung zum Generalmajor
25. November	1949	Ernennung zum Oberbefehlshaber des Südkommandos
26. Mai	1952	Ernennung zum Oberbefehlshaber des Nordkommandos
7. Dezember	1952	Ernennung zum Ersten Generalstabsoffizier
6. Dezember	1953	Ernennung zum Chef des Stabes
16. Dezember	1959	Ernennung zum Landwirtschaftsminister
4. November	1964	Rücktritt vom Amt des Landwirtschaftsministers
2. Juni	1967	Ernennung zum Verteidigungsminister
28. Dezember	1971	Scheidung von Ruth Dayan

Israels Premierminister, Verteidigungsminister und Stabschefs, 1948-1972

PREMIERMINISTER

David Ben Gurion
Mai 1948 – Dezember 1953
(beurlaubt vom
20. Juli – 17. November 1953)

Moshe Sharett
Geschäftsführender
Premierminister
20. Juli – 17. November 1953;
Premierminister
Dezember 1953 – November 1955

David Ben Gurion
November 1955 – Juni 1963

Levi Eshkol
Juni 1963 – März 1969

Golda Meir
März 1969 –

VERTEIDIGUNGSMINISTER

David Ben Gurion

Pinchas Lavon
Geschäftsführender
Verteidigungsminister
20. Juli – 17. November 1953;
Verteidigungsminister
Dezember 1953 – Februar 1955

David Ben Gurion
Februar 1955 – Juni 1963

Levi Eshkol
Juni 1963 – Juni 1967

Moshe Dayan
2. Juni 1967 –

STABSCHEFS

Ya'akov Dori
Mai 1948 – November 1949

Yigael Yadin
November 1949 – Dezember 1952

Mordechai Maklef
Dezember 1952 – Dezember 1953

Moshe Dayan
Dezember 1953 – November 1958

Chaim Laskov
Januar 1958 – Januar 1961

Zvi Zur
Januar 1961 – Januar 1964

Yitzhak Rabin
Januar 1964 – Januar 1968

Chaim Bar-Lev
Januar 1968 – Januar 1972

David Eleazar
Januar 1972 –

Register

Abdullah, König 213 ff
Abeidat, Abed 167
Abrams, Creighton W. 185
Achdut Ha'avodah 367, 376, 380, 384, 414
Aharonovitch, Yoseph 16
Alexandroni-Brigade 182
Allon, Yigal 124, 128, 130 f, 144, 156, 160, 164, 169, 190, 195, 367, 384, 386 ff, 404
Altalena-Affäre 182 ff
Alterman, Natan 425
Amit, Meir 239, 270, 272, 275
Andrews, Lewis 123
Aranne, Zalman 59, 358, 367, 372
Atid 108
Attlee, Clement 136
Avidan, Shimon 196, 199
Avidar, Yoseph 285
Ayalon, Zvi 210, 229

Balfour-Deklaration 36, 58
Bama'aleh 89, 105
Baum, Abraham J. 184 ff
Barak-Bataillon 174
Baratz, Gideon 27, 84
–, Miriam 9, 19, 22 ff, 27, 34, 59
–, Yoseph 9, 172
Barker, General 136
Bar Kochba 57, 256
Bar-Lev, Chaim 233, 294, 312, 330, 402
Bar-On, Uri 173, 175, 178 f, 183, 197, 200, 205
Bar-On, Mordechai 319
Barsky, Moshe 12
BBC 398

Begin, Menahem 389, 397 f, 132
Beit Horan-Bataillon 203 f, 206
Ben-Ami, Ahya 173, 175, 220
Ben-Ari, Oberst 322
Ben Gurion, Amos 180
–, David 92, 98, 117, 136, 157, 164, 167 ff, 182 ff, 187 f, 196, 200, 202 f, 205, 211, 213 ff, 221, 224 f, 235 ff, 252, 257, 259, 264, 269, 273, 275 ff, 289 ff, 315, 320, 323, 328, 332 ff, 347, 350 ff, 381, 384 ff, 389, 400, 405, 408, 421 f
–, Paula 239
Bennike, General 283
Ben-Zion 172
Betser, Israel 21, 75 f
–, Moshe 66 ff
–, Nachman 63, 75, 86, 88, 95, 113, 115 f, 128
Bloch, Israel 21, 45
Blubstein, Rachel 17
Brande, Alex 211
Brandeis, Louis 80
Brenner, Y. H. 15, 69
Brenner, Zvi 128, 132 ff, 143
British Army's Senior Officers' School 232
Bourges-Maunoury 302 f
Bull, General 402
Burns, Generalleutnant 266 f, 297

Carmel, Moshe 132 ff, 137, 143
Carmeli-Brigade 167
Churchill, Winston 136
Cohen, Mulla 189

Dagoni, Noah 133
Davar 105, 352, 355
Dayan, Aviva 50, 56 f, 80, 83, 97, 99, 140
–, Avraham 14, 77, 424
–, Bat-Sheva 15
–, Beileh 15, 27
Dayan, Dvorah 9 ff, 44, 46 ff, 79 ff, 93 f, 96 f, 99, 110, 116 f, 135, 140, 310
–, Reb Eliyahu 13 ff, 25
–, Reb Pinchas 14, 424
–, Ruth 66, 99, 108 ff, 135, 140, 142, 145, 157, 184, 224, 353
–, Shmuel 9 ff, 93, 96, 99, 116 f, 139 f, 357
–, Shulamit 67, 76, 94
–, Yael 135, 145, 157, 222
–, Zohar 55, 58, 83, 97, 140, 166
Dori, Ya'akov 124, 163 f, 169 f, 209 f, 280
Dromi, Yosef 86 f
Dulles, John Foster 283

Eban, Abba 338, 351, 357
Ecole de Guerre 252
Eden, Anthony 310
Eisenhower, Dwight D. 393
el-Ali, Mustapha 91 f
Eleazar, David 401 f
el-Gala'eini, Ahmed 91 f
Eliav, Aryeh 343
el-Kassam, Az el-Din 91 ff
el-Tel, Abdullah 211 ff
Emir Diab 102 f
Empire Armed Forces 134
Eshkol, Levi 39, 87, 276, 280, 303, 343 f, 354 f, 360 ff, 382 ff, 392 f, 398 f, 401, 413, 416, 420, 422
Etzioni-Brigade 200 f, 205 f, 209
Even, Dan 182 f
Eytan, Teddy 179, 181
Eytan, Walter 214, 218

FBI 159
Fedayin 293, 302
Fefferman, Hillel 203 ff
Feigenbaum, Aryeh 30 f
Fichman, Ya'akov 39

FOSH 123
Friedman, Varda 344

Galili, Israel 89, 164, 169, 182
Galutman, Avraham 76
Gavish, General 395
Gazit, Shlomo 244
Gefen, Israel 99, 166, 181
Givati-Brigade 180, 196 f
Godfroy, I. H. 144
Grant-Taylor 158 f
Green, William 136
Golani-Brigade 173 f, 178, 283

Habibi 67, 78
Haboker 168, 170
Haganah 76, 80, 85 f, 90 f, 95, 112, 115 ff, 134, 139, 141, 143 f, 146, 149 f, 154 ff, 167, 169, 179, 184, 221, 262, 269, 425
Hanoar Ha-oved 89
Harari, Yehudah 262 f, 270
Hapoel Hatzair Conference 81
Hapoel Hatzair 15 f, 22, 31, 33 ff, 39 f, 50, 53 f, 56, 76, 82, 95
Hapoel Sports Federation 130
Harel, Yoseph 159 f
Harkabi, Yehoshafat 218
Har-Zion, Meir 255 ff, 266
Hashfifon 17
Hashomer 16 f, 22
Havinski, Nahum 86 f
Hayesod, Keren 109
Hehalutz 56
Herut-Block 384, 389, 404
Hissin, Chaim 28
Histadrut 55, 79, 89, 95, 240, 269, 345 f, 350, 354 ff, 358
Histadrut Sick Fund Conference 81
Hod, Mordechai 390
Hoover, J. Edgar 159
Horesh 17
Hovevei, Zion 21

Iraq Petroleum Company 118
Irgun 132, 170, 182, 184
Israel Labor Party 367, 414, 419
Israeli Citrus Marketing Board 413

Jewish Agency 61, 98, 109, 119, 124, 135 f, 141 f, 144 f, 157 f, 162, 165, 343, 369
Jewish Colonization Association (JCA) 17, 23, 54
Jewish National Fund 17, 43, 48, 55, 86, 105 f
Jibli, Yitzhak 266 f
Johnson, Lyndon B. 393
Jüdische Siedlungs-Polizei 119 ff, 128, 145, 161, 179

Kankji, Fawzi 165
King's Own Scottish Regiment 118
Kiryati-Brigade 178 ff
Knesset 358, 376, 381, 388
Koestler, Arthur 181
König, Pierre 302, 306
Koritz, Pinchas von 13
Krinkin, A. B. 30
Kvutza 10, 17 f, 22, 24, 27, 29, 32 ff

Laskov, Chaim 164, 209, 225, 251, 282, 285 f, 315 ff, 327, 329
Lasky, Harold 110 f
Lavon, Pinchas 239 ff, 257, 259, 264, 269, 276 ff, 280, 345 f, 350, 358 ff
Lohamei Herut Israel 170
London School of Economics 109 ff
Luz, Kadish 388

Ma'ariv 350, 374
Maisel-Schochat, Hannah 78
Maklef, Mordechai 164, 167, 224, 232, 236 ff, 249, 254, 257 f, 276
Mapai 95, 168, 211, 235, 240, 269, 271, 276 ff, 280, 341, 345, 347 ff, 380, 386, 388 f, 414
Marcus, David 183 f
Mariah-Bataillon 206, 208
Marshall, Lee 120
Mart, Zalman 145, 149, 151 ff, 206 ff
Matalon, Neora 243 ff, 268, 328
Meir, Golda 167, 217, 276, 280, 303, 305, 354, 357 f, 361 f, 365, 367, 372, 381, 384 ff, 419 f, 422 f
Mekorot Water Company 224
Mollet, Guy 305

Mor, Haddassah 352
Mor, Yehuda 86, 88, 106, 129
Mustapha, Abdullah 107, 109

Ofer, Avraham 341
Olshan, Yitzhak 280

Narkiss, Uzi 226, 228, 231, 285, 325, 331, 335 f, 396 f, 409 f
Nasser, Gamal A. 302, 382 ff, 419
Nationale Religiöse Partei 402
NATO 301
Ne'eman, Yuval 252, 402
Nigos, Baruch 75 f, 82 f
—, Bella 82 f

Palestine Land Development Company 17
Palmach 90, 125, 158, 161, 164, 169, 189, 225
Palmach Harel-Brigade 206
Palmon, Yehoshua 98
Papper, Avraham 96 f
Pelz, Yohanan 178 ff, 186 f, 197
Penn, Jack 156, 339
Peres, Shimon 241, 243, 277 f, 284, 301 f, 304 f, 309 f, 351, 357, 359 f, 366 f, 376, 381, 386, 389
Pochovsky, Dr. 28 f

Rabin, Yitzhak 236, 264, 313, 383, 387, 390 f, 402
Rafi 372 ff, 385, 389, 403, 422
Riley, William 211
Ron, Herzla 389
Rosenberg, Peretz 158
Rossow 19, 25
Rotberg, Ro'i 290 f, 344
Rothschild, Edmond de 32, 54 f, 406
Rubinstein, Chaya 84 f, 93 f

Sa'ar, Akiva 179 ff, 190, 197, 205
Sadeh, Yitzhak 117, 122 ff, 127, 144, 169, 171, 178, 195
Sahin, Ya'akov 16 f
Salamon, Ya'kov 137
Sapir, Pinchas 349, 357 f, 361, 365, 367, 369 f, 372, 377, 413 f, 416, 422

Sasson, Eliyahu 213 f, 217
Sati, Shankat 213
Scotland Yard 159
Shaltiel, David 184, 201 f
Shaham, Mishael 254
Sharett, Moshe 145, 213 ff, 239, 259, 269, 277, 280, 283 f, 303, 406
Sharon, Ariel 233, 254 f, 258 f, 262 ff, 278, 326 ff
Shazar, Zalman 105
Shiloah, Reuven 157, 159, 213
Shimron-Gruppe 112 ff, 121 f
Shwarz, Rachel 108 f, 157
–, Zvi 108 ff, 157
Simhoni, Assaf 319 f, 322 f, 325
Slutzky, Avino'am 67 f, 71 f, 86 ff
Sprinzak, Yoseph 15
Stockwell, General 318

Taher, Rashid 148 f, 154
Tal, Generalmajor 395 f
Tampilov, Tanhum 32
Tiberias Police Force 131
Tiomkin, Ze'ev 21
Tolkowsky, Dan 307
Transjordan Frontier Force 131

United Jewish Appeal 96
UNO 202 f, 205, 211, 254, 261, 268, 283, 292, 294, 338, 382, 385, 398, 402, 410
UNRWA 333

Wahab 165 ff
Wahash Hanhana 52 f, 88 f, 107
Wavell, General 134
Weizmann, Chaim 54 f, 78, 110 f, 136, 143 f
White Papers 118
Wigodsky, Yehudit 93 f, 98 f
Wilson, Henry Maitland 145 f

Wingate, Carles 117 f, 124 ff, 425
Wingate Night Squads 76, 118, 122 f, 125, 127 f
Wolf, Shmuel 181
Women Labour Council 81

Ya'akobi 91, 140, 425
Yadin, Yigael 164, 169, 171 ff, 195 f, 199, 203, 210, 218, 221, 225 f, 229 ff, 243 ff, 252, 261, 269, 277, 282, 384, 389 f
Yaffe, Avraham 97 f
–, Eliezer 33, 44 f
Yannai, Amnon 66 ff, 84, 86, 96
Yannai, Oded 165
Yariv, Aaron 390
Yediot, Aharonot 374
Yermiyah, Dov 64 ff, 84, 86, 124, 352
Yiftach-Brigade 189, 192 ff
Yishuv 10 ff, 21, 30, 32, 76, 94 f, 117, 119 f, 122, 126, 131, 136, 141 ff, 157, 161
Yorkshire Rifles 118
Yoseph, Dov 109

Zadok, Moshe 179, 230 f
Zahal 125, 131, 147, 167, 179, 181 f, 184 f, 195, 209, 211, 214, 217, 220, 225, 228, 231 ff, 241 f, 244, 247 ff, 258, 260, 262 ff, 270, 277, 288, 291, 295, 306, 313, 330, 344, 390, 393, 395 f, 398 ff, 403
Zarhi, Binya 95, 100, 105 f, 120, 129, 173, 176
Zatulovsky, Yehi'el Ze'ev 19
–, Yehoshua 19
Ze'evi, Rehav'am 222, 250, 326
Zeid, Giora 165 f
Zemel, Baruch 100 f, 105
Zorea, Meir 203 ff, 315, 317 f
Zur, Zvi 180, 222, 269

Teilungsplan der
Vereinten Nationen 1947

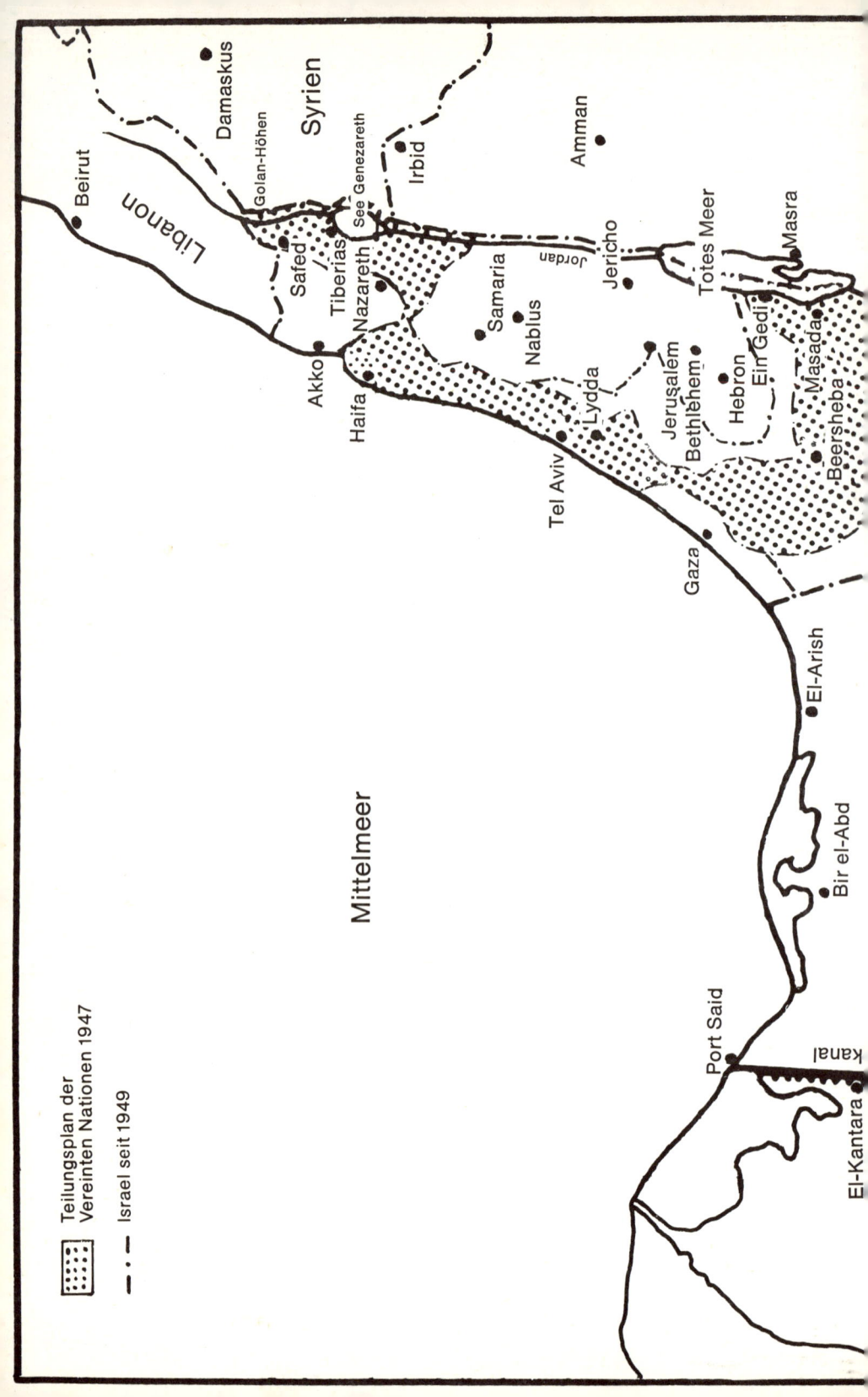

Israel seit 1949